MICHAEL COLLINS PIPER

DER INNERE FEIND - DIE JUDABÖCKE

Die schockierende und bisher unveröffentlichte Geschichte der Infiltration und Subversion der amerikanischen nationalistischen Bewegung

MICHAEL COLLINS PIPER

Michael Collins Piper war ein US-amerikanischer politischer Schriftsteller und Radiomoderator. Er wurde 1960 in Pennsylvania, USA, geboren. Er war ein regelmäßiger Mitarbeiter von The Spotlight und dessen Nachfolger American Free Press, Zeitungen, die von Willis Carto unterstützt wurden. Er starb 2015 in Coeur d'Alène, Idaho, in den USA.

Der innere Feind - Die Judaböcke
Die schockierende und bisher unveröffentlichte Geschichte der Infiltration und Subversion der amerikanischen nationalistischen Bewegung

The Judas Goat – The enemy within
The shocking never-before-told story of the infiltration and subversion of the American nationalist movement

Erster Druck in den USA: Juni 2006 American Free Press

Übersetzt und herausgegeben von
Omnia Veritas Limited

www.omnia-veritas.com

© Omnia Veritas Ltd - 2025

Alle Rechte vorbehalten. Kein Teil dieser Publikation darf ohne vorherige schriftliche Genehmigung des Herausgebers in irgendeiner Form oder mit irgendwelchen Mitteln, einschließlich Fotokopien, Aufnahmen oder anderen elektronischen oder mechanischen Mitteln, vervielfältigt, verbreitet oder übertragen werden, außer für kurze Zitate in kritischen Zeitschriften und andere nicht kommerzielle Zwecke, die nach dem Urheberrechtsgesetz zulässig sind.

DEDIKATOR **19**

An Leonard Joseph Snyder, Jr. *19*

An die ehrenwerte Cynthia McKinney Demokratisches Mitglied des Kongresses von Georgia *19*

An den ehrenwerten Jim Traficant Ehemaliger demokratischer Abgeordneter aus Ohio *19*

Herren brauchen Leibeigene *23*

DAS ZIEL DIESES BUCHES **25**

EINE SEHR PERSÖNLICHE NOTE DES AUTORS **26**

EIN VORWORT **30**

DAS WER, WAS, WANN, WO, WARUM UND WIE DER SUBVERSIVEN KRÄFTE, DIE AMERIKA DORTHIN GEBRACHT HABEN, WO ES HEUTE STEHT... 30

VORWORT... .... **33**

DIE SELTSAME WELT DER JUDA GOATS - DER INNERE FEIND 33

ZUR EINFÜHRUNG: **38**

NATIONALISMUS: DIE WELLE DER ZUKUNFT - DAS BEVORZUGTE ZIEL DER GLOBALEN KRÄFTE DES ZIONISMUS UND INTERNATIONALISMUS 38

EINFÜHRUNG IN DEN ERSTEN TEIL **52**

EIN WENIG GESCHICHTE... EINE UNRÜHMLICHE UND SCHÄBIGE GESCHICHTE ... 52

KAPITEL I **53**

DIE RÜCKKEHR VON COINTELPRO: ERINNERUNG AN EINE UNRÜHMLICHE GESCHICHTE VON INFILTRATION UND SUBVERSION, DIE WIEDER AUF AMERIKANISCHEM BODEN HERRSCHT 53

Die Ermordung der Lehrerin Kathy Ainsworth durch die ADL und das FBI: COINTELPRO in seiner ganzen Pracht *67*

GARY THOMAS ROWE: Ein weiterer „Klan-Mann" aus COINTELPRO . *69*

JAMES MITCHELL ROSENBERG: Der jüdische Lieblings „nazi" der ADL *71*

MORDECHAI LEVY: ein weiterer der jüdischen „Nazis" der ADL *71*

Der Labour-Spitzel wird zum CIA-Informanten: Ein Rädchen im Getriebe des Plans, Lyndon LaRouche zu „bekommen" *72*

Der FBI-Mann in der Skinhead-Bewegung *73*

DELMAR DENNIS *Der beliebte Judasbock der John Birch Society innerhalb des KKK* 74

BILL WILKINSON *Klan-Anführer als FBI-Informant entlarvt* 75

KAPITEL II 78

„KONTROLLIERTE OPPOSITION" - DAS SOWJETISCHE MODELL DES „VERTRAUENS" ZUR INFILTRATION UND MANIPULATION - ODER SOGAR SCHAFFUNG - VON OPPOSITIONSKRÄFTEN: WIRD HEUTE IN AMERIKA VOM „INNEREN FEIND" BENUTZT. 78

KAPITEL III 82

J. EDGAR HOOVER, DAS FBI UND DER INNERE FEIND 82

KAPITEL IV 89

JOHN ROY CARLSON - DER GROßE ALTE MANN DER INNEREN FEINDE: DER ERSTE BERÜCHTIGTE JUDASBOCK DES 20. JAHRHUNDERTS 89

KAPITEL V 95

DER GROßE AUFRUHRPROZESS VON 1944: DIE ANFÄNGE DER ZUSAMMENARBEIT ZWISCHEN DER ADL UND DEM FBI - WIE DER INNERE FEIND PATRIOTEN ALS „VERRÄTER" BESCHULDIGT. 95

KAPITEL VI 122

WALTER WINCHELL UND DER INNERE FEIND: WIE EIN MÄCHTIGER RUNDFUNKSPRECHER UND PRESSEKOLUMNIST ALS FASSADE FÜR ZIONISTISCHE UND BRITISCHE INTERESSEN DIENTE 122

KAPITEL VII 129

DER JUDASBOCK DES KAPITOLS: EIN ZIONISTISCHER SPION IM DIENSTE DES SOWJETISCHEN GEHEIMDIENSTES IM US-KONGRESS 129

KAPITEL VIII 132

DIE GEHEIME ROLLE DER ADL BEI DER BESTIMMUNG DER PERSONEN, DIE VON US-BUNDESBEHÖRDEN EINGESTELLT WERDEN 132

KAPITEL IX 136

DIE ANTI-DEFAMATION LEAGUE: EINE AUSLÄNDISCHE LOBBY FÜR ISRAEL UND EINE PRIVATE SPIONAGEAGENTUR FÜR DEN INNEREN FEIND 136

KAPITEL X 143

„CHARMANT, GESCHICKT UND GERISSEN" - DIREKTE BEGEGNUNGEN MIT DEM ADL-SPION NUMMER EINS: ROY BULLOCK 143

KAPITEL XI 154

Das Erdbeben von San Francisco: Der ADL-Spionageskandal entlarvt den inneren Feind 154

ALS RÜCKBLICK AUF DIE VERGANGENHEIT 172

Einführung in den zweiten Teil 172

Intrige im Kalten Krieg 172

Wie der Konflikt zwischen Stalin und den Trotzkisten zur Entstehung der Judasböcke führte - Der innere Feind auf amerikanischem Boden 172

KAPITEL XII 173

Der Kampf zwischen dem Sowjetkommunismus der Stalin-Ära und dem Zionismus: Ein wenig verstandenes politisches Phänomen, das zu unserem Verständnis der inneren Feinde, wie sie heute existieren, beiträgt 173

KAPITEL XIII 185

Die zionistische Infiltration des sowjetischen KGB und ihre Auswirkungen auf die amerikanischen Geheimdienste: Die unbekannte Grundlage für die Entstehung des Neokonservatismus in Amerika . 185

KAPITEL XIV 190

Der trotzkistische Kommunismus - heute als „Neokonservatismus" bezeichnet - und die Geschichte des Senators Joseph R. McCarthy ...190

KAPITEL XV 205

Das FBI und die Kommunistische Partei der USA: Die Wahrheit über die „Kommunistische Bedrohung" 205

KAPITEL XVI 210

Der Kalte Krieg und die frühen Ursprünge der trotzkistischen „Neokonservativen" als zionistische Vorhut des inneren Feindes....210

EIN INTERMEZZO...214

Einleitung zu Teil III 214

Der Aufstieg der „verantwortungsbewussten Konservativen" 214

Die Subversion der amerikanischen nationalistischen Bewegung in der Zeit des Kalten Krieges 214

KAPITEL XVII 217

Die frühe Korrumpierung der nationalistischen und antikommunistischen Sache Amerikas durch die Zionisten 217

KAPITEL XVIII 222

WILLIAM F. BUCKLEY, JR. SELBSTERNANNTER „VERANTWORTUNGSBEWUSSTER KONSERVATIVER" UND LANGJÄHRIGER SPRECHER DES INNEREN FEINDES 222

KAPITEL XIX 226

DER INNERE FEIND DES VATIKANS: DIE GEHEIME ROLLE VON BUCKLEYS GESCHÄFTSPARTNER MALACHI MARTIN ALS SUBVERSIVER, DER IM NAMEN ZIONISTISCHER INTERESSEN HANDELT 226

KAPITEL XX 231

DIE SPENDENGELDERPRESSUNG DER „KONSERVATIVEN": DIE AUSPLÜNDERUNG AMERIKANISCHER PATRIOTEN IM NAMEN DES INNEREN FEINDES 231

KAPITEL XXI 235

WIE **DER** INNERE FEIND DIE „ANTIKOMMUNISTISCHE" SACHE MANIPULIERT, UM DIE ZIONISTISCHE AGENDA VORANZUTREIBEN 235

KAPITEL XXII 240

DIE JOHN BIRCH SOCIETY: EINE ERSTE FALLSTUDIE DER JUDASZIEGE 240

KAPITEL XXIII 248

AUFSTIEG UND NIEDERGANG VON *HUMAN EVENTS:* DIE SELBSTERNANNTEN „VERANTWORTLICHEN KONSERVATIVEN", DIE DAZU BEIGETRAGEN HABEN, DEN TRADITIONELLEN KONSERVATISMUS AMERIKAS ZU ZERSTÖREN 248

ALS KLAMMER 254

EINLEITUNG ZUM VIERTEN TEIL 254

Die Rolle der CIA als destruktiver Mechanismus im Dienste des inneren Feindes *254*

KAPITEL XXIV 256

MANIPULATION DER WISSENSCHAFT DER BEWUSSTSEINSKONTROLLE DURCH DIE GEHEIMDIENSTE UND AUSNUTZUNG DES SEKTENPHÄNOMENS: EINE SEHR REALE TAKTIK DES INNEREN FEINDES 256

KAPITEL XXV 264

DER KOREANISCHE SEKTENFÜHRER SUN MYUNG MOON: DER KOREANISCHE SEKTENFÜHRER SUN MYUNG MOON: STROHMANN DES ROCKEFELLER-IMPERIUMS UND GELDSACK DES ZIONISTISCHEN NETZWERKS INNERHALB DER „KONSERVATIVEN" BEWEGUNG IN DEN USA 264

KAPITEL XXVI 269

EIN GROßES US-MEDIUM: EIN PROPAGANDAWERKZEUG FÜR DEN INNEREN FEIND 269

KAPITEL XXVII 273

Drew Pearson und Jack Anderson - Vermittler für die Anti-Defamation League: Die Propagandisten des inneren Feindes 273

KAPITEL XXVIII **277**

Ein erschreckendes Zeugnis aus erster Hand: Wie der innere Feind „Rechte" für politische Morde rekrutiert 277

KAPITEL XXIX **281**

Die Infiltration der Antikriegsbewegung durch die CIA während des Vietnamkriegs: Bill und Hillary Clinton und John Kerry als Sündenböcke des Inneren Feindes...281

KAPITEL XXX **290**

The Fix Was In: Wie zionistische Juda-Böcke die GOP 1940 und die Demokraten 2004 in die Niederlage führten......................................290

HANDELTE ES SICH UM LÄMMER ODER BÖCKE AUS JUDA? **296**

Einleitung zu Teil V Zwei große Namen, zwei schlechte Platten: Die Brocken fallen, wo sie wollen 296

KAPITEL XXXI **297**

Die traurige Geschichte des Jesse Helms: Wie ein amerikanischer Patriot zur Judasziege für den inneren Feind wurde..........................297

KAPITEL XXXII **304**

Ein Judasbock von Anfang an: Newt Gingrich: Die Stimme eines korrupten Konservatismus - Der republikanische Favorit aus der innere Feind 304

DIE NEUERE GESCHICHTE SPIELT SICH... ....**310**

Einleitung zu Teil VI 310

BRISANTE EREIGNISSE... 310

KAPITEL XXXIII **311**

Die Verbindung zwischen dem FBI, der ADL und dem Mossad während des ersten Anschlags auf das World Trade Center: Die unbekannte (und erschreckende) Geschichte 311

KAPITEL XXXIV **317**

Die Verbindung zwischen dem FBI und der ADL, die den Holocaust in Waco verursachte 317

KAPITEL XXXV **322**

Judas Böcke bei der Parade: Andreas Strassmeir, Kirk Lyons und eine schäbige Reihe interner Feinde, die mit dem Bombenanschlag in Oklahoma City in Verbindung stehen 322

Kapitel XXXVI 332

Timothy McVeigh und die ADL: eine unveröffentlichte Geschichte 332

Kapitel XXXVII 337

Desinformationszentrale: Neokonservative zionistische Propaganda über den Bombenanschlag in Oklahoma City 337

Kapitel XXXVIII 343

Was geschah wirklich in Oklahoma City? Ein Drehbuch, das Sinn macht 343

Kapitel XXXIX 353

Die talmudische Gerechtigkeit... Die kriminellen Untaten von Michael Chertoff: Cheftaktiker der zionistischen Kampagne zur Kreuzigung von Jim Traficant und David Duke 353

Und so weiter und so fort... 363

Einleitung zu Teil VII 363

Was uns erwarten könnte 363

Kapitel XL 365

Das Phänomen Fox News: Wie die zionistischen Plutokraten ein „alternatives Medium" geschaffen haben. 365

Kapitel XLI 371

Die vergangene, gegenwärtige und zukünftige Agenda des inneren Feindes: Die amerikanischen Patrioten zum „wahren" inneren Feind erklären 371

Kapitel XLII...378

Die „Gedankenpolizei" der Neuzeit hat sich verschworen, um Kritik an Israel und dem Zionismus auf dem Campus zu zensieren: Zwei „Konservative" im Dienste der zionistischen Sache 378

Kapitel XLIII 384

Die zionistische Übernahme und Manipulation der örtlichen Ordnungskräfte in Amerika: Der Einsatz der Polizeigewalt zur Erschießung amerikanischer Patrioten 384

Kapitel XLIV 390

„WENN ES WIE EINE ENTE AUSSIEHT UND WIE EINE ENTE SCHNATTERT... „JARED TAYLOR UND DER NEUE „ZIONISTENFREUNDLICHE NATIONALISMUS".............390

SCHLUSSFOLGERUNG **395**

DIE „ISRAELISIERUNG" AMERIKAS 395

DIE INITIATIVE VON KUALA LUMPUR ZUR KRIMINALISIERUNG DES KRIEGS *411*

EIN LETZTES WORT **414**

„DER NATIONALISMUS IST DIE WELLE DER ZUKUNFT UND ES GIBT KEINE MÖGLICHKEIT, SIE ZU STOPPEN. 414

ÜBER DIE QUELLEN... ....**420**

EINE BIBLIOGRAFIE NICHT GANZ WIE ALLE ANDEREN 420

Viele Danksagungen - wenn Sie mir bitte folgen würden..........................421

FOTO-ABSCHNITT.. 424

ANDERE TITEL..**443**

Von UNA WOODRUFF

„Der erklärte Feind [der Vereinigten Staaten von Amerika] muss als Pandora betrachtet werden, deren Büchse geöffnet ist, und der verkleidete Feind als eine Schlange, die sich mit ihren Tricks ins Paradies schleicht.

-Präsident James Madison, „Advice to My Country" (Ratschläge an mein Land)

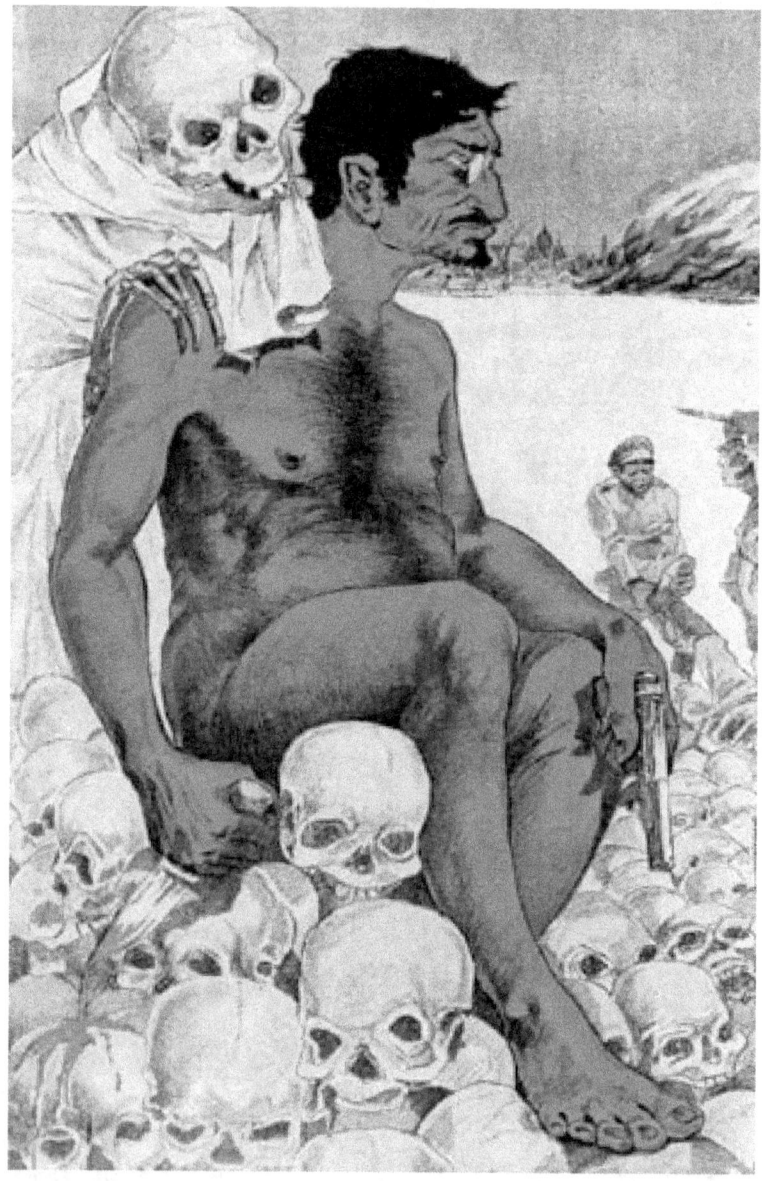

Es handelt sich um eine groteske, aber genaue Darstellung des niederträchtigen, hässlichen und brutalen bolschewistischen Revolutionärs Leo Trotzki, dessen intellektuelle Schüler zur Führungselite der „neokonservativen" zionistischen Kreise im heutigen Amerika geworden sind. Die Art und Weise, wie „linke" trotzkistische Elemente in den USA an die Macht gelangten, indem sie den „rechten Flügel" infiltrierten - während sie gleichzeitig an der Aushöhlung des traditionellen amerikanischen Nationalismus arbeiteten -, ist Teil des erstaunlichen Panoramas, das in *Die Böcke von Juda* beschrieben wird.

Begegnet den Ziegenböcken von Juda... *

Zweibeiner sind viel schlimmer als Vierbeiner...

„Eine Judasziege ist ein Begriff, der zur Beschreibung einer abgerichteten Ziege verwendet wird, die in einem Schlachthof und in der Tierhaltung im Allgemeinen eingesetzt wird. Die Judasziege ist darauf abgerichtet, sich mit Schafen oder Rindern zusammenzutun und sie zu einem bestimmten Ziel zu treiben."

„In Tierparks führt eine Juda-Ziege die Schafe zum Schlachthof, während ihr eigenes Leben verschont wird. Juda-Böcke werden auch verwendet, um andere Tiere zu bestimmten Gehegen und in Lastwagen zu treiben. Der Begriff „Juda-Ziege" leitet sich von einem biblischen Verweis auf Juda Iskariot ab [der Jesus Christus vor den Pharisäern verriet]."

„Der Ausdruck wurde auch verwendet, um eine Ziege zu beschreiben, die eingesetzt wird, um wilde Böcke zu finden, die zur Ausrottung anvisiert werden. Die Judasziege wird mit einem Sender ausgestattet, rot angemalt und freigelassen. Die Ziege findet dann die letzten Herden wilder Böcke, so dass die Jäger sie ausrotten können."

     Auszug aus Wikipedia, der Internet-Enzyklopädie.

„„... Die Lämmer wurden von einer Judasziege in die Rutsche getrieben. Zwei Arbeiter standen am Ende und schüttelten die Tiere mit genügend Elektrizität, um sie in den Zustand des Hirntodes zu versetzen. In einem Augenblick gaben Spitzen im Gehirn der Schafe und im Vlies in der Nähe ihres Herzens ihnen einen elektrischen Schlag, der sie zusammenbrechen ließ, woraufhin sie weitergereicht wurden... in die Tötungsetage. Die Böcke von Juda... wurden dann in die Gehege zurückgebracht, wo sie eine weitere Partie Schafe einsammelten"".

    -Leseprobe: „A Slaughter House Tour" auf karlschatz.com

* Der Autor, der alle vierbeinigen Tiere, einschließlich der Ziegenböcke, liebt, entschuldigt sich bei den vierbeinigen Ziegenböcken dafür, dass er diesen passenden Begriff im Titel dieses Buches verwendet hat, in dem es um die zweibeinigen Juda-Böcke geht.

DEDICACE

An Leonard Joseph Snyder, Jr.

Einer der 3000 Amerikaner, die am 11. September 2001 starben, alle letztlich Opfer zionistischer Intrigen, die nichts mit den Interessen Amerikas zu tun hatten. Die „offizielle" Version dessen, „was an jenem Tag geschah", ist eine große Lüge. Bis zum Ende meines Lebens (so Gott will) werde ich dafür kämpfen, seinen Tod zu rächen und die *wahren* Verantwortlichen vor Gericht zu bringen.

An die ehrenwerte Cynthia McKinney Demokratisches Mitglied des Kongresses von Georgia

Weil sie es gewagt hatte, ihre Meinung zu äußern und Fragen zu den tatsächlichen Geschehnissen am 11. September und der gefährlichen Politik der USA gegenüber Israel und der arabischen Welt aufzuwerfen - eine Politik, die Amerika viele Feinde auf der ganzen Welt eingebracht hat - wurde Synthia McKinney 2002 aus dem US-Kongress vertrieben.

Ein Judasbock - kein Geringerer als ein ehemaliger Republikaner - wurde angeworben, um bei den Vorwahlen der Demokratischen Partei gegen Miss McKinney anzutreten. Die Organisatoren der GOP ließen sich in der Demokratischen Partei nieder, um der Juda-Ziege zu helfen. Tonnen von zionistischem Geld flossen nach Georgia, um Miss McKinneys Herausforderin zu helfen. Letztendlich wurde Miss McKinney geschlagen.

Doch zwei Jahre später feierte Cynthia McKinney ihr Comeback und sitzt heute im US-Kongress - eine Stimme, die für eine gesunde Politik eintritt und sich nicht scheut, die Wahrheit zu sagen. Während ich diese Zeilen schreibe, wird wieder gegen sie gehetzt. Ihre Stimme ist die Stimme aller guten Menschen. Lieber Gott: Möge es mehr Menschen wie Cynthia McKinney geben

An den ehrenwerten Jim Traficant Ehemaliger demokratischer Abgeordneter des Kongresses von Ohio

Während diese Zeilen geschrieben werden, sitzt Jim in einer Gefängniszelle, die von korrupten Bundesstaatsanwälten für Verbrechen, die er nicht begangen hat, ins Gefängnis gesteckt wurde. Jims einziges Verbrechen bestand darin, die Wahrheit zu sagen. Jim, der sich der Ehrlichkeit, Integrität und Gerechtigkeit verpflichtet fühlte, zahlte einen hohen Preis und sah keine Ehrlichkeit, Integrität oder Gerechtigkeit bei den

Kriminellen, die ihn dorthin gebracht hatten, wo er heute ist. Als echter Populist, ein Mann des Volkes in jeder Hinsicht, ist Jim Traficant ein weiteres Opfer der Böcke Judas - des inneren Feindes.

Und an meine verstorbene Mutter, Gloria J. Piper

-MICHAEL COLLINS PIPER

MICHAEL MOORE   RUSH LIMBAUGH

Hier sind einige der offensichtlichsten Böcke aus Juda, die heute auf amerikanischem Boden operieren... Und es gibt noch viele, viele mehr...

Ähnlich wie die vierbeinigen Juda-Ziegenböcke, die sie nachahmen (im Austausch für großen Profit und Bekanntheit), gibt es die auffällig „menschliche" Version der Juda-Ziegenböcke in allen Formen und Größen.

Einige sind groß und laut, wie der „rechte" Bombastkönig Rush Limbaugh und sein „linker" Gegenpart Michael Moore.

Rush führt die traditionellen amerikanischen Konservativen - die armen kleinen Lämmer - zur Schlachtbank, seit er aus dem Nichts auftauchte und zur größten, lautesten und fettesten „konservativen" Radiostimme aller Zeiten wurde, woraufhin RUSH LIMBAUGH ins Fernsehen ging.

Wer in Rushs Sendung anruft und versucht, so tabuisierte Themen wie den Zionismus, das Geldmonopol der Federal Reserve oder globale Machtgruppen wie die Trilaterale Kommission, den Rat für Auswärtige Beziehungen oder die Bilderberg-Treffen anzusprechen, kann sicher sein, dass er verspottet, verleumdet oder aus der Sendung gejagt wird - wenn er überhaupt auf Sendung gehen kann.

Und obwohl er Rush Limbaugh zweifellos als „auf der anderen Seite" betrachten würde, ist die Wahrheit, dass Michael Moore genauso eine Ziege von Juda ist wie Rush. Moore brachte seinen inzwischen berühmten Film *Fahrenheit 9-11* heraus, der alle sehr ernsthaften Fragen zur offiziellen Linie der Regierung darüber, was an diesem tragischen Tag, dem 11. September 2001, wirklich geschah, ignorierte und der Öffentlichkeit eine gefälschte „Titelgeschichte" präsentierte, die beinhaltete, dass die saudische Königsfamilie letztlich hinter dem 11. September steckte, wodurch sehr reale Fakten verdreht und verzerrt wurden und die Aufmerksamkeit davon abgelenkt wurde, wo die ultimative Schuld für dieses Verbrechen liegt. Moore ist nicht nur verabscheuungswürdig, seine Propaganda und Desinformation sind es ebenso.

Andere Judasböcke sind teuflisch gutaussehend, wenn auch ein wenig eingebildet, wie Sean Hannity, Laura Ingraham und Anne Coulter, deren Ansichten zu den Themen alle die des fetten Rush widerspiegeln. Sie alle sind bewährte Förderer des internationalen Zionismus und seiner weltweiten Agenda.

Hannity seinerseits legte sich ins Zeug und rief persönlich im nationalen Büro der Zeitung *The Spotlight* an, um dem Chefredakteur, einem irischen Landsmann namens Vince Ryan, zu sagen, dass er die nationalistische Wochenzeitung absolut verabscheue. Hannity sagte zu Ryan: „Ich bin ein großer Unterstützer Israels und ich mag Ihre Zeitung nicht. Entfernen Sie mich sofort aus Ihrer Abonnentenliste".

SEAN HANNITY LAURA INGRAHAM ANNE COULTER BILL O'REILLY

Hannity hat eine tägliche Talkshow auf 500 dem Radionetzwerk ABC angeschlossenen Sendern und eine einstündige Fernsehsendung auf Fox News und erreicht mit seiner pro-zionistischen Botschaft vier Stunden am Tag Millionen von Menschen. Er wurde mit zwei Bestsellern der *New York Times* ausgezeichnet.

Laura Ingraham ist in aller Munde, was vielleicht nicht zuletzt an der schönen Blondine liegt, die sie ist. Und ihr Aufstieg zur Berühmtheit ist vielleicht kein Zufall, wenn man bedenkt, dass sie als Anwältin in der mächtigen Wall-Street-Kanzlei Skadden, Arps begann, zu deren Hauptpartnern Kenneth Bialkin gehörte, der lange Zeit Vorsitzender der Anti-Defamation League of B'nai B'rith war, einer der wichtigsten Kräfte der Israel-Lobby in Amerika.

Anne Coulter, der die Ehre zuteil wurde, eine gewerkschaftlich organisierte Kolumnistin auf nationaler Ebene zu sein, hat vier Bestseller der *New York Times* auf ihrem Namen stehen, was einmal mehr beweist, dass sogenannte „konservative" Schriftsteller, die der zionistischen Sache dienen, keine Probleme haben, ihre Bücher zu veröffentlichen und in den großen Buchvertriebszentren zu bewerben.

Und dann ist da noch Bill O'Reilly - ein weiterer „talking head", der von Fox News des zionistischen Milliardärs Rupert Murdoch gefördert wird -, dessen Sendung „O'Reilly Factor" eine Basissendung für viele gute amerikanische Patrioten ist, die nicht wissen, dass sie von einer Juda-Ziege zur Schlachtbank geführt werden.

O'Reilly hat zwei Bestseller der *New York Times auf* seinem Namen stehen, was, wie bereits erwähnt, einmal mehr beweist, dass die Verlagsindustrie des Establishments mit Sicherheit „konservative" Bücher fördern wird, wenn sie der zionistischen Linie in den Fragen folgen, die für die Herrschenden in Amerika wirklich wichtig sind.

Dies ist nur eine Handvoll moderner Juda-Böcke der offensichtlichsten Art. In *The Juda Goats - The Enemy Within* werden wir auf viele andere treffen, darunter auch heimtückischere Typen, die ihre Loyalität gegenüber der herrschenden Macht nicht so offen zur Schau stellen.

Und es gibt noch viele, viele andere...

„Der republikanische Elefant und der demokratische Esel fragen sich gegenseitig, was sie hier tun, als sie an der Wall Street ankommen, um die Spenden einzusammeln, die aus den Tresoren der „Trusts" strömen, um die Wahlkampfgelder der beiden großen politischen Parteien zu finanzieren. Diese klassische Karikatur aus dem Jahr 1904 zeigt, dass um die Jahrhundertwende die internationalen Finanzinteressen - insbesondere die Agenten der in Europa ansässigen Bankendynastie Rothschild - bereits eindeutig die Kontrolle über den politischen und wirtschaftlichen Prozess in den USA übernommen hatten.

Herren brauchen Leibeigene

Die Herren der Weltplantage brauchen Leibeigene, die bereit sind, ihre Erstgeborenen für die Teilnahme an verschiedenen militärischen Abenteuern im Ausland herzugeben.

Andernfalls kann der Nationalismus - der oft eine Antwort auf Unterdrückung ist, sei sie nun gefühlt oder tatsächlich vorhanden - nicht unterdrückt werden. Und das bedeutet, dass die Märkte nicht ausgebeutet werden können. Seit dem Vietnamkrieg ist in der Republik nicht alles zum Besten bestellt.

Die einfachen Leute sehen zu, wie die realen Gewinne sinken, während die Wall Street sich über den Stellenabbau in den Unternehmen freut, der die Aktienkurse in die Höhe schnellen lässt.

Sie sagen sinngemäß: „Wenn Sie Ihren Arbeitsplatz verlieren, ist das gut für uns".

Selbst die Milizionäre grüßen heute die Anti-Kriegs-Demonstranten der 1960er Jahre und bedauern, dass sie damals nicht zugehört haben.

In Ermangelung von „Kommunisten" beschreiben sich einige derjenigen, die einst die globalen Interessen der Wall Street unterstützten, indem sie ihre Erstgeborenen spendeten, nun als Patrioten und Populisten.

Viele von ihnen haben einen neuen Blick auf die internationale herrschende Klasse geworfen und eine lange, aber schwierige Tradition des isolationistischen und Anti-Establishment-Nationalismus wiederbelebt. Ein Großteil des politischen Denkens dieser neuen Patrioten ist unreif und es mangelt ihnen an Forschung und Gelehrsamkeit.

Trotzdem beschreibt sie die Welt besser als das, was von der Linken mit ihrem eigennützigen Beharren auf Multikulturalismus und politischer Korrektheit übrig geblieben ist.

Die von Patrioten kolportierten Verschwörungstheorien haben heute mehr objektive Bedeutung als die Gründe, die in den 1960er Jahren für unseren Einsatz in Vietnam angeführt wurden. Das ist eine Art Fortschritt.

-Daniel Brandt
NameBase Newsline
Juli-September 1995

DAS ZIEL DIESES BUCHES

Es wird diejenigen geben, die dieses Buch lesen und immer noch sagen...

Nun, Mr. Piper, Sie haben ein sehr gutes Buch geschrieben, und ich denke, Sie haben völlig Recht, was diese Judasböcke betrifft, die gute, patriotische Amerikaner in die Irre führen.

Auf der Seite So-und-so haben Sie So-und-so jedoch beschuldigt, ein Judasbock zu sein, und ich denke, dass Sie damit völlig falsch liegen. Er ist einer unserer besten Patrioten. Ich habe seinen Aufsatz in der Zeitschrift This-and-That gelesen und er hat einige sehr gute Dinge gesagt.

Ich kann mir kaum vorstellen, dass, wenn Soundso ein Ziegenbock aus Juda wäre, er so wunderbare Worte geschrieben hätte. Ich meine, wirklich, ich denke, dass Sie sich irren.

Diejenigen, die solche Dinge sagen, sind Lämmer, die reif zum Schlachten sind.

Es handelt sich nicht um ein Buch für schwache Nerven.

Wenn Sie das, was Sie gleich lesen werden, verwirrt und Sie nicht in der Lage sind zu erkennen, dass viele, die Sie als Ihre Freunde und Verbündeten betrachten, in Wirklichkeit Judas Ziegenböcke - der innere Feind - sind, dann *lesen Sie nicht weiter.*

Dieses Buch richtet sich an diejenigen, die einen offenen Geist haben, die schwierige Konzepte aufnehmen können, die erkennen können, dass nicht alles so ist, wie es scheint, und die bereit sind für den großen Kampf, der vor ihnen liegt.

Und mit etwas Glück werden einige Leute, die sich von The Juda Goats hätten täuschen lassen, schließlich ihren Fehler einsehen - bevor es zu spät ist.

Eine sehr persönliche Note des Autors...

Es fällt mir schwer, es zuzugeben, aber ich habe bei zwei meiner wichtigsten Vorhaben versagt. Seit meiner Schulzeit habe ich immer wieder vorausgesagt, dass aufgrund der voreingenommenen Nahostpolitik der Vereinigten Staaten, die das imperiale Israel auf Kosten der belagerten arabischen Staaten und Palästinenser begünstigt, unsere Nation schließlich Opfer eines Terroranschlags werden würde. Am 11. September 2001 geschah dies schließlich. Ich hatte unermüdlich daran gearbeitet, die Nahostpolitik zu reformieren, doch niemand beachtete meine Warnungen und 3000 Amerikaner starben.

Jahrelang habe ich mich auch bemüht, Amerika davon abzuhalten, im Namen Israels einen sinnlosen Krieg im Nahen Osten zu führen. Ich sah kein nationales Interesse daran, dass unsere Kinder zur Verteidigung Israels abgeschlachtet werden. Dennoch ist Amerika heute im Irak engagiert und es ist wahrscheinlich, dass wir unsere Jungen und Mädchen in den Kampf und in den Tod gegen andere arabische Staaten und gegen die Islamische Republik Iran schicken werden. Ich habe also wieder einmal versagt.

Heute wenden sich aufgrund der Abscheu vor der amerikanischen Politik (die anerkanntermaßen von der mächtigen zionistischen Lobby gesteuert wird) immer mehr Menschen auf der ganzen Welt gegen Amerika. Inzwischen wird vielen meiner amerikanischen Landsleute - insbesondere den Angehörigen unserer Soldaten - klar, dass es der zionistische Einfluss war, der zum Engagement der USA im Irak geführt hat.

Seit Jahren wird befürchtet, dass es zu einem weltweiten Aufstand gegen das jüdische Volk kommen könnte. Viele haben vor dem Aufkommen des „neuen Antisemitismus" gewarnt. Die Amerikaner und die Völker der Welt sind wütend über die Macht der reichen zionistischen Elite und ihr Bestreben, ein internationales Imperium zu errichten, indem sie die Ressourcen (und das Leben) der Vereinigten Staaten für ihre Ziele einsetzen. Es ist daher möglich, dass es zu einer weltweiten antijüdischen Rebellion kommt.

Und wenn das passiert, möchte ich, dass man sich an mich als den „amerikanischen Schindler" erinnert, der die guten Juden gerettet hat, die sich gegen Israels Untaten und alle zionistischen Intrigen wehrten. Und diese korrupten und käuflichen Politiker, Journalisten, Pädagogen und anderen Nichtjuden, die Israel unterstützt haben, weil sie dafür bezahlt wurden, weil sie erpresst wurden oder weil es ein „guter Karriereplan" war, werden ihre Köpfe in Schande aufhängen.

Anstatt den Juden zu erlauben, ihren gefährlichen rassistischen und suprematistischen Ansatz fortzusetzen, indem sie sich selbst als „Gottes auserwähltes Volk" bezeichnen, sollten sich die Amerikaner mit denen von uns zusammenschließen, die sich für die Integration des jüdischen Volkes in die Gemeinschaft der Nationen einsetzen.

Brechen wir das Rückgrat der zionistischen Lobby. Ändern wir die amerikanische Politik. Ich hoffe auf einen einzigen Erfolg, auch wenn ich an anderer Stelle versagt habe! Dieses Buch ist ein Versuch, eine Tragödie zu verhindern, und ich hoffe, dass alle guten Menschen etwas über die sehr realen Gefahren lernen können, die in Die Böcke Judas - Der innere Feind dargestellt werden.

JUDAS BÖCKE - DER INNERE FEIND

Das okkulte Symbol des Baphomet - eine allzu vertraute Figur mit Ziegenkopf, die häufig in satanischen Ritualen verwendet wird - ist auch als Ziegenbock von Juda bekannt. Hier wird der Bock von Juda als Ikone dargestellt, die über eine freimaurerische Einweihungszeremonie des schottischen Ritus aus dem 19. Jahrhundert herrscht, die diese böse Kraft zu vergöttlichen scheint.

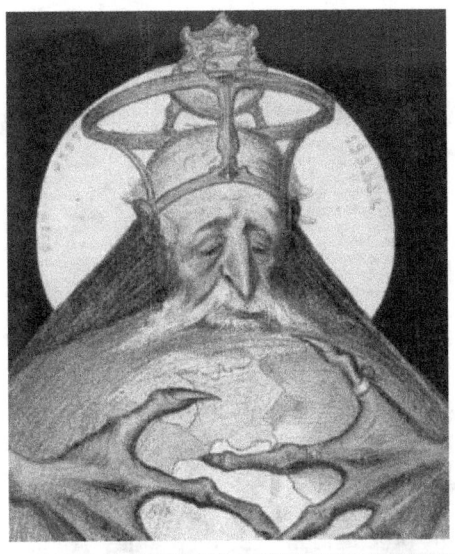

Diese französische Karikatur aus dem Jahr 1898, die den gekrönten Alphonse de Rothschild als gieriges Raubtier zeigt, das den Globus in seine Klauen nimmt, ist ein perfektes Beispiel dafür, wie die europäische Bankendynastie Rothschild ihre imperiale Hegemonie ausgeweitet hat. Im heutigen Amerika ist der Einfluss der Rothschilds - obwohl er überragend ist - weitgehend verborgen, da einige „angesehene" Familien und Finanzinstitute - die nicht alle jüdisch sind - als „Fassaden" der Rothschilds fungieren. Amerikaner (und andere), die es wagen, das Rothschild-Imperium (und die zionistische Sache) herauszufordern, werden Opfer von Tiefschlägen, Wirtschaftsboykott, Schikanen, Verfolgung und sogar strafrechtlicher Verfolgung.

Als die Rothschilds die Vorteile eines strategisch platzierten jüdischen Staates (in Palästina) als Basis für globale Machenschaften erkannten, wurden sie zu den größten Förderern des Zionismus. Edmond Rothschild, der heute als „Vater Israels" gilt, wird auf der israelischen Währung geehrt.

Ein Vorwort

Das Wer, Was, Wann, Wo, Warum und Wie der subversiven Kräfte, die Amerika dorthin gebracht haben, wo es heute steht...

Es wurde gesagt, dass die Niederlage Napoleons zum Aufstieg der internationalen Bankendynastie des Hauses Rothschild geführt hat. Man kann auch mit Recht sagen, dass Hitlers Niederlage nicht nur zur Konsolidierung der globalen Macht des Hauses Rothschild führte, sondern auch zu einem entsprechenden Rückgang des Nationalismus, mit der bemerkenswerten Ausnahme des jüdischen Nationalismus - bekannt als „Zionismus" -, der seinen stärksten Impuls in den Tagen nach dem Ende des Zweiten Weltkriegs erhielt.

Tatsächlich bemüht sich die zionistische Bewegung seit dem Zweiten Weltkrieg eifrig darum, die amerikanische Nationalbewegung und andere nationalistische Kräfte in der ganzen Welt auszuhöhlen. Die Wahrheit ist, dass zumindest in Amerika seit Mitte des 20. Jahrhunderts diejenigen, die sich selbst als „konservativ" bezeichnet haben, mit ansehen mussten, wie die konservative Bewegung (die traditionelle Basis des amerikanischen Nationalismus) von innen her infiltriert und zerstört wurde. Es war ein langwieriger Prozess, der aber schließlich zum Erfolg führte, wie die jüngste Geschichte und die aktuellen Ereignisse zeigen.

Während viele Autoren die Tentakel des Rothschild-Imperiums, das den Planeten umkreiste, Kriege, wirtschaftliche Verwüstungen und Revolutionen verursachte (und davon profitierte), gründlich erforscht haben, gab es - bislang - noch nie eine umfassende Untersuchung darüber, wie diese Dynastie (und die von ihr genährte zionistische Bewegung) darauf hinarbeitete, amerikanische Nationalisten zu vernichten, die sich ihrem ultimativen Ziel widersetzten, nämlich der Verwirklichung eines weltweiten Imperiums - der sogenannten „Neuen Weltordnung".

Heute sind die selbsternannten „Neokonservativen" - deren Führer ehemalige trotzkistische Kommunisten sind, die ihre Philosophie an die Erfordernisse der modernen Propaganda angepasst haben - die Vorhut der internationalen zionistischen Bewegung, die die höchsten politischen Entscheidungsebenen in den USA, der mächtigsten Nation der Welt, beherrscht.

Diese zionistischen Kräfte haben die Republikanische Partei weiterhin fest im Griff, und zwar durch ihren Einfluss in der Regierung von George W. Bush, der sie in Führungspositionen gebracht hat, und durch ihre Dominanz über Stiftungen, Denkfabriken und andere republikanisch orientierte Institutionen, die Einfluss auf die öffentliche Politik und die Geschäfte der Republikanischen Partei haben.

Natürlich war der Zionismus (und der Einfluss der Rothschilds) viele Jahre lang vor dem Aufstieg der „Neokonservativen" der Bush-Ära bereits fest in der Demokratischen Partei verankert, und zwar seit Mitte des 19. Jahrhunderts, als der Rothschild-Agent August Belmont den Posten des nationalen Vorsitzenden der Demokratischen Partei bekleidete.

Als direkte Folge dieses unheiligen Monopols herrscht der internationale Zionismus heute jedenfalls in (oder besser gesagt über) den beiden größten politischen Parteien der USA, ganz zu schweigen von seinem Einfluss auf unzählige andere politische Einheiten, Meinungsblätter, Think Tanks und andere Kräfte in der öffentlichen Arena.

Nur eine kleine Handvoll Menschen wagt es, Fragen über die Beherrschung des amerikanischen Systems durch eine ausländische Kraft, die sich nicht um die Interessen der USA schert, aufzuwerfen.

Der Prozess der Infiltration und Zerstörung der „konservativen" Bewegung - die historisch gesehen zumindest bis zur Mitte des 20. Jahrhunderts die Grundlage der amerikanischen Opposition gegen die Intrigen der internationalen plutokratischen Elite bildete - beinhaltete jedoch weit mehr als die Korruption der konservativen Philosophie.

Tatsächlich beinhaltete dieses unrühmliche Szenario auch den Einsatz von *Agent Provocateurs*, die von der US-Regierung bezahlt wurden und gemeinsam mit professionellen Infiltratoren und Subversiven agierten, die für „unabhängige" (d. h. ausländische) Geheimdienste arbeiteten, die auf amerikanischem Boden operierten.

Was tatsächlich geschah, war das klassische Szenario einer „Zangenbewegung", die den traditionellen amerikanischen Nationalismus ausgehöhlt und ausgeweidet zurückließ, kaum mehr als ein Überbleibsel einer Philosophie, die zuerst von amerikanischen Giganten wie George Washington, Thomas Jefferson, Andrew Jackson und einer ganzen Reihe anderer, die in ihre Fußstapfen traten, verkündet worden war.

Dieses Buch ist die allererste Studie dieser Art, die einen Rahmen bietet, um die Taktiken der Böcke von Juda, dieser Feinde im Inneren, zu verstehen und zu begreifen, wie und warum sie den zionistischen Traum vorantreiben konnten, nämlich die Herrschaft über das amerikanische

System zu beanspruchen und es als ihr militärisches und wirtschaftliches Werkzeug für die Eroberung der Welt zu nutzen.

Während also die traditionelle „konservative" Bewegung unterwandert und in eine internationalistische (im Gegensatz zum Nationalismus) Kraft umgewandelt wurde, gibt es immer noch überzeugte Nationalisten - einschließlich „Progressiver" und „Liberaler", die sich selbst als solche bezeichnen -, die weiterhin den richtigen Kampf führen. Dieser Band ist ein Handbuch für alle wahren Nationalisten, die den Weg zur Demokratie kennenlernen wollen.

Wenn es letztlich etwas gibt, das dieses Buch absolut klar machen sollte, dann ist es genau dies: Die alten Etiketten „links" und „rechts", „liberal" und „konservativ" müssen für immer aufgegeben werden.

Diese archaischen Etiketten führen nicht nur zu Spaltung und Problemen, sondern sind auch Teil eines großen Plans, das amerikanische Volk - und die Völker der Welt - zu spalten und sicherzustellen, dass die Kontrolle über unser Amerika - und die Nationen dieses Planeten - in den Händen einer gierigen, habsüchtigen und eigennützigen globalen zionistischen Plutokratie bleibt.

Vorwort...

Die seltsame Welt der Böcke von Juda - Der innere Feind

Selbst viele politisch versierte Amerikaner verstehen nicht, wie die Geheimdienste der US-Regierung und die mit ihnen verbündeten privaten Spionageorganisationen nicht nur Undercover-Agenten in „dissidente" Organisationen der „Linken" und „Rechten" einschleusen, sondern sogar „dissidente" Gruppen *gründen*, um die Dissidenten zu überwachen. Die Infiltration, Manipulation und schlichte Schaffung politischer Bewegungen durch die US-Regierung hat eine lange und schäbige Geschichte, die nicht in Amerika begonnen hat.

Darüber hinaus hat in einem etwas anderen, wenn auch sehr ähnlichen Bereich die Infiltration, Manipulation und schlichte Schaffung politischer Bewegungen in Amerika durch etablierte politisch-religiöse Kräfte wie den Zionismus und seine Verbündeten im trotzkistischen Bolschewismus eine wichtige Rolle bei der Gestaltung der modernen globalen Realitäten gespielt, insbesondere im Bereich der Auswirkungen auf das politische System der USA.

In der Tat ist es nicht übertrieben zu sagen, dass zionistische und trotzkistische Elemente über einen Zeitraum von etwa 50 Jahren für alle Zwecke die Kontrolle über das übernommen haben, was einst das traditionelle populistische und nationalistische Element war, das historisch als die „konservative" Bewegung in Amerika bekannt war.

Am häufigsten, wie wir sehen werden, arbeiteten zionistische und trotzkistische Elemente Hand in Hand mit dem Bundesnachrichtendienst und den Strafverfolgungsbehörden im Rahmen einer „Zangenbewegung", die darauf abzielte, abweichende Stimmen in Amerika einzudämmen. Während des gesamten 20. Jahrhunderts infiltrierten diese subversiven Elemente die politischen Entscheidungsträger, Geheimdienste und Strafverfolgungsbehörden der USA und nutzten diese Agenturen für ihre eigenen Zwecke.

Dieser Band ist ein umfassender historischer Überblick über diese heimtückischen Bemühungen, legitime politische Initiativen an der amerikanischen Basis - insbesondere innerhalb dessen, was man vage als

„nationalistische Bewegung" beschreiben könnte - durch den Einsatz von JUDA GOATS zu kontrollieren und/oder zu zerstören: falsche Führer, falsche Propheten, gierige Schutzgelderpresser und feindliche *provokative Agenten*, die alle den Interessen ihrer Manipulatoren hinter den Kulissen auf der höchsten Ebene der internationalen plutokratischen Elite dienen.

Letztendlich ist die lange Zeit geheime Rolle hochrangiger Kräfte bei der Manipulation „dissidenter" Stimmen eine brisante Geschichte, die die Schuldigen lieber nicht erzählen würden. Und es ist eine Geschichte, die, offen gesagt, für viele Amerikaner, vor allem auf der „Rechten", ziemlich beängstigend ist, die sich seit langem zu Recht Sorgen über mögliche Infiltrationen in ihren Reihen machen. Viele Amerikaner haben schon mehr als eine schlaflose Nacht damit verbracht, sich zu fragen, ob der freundliche Mann, der stets an den Treffen der örtlichen „patriotischen" Gruppe teilnimmt, in Wirklichkeit ein Informant der ADL, des FBI oder sogar der CIA ist.

Nach dem Attentat in Oklahoma City wurde immer mehr Menschen bewusst, dass es innerhalb der „Rechten" Regierungsagenten gibt. Beispielsweise sind diejenigen, die Nachforschungen angestellt haben, voll und ganz davon überzeugt, dass der deutsche Einwanderer Andreas Strassmeir ein Undercover-Agent war, der im Umfeld des verurteilten Bombenlegers Timothy McVeigh operierte. Dies warf auch Fragen darüber auf, warum der selbsternannte „nationalistische" Anwalt Kirk Lyons Strassmeir weiterhin verteidigte, was viele Menschen zu dem Schluss kommen ließ, dass Lyons ebenfalls eine Judasziege war. (Wir werden die Intrigen Strassmeir-Lyons auf diesen Seiten untersuchen).

Die Idee dahinter ist folgende: Judasböcke sagen und tun als „Tarnung" oft „das Richtige", um sich Freunde zu machen und Menschen zu beeinflussen. Infiltratoren und Informanten sind nicht unbedingt mit dem Ziel vor Ort, eine Organisation zu stören. Manchmal und meistens ist es ihr Ziel, herauszufinden, was die Organisation tut, mit wem ihre Führungskräfte in Kontakt stehen, ihre Adressliste und ihre internen Abläufe zu überwachen. Manchmal gelingt es den Infiltranten, ihren Einfluss innerhalb der Organisation A zu nutzen, z. B. um deren Ressourcen zu verwenden, um die Organisation B ins Visier zu nehmen oder zu stören.

Einige der Top-Agenten tragen tatsächlich viel zur Arbeit der eingeschleusten Organisation bei, indem sie Ideen, Beiträge und andere Dienste leisten. Gibt es schließlich einen besseren Weg, sich in eine Zielorganisation einzuschleichen, als ihr tatsächlich zu helfen

Verdeckte Ermittler tun und sagen die „richtigen" Dinge: Sie wären keine guten Verdeckten Ermittler, wenn sie es nicht täten. Sie müssen sich in die

Masse einfügen. Sie müssen den Eindruck erwecken, dass sie mit den Menschen, mit denen sie zu tun haben, „auf derselben Wellenlänge" sind. Sie müssen den Eindruck erwecken, dass sie die gleichen Überzeugungen teilen. Das Letzte, was ein Undercover-Mitarbeiter tun möchte, ist den Eindruck zu erwecken, dass er gegen den Strom schwimmt oder sich gegen die Ansichten der Gruppe, die er anvisiert, stellt.

Manchmal gehen Undercover-Personen sogar so weit, dass sie sich bemühen, „extrem" zu erscheinen, um ihre Zielpersonen von ihrer Aufrichtigkeit zu überzeugen - und manchmal gehen Undercover-Personen zu weit und lassen ihre Zielpersonen versehentlich wissen, dass die Dinge vielleicht nicht so sind, wie sie zu sein scheinen. Infiltratoren sind oft sehr gute und großzügige regelmäßige Finanzspender für die Organisationen, die sie ins Visier nehmen, und machen sich so (in einem sehr grundlegenden Sinne) wertvoll für die Organisation.

Tatsächlich war es zur Zeit der ersten Undercover-Einsätze des FBI im Rahmen von COINTELPRO ein alter Witz, dass die einzigen KKK-Mitglieder, die ihre Mitgliedsbeiträge pünktlich zahlten, die Informanten des FBI und der ADL innerhalb des Klans waren.

Andererseits hat Edward R. Fields, ein Veteran des amerikanischen Nationalismus, in seiner populären Zeitung *The Thunderbolt* enthüllt, dass das FBI, wenn es über in den KKK eingeschleuste Agenten verfügte, seine Informanten ( ) anwies, dass sie zwar öffentliche antischwarze Äußerungen machen durften, aber antijüdische Bemerkungen vermeiden sollten, was eine interessante Enthüllung darstellt.

Aber verstehen Sie diesen wichtigen Punkt nicht falsch: Obwohl wir uns ausführlich auf die Aktivitäten des FBI, der CIA und der ADL im Besonderen konzentrieren (gerade weil diese Körperschaften eine wichtige Rolle bei der Arbeit von Der innere Feind spielten), hat das Problem der Infiltration, Manipulation und Zerstörung der nationalistischen und Dissidentenbewegungen in den USA einen tief verwurzelten historischen und philosophischen Hintergrund.

Verwurzelt in den byzantinischen Konflikten zwischen den verschiedenen Elementen, die die (wenn auch oft widersprüchlichen) Zwillingskräfte des Zionismus und des Bolschewismus, insbesondere dessen trotzkistische Marke, die bis heute so einflussreich ist, beförderten, würden manche sagen, dass diese bösen Kräfte satanischer Natur sind und die Wurzel des Bösen in unserer heutigen Welt bilden. Kurz gesagt, alte (und gar nicht so alte) Kämpfe, die ursprünglich auf fremdem Boden ausgetragen wurden, mündeten auf dem amerikanischen Kontinent und werden heute innerhalb (und um) die traditionelle amerikanische nationalistische Bewegung neu gespielt.

Für die Zwecke unserer Panoramastudie sind die „Juda Goats - The Enemy Within" jedoch nicht einfach nur die Infiltratoren und Informanten einer Reihe von privaten und staatlichen Geheimdiensten.

Der innere Feind befällt auch die Medien (Zeitungen und Rundfunkanstalten). Einige sogenannte „Journalisten" erledigen die Drecksarbeit der Propaganda für die ADL und andere hochrangige Machtblöcke in der heutigen Welt. Auf diesen Seiten werden wir einige gekaufte und bezahlte Autoren kennenlernen, die eine lukrative Karriere gemacht haben, indem sie versucht haben, politisch Andersdenkende in Amerika zu stören und zu vernichten. Einige von ihnen haben sich als „konservativ" ausgegeben - andere nicht -, aber alle haben eines gemeinsam: Sie sind die Strohmänner der Medien für ihre zionistischen Auftraggeber.

Darüber hinaus definieren wir den inneren Feind auch als jene subversiven ideologischen Kräfte, die die traditionelle „konservative" Bewegung in den USA korrumpiert, verdreht und für ihre eigenen heimtückischen Zwecke umgestaltet haben. Insbesondere beziehen wir uns natürlich auf die heutigen sogenannten „Neokonservativen", die nichts anderes sind als trotzkistische Kommunisten der alten Schule, die ihre eigene Philosophie neu aufgerollt und umgestaltet haben, um sie an die Bedürfnisse der modernen Zeit anzupassen.

Zusammenfassend lässt sich sagen, dass der trotzkistische Kommunismus - der „Neokonservatismus" - heute die philosophische Hauptströmung des zionistischen Weltdenkens ist, zumindest sicherlich die einflussreichste, aufgrund ihrer Macht in den heutigen Vereinigten Staaten.

Mit all dem im Hinterkopf betreten wir die seltsame Welt von Juda Goats - The Enemy Within (Der innere Feind).

Der in Russland geborene kompromisslose jüdische Nationalist Vladimir „Ze'ev" Jabotinsky (1880-1940), der oft als „jüdischer Faschist" bezeichnet wird, wird von den trotzkistischen „Neokonservativen" verehrt, die heute die wichtigsten Kräfte im Weltzionismus darstellen und die militärische Macht der USA im Streben nach einem weltweiten Imperium ausnutzen: der neuen Weltordnung. In den 1920er Jahren etablierte sich Jabotinsky als einer der populärsten und einflussreichsten zionistischen Führer; heute wird auf der israelischen Währung an ihn erinnert (Kasten). Viele junge Absolventen von Jabotinskys militaristischen Betar-Brigaden (oben) wurden Mitglieder der berüchtigten Irgun, die mit ihren brutalen Angriffen auf britische Streitkräfte und arabische Zivilisten in Palästina als Pionier des modernen Terrorismus galt. Später wurden die Irgun und ihre Verbündeten zur Grundlage der heutigen „rechten" Fraktion des Likud in Israel. Obwohl die amerikanischen Medien den jüdischen Nationalismus verherrlichen, *werden alle anderen Formen des Nationalismus als Ursache für Krieg und Unterdrückung verunglimpft.*

Als Einleitung

Nationalismus: Die Welle der Zukunft - Das bevorzugte Ziel der globalen Kräfte des Zionismus und Internationalismus

THE JUDA GOATS-THE ENEMY WITHIN untersucht, wie internationalistische Kräfte die legitimen, authentischen und traditionellen nationalistischen Bewegungen in den Vereinigten Staaten im 20. In diesem Zusammenhang erscheint es angebracht, unsere Reise in diese unterirdische Welt der Spione und Subversion damit zu beginnen, dass wir zunächst genau definieren, was „Nationalismus" im amerikanischen Sinne ausmacht.

Der Nationalismus - in seinen verschiedenen Inkarnationen im Laufe der Geschichte und auf der ganzen Welt - war immer und wird sicherlich immer ein vorherrschender Faktor sein, der die Richtung der Menschheit diktiert.

Der Nationalismus und die Gegenmacht des Internationalismus bilden zusammen die Achse, um die sich die Ereignisse in unserer heutigen Welt drehen. Es gibt kaum einen Konflikt, egal wo auf der Welt, der nicht mit dem Kampf zwischen Nationalismus und Internationalismus zusammenhängt. Was ist also Nationalismus

Allein in Amerika hat das Wort „Nationalismus" für viele Menschen sehr unterschiedliche Bedeutungen, auch für diejenigen, die sich selbst als Nationalisten betrachten oder sich selbst der „nationalistischen Bewegung" zuordnen.

Die „nationalistische Bewegung" in Amerika war innenpolitisch immer sehr streitbar, philosophisch manchmal so zerfahren, dass es fast falsch erscheint, es zu wagen, das Phänomen als „nationalistisch" oder überhaupt als „Bewegung" zu beschreiben.

Es gibt viele klassische (wenn auch naive) „Rock-ribe-Republikaner", die sich - wenn auch in unangemessener Weise - als Nationalisten bezeichnen würden, indem sie zu Theodore Roosevelts Philosophie des „Big Stick" zurückkehren und sich an der Idee ergötzen, dass Uncle Sam seine Präsenz und seine beträchtliche militärische Macht auf der ganzen Welt spüren lassen sollte - ob Amerika nun Recht hat oder nicht. Für diese Leute ist das „Nationalismus" - aber das ist es natürlich nicht, obwohl die modernen „Neokonservativen", die sich an dem Gedanken ergötzen, Amerika zu benutzen, um die globale zionistische Agenda voranzutreiben, durchaus bereit waren, „TR" auszubeuten, als wäre er fast einer der ihren.

Im Gegensatz zu diesen „Neokonservativen" stellen viele andere Amerikaner - die wirklich Nationalisten im klassischen Sinne sind - die ganze Idee in Frage, dass die USA die Rolle des Weltpolizisten spielen sollten, indem sie Buschkriege führen und einen unbestimmten Traum von „Demokratie" vorantreiben, der heute zum Schlachtruf der neokonservativen (d. h. zionistisch-trotzkistischen) Intriganten geworden ist.

Tatsächlich sind die wahren amerikanischen Nationalisten im Gegensatz zu den „Neocons" (die wirklich in jeder Hinsicht „Arschlöcher" sind) die modernen Erben einer traditionellen (und ironischerweise weitgehend auf der Republikanischen Partei basierenden) amerikanischen Philosophie, die der verstorbene Senator Arthur Vandenberg (R-Mich.) ankündigte, als er behauptete: „Nationalismus - und nicht Internationalismus - ist das unverzichtbare Bollwerk der amerikanischen Unabhängigkeit".

In seinem heute vergessenen, aber immer noch aktuellen Werk *The Trail of a Tradition* (G. P. Putnam's Sons, New York, 1926) versuchte Vandenberg, die amerikanische nationalistische Tradition im Kontext des weltweiten Engagements der Vereinigten Staaten zu definieren, von der Zeit unserer Gründerväter bis zur Ära Woodrow Wilsons und dem Versuch, mithilfe des gescheiterten Völkerbunds ein Weltregime durchzusetzen.

Letztendlich machte Vandenberg selbst natürlich eine bemerkenswerte Wandlung durch - größtenteils, wie es scheint, weil er von britischen Geheimdienstlern erpresst und anderweitig „beeinflusst" wurde - und wechselte ins internationalistische Lager, wo er zum erklärten Fürsprecher einer ungehinderten Beteiligung der USA am Weltgeschehen wurde. In seinen frühen Jahren gehörte Vandenberg jedoch zu dem, was man zu Recht als das eigentliche „nationalistische" Lager bezeichnen könnte, das im Bereich des amerikanischen politischen Denkens einen großen Teil des Territoriums einnahm.

Ein weiterer Bereich, in dem sich „Nationalisten", die sich selbst als solche bezeichnen, zu trennen scheinen, ist die stets wichtige Frage des Handels. Der Konflikt zwischen echtem Nationalismus und der internationalistischen und imperialen Perversion des „Nationalismus" ist ein wesentlicher Bestandteil der Debatte. Freihandel versus Protektionismus (wie von traditionellen Nationalisten vertreten) stellt ein sehr reales Dilemma für die selbsternannten „Konservativen" in den Reihen der Republikanischen Partei dar, z. B., die sich einerseits als „Nationalisten" verstehen und sagen, sie seien für „Amerika zuerst", aber in Wirklichkeit auf dem Altar des Freihandels daran arbeiten, die amerikanische Souveränität den multinationalen Handelsorganisationen und globalen Finanzkonglomeraten zu opfern. Es besteht also eine grundlegende Diskrepanz zwischen dem freien Handel und der nationalen Souveränität.

Tatsache ist, dass der Freihandel historische Verbindungen nicht nur mit dem britischen Imperialismus und dem globalen Superkapitalismus hat, sondern auch mit dem großen Feindbild der amerikanischen Konservativen: dem Kommunismus selbst. 1848 befürwortete Karl Marx, der Vater des Kommunismus, den Freihandel, weil er, wie er sagte, „die alten Nationalitäten zerschlägt und die Antagonismen des Proletariats [Arbeiter] und der Bourgeoisie [Kleinunternehmer] auf den Höhepunkt treibt".

Laut Marx „beschleunigt das Freihandelssystem die soziale Revolution". Kurz gesagt: Die modernen Konservativen, die den Freihandel unterstützen, unterstützen in Wirklichkeit ein zentrales Prinzip des Marxismus. Sind diese „Konservativen" also wirklich „Nationalisten" im klassischen Sinne? Es scheint, dass sie es nicht sind.

Das bringt uns zur Definition von Nationalismus...

Das Wort „Nationalismus" - und das allgemeine Geschichtswissen, das den Begriff des Nationalismus umgibt - weckt negative Bilder in den Köpfen der Menschen - größtenteils gebildete Menschen, größtenteils politisierte Menschen -, die sich die Mühe machen, über das Thema nachzudenken.

Für den durchschnittlichen Schüler (in der Oberstufe oder an der Universität), der wenig akademische Energie auf die Bereiche Geschichte oder Politikwissenschaft verwendet - den durchaus vernünftigen Anwärter auf den Beruf des Füsiliers, Architekten oder Buchhalters, der keinen Wunsch hat, sich politisch zu betätigen - kann das Wort „Nationalismus" sogar die absolute und umfassende Definition des Bösen heraufbeschwören, wie sie von der heutigen Gesellschaft und Kultur wahrgenommen und in den Massenmedien endlos wiederholt wird:

> *NATIONALISMUS: Adolf Hitler, das Dritte Reich, der deutsche Militarismus, die Konzentrationslager, sechs Millionen unschuldige Juden - vielleicht sieben oder acht Millionen oder sogar elf Millionen -, die in die Gaskammern getrieben und anschließend in Gasöfen verbrannt wurden. Wir dürfen auch die japanischen Kamikaze-Kampfpiloten und Tojo nicht vergessen.*

Aus einem Comic oder einem Hollywood-Drama entnommen, fasst dies im Wesentlichen die gängige Wahrnehmung - in der Tat die mehr oder weniger „offizielle" Definition - dessen zusammen, was „Nationalismus" ausmacht.

Und das ist kein Zufall. Die populäre und akademische Geschichtsschreibung sowie die Autorität und Macht, zu definieren, was „Nationalismus" ist, wurden kooptiert und werden seitdem - zumindest in der zweiten Hälfte des 20. Jahrhunderts und insbesondere in der angloamerikanischen Welt - von Personen und Institutionen dominiert, die dem Nationalismus in all seinen Spielarten und Formen eindeutig feindlich gegenüberstehen.

Es handelt sich um eine direkte Folge der zunehmenden Konzentration des Medienbesitzes in den Händen einer Elite, eng verbundener Familien und Finanzgruppen, die von der internationalistischen Politik profitieren. Dabei handelt es sich keinesfalls um eine „Verschwörungstheorie". Professor Ben Bagdikian, ein prominenter Medienkritiker, fasst die Situation in seinem Buch *The Media Monopoly (Das Medienmonopol)* treffend zusammen:

> Die [Medien-]Lords des globalen Dorfes haben ihre eigene politische Agenda. Alle wehren sich gegen wirtschaftliche Veränderungen, die nicht ihre eigenen finanziellen Interessen unterstützen. Gemeinsam üben sie eine homogenisierende Macht über Ideen, Kultur und Handel aus, die mehr Menschen betrifft als je zuvor in der Geschichte. Weder Cäsar noch Hitler, Franklin Roosevelt oder ein Papst hatten so viel Macht, die Informationen zu formen, auf die so viele Menschen angewiesen sind, um Entscheidungen zu allen möglichen Themen zu treffen, von wem sie wählen sollen bis zu was sie essen sollen...
>
> Die Monopolmacht beherrscht viele andere Branchen, und die meisten von ihnen genießen eine Sonderbehandlung durch die Regierung. Doch die Mediengiganten haben zwei enorme Vorteile: Sie kontrollieren das öffentliche Bild der nationalen Führer, die folglich die politischen Programme der Medienmagnaten fürchten und begünstigen; und sie kontrollieren die Nachrichten und die Unterhaltung, die dazu beitragen, die sozialen, politischen und kulturellen Einstellungen von immer mehr Menschen festzulegen...

Im Zuge dieses äußerst bedauerlichen Phänomens - der Monopolisierung der Macht, zu erziehen und zu informieren - wurden heute die tatsächliche Natur und Substanz dessen, was „Nationalismus" wirklich ausmacht, verzerrt. So wurden die modernen Bemühungen, die Sache des Nationalismus zu verstehen, zu definieren und voranzutreiben, auf das verwiesen, was die Meister der Medien vage als „die Ränder" bezeichnen.

Jahrhunderts wurde der einzige nennenswerte unabhängige Versuch, den Begriff Nationalismus zu definieren - zumindest im historischen Kontext der USA - von einem gewissen Willis A. Carto, der in Indiana geborene Gründer einer in Washington ansässigen Institution, die unter dem Namen Liberty Lobby bekannt ist und eine auflagenstarke nationale Wochenzeitung namens *The Spotlight* herausgibt.

Obwohl *The Spotlight* 2001 durch einen politisch motivierten Prozess, der von einem Bundesrichter bestätigt wurde, in den Bankrott getrieben und zerstört wurde, erwies es sich während seiner Blütezeit als die vielleicht wichtigste und wirkungsvollste Stimme des traditionellen amerikanischen Nationalismus - genau der Grund, warum die Freischärler-Zeitung ins Visier genommen wurde, um ausgeweidet zu werden.

Carto, der spätere Gründer von Liberty Lobby, überlebte die Verletzungen, die ihm die Japaner bei brutalen Kämpfen im Pazifik während des Zweiten Weltkriegs zugefügt hatten, und kehrte nach Hause zurück. Im Gegensatz zu vielen Veteranen, die der offiziellen Propaganda Glauben schenkten, begab er sich auf seine eigene Forschungsreise, um Antworten auf das „Wie" und „Warum" der Beteiligung der USA an diesem völkermörderischen Weltbrand zu finden.

Letztendlich kam Carto dazu, die Notwendigkeit des Engagements der USA nicht nur im Zweiten Weltkrieg, sondern in praktisch jedem Krieg des 20. Jahrhunderts in Frage zu stellen. Tatsächlich warf Carto, lange bevor dies politisch populär wurde - und sicherlich im Gegensatz zu vielen Mitgliedern der traditionellen „Rechten" -, Fragen zur Intervention der USA in Südostasien auf, während die konventionellen „Liberalen des Kalten Krieges" weiterhin auf eine stärkere Beteiligung der USA in der Region drängten, was schließlich zum Debakel in Vietnam führte.

Da er sich selbst nie anders als ein Nationalist sah, bemühte sich Carto, die Linien und Unterscheidungen zwischen dem amerikanischen „Konservatismus" der republikanischen Tendenz und dem traditionellen Nationalismus zu ziehen.

In Ablehnung dessen, was er für die müden, abgenutzten und völlig unangemessenen Konzepte „rechts" und „links" hielt, setzte sich Carto über die Liberty Lobby energisch für die Entwicklung einer blühenden nationalistischen Bewegung ein, wobei er sich insbesondere auf die Gefahren des Internationalismus konzentrierte und den Nationalismus in den Mittelpunkt des allgemeinen Rahmens einer von Thomas Jefferson veranschaulichten populistischen amerikanischen Philosophie und eines Ansatzes für die Außenbeziehungen (insbesondere) stellte, wie ihn George Washington in seiner Abschiedsrede definierte.

Das Buch von Carto, *Populism vs. Plutocracy: The Universal* Struggle, fängt die Essenz von Cartos nationalistischer Sichtweise ein, indem es über die monumentalen Figuren des amerikanischen Populismus und ihre besonderen Beiträge zum nationalistischen Denken reflektiert: Staatsmänner wie Jefferson und Jackson, progressive Burner wie Robert LaFollette und Burton Wheeler, den berühmten Radiopriester Father Charles Coughlin, den Sprecher des America-First-Komitees Charles Lindbergh, den nationalistischen Senator Robert Taft und intellektuelle Giganten wie Lawrence Dennis, zweifellos der erste amerikanische Nationalismustheoretiker des 20. Jahrhunderts.

Die Ansichten dieser Männer - und vieler anderer Giganten - bildeten die Grundlage für die nationalistische Philosophie, die Carto in den fast 50 Jahren seines aktiven Engagements in der öffentlichen Arena der USA auf jede erdenkliche Weise über eine Vielzahl von ihm zur Verfügung stehenden Medien zur Geltung gebracht hat.

Carto betonte, dass das Festhalten an Washingtons Worten der Weisheit nicht nur die Mittel für Amerikas ruhige Beziehungen zu seinen nahen und fernen Nachbarn liefere, sondern auch eine Grundlage für den Aufbau einer starken Nation, die in der Lage sei, ihre eigene innere Stabilität zu sichern.

Vielleicht mehr als jeder andere Amerikaner, einschließlich Washington selbst, nutzte Barto die beträchtlichen Kommunikationsmittel, die ihm zur Verfügung standen, um Washingtons Warnungen wieder und wieder zu wiederholen

> Ebenso bringt die leidenschaftliche Zuneigung einer Nation zu einer anderen eine Vielfalt von Übeln hervor. Die Sympathie für die bevorzugte Nation, die die Illusion eines eingebildeten gemeinsamen Interesses in Fällen erleichtert, in denen es kein wirkliches gemeinsames Interesse gibt, und der einen Nation die Feindschaft der anderen einflößt, verrät die erstere in der Beteiligung an den Streitigkeiten und Kriegen der letzteren ohne angemessene Anreize oder Rechtfertigungen. Sie führt auch dazu, dass der bevorzugten Nation Privilegien zugestanden werden, die anderen verweigert werden, was der Nation, die die Zugeständnisse macht, doppelt schaden kann, indem sie sich unnötigerweise von dem trennt, was hätte beibehalten werden sollen, und Eifersucht, bösen Willen und die Bereitschaft zur Vergeltung bei den Parteien weckt, denen gleiche Privilegien verweigert werden; und sie gibt ehrgeizigen, korrupten oder betrogenen Bürgern, die sich der Lieblingsnation verschrieben haben, die Leichtigkeit, die Interessen ihres eigenen Landes zu verraten oder zu opfern, ohne Abscheu, manchmal sogar mit Popularität; indem sie mit dem Schein eines tugendhaften Pflichtgefühls, einer lobenswerten Ehrfurcht vor der öffentlichen Meinung oder eines lobenswerten Eifers für das

öffentliche Wohl die niedrige oder dumme Konformität von Ehrgeiz, Korruption oder Verliebtheit vergoldet.

Gegen die heimtückischen Tricks des ausländischen Einflusses (ich beschwöre Sie, mir zu glauben, liebe Mitbürger) sollte der Neid eines freien Volkes ständig wachsam sein, denn die Geschichte und die Erfahrung beweisen, dass der ausländische Einfluss einer der fürchterlichsten Feinde der republikanischen Regierung ist. Aber diese Eifersucht muss, um nützlich zu sein, unparteiisch sein, sonst wird sie zum Werkzeug eben jenes Einflusses, den es zu vermeiden gilt, anstatt eine Verteidigung gegen ihn zu sein.

Übermäßige Voreingenommenheit für eine fremde Nation, übermäßige Abneigung gegen eine andere bewirken, dass die, die sie erziehen, die Gefahr nur von einer Seite sehen, und dienen dazu, die Künste des Einflusses von der anderen Seite zu verschleiern und sogar zu unterstützen.

Die wahren Patrioten, die den Intrigen der Favoritin widerstehen können, laufen Gefahr, verdächtig und abscheulich zu werden, während ihre Werkzeuge und Düpierten den Applaus und das Vertrauen des Volkes an sich reißen, um ihre Interessen abzutreten.

Die wichtigste Verhaltensregel, die wir in Bezug auf fremde Nationen befolgen müssen, ist, dass wir bei der Ausweitung unserer Handelsbeziehungen so wenig politische Beziehungen wie möglich mit ihnen eingehen. Soweit wir bereits Verpflichtungen eingegangen sind, sollen diese in vollkommenem guten Glauben erfüllt werden.

Unsere eigentliche Politik besteht darin, ein dauerhaftes Bündnis mit irgendeinem Teil der fremden Welt zu vermeiden.

Im Geiste Washingtons argumentierte Carto, dass wahre Nationalisten - aller Nationen - an die Entwicklung und Stärkung ihrer Nation von innen heraus glauben, an die Wahrung der Integrität ihres kulturellen Erbes und ihrer historischen souveränen Grenzen und daran, dass die Interessen ihrer eigenen Nation Vorrang haben. Nationalisten zetteln keine imperialistischen Kriege an, sondern respektieren die nationalistischen Instinkte anderer.

Die internationalistischen und profitorientierten Plutokraten, so Carto, verurteilen den Nationalismus, weil er ihr Profitstreben und ihr Ziel, alle Nationen in einer „Weltplantage" unter ihrer Herrschaft untergehen zu lassen, beeinträchtigt.

Carto zufolge ist der Internationalismus ein naiver istes Idealtraum, wonach die Ausrottung aller nationalen und rassischen Grenzen den Weg zu einem Weltfrieden ebnen würde, in dem alle Menschen für immer glücklich leben würden - ein chimärischer Traum von Dichtern und religiösen Führern seit Jahrtausenden.

In seiner konkreten Anwendung kann der Internationalismus nur Verwirrung, Spannungen, Anarchie und Gewalt hervorbringen. Die Plutokraten benutzen den Internationalismus, um nationale Grenzen abzuschaffen und den Multikulturalismus zu fördern, ein wesentlicher Schritt zur Vollendung ihrer Welteroberung und der formellen Errichtung ihres globalen Superstaates, der Weltplantage, die oft als „Neue Weltordnung" bezeichnet wird - sowohl von den nationalistischen als auch von den Internationalisten.

Carto sagt es ganz einfach: Das Konzept der Neuen Weltordnung ist nichts anderes als der Wunsch nach einer Weltregierung unter Führung der Plutokraten, die darin ein Mittel sehen, sich aller natürlichen Ressourcen der Erde zu bemächtigen und alle Völker effektiv einer internationalen Bürokratie zu unterwerfen, die von der Finanzelite ausgewählt und kontrolliert wird.

Wie dem auch sei, Cartos Einfluss auf die philosophischen Grundlagen der amerikanischen nationalistischen Bewegung war (und ist) unbestreitbar. Als Pat Buchanan, eine langjährige Figur der Republikanischen Partei und gewerkschaftlich organisierter Kolumnist, begann, sich als ernsthafter und - aus nationalistischer Sicht - prominenter Kritiker der wachsenden internationalistischen Tendenz in den Reihen der Republikaner zu profilieren, erkannten die führenden Medien des Landes - wenn auch widerwillig - an, dass es Carto und die Liberty Lobby waren, die den Weg für Buchanans Aufstieg mit geebnet hatten.

Es war Pat Buchanan - ehemals eine „Mainstream"-Figur -, der begann, an die Rhetorik und die historischen Grundlagen anzuknüpfen, die durch Cartos frühere Arbeiten bewahrt worden waren, und so zumindest eine Buchanan-Version des „Nationalismus" in die politische Arena der USA einführte, als er sich nacheinander für die Nominierung der Republikanischen Partei für die Präsidentschaftswahlen bewarb. Bereits am 26. Juni 1995 begann die progressive Wochenzeitung *The Nation*, den neuen Populismus und Nationalismus, der Buchanans Kampagne antrieb, zur Kenntnis zu nehmen. In der Beschreibung einer Versammlung Buchanans in New Hampshire betonte *The Nation*, dass

> Als sie gebeten wurden, das Thema zu nennen, das sie an Buchanan am meisten berührte, nannten eine Reihe von ihnen den wirtschaftlichen Nationalismus seiner Kreuzzüge gegen NAFTA und GATT. Buchanan prangerte Handelspakte an, von denen transnationale Konzerne auf Kosten der amerikanischen

Arbeitnehmer profitieren und die die Souveränität der USA an ein internationales Establishment abgeben, dem man nicht trauen kann, wodurch linker und rechter Populismus miteinander verschmolzen.

The Nation vertiefte Buchanans neue Ausrichtung

In New Hampshire zeigte sich Buchanans Wirtschaftspopulismus zum ersten Mal. Als er 1992 in diesem Bundesstaat Wahlkampf machte, traf er auf Menschen, die von der Rezession betroffen waren.

Buchanan war durch seine rechtsextreme Abscheu vor Präsident Bushs Entscheidung, eine Maßnahme für Bürgerrechte zu unterzeichnen und die „read-my-lips"-Erklärung [gegen neue Steuern] zurückzunehmen, in dieses Rennen katapultiert worden. Doch als Buchanan durch den Granite State reiste, entdeckte er die wirtschaftliche Dislokation - hart arbeitende Amerikaner, die aus ihren gut bezahlten Jobs vertrieben werden. Er kam zu dem Schluss, dass die Globalisierung und die Handelspolitik der USA daran schuld seien.

Seitdem hat er die großen Banken und Konzerne angegriffen, die diese arbeitsplatzexportierenden Handelsabkommen anstreben und eine Schar von Lobbyisten finanzieren, die dafür sorgen, dass die Handelsabkommen vom Kongress verabschiedet werden. Er ist der einzige republikanische Kandidat, der den Rückgang der Reallöhne, der das Amerika der mittleren Einkommen getroffen hat, erkennt und anpackt.

Damit fügt Buchanan den sozialen Konservativen seiner „Buchanan-Brigaden" neue Truppen hinzu. Wütend auf die Japaner? Darf Ihr Kind in der Schule nicht beten? Buchanan schweißt Wahlkreise zusammen.

Als einziger in der GOP attackiert er Washington sowohl als das Establishment, das eine liberale säkulare Ordnung fördert, als auch als das Establishment, das die korporatistische Neue Weltordnung vorantreibt. Obwohl er auch ein gläubiger Katholik im Dienste eines konservativen sozialen und religiösen Establishments ist, kommt Buchanan einem echten Populisten im Rennen von 1996 bis heute am nächsten.

Auch die politische „Rechte" erhob sich und nahm Buchanans offensichtlichen Wandel zur Kenntnis. Am 27. November 1995 äußerte der „konservative" *Weekly Standard, der von* dem Milliardär Rupert Murdoch *finanziert* und von William Kristol herausgegeben wird, dem Anführer der selbsternannten Clique der „Neokonservativen", die nichts weniger wollen, als den zionistisch dominierten US-Imperialismus voranzutreiben, seine eigenen Bedenken über Buchanans nationalistische Angriffe auf die herrschende Elite. *Der Standard* behauptete

> In einem zunehmend konservativen Amerika gibt es eine politische Persönlichkeit, die sich der Welle der Geschichte widersetzt. Dieser Mann prangert immer die großen Banken und multinationalen Konzerne an. Er stellt die Interessen der amerikanischen Arbeiter immer noch über die des sogenannten internationalen Handelssystems. Er weigert sich sogar, jede Kürzung der Großzügigkeit der großen Ausgabenprogramme für die Mittelschicht in Betracht zu ziehen. Er weigert sich sogar, eine Reduzierung der Großzügigkeit der großen Ausgabenprogramme für die Mittelschicht, wie Medicare und die Sozialversicherung, in Betracht zu ziehen. Dieser Mann ist Patrick J. Buchanan, der letzte amerikanische Linke...

Mit der Feststellung, dass Buchanan seine traditionelle Position zu sozialen Fragen beibehielt, betonte *The Standard* anschließend, dass

> Seine Wahlkampfreden betonten neue, packende Themen: die unmittelbare Bedrohung durch eine Weltregierung, die Gier der internationalen Banken, die Macht von Zöllen, um die Verschlechterung der Löhne der Arbeiter aufzuhalten, die Dringlichkeit, die Krankenversicherung in einer Form zu erhalten, die der heutigen nahe kommt.

> Das hat nichts mit dem konservativen Republikanismus der Reagan-Ära zu tun. Es ähnelt vielmehr der militanten und ressentimentgeladenen Rhetorik der populistischen Demokraten seit William Jennings Bryan. Die Abneigung, die zeitgenössische Demokraten gegenüber Buchanan empfinden, offenbart nur, wie weit sich diese Partei von ihrer eigenen Vergangenheit entfernt hat.

Der Standard beschuldigte Buchanan, die „traditionellen" Positionen der konservativen Republikaner aufgegeben und damit begonnen zu haben, die republikanische Partei in eine nationalistische Richtung zu lenken (oder zumindest *zu versuchen, dies zu* tun)

> Die wichtige Frage für traditionelle konservative Republikaner ist, wie weit es Buchanan erlaubt sein soll, die Partei mitzunehmen. Buchanans erfolgreiche Kampagne von 1992 hat bereits damit begonnen, die republikanische Partei in Richtung einer restriktiveren Haltung zur Einwanderung und einer wesentlich härteren Linie zur positiven Diskriminierung umzuorientieren...

> Sollte sie aufgenommen werden oder nicht? Im Jahr 1992 fiel es

vielen Konservativen furchtbar schwer, sich zu entscheiden... Diesmal jedoch sollte die Entscheidung leichter fallen. Die Konservativen müssen erkennen, dass Buchanans Politik... etwas Neues ist: ein Populismus, der geformt wurde, um die politischen Chancen zu nutzen, die sich durch schrillen Multikulturalismus und stagnierende Löhne für weniger qualifizierte Arbeiter bieten...

So wie sich die Dinge entwickeln, ist es wahrscheinlich nur eine Frage der Zeit, bis Buchanan selbst die rasch wachsende Distanz zwischen seiner Politik und der des konservativen Mainstreams erkennt. Sein Freund und Kolumnistenkollege Sam Francis, dessen Ideen Buchanan zunehmend aufgreift, hat bereits das Wort „konservativ" auf der Website aufgegeben. Die Gefahr besteht nicht so sehr darin, dass Buchanan den Konservatismus übernimmt, sondern vielmehr darin, dass seine etatistischen und populistischen Ideen rückwärts in den Konservatismus einsickern, selbst nachdem er ihn verlassen und ein **unbekanntes** ideologisches Ziel angesteuert hat...

Zu diesem Zeitpunkt hatte die von Murdoch finanzierte Stimme des Internationalismus Buchanan offiziell den Krieg erklärt und ihn aus den Reihen der „konservativen" Republikaner gestrichen:

> Buchanan hat nie gezögert zu kämpfen, und Republikaner, die sich gegen ihn stellen, sollten ebenfalls nicht zögern, dies zu tun. Republikaner, die an den Traditionen des Nachkriegskonservatismus festhalten, die Buchanan ablehnt - eine kleine Regierung und die globale Führungsrolle der USA - müssen deutlich machen, dass sie den immensen Unterschied zwischen seiner und ihrer Politik genauso gut verstehen wie Buchanan. Er hat sich von den Grundüberzeugungen abgewandt, die den amerikanischen Konservatismus in den letzten 40 Jahren bestimmt haben, und die Konservativen sollten sich nicht scheuen, dies zu sagen. Schließlich sind es, um Ronald Reagan zu paraphrasieren, nicht wir, die Pat Buchanan verlassen haben, sondern Pat Buchanan, der uns verlässt.

Mit anderen Worten: Pat Buchanan würde, wenn er zum Präsidenten gewählt würde, die Republikanische Partei in das internationalistische Lager überführen, und das ist das Letzte, was diese „konservative" Stimme erleben möchte.

Letztendlich trat Buchanan aus der Republikanischen Partei aus und entschied sich, im Jahr 2000 als Kandidat der Reformpartei anzutreten. Letztendlich scheiterte die Buchanan-Bewegung jedoch und scheiterte schwer. Die nationalistische Bewegung in den USA erhielt mit Buchanans katastrophalen Ergebnissen bei dieser Wahl einen schweren Schlag in Bezug auf die Wahlen. Die Nationalisten blieben auf der Strecke, während Buchanan in die Welt der großen Medien zurückkehrte. Inzwischen versucht die nationalistische Bewegung - die wahre nationalistische Bewegung - nicht nur, sich zu verjüngen, sondern auch, die Führung zu übernehmen.

Ironischerweise ist die stärkste Kraft, die sich dem traditionellen amerikanischen Nationalismus entgegenstellt, der Zionismus. Obwohl sich der Zionismus an sich als jüdischer Nationalismus definiert, der auf die Errichtung eines jüdischen Staates abzielt, der schließlich 1948 mit der Gründung Israels entstand, ist die Wahrheit, dass der Zionismus im Wesentlichen eine internationale Bewegung von großer Reichweite und Macht ist, für die Israel kaum mehr als die geistige (wenn auch geografisch spezifische) Hauptstadt ist.

In diesem Zusammenhang haben wir in dem früheren Buch des Autors, *Das neue Jerusalem*, die frappierende Tatsache untersucht, dass die zionistische Bewegung - für alle Zwecke - im Wesentlichen die Vereinigten Staaten - durch die bloße Kraft finanzieller und politischer Macht - als ihre Hauptoperationsbasis angenommen hat und das US-Militär (meist gegen den Willen der militärischen Führung) einsetzt, um ein globales Imperium durchzusetzen, das darauf ausgelegt ist, die Macht Israels (und die zionistische Agenda) auf der Weltbühne zu fördern.

So kam eine relativ kleine Gruppe von Intriganten - die „Neokonservativen" (die in dem anderen früheren Band des Autors, *Die Hohepriester des Krieges*, ausführlich untersucht wurden) - in Amerika an die Macht und tat alles, was in ihrer Macht stand, um die zionistische Sache voranzutreiben.

So wie die Dinge stehen, können selbst die schärfsten Kritiker des Zionismus und der israelischen Untaten das nicht verstehen, aber die Wahrheit ist, dass der Nahostkonflikt zwischen Israel und der arabischen Welt nur ein Teil der globalen zionistischen Agenda ist, deren Reichweite unbegrenzt ist: Es ist kein Zufall, dass die zionistische Philosophie lehrt, dass Israel - im Sinne des jüdischen Volkes - keine Grenzen hat.

Es ist auch kein Zufall, dass die amerikanischen Neokonservativen intellektuelle Schüler des Hardcore-Zionisten und Ideologen Vladimir Jabotinsky - oft als „der jüdische Faschist" bezeichnet - sind, der 1935 in einem Interview freimütig erklärte: „Wir wollen ein jüdisches Reich": „Wir wollen ein jüdisches Reich". Obwohl Jabotinsky 1940 starb, führen seine ideologischen Erben seine Fackel weiter, vielleicht mit mehr Kraft, als Jabotinsky sich je hätte träumen lassen.

Die Intrigen des Zionismus auf amerikanischem Boden waren

außerordentlich gut kalkuliert und operierten auf vielen Ebenen und durch viele verschiedene Mechanismen. Auf den Seiten von *The Juda Goats - The Enemy Within* untersuchen wir die unrühmliche Geschichte des zionistischen Bestrebens, die amerikanische Nationalbewegung zu infiltrieren, zu untergraben, zu unterwandern und/oder zu übernehmen, um sie zu unterdrücken und damit zu zerstören.

Doch seien Sie versichert, dass die Amerikaner mit dieser Bedrohung nicht allein sind. Andere nationalistische Bewegungen widersetzen sich der zionistischen Macht auf dem ganzen Planeten, von Moskau bis Caracas, von Kiew bis Kuala Lumpur: überall dort, wo informierte Menschen es wagen, frei zu denken und weiterhin ihre Meinung zu äußern.

Daher sei Folgendes angemerkt: Die Feinde des Nationalismus könnten genauso gut mit einer grundlegenden Tatsache konfrontiert werden: Ob wir es wollen oder nicht, hier in Amerika und in der ganzen Welt ist der Nationalismus die Welle der Zukunft.

Es gibt keine Möglichkeit, ihn zu stoppen.

Lassen Sie uns nun einen Schritt weitergehen und genau untersuchen, wer die Böcke Judas sind - und waren - und inwiefern sie wirklich der innere Feind Amerikas sind. Machen Sie sich auf eine sehr hässliche, aber faszinierende Geschichte gefasst.

1981 erhielt der bekannte amerikanische Autor Eustace Mullins (links) 500 Seiten zuvor als geheim eingestufter Akten, die das FBI über Mullins, einen patriotischen Amerikaner, aufbewahrt hatte und die bis ins Jahr 1951 zurückreichten. Obwohl viele Seiten angeblich aus Gründen der „nationalen Sicherheit" bereinigt - geschwärzt - wurden, zeigen diese erstaunlichen Akten eindeutig, dass das FBI Mullins ins Visier nahm, um ihn gerade deshalb zu vernichten, weil er die zionistische Macht in Amerika kritisiert hatte, insbesondere seine entscheidende Darstellung über die Kontrolle des Systems der US-Notenbank durch die Rothschild-Bankendynastie.
Aus den Akten geht hervor, dass das FBI sogar erwogen hatte, Mullins zum Schweigen zu bringen, indem es ihn in eine Irrenanstalt einweisen ließ. Diese Notiz aus dem Jahr 1959 (oben), die von seinem jüdischen Stellvertreter Alex Rosen an den Chef des FBI, J. Edgar Hoover, gerichtet wurde, zeigt eine von Hoover gekritzelte Notiz, in der es heißt, dass der Fall Mullins „höchste Priorität" habe und dass die FBI-Agenten „dafür sorgen müssen, dass Maßnahmen ergriffen werden". Auf den Seiten *von The Juda Goats* erfahren wir viel mehr über diese geheimen Polizei- und Spionageoperationen und andere Bemühungen, politische Dissidenz in

Amerika zu unterdrücken.

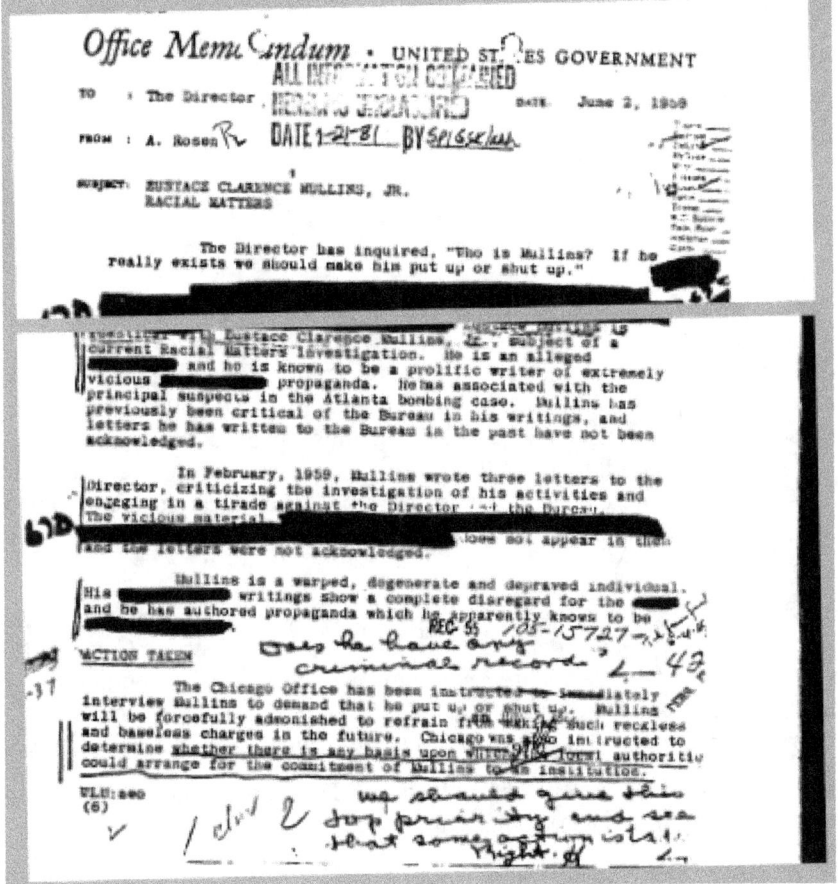

Einführung in den ersten Teil

Ein bisschen Geschichte... Eine unrühmliche und schäbige Geschichte

Der Umfang und die Tragweite der Handlungsstränge in *The Juda Goats - The Enemy Within (Die Juda-Ziegenböcke - Der Feind im Inneren)* sind letztlich völlig verblüffend. Die ersten Kapitel, die in diesem Abschnitt folgen, sollen jedoch einen Überblick über die Art der Bemühungen dieser Feinde des amerikanischen Nationalismus geben, ihre politische Opposition in Amerika zu infiltrieren und zu zerstören (oder auf andere Weise zu manipulieren und zu kontrollieren). Dieser historische Überblick schafft die Grundlage für das Verständnis eines Großteils der folgenden Ausführungen.

So wurden die berühmten COINTELPRO-Infiltrationsoperationen des FBI zwar erst Anfang der 1960er Jahre offiziell eingeführt, doch die Geschichte zeigt, dass bereits in den Jahren vor dem Zweiten Weltkrieg Gruppen wie die Anti-Defamation League (ADL) der B'nai B'rith das FBI im Rahmen einer Terrorkampagne gegen amerikanische Nationalisten manipulierten.

Aus diesem Grund werden wir den Namen ADL immer wieder auftauchen sehen, nicht nur in diesem Abschnitt, sondern auf allen Seiten dieses Buches.

Und obwohl das FBI (und andere Bundesbehörden wie die CIA) auf diesen Seiten oft als das erscheinen, was man als „böse" bezeichnen könnte, gibt es in diesen Behörden viele gute Menschen, die die Machenschaften des Inneren Feindes ablehnen und die tatsächlich versucht haben, einige zionistische Unruhestifter zu vertreiben, als ihnen die Gelegenheit dazu gegeben wurde.

Abgesehen davon, lassen Sie uns die Fakten betrachten...

KAPITEL I

Die Rückkehr von COINTELPRO: Erinnerung an eine unrühmliche Geschichte von Infiltration und Subversion, die wieder auf amerikanischem Boden herrscht

Am 31. Mai 2002 hob der damalige Generalstaatsanwalt John Ashcroft im Namen des „Kampfes gegen den Terrorismus" dreißig Jahre alte Beschränkungen für die Fähigkeit des FBI auf, religiöse und politische Organisationen in den Vereinigten Staaten auszuspionieren. Ashcrofts Handeln führte dazu, dass das berüchtigte COINTELPRO (d. h. das „Gegenspionageprogramm") des FBI in den 1960er Jahren wiederbelebt wurde. Im Rahmen dieses Programms infiltrierte und bespitzelte (und störte gegebenenfalls) das FBI in aktiver Zusammenarbeit mit der Anti-Defamation League (ADL) von B'nai B'rith ein breites Spektrum an politisch dissidentischen Organisationen in den USA.

Obwohl die ADL, wie wir sehen werden, ursprünglich als eine Organisation gegründet wurde, die sich der Bekämpfung von Sektierertum gegenüber dem jüdischen Volk widmete, entwickelte sie sich schnell zu einer eigenständigen Macht und etablierte sich nach der Gründung des Staates Israel im Jahr 1948 als kompromisslose Lobby für Israel, die als Nachrichten- und Propagandakanal für Israels Geheimdienst Mossad fungierte.

Als die COINTELPRO-Initiative operativ wurde, wurde die ADL (und ihre Mitarbeiter im Mossad) also mit dem FBI verzahnt. Und während der COINTELPRO-Jahre fanden sich die Namen und persönlichen Daten von rund 62.000 Amerikanern in den Akten des FBI wieder.

Obwohl die Medien oft zugeben, dass „Bürgerrechtsgruppen" das Ziel von COINTELPRO waren, ist es eine Tatsache, dass das FBI den Großteil seiner Bemühungen auf „rechte" Organisationen und Einzelpersonen richtete.

Die von Ashcroft außer Kraft gesetzten Richtlinien wurden Mitte der 1970er Jahre nach der allgemeinen Empörung über die Entdeckung von COINTELPRO nach dem Tod des FBI-Direktors J. Edgar Hoover eingeführt.

Die Wahrheit ist, dass Hoovers FBI bereits in den 1930er Jahren eng mit der ADL zusammenarbeitete, um politische Dissidenten in den USA zu „überwachen", lange bevor COINTELPRO offiziell eingerichtet wurde.

Und wie wir sehen werden - obwohl dies weitgehend in Vergessenheit geraten ist - war die ADL die Hauptquelle für einen Großteil der falschen Informationen, die das FBI benutzte, um einen später diskreditierten Fall von „Aufwiegelung" gegen etwa 30 Amerikaner aufzubauen, deren einziges Verbrechen darin bestand, sich für den amerikanischen Nationalismus und gegen die Intervention in den Krieg in Europa während der Regierungszeit von Präsident Franklin D. Roosevelt einzusetzen.

Nach den alten Richtlinien, die eingeführt wurden, um dem Missbrauch des FBI im Rahmen von COINTELPRO Einhalt zu gebieten, *durfte* das FBI *nur* dann verdeckte Ermittler in Kirchen und Moscheen oder politischen Organisationen einsetzen, wenn die Ermittler zunächst einen „wahrscheinlichen Grund" oder andere Beweise gefunden hatten, die darauf hindeuteten, dass die Mitglieder dieser Gruppen eine Straftat begangen haben könnten. Um die Richtlinien zu umgehen, stützte sich das FBI jedoch auf die ADL (als private Organisation, die nicht den offiziellen Regeln unterliegt), um die Lücke zu füllen, indem es die dem FBI verbotene Spionage durchführte

Infolgedessen gelangten die illegalen Früchte der Geheimdienstaktivitäten der ADL in die Hände des FBI, des BATF, der CIA, des IRS und anderer Bundesbehörden, mit denen die ADL enge Kontakte unterhielt (und noch immer unterhält).

Auch Morris Dees' Southern Poverty Law Center (SPLC) - eine weitere Organisation, die wie die ADL auf schäbige Weise operiert - diente dem FBI als Vermittler. Und um ehrlich zu sein, gibt es wahrscheinlich viele ähnliche Organisationen, auch wenn sie weniger bekannt sind als die ADL und das SPLC.

Heute jedoch hat Generalstaatsanwalt Ashcroft das alte COINTELPRO offiziell wiederbelebt und damit bei den Amerikanern, die Wert auf traditionelle bürgerliche Freiheiten legen, Besorgnis ausgelöst.

In der Juli-September-Ausgabe 1995 der *Name Base News Line* lieferte Daniel Brandt interessante Informationen über COINTELPRO

> Die Existenz von COINTELPRO wurde erstmals bekannt, als am 8. März 1971 alle Dokumente des FBI-Büros in Media, Pennsylvania, von Unbekannten gestohlen wurden. Etwa 60 Dokumente wurden anschließend per Post an ausgewählte Publikationen geschickt, andere wurden direkt an die genannten Personen und Gruppen gesandt.

Diese Dokumente verteilten sich wie folgt: 30 % waren Handbücher, Routineformulare und ähnliche Verfahrensdokumente. Von den übrigen Dokumenten betrafen 40 % die politische Überwachung und andere Ermittlungen zu politischen Aktivitäten (2 betrafen die Rechte, 10 Einwanderer und über 200 linke oder liberale Gruppen), 25 % Banküberfälle, 20 % Mord, Vergewaltigung und zwischenstaatliche Diebstähle, 7 % Widerstand gegen die Einberufung zum Militär, 7 % Desertionen aus der Armee und 1 % organisiertes Verbrechen, hauptsächlich Glücksspiel.

Das FBI war jedoch nicht die einzige Organisation, die derartige nationale Operationen durchführte. Auch die CIA kann der gleichen Untaten beschuldigt werden. Laut dem Bericht des ehemaligen CIA-Geheimagenten Verne Lyon, der in der Sommerausgabe 1990 des *Covert Action Information Bulletin* veröffentlicht wurde, begannen die am weitesten verbreiteten Inlandsspionageoperationen der CIA im Jahr 1959.

Im Rahmen des Projekts RESISTANCE und später des Projekts MERRIMAC schleuste die CIA Agenten in nationale Gruppen aller Art und mit allen Aktivitäten ein. Später integrierte die CIA alle Operationen des Inlandsgeheimdienstes in die Operation CHAOS. Es ist vielleicht nicht überraschend, dass die für die Operation CHAOS verantwortliche Person Richard Ober war, ein Veteranenoffizier der CIA und Stellvertreter des langjährigen Gefolgsmanns des israelischen Mossad in Langley, James Jesus Angleton.

(Eine ausführliche Darstellung von Angellons bizarrer und schäbiger Karriere, insbesondere seiner Rolle als Schlüsselfigur bei der Ermordung von Präsident John F. Kennedy, finden Sie in dem früheren Buch dieses Autors: *Final Judgment: The Missing Link in the JFK Assassination Conspiracy*). Laut dem Center for National Security Studies hatten Ober und seine CHAOS-Agenten Personalakten über mehr als 13.000 Personen, darunter mehr als 7.000 US-Bürger, angehäuft und Dossiers über mehr als 1.000 nationale politische Organisationen angelegt.

Darüber hinaus hat die CIA offenbar auch Informationen über mehr als 300.000 Personen mit anderen Behörden, darunter das FBI und die Defense Intelligence Agency, geteilt.

(Die Abteilung für Inlandsgeheimdienst des FBI ihrerseits hat, wie wir bereits festgestellt haben, im Rahmen ihrer eigenen Operation COINTELPRO 62.000 - mutmaßlich „subversive" - Amerikaner untersucht. Wie viele Namen sich zwischen den verschiedenen Inlandsspionageoperationen der CIA und des FBI überschnitten haben, wird man wohl nie erfahren). Am 13. Mai 1985 enthüllte *The Spotlight*, die damals von Liberty Lobby, der langjährigen populistischen Institution des Kapitols in Washington, herausgegebene Wochenzeitung, dass der bekannte „liberale" Aktivist Allard Lowenstein - der von 1969 bis 1971 im Kongress saß - in Wirklichkeit lange Zeit ein Undercover-Agent der CIA gewesen war.

Das Idol der Liberalen war 1980 erschossen worden (angeblich wegen eines persönlichen Streits), doch die Fakten über seine Geheimkarriere kamen erst später ans Licht.

Lowenstein begann 1949 als bezahlter Informant für die CIA zu arbeiten, wenige Monate bevor der junge und betörende linke Campus-Redner zum Präsidenten der Nationalen Studentenvereinigung (NaStA) gewählt wurde.

Obwohl die „Studenten"-Vereinigung in wichtigen Fragen eine kämpferische „linksradikale" Position einnahm, wusste damals niemand, dass sie als CIA-Fassade von hochrangigen Offizieren der CIA-Abteilung für Geheimdienste gegründet worden war, darunter Cord Meyer, der später als Leiter der Londoner CIA-Station den jungen Oxford-Akademiker Bill Clinton aus der kontrollierten Opposition der CIA-"Antikriegsbewegung" rekrutiert haben soll.

Als einer der bekanntesten Studentenführer des Landes bewegte sich Lowenstein bequem in CIA-kritischen Kreisen, während er gleichzeitig auf dem „Pad" der CIA stand und im Auftrag der CIA mit seinen Freunden schäkerte. So zahlten die amerikanischen Steuerzahler zur Zeit des Vietnamkriegs nicht nur die Kosten des Krieges - -, sondern auch die Finanzierung der „Antikriegsbewegung", in der Lowensteins Nachfolger an der Spitze der NaStA eine wichtige Rolle spielten.

In der Zwischenzeit stieg Lowenstein selbst zu einem „älteren" Status als eine der wichtigsten Anti-Kriegs-Stimmen der Nation (und insgeheim auch der CIA) auf.

Später doubelte sich Allard Lowenstein mit einem Agenten des israelischen Geheimdienstes Mossad. Als Delegierter bei den Vereinten Nationen war Lowenstein 1979 an der Planung der Mossad-Überwachungsaktion beteiligt, mit der seinem Chef, dem damaligen Botschafter Andrew Young, eine Falle gestellt wurde, als er bei geheimen Gesprächen mit arabischen Diplomaten ertappt wurde. Der damalige Präsident Carter musste Young entlassen und Lowenstein verließ die Vereinten Nationen tatsächlich zusammen mit Young, aber das Ziel des Mossad (Young bei der Zusammenarbeit mit den verhassten Arabern zu erwischen) war erreicht worden.

Während das FBI also über einen Zeitraum von mehreren Jahren rund 10 Millionen Dollar für die Untersuchung der Antikriegsbewegung ausgab, waren viele der Personen, gegen die das FBI ermittelte, heimlich bei der CIA angestellt, obwohl das FBI nie über die Wahrheit informiert wurde.

Viele junge idealistische Linke, die im Rahmen der Aktivitäten der CIA rekrutiert wurden, erfuhren erst, nachdem sie sich der NaStA angeschlossen hatten, dass sie in eine CIA-Front verwickelt waren. Sie erkannten jedoch schnell, dass sie viele Gefälligkeiten erhalten und ihre Karriere vorantreiben konnten, wenn sie kooperierten, nachdem sie in das Geheimnis eingeweiht worden waren.

Ähnliche Methoden wurden angewandt, um „rechte" Gruppen zu kooptieren, wobei CIA- und FBI-Agenten „Tipps" und Finanzmittel von „hochrangigen Patrioten in der Regierung, die das unterstützen, was Sie tun" lieferten. Mehr als eine Gruppe wurde auf diese Weise kooptiert.

Vor kurzem bestritt eine weitere ehemalige Führungsfigur des von der CIA finanzierten NaStA, John Foster „Chip" Berlet, dass er als „angesehener Informant der CIA" beschrieben wurde. Herr Berlet behauptete: „Ich bin kein CIA-Informant: „Ich bin weder ein CIA-Informant noch ein Informant oder Agent irgendeines Geheimdienstes. Er erklärte, dass es sich um eine „falsche Behauptung" handele.

Jahrelang haben Persönlichkeiten der „neuen Linken", die nicht der CIA angehörten, wie u. a. Daniel Brandt und der verstorbene Ace Hayes, Berlet öffentlich als Geheimagent der Regierung bezeichnet. Sie wiesen auch auf Berlets Beziehungen zur Anti-Defamation League (ADL) hin, die vom Mossad gesponsert wird und das FBI, die CIA, das BATF und andere Regierungsbehörden mit Informationen versorgt.

1993 dokumentierten die Geschäftspartner von Lenora Fulani, einer in New York ansässigen afroamerikanischen politischen Aktivistin, Berlets Aktivitäten und betonten, dass ein hochrangiger ADL-Beamter öffentlich erklärt habe, dass „die Informationen, die [Berlet] mit uns geteilt hat, sehr hilfreich waren".

In den letzten Jahren bestand Berlets Hauptziel darin, den Erfolg des populistischen „Links-Rechts"-Bündnisses gegen die plutokratische Elite zu bekämpfen. Es ist vielleicht nicht überraschend, dass Berlet eine persönliche Verbindung zu der plutokratischen Elite hat. Er ist nach dem Freund seines Vaters, dem ehemaligen Außenminister John Foster Dulles (selbst Bruder des von Präsident Kennedy entlassenen CIA-Direktors Allen Dulles), benannt, was erklären könnte, warum Berlet während seines gesamten Erwachsenenlebens in der Sphäre der mit der CIA verbundenen Institutionen operiert hat.

Ein weiteres Beispiel für Bundesinformanten am Werk: In einer Reihe von Exklusivberichten, die in den 1980er Jahren veröffentlicht wurden, enthüllte *The Spotlight* die Rolle von verdeckten Bundesagenten des BATF und des FBI bei den Ereignissen, die 1979 in Greensboro, North Carolina, zu einer Schießerei zwischen Mitgliedern der Kommunistischen Arbeiterpartei und einer Gruppe von Mitgliedern der Ku-Klux-Klansmen und einer amerikanischen „Nazi"-Gruppe führten. Fünf Kommunisten starben und eine weitere Person wurde verletzt.

Mindestens fünf Informanten der Regierung, die sich als „rechte Patrioten" ausgaben, waren involviert und wurden identifiziert: Bernard Butkovich, ein verdeckter Vollzeitagent des BATF, und Ed Dawson, ein bezahlter Informant des FBI. Beide sprachen geschickt die Rhetorik der „Rechten" aus und arbeiteten gleichzeitig für die Regierung.

Zwei weitere verdeckte Ermittler des BATF und eine verdeckte Ermittlerin des North Carolina State Bureau of Investigation waren ebenfalls „Stammgäste" bei den Treffen „rechter" Gruppen, die in die Tragödie von Greensboro verwickelt waren.

Doch die Beispiele sind noch zahlreicher. Nehmen wir zum Beispiel die berüchtigte und gewaltbereite Terrorgruppe, die unter dem Namen Jüdische Verteidigungsliga (JDL) bekannt ist. Die Fakten legen nahe, dass die JDL viel mehr ist, als es den Anschein hat:

Die JDL wurde 1968 von ihrem langjährigen Anführer Meir Kahane, geboren in Brooklyn, gegründet, der vor allem als „militanter Rabbi" in Erinnerung geblieben ist, der erschossen wurde, nachdem er ins israelische Parlament gewählt worden war. Die Wahrheit ist jedoch, dass Kahane viele Jahre lang eine Bereicherung für das FBI und die CIA war, einschließlich eines Aufenthalts für die CIA in Afrika, wobei er sich als „Informationskorrespondent" ausgab.

1965 gründeten Kahane und ein gewisser Joseph Churba unter dem Namen „Michael King" (der offenbar sein legitimer Geburtsname war) eine Gruppe, um Campus-Unterstützung für den Vietnamkrieg zu mobilisieren, ein Unterfangen, das Teil einer CIA-Operation war, die „auf beiden Seiten" der Vietnamkriegsfrage arbeitete, da die CIA zur gleichen Zeit Antikriegsgruppen finanzierte.

1968 legte Kahane seine Rolle als „Michael King" ab und wurde zu dem Meir Kahane, an den wir uns heute noch erinnern. Sein Kollege Churba (ebenfalls Rabbiner) stieg als einflussreicher Agent des israelischen Geheimdienstes in die Entscheidungskreise der amerikanischen Außenpolitik auf, gefördert von der John Birch Society und finanziert vom Imperium des koreanischen Sektenführers Sun Myung Moon, das von der CIA unterstützt wird. (Wir werden später auf die trübe Vergangenheit der John Birch Society und des zunehmend einflussreichen „konservativen" Verlagsimperiums von Sun Myung Moon zurückkommen). Wir wissen heute auch, dank der Arbeit des verstorbenen amerikanisch-jüdischen Journalisten Robert I. Friedman, dass die JDL auch von den höchsten Ebenen des israelischen Geheimdienstes Mossad aus gesteuert wurde. Kahane arbeitete also buchstäblich nicht nur für verschiedene US-Geheimdienstbehörden, sondern auch für den israelischen Geheimdienst.

Aber die feine Hand des israelischen Geheimdienstes hat auch eine weitaus wichtigere Rolle bei der Schaffung von Juda-Böcken und anderen Elementen des inneren Feindes Amerikas gespielt. Tatsächlich hat der israelische Geheimdienst eine eigene Einheit, die auf amerikanischem Boden operiert und Zehntausende von US-Bürgern illegal überwacht, egal ob sie „links" oder „rechts" stehen.

Und ironischerweise ist es, obwohl viele Menschen gehört haben, dass das FBI durch sein Programm COINTELPRO und die CIA durch die Operation CHAOS Amerikaner ausspionieren, kaum bekannt, dass diese israelische Geheimdiensteinheit auf amerikanischem Boden nicht nur ihre eigenen Operationen durchführte, sondern in vielen Fällen auch als de *facto* Zweig von COINTELPRO und der Operation CHAOS fungierte.

Diese Abteilung des israelischen Geheimdienstes ist natürlich die Anti-Defamation League (ADL) der B'nai B'rith, auf die wir weiter oben auf diesen Seiten Bezug genommen haben.

Seit 1913, dem Jahr ihrer Gründung, fungiert die ADL im Wesentlichen als „jüdische Gestapo", die Kritik an der wachsenden Rolle der Juden im Verbrechersyndikat der amerikanischen Unterwelt abbauen soll, und spielt eine aktive Rolle in der amerikanischen Arena.

Und dann wurde sie natürlich, wie wir festgestellt haben, nach der Gründung des Staates Israel zu einem ausländischen *De-facto-Agenten* für die israelische Regierung, einem Zweig des israelischen Mossad.

Der ehemalige Mossad-Agent Victor Ostrovsky berichtete in seinem Buch *The Other Side of Deception,* dass er beim Schreiben seines vorherigen Buches *By Way of Deception* zögerte, „die direkten Verbindungen, die der Mossad mit... der B'nai B'rith Anti-Defamation League..." hatte, eben weil er befürchtete, dass sich die Amerikaner gegen die ADL (und die jüdische Gemeinschaft in den USA, die die ADL angeblich repräsentiert) erheben würden, weil sie sich über die gewalttätigen und hasserfüllten Aktivitäten des Mossad empören würden.

Die Arbeitsweise der ADL war gelinde gesagt rücksichtslos, und da sie in der Regel innerhalb der Sphäre der offiziell autorisierten US-Polizei- und Geheimdienste operierte, hatte die ADL freie Hand bei ihren Untaten.

Die Namen von Personen, die öffentlich zu politischen Fragen Stellung bezogen haben, u. a. indem sie einen Brief an den Chefredakteur einer

Zeitung geschrieben haben, wurden aufgelistet und Berichte über ihre Aktivitäten archiviert.

Einige besonders virulente Personen wurden „besonders" behandelt: Ihre Mülltonnen wurden durchsucht, ihre Telefone abgehört; ihre Häuser wurden aufgebrochen und ihre persönlichen Akten fotografiert oder regelrecht gestohlen.

Im Laufe der Jahre hat sich die ADL nicht nur gegen diejenigen gerichtet, die in den liberalen Medien als „Extremisten" bezeichnet werden. Auch eine Vielzahl von Organisationen, die alle repräsentieren, von Afroamerikanern und amerikanischen Ureinwohnern über Asiatisch-Amerikaner bis hin zu Schwulen- und Lesbengruppen, wurden Opfer dieser Angriffe.

Die meisten Menschen haben gehört, wie die Medien die ADL als „angesehene Bürgerrechtsorganisation" beschrieben haben. Es ist jedoch klar, dass die ADL viel größer ist, als die Medien vermuten lassen.

Und während das FBI und die CIA im Laufe der Jahre wegen ihrer landesweiten Spionage und ihrer illegalen Bemühungen, politisch Andersdenkende in den USA zu vernichten, für große Aufregung gesorgt haben, wurde die Rolle der ADL in denselben Fällen sorgsam verschwiegen.

Ein konkretes Beispiel: Nachdem Generalstaatsanwalt Ashcroft dazu aufgerufen hatte, die heimischen Spionagekapazitäten des FBI neu zu beleben, veröffentlichte die American Civil Liberties Union (ACLU) prompt eine retrospektive „Fallstudie" über „die Gefahren der Heimspionage durch die Bundespolizei".

Die ACLU-Studie konzentrierte sich auf die heute weithin bekannte (aber damals völlig geheime) Überwachung des verstorbenen Martin Luther King Jr. durch das FBI in den 1960er Jahren und beschrieb sie als „ein schändliches Kapitel in Amerikas Vergangenheit". Der Bericht der ACLU kommt zu dem Schluss: „Als Nation müssen wir sicherstellen, dass wir die Handlungen des FBI und des Generalstaatsanwalts Ashcroft kontrollieren, um zu gewährleisten, dass das, was Dr. King passiert ist, nie wieder geschieht.

Während der ACLU-Bericht die Gefahren des Einsatzes des FBI für die nationale Überwachung von US-Bürgern zu politischen Zwecken aufzeigte, ließ er ein besonders interessantes Element unerwähnt: die Tatsache, dass ein Großteil der „schändlichen" Überwachung von King und anderen „rechten" und „linken" Personen durch das FBI in Wirklichkeit im Auftrag des FBI von der Anti-Defamation League (ADL) durchgeführt wurde.

Dass die ADL King angriff, überraschte sowohl seine Bewunderer als auch seine Kritiker, zumal King von der ADL oft öffentlich gelobt wurde, vor allem in ihren Publikationen, die sich an ein schwarzes Publikum richteten. Die erste öffentliche Enthüllung, dass King von der ADL ausspioniert wurde, erfolgte in der Ausgabe vom 28. April 1993 der *San Francisco Weekly*, einer liberalen „alternativen" Zeitung, die Folgendes berichtete

> Während der Bürgerrechtsbewegung, als viele Juden die Führung im Kampf gegen den Rassismus übernahmen, spionierte die ADL Martin Luther King aus und leitete die Informationen an J. Edgar Hoover weiter, so ein ehemaliger Mitarbeiter der ADL.
>
> „Es handelte sich um Allgemeinwissen, das beiläufig akzeptiert wurde", sagte Henry Schwarzschild, der zwischen 1962 und 1964 in der Publikationsabteilung der ADL arbeitete.
>
> „Sie dachten, dass King in gewisser Weise ein Freigeist war", so Schwarzschild. „Er war ein Baptistenprediger und niemand konnte sich sicher sein, was er tun würde. Die ADL war sehr besorgt, dass er eine ungelenkte Rakete haben könnte.

Es stellte sich jedoch heraus, dass die ADL auch andere schwarze Bürgerrechtsführer, nicht nur King, intensiv ausspioniert hatte. Die Veröffentlichung von zuvor als geheim eingestuften FBI-Dokumenten über die Ermordung von Präsident John F. Kennedy im Jahr 1995 und die darauf folgenden Ermittlungen des Warren-Ausschusses enthüllten weitere Intrigen der ADL gegen den berühmten schwarzen Komiker und politischen Aktivisten Dick Gregory, der sich am Rande der Affäre als unabhängiger Ermittler in die Ermordung von JFK eingeschaltet hatte.

Es gibt mindestens zwei Dokumente, die ADL-Aktionen nennen, die sich gegen Gregory richten. Das Dokument Nr. 124-10027-10233 ist auf den 2. Februar 1965 datiert. Es stammt von dem für das FBI-Büro in Atlanta zuständigen Spezialagenten und ist an den Direktor des FBI, Hoover, gerichtet. Es lautet wie folgt:

> Anbei finden Sie ein fünfseitiges Dokument, das Sie am 2/1/65 von SHERMAN HARRIS, Ermittler, Anti-Defamation League, 41 Exchange Place, Atlanta, Georgia, erhalten haben. HARRIS erklärte, dass das beigefügte Dokument die Ergebnisse eines Interviews wiedergibt, das ein Mitarbeiter der ADL in Miami, Florida, mit dem schwarzen Komiker DICK GREGORY geführt hat.
>
> HARRIS gab den Namen des ADL-Mitarbeiters in Miami, der GREGORY befragt hatte, nicht bekannt. Er sagte, dass die von GREGORY in dem beigefügten Dokument erhobenen

Anschuldigungen so lächerlich seien, dass es ihm peinlich sei, dass ein ADL-Mitarbeiter das Dokument an das Regionalbüro in Atlanta weitergeleitet habe.

Er sagte, er stelle dem Büro dieses Material zur Verfügung, damit das Büro über GREGORYs Aktivitäten in dieser Hinsicht informiert sei. Er bat darum, dass niemand außerhalb des Büros darüber informiert wird, dass er dem Büro dieses Material zur Verfügung gestellt hat.

Während also einerseits der Leiter der ADL, Harris, gegenüber dem FBI erklärte, dass es ihm „peinlich" sei, dass einer seiner Mitarbeiter diese „lächerlichen" Informationen sogar an das Regionalbüro der ADL weitergeleitet habe, leitete er sie dennoch an das FBI weiter, damit dieses über Gregorys Aktivitäten Bescheid wusste. Es sollte auch erwähnt werden, dass die ADL das FBI gebeten hat, Stillschweigen über die Tatsache zu bewahren, dass die ADL ihr Spionagedaten zur Verfügung gestellt hat. Dies, natürlich, wäre für die ADL sehr peinlich gewesen, da sie damals - wie auch heute - damit beschäftigt war, sich als Verbündeter schwarzer Aktivisten in der Bürgerrechtsbewegung darzustellen.

Warum überwachte die ADL Gregory? Es ging nicht nur darum, dass es sich bei ihm um eine schwarze Persönlichkeit handelte, die ihre Meinung offen äußerte. Die Beweise zeigen, dass die ADL auch besorgt war über Gregorys Bemühungen, die Wahrheit darüber herauszufinden, wer Präsident Kennedy wirklich ermordet hat und warum.

Die Tatsache, dass die ADL an Gregorys Ermittlungen zum JFK-Attentat interessiert war, ist sehr aufschlussreich. *Warum die ADL eine unabhängige Untersuchung des JFK-Mordes überwachte, ist eine Frage, die die ADL am liebsten nie gestellt oder gelöst sehen würde.*

Das zweite freigegebene FBI-Dokument beleuchtet die Art und Weise, wie die ADL dem FBI über Gregorys Ermittlungen zum Mord an JFK Bericht erstattete.

Das Dokument Nr. 124-10027-10232 ist auf den 5. Februar 1965 datiert und bezieht sich offensichtlich auf dieselbe Überwachung Gregorys durch die ADL, die in dem zuvor zitierten Dokument vom 2. Februar 1965 erwähnt wird. Es handelt sich um ein Memorandum von „A. Rosen" an „M. Belmont" (zwei hohe Beamte des FBI in Washington).

Das Memo beschreibt, wie der oben erwähnte Ermittler der ADL in Atlanta, Sherman Harris, am 1. Februar 1965 dem FBI Informationen zur Verfügung stellte, die Harris von einem nicht identifizierten Mitarbeiter der ADL in Miami erhalten hatte, der wiederum Informationen von Gregory (der als „der turbulente Negerkomiker" beschrieben wurde) erhalten hatte, als der ADL-Mitarbeiter am 18. Januar 1965 mit Gregory sprach:

> In dem Brief an Harris soll Gregory erklärt haben, dass die Ermordung von Präsident Kennedy von J. Edgar Hoover und [dem texanischen Ölmann] H. geplant worden sei. L. Hunt. Gregory soll versucht haben, diese Anschuldigungen zu untermauern, indem er fotografische Kopien von eidesstattlichen Versicherungen sowie falsche und irreführende Pressemitteilungen und öffentliche Erklärungen vorlegte. Der ADL-Mitarbeiter merkte an, dass Gregory keine harten Fakten zur Untermauerung seiner Anschuldigungen vorgelegt habe.
>
> Gregory behauptete, dass der Warren-Kommission zwei Berichte über das Attentat vorlagen und dass sie von der Beteiligung [Hoovers] und Hunts wusste, aber die tatsächlichen Fakten nicht preisgab, da dies zu „Chaos" geführt hätte. Gregory behauptet, dass [Hoover] wegen eines Zerwürfnisses mit den Kennedys zu den Verschwörern gehörte und dass der ehemalige Generalstaatsanwalt dazu ernannt worden war, ihn zu „überwachen" und schrittweise vom FBI „abzuziehen".
>
> Gregory behauptet, er habe formelle Beweise dafür, dass H. L. Hunt die Black Muslims finanziert hat, aber diese Beweise seien „vertraulich tial". Gregory behauptet außerdem, dass das FBI ihn ständig überwacht und dass er eines Tages in absehbarer Zeit seinem Leben ein Ende setzen wird. Außerdem habe Präsident Johnson vor dem Attentat von der Verschwörung gewusst, sei aber machtlos gewesen, sie zu stoppen, denn das wäre gleichbedeutend mit dem Eingeständnis, dass das FBI und die „Geheimdiensthierarchie" das Land kontrollierten.

Doch Dr. King und Dick Gregory waren nur zwei von vielen Zielen der ADL. Selbst der schwarze Nationalistenführer Malcolm X beschwerte sich bei seinem Mentor, dem Führer der Nation of Islam Elijah Muhammed, über die bösartigen Spionageoperationen der ADL.

Eine der genauesten Beschreibungen der Methoden der ADL wurde in *American Jewish Organizations and Israel* veröffentlicht. Der Autor, Lee O'Brien, lieferte eine kurze Studie über den *Modus* Operandi der ADL

> In den ersten Jahrzehnten trat die ADL an Personen oder Institutionen heran, die als antisemitisch galten, und versuchte, sie privat zu überreden oder zur Vernunft zu bringen, damit sie ihre missbräuchlichen Äußerungen zurücknahmen und ihr beleidigendes Verhalten korrigierten. Später wandte sich die ADL öffentlicheren und aggressiveren Maßnahmen zu, die sie in die Kategorien

„Aufklärung", „Wachsamkeitsarbeit" und „Gesetzgebung" einteilt.

Tatsächlich hat sich die „Wachsamkeitsarbeit" in eine reine Überwachung von Einzelpersonen und Gruppen verwandelt, deren Ergebnisse sowohl über Konsulate und Botschaften an den israelischen Geheimdienstapparat als auch über das FBI an den US-Geheimdienst weitergeleitet werden. Hochrangige Beamte der ADL haben den Einsatz heimlicher Überwachungstechniken zugegeben.

Heute ist die ADL viel aktiver als andere Community Relations-Organisationen, wenn es darum geht, ihre Regionalbüros und Mitglieder für die Sammlung und Verbreitung von Informationen zu nutzen. Die Zentrale in New York versorgt die Regionalbüros mit Analyseblättern, Vorlagen für Leserbriefe, die in den lokalen Medien platziert werden sollen, Biografien israelischer Politiker und antizionistischer Redner sowie Richtlinien für den Umgang mit aktuellen Themen.

Die Regionalbüros wiederum kontrollieren alle Aktivitäten, die in ihrer Region mit Israel oder dem Nahen Osten zu tun haben, wie z. B. Medien, Campusredner und Filme.

Indem sie lokale Ereignisse in die Zentrale tragen, spielen sie eine entscheidende Rolle bei der globalen Aufsicht der nationalen Szene durch die ADL.

O'Brien beschrieb ein typisches Beispiel für die Aktivitäten der ADL, um ihre Gegner anzugreifen:

> Ein jüdischer Aktivist, der die israelische Politik kritisiert [es soll sich um den bekannten Linguisten Noam Chomsky handeln], fand 1983 heraus, dass die ADL eine Akte über ihn führte, die bis in das Jahr 1970 zurückreichte; diese Akte enthielt Informationen über die Person aus lokalen Zeitungen, Vorträge auf dem Campus, Memos (von der Schule, an der die Person unterrichtet), Geschäftstreffen, Radio- und Fernsehauftritte sowie Presse- und andere verschiedene Dokumente. Wie aus den Akten hervorgeht, wurden bestimmte Personen damit beauftragt, die Vorträge der Person zu verfolgen, entweder durch wortwörtliche Aufzeichnungen und Transkriptionen oder durch detaillierte Zusammenfassungen der besprochenen Themen, des Kontexts des Vortrags, der anderen Teilnehmer, der Größe des Publikums, der Fragen des Publikums, der Stimmung des Publikums etc.
>
> In einigen Fällen gelang es diesen Beobachtern, in geschlossene Sitzungen einzudringen, an denen die Person teilnahm. Anschließend erstellte und verbreitete die ADL ein kurzes

Informationsdokument über diese Person, das dem Format „Mythos" und „Tatsache" folgte, und verteilte es an ihre Beamten, damit sie es bei künftigen Einsätzen verwenden konnten.

Eine weitere wenig bekannte Tatsache sollte hervorgehoben werden: Die ADL finanziert seit langem „antisemitische" und „neonazistische" Hassgruppen. Der erste dokumentierte Beweis für eine solche Aktivität wurde 1955 von dem populistischen Schriftsteller und Veteranen Joseph P. Kamp vorgelegt.

In seinem Newsletter *Headlines* prangerte Kamp die Aktivitäten des damaligen ADL-Hauptspions Sanford Griffith an, der der Hauptinitiator dafür war, dass die ADL eine „neonazistische" Organisation sponserte, über die in den damaligen Medien ausführlich berichtet wurde.

In den Jahren vor und während des Zweiten Weltkriegs war Griffith einer der wichtigsten amerikanischen Trümpfe des britischen Geheimdienstes. Er setzte alles daran, den Widerstand der amerikanischen Bevölkerung gegen die Beteiligung der USA am Krieg in Europa zu zerstören und nach Kriegsbeginn die guten Amerikaner zu untergraben, die sich noch gegen die Politik von Präsident Franklin Delano Roosevelt stellten.

Griffiths Intrigen wurden von Professor Thomas Maul in seiner Studie über die Intrigen des britischen Geheimdienstes auf amerikanischem Boden, *Desperate Deception*, dokumentiert. Was Mahl jedoch - wohl um seiner selbst willen - nicht erwähnt, ist, dass ein Großteil von Griffiths störenden Aktivitäten im Auftrag des britischen Geheimdienstes auch in Zusammenarbeit mit der ADL erfolgte.

Nach dem Zweiten Weltkrieg und bis in die 1950er und frühen 1960er Jahre hinein operierte Griffith von New York aus als Informant und Unruhestifter der ADL und beobachtete genauestens Gruppen, die von diesem mächtigen zionistischen Spionagenetzwerk als „subversiv" eingestuft wurden.

Oder, wie bereits erwähnt, indem er diesen Gruppen für die Zwecke der ADL half. In einem bemerkenswerten Fall, bei dem der allgegenwärtige Griffith unter dem Decknamen „Al Scheffer" agierte, kam er einer politischen Ein-Mann-Partei in New York zu Hilfe und machte sie zur „Nazi-Bedrohung".

Die ADL stellte der Partei nicht nur einen Sitz, sondern auch finanzielle Unterstützung, Naziuniformen, Krawattennadeln mit Hakenkreuzen und andere Accessoires zur Verfügung. Mehr noch, die ADL sorgte auch dafür, dass die neue „Nazi-Bedrohung" die Aufmerksamkeit der Medien erhielt, natürlich zu einem Zeitpunkt, der so gewählt war, dass er mit den landesweiten Spendensammlungen der ADL zusammenfiel.

Tatsächlich war die ADL mit ihrer Täuschungskampagne so erfolgreich, dass sie einen Kongressabgeordneten, Harold Velde (R-Ill.), dazu brachte, einen „vorläufigen Bericht über neofaschistische und hasserfüllte Gruppen" zu veröffentlichen, in dem speziell die von der ADL geschaffene „Nazi-Bedrohung" als eine der hasserfüllten Gruppen genannt wurde, die eine Gefahr für die amerikanische Demokratie darstellten.

(Velde merkte natürlich nicht, dass er von der ADL an die Kandare genommen worden war, bis Joe Kamp die Machenschaften der ADL aufdeckte).

Es versteht sich von selbst, dass sich die ADL, als die Kongressabgeordneten erwogen, die Aktivitäten von Hassgruppen genauer zu untersuchen, schnell von der Angelegenheit distanzierte und verkündete, dass die von der ADL finanzierte Operation „eine unbedeutende Organisation von geringer Bedeutung oder Wirksamkeit" sei.

Es ist klar, dass eine gründliche Untersuchung der Partei die Aktivitäten der ADL hinter den Kulissen aufgedeckt hätte, und das war das Letzte, was die ADL wollte. Angesichts dieser Bloßstellung zog die ADL daher ihre Unterstützung für die „Partei" zurück, die daraufhin schnell in Vergessenheit geriet.

Die Tatsachen über die Erpressung durch die Hassgruppen der ADL wurden von dem kreuzzüchtenden jüdischen Journalisten Lyle Stuart in seiner mittlerweile eingestellten Zeitschrift *Expose* öffentlich gemacht.

Daraufhin versuchte die ADL, Stuart aus seinem Geschäft zu verdrängen, doch Stuart konterte, indem er die ADL verklagte. Der ADL gelang es nicht, Stuart zu vernichten, der in der Folgezeit zu einem sehr erfolgreichen Freibuchverleger wurde, dessen Unternehmen noch heute besteht.

Unter den heutigen amerikanischen Nationalisten ist der beliebte Autor und Redner Eustace Mullins einer der letzten, der sich an Griffith erinnert. Er merkt an, dass Griffith viel Zeit damit verbrachte, daran zu arbeiten, die nationalistische Bewegung zu infiltrieren - aber zu diesem Zeitpunkt hatten Mullins und andere Griffiths Spiel durchschaut.

Obwohl Griffith also schon lange verschwunden ist, gibt es viele andere Judasböcke - innere Feinde -, die im Namen der ADL und anderer Spionageagenturen weiterhin die gleiche Art von schmutzigen Aktionen durchführen.

Im Folgenden finden Sie eine Handvoll Kurzbeschreibungen einiger prominenterer Beispiele für die COINTELPRO-ähnlichen Taktiken des FBI und seines langjährigen Verbündeten, der Anti-Defamation League (Anti-Verleumdungs-Liga). Wir haben auch den faszinierenden Fall eines

FBI-Spitzels hinzugefügt, der auch für die CIA gearbeitet hat - und es gibt mehr als eine solche Figur, die heute aktiv ist. Diese Liste ist bei weitem nicht vollständig, aber es sind gute Beispiele, die zeigen, wie heimtückisch Judas Ziegenböcke - Der innere Feind ist.

Die Ermordung der Lehrerin Kathy Ainsworth durch die ADL und das FBI: COINTELPRO in seiner ganzen Pracht

Der Fall Kathy Ainsworth ist vielleicht das berüchtigtste Beispiel für die Zusammenarbeit zwischen dem FBI und der ADL im Rahmen einer COINTELPRO-Operation, die mit dem Mord an einer unschuldigen jungen Frau endete. Für den Fall, dass ein Leser glaubt, dass es sich hierbei um eine Art „Verschwörungstheorie" handelt, die von „einem antisemitischen Hass-Säer" entwickelt wurde, wollen wir zulassen, dass die Geschichte von der angesehenen, wenn auch inzwischen eingestellten Zeitung *Washington Star* in einem Artikel vom 13. Februar 1970 erzählt wird, der einen Bericht der Associated Press wiedergibt, der einen Bericht der noch angeseheneren *Los Angeles Times* beschreibt.

Papier fordert eine Belohnung vom FBI

Eine tödliche Falle für den Klan

LOS ANGELES (AP) - Das FBI und die Polizei von Meridian (Missouri) zahlten zwei Ku-Klux-Klan-Informanten 36.500 Dollar für das Aufstellen einer Falle für Klan-Terroristen, bei der ein Mensch getötet und drei verletzt wurden, wie die *Los Angeles Times* heute [13. Februar 1970] berichtete.

Die jüdische Gemeinde von Meridian finanzierte die Falle des versuchten Bombenanschlags auf das Haus eines jüdischen Geschäftsmannes, berichtete *die Times*. Die Aktion folgte auf eine Reihe von 17 ungeklärten Bombenanschlägen und Bränden in jüdischen und schwarzen Gemeinden in den Regionen Jackson und Meridian in Mississippi, so die Zeitung. Das FBI und die Polizei lehnten einen offiziellen Kommentar ab.

Die Zeitung veröffentlichte eine neue Darstellung der Umstände des Vorfalls, bei dem die 26-jährige Klansfrau Kathy Ainsworth, eine Lehrerin, am 30. Juni 1968 bei einem Schusswechsel mit den Ordnungskräften getötet wurde. „Die Beweise deuten eindeutig darauf hin, dass die Klans-Männer, die den Anschlag verüben wollten, der damals 21-jährige Thomas Albert Tarrants III und seine Lebensgefährtin, die 26-jährige Lehrerin Mrs. Kathy Ainsworth, von zwei anderen Klans-Männern, die insgesamt 36.500 Dollar erhielten, zu diesem Anschlagsversuch gelockt wurden", so die

Times. „Ein ehemaliger FBI-Agent, der als Mittelsmann fungierte, erhielt 2.000 Dollar."

„Die Polizisten, die die Falle ausgelöst haben, sagen, dass sie mit einer Schießerei gerechnet haben und nie davon ausgegangen sind, dass eines der Klan-Mitglieder lebend gefangen genommen wird", so die *Times*. „Sie rechneten damit, dass zwei Männer versuchen würden, den Anschlag zu verüben, und wussten bis 45 Minuten vor dem Anschlag nicht, dass eine Frau daran beteiligt sein würde."

Die Schüsse, die im Haus des Geschäftsmannes Meyer Davidson abgegeben wurden, töteten Frau Ainsworth und verletzten einen Polizisten, einen Passanten und Tarrants, der später zu 30 Jahren Gefängnis verurteilt wurde.

Laut der Times gab A. I. Botnick, Leiter des Regionalbüros der Anti-Defamation League in New Orleans, zu, an der Ausführung der Falle beteiligt gewesen zu sein. In einem zweiten Interview bezeichnete Botnik seine Aussagen, die er im ersten Interview aufgezeichnet hatte, jedoch als „nicht korrekt".

Die *Times* berichtete, dass sie „die Absprachen für die Falle anhand von Polizeiakten und Aussagen einiger der beteiligten Polizeibeamten dokumentiert hat". Die Zeitung berichtete, dass Inspektor L. L. Scarbrough von Meridian ihm geholfen habe, diese Informationen zu entdecken, er dann aber gesagt habe, dass nur das FBI oder sein Polizeichef diese Informationen weitergeben sollten.

Die *Times* zitierte ihre Informationsquellen mit den Worten, dass sie abstreiten würden, die Namen der beiden Klan-Informanten [der Roberts-Brüder] preisgegeben zu haben, wenn diese wegen Verleumdung klagen würden, weil ihre Namen öffentlich gemacht worden waren.

Die beiden Informanten erhielten 36.500 US-Dollar und „verlangten und erhielten eine schriftliche Zusicherung, dass sie in mehreren Fällen von Bombenanschlägen auf Kirchen Immunität genießen würden", so die *Times*.

Doch es steckte noch viel mehr in dieser unrühmlichen Geschichte. Jack Nelson von der *Los Angeles Times* berichtete in seiner schockierenden Darstellung, dass Inspektor Scarbrough ihm gesagt habe, dass der ADL-Mann Botnick den Informanten, den Roberts-Brüdern, auch gesagt habe, dass er (Botnick) weitere 150.000 Dollar von der jüdischen Gemeinde für etwas sammeln könne, das er als zusätzliche „Unterstützung" beschrieb, wenn die Roberts-Brüder eine Zeugenaussage liefern würden, die einen anderen KKK-Führer, Sam Bowers aus Tupelo, Mississippi, mit den sogenannten Terroranschlägen in Verbindung bringen würde. Mit anderen Worten: Botnick forderte die Roberts-Brüder im Wesentlichen auf, unter Eid zu lügen, um jede Form von Beweismaterial zu liefern, das dazu verwendet werden könnte, Bowers ins Gefängnis zu bringen.

In einem anderen Fall berichtete Nelson, dass Kenneth Dean, ein in Mississippi ansässiger Bürgerrechtler, erklärt hatte, Botnick habe auch davon gesprochen, einen Auftrag zu erteilen, um zwei Klansmen-Mitglieder in einem nördlichen Bundesstaat „liquidieren" zu lassen, und versprochen, er könne das übernehmen und sicher sein, dass es keine Ermittlungen geben würde.

Man kann sich nur vorstellen, wie groß das internationale Empörungsgeheul wäre, wenn bekannt würde, dass jemand die „Liquidierung" eines jüdischen Führers wie Botnick arrangiert hatte. Botnick wurde jedoch nie wegen seines kriminellen Verhaltens angeklagt, obwohl er sicherlich zur Vergasung, Erschießung oder zum Erhängen hätte abgeführt werden müssen, was die konventionelle Behandlung von Mördern in den USA war.

GARY THOMAS ROWE:
Ein anderer COINTELPRO
„Der Mann des Klans"

Obwohl man oft von der „Gewalt des KKK" hört, ist weniger bekannt, dass in den stürmischen Jahren des Bürgerrechtskampfes in den 1960er Jahren einige der schlimmsten Gewalttäter im Namen des Ku-Klux-Klans FBI-Informanten innerhalb des Klans waren. Für einen kurzen Überblick über einen der bekanntesten FBI-Informanten innerhalb des Klans - Gary Thomas Rowe - wenden wir uns an Howell Raines, berühmten Reporter der *New York Times*, der am 17. Juli 1978 in der *Times* berichtete

> Inquiries Link Informieren für das FBI
>
> Auf dem Weg zum Großterrorismus des Klans in den 1960er Jahren
>
> Neue Untersuchungen der Aktivitäten von Gary Thomas Rowe, Jr, dem wichtigsten bezahlten Informanten des Federal Bureau of Investigation über den Ku-Klux-Klan, zeichneten ein Bild von Rowe als einem Mann, der „Gewalt liebte" und der mit den meisten größeren Vorfällen von Klan-Terrorismus in Alabama in Verbindung gebracht werden könnte, die sich ereigneten, während er vom Federal Bureau of Investigation bezahlt wurde.
>
> Während er Geld vom FBI erhielt, war Rowe nach eigenen Angaben direkt an rassistischen Gewalttaten beteiligt, angefangen beim

Überfall auf die Freedom Riders in Birmingham (Alabama) im Jahr 1961 bis hin zur Ermordung von Viola G. Liuzzo, einer Teilnehmerin des Marsches von Selma nach Montgomery im Jahr 1965.

Bundesgehaltsabrechnungen, die in einem Prozess vorgelegt wurden, in dem Rowe vor 13 Jahren aussagte, zeigten, dass das Büro ihm von 1960 bis 1965 mehr als 12.000 Dollar für Undercover-Aktivitäten zahlte, die nun Gegenstand einer Untersuchung des Justizministeriums sind. Er sagte außerdem aus, dass das FBI ihm weitere 10.000 US-Dollar gegeben habe, um seine Umsiedlung unter einem neuen Namen zu finanzieren.

Der Bericht der *New York Times* beschrieb ausführlich andere Gewalttaten, die Rowe entweder direkt zugegeben hatte oder in die er mutmaßlich verwickelt war. Doch vier Jahre nach dem Bericht der *Times*, am 30. Oktober 1982, veröffentlichte *die San Diego Tribune* einen interessanten Bericht der Associated Press, der die Geschichte um weitere Details ergänzte. In dem Bericht wurde Folgendes festgehalten:

Akten zeigen, dass das FBI „gedeckt" ist

Für den Schlüsselinformanten des Klans

Das Justizministerium enthüllte, dass FBI-Agenten die gewalttätigen Aktivitäten von Gary Thomas Rowe Jr. gedeckt hatten, ihrem wichtigsten Informanten, der in den frühen 1960er Jahren den Ku-Klux-Klan in Alabama infiltriert hatte. In einem Bericht, der gestern am späten Abend veröffentlicht wurde, erklärten die Ermittler des Ministeriums, die Agenten hätten Rowe geschützt, weil „er einfach zu wertvoll war, um aufgegeben zu werden".

Die Behörden in Alabama klagten Rowe später wegen Mordes an der 1965 ermordeten Bürgerrechtlerin [Viola Liuzzo] an, doch ein Bundesberufungsgericht verhinderte, dass er vor Gericht gestellt wurde... In dem Bericht heißt es weiter, dass... „Als die Beamten erfuhren, dass Rowe an Klan-Verprügelungen beteiligt war, meldeten sie dies offenbar nie den örtlichen Behörden oder beendeten seinen Status als Informant."

Rowe selbst schrieb ein Buch *mit dem Titel My Undercover Years with the Ku Klux Klan (Meine Undercover-Jahre mit dem Ku-Klux-Klan)*, und 2005 veröffentlichte die Yale University Press das Buch von Professor Gary May über den Fall Rowe mit dem Titel *The Informant (Der Informant): The FBI, the Ku Klux Klan, and the Murder of Viola Liuzzo.*

JAMES MITCHELL ROSENBERG:
Der jüdische Lieblings „nazi" der ADL

Einer der offenherzigsten und skandalträchtigsten amerikanischen „Rechtsextremisten" der späten 70er und frühen 80er Jahre war eine allgegenwärtige Figur, die als „Jimmy Anderson" bekannt war. In Nazi-Uniformen und Klan-Anzügen gekleidet, wurde „Anderson" zu einer vertrauten Figur an den Rassenbrennpunkten im Großraum New York und New Jersey und war im Volksmund als Leiter der New Yorker Sektion Queens ( ) der Christian Defense League (Christliche Verteidigungsliga) bekannt.

„Anderson" versuchte fortwährend, in irgendeiner Form Gewalt zu schüren, und rief bei einer Gelegenheit zu einem Bombenanschlag auf ein Büro der National Association for the Advancement of Colored People in New Jersey auf. Am 7. Dezember 1981 trat Anderson in einer Fernsehdokumentation auf, die auf WCCO TV in Minneapolis unter dem Titel „Armies of the Right" ausgestrahlt wurde. Und wie üblich war „Anderson" der provokanteste der vorgestellten „Rechtsextremisten", der gewalttätige und rassistische Bemerkungen machte.

In der Tat ein ziemlicher Charakter.

In Wirklichkeit war „Anderson" ein junger New Yorker Jude namens James Mitchell Rosenberg, der einige Zeit als Mitglied der israelischen Verteidigungskräfte in Israel verbracht hatte und nach seiner Rückkehr aus Israel als verdeckter Informant für die Anti-Defamation League (ADL) der B'nai B'rith tätig wurde. Letztendlich flog seine „Tarnung" natürlich auf und der „Nazi" der ADL wurde entlarvt.

Obwohl Rosenberg, soweit bekannt, von der Bildfläche verschwunden zu sein scheint, machte er in seinen Jahren als Informant der ADL eine gute „rechte" Figur.

Nichtsdestotrotz erinnern sich auch heute noch viele Amerikaner „Jimmy Anderson" als „gewalttätigen Neonazi, der versuchte, Rassenunruhen in Amerika zu stiften". Was sie nicht wissen, ist, dass er ein Judasbock - ein innerer Feind - war, der für die ADL arbeitete.

MORDECHAI LEVY:
Ein weiterer der jüdischen „Nazis" der ADL

Es ist jedoch nicht so, dass Jimmy Rosenberg der einzige „nette jüdische Junge" war, der sich als „Hasser" ausgab und Unruhe stiftete. 1979 nahm der junge Mordechai Levy, ein Informant der ADL, der auch Mitglied der terroristischen Jewish Defense League (JDL) war, den Spitznamen „James

Guttman" an und beantragte eine Genehmigung für die Organisation einer „White Power"-Demonstration vor der Independence Hall in Philadelphia, an der amerikanische Nazis und Mitglieder des Ku-Klux-Klans teilnehmen sollten. Levy gab bekannt, dass er der „Koordinator" einer Neonazi-Organisation sei, und bemühte sich intensiv darum, die Sektionen Philadelphia und New Jersey des Ku-Klux-Klans zur Teilnahme an der Demonstration einzuladen. (Inzwischen stellte sich heraus, dass der oben erwähnte Informant der ADL, Jimmy Rosenberg, ein Schlüsselagent der ADL innerhalb des KKK-Zweigs in New Jersey war).

Um die Sache noch interessanter zu machen, planten Mordechai Levys Kumpels von der JDL eine „Gegenkundgebung" gegen die von ihrem eigenen Mann Levy organisierte Kundgebung der „weißen Macht". Während also die großen Medien in der Region Philadelphia und die Anti-Defamation League aufbegehrten und bei der Berichterstattung über diesen Fall den „Aufstieg des Nazismus in Amerika" beschrien, war der Fall in Wirklichkeit das Werk von zwei langjährigen Agenten der Anti-Defamation League. Und um die Sache noch interessanter zu machen, muss man wissen, dass die ADL die JDL jahrelang offiziell und öffentlich „verurteilt" hat, obwohl die JDL tatsächlich wie der terroristische Arm der ADL funktionierte und die Ziele des Zorns der ADL angriff - und sogar verletzte und tötete. Aber natürlich war die ADL offiziell „gewaltfrei" und gab sich stets große Mühe, die gewalttätigen Aktivitäten ihrer Geheimagenten zu entlarven.

Der Labour-Spitzel, der zum CIA-Informanten wurde: Ein Rädchen im Getriebe des Plans, Lyndon LaRouche zu „schnappen".

Ob man ihn nun liebt oder hasst, Lyndon H. LaRouche Jr. ist eine der umstrittensten und am meisten in den Medien diskutierten „marginalen" politischen Persönlichkeiten Amerikas. Als Gründer des National Caucus of Labor Committees und einer Vielzahl anderer Organisationen und Publikationen, die in amerikanischen Dissidentenkreisen weit verbreitet sind, wurde LaRouche, wenig überraschend, aufgrund seiner offenen Opposition gegen viele Intrigen der Israel-Lobby in Amerika zu einem Hauptziel der ADL.

Nach einer konzertierten Kampagne der ADL in Zusammenarbeit mit der CIA, dem FBI und einer Vielzahl anderer Behörden und Einzelpersonen verbrachte LaRouche schließlich einige Zeit im Gefängnis für das, was viele, darunter auch der ehemalige Generalstaatsanwalt Ramsey Clark, als konstruierte Anschuldigungen der „Korruption" betrachteten.

Wie dem auch sei, im Rahmen seiner Verteidigung begannen LaRouche und seine Anwälte, ganz zu schweigen von seinen hart arbeitenden Geschäftspartnern, den „geheimen" Charakter der „Get LaRouche"-Kampagne zu untersuchen und fanden heraus, dass es tatsächlich zahlreiche verdeckte Informanten gab, die in der Art von COINTELPRO gegen LaRouche vorgingen. Vor allem ein Beispiel ist sehr illustrativ.

Angeblich hat ein gewisser Ronald Fino, ehemaliger Vorsitzender der Buffalo Laborers Union Local 210, LaRouche zehn Jahre lang bespitzelt, während er vorgab, seine Bemühungen zu unterstützen. Es stellte sich heraus, dass Fino seit Jahren als Informant der Regierung über seine Arbeiterkollegen arbeitete, der dem FBI Verbindungen zum organisierten Verbrechen melden sollte. Als die CIA jedoch einen Mann brauchte, der sich als Informant der LaRouche-Organisation annäherte, wandte sie sich an Fino.

Anscheinend begann Fino in den 1960er Jahren als Informant der Regierung, als er als Student an der State University of New York in Buffalo für die CIA arbeitete und die dortige Antikriegsbewegung ausspionierte.

Wie LaRouche und seine Partner in zahlreichen Büchern und Zeitschriftenartikeln immer wieder nachgewiesen haben, spielten die geschickten Hände der CIA und des FBI - ganz zu schweigen von der ADL - in jedem Fall eine große Rolle in der Kampagne gegen LaRouche und viele andere politische Dissidenten in Amerika. Die Fino-Affäre ist nur ein Beispiel von vielen, die LaRouche aufgedeckt hat.

Der FBI-Mann innerhalb der Skinhead-Bewegung

Ende der 1980er Jahre tauchte ein gewisser „Rev. Joe Allen" im Süden Kaliforniens auf und begann, sich in die sogenannten „White Supremacist"- und „Skinhead"-Gruppen einzumischen, die in dieser Region an Bedeutung zu gewinnen begannen. Er gab an, Pastor der Kirche des Schöpfers zu sein, und begann bald, Geld und Gefälligkeiten an junge weiße rassistische politische Dissidenten zu verteilen. Ein weißer Rassistenführer, Tom Metzger von der White Aryan Resistance, misstraute Allen jedoch von Anfang an und machte seinen Landsleuten klar, dass sie sich vor Allen in Acht nehmen sollten. Nichtsdestotrotz setzte Allen seine Bemühungen fort, sich einen festen Platz in der weißen Rassenbewegung zu sichern. Laut einem Artikel in der *Los Angeles Times*:

> Allen mietete eine Wohnung mit drei Schlafzimmern in Newport Beach, nur wenige Schritte vom Strand entfernt. Außerdem bezog er ein Büro in einem nahe gelegenen Leichtindustriegebiet, das er zu einem, wie er es nannte, „Trainingszentrum" umbaute, indem er

einen Whirlpool, Gewichtheber und Videokameras aufstellte. Unter Zurschaustellung von Silberrollen und Goldschmuck lud Allen die örtlichen Skinheads ein, kostenlos in seinem Trainingszentrum zu trainieren, das er angeblich mit Naziartikeln und Schusswaffen dekorierte. Sie behaupten, Allen habe ihnen Gastfreundschaft - dicke Steaks und Bier zum Grillen - sowie Geld angeboten, darunter 500 Dollar, die zur Zahlung der Kaution von zwei oder drei jungen weißen Supremacists in Kanada verwendet wurden.

In der Zwischenzeit hatten zwar viele Metzgers Warnungen vor Allen beherzigt, aber mehr als ein Jugendlicher war in Allens heimtückischem Netz gefangen. Metzger und seine Mitarbeiter ermittelten weiter gegen Allen, und kurz bevor sie mit ihrer offiziellen Anzeige an die Öffentlichkeit gingen, schaltete sich das FBI ein, zog Allen um und gab zu, dass - ja, tatsächlich - Allen ein Informant war.

Eine Handvoll junger Männer wurde unter falschen Anschuldigungen verhaftet, sie hätten sich verschworen, einen Rassenkrieg zu provozieren, indem sie eine schwarze Kirche überfielen und den Mord an Rodney King planten, dem berühmten „schwarzen Autofahrer", dessen Verprügelung durch Polizeibeamte einen großen nationalen Skandal ausgelöst hatte, dank der Bemühungen der „großen" Medien, die schwarze Gemeinde in Los Angeles aufzuhetzen, was zu Unruhen und allerlei öffentlichen Aufregungen führte. Obwohl die jungen Männer ( ) verurteilt wurden, nachdem sie auf Allens Intrigen hereingefallen waren, war der Fall eindeutig ein weiteres Beispiel für einen erstklassigen Judasbock, der Probleme verursachte und eine sogenannte „Verschwörung" anstiftete, die nie stattgefunden hätte, wenn er nicht am Tatort gewesen wäre.

DELMAR DENNIS
Der geliebte Judasbock der John Birch Society innerhalb des KKK

Delmar Dennis war ein methodistischer Pastor in Meridian, Mississippi, in den frühen 1960er Jahren, der als loyales Mitglied des staatlichen Ku-Klux-Klans dargestellt wurde. In Wirklichkeit war er ein FBI-Informant im Rahmen des COINTELPRO-Programms, der offenbar über einen bestimmten Zeitraum hinweg rund 15.000 US-Dollar für seine Dienste bezahlt bekam. Zur gleichen Zeit war Dennis sehr aktiv in der John Birch Society, aber es gab nie einen Beweis (oder eine Andeutung), dass Dennis die Birchers so informierte, wie er es für den KKK tat.

Nachdem Dennis 1967 als FBI-"Spitzel" innerhalb des KKK enttarnt worden war, wurde er dennoch im Auftrag der John Birch Society zu einem beliebten Redner, die Dennis und seine Rhetorik dazu benutzte, unter einigen naiven amerikanischen Patrioten die Theorie zu popularisieren, dass der Ku-Klux-Klan und seine „antisemitischen" Ansichten in Wirklichkeit eine „kommunistische Verschwörung" seien, um in Amerika Rassenunruhen zu schüren.

Später schrieb Dr. Edward Fields von der in Marietta, Georgia, ansässigen Zeitung *The Thunderbolt* über Dennis und seine Verbindungen zur John Birch Society und deren Gründer Robert Welch, der ein begeisterter Anhänger von Dennis gewesen war. Fields schrieb:

> Dies stellt natürlich die Loyalität von Robert Welch in Frage, dessen Organisation offenbar zu einem Zufluchtsort für ehemalige Undercover-Agenten des FBI umfunktioniert wurde. Es sollte auch daran erinnert werden, dass die Organisation nach dem CIA-Agenten John Birch benannt ist, der bei dem Versuch getötet wurde, die chinesischen Kommunisten dazu zu bringen, mit den Nationalisten zusammenzuarbeiten, um eine Koalitionsregierung zu bilden. Solche Regierungen werden am Ende immer kommunistisch, wie wir in der Tschechoslowakei und in Laos gesehen haben.

Einige Zeit später schrieb ein „konservativer" Schriftsteller ein lobenswertes Buch über Dennis mit dem Titel *Klandestine* und wiederholte, dass der KKK eine sowjetische „Fassade" sei. Es ist vielleicht nicht überraschend, dass dieses Buch von einer Firma veröffentlicht wurde, die langjährige Verbindungen zu dem „ehemaligen" CIA-Offizier William F. Buckley Jr. hatte, der, wie wir noch sehen werden, eine große Rolle bei der Zerstörung der nationalistischen Basisbewegungen in Amerika spielte. Trotz Dennis' Vorgeschichte als Judasbock stieg er in der „konservativen" American Party auf und war 1984 und 1988 ihr Präsidentschaftskandidat! Es ist daher nicht überraschend, dass die American Party schon lange von der Bildfläche verschwunden ist.

BILL WILKINSON
Klan-Anführer als FBI-Informant entlarvt

Bereits 1974 hatte der junge David Duke, damals ein aufsteigender Stern der weißen Rassenbewegung in den USA, einen seiner Leutnants, Bill Wilkinson, als „Problem" ausgemacht. Tatsächlich diente Wilkinson, genau wie von Duke vermutet, in den letzten acht Monaten seiner Mitgliedschaft bei Dukes Ku-Klux-Klan-Rittern als bezahlter Informant für das FBI.

Obwohl Duke die Menschen davor warnte, Wilkinson zu vertrauen, gründete dieser nach der Trennung von Duke sein eigenes unsichtbares Ku-

Klux-Klan-Imperium. In den folgenden acht Jahren gelang es Wilkinson, viele unschuldige Menschen innerhalb des „Empire" zu täuschen, die nicht ahnten, dass Wilkinson in Wirklichkeit für das FBI arbeitete.

Young Duke versuchte, die KKK-Bewegung zu „reformieren", sozusagen „ihr Image zu reinigen" und dem Medienstereotyp entgegenzuwirken, dass KKK-Mitglieder gewalttätige Hasser seien. Nachdem Wilkinson sich jedoch an die Spitze seiner eigenen (vom FBI gesponserten) Klan-Gruppe gesetzt hatte, arbeitete er eifrig daran, sich in der Öffentlichkeit als KKK-Anführer zu profilieren, indem er Worte des Zorns sprach und mit Parolen wie „Guns, Guts and Bullets" (Waffen, Gedärme und Kugeln) auf Gewalt anspielte und so die Rassenspannungen schürte.

Wilkinsons Eskapaden trugen also zu den Fundraising-Bemühungen der ADL bei, die Wilkinson als wachsende „Bedrohung" bezeichnete, obwohl er in Wirklichkeit unter der Fuchtel der ADL-Verbündeten innerhalb des FBI stand.

In The Thunderbolt beschrieb Edward Fields einen Aspekt von Wilkinsons vom FBI gesponsertem Klan, der genau zeigt, wie Wilkinson auch im Auftrag der ADL arbeitete

> Interessant ist auch, dass das FBI alle seine Informanten dazu auffordert, ihr Bestes zu tun, um die Juden zu schützen, indem es Patrioten ermahnt, sie nicht zu kritisieren. Als Bill Wilkinson den rechtsgerichteten Berufsschriftsteller Bill Grimstad einstellen wollte, bestand er zunächst darauf, dass dieser versprach, sich nicht mit der Judenfrage zu befassen.

> Grimstad lehnte ab und erklärte, dass er in diesem Fall den Posten des Chefredakteurs von Wilkinsons Zeitung nicht haben wolle. Gleichzeitig forderte Wilkinson die zu seinen Versammlungen eingeladenen Redner wiederholt auf, Juden nicht zu kritisieren.

Während das FBI also antischwarze Rhetorik tolerierte, war antijüdische Rhetorik „out of limits". Wie dem auch sei, 1981 wurde Wilkinsons Rolle als FBI-Informant ( ), während er seinen eigenen KKK „führte", öffentlich bekannt, was Wilkinsons Karriere innerhalb der „Rechten" effektiv beendete, aber die Enthüllungen überzeugten schließlich viele Menschen davon, dass es in den Reihen der amerikanischen Dissidentengruppen tatsächlich Juda-Böcke gab - eine bittere Pille, die für viele zu schlucken war, aber eine Warnung, die viele anscheinend immer noch nicht richtig beachtet haben.

Wie wir also gesehen haben - um nur einige Beispiele zu nennen - gibt es eine sehr reale und schäbige Geschichte der Infiltration und Störung amerikanischer Dissidentengruppen durch Regierungsagenten, sowohl ausländische als auch inländische, ganz zu schweigen von der häufigen und unpassenden Allianz zwischen unserem eigenen FBI und der Anti-Defamation League (ADL), die ganz offensichtlich ein Agent einer ausländischen Regierung ist: Israel.

Angesichts der ähnlichen Rolle, die das FBI und die ADL (gemeinsam und einzeln) bei der Infiltration und Störung von Dissidentengruppen gespielt haben, ist die formelle Verbindung zwischen dem FBI und der ADL in jedem Fall besonders beunruhigend, da die zunehmende Bedeutung, die dem „Kampf gegen den Terrorismus" beigemessen wird, zu einer neuen Welle von Provokationen führen könnte, die vom FBI und der ADL inszeniert werden, um eine öffentliche Forderung nach einer Einschränkung der Meinungs- und Versammlungsfreiheit zu erzeugen.

Tatsächlich schreibt Edward S. Herman von der Annenberg School of Communications der Universität Pennsylvania in seinem Buch: *The „Terrorism" Industry: The Experts and Institutions That Shape Our View of Terror* (*Die „Terrorismus"-Industrie: Die Experten und Institutionen, die unsere Sicht des Terrors prägen*): „In den Vereinigten Staaten hat das FBI lange Zeit *Agent Provocateur-Aktionen* durchgeführt, indem es infiltrierte Dissidentenorganisationen zur Gewalt anstiftete und direkte Gewalttaten ausführte, die dann den angegriffenen Personen und Organisationen zugeschrieben wurden".

Obwohl dies den Durchschnittsamerikaner schockieren mag, ist es eine Tatsache, über die es keine Diskussion gibt. Und auf den Seiten dieses Bandes erfahren wir noch viel mehr über die subversiven Aktivitäten der Juda-Böcke, die viele amerikanische Lämmer zur Schlachtbank geführt haben.

In der Zwischenzeit machen wir im folgenden Kapitel eine kurze - aber kritische - Klammer und erforschen die seltsame Geschichte des sogenannten „Trusts", eines bizarren sowjetischen Modells, um nicht nur seine Opposition zu überwachen, sondern auch eine Scheinopposition zu schaffen.

Um zu verstehen, wie die Juda-Böcke auf amerikanischem Boden operierten, muss man sich vor Augen führen, wie ein ähnliches Phänomen zu Beginn des 20. Und letztlich wird das sowjetische Modell des „Vertrauens", wie wir sehen werden, von den Feinden des legitimen amerikanischen Nationalismus heute sehr stark genutzt.

KAPITEL II

„Kontrollierte Opposition" - Das sowjetische Modell des „Vertrauens" für die Infiltration und Manipulation - oder sogar die Schaffung - von Oppositionskräften: Wird heute in Amerika vom inneren Feind benutzt

Das sogenannte „Vertrauensmodell", das die Sowjetunion Anfang des 20. Jahrhunderts anwandte, um ihre Feinde zu infiltrieren und zu vernichten, ist die Grundlage für die Techniken, die häufig von US-amerikanischen Geheimdiensten - sowie vom israelischen Geheimdienst Mossad und seinen Ablegern wie der Anti-Defamation League der B'nai B'rith - eingesetzt werden, um nationale Dissidentenbewegungen, die als feindlich gegenüber den Interessen des Zionismus und des Globalismus eingestuft werden, zu infiltrieren und zu vernichten (oder auf andere Weise die Aktivitäten zu kontrollieren).

Wer diese uralte Taktik nicht versteht, wird nie begreifen können, wie sehr das politische System der USA von diesen ausländischen Kräften manipuliert wurde.

Obwohl auch heute noch einige Personen und Organisationen, die innerhalb der sogenannten „nationalistischen", „revisionistischen" und „patriotischen" Bewegungen in Amerika aktiv sind, scheinbar „die richtigen Dinge sagen", ist die Wahrheit, dass viele von ihnen in Wirklichkeit - manchmal unfreiwillige - Agenten der Zwietracht sind, die zum Zweck der Informationsbeschaffung, Propaganda und Desinformation eingesetzt werden, um einen größeren Einfluss auf das amerikanische System auszuüben und so die Macht des Inneren Feindes zu festigen.

Betrachten wir den sowjetischen „Trust" und seine Funktionsweise. Diese wenig bekannte Spionageabwehroperation, die unter dem Namen „Trust" bekannt ist, wurde von der Tscheka, dem Vorgänger des sowjetischen KGB, eingerichtet, um eine „falsche Opposition" aufzubauen und zu kontrollieren, um die wahren Gegner des bolschewistischen Regimes aufzuspüren, das, wie Historiker wissen, von Nicht-Russen, hauptsächlich Juden, kontrolliert wurde.

Wenn Sie die folgenden Dokumente über die Funktionsweise des „Trusts" lesen, ersetzen Sie einfach das Wort „sowjetisch" durch „israelisch" und das Wort „Mossad" durch die Namen „Tscheka" und „KGB" und Sie werden verstehen, wie die „Trust"-Technik vom Mossad angewandt wurde, um Gruppen zu manipulieren, die sich den israelischen Interessen zu widersetzen „scheinen".

(Ebenso kann eine ähnliche Formel verwendet werden, indem die Begriffe „CIA" oder „FBI" je nach Fall ersetzt werden).

Eine kurze Beschreibung der Funktionsweise des „Trusts" findet sich in *Chekisty: A History of the KGB* von John J. Dziak

> Wenn es keine echte interne Oppositionsorganisation gibt, kann [ein Sicherheitsdienst] eine solche erfinden, sowohl um gefährlichere Organisationen... im Ausland zu infiltrieren, um ihre Aktionen abzustumpfen oder zu kanalisieren, als auch um tatsächliche oder potenzielle interne Dissidenten sichtbar zu machen ( ). Wenn es bereits eine interne Opposition gibt, wird diese infiltriert, um sie zu kontrollieren, die Oppositionellen dazu zu bringen, sich zu exponieren, und um sicherzustellen, dass die Bewegung den Interessen des Staates dient.

Eine ausführlichere Besprechung von „The Trust" findet sich in *Dirty Tricks or Trump Cards: U.S. Covert Action and Counterintelligence* von Roy Godson, Professor an der Georgetown University, der für seine engen Verbindungen zur Israel-Lobby in Washington bekannt ist:

> Manchmal, wenn die Umstände es zulassen und die Praktiker geschickt sind, kann die Spionageabwehr ihre Täuschung nicht nur auf die interne und emigrierte Opposition, sondern auch auf die Geheimdienste und Regierungen der ausländischen Gegner richten. Der sowjetische Trust war eine solche Operation.
>
> Der Trust wurde in den frühen 1920er Jahren gegründet und vollständig vom sowjetischen Geheimdienst Tscheka kontrolliert. Im Glauben, gemeinsam mit einer aktiven und effektiven antibolschewistischen Bewegung zu agieren, wurden Regimegegner in der UdSSR und im Exil vom Trust dazu verleitet, sich zu exponieren, und wurden so zu Zielen der sowjetischen Staatssicherheit.
>
> Durch die Nutzung dieser Informationen und die Kontrolle der Kommunikation zwischen westlichen Geheimdiensten, der russischen Emigrantengemeinschaft und russischen Dissidenten im Land neutralisierte die Tscheka fachmännisch die antikommunistische Opposition innerhalb und außerhalb des Landes.
>
> Der Trust konnte seine Kontakte zu den westlichen Geheimdiensten

auch dazu nutzen, irreführende und falsche Informationen über den inneren Zustand des Sowjetregimes an die Außenministerien und Regierungen derselben Dienste weiterzugeben. Im Wesentlichen wurde dem Westen von seinen Geheimdienst-"Agenten" in der Sowjetunion gesagt, dass die Unterstützung für das bolschewistische Regime nachlasse und dass die sowjetische Führung im Grunde genommen Nationalisten seien, die, wenn der Westen sie in Ruhe ließe, einen Staat, der sich nach innen und außen der Revolution verschrieben habe, allmählich in einen Staat umwandeln würden, der sich traditioneller und berechenbarer verhalten würde...

Der eigentliche Name der Organisation lautete Moskauer Kommunalkreditvereinigung, daher der Name Trust. Sie gab sich als Finanzinstitut aus, das im liberalen wirtschaftlichen Umfeld von Lenins Neuer Ökonomischer Politik tätig war. Der klandestine Name der falschen Gruppe war Monarchistische Vereinigung Zentralrusslands. Ein ironischer Aspekt der Trust-Operation war, dass die britischen und französischen Geheimdienste die russischen Emigranten für die Desinformationen bezahlten, die die Tscheka ihnen über den Trust zukommen ließ. Anscheinend wurde das Geld, das der Westen an diese Quellen zahlte, irgendwann dazu verwendet, die Ausgaben für die Täuschungsoperation selbst zu decken. Kurz gesagt: Der Westen zahlte, um getäuscht zu werden...

Da mehrere Generationen junger KGB-Offiziere gelernt hatten, dass Treuhandgeschäfte erfolgreich waren, ist es nicht verwunderlich, dass solche Geschäfte von den 1920er bis in die 1980er Jahre fortgeführt wurden.

Das Infiltrationsmodell „Trust" wurde vom Mossad und seinen Verbündeten CIA und FBI in diesem Land auch auf andere Dissidentenbewegungen angewandt, die für die Infiltration und Übernahme ins Visier genommen wurden. Geheimdienste wie die Anti-Defamation League (ADL) und das Southern Poverty Law Center (SPLC) sind oft Teil der Operation.

Ein sorgfältiges Studium der jüngsten Bulletins der ADL und des SPLC offenbart oft (aber nicht immer), welche „abweichenden" Gruppen und Führer eingesetzt (und ermutigt) werden, um Namen zu sammeln und Dossiers über wahrgenommene oder potenzielle Bedrohungen anzulegen. Die ADL und der SPLC bereiten ihre eigenen kontrollierten Agenten gründlich vor, um ihnen „Glaubwürdigkeit" zu verleihen. Mit anderen Worten: Der durchschnittliche Mensch wird annehmen, dass die Tatsache, dass die ADL und der SPLC eine Person oder Organisation angreifen, in gewisser Weise ein „Beweis" dafür ist, dass diese Person oder Organisation legitim ist, was durch die Angriffe der ADL oder des SPLC bewiesen wird. Wer sich an solchen „vertrauensbildenden" Operationen beteiligt, tut dies auf eigenes Risiko.

Auf den Seiten von *The Juda Goats - The Enemy Within* werden wir viel mehr über die Aktionen der sowjetähnlichen „Vertrauens"-Intrigen auf amerikanischem Boden erfahren. Wir werden die Namen derjenigen nennen, die falsche Oppositionsgruppen anführen.

Wir werden nachweisen, dass es eine konzertierte Anstrengung gegeben hat, die echte politische Basisopposition in den USA zu kontrollieren - oder zu zerstören -, die die Macht des Zionismus und seiner (oftmals unliebsamen) Verbündeten in der globalen Konzernelite bedroht. Wir werden einige der berüchtigtsten Medien kennenlernen, die ihren Einfluss nutzen, um diejenigen zu diffamieren, die sich der internationalistischen Agenda widersetzen. Wir werden untersuchen, wie die traditionellen politischen Bewegungen in den USA infiltriert und übernommen wurden und ihre ansonsten pro-amerikanische Agenda unterwandert haben.

Nichts davon wird angenehm sein, aber es ist *eine Geschichte, die erzählt werden muss, wenn die Amerikaner sich ihre Nation und ihr Erbe wieder aneignen wollen...*

KAPITEL III

J. Edgar Hoover, das FBI und der innere Feind

Ruby Ridge, Waco, Oklahoma City, der Überfall auf den Baptistentempel in Indianapolis unter der Leitung von Generalstaatsanwalt John Ashcroft in den ersten Tagen der Bush-Regierung und dann die Ereignisse des 11. September - all diese Ereignisse haben viele Patrioten und langjährige Bewunderer des Federal Bureau of Investigation (FBI) dazu veranlasst, sich zu fragen, ob das FBI wirklich „auf unserer Seite" ist.

Die Wahrheit ist, dass das FBI seit mehr als einem halben Jahrhundert in vielerlei Hinsicht hinter den Kulissen gegen die Interessen der amerikanischen Patrioten arbeitet. Erstaunlich ist, dass es so lange gedauert hat, bis viele amerikanische Patrioten zu begreifen begannen, dass das FBI in den meisten Fällen auf der, wie man vage sagen könnte, „falschen Seite" stand und tatsächlich als nationaler Polizeiapparat im Sold der herrschenden plutokratischen Macht funktionierte.

Namentlich ein ehemaliger hochrangiger FBI-Beamter, Ted Gunderson, fügte seine Stimme der Kakophonie der Kritiker hinzu, die ernsthafte Fragen über die Angemessenheit des Modus Operandi des FBI aufwarfen.

In diesem Zusammenhang sei an einen anregenden Leitartikel erinnert, der erstmals in der Mai-Ausgabe 1959 des längst verschwundenen Newsletters *Right* erschien und selbst damals - vor fast einem halben Jahrhundert - über beunruhigende Anzeichen dafür berichtete, dass das FBI nicht unbedingt das ist, was es sein sollte. Der Leitartikel wurde von Willis Carto verfasst, der einige Jahre mit *Right* verbunden war, bevor er Liberty Lobby gründete, die populistische Institution mit Sitz in Washington, die *The Spotlight* veröffentlichte und selbst von einem Bundesrichter gekreuzigt und zerstört wurde, der ein ehemaliger hoher Beamter des Justizministeriums war (wir kommen später auf diesen Seiten darauf zurück). Über den Leitartikel von *Right* sagte Carto bei einer Reflexion im Jahr 2006: „Ich würde keine Zeile davon ändern". Hier ist, was Carto 1959 schrieb.

DAS FEDERAL BUREAU OF INVESTIGATION

Viele avantgardistische Nationalisten haben sich ängstlich gefragt, was aus dem FBI werden würde, wenn sein derzeitiger Direktor, J.

Edgar Hoover, in den Ruhestand gehen würde.

Intelligente Menschen haben schon lange erkannt, dass das FBI potenziell sehr gefährlich ist. Herr Hoover selbst ist sich dessen sehr bewusst. Die Tatsache, dass er dem Präsidenten und dem Generalstaatsanwalt völlig unterstellt ist, macht ihn zu einem solchen in der Natur der Sache, denn diese beiden Männer sind wiederum den rücksichtslosen Lobbygruppen unterworfen, die die Politiker wählen.

Wir müssen unserem guten Stern dafür danken, dass Hoover ein ungewöhnliches Maß an öffentlicher Verantwortung gezeigt und die meisten Versuche, das FBI als politische Waffe zu benutzen, abgewehrt hat. Die Tatsache, dass er nicht in der Lage war, all diese Versuche abzuwehren, sollte jeden gewissenhaften Amerikaner dazu veranlassen, nüchtern darüber nachzudenken, was die Zukunft für ihn bereithält.

Die Geschichte Europas ist voll von Beispielen für den Einsatz von Geheimpolizei durch Regierungen. Die Gestapo der Nazis, die es heute nicht mehr gibt, und der lebendige KGB (früher OGPU) der Sowjetunion sind zwei Beispiele dafür, wie gefühllose Menschen Gewalt anwenden, um die Freiheit zu ersticken. Dabei greifen sie auf so brutale und niederträchtige Methoden zurück, dass man einen starken Magen haben muss, um auch nur darüber zu lesen.

Alle ehrlichen Menschen müssen zugeben, dass das FBI Anzeichen dafür zeigt, dass es in die sehr gefürchtete Kategorie einer staatlichen Geheimpolizei abdriftet, und das sogar ohne Hoovers Abgang. Ein Vorbote dieses Prozesses ist das kostenlose Lob, das er der subversiven Anti-Defamation League und der kommunistischen Front NAACP in seinem hochgelobten Buch *Masters of Deceit* zukommen ließ. Zweitens ist das schändliche Verhalten des FBI bei dem schändlichen Versuch in Atlanta, fünf unschuldige Patrioten in eine Falle zu locken und zu ermorden, als Warnung an alle, die möglicherweise zu offen über die Kräfte hinter dem Kommunismus amerikanischer Prägung sprechen, eine schwarze Markierung, die nicht so schnell vergessen wird.

Doch jetzt, da eine ehrliche Jury einen der beteiligten jungen Männer freigesprochen hat und die anderen offenbar freigelassen wurden, scheint das FBI plötzlich das Interesse an der Identität der wahren Bombenleger verloren zu haben. Könnte es daran liegen, dass ihr eigener bezahlter Agent - L. E. Rogers - der wahre Verbrecher ist

Der Zweck dieses Leitartikels besteht nicht so sehr darin, den traurigen Statusverlust des FBI zu beklagen, sondern Patrioten und „Konservative" zu warnen, dass wir unbeabsichtigt zugelassen haben, dass das FBI zu einem gefährlichen Frankenstein wird, der in viel schlimmeren Händen als denen von Mr. Hoover zur Umsetzung der totalitären Diktatur, die die unsichtbare Weltverschwörung gerade vorbereitet, eingesetzt werden könnte - und zweifellos auch wird.

Nationalisten sollten anfangen, sich von ihrer Bewunderung für das einst respektierte FBI zu verabschieden. Und sie sollten anfangen, sich zu fragen, was dem Land und der Verfassung bevorsteht, wenn Hoover in den Ruhestand geht und der Präsident seinen Nachfolger ernennt. Denn dieser Nachfolger wird höchstwahrscheinlich noch viel schlimmer sein.

[Ende des Leitartikels von *Right*]

Tatsächlich geht, wie wir gesehen haben, die Verbindung zwischen der ADL und dem FBI bis in die Jahre vor dem Zweiten Weltkrieg zurück. An dieser Stelle scheint es angebracht, eine beunruhigende Frage aufzuwerfen. Hat die ADL den ehemaligen Direktor des FBI, J. Edgar Hoover, erpresst? Die nationale Presse berichtete über die Einflussnahme des organisierten Verbrechens auf Hoover, doch die zentrale Rolle der ADL im Fall der Erpressung Hoovers wurde sorgfältig ignoriert.

Der bekannte Autor Anthony Summers sorgte in den Medien für Aufsehen, als er in einem neuen Buch und in der PBS-Serie „Frontline" behauptete, der Chef des organisierten Verbrechens Meyer Lansky habe den FBI-Chef J. Edgar Hoover mit angeblichen Fotos erpresst, die Hoover bei homosexuellen Aktivitäten zeigen.

Obwohl derartige Gerüchte über Hoover seit Jahren üblich sind, hatte noch kein bekannter Autor seinen Namen unter diese Anklage gesetzt.

Unter Berufung auf zahlreiche Quellen - einige davon verdächtig und praktisch alle wenig vertrauenswürdig - behauptete Summers, dass nicht nur Lansky, sondern auch mehrere andere Personen Zugang zu ähnlichen Fotos hatten (die Summers offenbar nicht vorlegen kann). Summers berichtet, dass der ehemalige Chef der CIA-Spionageabwehr, James Jesus Angleton, ebenfalls Zugang zu Hoovers Fotos hatte.

Die Tatsache, dass sowohl Lansky als auch Angleton im Besitz solcher Beweise waren, ist aus einem besonderen Grund sehr interessant: Lansky war ein langjähriger Unterstützer Israels und ein finanzieller Engel der Anti-Defamation League (ADL) der B'nai B'rith, einem illegal nicht registrierten ausländischen Agenten für Israel. Am Ende seines Lebens ließ sich Lansky sogar in Israel nieder.

Angleton, der in seiner Zeit als Verantwortlicher für verdeckte Aktivitäten bei der CIA durch CIA-Geschäfte mit Lanskys Verbündeten im Drogenhandel innerhalb der korsischen und sizilianischen Mafia direkt in das Lansky-Verbrechersyndikat involviert war, war auch Israels Beschützer bei der CIA. Angleton, der das israelische Büro der CIA leitete, war die Person, die Israel in der CIA am nächsten stand, so dass er von Kritikern häufig beschuldigt wurde, ein „kooperierter Agent Israels" zu sein.

Tatsächlich wird Angleton in Israel so sehr verehrt, dass nach seinem Tod in Israel mehrere Denkmäler zu seinem Gedenken errichtet wurden - die einzigen bekannten öffentlichen Denkmäler dieser Art zu Ehren eines US-Geheimdienstmitarbeiters, egal wo auf der Welt. (Er war wirklich ein engagierter Freund Israels.) Die Relevanz dieser Tatsachen ist ziemlich provokant, wenn man die seltsame Beziehung zwischen J. Edgar Hoover und der ADL betrachtet - eine Beziehung, die unter Antikommunisten seit vielen Jahren umstritten ist. Hoovers Nähe zur ADL wurde offensichtlich, als das oben erwähnte Buch *Masters of Deceit*, eine Kritik des Kommunismus, das von einem Ghostwriter Hoovers geschrieben und unter Hoovers Namen veröffentlicht wurde, erschien.

In *Masters of Deceit* schreibt Hoovers Ghostwriter: „Ein Teil der wirksamsten Opposition gegen den Kommunismus in den USA kam von jüdischen Organisationen wie B'nai B'rith, dem American Jewish Committee, der American Jewish League against Communism, der Anti-Defamation League und einer Vielzahl anderer jüdischer Gruppen".

Aus offensichtlichen Gründen erregte diese Entscheidung die Gemüter der zahlreichen antikommunistischen Bewunderer Hoovers, die genau wussten, dass vor allem die ADL mit langjährigen Kommunisten, Sozialisten und Sympathisanten der Kommunistischen Partei durchsetzt war.

Hoover selbst war, ungeachtet seiner Fehler, nicht dumm und ganz sicher kein Kommunist, weit davon entfernt.

Als Hoovers Buch erschien, in dem er die ADL lobte, erinnerten sich viele Patrioten daran, dass die inzwischen verstorbene Dr. Bella Dodd in ihrer Zeit als Mitglied der Kommunistischen Partei Amerikas Geschäftspartnern gegenüber erklärt hatte, dass man, wenn der Partei das Geld ausgehe oder sie eine Führung brauche, immer auf die Hilfe der ADL-Führer zählen könne, die in einer luxuriösen Suite des Waldorf-Astoria untergebracht seien. Kurz gesagt: Die ADL unterstützte gemeinsam mit dem sowjetischen Kreml die kommunistische Bewegung in den USA.

(In einem von Robert Williams, einem ehemaligen Geheimdienstoffizier der Armee, verfassten Band mit dem Titel *The Anti-Defamation League and Its Use in the World Communist Offensive* wurden die kommunistischen und linken Eskapaden der ADL ausführlich erläutert).

Hoovers Verbindungen zum Verbrechersyndikat Lansky und seinen Verbündeten in der ADL waren viele Jahre lang Gegenstand von Gerüchten, lange bevor Anthony Summers kam, denn die ADL war zum großen Teil für die Gründung der J. Edgar Hoover Foundation im Jahr 1947 verantwortlich, deren erster Vorsitzender kein anderer als Rabbi Paul Richman war, der Direktor der ADL in Washington.

Louis B. Nichols, Hoovers langjähriger Mitarbeiter und stellvertretender Direktor des FBI für die Archiv- und Kommunikationsabteilung, war der Hauptkontakt des FBI zur ADL, als diese half, Massenverhetzungsprozesse gegen die wichtigsten Kritiker der Außenpolitik von Präsident Franklin D. Roosevelt zu inszenieren.

Nichols wurde später Präsident der J. Edgar Hoover Foundation, allerdings erst, nachdem er das FBI verlassen hatte. Nach seiner Pensionierung wurde er Executive Vice President von Schenley Industries, einem großen Alkoholhandelsunternehmen, das von dem ehemaligen Schmuggler und Lansky-Partner Lewis R. Rosenstiel geleitet wurde, auf den wir später in diesem Band noch näher eingehen werden.

Wie dem auch sei, die Ursprünge der ADL sind recht interessant. Der ursprüngliche Impuls für die Organisation entsprang nicht so sehr dem Wunsch, Angehörige des jüdischen Glaubens im Allgemeinen zu verteidigen, sondern vielmehr die jüdischen Mafiosi. Jahrhunderts hatte der New Yorker Polizeichef Thomas Bingham eine umfassende Untersuchung des organisierten Verbrechens in seiner Stadt eingeleitet. Im Jahr 1908 stand Bingham unter Beschuss und wurde beschuldigt, „antisemitisch" zu sein, weil er auf die Rolle einiger jüdischer Gangster im organisierten Verbrechen hingewiesen hatte.

Schließlich wird Bingham verdrängt und das organisierte Verbrechen zieht in New York ein. Einer der unmittelbaren Nutznießer von Binghams Abgang ist kein Geringerer als der Mafioso Arnold Rothstein, Lanskys Mentor und unangefochtener Chef der jüdischen Unterwelt vor dem Aufstieg des jungen Lansky.

Die Quelle der Angriffe auf Bingham war ein PR-Komitee, das von einem Wirtschaftsanwalt namens Sigmund Livingston gebildet wurde. Im Jahr 1913 hatte sich Livingstons Komitee offiziell als B'nai B'rith Anti-Defamation League konstituiert.

So kam es, dass Hoover selbst Empfänger der Großzügigkeiten der ADL war, die zu einem großen Teil aus den Kassen von Lansky und seinem kriminellen Syndikat stammten. Hoover wurde auch Opfer der zwielichtigen Erpressungstaktiken der ADL, offensichtlich durch ihren Finanzengel Meyer Lansky und seine Partner aus dem organisierten Verbrechen.

Es ist nicht überraschend, dass der Autor Anthony Summers sich dafür entschieden hat, jegliche Rolle der ADL in einer solch ungeheuerlichen Verschwörung zu ignorieren. In seinen eigenen Memoiren enthüllte Gary Wean, ein ehemaliger Geheimdienstoffizier der Staatsanwaltschaft von Los Angeles, dass Summers sich dafür entschied, die Informationen, die Wean ihm zur Verfügung gestellt hatte, nicht zu veröffentlichen, als Summers ein später veröffentlichtes Buch über das Leben und den Tod der Schauspielerin Marilyn Monroe schrieb.

Was Wean Summers erzählte, war, dass Mickey Cohen, Lanskys Handlanger an der Westküste, die Vorstellung von Miss Monroe bei John F. Kennedy arrangiert hatte. Cohen hoffte, Informationen über die Absichten des damaligen gewählten Präsidenten in Bezug auf Israel zu erhalten.

Cohen stand den Israelis seit vielen Jahren nahe, hatte die jüdische Untergrundbewegung in Palästina mit Waffen versorgt und unterhielt eine intime Beziehung zu dem zum Diplomaten gewordenen Terroristen Menachem Begin (dem späteren israelischen Premierminister).

Wean beschuldigte Miss Monroe, auf Cohens Befehl hin ermordet worden zu sein, um sie daran zu hindern, die Wahrheit darüber zu enthüllen, wie die Israelis versuchten, ihre Beziehung zu Präsident Kennedy zu manipulieren. Miss Monroe hatte sich offenbar gegen Cohen aufgelehnt und sich geweigert, auf sein Spionagespiel einzugehen. Jedenfalls entschied sich Summers, diese Informationen nicht zu verwenden und stattdessen den Tod von Miss Monroe Präsident Kennedy und seinem Bruder, dem Generalstaatsanwalt Robert Kennedy, zuzuschreiben.

Wenn Summers also von der Erpressung Hoovers durch die ADL gewusst hätte, wäre es unwahrscheinlich, dass er sie aus Angst, selbst ein Opfer der ADL zu werden, erwähnt hätte.

Letztlich ist die inzestuöse Beziehung zwischen dem FBI ( ) und der ADL ein hervorragendes Beispiel dafür, wie der Innere Feind einen Sonderstatus in den amerikanischen Geheimdiensten und der Polizei erlangt hat und die Bundesbehörden (und private Spionageorganisationen) manipuliert, um seine eigene Agenda voranzutreiben.

Obwohl es bis heute zweifellos gute und starke patriotische Elemente innerhalb des FBI (und des Justizministeriums, dessen Ermittlungsorgan es ist) gibt - wie die jüngsten (2005-2006) strafrechtlichen Anklagen gegen verschiedene pro-israelische Hardcore-Elemente zeigen -, zeigt die

Geschichte leider, dass das FBI insgesamt in großem Maße vom Feind von innen manipuliert und benutzt wurde.

Im nächsten Kapitel werden wir auf die schäbige Karriere eines - heute weitgehend vergessenen - Mannes eingehen, der aus historischer Sicht vielleicht einen der schlimmsten Böcke Judas veranschaulicht.

KAPITEL IV

John Roy Carlson - Der große alte Mann der inneren Feinde: Der erste berüchtigte Judasbock des 20. Jahrhunderts

In den Jahren vor dem Zweiten Weltkrieg und mehrere Jahre danach erlangte ein Mann nationale Berühmtheit für seine Rolle als erster, weithin publik gemachter Undercover-Informant innerhalb der amerikanischen nationalistischen Bewegung. Sein Name - oder zumindest das Pseudonym, unter dem er bekannt war - war John Roy Carlson. Praktisch jede öffentliche Bibliothek in den USA besitzt heute - oder besaß - ein Exemplar des berühmten (viele würden sagen: berüchtigten) Bestsellers aus der Zeit des Zweiten Weltkriegs, *Under Cover*, der angeblich von Carlson geschrieben wurde. Das Buch ist auch heute noch in vielen Second-Hand-Buchläden zu finden.

Der Untertitel des Buches vermittelt einen Eindruck von seinem Inhalt: „Meine vier Jahre in Amerikas Nazi-Unterwelt - Die unglaubliche Enthüllung, wie die Agenten der Achsenmächte und unsere Feinde im Inneren derzeit planen, die Vereinigten Staaten zu zerstören".

Obwohl *Under Cover* offen gesagt ein sehr unterhaltsames Buch ist, reich an faszinierenden realen Personen, die in farbenfroher Prosa geschildert werden, ist es eine Tatsache, dass die meisten heutigen Leser (sofern sie nicht zufällig auf das vorliegende Buch stoßen) leider nie erfahren werden, dass der Autor und das Buch in einem Verleumdungsprozess vor einem Bundesgericht in Chicago drei Jahre nach der Veröffentlichung des Buches vollständig desavouiert wurden.

Hier sind einige Hintergrundinformationen, die helfen, die Frage zu beantworten: Was geschah mit John Roy Carlson

Zunächst einmal ist der wahre Name des Autors nicht „John Roy Carlson". Dies war nur eines von vielen Pseudonymen, die Arthur (Avedis) Derounian im Laufe der Jahre angenommen hatte. Derounian wurde 1909 in Griechenland geboren, kam im Alter von 12 Jahren nach New York und schlug eine Karriere als Journalist ein. Viele Kritiker behaupteten, dass Derounian jüdischer Abstammung sei, obwohl er dies abstritt.

In den Jahren vor dem Eintritt der USA in den Zweiten Weltkrieg, während des Krieges selbst und danach wurde Derounian in rund 30 verschiedenen politischen Organisationen aktiv und verwendete dabei Namen, die unter anderem von „George Pagnanelli" über „Robert Thompson, Jr." bis hin zu „Patricia O'Connell" reichten.

Obwohl er hauptsächlich in New York ansässig war, unterhielt Derounian eine rege nationale Korrespondenz mit den Führern dessen, was man als „America First-Bewegung" bezeichnen könnte, die darum kämpfte, Präsident Franklin Roosevelt daran zu hindern, die USA in einen Krieg in Europa zu verwickeln.

Derounian reiste auch viel durch das Land und lernte viele der gleichen Personen persönlich kennen, stellte sich als Sympathisant ihrer Sache vor und benutzte oft Einführungsbriefe (die er von anderen Personen erhalten hatte, mit denen er sich bereits verbunden hatte), um sie kennenzulernen.

Darüber hinaus veröffentlichte Derounian unter dem Namen „George Pagnanelli" ein grobes antijüdisches Hetzblatt mit dem Titel *The Christian Defender*, das er in New York City verteilte und per Post an Personen im ganzen Land schickte.

Zu dieser Zeit war Derounian jedoch nicht der mutige, einsame Enthüllungsjournalist, den er in *Under Cover* porträtiert. Tatsächlich stand er nicht nur im Sold der Anti-Defamation League (ADL) der B'nai B'rith - einer Frontgruppe der Pro-Kriegs-Bewegung, die die Roosevelt-Regierung unterstützte -, sondern wurde auch finanziell von einer „Spiegelgruppe" der ADL unterstützt, den selbsternannten „Freunden der Demokratie", die von einem gewissen Leon Birkhead geleitet wurde.

Im Jahr 1943, lange nach dem Kriegseintritt der Vereinigten Staaten, veröffentlichte das bedeutende New Yorker Verlagshaus E. P. Dutton Derounians Buch heraus, das landesweit für Aufsehen sorgte. Das Buch wurde von dem Kolumnisten und Radiomoderator Walter Winchell, der selbst als Propagandakanal für die ADL bekannt war, stark beworben und verkaufte sich schnell über 600.000 Mal.

Patriotische und leichtgläubige Amerikaner, die befürchteten, unter jedem Bett Spione der Achsenmächte zu finden, glaubten, Derounian (noch bekannt als „Carlson") habe ein großes nationales Netzwerk von Naziagenten und amerikanischen Sympathisanten der Nazisache entdeckt, das von Straßenagitatoren über Kongressabgeordnete bis hin zu respektablen Hausfrauen reichte. Derounians Buch nennt Namen (und viele Namen) und rezitiert praktisch wörtlich angebliche Gespräche zwischen „Pagnanelli" und Dutzenden von angeblichen Nazi-Agenten und anderen Personen.

Viele der in dem Buch zitierten Personen waren empört und behaupteten, sie seien böswillig verleumdet worden, doch die meisten von ihnen weigerten sich, etwas zu unternehmen, da sie vielleicht der Meinung waren, dass eine Klage gegen Derounian und seinen Verleger nur die Aufmerksamkeit auf die aufgestellten Behauptungen lenken würde.

Das Buch trug jedoch wesentlich dazu bei, den Boden für den berüchtigten „Großen Verhetzungsprozess" zu bereiten, der 1944 in Washington stattfand und die Grundlage für die Propaganda für die Verhetzungsvorwürfe der Roosevelt-Regierung gegen rund 30 Amerikaner legte, die verdächtigt wurden, in Kriegszeiten mit dem Feind kollaboriert zu haben.

Die weite Verbreitung des Buches verlieh dem Dossier des Justizministeriums, das letztlich eine schmähliche Niederlage erlitt, eine gewisse (wenn auch unverdiente) Glaubwürdigkeit (für eine vollständige Darstellung des Falles siehe ein späteres Kapitel in diesem Band). Wie unzuverlässig das Buch ursprünglich auch immer gewesen sein mag und angesichts der Künstlichkeit der Aufruhrvorwürfe war der Schaden also angerichtet.

1946 veröffentlichte Dutton, aufgebläht durch den Erfolg des ersten Buches, ein weiteres Gebräu von „Carlson", *The Plotters*, das in der Tat eine Fortsetzung von Derounians früherem Unternehmen war und eine große Anzahl derselben Schurken und auch einige neue in Szene setzte.

Das Buch erzählt, wie Derounian sich als heimgekehrter Armeeveteran „Robert Thompson, Jr." ausgab, der wie „Pagnanelli" Mitglied verschiedener politischer Organisationen wurde, von denen die meisten der Politik der Roosevelt-Regierung und später der Politik von Präsident Truman feindlich gegenüberstanden. Derounian berichtete auch, dass er zu Kriegszeiten vorgab, die Ehefrau und/oder Mutter eines im Krieg befindlichen US-Soldaten zu sein, und dass er mit Gruppen von „Müttern" korrespondierte und deren Aktivitäten untersuchte.

Insgesamt ist *The Plotters* eine ebenso bösartige Wiederholung der gleichen Art von Herabsetzung und Schuldzuweisung durch Assoziation wie in *Under Cover*, obwohl „Carlson" diesmal das Bedürfnis verspürte, einige wenig schmeichelhafte Dinge über die linken Gruppen zu sagen, die die Veteranen agitierten, in einem lahmen Versuch zu beweisen, dass er nicht streng voreingenommen gegen „konservative" oder „rechte" Anliegen war und dass er kein kommunistischer Sympathisant war, wie viele seiner Kritiker behaupteten.

Als *The Plotters* jedoch veröffentlicht wurde, gerieten Derounian und seine Verleger wegen *Under Cover* vor Gericht. Zunächst wehrte sich Conrad Chapman aus Massachusetts gegen Derounians Anschuldigungen, er sei eine Art Nazi-Agent, und reichte Klage ein. Dutton und Derounian einigten sich außergerichtlich und veröffentlichten einen Widerruf der in *Under Cover* erhobenen Anschuldigungen.

Im zweiten Fall, in dem Derounian wegen seiner Untaten ins Kreuzfeuer der Kritik geriet, reichte George Washington Robnett, Exekutivsekretär der in Chicago ansässigen Church League of America, vor dem Bundesgericht in Chicago Klage gegen Derounian und seinen Verleger ein.

Die erste Jury im Fall Robnett kam zu keinem Urteil. Die zweite Jury wurde schließlich überstimmt, weil ihre Mitglieder per Post Dokumente erhalten hatten, die ihnen schaden könnten.

Schließlich fällte die dritte Jury am 25. September 1946 ein Urteil zu Robnetts Gunsten und gegen Derounian und seinen Verleger. Zu Robnetts Pech sprach die Jury ihm nur einen symbolischen Betrag von einem Dollar zu, aber dennoch war es ein moralischer Sieg.

Die Geschworenen berichteten später der Presse, dass es in der Jury eine große Debatte darüber gegeben habe, wie viel Geld Robnett bekommen sollte, wobei 10 der 12 Geschworenen dazu tendierten, Derounian zu einem hohen Schadensersatz zu verurteilen. Da zwei Geschworene jedoch standhaft blieben und sich weigerten, Derounian zu verurteilen, stimmte die Mehrheit zu, zur Lösung des Falls einen Kompromiss einzugehen und nur ein Urteil von einem Dollar zu verhängen, um den Schuldspruch zu erreichen, den sie so fest für gerechtfertigt hielten.

Eines der Jurymitglieder, Frau Beatrice Fountain, sagte der *Chicago Daily Tribune* am 27. September: „Ich dachte, Robnett hätte Anspruch auf mindestens 50.000 Dollar. Der Verlag hatte sich unbestreitbar einer groben Verleumdung auf der Website schuldig gemacht. Ich wollte, dass diese Jury ein Urteil fällt, das Verleumdungskampagnen für immer beendet; um einer solchen Ansteckung überall in Amerika ein Ende zu setzen. Ich wollte, dass diese Jury ein Urteil fällt, das den Verleumdungskampagnen für immer ein Ende setzt; dass eine Ansteckung wie die dieses Buches überall in Amerika ab sofort beendet wird".

Obwohl Robnett in der Hoffnung auf ein höheres Urteil ein neues Verfahren beantragte, weigerte sich der Bundesrichter John P. Barnes, ein neues Verfahren anzuordnen, machte aber deutlich, dass er Robnett „eine sehr beträchtliche Summe" zugesprochen hätte, wenn er gewollt hätte. Der Richter nahm kein Blatt vor den Mund, um zusammenzufassen, was er während Robnetts Präsentation seines Falles gegen Derounian und seinen Verleger herausgefunden hatte

> In diesem Buch wird der Kläger beschuldigt, illoyal, antisemitisch und ein Nazi-Agent zu sein. Während des gesamten Prozesses habe

ich nie auch nur einen einzigen Beweis für diese Anschuldigungen gehört. Ich glaube, dass dieses Buch von einer völlig unverantwortlichen Person geschrieben wurde, die bereit war, für einen Dollar alles zu schreiben. Ich glaube, dass dieses Buch von einem Verleger veröffentlicht wurde, der für einen Dollar zu allem bereit war.

Ich glaube nicht, dass die Verleger eine Untersuchung über diesen Autor durchgeführt haben, wie sie behaupten, weil sie sich mehr um den Dollar als um die allmächtige Wahrheit gekümmert haben. Ich würde diesem Autor nicht glauben, wenn er unter Eid stünde, und ich glaube, dass er und der Verlag genauso schuldig sind wie jede andere Person, die jemals von diesem Gericht für schuldig befunden wurde.

Während des Prozesses selbst berichtete *die Chicago Daily Tribune* am 24. September, Derounian habe im Zeugenstand zugegeben, dass er, wie die *Tribune* es formulierte, „bei der Anti-Defamation League in New York angestellt" war, und zwar zur selben Zeit, als er sein antijüdisches Hetzblatt *The Christian Defender* verbreitete, das demonstrativ von „George Pagnanelli" herausgegeben wurde.

Obwohl Derounians Anwälte versuchten, zu verhindern, dass Kopien des Hassblattes als Beweismittel vorgelegt werden, wies der Richter den Antrag der Verteidigung zurück und erklärte: „Diese Dokumente enthüllen, dass dieser Autor auf beiden Seiten der Straße arbeitete. Sie sehen aus wie antisemitische Literatur" und fügte mit Nachdruck hinzu: „Jedes dieser Dinge ist unendlich schlimmer als alles, was Sie mir in Robnetts Schriften zur Kenntnis gebracht haben".

Richter Barnes widersprach auch Derounians Behauptung, es sei gerechtfertigt, Robnett als „Antisemiten" zu bezeichnen, weil dieser das jüdische Erbe einiger Kommunisten hervorgehoben hatte. Der Richter erklärte

> In unseren Bemühungen, Verfolgung zu vermeiden, dürfen wir keine bedeutungslosen Tabus aufstellen. Wir dürfen nicht das Tabu aufstellen, dass wir unter keinen Umständen erwähnen dürfen, dass eine Person ein Jude ist. Dies wird die Verfolgung nicht verhindern. Wenn Menschen Juden und Kommunisten sind, müssen sie diese Last tragen, und es wird weder ihnen noch ihrer Religion nützen, wenn wir ein Tabu aufstellen, das es verbietet, diese Tatsache zu erwähnen.

All das ist jedoch zu einem vergessenen Teil der Geschichte geworden, obwohl Derounians Verleumdungsbücher weiterhin in den Regalen der Bibliotheken stehen und für unwissende Forscher zugänglich sind, die leider wahrscheinlich nie von diesem mächtigen Urteil gegen Derounian und seinen Verlag erfahren werden.

Darüber hinaus ist es sehr ironisch, dass trotz des Urteils Derounians geheime Auftraggeber bei der ADL weitgehend der Aufmerksamkeit entgangen sind. 1995 nahm der angesehene amerikanische Historiker Richard Gid Powers in seinem Buch *Not Without Honor: The History of American Anticommunism* (New York: Free Press) kein Blatt vor den Mund, als er feststellte, dass „*Under Cover* und *The Plotters* wahrscheinlich von Geistern der ADL geschrieben (oder zumindest herausgegeben) wurden".

Obwohl Derounian mit den Verleumdungsgesetzen in Konflikt geriet, war ein anderer Verleger bereit, zu veröffentlichen und sich selbst zu verdammen. 1951 veröffentlichte Alfred Knopf Derounians drittes und letztes Buch, *Kairo in Damaskus*. Dieses Buch ist weitgehend vergessen und kaum bekannt, selbst bei denen, die seine früheren Propagandabemühungen kennen. Geschrieben im gleichen Stil wie die früheren Bücher von „Carlson", konzentriert sich dieser Band auf Derounians Abenteuer im Nahen Osten während der Zeit um die Gründung Israels. Unnötig zu sagen, dass es „Carlson" gelungen ist, eine Menge Nazi-Kriegsverbrecher, antijüdische Agitatoren und andere Personen aufzuspüren, die Hand in Hand mit den arabischen Ureinwohnern Palästinas arbeiten, um die Gründung eines zionistischen Staates zu verhindern. Das Buch hat nie ein größeres Publikum erreicht und die wenigen Exemplare, die es noch gibt, sind kaum mehr als kuriose Relikte.

Derounian selbst verschwand aus der Öffentlichkeit, aber sein Bruder Stephen wurde von 1953 bis 1967 liberaler republikanischer Abgeordneter in New York.

Am 23. April 1991 starb Derounian im Alter von 82 Jahren, während er in der Zentrale des American Jewish Committee in Manhattan recherchierte. Am 28. Oktober 1999 veröffentlichte die New Yorker *Daily News* (im Besitz des zionistischen Magnaten Mort Zuckerman) im Rahmen ihrer Serie: „Big Town Biography: Lives and *Times* of the Century's Classic New Yorkers" einen Hintergrundartikel über „The Joiner: John Roy Carlson", vermied es aber sorgfältig, Derounians Abweisung vor Bundesgerichten zu erwähnen.

Derounians unrühmliche Bilanz wurde jedoch leicht von einer Vielzahl anderer Insider-Feinde überschattet, und auf den folgenden Seiten werden wir mehr als einem von ihnen begegnen. Sich an die Doppelzüngigkeit von „John Roy Carlson" zu erinnern, ist jedoch eine perfekte Einführung in die dunkle Welt der Böcke Judas.

KAPITEL V

Der große Aufruhrprozess von 1944: Die Anfänge der Zusammenarbeit zwischen der ADL und dem FBI - Wie der innere Feind Patrioten als „Verräter" beschuldigt

In der modernen Ära nach dem 11. September, in der eine repressive Gesetzgebung wie der falsch benannte „PATRIOT Act" das Land beherrscht - ein direktes Ergebnis der legislativen Manipulation des Kongresses durch Gruppen wie die Anti-Defamation League und andere, die Schlüsselfraktionen des Inneren Feindes darstellen -, ist es wichtig, sich an einen Fall zu erinnern, in der Mitte des 20. Jahrhunderts, als gesetzestreue Amerikaner - deren einziges Verbrechen darin bestand, sich der Kriegspolitik der Regierung von Präsident Franklin Delano Roosevelt zu widersetzen - ins Gefängnis gebracht, angeklagt und auf der Grundlage von konstruierten Anklagen wegen Volksverhetzung verurteilt wurden.

Die Geschichte des „Großen Aufruhrprozesses von 1944" ist eine wichtige Fallstudie, die zeigt, wie unsere republikanische Regierungsform vom Inneren Feind gekapert (d. h. missbraucht) werden kann. Die Geschichte dieses Prozesses ist ein klarer Beweis für die Zusammenarbeit der ADL und des FBI bei der Ausführung eines fremden Programms, nämlich des Programms des Inneren Feindes. Der folgende Essay des Autors dieses Bandes wurde ursprünglich in der November-Dezember-Ausgabe 1999 von *The Barnes Review*, der zweimonatlich erscheinenden historischen Zeitschrift, die in Washington herausgegeben wird, veröffentlicht...

„Richter und Anwälte werden Ihnen sagen, dass der Prozess wegen Massenverhetzung im Zweiten Weltkrieg als eines der schwärzesten Zeichen der amerikanischen Rechtsprechung in die Rechtsgeschichte eingehen wird. In der Rechtswelt kann sich niemand an einen Fall erinnern, in dem so viele Amerikaner wegen politischer Verfolgung vor Gericht gestellt wurden und ihnen die Rechte, die US-Bürgern laut Verfassung zustehen, mit einer solchen Arroganz verweigert wurden".

So beschrieb *die Chicago Tribune,* damals das Sprachrohr von America First in einer Medienwelt, die vor New-Deal-Internationalismus nur so strotzte, den berüchtigten „Schauprozess" von die Zeit des Krieges und seiner Folgen, der schließlich am 30. Juni 1947 beendet wurde.

Damals bestätigte das Berufungsgericht des Distrikts Columbia die Einstellung der Anklage gegen die Angeklagten in dem Verfahren, das am 22. November 1946 von Richter Bolitha Laws vom Bezirksgericht des Distrikts Columbia eröffnet worden war.

Nachdem er erklärt hatte, dass eine Fortsetzung des Falls „eine Parodie auf die Justiz" wäre, ordnete Richter Laws an, die Anklagen gegen die US-Bürger fallen zu lassen, und beendete damit fünf lange Jahre der Belästigung und für viele von ihnen lange Haftzeiten.

Obwohl der „Große Aufruhrprozess" am 30. November 1944 unerwartet (fast drei Jahre zuvor) endete, weil das Verfahren nach dem Tod des Gerichtspräsidenten Edward C. Eicher eingestellt wurde, blieb der Fall in der Schwebe, da die Staatsanwälte des Justizministeriums ein neues Verfahren forderten.

Der treffend benannte Richter Laws hatte diesem Angriff im sowjetischen Stil auf die amerikanische Freiheit jedoch ein Ende gesetzt. Die Vernunft siegte - vielleicht zum großen Teil, weil FDR tot und der Krieg zu Ende war - und der Fall wurde für immer zu den Akten gelegt.

Laut dem Historiker Harry Elmer Barnes, der einer der größten Kritiker des FDR in der akademischen Szene war, bestand das Ziel des Prozesses darin, die Roosevelt-Regierung als „gegen den Faschismus" gerichtet darzustellen, obwohl sie in Wirklichkeit eine totalitäre Politik verfolgte.

Offenbar war Präsident Roosevelt selbst zum großen Teil dafür verantwortlich, dass die Ermittlungen des Justizministeriums, die zu den jüngsten Anklagen führten, gefördert wurden.

Laut dem Historiker Ronald Radosh, einem selbsternannten „Progressiven", der mit einiger Sympathie über Kritiker der Roosevelt-Regierung vor dem Zweiten Weltkrieg schrieb, „belästigte FDR den Generalstaatsanwalt Francis Biddle monatelang und fragte ihn, wann er die Aufrührer anklagen würde". Biddle selbst betonte später, dass FDR „nicht sehr interessiert war... an dem verfassungsmäßigen Recht, die Regierung in Kriegszeiten zu kritisieren". Wie wir jedoch sehen werden, waren hinter den Kulissen mächtige Kräfte am Werk, die FDR vorantrieben. Und sie waren es, mehr noch als FDR, die eine große Rolle dabei spielten, die eigentliche Untersuchung zu erleichtern, von der selbst Generalstaatsanwalt Biddle nicht sehr begeistert war.

Obwohl insgesamt 42 Personen (und eine Zeitung) angeklagt wurden - in drei verschiedenen Anklageschriften, beginnend mit der ersten Anklageschrift, die am 21. Juli 1942 verkündet wurde -, belief sich die endgültige Zahl der Personen, die tatsächlich vor Gericht gestellt wurden, auf 30 (und mehrere von ihnen wurden im Laufe des Verfahrens vom Prozess ausgeschlossen).

Roosevelts Biograf James McGregor Burns bezeichnete den Prozess als „große Versammlung aller Fanatiker, die Roosevelt hassen". Doch die Geschichte ist mehr als das.

Tatsächlich befinden sich unter den Angeklagten eine Handvoll einflussreicher Persönlichkeiten, darunter:

- Bekannter deutsch-amerikanischer Dichter, Essayist und Sozialkritiker George Sylvester Viereck (ausländischer Publizist, der der deutschen Regierung seit dem Ersten Weltkrieg wohlbekannt war)

- Der ehemalige US-Diplomat und Wirtschaftswissenschaftler Lawrence Dennis, ein informeller Berater hinter den Kulissen für einige der prominentesten Kritiker der Roosevelt-Regierung im Kongress

- Frau Elizabeth Dilling aus Chicago, eine Autorin und Rednerin, die als Anführerin der antikommunistischen Bewegung und erbitterte Gegnerin der Regierung sehr beliebt und landesweit bekannt ist

- Reverend Gerald Winrod aus Kansas. Mit einem landesweiten Publikum und weitreichenden Beziehungen zu christlichen Geistlichen und säkularen Führern im ganzen Land hatte sich Winrod als eine Kraft etabliert, mit der man rechnen musste. (Einer von Winrods Schützlingen war der Evangelist Billy Graham, von dem es heißt, er habe als junger Mann, der mit Winrod reiste, „viel gelernt, aber öffentlich über das geschwiegen, was er privat gelernt hatte"); und

- William Griffin, einem New Yorker Verleger mit starken Beziehungen zur katholischen Kirche. Viele amerikanische Katholiken waren stark antikommunistisch eingestellt und insbesondere irische Katholiken standen der Kriegspolitik von FDR generell skeptisch gegenüber, und das zu einer Zeit, in der - wir erinnern uns - die Freie Irische Republik neutral geblieben war und sich geweigert hatte, sich mit den USA im Krieg gegen Deutschland zu verbünden.

Die meisten derjenigen, die schließlich vor Gericht gestellt wurden, waren jedoch kaum bekannt und hatten auf nationaler Ebene kaum Einfluss, mit Ausnahme der oben erwähnten Personen. Zu den Angeklagten gehörten ein Schildermaler, der zu 80 % taub war, ein Fabrikarbeiter aus Detroit, ein Kellner und eine Frau, die sich mit Putzen ihren Lebensunterhalt verdiente, als sie in Polizeigewahrsam genommen wurde.

Kurz gesagt, es handelte sich um „durchschnittliche" Amerikaner, die weder die Mittel noch die Möglichkeit hatten, die Art von aufrührerischer und internationaler Verschwörung durchzuführen, derer die Regierung sie beschuldigt hatte. In vielen Fällen waren die Angeklagten, wenn überhaupt, mittellos. Viele von ihnen waren „Ein-Mann"-Verleger, die sich an ein kleines Publikum wandten und somit kaum eine Bedrohung für die mächtigen Kräfte darstellten, die den New Deal kontrollierten. Viele von ihnen waren sehr alt. Tatsächlich kannten sich nur wenige von ihnen, obwohl sie in den Anklageschriften beschuldigt wurden, Teil einer großen Verschwörung zu sein, die von Adolf Hitler selbst inszeniert wurde, um die Moral der US-Armee in Kriegszeiten zu untergraben.

Lawrence Dennis kommentierte später: „Einer der bedeutsamsten Aspekte des Prozesses war die völlige Bedeutungslosigkeit der Angeklagten im Vergleich zu der großen Bedeutung, die die Regierung dem Prozess durch alle möglichen Werbemittel zu verleihen suchte.

Leider können wir in dieser kurzen Untersuchung der verstrickten Umstände rund um den großen Prozess wegen Aufruhrs nicht allen Angeklagten die Anerkennung zuteil werden lassen, die sie verdienen. Aber es soll hier gesagt sein, dass diese Handvoll „unbedeutender" Amerikaner allesamt vollwertige Helden sind, weil sie von der Roosevelt-Regierung und ihren Verbündeten hinter den Kulissen gezielt zur Vernichtung auserkoren wurden. Dank ihrer eloquentesten Landsleute, insbesondere Lawrence Dennis, sind wir heute in der Lage, die Einzelheiten ihres Schicksals zu untersuchen und ihrer zu gedenken.

Dennis zufolge sollte der Aufwiegelungsprozess nicht auf die großen Kritiker von Roosevelts Kriegspolitik abzielen, sondern vielmehr die Öffentlichkeit rund um den Aufwiegelungsprozess nutzen, um die vielen (potenziellen) Basiskritiker der Regierung abzuschrecken und zum Schweigen zu bringen, indem man ihnen im Wesentlichen vor Augen führte, dass auch sie auf der Anklagebank landen könnten, wenn sie es wagten, sich (wie die Angeklagten) in Opposition zur Regierung zu äußern. Laut Dennis

> Sogenannte „Drogensüchtige" oder Agitatoren lassen sich niemals durch Prozesse wegen Aufruhrs einschüchtern. Das Blut der Märtyrer ist der Same der Kirche.
>
> Diejenigen, die von Aufruhrprozessen eingeschüchtert werden, sind diejenigen, die nicht mutig oder indiskret genug sind, um etwas zu sagen oder zu tun, das sie in einen Aufruhrprozess verwickeln könnte. Und es ist hauptsächlich der Zweck, diese vorsichtigeren Bürger einzuschüchtern, dass die Prozesse wegen Aufruhrs...
>
> Eine Regierung, die versucht, bestimmte gefährliche Ideen und Tendenzen sowie bestimmte Arten von gefürchteter Opposition zu unterdrücken, wird, wenn ihre Führung klug ist, nicht Männer wie Oberst [Charles] Lindbergh oder die Senatoren [Burton] Wheeler

[D-Mont.], [Robert] Taft [R-Ohio] und Gerald Nye [R-N.D.], die den Nazis viel mehr geholfen haben, indem sie sich gegen Roosevelts Außenpolitik stellten, wie es den Angeklagten vorgeworfen wird, als irgendeiner der Angeklagten.

Die Chancen auf eine Verurteilung wären gleich null und der Ruf nach Verfolgung würde durch das ganze Land schallen.

Es sind die Schwachen, Obskuren und Indiskreten, die von einem gewieften Politiker ausgewählt werden, um Gegenstand einer legalisierten Hexenjagd zu sein. Das politische Ziel, die Vorsichtigsten und Anständigsten einzuschüchtern, wird in diesem Land am besten dadurch erreicht, dass für eine Anklageschrift und einen Propaganda-Massenprozess eher die verletzlichsten als die gefährlichsten Kritiker ausgewählt werden, eher die ärmsten als die reichsten, eher die unpopulärsten als die populärsten, eher die unwichtigsten als die wichtigsten und einflussreichsten.

Dies ist der intelligenteste Weg, um an die einflussreichsten und gefährlichsten Menschen heranzukommen. Diese sehen, was man mit den weniger einflussreichen und weniger wichtigen Menschen macht, und regieren sich dementsprechend. Die Chancen, die Schwächsten zu verurteilen, sind besser als die Chancen, die Stärksten zu verurteilen...".

Einer der Angeklagten, einer der „Schwächeren, weniger Einflussreichen und weniger Bedeutenden", einer dieser „unbedeutenden" Amerikaner, auf die es die FDR abgesehen hatte, war Elmer J. Garner aus Wichita, Kansas. Dieser ältere amerikanische Patriot verstarb drei Wochen nach Beginn des Verfahrens. Senator William Langer (R-ND), ein scharfer Kritiker des Prozesses, beschrieb Garner in einer Rede vor dem Senat. Garner, so sagte er, war:

Ein kleiner alter Mann von dreiundachtzig Jahren, fast taub wie ein Stein, mit drei Urenkelkindern. Nachdem er die Genehmigung für den Versand seiner kleinen Wochenzeitung verloren hatte, lebte er mit seiner älteren Frau von kleinen Spenden, hielt eine Ziege und ein paar Hühner und baute auf seinem kleinen Grundstück Gemüse an.

Nachdem er mehrere Wochen lang im Gefängnis [in Washington, D.C.] festgehalten worden war, weil er die Kaution nicht zahlen konnte, und schließlich durch drei Anklagen und erzwungene Reisen und Aufenthalte in Washington verarmt war, starb er zu Beginn dieses Prozesses allein in einem Zimmerhaus in Washington, mit vierzig Cent in der Tasche.

Sein Leichnam wurde nackt in einer Holzkiste an seine kranke und verarmte Witwe verschickt, ohne seine beiden Anzüge und seine Schreibmaschine, so dass für seine Beerdigung Kleidung gekauft werden musste. Er ist einer der gefährlichen Männer, von denen wir schon so viel gehört haben.

Laut Anwalt Henry Klein, einem amerikanischen Juden, der die ADL herausforderte, indem er mutig die Verteidigung eines anderen Angeklagten übernahm, starb Garner (ein Cousin ersten Grades des ersten Vizepräsidenten der FDR, John Nance Garner) vor seiner Schreibmaschine in einem winzigen Zimmer auf dem Flur eines billigen Hotels in Washington, D.C., während er seine eigene Verteidigung schrieb.

Wer hat also die Reihe von Ereignissen inszeniert, die zur Anklage des alten Garner und seiner „aufrührerischen" Gefährten geführt

Natürlich war es Franklin D. Roosevelt, der die Ermittlungen des Justizministeriums anordnete. Generalstaatsanwalt Francis Biddle (der sich in Wirklichkeit gegen diese offensichtlich politisch motivierte Strafverfolgung wehrte) befolgte die Anweisungen des Präsidenten. Der stellvertretende Generalstaatsanwalt William Power Maloney kümmerte sich um die alltäglichen Details der Ermittlungen, die schließlich zur Anklage vor einer Bundesjury in Washington führten. Hinter den Kulissen waren jedoch noch andere Kräfte am Werk. Es handelte sich um die Power Brokers, die in Wirklichkeit den großen Gesamtplan der Roosevelt-Regierung und ihrer Außen- und Innenpolitik diktierten.

In *A Trial on Trial*, seiner scharfen Kritik am Prozess - einer regelrechten Sezierung des Betrugs, den der Prozess darstellte - schreiben Lawrence Dennis und sein Co-Autor Maximilian St. George. George (der Dennis' Berater selors des Prozesses war, obwohl Dennis - der kein Anwalt war - sich selbst vertrat), kamen auf der Grundlage von Beweisen, die in öffentlichen Archiven sehr leicht zugänglich waren, zu dem Schluss, dass die drei Hauptanstifter des Prozesses - in seinen Worten - Linksextremisten waren, organisierte jüdische Gruppen und Internationalisten im Allgemeinen, die alle lautstarke und beharrliche Befürworter des Prozesses waren und Leitartikel zur Unterstützung der Ermittlungen und der Anklageschriften in ihren Zeitungen und durch Medienstimmen wie die Radiopersönlichkeit Walter Winchell veröffentlichten.

Dennis betonte jedoch, dass „die Internationalisten hinter dem Prozess nicht so leicht mit einer endgültigen Agitation für diese Klage in Verbindung zu bringen sind wie die Linken und jüdischen Gruppen". Tatsächlich erklärte Dennis unmissverständlich: „Eine der wichtigsten jüdischen Organisationen hinter dem Prozess wegen Volksverhetzung war B'nai B'rith [bezieht sich speziell auf das als Anti-Defamation League oder

ADL bekannte Adjuvans von B'nai B'rith].

Dennis: „Die Bundesregierung dazu zu bringen, einen solchen Prozess zu organisieren, war ebenso wie der Kriegseintritt Amerikas ein 'Muss' in der Agenda der Kämpfer gegen Isolationismus und Antisemitismus", so Dennis.

Im Wesentlichen, so Dennis, „wollten die hinter dem Prozess stehenden Personen der ganzen Welt gerichtlich bescheinigen lassen, dass Antisemitismus eine Nazi-Idee ist und dass jeder, der diese Idee vertritt, ein Nazi ist, der damit gegen das Gesetz verstößt - in diesem Fall, indem er Ungehorsam in den Streitkräften provoziert - durch seinen Glauben an diese Idee oder durch seine Verteidigung von diese Idee".

Dies war bei weitem nicht nur Dennis' Schlussfolgerung. Einer der anderen Angeklagten, David Baxter, wies später darauf hin, dass sogar in einem 1943 veröffentlichten Bericht der United Press Folgendes stand: Unter dem Druck jüdischer Organisationen, nach den Artikeln in den von Jews for Jews herausgegebenen Publikationen zu urteilen, [wurde die Anklageschrift]... so abgefasst, dass Kritik an Juden unter die Kategorie „Volksverhetzung" fällt.

„Es wurde deutlich, dass eines der Hauptziele dieses Verfahrens, neben dem Verbot ungünstiger Kommentare über die Regierung, darin bestand, einen rechtlichen Präzedenzfall für gerichtliche Auslegungen und strenge Sanktionen zu schaffen, die dazu dienen würden, die Juden in Amerika von jeder öffentlichen Erwähnung, mit Ausnahme von Lob, auszunehmen, entgegen der traditionellen amerikanischen Ansicht, dass alle, die an öffentlichen Angelegenheiten beteiligt sind, bereit sein müssen, eine freie und umfassende öffentliche Diskussion zu akzeptieren, unabhängig davon, ob sie positiv oder negativ ist.

„Kurz gesagt", kommentiert Dennis, „der Prozess wegen Aufruhrs als Politik war clever. Es war gute Politik", um die Stimmen und die institutionelle Unterstützung des harten Kerns der Gruppen zu gewinnen, die den Prozess initiiert hatten.

Baxter selbst stellte später fest, dass tatsächlich jüdische Gruppen - insbesondere die ADL - die Hauptinitiatoren der Ermittlungen des Justizministeriums waren, die zur Anklage der Angeklagten in dem Prozess wegen Aufruhrs führten.

Laut Baxter, der viele Jahre später kommentierte:

> Ich habe gemäß dem Freedom of Information Act beantragt, dass das FBI mir seine Ermittlungsakten über meine Aktivitäten in den frühen 1940er Jahren, vor dem Prozess wegen Aufruhrs, aushändigt. Ich erfuhr, dass sich die Ermittlungen über mehrere Jahre

erstreckten und Hunderte von Seiten umfassten...

Das FBI verschleierte die Namen derjenigen, die Informationen über mich gegeben hatten, von denen die meisten so falsch wie möglich waren. Ich hatte nie die Gelegenheit, diesen Personen gegenüberzutreten und sie zu bitten, ihre Anschuldigungen zu beweisen. Dennoch wurde alles, was sie sagten, in den Ermittlungsakten festgehalten.

Seltsamerweise führte in sehr vielen Fällen nicht das FBI die Ermittlungen durch, sondern die Anti-Defamation League, wobei das FBI lediglich die Berichte der ADL-Ermittler entgegennahm. Es ist schwierig, anhand der Berichte zu sagen, ob eine bestimmte Person ein Agent des FBI oder der ADL war. Damals war das alles jedoch so unauffällig, dass ich nicht einmal ahnte, welches Netz um mich herum gesponnen wurde. Ich hielt mich selbst nicht für so wichtig.

Lawrence Dennis kommentierte seinerseits, wie das FBI beispielsweise von der ADL benutzt wurde, und betonte: „Das FBI ist wie die Atombombe und so viele andere nützliche und gefährliche Werkzeuge ein Instrument, um das herum bald neue Garantien gegen den Missbrauch durch skrupellose Interessen geschaffen werden müssen". In seinem Buch *Montana's Lost Cause* aus dem Jahr 1999, einer Studie über Senator Burton Wheeler und andere Mitglieder der Kongressdelegation aus Montana, die sich gegen den von der Roosevelt-Regierung in Europa geführten Krieg stellten, beleuchtet Roger Roots ein weiteres Rädchen im Getriebe der Hinterzimmermanöver, die zum Prozess wegen Volksverhetzung führten

Die *Washington Post*, die sich in jüdischem Besitz befindet, war von Anfang an an der Detektivarbeit des Justizministeriums beteiligt. Dillard Stokes, der Kolumnist der [*Post*], der sich am meisten durch seine Insiderberichte über die Verfahren der Grand Jury zum Thema Aufruhr hervorgetan hat, wurde tatsächlich zu einem Teil des Dossiers des Justizministeriums gegen die Isolationisten, als er zahlreiche Angeklagte schriftlich aufforderte, ihm ihre Literatur unter einem Decknamen zu schicken. Dadurch wurde es möglich, dass Angeklagte aus den entlegensten Regionen des Landes vor der Gerichtsbarkeit des Bundesbezirksgerichts in Washington erschienen.

David Baxter entwickelte die Rolle des *Post-Kolumnisten* Stokes, der das Pseudonym „Jefferson Breem" benutzte, um an einen Teil der angeblich aufrührerischen Literatur zu gelangen, die von einigen der Angeklagten veröffentlicht worden war:

Um uns als Gruppe in Washington vor Gericht zu stellen, musste nachgewiesen werden, dass ein Verbrechen im District of Columbia begangen worden war, wodurch die Bundesgerichte in diesem District zuständig wurden. Die Grand Jury, die offensichtlich von der Staatsanwaltschaft kontrolliert wurde, klagte uns daher wegen des Verbrechens der Aufwiegelung an und begründete dann die Zuständigkeit des Distrikts Columbia für unser Verfahren mit der Begründung, dass ein Bewohner des Distrikts Columbia, „Jefferson Breem", die angeblich aufrührerische Literatur erhalten hatte. So kam es, dass das angebliche „Verbrechen" in der Hauptstadt begangen wurde. Die Angeklagten wurden beschuldigt, sich im Distrikt verschworen zu haben, obwohl ich in meinem Leben noch nie in Washington gewesen war, bis die Grand Jury mich dazu aufforderte.

Kirkpatrick Dilling, damals ein junger Mann in Uniform und Sohn einer der prominentesten Angeklagten, Elizabeth Dilling, betonte in einem Brief an Willis Carto, Herausgeber der zweimonatlich erscheinenden historischen Zeitschrift *The Barnes Review*, dass „meine Mutter mit vielen anderen Personen angeklagt wurde, von denen die meisten nie den geringsten Kontakt zu ihr gehabt hatten": „Meine Mutter wurde mit vielen anderen Personen angeklagt, von denen die meisten nie den geringsten Kontakt zu ihr gehabt hatten. Zum Beispiel waren einige dieser Mitangeklagten Mitglieder des Deutsch-Amerikanischen Bundes. Meine Mutter erklärte, dass sie aufgenommen worden waren, um dem Fall einen „Sauerkrautgeschmack" zu verleihen. (Mit anderen Worten, um die Theorie der Anklage zu nähren, dass die Angeklagten aktiv mit den „Nazis" zusammenarbeiteten). Später, während des Prozesses selbst, hob der oben erwähnte Senator Langer hervor, was er wie folgt beschrieb: „Die Idee, dreißig Personen, die sich nie gesehen und nie geschrieben haben, von denen einige nicht wussten, dass andere existierten, von denen einige angeblich verrückt waren und von denen die Mehrheit nicht in der Lage war, einen Anwalt zu engagieren, zu einem Prozess in Washington zusammenzubringen.

Vergessen Sie nicht", betonte Langer, „dass die Angeklagten aus Kalifornien, Chicago und anderen weit von Washington entfernten Staaten nach Washington gebracht wurden, dass sie in einen Saal gesetzt und alle gleichzeitig verurteilt wurden, wobei die 29 die Arme verschränkt hielten, während die Aussage gegen einen von ihnen Wochen und Wochen dauern konnte, die Aussage eines Mannes oder einer Frau, die die anderen Angeklagten noch nie in ihrem Leben gesehen hatten". Das ist das, was heute in Washington passiert", sagte er.

Wie bereits erwähnt, wurden drei Anklageschriften verkündet. Die erste

Anklageschrift wurde am 21. Juli 1942 verkündet. Die Anklageschrift überraschte viele, auch die Angeklagten. Wie David Baxter betont: „Eigentlich war ich damals einfach ein New-Deal-Demokrat, der sich dafür interessierte, was im Land politisch vor sich ging. Doch nun wurde er in der Anklageschrift von dem Regime, das er einst unterstützt hatte, wegen Aufruhrs angeklagt.

Elizabeth Dilling erfuhr von ihrer Anklage aus dem Radio. Die Art einer der gegen Frau Dilling erhobenen Anklagen zeigt genau, wie sehr der Prozess wegen Aufruhrs von Anfang an konstruiert wurde. In der Anklageschrift wurde Frau Dilling vorgeworfen, einen Akt der „Aufwiegelung" begangen zu haben, indem sie auf den Seiten ihres Newsletters eine Rede des Abgeordneten Clare Hoffman (R-Mich.), eines Kritikers der Regierung, vor dem Kongress wiedergab, in der der Abgeordnete einen US-Soldaten auf den Philippinen zitierte, der sich darüber beklagte, dass seiner Einheit Bomber fehlten, weil die Flugzeuge an Großbritannien verschenkt worden waren. Diese Situation war offensichtlich gefährlich für die Moral der Armee. Doch die zahlreichen Anhänger von Frau Dilling im ganzen Land setzten sich für sie ein und sammelten Geld durch Tänze, Abendessen und den Verkauf von Gebäck. Die stets mutige Frau Dilling ließ sich durch eine bundesstrafrechtliche Anklage nicht zum Schweigen bringen. Sie meldete sich weiterhin zu Wort.

Am 17. August 1942 sprach sich Senator Robert A. Taft gegen die Anklageschrift aus. „Ich bin zutiefst alarmiert", sagte er, „über die zunehmende Tendenz, loyale Bürger, die die nationale Verwaltung und die Kriegsführung kritisieren, in den Schmutz zu ziehen [...]. Etwas, das dem Fanatismus sehr nahe kommt, existiert in bestimmten Kreisen", sagte Taft. „Ich kann es nicht verstehen, ich kann es nicht begreifen. Aber ich bin mir über Folgendes sicher: Die freie Meinungsäußerung selbst steht auf dem Spiel, wenn die allgemeinen Methoden, die das Justizministerium verfolgt, nicht geändert werden."

Taft betonte, dass die Anklageschrift seiner Meinung nach „geschickt formuliert" sei und behaupte, dass Gruppen wie die Coalition of Patriotic Societies mit den angeklagten Verschwörern in Verbindung stünden. Diese Koalition, so Taft, habe unter anderem Organisationen wie die Nachkommen der Unterzeichner der Unabhängigkeitserklärung, die General Society of Mayflower Descendants und die Sons of the American Revolution zu ihren Mitgliedern gezählt.

Aufgrund der Art und Weise, wie die Anklageschrift verfasst wurde, erklärte Taft, dass eine beträchtliche Anzahl von Mitgliedern des Repräsentantenhauses und des Senats ebenfalls angeklagt werden könnten, ebenso wie zahlreiche Chefredakteure von Zeitungen im ganzen Land, die

die Kriegspolitik des FDR kritisierten.

Die zweite Anklageschrift erfolgte am 4. Januar 1943. Lawrence Dennis fasste die Art der Anklageschriften zusammen: „Die erste Anklageschrift betraf eine Verschwörung zur Verletzung der Artikel über aufrührerische Propaganda im Spionagegesetz von 1917, das in Kriegszeiten verabschiedet wurde, und im Smith-Gesetz von 1940, das in Friedenszeiten verabschiedet wurde und manchmal als Alien Registration Act (Gesetz über die Registrierung von Ausländern) bezeichnet wird. Diese Anklageschrift... lautete, dass die Angeklagten sich zur Verbreitung von Nazipropaganda verschworen hätten, um gegen die oben genannten Gesetze zu verstoßen. Die Akte der Regierung besteht ed darin, die Ähnlichkeit zwischen den Propagandathemen der Nazis und der Angeklagten aufzuzeigen".

Wie Dennis jedoch betonte, muss, damit eine Verurteilung aufgrund einer solchen Anklageschrift nach dem Gesetz gültig ist, eher die Ähnlichkeit der Absicht der Angeklagten als die Ähnlichkeit des Inhalts dessen, was sie gesagt haben, nachgewiesen werden. Dennis merkte an:

> Die Schwächen dieser ersten beiden Anklageschriften bestanden darin, dass sie weder dem Gesetz noch den Beweisen entsprachen. Die Schwierigkeit für die Regierung bestand darin, dass sie, um die Hintermänner des Prozesses zufrieden zu stellen, Personen anklagen musste, deren einziges Verbrechen Isolationismus, Antisemitismus und Antikommunismus waren, obwohl es in den Gesetzbüchern kein Gesetz gegen diese Ismen gab. Die beiden Gesetze, die für die ersten beiden Anklageschriften ausgewählt wurden, stellten die Verherrlichung des gewaltsamen Regierungsumsturzes und die Befehlsverweigerung in den Streitkräften unter Strafe.

In der zweiten Anklageschrift wurden mehrere neue Angeklagte hinzugefügt. Unter ihnen befindet sich Frank Clark. Wenn man die Anschuldigung betrachtet, Clark (und die anderen) hätten sich verschworen, um die Moral der US-Armee zu untergraben, ist es nicht unnütz, daran zu erinnern, dass Clark „ein hochdekorierter Veteran des Ersten Weltkriegs war, der achtmal im Kampf verwundet worden war". Clark, der als Held nach Hause zurückgekehrt war, war in den 1920er Jahren einer der Organisatoren des berühmten „Bonus March" der Veteranen des Ersten Weltkriegs in Washington gewesen. Er hatte sich für die vorzeitige Auszahlung der versprochenen Bonuszahlungen an die Kriegsveteranen eingesetzt. Als der Kriegsheld wegen „Aufruhrs" verhaftet wurde, hatte er nicht genug Geld, um einen Anwalt zu engagieren.

All dies bedeutete jedoch nichts im Rahmen der Bemühungen der Roosevelt-Regierung, ihre Kritiker zum Schweigen zu bringen und andere

Amerikaner daran zu hindern, ihre Meinung zu äußern.

Während dieser ganzen Zeit berichteten die Mainstream-Medien ausführlich darüber, dass eine Gruppe von Amerikanern, die mit Hitler und den Nazis unter einer Decke steckte, versuchte, Amerika von innen heraus zu zerstören, und dass die Roosevelt-Regierung mutig gegen diese Verschwörung vorging.

Das Justizministerium machte jedoch einen Fehler und die zweite Anklageschrift wurde, wie die erste, zurückgewiesen. Roger Roots erklärte: „Die Anklageschrift war illegal. Sie wurde aufgrund des offensichtlichen Fehlens von Beweisen, die zu einer Verurteilung führen würden, neben anderen Mängeln, zurückgewiesen. Frühere Entscheidungen des Obersten Gerichtshofs haben deutlich gemacht, dass eine Verurteilung wegen Befürwortung eines gewaltsamen Regierungssturzes Beweise für tatsächliche Pläne zur Anwendung von Gewalt enthalten muss und nicht nur politische Literatur. Auch hier wurde die Anklageschrift nie offiziell zurückgewiesen, sondern lediglich zurückgezogen.

Vor allem Senator Burton Wheeler kritisierte das Justizministerium scharf und gab öffentlich bekannt, dass er als neuer Vorsitzender des Justizausschusses des Senats nach den Wahlen von 1942 die Entwicklung des Falls genau verfolgen werde. In Bezug auf die in den ersten beiden Anklageschriften verwendeten rechtlichen Verfahren sagte er: „Wenn dies in den meisten Gerichtsbarkeiten geschehen wäre, wäre es ein Fehler gewesen: „Wenn dies in den meisten Gerichtsbarkeiten dieses Landes geschehen wäre, würden die Staatsanwälte wegen Missachtung des Gerichts angeklagt werden".

So wurden trotz aller entschlossenen Bemühungen des Justizministeriums und seiner Verbündeten, der Anti-Defamation League und der *Washington Post*, die ersten beiden Anklageschriften tatsächlich aufgrund von Unregelmäßigkeiten zurückgewiesen.

Am 5. März 1943 entschied Richter Jesse C. Adkins wies die Anklage, mit der die Beklagten beschuldigte, sich „am oder um den ersten Tag im Januar 1933 und fortwährend danach bis zum Tag der Einreichung der Anklageschrift" gemeinsam verschworen zu haben, zurück, da das Gesetz, dessen Verletzung die Beklagten beschuldigt wurden, laut dem Richter nicht vor 1940 erlassen worden war. Zu diesem Zeitpunkt stimmte Generalstaatsanwalt Biddle auf Druck von Senator Wheeler der Entlassung von Staatsanwalt William Power Maloney als Haupt-"Nazijäger" zu.

So kam es, dass ein neuer Staatsanwalt des Justizministeriums in den Fall eintrat, O. John Rogge. Wie der Angeklagte David Baxter betonte, war Rogge die ideale Wahl als Hauptverantwortlicher der Verwaltung in diesem politischen Prozess im sowjetischen Stil:

> Später stellte sich heraus, dass Rogge ein guter Freund des sowjetischen Diktators Josef Stalin war, dass er in zahlreiche kommunistische Frontgruppen involviert war und dass er Russland besucht hatte, wo er im Kreml sprach und einen Kranz am Grab des Mitbegründers der Kommunistischen Partei der USA, John Reed, auf dem Roten Platz niederlegte. Sein Kranz trug die folgende Inschrift: „In liebevoller Erinnerung von dankbaren Amerikanern...". Rogge war ein amerikanischer Delegierter bei einer weltweiten kommunistischen „Friedenskonferenz" in Paris und war der Anwalt vieler Kommunisten, die mit dem Gesetz in Konflikt geraten waren.
>
> Er war der Anwalt von David Greenglass, dem Atomspion, der sein eigenes Leben rettete, indem er staatliche Beweise gegen seine Schwester und seinen Schwager, Ethel und Julius Rosenberg, umdrehte [die] auf dem elektrischen Stuhl saßen, weil sie amerikanische Atomgeheimnisse an die Sowjets verraten hatten. [Rogge] wurde also schließlich als das entlarvt, was er war. Kein Wunder, dass er in seinem Hass auf die Angeklagten des Aufwiegelungsprozesses, die allesamt Antikommunisten waren, so fanatisch war.

Rogge war eine ideale Wahl, da die Roosevelt-Regierung und ihre Verbündeten entschlossen waren, den Fall auf die eine oder andere Weise zu verfolgen.

Er ging unaufhaltsam voran. Roger Roots schreibt: „Da die Regierung ihren Schwung nicht verlieren wollte, berief sie erneut eine Grand Jury ein, legte erneut dieselben Broschüren, Publikationen und Dokumente vor, die die vorherige Grand Jury bereits gesehen hatte, rief erneut dieselben (aufgezeichneten) Zeugenaussagen auf und flehte die Grand Jury erneut an, eine neue Anklageschrift zu verfassen...".

Die dritte und letzte Anklageschrift wurde am 3. Januar 1944 verkündet. Eigentlich hatten Rogge und seine Verbündeten im Justizministerium beschlossen, einen neuen Ansatz zu verfolgen, indem sie acht neue Namen (darunter Lawrence Dennis) hinzufügten und zwölf Angeklagte ablehnten, die bereits benannt worden waren.

Zu den Personen, deren Namen nicht genannt wurden, gehören: der einflussreiche New Yorker katholische Laienführer William Griffin und seine Zeitung *The New York Evening Enquirer* (die einzige Publikation, die offiziell angeklagt wurde); der ehemalige US-Diplomat Ralph Townsend aus Washington, D.C. und Paquita (Mady) de Shishmareff, die in den USA geborene, wohlhabende und wortgewandte Witwe eines ehemaligen zaristischen russischen Militärs, die später vor allem als Autorin (unter dem Namen „L. Fry") von *Waters Flowing Eastward*, einer Geschichte der berüchtigten *Protokolle der Weisen von Zion*, bekannt wurde.

Townsend, der die Roosevelt-Regierung durch seinen Widerstand gegen die antijapanische Politik im Pazifik erzürnt hatte, hatte ein brisantes Buch mit dem Titel *Ways That Are Dark* geschrieben, das sich sehr kritisch mit dem kaiserlichen China auseinandersetzte. Obwohl er nun „frei" ist, wurden er und seine Familie durch die Anklage finanziell gebrochen und laut seiner Frau Janet haben viele ihrer engen Freunde sie in dieser Zeit der Krise verlassen.

„Es war eine sehr schwierige Zeit in unserem Leben", erinnerte sie sich später, „aber das hat Ralph nicht davon abgehalten, sich weiterhin zu äußern". Tatsächlich äußerte sich Townsend weiterhin, und später wurde er ein Freund des Gründers von Liberty Lobby, Willis A. Carto.

Tony Blizzard, der als Forschungsleiter für Liberty Lobby in Washington tätig war, war in den 1960er Jahren einer von Paquita de Shishmareffs Schützlingen und kommentierte die Umstände rund um die Entscheidung, die Anklage gegen sie fallen zu lassen, sowie einige faszinierende Details über diese bemerkenswerte Frau. Laut Blizzard

> Einer der Gründe, warum sie die Anklage gegen Mady fallen ließen, war gerade, dass sie wussten, dass sie es mit einer sehr feinfühligen Frau mit großer Gehirnkraft zu tun hatten. Als Frau der alten Schule stellte sich Mady nie in den Vordergrund, aber sie wusste die Stärken der Männer in ihrer Umgebung zu nutzen. Sie war auch eine Frau der Mittel - im Gegensatz zu den meisten anderen Angeklagten - und war ein gefürchteter Gegner.
>
> Die Regierung entschied eindeutig, dass es in ihrem Interesse war, das Verfahren gegen sie einzustellen. Es war unmöglich, all diese Angeklagten - deren einziges wirkliches „Verbrechen" darin bestand, die jüdische Macht zu entlarven - zu „Nazis" zu machen, solange Mady mit den anderen auf der Anklagebank saß. Die Staatsanwälte wussten sehr wohl (obwohl dies damals nicht weithin bekannt war und auch heute nicht bekannt ist), dass es Mady war, die Henry Ford mit praktisch allen Informationen versorgt hatte, die Ford in seiner kontroversen Serie über die jüdische Macht im *The Dearborn Independent* veröffentlicht hatte.
>
> Dank ihrer zahlreichen hochrangigen Beziehungen war Mady eine enzyklopädische Fundgrube für Informationen über die Machtelite. Die Anklage wollte auf keinen Fall, dass Mady in den Zeugenstand tritt. Indem sie sie als Angeklagte freiließen, beseitigten sie, was (für

sie) eine sehr beängstigende Möglichkeit darstellte.

Doch 30 weitere Personen hatten nicht das gleiche Glück wie Paquita De Shishmareff: Sie standen wegen angeblicher „Aufwiegelung" vor Gericht und mussten mit einer Gefängnisstrafe rechnen. Ihr Prozess wurde am 17. April 1944 vor dem Bezirksgericht des Distrikts Columbia eröffnet.

Kirkpatrick Dilling, der Sohn der Angeklagten Elizabeth Dilling, erfasste die Essenz der Anklageschrift. Laut Dilling „beruhte die Anklageschrift auf einer angeblichen „Verschwörung zur Untergrabung der Moral der Streitkräfte". So war die Kritik an Präsident Roosevelt, der Oberbefehlshaber der Streitkräfte war, eine angebliche eindeutige Handlung zugunsten der Verschwörung. Die Verunglimpfung unseres Verbündeten, des kommunistischen Sowjetrusslands, war eine weitere mutmaßliche offenkundige Handlung. Sich gegen den Kommunismus zu stellen, war eine angebliche offenkundige Tat, weil unser Feind Hitler sich ebenfalls gegen die Kommunisten gestellt hatte".

Ironischerweise wurde Kirkpatrick Dilling, während seine Mutter wegen ihrer angeblichen Beteiligung an dieser „Verschwörung zur Untergrabung der Moral der Streitkräfte" vor Gericht gestellt wurde und ihr eine Gefängnisstrafe drohte, in der US-Armee vom Unteroffizier zum Unterleutnant befördert.

Auch andere Angeklagte, darunter George Sylvester Viereck, George Deatherage, Robert Noble und Reverend Gerald Winrod, hatten in dieser Zeit Söhne in den US-Streitkräften. Vierecks Sohn starb übrigens im Kampf, während sein Vater vor Gericht stand und im Gefängnis saß.

Der vorsitzende Richter ist der ehemalige demokratische Abgeordnete aus Iowa Edward C. Eicher, eine Stütze des New Deal, der kurzzeitig der Securities and Exchange Commission von FDR vorgestanden hatte, nachdem er bei seiner Wiederwahl in den Kongress unterlegen war. Nach Eichers Amtszeit bei der SEC ernannte FDR ihn zum Richter. Eichers ehemaliger Rechtsberater bei der SEC, O. John Rogge, wurde zum Staatsanwalt ernannt.

Es scheint, dass der Fall in vielerlei Hinsicht von Grund auf „arrangiert" worden war. Es gab sogar Gerüchte, dass Richter Eicher eine Berufung an den Obersten Gerichtshof versprochen wurde, wenn es ihm gelänge, eine Verurteilung zu sichern.

Albert Dilling, der Anwalt, der seine Frau Elizabeth Dilling vertrat, forderte den Kongress auf, den Prozess zu untersuchen, da er es für unmöglich hielt, dass ein solcher Prozess in Kriegszeiten fair sein könnte.

Das Verfahren war jedoch noch nicht abgeschlossen.

Obwohl das vordergründige Ziel der Anklage darin bestand, die „Aufwiegelung" zu beweisen, kam Lawrence Dennis zu anderen Schlussfolgerungen über die tatsächliche politische Grundlage des Prozesses: „Der Prozess wurde als politisches Instrument der Propaganda und Einschüchterung gegen bestimmte Ideen und Tendenzen konzipiert und inszeniert, die gemeinhin als Isolationismus, Antikommunismus und Antisemitismus bezeichnet werden. Die größte Idee des Prozesses war es, den Nationalsozialismus mit Isolationismus, Antisemitismus und Antikommunismus in Verbindung zu bringen". Wie Dennis jedoch (zu Recht) hervorgehoben hat:

> - Der amerikanische Isolationismus entstand mit der Abschiedsrede von George Washington und nicht mit den Schriften der Nazis.
>
> - Was den Antisemitismus betrifft, so gedeiht er seit den Anfängen der jüdischen Geschichte. Er ist so alt und so weit verbreitet wie die Juden...
>
> - Was den Antikommunismus betrifft, so war er zwar eine der zwei oder drei großen Ideen Hitlers, aber er ist keineswegs nur Hitler oder den Nazis eigen, genauso wenig wie der Antikapitalismus den russischen Kommunisten eigen ist.

Um der Anklageschrift einen schockierenden Wert zu verleihen, nannte die Regierung - in einem Begleitdokument, das im Wesentlichen die Geschichte der Nazipartei in Deutschland wiedergab - den deutschen Führer Adolf Hitler als „Mitverschwörer" mit den Angeklagten.

Während des Prozesses beschuldigte Staatsanwalt Rogge Hitler sogar, er selbst habe die Angeklagten ausgewählt, um eine Nazi-Besatzungsregierung in den USA zu führen, sobald Deutschland den Krieg in Europa gewonnen hätte

Laut Lawrence Dennis versuchte der Staatsanwalt im Wesentlichen, „eine Formel zu entwickeln, mit der man Personen für Handlungen verurteilen kann, die nicht gegen das Gesetz verstoßen". Es ging darum, ein Verbrechen auszuwählen, von dem das Justizministerium nachweisen würde, dass es Antisemitismus, Antikommunismus und Isolationismus gleichkommt. Das gewählte Verbrechen war Befehlsverweigerung in den Streitkräften. Das Gesetz war der Smith Act [der 1940 erlassen worden war].

Tatsächlich war, wie Dennis betonte, „eine der vielen Ironien des Prozesses wegen Massenverhetzung, dass die Angeklagten angeklagt waren, sich verschworen zu haben, um gegen ein gegen Kommunisten gerichtetes Gesetz und eine kommunistische Taktik zu verstoßen - die Taktik von, die versucht, die Loyalität der Streitkräfte zu untergraben. Ironischerweise hatten viele der Angeklagten, die fanatische Antikommunisten waren, die Verabschiedung dieses Gesetzes offen unterstützt". All das war keine geringe Ironie für den Angeklagten David Baxter, der sich später erinnerte

> Nach dem Abschluss eines Vertrags zwischen Hitler und Stalin unterstützten die amerikanischen Kommunisten begeistert diejenigen von uns, die sich gegen den Eintritt in den europäischen Krieg zwischen Deutschland und der britisch-französischen Allianz aussprachen. Die Kommunisten interessierten sich sogar nicht für die von einigen von uns aufgeworfene Judenfrage, und viele jüdische Kommunisten, die wollten, dass die USA in den Krieg gegen Hitler eingriffen, verließen ihre Partei. Das alles änderte sich jedoch über Nacht, als der Krieg zwischen Deutschland und Russland ausbrach. Die Kommunisten wandten sich daraufhin gegen uns und unterstützten begeistert FDR und die amerikanische Beteiligung am Krieg, um die Sowjets zu retten.

Lawrence Dennis' Einschätzung der Regierungsakte erinnert an die von Kirkpatrick Dilling. Dennis schrieb:

> „Das Muster der Anklage zeichnete sich allmählich wie folgt ab: Unser Land befindet sich im Krieg; Russland ist unser Verbündeter; die russische Regierung ist kommunistisch: Unser Land befindet sich im Krieg; Russland ist unser Verbündeter; die russische Regierung ist kommunistisch; diese Beschuldigten bekämpfen den Kommunismus; sie schwächen daher die Verbindungen zwischen den beiden Ländern; dies stört die Kriegsanstrengungen; dies beeinträchtigt die Moral der Streitkräfte; die Beschuldigten sollten daher ins Gefängnis gebracht werden".

Der Anwalt Henry H. Klein vertrat den Angeklagten Eugene Sanctuary und stellte die Verfassungsmäßigkeit des Verfahrens selbst in Frage. „Diese mutmaßliche Anklageschrift", donnerte Klein in seiner Eröffnungsrede vor den Geschworenen, „beruht auf dem Gesetz für Friedenszeiten, nicht auf dem Gesetz für Kriegszeiten, und die Schriften und Reden dieser Angeklagten wurden verfasst, als diese Nation in Frieden lebte, und unter einer Verfassung, die Presse- und Meinungsfreiheit zu jeder Zeit garantiert, auch in Kriegszeiten, bis die Verfassung ausgesetzt wird, was noch nicht der Fall ist. Diese Personen glaubten an die in der Verfassung verankerten Garantien und kritisierten verschiedene Handlungen der Verwaltung".

Über seinen eigenen Mandanten stellte Klein fest: „Er ist dreiundsiebzig Jahre alt und ein religiöser Eiferer. Er und seine Frau leiteten viele Jahre lang das Büro der presbyterianischen Auslandsmission in New York und er hat mehrere hundert geistliche und patriotische Lieder geschrieben und veröffentlicht." Eines dieser Lieder mit dem Titel „Uncle Sam We Are

Standing By You" wurde im Juni 1942, lange nach Kriegsbeginn, veröffentlicht - weit entfernt von der Aktion des Aufrührers, den die Anklage und ihre Unterstützer in der Presse als Sanctuary darstellten.

Was Lawrence Dennis' angebliche Aufwiegelung betrifft, „versuchte die Anklage, seinen Fall ausschließlich dadurch zu beweisen, dass sie sieben Auszüge aus seinen öffentlichen Schriften als Beweismittel anführte, die in der Publikation des Deutsch-Amerikanischen Bundes nachgedruckt wurden, anstatt so, wie sie ursprünglich veröffentlicht worden waren". Mit anderen Worten: Der „Beweis", dass Dennis Aufruhr begangen hatte, bestand darin, dass er etwas (veröffentlicht und der Öffentlichkeit frei zugänglich) geschrieben hatte, das später von einer mit Nazi-Deutschland sympathisierenden Gruppe nachgedruckt wurde - und nicht darin, dass Dennis selbst aktiv etwas unternommen hatte, um innerhalb der US-Streitkräfte Dissidenz zu entfachen. Laut Dennis

> In der Anklagetheorie der Regierung hieß es nämlich: „Wir postulieren eine weltweite Verschwörung, deren Mitglieder sich alle verschworen haben, die ganze Welt zu nazifizieren, indem sie illegale Mittel einsetzten, um die Loyalität der Streitkräfte zu untergraben. Wir bitten die Jury, aus den Beweisen, die wir über die Nazis vorlegen werden, auf die Existenz einer solchen Verschwörung zu schließen. Wir bitten die Geschworenen dann, aus der Art der Dinge, die sie gesagt und getan haben, zu folgern, dass die Angeklagten an dieser Verschwörung beteiligt waren. Wir müssen nicht nachweisen, dass die Angeklagten jemals etwas getan oder gesagt haben, was direkt das Verbrechen der Beeinträchtigung der Moral oder der Loyalität der Streitkräfte darstellt. Unsere These ist, dass der Nationalsozialismus eine weltweite Bewegung war, die per Definition auch eine Verschwörung zur Untergrabung der Loyalität der Streitkräfte darstellte, und dass die Angeklagten Mitglieder der weltweiten Nazibewegung waren.

In der Tat", so Dennis, „gab es genauso wenig einen Grund, in einer Anklage wegen Verschwörung zur Herbeiführung militärischer Befehlsverweigerung die Tatsache hervorzuheben, dass die meisten Angeklagten Antisemiten, Isolationisten oder Antikommunisten waren, wie es einen Grund gegeben hätte, in einem Prozess gegen eine Gruppe von Bauunternehmern aus New York City, die beschuldigt wurden, sich zum Betrug an der Stadt verschworen zu haben, die Tatsache hervorzuheben, dass die Angeklagten alle Iren oder Juden waren und stets für die Demokratische Partei gestimmt hatten".

Der Anwalt von Eugene Sanctuary, Henry Klein, nahm kein Blatt vor den Mund, als er seine Verteidigung vorstellte, und erklärte

> Wir werden beweisen, dass diese Verfolgung und Strafverfolgung unternommen wurde, um die Verbrechen der Regierung zu vertuschen - vergessen Sie das nicht.
>
> Wir werden beweisen, dass [diese Verfolgung und Anklage] auf Befehl des Präsidenten und gegen den Widerstand von Generalstaatsanwalt Biddle erfolgte.
>
> Wir werden beweisen, dass Herr Rogge ausgewählt wurde, um diese Angeklagten zu bestrafen, weil niemand sonst im Justizministerium glaubte, dass er ausreichende Gründe finden könnte, um ein Verbrechen gegen diese Angeklagten festzustellen.
>
> Wir werden beweisen, dass die Kommunisten nicht nur unsere Regierung, sondern auch unsere Politik, unsere Gewerkschaftsorganisationen, unsere Landwirtschaft, unsere Bergwerke, unsere Industrien, unsere Kriegsfabriken und unsere bewaffneten Lager kontrollieren.
>
> Wir werden beweisen, dass das Gesetz, unter dem diese Angeklagten vor Gericht stehen, auf wiederholten Wunsch der Führer unserer Streitkräfte erlassen wurde, um die Kommunisten daran zu hindern, die Moral unserer Soldaten, Matrosen, See- und Luftstreitkräfte zu zerstören [und dass diese Strafverfolgung] unternommen wurde, um die Kommunisten zu schützen, die schuldig waren und sind an denselben Verbrechen, die diesen Angeklagten vorgeworfen werden, die völlig unschuldig sind und Opfer dieses Gesetzes wurden.

Und obwohl Klein selbst, wie bereits erwähnt, Jude ist, nahm er kein Blatt vor den Mund, als er vor den Geschworenen erklärte, dass jüdische Organisationen den Prozess für ihre eigenen Zwecke nutzten.

> Wir werden beweisen, dass diese Verfolgung von sogenannten Berufsjuden angestiftet wurde, die es sich zum Beruf gemacht haben, andere Juden anzugreifen, indem sie ihnen durch Pogromdrohungen in den USA weismachen, ihr Leben und ihr Eigentum seien in Gefahr [und dass] der Antisemitismus, von dem in dieser sogenannten Anklageschrift die Rede ist, eine Erpressung ist, die von Erpressern zu Korruptionszwecken betrieben wird.

Klein behauptete auch nachdrücklich, dass die FBI-Agenten selbst als *agents provocateurs* gehandelt hätten und versucht hätten, Aufruhr zu stiften. Er erklärte

> Wir werden zeigen, dass der bösartigste schriftliche Angriff auf die Juden und die Roosevelt-Regierung vom FBI-Büro durch einen seiner Agenten ausging und dass der Zweck dieses Angriffs darin

bestand, andere zu provozieren, dasselbe zu tun. Wir werden zeigen, dass dieser Agent seine Untergebenen in New York auch mit Besenstielen trainierte, um sie auf das „Töten von Juden" vorzubereiten.

Klein stellte auch eine recht interessante Behauptung über die Quelle bestimmter Gelder auf, die angeblich von Nazi-Deutschland an niemand geringeren als Franklin D. Roosevelt selbst geliefert wurden. Klein sagte: „Wir werden zeigen, dass große Summen von Hitlers Geld dazu beigetragen haben, Mr. Roosevelts Wiederwahlkampagne 1936 zu finanzieren, und dass in diesem Moment britisches, amerikanisches und deutsches Kapital und Industrie in Südamerika und anderen Teilen der Welt zusammenarbeiten".

(Tatsächlich sind Kleins Behauptungen über die internationale Zusammenarbeit des Finanzkapitalismus seit über einem Jahrhundert Teil der Tradition der populistischen Rechten und Linken und wurden in Dutzenden Büchern, Monographien und anderen Materialien analysiert, aber vom sogenannten akademischen Mainstream weitgehend ignoriert.)

Laut dem Protokoll des Prozesses gegen Lawrence Reilly wegen Volksverhetzung stellte Kleins Rede einen entscheidenden Wendepunkt für die Verteidigung dar: „Klein tat in seiner kurzen Rede viel, um den Fall Rogge zu torpedieren, indem er die versteckten Agenturen, die für seine Existenz verantwortlich waren, ins Licht rückte".

Allerdings, so stellt Reilly fest, hatten selbst viele Tageszeitungen, die sich redaktionell gegen den Prozess stellten, Angst davor, diesen verborgenen Aspekt des Falls zu diskutieren, den Klein es gewagt hatte, in einer öffentlichen Anhörung zur Sprache zu bringen. Reilly sagte, dass die Leser oft „verwirrt" zurückgelassen wurden, weil die Zeitungen nie auf die wahren Faktoren eingingen, die auf dem Spiel standen. Einige dieser wohlwollenden Zeitungen, so merkt Reilly an, bestanden darauf, die Angeklagten als Spinner zu bezeichnen.

Tatsache ist jedoch, dass Klein als direkte Folge seiner Offensive gegen die ADL und andere jüdische Gruppen, die bei der Inszenierung des Prozesses eine Rolle gespielt hatten, speziell weil er Jude war, von organisierten jüdischen Gruppen ins Visier genommen wurde, die seine Verteidigung von angeblichen „Antisemiten" und „Aufrührern" nicht schätzten.

Lawrence Dennis seinerseits erschien vor Gericht zu seiner eigenen Verteidigung und hielt eine Rede, die selbst der liberale Schriftsteller Charles Higham als „eine sehr kraftvolle Rede" anerkennen musste, in der er die von Rogge vorgetragenen Grundzüge der Regierungsaffäre als „altmodisch, falsch, phantastisch, verlogen, unhaltbar und unbegründet [und beschrieb den Prozess als] eine Verschwörung der vierten Amtszeit der Roosevelt-Regierung [und] eine weitere Dreyfus-Affäre [in der die Regierung versuchte], in der Hitze des Gefechts Geschichte zu schreiben". Unter dem tosenden Applaus der anderen Angeklagten sagte Dennis: „Pearl Harbor hat die Bill of Rights nicht suspendiert."

Der Fall nahm eine entscheidende Wende, als einer der Verteidiger, James Laughlin (ein Pflichtverteidiger, der Ernest Elmhurst vertrat), in einer öffentlichen Anhörung erklärte, dass es unmöglich sei, den Prozess fortzusetzen, wenn die privaten Akten der Anti-Defamation League (ADL) von B'nai B'rith nicht beschlagnahmt und als Beweismittel vorgelegt werden könnten.

Es war klar, dass ein Großteil der Anklage auf der „Tatsachenermittlung" der ADL beruhte, und Laughlin kam zu dem Schluss, dass es notwendig sein würde, genau zu ermitteln, was die ADL der Regierung geliefert hatte, wenn die Angeklagten von in der Lage sein sollten, eine effektive Verteidigung zu gewährleisten.

Der Richter schien bereit, Laughlins Antrag zu ignorieren, doch der Anwalt hatte bereits im Vorfeld Kopien seines Antrags angefertigt und an die Presse verteilt. Als direkte Folge berichteten die Washingtoner Zeitungen, dass die ADL-Akten in dem Fall in Frage gestellt worden waren. Wie Reilly zusammenfasste, hatte „Laughlin die Scheinwerfer auf die ADL-Akten gerichtet": „Laughlin hatte die Scheinwerfer auf das große Geheimnis der Affäre gerichtet. Laut Reilly handelte es sich um eine „Bombe, von der einige sagten, dass sie mehr als alles andere zur Demoralisierung der [Anklage-]Akten beigetragen habe".

Zu diesem Zeitpunkt schien die Presse, die den Prozess unterstützt hatte, eine seltsame Kehrtwende in ihrer Betrachtungsweise des Falls zu vollziehen. Selbst *die Washington Post* (die bei der Inszenierung des Prozesses eine Rolle gespielt hatte, indem sie ihren Journalisten Dillard Stokes für die gemeinsamen Ermittlungen der ADL und des FBI zur Verfügung stellte) „drehte sich völlig um", so Reilly, „und begann zu fordern, dass der Fall schnell abgeschlossen werden müsse".

Kurz gesagt, *die Post* wollte „das große Geheimnis" des Falls - die Hinterzimmer-Orchestrierung des Falls durch die ADL - unter Verschluss halten und schien nun einen schnellen Abschluss des Prozesses zu fordern, bevor die Wahrheit ans Licht kommt. *Die Post* kommentierte sogar in redaktionellen Worten (und zu Recht, wie man hinzufügen könnte), dass „wir befürchten, dass dieser Prozess, wie auch immer er ausgehen mag, für viele Jahre ein schwarzer Fleck gegen die amerikanische Justiz sein wird". Wie der ehemalige Angeklagte David Baxter später bemerkte, „waren dies jedoch bemerkenswerte Worte von derselben Zeitung, deren eigener Reporter sich mit dem ursprünglichen Staatsanwalt verschworen hatte, um die Angeklagten in eine Falle zu locken und sie in Washington vor Gericht zu stellen".

Trotz dieser Bedenken schien Staatsanwalt Rogge seine Bemühungen zu intensivieren. Es ist klar, dass der Staatsanwalt und seine Unterstützer hinter den Kulissen viel manövriert haben, um herauszufinden, wie sie die ihnen gestellte Herausforderung meistern können. Da der Richter jedoch nie die Beschlagnahme der ADL-Akten anordnete, war Rogge frei, weiterzumachen. Er war entschlossen, den Prozess zu Ende zu führen, und er hatte noch viele weitere Zeugen, die er präsentieren konnte. Roger Roots beschrieb den Ablauf der Ereignisse

> Tag für Tag wurde der Prozess fortgesetzt. Seitenweise wurden von den Angeklagten verfasste Publikationen als Beweismittel vorgelegt, was allen Beteiligten die Vorstellung vermittelte, dass es ihre Schriften waren, die tatsächlich vor Gericht gestellt wurden.
>
> Die Regierung kündigte an, dass sie 32.000 Beweisstücke vorlegen wolle. Es wurde deutlich, dass die Angeklagten in Wirklichkeit wegen „jüdischer Köder" verfolgt wurden, was einen Hinweis auf eine der wichtigsten Quellen für die Unterstützung der Anklage gibt. Der Prozess wurde zu einem der längsten und teuersten in der Geschichte der Vereinigten Staaten. In Wirklichkeit war dieser Prozess nichts anderes als ein Angriff auf die Meinungsfreiheit.

Während des Prozesses besuchte Senator William Langer, der den Prozess offen kritisiert, selbst die Angeklagten im Gefängnis und forderte die Medien und ihre Verbündeten von der Anklage heraus, indem er die Angeklagte Elizabeth Dilling öffentlich in und aus dem Gerichtssaal und durch Washington begleitete, während sie auf Kaution freigelassen wurde.

Laut Roots: „Die Regierung verfügte über unbegrenzte Mittel, unbegrenztes Personal und unbegrenzten Zugang zu Geheimdienstinformationen. Die Verteidigung musste mit vom Gericht ernannten Anwälten arbeiten, die weder die Angeklagten noch die Argumente des Falles kannten". Besonders interessant ist, wie der liberale Historiker Glenn Jeansonne hervorhebt, dass:

„Viele Verteidiger waren Liberale, die dem Glauben ihrer Mandanten unsympathisch waren. Aber sie kamen dazu, die Ansichten der Angeklagten auf einer menschlichen Basis zu betrachten, und anstatt eine oberflächliche Verteidigung zu führen, wie viele Beobachter erwartet hatten, setzten sie eine energische Verteidigung auf".

Selbst der zionistische Sympathisant und populäre Schriftsteller Charles Higham, der rückblickend ein begeisterter Befürworter des Prozesses war, betonte, dass „nach zweieinhalb Monaten weder die Angeklagten noch die

Staatsanwaltschaft es geschafft hatten, einen zufriedenstellenden Fall vorzulegen", und schließlich „begannen die Presse und die Öffentlichkeit, das Interesse an dem Fall zu verlieren".

Gleichzeitig gelang es den Angeklagten laut Tony Blizzard, dem Vertrauten der ehemaligen Angeklagten Paquita de Shishmareff, zu überleben und eigene Wege zu entwickeln, um mit ihrer schwierigen Situation umzugehen: „Ihr physisches Leben wurde ihnen fast unmöglich gemacht. Sie hatten kaum etwas zu essen und waren auf jede erdenkliche Weise gelähmt. Aber wenn sie sich vor Gericht wiederfanden, war es eine solche Farce, dass sie sich wirklich amüsierten".

Irgendwann, als der Staatsanwalt feierlich eine Liste mit Namen von Personen vorlas - Verbündete der Roosevelt-Regierung, die von den Angeklagten auf die eine oder andere Weise angegriffen worden waren - rief der Angeklagte Edward James Smythe „Und Eleanor Roosevelt", was im Gerichtssaal Gelächter auslöste. Smythe wollte nicht, dass der Name von Frau Roosevelt nicht in die Ruhmeshalle der Infamie aufgenommen wird.

Dies ist übrigens nur eines von vielen amüsanten Ereignissen, die sich im Laufe dieses Zirkus ereignet haben. In vielerlei Hinsicht könnte der Prozess wegen Aufruhrs trotz der Schwere dieses verwerflichen Skandals als Grundlage für eine echte Hollywood-Komödie dienen. Daraus sollte man jedoch nicht schließen, dass der Prozess wegen Aufruhrs für die Anwälte und die Angeklagten ein reines Vergnügen war. Weit gefehlt. Zwei der Anwälte wurden während der Fahrt angeschossen. Einer von ihnen verlor eine zwölf Jahre alte Anwaltsvereinigung. Ein anderer wurde von fünf jüdischen Schlägern zusammengeschlagen und musste fünf Tage lang im Krankenhaus bleiben.

Der oben erwähnte Anwalt Henry Klein wurde unerbittlich schikaniert, wegen seiner mutigen Verteidigung seines Mandanten der Missachtung des Gerichts angeklagt und schließlich aus dem Fall entfernt (obwohl die Anklage wegen Missachtung des Gerichts im Berufungsverfahren aufgehoben wurde). Darüber hinaus wurden erhebliche Anstrengungen unternommen, um die Angeklagten daran zu hindern, während des Prozesses eine Arbeit aufzunehmen, was für diejenigen, die nicht über unabhängige Mittel verfügten (und das war bei den meisten der Fall), ein besonderes Problem darstellte.

Einer der Angeklagten, Ernest Elmhurst, fand sogar einen Job als Oberkellner in einem Hotel in Washington, um während des Prozesses über die Runden zu kommen. Der Hauptsprecher der ADL, Walter Winchell, erfuhr jedoch von Elmhursts Job und forderte in seiner viel gehörten Radiosendung die Entlassung Elmhursts - mit der Folge, dass dieser entlassen wurde! (Dies könnte die Theorie bestätigen, dass es in Amerika eine „jüdische Macht" gibt). Als sich der Prozess jedoch immer weiter in die Länge zieht, beginnt die Regierung zu erkennen, dass ihre Bemühungen ins Leere laufen. Roger Roots bringt es auf den Punkt: „Die Anklage erwartete zweifellos, dass einer oder mehrere der Angeklagten zusammenbrechen und gegen die anderen aussagen würden... [Nun hat aber keiner der Angeklagten einen Hinweis in diese Richtung gegeben. Obwohl sie sich nicht einig sind und einige von ihnen sich nicht einmal mögen, haben sie sich zu einer kohärenten Einheit zusammengeschlossen...".

David Baxter freute sich über die Nachricht, dass er aus dem Verfahren ausgeschlossen und die Anklage fallen gelassen werden sollte. Seine zunehmende Taubheit machte es ihm unmöglich, ein faires Verfahren zu erhalten. Baxter erinnerte sich, dass Richter Eicher ihn in sein Zimmer rief, ihn anlächelte, ihm die Hand reichte und sagte: „Geh zurück nach Kalifornien und vergiss das alles: „Geh zurück nach Kalifornien und vergiss das alles, Dave".

Der Richter sagte Baxter sogar, dass er ihnen helfen würde, wenn er und seine Frau ein Auto kaufen wollten, um nach Kalifornien zurückzukehren, und überreichte ihm eine ganze Rolle mit Benzingutscheinen (die in Kriegszeiten streng rationiert waren). Trotz allem scheint selbst dem Richter klar geworden zu sein, dass der Prozess nur eine Farce war.

Es war ein völlig unerwartetes Ereignis, das den Prozess unterbrach: der plötzliche Tod von Richter Eicher am 29. November 1944: Der plötzliche Tod von Richter Eicher am 29. November 1944 ereignete sich, als Rogge noch nicht einmal die Hälfte seines Schlussplädoyers fertiggestellt hatte. Zu diesem Zeitpunkt hatte er neununddreißig Zeugen in den Zeugenstand gerufen und erwartete weitere siebenundsechzig. Die Verteidigung hatte noch nicht begonnen.

David Baxter dachte später über seine persönliche und freundschaftliche Erfahrung mit dem Richter nach: „Dieser Prozess hätte jeden Richter mit einem christlichen Gewissen und einem Anschein von Fairness töten können. Ich fühlte aufrichtiges Mitleid mit dem Tod von Richter Eicher". Tatsächlich beschuldigte Rogge die Verteidigung, den Richter tatsächlich getötet zu haben, indem sie eine Verteidigung präsentierte, die so beschaffen war, dass sie das Leben des Richters (und des Staatsanwalts) äußerst unbequem machte.

Wir werden nie erfahren, ob Eichers Tod eine Belohnung des Himmels für seine Person al decency gegenüber David Baxter war, aber unter diesen Umständen war es offensichtlich, dass es keine Chance gab, die Angelegenheit auf einer fairen Basis fortzusetzen.

Infolgedessen wurde nach einer Zeit des juristischen Feilschens auf beiden Seiten (einer der Angeklagten, Prescott Dennett, forderte tatsächlich die Fortsetzung des Verfahrens, da er entschlossen war, seine Verteidigung in einer öffentlichen Anhörung vorzutragen, nachdem er von den Medien beurteilt und verurteilt worden war) ein Verfahrensfehler ausgesprochen.

Vor allem von jüdischen Gruppen gedrängt, hoffte Staatsanwalt Rogge, den Fall am Leben erhalten und einen neuen Prozess ins Leben rufen zu können. Doch im Frühjahr 1945 war der Hauptinitiator des Prozesses, Präsident Roosevelt, gestorben und der Krieg war zu Ende. Rogge beantragte jedoch weiterhin Fristen, um den Termin für einen neuen Prozess festzulegen. Seit dem Fall Deutschlands behauptete Rogge, in den deutschen Archiven „Beweise" dafür finden zu können, dass die Angeklagten des Aufwiegelungsprozesses Kollaborateure der Nazis gewesen waren. Laut dem Historiker Glen Jeansonne - der kein Freund der angeblichen Aufrührer ist - beweist jedoch „nichts von dem, was Rogge gefunden hat, die Existenz einer Verschwörung" zwischen der deutschen Regierung und den Angeklagten.

Unbeirrt startete Rogge jedoch eine landesweite Vortragsreise, die erwartungsgemäß unter der Schirmherrschaft von B'nai B'rith durchgeführt wurde. Der kämpferische und redselige Rogge, der von seinen Sponsoren angetrieben wurde, konnte sich in seiner enthusiastischen Erzählung über die Ereignisse des Prozesses und die beteiligten Persönlichkeiten nicht zurückhalten und wurde schließlich am 25. Oktober 1946 entlassen, weil er Informationen an die Presse weitergegeben hatte. Bei dieser Gelegenheit wurde Rogge angewiesen, alle Dokumente des Justizministeriums und des FBI, die sich in seinem Besitz befanden, herauszugeben. Das Justizministerium hatte offenbar entschieden, dass Rogge nicht mehr gebraucht wurde.

Weniger als einen Monat später wies der Bezirksrichter Bolitha Laws die Anklagen zurück und erklärte, dass die Angeklagten nicht in den Genuss eines zügigen Verfahrens gekommen waren, wie es die Verfassung garantiert. Obwohl das Justizministerium Berufung einlegte, wurde die Ablehnung am 30. Juni 1947 vom US Circuit Court of Appeals bestätigt. Damit endete der „große Prozess der Aufwiegelung". Selbst der Angeklagte Lawrence Dennis beeilte sich zu kommentieren

> Einige oder alle mögen sich sogar der Verschwörung schuldig gemacht haben, um die Loyalität der Streitkräfte zu untergraben, aber nicht so, wie sie von der [Regierung] angeklagt wurden... Nichts in den während des Prozesses vorgelegten Beweisen hat bewiesen oder auch nur angedeutet, dass einer der Angeklagten jemals einer solchen Verschwörung schuldig gewesen wäre, außer im Rahmen der Theorie der Anklage. Und nach dieser Theorie

wären auch die Gegner von Präsident Roosevelts Außenpolitik vor Pearl Harbor und der Maßnahmen im Bereich der Außenpolitik wie Oberst Lindbergh, Senator Taft, Senator Nye oder Senator Wheeler und Oberst McCormick, Herausgeber der *Chicago Tribune*, schuldig.

Nach der Anklagetheorie wäre die Anklageschrift gegen diese prominenten Isolationisten viel stärker gewesen, als sie es jemals gegen die weniger prominenten Angeklagten des Aufruhrprozesses gewesen wäre.

Viele Jahre später ist es eher amüsant, dass organisierte jüdische Gruppen und jüdische Zeitungen den Generalstaatsanwalt Francis Biddle angriffen, weil er den Prozess wegen Aufruhrs nicht bis zum Ende, d. h. bis zur Verurteilung der Angeklagten, geführt hatte. Lawrence Dennis meinte ironisch, dass dies alles von großer Undankbarkeit ihrerseits zeuge.

Dennis meint: „Dies zeigt, was mit einem Beamten passiert, wenn er versucht, die Drecksarbeit zu erledigen, um Minderheitslobbyisten zufrieden zu stellen. Biddle hat in seiner Position sein Bestes getan, um die Wünsche der Personen zu erfüllen, die hinter dem Prozess stehen. Diese haben einfach nicht ermessen, wie schwierig es ist, ihre politischen Feinde ohne Beweise für gesetzeswidrige Handlungen ins Gefängnis zu bringen".

Dennis fügte eine weitere Warnung an diejenigen hinzu, die sich zur Förderung von „Schauprozessen" wie beim großen Verhetzungsprozess von 1944 hinreißen lassen würden: „Was die Regierung heute mit einem sogenannten Crack macht", sagte Dennis, „kann sie übermorgen mit einem älteren Staatsmann aus der Opposition machen.

„Der Prozess ging in die Geschichte ein", sagte Dennis, „aber nicht so, wie die Regierung es geplant hatte. Er ging als ein Experiment der Regierung in die Geschichte ein, das schief gelaufen ist. Es handelte sich um ein Experiment des Justizministeriums, das einen politischen Propaganda-Prozess in Moskau nachahmte".

Es gibt mindestens fünf definitive Schlussfolgerungen, die man aus diesem Prozess auf der Grundlage aller historischen Dokumente ziehen kann

1) Die Angeklagten wurden hauptsächlich wegen antijüdischer oder antikommunistischer Meinungsäußerungen oder beidem vor Gericht gestellt. Die Handlungen der Angeklagten hatten nur wenig oder gar nichts mit der tatsächlichen Förderung von Zwietracht oder Aufständen innerhalb der US-Streitkräfte zu tun. Kurz gesagt: Der Prozess wegen „Aufruhrs" war von Anfang an ein Betrug.

2) Die Hauptanstifter der Klagen waren private Interessensgruppen, die mächtige jüdische Organisationen wie die Anti-Defamation League (ADL)

der B'nai B'rith vertraten, die eng mit dem Roosevelt-Regime verbunden waren.

3) Infolgedessen machten hochrangige Politiker (einschließlich des Präsidenten selbst) und Bürokraten, die sich diesen privaten Interessen verschrieben hatten, ihren Einfluss geltend, um sicherzustellen, dass die Polizeibefugnisse der Regierung genutzt wurden, um die Forderungen dieser privaten Lobbygruppen voranzutreiben, die sich auf für das Verfahren wegen Volksverhetzung stark machten.

4) Große Medien (wie *die Washington Post*), die mit der ADL zusammenarbeiteten und mit dem herrschenden Regime verbündet waren, spielten eine führende Rolle bei der Förderung und Erleichterung der Ereignisse, die zu dem Prozess führten.

5) Die Polizeibefugnisse der Regierung können genutzt (und missbraucht) werden und unschuldige Bürger (trotz verfassungsmäßigen Schutzes) können verfolgt und gesetzlich verfolgt werden, selbst wenn sie unschuldig sind.

Obwohl die großen US-Medien kaum ein Jahrzehnt nach dem Ende des großen Verhetzungsprozesses begannen, viel Energie auf die Anprangerung der sogenannten antikommunistischen „Hexenjagden" in den 1950er Jahren zu verwenden, zogen die Medien (ganz zu schweigen von den „Mainstream"-Historikern) nie die offensichtliche Parallele zum Präzedenzfall der Aktivitäten der ADL und ihrer Verbündeten innerhalb der Roosevelt-Regierung, die den Verhetzungsprozess inszeniert hatten.

Die Ereignisse des „Großen Aufruhrprozesses" sind mittlerweile Teil der Geschichte (und zudem wenig bekannt), aber Bürgerrechtler sollten sie zur Kenntnis nehmen. Es gibt eine wesentliche Lehre, die man aus diesem Ereignis ziehen *kann*: *Es kann hier passieren - und es ist passiert.*

KAPITEL VI

Walter Winchell und der innere Feind: Wie ein mächtiger Rundfunksprecher und Pressekolumnist als Fassade für zionistische und britische Interessen diente

Walter Winchell starb 1972 kurz vor seinem 75. Geburtstag. Seine Karriere war bereits einige Jahre zuvor zum Stillstand gekommen.

Auf seinem Höhepunkt war Winchell jedoch eine der mächtigsten Figuren in der amerikanischen Presse. Als er starb, erklärte *die New York Times*, er sei „der bekannteste und meistgelesene Journalist des Landes sowie der einflussreichste" gewesen.

(Alle Zitate in diesem Kapitel stammen aus der maßgeblichen Biografie Winchells, *Winchell: Gossip, Power and the Culture of Celebrity* von Neal Gabler).

Gabler selbst brachte Winchells immensen Medieneinfluss auf den Punkt: „Über vier Jahrzehnte lang war Walter Winchell eine amerikanische Institution und zweifellos einer der wichtigsten Architekten der Kultur. Schätzungsweise 50 Millionen Amerikaner - bei einer erwachsenen Bevölkerung von rund 75 Millionen - hörten seine wöchentliche Radiosendung oder lasen seine tägliche Kolumne, die auf ihrem Höhepunkt in den späten 30er und 40er Jahren in mehr als 2.000 Zeitungen erschien; dies war, so ein Beobachter, „das größte kontinuierliche Publikum, das jemals ein Mann besaß, der weder ein Politiker noch ein Göttlicher war".

Welchen Einfluss hatte Winchell auf dieses Massenpublikum? Nach Winchells Tod sagte ein Freund: „Historiker werden das 20. Jahrhundert nicht erklären können, wenn sie Winchell nicht verstehen". Dieses Lob scheint kein Euphemismus zu sein. Die Beweise, die Gabler in seiner maßgeblichen Biografie über Winchell vorlegte, legen nahe, dass der Chronist eine Schlüsselrolle bei dem vielleicht dramatischsten Ereignis des 20. Jahrhunderts spielte: der Intervention der USA in das, was später zum Zweiten Weltkrieg wurde.

Obwohl man sich an den flamboyanten und kämpferischen Winchell erinnert, der „Galle spuckte, Streit suchte und durch seine Kolumne Leben zerstörte" - was auch stimmte -, war Walter Winchell, „der Klatschkolumnist", durchaus mehr als allgemein bekannt.

Gabler hat eine Fülle von Informationen über Winchell zusammengetragen, die zweifellos belegen - obwohl Gabler dies nie kategorisch vorschlägt (und es vielleicht auch nicht tun würde), dass Walter Winchell - der sich als der Patriot schlechthin darstellte - oft nichts anderes war als eine aufstrebende radiophile und journalistische Stimme für ausländische Propaganda.

Der Kolumnist, der einmal zu einem seiner Untergebenen gesagt hatte: „Finde mir einen guten Mord oder ein Zugunglück, damit ich einen guten Start habe", wurde bald als „Amerikas wütendster Anti-Hitler" bezeichnet. Winchell war so virulent ( ), dass die Anti-Defamation League (ADL) der B'nai B'rith ihn 1934 zu einem der fünf Preisträger ihrer „Hall of Fame of American Jewry" ernannte und behauptete, niemand habe „so viel dazu beigetragen, den Nationalsozialismus von der Landkarte verschwinden zu lassen, wie dieser Gentleman-Klatschkolumnist und -Kolumnist".

Als Enkel des russischstämmigen jüdischen Rabbiners Chaim Weinschel, der seine Familie in Amerika ansiedelte, hatte Winchell - so sein langjähriger Geschäftspartner Herman Klurfeld - eine „radarähnliche Sensibilität für jede Form von Antisemitismus".

„Wenn es einen roten Faden in seinem verrückten Leben gab, dann war es sein Judentum", sagte Klurfeld. Ein weiterer enger Vertrauter Winchells, Arnold Forster, einer der führenden „Nazi-Jäger" der Anti-Defamation League (ADL) der B'nai B'rith, sagte, Winchell „dachte als Jude.... Er war sich seines Judentums bewusst". Er war sich seines Judentums bewusst".

Es war daher nur natürlich, dass Winchell gegen Hitler und seinen Nationalsozialismus opponierte. Winchells Opposition verleitete ihn jedoch zu frenetischen Angriffen auf amerikanische Patrioten, die selbst gegen die Intervention der USA in die Unruhen in Europa waren. Die amerikanischen Gegner der Intervention, die von ihren Kritikern als „Isolationisten" bezeichnet wurden, waren das bevorzugte Ziel von Winchells Angriffen.

Winchells Biograf meint: „Für Walter war der Isolationismus untragbar geworden, eine Form des Verrats. Er war entschlossen zu beweisen, dass die Isolationisten nicht, wie sie behaupteten, patriotische Amerikaner waren, die einen anderen Standpunkt vertraten als er; sie waren Nazi-Kollaborateure, Antisemiten und Rassisten, denen es weit weniger darum ging, amerikanische Leben zu retten, als Hitlers Sieg zu sichern.... Jede Woche brachte Walter neue Anschuldigungen vor, die die radikale Rechte mit Nazi-Deutschland in Verbindung brachten".

Damals ging man allgemein davon aus, dass das FBI Winchells Hauptquelle für viele seiner sensationellen Behauptungen war. Laut Gabler war dies jedoch nicht der Fall. Vielmehr war Winchell selbst eine der Hauptquellen des FBI für Informationen über „Nazis" und „Nazi-Sympathisanten" sowie über andere Personen, die Winchell ins Visier genommen hatte.

Woher hatte Winchell diese Fülle von Informationen, die er wiederum an das FBI weiterleitete? Laut Gabler war Winchells „wichtigste Quelle" für diese Informationen der oben erwähnte Arnold Forster, der Berater der ADL in New York. Gabler berichtet: „Wenn es um die radikale Rechte ging, verfügte Forster über eine der besten Informationsbeschaffungsoperationen des Landes, mit Spionen überall."

Mitte 1942, so Gabler, „verbrachte Forster jede Woche zwischen zehn und fünfzehn Stunden mit Walter [und war] in den engeren Kreis des Kolumnisten aufgenommen worden". Herman Klurfeld, Winchells Partner, erinnert sich, dass „wir von Forster Berge von Informationen erhielten", die Klurfeld dann für Winchells Artikel zusammenfasste. Gabler bemerkt jedoch: „Es kam vor, dass Forster selbst ganze Kolumnen für Walter schrieb", und jeden Sonntag erschien er im Radiostudio, „um seine Expertise in die Sendung einzubringen und die antifaschistischen Teile des Skripts zu überprüfen, die immer umfangreicher wurden".

Winchell spielte somit eine Schlüsselrolle als Vermittler zwischen J. Edgar Hoovers FBI und der ADL und zementierte damit eine enge Beziehung, die bis heute anhält. Die ADL leitete Informationen an Winchell weiter, der diese dann für seine Radiosendungen und Zeitungskolumnen nutzte, sie aber auch an das FBI weitergab (was im Wesentlichen als „Tarnung" für die ADL fungierte).

Das FBI tat es ihm gleich und profitierte von dieser ungewöhnlichen geheimen Beziehung zu Winchell und der ADL. Laut William Sullivan, dem langjährigen stellvertretenden Direktor des FBI, „war Winchell wahrscheinlich der erste vom FBI entwickelte Radiokommentator von nationalem Ruf. Wir schickten regelmäßig Informationen an Winchell. Er war unser Sprecher."

Es versteht sich von selbst, dass die Tentakel der ADL, wie wir gesehen haben, sehr weit reichten und eine wichtige Rolle dabei spielten, Amerika zu Intervention und Krieg zu drängen, und in vielerlei Hinsicht als Hilfstruppe des britischen Geheimdienstes (mit dem die ADL eng zusammenarbeitete) fungierten. Allerdings fungierte der ADL-Sprecher Winchell auch als Vermittler von Pro-Interventions-Propaganda, die direkt von den britischen Geheimdiensten kam.

Die Briten hatten den kanadischen Geschäftsmann William Stephenson, bekannt unter dem Codenamen „Intrepid", in die USA entsandt, um eine Verbindung zu den US-Geheimdiensten herzustellen. Stephenson wandte sich an Ernest Cuneo, einen Anwalt der Demokratischen Partei, der nicht nur ein Mitglied des engeren Kreises von FDR war, sondern auch der Verbindungsmann des Präsidenten zu Winchell selbst und damit ein Mitglied von Winchells engerem Kreis.

In den Jahren zuvor hatte Winchell enge Beziehungen zur Roosevelt-Regierung aufgebaut. 1936 spielte Winchell eine so wichtige propagandistische Rolle bei FDRs Werbung für eine dritte Amtszeit, dass Cuneo später sagte, er habe zu Winchell sagen wollen: „Listen, Walter, you are the campaign for the third mandate": „Hören Sie, Walter, Sie sind die Kampagne für die dritte Amtszeit".

In vielerlei Hinsicht war Winchell zur medialen Stimme nicht nur der ADL, sondern auch von FDR selbst geworden. Gabler meint: „Was sein Publikum nicht wusste, war, dass Winchell bei der Gestaltung der amerikanischen Einstellung zum Krieg oft im Namen der Roosevelt-Regierung sprach, so wie er es auch in innenpolitischen Bereichen getan hatte".

Durch Cuneos zentrale Position zwischen FDR und dem britischen Geheimdienstler Stephenson steht Winchell im Zentrum von Großbritanniens Geheimdienst- und Propagandaoperationen in den USA. Stephenson, der im Rockefeller Center in New York arbeitete, stellte die Verbindung zwischen dem britischen Geheimdienst, dem FBI und (später) dem Büro des Informationskoordinators her.

Laut Gabler „sammelte Stephenson hauptsächlich Informationen über die Aktivitäten des Feindes und leitete sie an diese Schwesteragenturen weiter, aber das war nicht alles, was er tat. Er leitete auch eine geheime Operation, deren Ziel laut einer offiziellen Geschichte des britischen Geheimdienstes in Kriegszeiten darin bestand, „alles zu tun, was nicht getan wurde und nicht mit offensichtlichen Mitteln getan werden konnte, um Großbritannien ausreichende Hilfe zu sichern und schließlich Amerika in den Krieg zu ziehen". Zu diesem Zweck veröffentlichte Stephenson Artikel in sympathisierenden Zeitungen, um die Isolationisten zu diskreditieren und America-First-Versammlungen zu belästigen".

Winchell war laut Gabler „eines der wichtigsten Elemente" im Plan des britischen Meisterspions. „Einerseits versorgte Cuneo Walter im Auftrag des Weißen Hauses, das allmählich an die Unausweichlichkeit eines Kriegseintritts Amerikas glaubte, mit Informationen. Andererseits leitete er [an Winchell] über Stephenson heimlich britische Propaganda und hochrangige Informationen weiter. Die Wirkung... war es, den Widerstand gegen die Vorbereitung zu zerstören und die Öffentlichkeit für die

Intervention zu gewinnen". Laut Cuneo selbst: „Winchell wurde zum Mittelpunkt. Seine rollenden Dämme konnten dem Präsidenten und den Kriegsvorbereitungen den Weg ebnen, und das tat er auch".

Inzwischen hatten auch J. Edgar Hoover und das FBI, verbündet mit FDR, den Kampf gegen die amerikanischen Nicht-Interventionisten aufgenommen, die gegen das Engagement der USA im Ausland kämpften - und laut Gabler schickte Winchell „Hoover Unmengen von Material über mögliche Subversive, von denen einige nur Klatsch waren und andere aus den Akten von Forsters ADL stammten". Hoover wiederum leitete die Informationen in langen weißen Umschlägen an Walter weiter.

Winchells Quellen in der ADL und im britischen Geheimdienst machten ihn fast zu einem eigenen Geheimdienst, so sehr, schreibt Gabler, dass „Hoovers eigene interne Kommunikation mit dem FBI die Tatsache bestätigte, dass Walter oft mehr wusste als Hoover, und Hoover beauftragte bald Agenten, die Sendung jede Woche zu überwachen und eine Liste von Dingen zu erstellen, die das Büro interessant finden könnte. Es war sogar möglich, dass er Walters Telefone abhören würde".

Interessanterweise nimmt die Beziehung zwischen Hoover vom FBI und Winchell noch eine weitere besondere Wendung. Laut einem Hoover-Biografen tat dieser „mehr als jeder andere Mann, um die Mythen von J. Edgar Hoover und seinen Handlangern aufrechtzuerhalten", indem er den Hoover-Mythos förderte und den FBI-Direktor zu seiner Zeit zur Legende machte.

Es ist interessant, dass Winchell für Hoover als PR-Agent fungierte. Winchell selbst bewegte sich seit Jahren in den Kreisen der Unterwelt und duzte zahlreiche Mafia-Bosse. Mehr als eine Veröffentlichung legte nahe, dass es Winchell war, der Hoover mit Frank Costello, einer Figur der New Yorker Mafia, bekannt machte. Der Legende nach war es Winchells Freund Costello, der Hoover (einem begeisterten Liebhaber von Pferderennen) als Belohnung dafür, dass er bei den Machenschaften der Mafia „ein Auge zugedrückt" hatte, mit ergiebigen Tipps über manipulierte Rennen versorgte.

Tatsächlich leugnete Hoover jahrelang vehement die bloße Existenz des organisierten Verbrechens in Amerika und zog es vor, Bankräuber wie John Dillinger und „Baby Face" Nelson zu jagen und „Subversive", wie sie von der Roosevelt-Regierung definiert wurden, zu verfolgen.

Winchell selbst hatte übrigens gute Gründe für seine Nähe zum organisierten Verbrechen. Winchells angeheirateter Onkel Billy Koch war ein hochrangiger Handlanger in Meyer Lanskys Glücksspielgeschäften, der sich in den 1940er Jahren als de facto „Vorstandsvorsitzender" des nationalen Verbrechersyndikats etablierte.

Wie dem auch sei, Amerika trat in den Krieg ein, und zusammen mit FDR, ADL und dem britischen Geheimdienst hatte Winchell Grund zum Feiern.

Später spielte Winchell zusammen mit dem in Washington ansässigen Kolumnisten Drew Pearson eine führende Rolle in einer koordinierten Verleumdungskampagne gegen den damaligen Verteidigungsminister James Forrestal.

Das „Verbrechen" des Verteidigungsministers in den Augen Winchells und Pearsons (der übrigens Halbjude war) bestand darin, dass er Präsident Harry Truman ermutigt hatte, dem Druck der ADL und anderer Teile der pro-israelischen Lobby zu entgehen, den Staat Israel anzuerkennen, der schließlich am 14. Mai 1948 entstand. Forrestal hatte argumentiert, dass ein jüdischer Staat die arabischen Staaten verärgern, die Ölversorgung des Westens gefährden und das Risiko einer permanenten Krise in den kommenden Jahren schaffen würde (was sich als wahr herausstellte). Forrestal schlug vor, dass jüdische Überlebende des Zweiten Weltkriegs, die in Europa geboren und entwurzelt wurden, nach Peru auswandern sollten.

Angestachelt von seinen „Quellen" in der ADL und getrieben von seinen eigenen Dämonen, griff Winchell Forrestal an, als wäre er ein echter Winchell. Ein palästinensisch-arabischer Beamter beschrieb Winchell als „den bösartigsten zionistischen Schriftsteller", der sogar Drew Pearson übertrumpfte. Doch selbst nachdem Winchell, Pearson und ihre ausländischen Sponsoren gesiegt hatten und Israel ein Staat geworden war und (sogar gegen sein eigenes Urteil) von Präsident Harry Truman anerkannt wurde, hielten die beiden Kolumnisten „eine regelmäßige Tätowierung des Missbrauchs aufrecht", so Winchells Biograph.

Der Präsident selbst war kein großer Bewunderer Forrestals, aber er hielt nichts von Winchells und Pearsons Angriff und empfand ihn als eine Kraftprobe. Ein anderer Kolumnist, der Populist Westbrook Pegler, der selbst kein Anhänger Forrestals war, fühlte sich durch die propagandistischen Wahnvorstellungen von Winchell und Pearson ebenfalls gestört. „Wenn unsere Presse etwas taugt, sollte sie diese Bastarde vernichten", schrieb Pegler an Forrestal.

Winchell setzt sich durch. Am 22. Mai 1949 starb Forrestal. Er fiel oder sprang - manche sagen immer noch, er sei gestoßen worden - aus seinem Krankenzimmer im Bethesda Naval Medical in der Nähe von Washington, wo er sich zur Erholung aufgehalten hatte, tief traumatisiert von der gegen ihn gerichteten Medienkampagne.

Winchell selbst sagte Jahre später aus, einer von Forrestals Beratern habe ihm erzählt, Forrestal sei aus dem Fenster des Krankenhauses geworfen worden, um ihn daran zu hindern, seine Memoiren zu schreiben - was natürlich sehr wohl stimmen könnte. Forrestals Memoiren hätten viel enthüllt und Winchell und seine Sponsoren für Auslandspropaganda in ihre Schranken verwiesen.

Am 20. Februar 1972 starb Walter Winchell an den Folgen einer Krebserkrankung. In den Jahren zuvor hatte er seine Radiosendung verloren, die Auflage seiner Kolumne war rückläufig und Winchell selbst wirkte manchmal anachronistisch, was er in vielerlei Hinsicht auch war.

Doch auf seinem Höhepunkt war Winchell eine Macht gewesen, mit der man rechnen musste, ein wichtiger Akteur in den politischen Intrigen des 20. Jahrhunderts, eine unverzichtbare Medienstimme für „The Enemy Within" (Der innere Feind).

Heute gibt es natürlich viele Versorger für zionistische Propaganda und andere Formen des politischen Mülls aus den Reihen der internationalen plutokratischen Elite.

Foren wie Fox News - auf die wir in einem späteren Kapitel eingehen werden - bieten einen Absatzmarkt für dieses Material. In den Zeitungen und Zeitschriften des Landes sowie auf Internetseiten wie WorldNetDaily findet man Judasböcke, die für die sogenannte „neokonservative Agenda" werben (wir kommen später darauf zurück).

Diese Judasböcke treten in die Fußstapfen von Walter Winchell, indem sie außerirdische Propaganda als „Informationen" ausgeben. Die Liste ließe sich immer weiter fortsetzen - sie ist lang -, aber zu den krassesten Propagandisten gehören folgende Personen: Mona Charen, Suzanne Fields, Clifford May, David Horowitz, Joseph Farah, Jonah Goldberg, Dennis Prager, Diana West, Helle Dale, Arnold Beichman, Linda Chavez, Frank Gaffney, Cal Thomas und natürlich der ehemalige Marine-Oberst Oliver North, die zentrale Figur in dem als „Iran-Contra" bekannten Geschäft mit Waffen- und Drogenhandel sowie Geldwäsche in Verbindung mit Israel.

Und das sind nur einige Beispiele. Es gibt noch andere, wie George F. Will, Charles Krauthammer, Michael Ledeen, Robert Kagan und viele andere. Und der rote Faden, der sie alle verbindet, ist ihre Treue - wie die ihres ideologischen Vorfahren, des voyeuristischen Journalisten Walter Winchell - zur Sache des internationalen Zionismus.

Obwohl Winchells Verbrechen gegen die Menschlichkeit während seiner Blütezeit zur Zeit des Zweiten Weltkriegs begangen wurden, findet sich die gleiche Art von Verrat in den Werken dieser Judasböcke der Neuzeit.

Doch Juda-Böcke finden sich in allen Gesellschaftsschichten und an vielen Orten, sogar im US-Kongress, wie wir gleich sehen werden...

KAPITEL VII

Der Judasbock des Kapitols: Ein zionistischer Spion im Dienste des sowjetischen Geheimdienstes im US-Kongress

Während man sich heute an den verstorbenen Kongressabgeordneten Samuel Dickstein (D-N.Y.) als einen der „großen Liberalen" und einen der prominentesten jüdischen Führer Amerikas erinnert, war er Ende der 1930er Jahre - kurz bevor die USA in den Zweiten Weltkrieg verwickelt wurden - vor allem als die erste Persönlichkeit im Kongress bekannt, die die „Jagd auf Nazis" und den „Kampf gegen den Faschismus" als eine von Amerikas obersten Prioritäten propagierte. Dickstein präsentierte sich als ultimativer Verteidiger des „Amerikanismus". In Wirklichkeit war er der Bock von Juda schlechthin. Er war ein feindlicher Agent: ein Spion, der vom Geheimdienst der Sowjetunion kontrolliert wurde.

Obwohl die jüdische Presse in den USA Dickstein als „Staatsmann" und „humanitär" würdigte, fielen andere Bewertungen des Kongressabgeordneten - der ab 1923 elf Amtszeiten absolvierte - nicht so freundlich aus. Ein Kritiker bezeichnete Dickstein als „geschickten, korrupten, gierigen und völlig amoralischen Infiltrator", ein frühes Vorbild für viele Judasböcke, die heute die Reihen des Inneren Feindes Amerikas bevölkern.

Die Wahrheit über Dicksteins Rolle als sowjetischer Agent wurde Ende der 1990er Jahre in lange geheimen Nachrichten und Akten des sowjetischen Geheimdienstes enthüllt, die nun auch amerikanischen Historikern zugänglich sind. Tatsächlich erklärte Stephen Gettinger, Chefredakteur des *Congressional Quarterly*, einer eminent „Mainstream"-orientierten und völlig überparteilichen Zeitschrift, dass der Fall Dickstein wahrscheinlich „der erste offensichtliche Fall von Spionage durch den Kongress in der Geschichte" sei.

Die Akte zeigt, dass Dickstein - der einen notorisch „jüdischen" Kongressbezirk in der Lower East Side von Manhattan vertrat - 1937 von Peter Gutzeit, einem Mann, der Dicksteins Religion teilte und zufällig der Leiter der New Yorker Station des NKVD, der sowjetischen Geheimpolizei, war, als sowjetischer Agent angeworben wurde. Gegen

Bezahlung von 1250 Dollar im Monat stahl Dickstein Unmengen an Geheimdokumenten aus dem Kongress und dem Kriegsministerium, die er an seine sowjetischen Agenten weitergab.

Darüber hinaus, und das ist vielleicht noch wichtiger, diente Dickstein als Einflussagent Moskaus in Washington, indem er die nationalistischen europäischen Mächte Deutschland und Italien wegen ihrer entschiedenen Opposition gegen den Sowjetkommunismus lautstark attackierte. Dickstein war vielleicht einer der lautesten und frühesten Kämpfer dafür, dass die USA Druck auf Deutschland ausüben sollten, mit der Absicht, eine militärische Intervention der USA in den Krieg in Europa auszulösen, der später zum Zweiten Weltkrieg werden sollte. Dickstein machte Schlagzeilen, indem er Amerikaner, die sich weigerten, seine kriegerischen Absichten zu unterstützen, beschuldigte, „antiamerikanisch" zu sein - ein Vorwurf, den zionistische Elemente auch heute noch gegen gute amerikanische Patrioten verwenden, die sich weigern, die endlose amerikanische Intervention im Nahen Osten im Namen Israels zu unterstützen.

Und während viele Dicksteins Hysterie einfach der Tatsache zuschrieben, dass er Jude und damit ein offensichtlicher Feind von Adolf Hitlers Macht in Deutschland war, ist es, wie wir gesehen haben, eine Tatsache, dass Dickstein auch ein sehr gieriger bezahlter Agent der Sowjetunion war.

Besonders interessant ist, dass Dickstein einer der ersten Befürworter der Gründung des späteren House Un-American Activities Committee (HUAC) war. *Die New York Times* bezeichnete Dickstein sogar als „Gründer des HUAC". Als das HUAC jedoch mit seinen Untersuchungen begann und schnell feststellte, dass die wahren Subversiven auf amerikanischem Boden sowjetische Agenten waren und dass viele echte amerikanische Patrioten einfach nicht die Notwendigkeit sahen, dass die USA in Europa in einen Krieg gegen Deutschland eingreifen sollten, machte Dickstein eine Kehrtwende und denunzierte genau das Komitee, das er in erster Linie mit ins Leben gerufen hatte.

Es stellte sich heraus, dass Dicksteins finanzielle Forderungen an seine sowjetischen Vorgesetzten so hoch waren, dass der NKWD ihm in seinen internen Memoranden und beim Informationsaustausch den Codenamen „Crook" zuwies. 1938 warnte Peter Gutzeit, Dicksteins Mittelsmann beim NKWD mit Sitz in New York, seine Vorgesetzten in einem Memo, dass „Crook" seinen Codenamen völlig rechtfertige. Er ist ein skrupelloser, geldgieriger Typ - ein sehr gerissener Betrüger". (Und diese Einschätzung war keineswegs die Art von Dickstein-freundlichen Kommentaren, die damals in den Medien auftauchten).

Jedenfalls trennten sich Dickstein und seine sowjetischen Agenten Ende

1940, aber Dickstein hatte bis dahin eine enorme Menge sehr effektiver Drecksarbeit für seine ausländischen Auftraggeber erledigt. Dickstein schied nach den Wahlen von 1944 aus dem Kongress aus und wurde Richter am Obersten Gerichtshof des Staates New York. Er starb 1954 als sehr reicher und geehrter Mann. Die Dokumente dieses Verräters - nicht jedoch die Beweise für seinen Verrat - werden liebevoll und respektvoll im American Jewish Archive des Hebrew Union College in Cincinnati aufbewahrt.

Offensichtlich wäre Dickstein wahrscheinlich auch ohne die finanzielle Unterstützung seiner sowjetischen Agenten sehr pro-sowjetisch und antinazistisch eingestellt gewesen, aber die Tatsache, dass er bereit war, sich heimlich im Namen geheimer sowjetischer Agenten - für Geld - zu verleihen, sagt viel über diesen sogenannten „Staatsmann" aus. Tatsächlich ist Dickstein ein klassisches Modell eines der Judasböcke - des Inneren Feindes -, die Amerika so viel Schaden zugefügt haben. Und aus diesem Grund, wenn nicht sogar aus einem anderen Grund, müssen wir an seine schäbige Vergangenheit erinnern.

Die Wahrheit ist, dass es heute viel mehr Leute wie ihn im Kongress gibt. Die Hitliste der Politiker, die „im Sold" der Israel-Lobby stehen, ist genauso schäbig, aber diese Politiker rühmen sich damit, ausländisches Geld erhalten zu haben, während Dickstein seinen Verrat natürlich warmgehalten hat.

Und das sagt viel über das Abdriften Amerikas aus.

KAPITEL VIII

Die geheime Rolle der ADL bei der Bestimmung der Personen, die von US-Bundesbehörden eingestellt werden

Trotz des Einflusses der Anti-Defamation League (ADL) der B'nai B'rith bei der Gestaltung skandalöser und Zwietracht säender Aktivitäten wie dem Verhalten des FBI und des Justizministeriums in der berüchtigten „Aufwiegelungsaffäre", und bei der Lenkung der Berichterstattung über amerikanische Dissidenten, die sich der zionistischen Agenda widersetzten, vor und während des Zweiten Weltkriegs (durch den Einsatz freiwilliger, mit der ADL verbundener Unruhestifter wie dem Kolumnisten Walter Winchell), ist es eine Tatsache, dass die Aktivitäten der ADL in den Nachkriegsjahren weiter zunahmen. Damals gab es jedoch noch einige gut situierte authentische Patrioten, sogar im Kongress, die bereit waren, sich mit der ADL anzulegen.

1947 untersuchte ein Kongressausschuss ein Segment des landesweiten Spionagenetzwerks der Anti-Defamation League (ADL) von B'nai B'rith. In diesem speziellen Fall interessierten sich die Ermittler des Kongresses dafür, wie es der ADL und einer ihrer Tarngruppen, den „Freunden der Demokratie", gelungen war, in eine Bundesbehörde einzudringen und falsche, bösartige und verleumderische Informationen über die Ziele der ADL in den Akten der Behörde zu platzieren.

Am 3., 6. und 7. Oktober 1947 berief der Abgeordnete Clare E. Hoffman (R-Mich.), damals Vorsitzender des Ausschusses für Ausgaben der Exekutivabteilungen des Repräsentantenhauses, einen Unterausschuss ein, der die United States Civil Service Commission (CSC), die Behörde, die das Bundespersonal beaufsichtigt, untersuchte. Der Abgeordnete Porter Hardy Jr. (D-Va.) schloss sich Hoffman als Mitglied dieses Unterausschusses an.

Hoffman und andere hatten erfahren, dass es CSC-Akten gab, die Aussagen über die Ansichten, Meinungen und Aktivitäten einiger Kongressabgeordneter und ihrer Ehefrauen sowie einer Reihe anderer prominenter Amerikaner enthielten, von denen die meisten nie versucht hatten, über die CSC einen Posten zu bekommen.

Hoffman zufolge schien es sich bei den meisten Informationen - von denen einige abfällig waren - „größtenteils um Gerüchte, Hörensagen" zu handeln, die auf Karteikarten geschrieben worden waren, die in den Büros der CSC aufbewahrt wurden. Hoffman enthüllte während der Anhörung, dass die Ermittler festgestellt hatten, dass es auf vielen dieser Karteikarten eine Notiz gab, die wie folgt lautete:

> Das oben Gesagte wurde aus der subversiven Datei kopiert, die sich im Besitz der Rechtsanwälte Mintzer & Levy, 39 Broadway, NYC, Room 3305, befindet. Diese Dateien wurden in Zusammenarbeit mit dem American Jewish Committee und der Anti-Defamation League erstellt. Die Quellen dieser Informationen dürfen unter keinen Umständen offengelegt ( ) oder zitiert werden. Weitere Informationen können jedoch bei den Büros von Mintzer & Levy eingeholt werden.

Laut Hoffman „steht dieser Vermerk am unteren Rand von Karten, die Informationen enthalten, dass die genannten Personen, Senatoren und Kongressabgeordnete, illoyal waren, subversiven Gruppen angehörten und sich möglicherweise an verräterischen Aktivitäten beteiligten".

Besonders schockierend war natürlich, dass die Bundesbehörde in ihrer privaten Notiz offensichtlich sagte, dass sie die Verleumdungen der ADL zwar in ihre eigenen Akten aufnahm, die Personen, gegen die sich die ADL richtete, jedoch nicht das Recht hatten, die Quelle der verleumderischen Anschuldigungen zu erfahren, was eine eklatante Verletzung des traditionellen Rechts jeder Person darstellte, ihrem Ankläger gegenübertreten zu können.

Interessanterweise gaben mehrere als Zeugen geladene CSC-Kommissare, darunter James E. Hatcher, Leiter des Zentralbüros, Untersuchungsabteilung der CSC, zu, dass sie nicht wussten, wie die ADL-Propaganda in die Akten der Kommission gelangt war.

Außerdem, so Hatcher, „glaube ich nicht nur, sondern ich bin mir sicher, dass sie es ohne die Genehmigung der Kommission getan haben". Hatcher fügte hinzu: „Als Amerikaner denke ich, dass dies absolut unangemessen ist. Und ich glaube wirklich, dass solche Dinge nicht in den Akten auftauchen sollten". Diese Aussage stammte natürlich von einem Beamten, der für die Suche nach Fakten - und nicht nach böswilligen Lügen - über zukünftige Beamte zuständig war.

All dies deutet darauf hin, dass es eine „Pflanze" der ADL in den Büros der CSC war, die die abfälligen Informationen in die Akten eingefügt hat. Die ADL ist natürlich dafür bekannt, dass sie im Laufe der Jahre in mehr als eine Regierungsbehörde eingedrungen ist, ganz zu schweigen von Hunderten von privaten Vereinigungen, Verlagshäusern und anderen

Körperschaften.

Um die Frage zu entscheiden, fragte ein Mitglied des Ausschusses, der Abgeordnete Fred Busbey (R-Ill.), einen anderen Zeugen, Harry Mitchell, den Vorsitzenden von die CSC: „Wie wird sich die Kommission für den öffentlichen Dienst in Zukunft zu den Namen verhalten, die von der Anti-Defamation League oder den Friends of Democracy aus den Akten dieser Organisationen in ihren Akten hinterlegt wurden?"

Mitchell antwortete: „Sie werden nicht zu den Akten gelegt". Als Busbey ihn fragte, ob er die Informationen als „unbestreitbar zuverlässig" betrachte, antwortete Mitchell: „Das glaube ich nicht. Ich nehme an, dass es sich um kommunistische Organisationen handelt, aber ich weiß es nicht genau.

Obwohl Busbey erklärte, dass die ADL und ihre Frontgruppe seines Wissens keine kommunistischen Organisationen seien, kommentierte der Kongressabgeordnete ohne Rücksicht auf die Erkenntnisse, die uns die Geschichte hinterlassen hat: Tatsächlich war die ADL zusammen mit dem sowjetischen Kreml, einer der wichtigsten Kontrolleure der Kommunistischen Partei der USA, selbst zu Zeiten, als die Kommunistische Partei an der Spitze von einem Trumpf des FBI-Direktors J. Edgar Hoover, einem Verbündeten der ADL, kontrolliert wurde (mehr dazu weiter unten auf diesen Seiten).

Der besondere Einfluss der ADL auf die Kommunistische Partei der USA wurde jedoch weitgehend ignoriert oder vergessen. Über den besonderen Einfluss der ADL berichtete die verstorbene Dr. Bella Dodd, eine ehemalige CPUSA-Führerin, die - nachdem sie den roten Orbit verlassen hatte - Vertrauten gegenüber erklärte, dass die amerikanischen Kommunisten jedes Mal, wenn sie Geld oder strategische Beratung benötigten, angewiesen wurden, zu den ADL-Granden in Manhattan zu gehen.

Einige Konservative, die der Disziplin der ADL unterliegen oder Angst hatten, etwas zu erwähnen, das als schädlich für die ADL angesehen werden könnte, haben Dr. Dodds faszinierende Enthüllung oft zitiert, aber immer darauf geachtet, seinen Bezug zur ADL zu streichen, und nur berichtet, dass die Agenten der ADL „extrem reiche amerikanische Kapitalisten" waren. Es ist also ganz klar, dass die ADL, wie der CSC-Kommissar vermutete, eine kommunistische Organisation war.

Wie dem auch sei, der Ausschussvorsitzende Hoffman erklärte in Bezug auf die ADL und die Freunde der Demokratie unmissverständlich und zu Recht: „Ich werde Ihnen sagen, dass es sich um Künstler der Diffamierung handelt".

Eine historische Anmerkung: Während des Senatswahlkampfs 1992 in Pennsylvania rächte sich die ADL an dem verstorbenen Abgeordneten Porter Hardy, der sich kühn dem Abgeordneten Hoffman angeschlossen hatte, um die Spionageaktivitäten der ADL zu untersuchen. Als Hardys Tochter Lynn Hardy Yeakel, eine erfolgreiche Geschäftsfrau, die Wiederwahl des amtierenden Senators Arlen Specter (R-Penn.), einem der wichtigsten Befürworter der ADL im Kongress, anfechtete, kam es zu einer Flüsterkampagne, bei der Frau Yeakel vorwarf, „antisemitisch" zu sein. Specter wurde wiedergewählt.

Dies ist nur ein Beispiel dafür, wie die ADL - die den inneren Feind repräsentiert - hinter den Kulissen eine zentrale Rolle spielte, indem sie die öffentliche Politik der USA beeinflusste und buchstäblich in der Position war, zu bestimmen, wer einen Job in der US-Regierung bekommen konnte.

Wenn jemand wirklich glaubt, dass ADL noch keine ähnliche Rolle spielt - vor allem in Zeiten von Computerisierung und Hightech-Spionage -, dann ist diese Person wirklich naiv.

All dies ist nur die Spitze des Eisbergs, was die Aktivitäten der ADL betrifft, und in den folgenden Kapiteln werden wir noch viel mehr über die ADL und ihre destruktive Rolle bei der Verzerrung der amerikanischen Agenda erfahren.

KAPITEL IX

Die Anti-Defamation League: Eine ausländische Lobby für Israel und eine private Spionageagentur für den inneren Feind

Jahrelang hat Liberty Lobby, die in Washington ansässige populistische Institution, die *The Spotlight* herausgegeben hat, die Anti-Defamation League (ADL) der B'nai B'rith beschuldigt, als nicht registrierter - und damit illegaler - ausländischer Agent für den Staat Israel zu fungieren. All das kam natürlich zu der besonderen Rolle hinzu, die die ADL seit langem spielt, zum Beispiel an der Seite des FBI als Hauptkanal für die Übermittlung von Spionagedaten und als Sponsor bösartiger geheimer Aktivitäten, mit denen legitime (und durchaus patriotische) amerikanische Dissidentengruppen infiltriert und gestört werden sollen. Die ADL als besondere - und obendrein zwielichtige - Institution verkörpert in vielerlei Hinsicht das Böse aus Der innere Feind.

Doch die Rolle der ADL als ausländischer Agent Israels - eine Rolle, die sich nach der Gründung des Staates Israel 1948 weiterentwickelte - muss gründlich analysiert werden, um die immense Macht, die die ADL bei der Gestaltung der Außen- und Innenpolitik der USA aufgebaut hat, vollständig zu verstehen.

Die Tatsache, dass es einem Instrument einer ausländischen Regierung gelungen ist, einen derartigen Einfluss auf (und buchstäblich innerhalb) amerikanischer Strafverfolgungsbehörden wie z. B. dem FBI auszuüben, ist eine bemerkenswerte und erschreckende Tatsache.

Im Juni 1981 veröffentlichte die Liberty Lobby ihr ausführliches *Weißbuch über die Anti-Defamation League (ADL) der B'nai B'rith*. Das Weißbuch wurde mit dem ausdrücklichen Ziel veröffentlicht, Tatsachen ans Licht zu bringen, die die ADL dazu zwingen würden, sich beim US-Justizministerium als Agent der israelischen Regierung registrieren zu lassen.

Durch die Weigerung, sich beim Justizministerium registrieren zu lassen, verstieß die ADL gegen das Gesetz über die Registrierung ausländischer Agenten (Foreign Agents Registration Act) von 1938, das die Registrierung aller ausländischen Agenten vorschreibt, und tut dies auch weiterhin.

Laut dem Eingeständnis des Justizministeriums nach Prüfung des Weißbuchs hatte Liberty Lobby tatsächlich „eine Interessengemeinschaft zwischen der ADL und der israelischen Regierung hergestellt".

Dieses Eingeständnis des Justizministeriums erfolgte als Reaktion auf eine Untersuchung des Kongresses über den Status der ADL, eine Untersuchung, die aufgrund eines Briefes von Mitgliedern der Liberty Lobby eingeleitet worden war, die den Kongress dringend aufforderten, den Status der ADL als nicht registrierter Agent einer ausländischen Regierung zu untersuchen. Das Justizministerium erklärte dem betreffenden Kongressabgeordneten, dass „wenn durch diesen Brief oder andere Quellen ausreichende Beweise für einen Verstoß gegen das Gesetz über die Registrierung ausländischer Agenten erbracht werden", das Ministerium zusicherte, dass es Zwangsmaßnahmen gegen die ADL ergreifen werde.

Das Justizministerium behauptete, dass der Nachweis einer „vertraglichen" Beziehung zwischen der ADL und der israelischen Regierung erforderlich sei, bevor „angemessene Maßnahmen" ergriffen werden könnten. Diese Behauptung des Justizministeriums war falsch. Tatsächlich widersprach sie dem Bundesgesetz.

Nach dem Foreign Agents Registration Act (FARA) ist jede Organisation, die als Agent einer ausländischen Macht handelt, „unabhängig davon, ob dies im Rahmen einer vertraglichen Beziehung geschieht oder nicht", ein „ausländischer Agent" im Sinne des Gesetzes. Abschnitt 1, Unterabschnitt (c) des Gesetzes definiert einen Agenten einer ausländischen Regierung wie folgt:

> (1) Jede Person, die als Agent, Vertreter, Angestellter oder Beauftragter handelt, oder jede Person, die in einer anderen Eigenschaft auf Anweisung, auf Verlangen oder unter der Leitung oder Kontrolle eines ausländischen Auftraggebers oder einer Person handelt, deren Geschäftstätigkeit ganz oder überwiegend direkt oder indirekt von einem ausländischen Auftraggeber überwacht, geleitet, kontrolliert, finanziert oder subventioniert wird, und die direkt oder über eine andere Person - ein Agent, Vertreter, Angestellter oder Beauftragter eines ausländischen Auftraggebers ist.
>
> (i) sich in den Vereinigten Staaten für oder im Interesse dieses ausländischen Auftraggebers politisch engagiert:
>
> (ii) in den USA als PR-Berater, Werbeagent, Mitarbeiter eines Informationsdienstes oder politischer Berater für oder im Interesse dieses ausländischen Auftraggebers tätig ist; (iii) in den USA um

> Beiträge, Darlehen, Geld oder andere Wertgegenstände für oder im Interesse dieses ausländischen Auftraggebers wirbt, diese sammelt, einzahlt oder verteilt; oder (iv) in den Vereinigten Staaten die Interessen dieses ausländischen Auftraggebers gegenüber einer Behörde oder einem Beamten der US-Regierung vertritt; und (v) die Interessen dieses ausländischen Auftraggebers gegenüber einer Behörde oder einem Beamten der US-Regierung vertritt.
>
> (2) Jede Person, die als Agent eines ausländischen Auftraggebers, wie in Klausel (1) dieses Unterabschnitts definiert, akzeptiert, zustimmt, annimmt oder vorgibt zu handeln, oder die, ob im Rahmen einer vertraglichen Beziehung oder nicht, ein Agent eines ausländischen Auftraggebers ist oder sich als solcher ausgibt.

In jedem Sinne des Wortes führt der ADL jede der Handlungen eines ausländischen Agenten aus, wie sie im FARA definiert sind. Tatsächlich griff ein 1964 vom Senat angenommener Vorschlag zur Änderung des Gesetzes die Bestimmung des ursprünglichen Gesetzes von 1938 auf, die erklärte, dass ein Agenturverhältnis besteht, „wenn der Agent anders als aufgrund einer vertraglichen Vereinbarung handelt oder sich einfach als Agent eines ausländischen Auftraggebers ausgibt".

Wieder einmal widerspricht das Gesetz den gegenteiligen Behauptungen des Justizministeriums. Indem sich die ADL einfach als Vertreter der israelischen Regierung ausgibt, erhebt sie sich zum Agenten einer ausländischen Macht und muss daher beim Justizministerium registriert werden.

Als Antwort auf die Anfrage eines Bürgers, die ADL vom Justizministerium untersuchen zu lassen, beeilte sich das Justizministerium erneut, die ADL zu verteidigen und behauptete, die ADL sei von der Registrierungspflicht als ausländischer Agent ausgenommen, weil sie nicht „im Auftrag, auf Ersuchen oder unter der Leitung... eines ausländischen Auftraggebers..." handele.

Das Ministerium erklärte: „Genauer gesagt, ohne Beweise dafür, dass die ADL im Auftrag oder unter der Leitung oder Kontrolle dieser Regierung [Israel] tätig ist, besteht keine Registrierungspflicht nach dem Gesetz über die Registrierung ausländischer Agenten".

Trotzdem weiß das Justizministerium genau, dass die ADL ein Agent der israelischen Regierung ist und dass ihre Aktivitäten aufgrund ihres nicht registrierten Status illegal sind.

Dies ist nicht nur eine voreingenommene Schlussfolgerung von Liberty Lobby, sondern auch die Meinung eines hochrangigen Beamten des Justizministeriums, der sich mit Vertretern von Liberty Lobby getroffen hat.

In einer der vielen privaten Sitzungen, die Liberty Lobby mit Beamten des Justizministeriums abgehalten hat, fragte ein Berater des Ministeriums: „Warum kümmert sich Liberty Lobby so sehr darum?". Der Sprecher von Liberty Lobby antwortete: „Weil es gegen das Gesetz verstößt" (womit natürlich die Aktivitäten der ADL gemeint waren). Der Beamte des Justizministeriums antwortete: „Jeder weiß das".

Dies war natürlich nicht die offizielle Position des Justizministeriums, aber es war sicherlich die Meinung eines einflussreichen und gut informierten Beamten des Justizministeriums, der sich inoffiziell äußerte (und somit vor den Repressalien der ADL sicher war).

Was folgt, ist eine kommentierte Reihe von Zitaten aus Quellen und Dokumenten der ADL, die zweifelsfrei veranschaulichen, dass die ADL (gemäß der Definition des bestehenden Bundesgesetzes) als ausländischer Agent der Regierung Israels fungiert.

Weil die ADL also tatsächlich in dieser Eigenschaft tätig ist und weil sie nicht beim Justizministerium registriert ist, verstößt sie gegen das US-Bundesgesetz.

- In der Dezemberausgabe 1973 des „ADL-Bulletins", in der das 60-jährige Bestehen der ADL gefeiert wurde, kündigte die Lobbygruppe ihre Absicht an, „eine nationale Bildungskampagne für das Überleben Israels als freier und sicherer Staat zu starten und den antisemitischen Reaktionen in diesem Land auf die Probleme, die aus dem israelisch-arabischen Konflikt hervorgehen, entgegenzuwirken". (Hier tritt die ADL „als... Agent eines ausländischen Auftraggebers" auf, wie im Gesetz über die Registrierung ausländischer Agenten definiert).

- Im Protokoll der Plenarsitzung des Internationalen Rates von B'nai B'rith vom Januar 1969 wird eine öffentliche Anfrage der israelischen Regierung erwähnt, dass die ADL in ihrem Namen arbeiten solle. Der Präsident von B'nai B'rith (dessen wichtigstes politisches Organ die ADL ist) erklärte, dass der israelische Außenminister Abba Eban erklärt habe, dass Israels Budget für Öffentlichkeitsarbeit so gering sei, dass Israel Hilfe von außen benötige. Der Präsident von B'nai B'rith sagte: „Er [Eban] flehte um Hilfe von außen: „Er [Eban] flehte [die ADL] an, seinen Bedarf an Geldmitteln zu betonen, damit Israels Position in der ganzen Welt genau interpretiert werden kann. Die ADL reagierte natürlich von ganzem Herzen auf Ebans Bitte.

- In einem „vertraulichen" Bericht vom 15. Mai 1978 zeigte die ADL von innen heraus, wie die ADL nicht nur öffentlichen Druck zugunsten Israels ausübte, sondern auch, wie die Gruppe unter der Leitung der israelischen

Regierung selbst die Interessen Israels in Washington vertrat. Der Bericht beschreibt detailliert verschiedene Aspekte einer Reihe von Treffen zwischen ADL-Beamten und führenden Vertretern der israelischen Regierung. Diese Treffen führten zur Rückkehr der ADL-Vertreter in die USA, wo sie die israelische Botschaft direkt an Präsident Jimmy Carter, Vizepräsident Walter Mondale und andere hochrangige Regierungsbeamte übermittelten. Die ADL schloss den Bericht mit der Prahlerei, dass ihre „Vorschläge" an die US-Regierung angesichts der späteren Maßnahmen der USA zugunsten der israelischen Interessen „Früchte getragen" haben müssten. (Dies ist der ultimative Beweis dafür, dass die ADL „im Auftrag, auf Ersuchen oder unter der Leitung oder Kontrolle eines ausländischen Auftraggebers" arbeitet. Folglich ist die ADL per Definition ein ausländischer Agent - allerdings einer, der nicht registriert ist, was gegen das Gesetz verstößt.

- In der Dezemberausgabe 1976 des „ADL-Bulletins" soll der israelische Außenminister Yigal Allon bei einem Empfang der ADL (in Bezug auf die ADL und ihre Beziehungen zu Israel) gesagt haben: „Wir sind eins, und durch unsere Einheit werden wir den Kampf um den Frieden gewinnen".

In demselben Bulletin wird der israelische Präsident Ephraim Katzir mit den Worten zitiert: „Die ADL schützt Israel. Das ist eine sehr edle Aufgabe, die ihr gut beherrscht und die ihr gut macht". Außerdem wird Avraham Harmon, Präsident der Hebräischen Universität in Israel, von der ADL mit der ziemlich genauen Aussage zitiert, dass die ADL im Namen Israels „besser handelt" als jede andere Organisation.

In diesem Bulletin wurde auch enthüllt, dass die ADL für eine Reihe von Radio- und Fernsehsendungen mit dem Titel „Dateline Israel" verantwortlich ist, deren Sprecher das ADL-Mitglied Arnold Forster ist. Diese Reihe wird von der ADL in Israel produziert und soll „ein positives Bild von Juden und ein Verständnis für jüdische Anliegen, insbesondere Israel" verbreiten.

- In der Novemberausgabe 1977 des „ADL Bulletin" kündigte die ADL die Eröffnung eines Büros in Jerusalem an. Laut ADL: „Das Büro in Jerusalem wurde eingerichtet, um ein besseres Verständnis zwischen der amerikanisch-jüdischen Gemeinschaft und der israelischen Öffentlichkeit zu erreichen und um der Abteilung für Nahostangelegenheiten der ADL und den 26 Regionalbüros al in den USA bei der Interpretation der Politik, der Probleme und der Bedürfnisse Israels zu helfen".

- Aus den Postdienstregistern, die bis zum 26. Juni und 20. Juli 1967 zurückreichten, ging nach Prüfung hervor, dass die ADL offizielle israelische Propagandaschriften unter Berufung auf ihren Status als „gemeinnützige" Organisation versandt hatte, um die aus US-Steuermitteln subventionierten Massenversanddienste zu nutzen (Wenn die ADL sich als ausländischer Agent registrieren lassen müsste, würde sie nicht in den Genuss dieses steuerfreien Status kommen).

- Die ADL und ihre Mutterorganisation B'nai B'rith spielten auch eine wichtige Rolle bei der Weiterleitung von Geldern an die israelische Regierung. Laut einem Memorandum von Maurice Bisgyer, dem geschäftsführenden Vizepräsidenten von B'nai B'rith, an den B'nai B'rith-Gouverneursrat wurden insgesamt 425.000 US-Dollar von B'nai B'rith für Israel bereitgestellt.

Bezeichnend an dieser Summe ist, dass sie von der deutschen Regierung in Form von Reparationszahlungen an jüdische Überlebende des sogenannten Holocausts kam. Die B'nai B'rith hatte offenbar bereits beschlossen, dass sie der Kanal sein würde, durch den die deutschen Reparationszahlungen geleitet werden sollten, und in den folgenden Jahren begann sie, die Verzweigungen dieser Aktion zu erkennen: Die ADL und die B'nai B'rith verstießen offensichtlich nicht nur gegen das Gesetz über die Registrierung ausländischer Agenten (Foreign Agents Registration Act), sondern höchstwahrscheinlich auch gegen die US-Steuergesetze.

In einem vertraulichen Brief an Joseph Sklover von B'nai B'rith erklärte Benjamin Ferenz, ein mit der ADL verbundener Anwalt: „Ich habe über die Frage [der Reparationen] nachgedacht und glaube jetzt, dass wir in der Lage sein könnten, die Deutschen davon zu überzeugen, B'nai B'rith einen Vorzugsstatus zu gewähren, ohne zuerst direkt über das US-Finanzministerium zu gehen.

Tatsächlich versuchte die ADL, sich als internationale Regierung aufzuspielen, indem sie deutsche Beamte unter Druck setzte, US-amerikanische Gesetze vermied, Gelder für Israel sammelte und verteilte und zur Unterstützung des aggressiven Staates im Nahen Osten beitrug.

Dieser Beweis für das Manöver der ADL zeigt deutlich, dass die ADL ein ausländischer Agent Israels ist, der nominell mit den USA verbunden ist, in Wirklichkeit aber um die Interessen Israels und Israels allein besorgt ist.

- Schließlich gab die ADL in ihrem Bulletin öffentlich zu, dass sie „zum einzigen amerikanischen Verleiher von Filmen von allgemeinem Interesse geworden ist, die vom Israel Film Service produziert werden". (Dies ist ein unwiderlegbarer Beweis dafür, dass die ADL de jure eine Agenturbeziehung mit der israelischen Regierung eingegangen ist und damit die Bedingungen erfüllt, die laut US-Justizministerium nachgewiesen werden müssen, bevor das Ministerium die von Liberty Lobby gegen die ADL erhobenen Anschuldigungen untersuchen kann. Es ist diese vertragliche Beziehung, die das Ministerium „nicht" finden konnte).

Denken Sie daran, dass all diese Informationen nicht aus „antisemitischen" oder „anti-israelischen" Quellen stammen (wie die ADL vielleicht zu behaupten versucht), sondern aus den Veröffentlichungen der ADL selbst.

Die ADL tritt nicht nur als Agent der israelischen Regierung auf, der auf Befehl und im Namen Israels um Spenden wirbt, Propaganda verbreitet und auf den höchsten Ebenen unserer Regierung Lobbyarbeit betreibt, sondern sie ist auch in eine direkte Agenturbeziehung mit dem aufstrebenden Staat im Nahen Osten verwickelt.

Die ADL ist ein Agent einer ausländischen Regierung. Diese Tatsache ist unbestreitbar. Es ist, wie wir gesehen haben, eine Tatsache, die sogar das US-Justizministerium anerkennt. Dennoch weigerte sich das Justizministerium, etwas zu unternehmen, weder damals noch heute. Stattdessen hat das Justizministerium - und insbesondere das FBI - eine fast inzestuöse Beziehung zu diesem ausländischen Agenten aufgebaut und es der ADL ermöglicht, die internen Operationen des FBI buchstäblich zu steuern, indem sie patriotische Amerikaner für eine „Sonderbehandlung" ins Visier nimmt.

In den letzten Tagen des Jahres 1992 geschah jedoch etwas Bemerkenswertes: Die ADL selbst war Gegenstand von Ermittlungen einer örtlichen Polizeibehörde, die im Tandem mit dem FBI selbst arbeitete. Dies ist eine erstaunliche Geschichte, die wir in den folgenden Kapiteln ausführlich untersuchen werden. Vorerst wollen wir uns jedoch intensiv mit den persönlichen Erfahrungen des Autors mit dem langjährigen verdeckten Ermittler der ADL, Roy Edward Bullock, beschäftigen.

KAPITEL X

„Charmant, geschickt und gerissen" - Direkte Begegnungen mit dem ADL-Spion Nummer eins: Roy Bullock

Ich kannte einen Spion des israelischen Geheimdienstes Mossad. Sein Name war Roy Edward Bullock. Obwohl er nie Jude war, war Roy viele, viele Jahre lang ein Undercover-Informant für den wichtigsten amerikanischen Geheimdienst und Propaganda-Agentur des Mossad, die Anti-Defamation League (ADL) der B'nai B'rith.

Letztendlich spielte ich - und ich bin stolz darauf, das sagen zu können - eine wesentliche Rolle bei der Aufdeckung von Bullocks Aktivitäten, auch wenn ich es in gewisser Weise bedauerte, dass ich das tun musste. Sehen Sie, ich mochte Roy Bullock persönlich, aber ich mochte nicht, was er tat.

Obwohl ich nichts mehr hasse, als wenn ein Autor in die Erzählung seines eigenen nicht-autobiografischen Buches einsteigt, was ich gerade tue, ist es einfach unmöglich, die ganze Geschichte von Roy Bullock und dem ADL-Spionageskandal, der ihn betraf, zu erzählen, ohne meinen eigenen Teil der Geschichte zu erzählen. Und das ist es, was ich tun muss. Ich denke, dass die Leser meine Erzählung informativ und sogar unterhaltsam finden werden.

Meine erste Begegnung mit Roy Bullock hatte ich, soweit ich mich erinnern kann, wahrscheinlich 1983. Als untergeordneter Angestellter der Redaktionsabteilung der populistischen nationalen Wochenzeitung *The Spotlight*, die im Kapitol in Washington von Liberty Lobby herausgegeben wurde, war ich häufig damit betraut, mich um die *Spotlight-Leser* zu kümmern, die zum Hauptsitz von Liberty Lobby kamen. Auf diese Weise hatte ich Gelegenheit, Hunderte von *Spotlight-Lesern* aller Größen, Formen und Farben zu treffen. Es stellte sich heraus, dass einer von ihnen ein freundlicher und einnehmender Mann aus San Francisco namens Roy Bullock war.

Bullock, ein Mann mittleren Alters mit schütterem schwarzem Haar und einem flammenden Schnurrbart, sprach mit einer gemessenen Baritonstimme, der ein Hauch von Zynismus innewohnte. Klein, untersetzt, mit tonnenförmiger Brust und mächtig gebaut mit den Schultern eines professionellen Ringers, trug Bullock, der einen Stiernacken hat, eine aufrechte militärische Haltung. Obwohl er von Beruf Kunsthändler ist, könnte Bullock ironischerweise leicht von einem Hollywood-Regisseur ausgewählt werden, um einen Notsoldaten zu verkörpern, der in einem entlegenen Winkel der Welt kämpft.

Als geistreicher Konversator mit einem fröhlichen Lächeln, funkelnden Augen und einem offenen Lachen war Bullock sehr wissbegierig und unterhielt jede Party. Er war Vegetarier und legte großen Wert auf Gesundheit. Eines Tages, als ich mit Bullock und einem anderen *Spotlight-Kollegen* zu Mittag aß, fiel mir auf, dass Bullock eine große Summe Geld in großen Scheinen bei sich hatte. Selbstverständlich wurden seine Ausgaben von seinen Vorgesetzten bei der ADL übernommen. Er bestand immer darauf, die Rechnung für das Abendessen seiner Beute zu bezahlen, was angesichts meiner erbärmlichen Gehaltsskala sicherlich ein Vorteil für mich war.

Wenn ich mich recht erinnere, sagte er mir, als ich Bullock zum ersten Mal traf, dass er wegen eines Treffens oder einer anderen Veranstaltung einer arabisch-amerikanischen Gruppe in der Stadt sei. Anfang 1984 kehrte Bullock nach Washington zurück und stattete der Liberty Lobby erneut einen Besuch ab. Diesmal bat er mich um Hilfe, und ich freute mich, die Beziehung zu ihm wieder aufzunehmen. Bullock war sehr an der neuen populistischen Partei interessiert, die von der Liberty Lobby gegründet worden war.

Roy war voller Fragen - viele Fragen. Da wurde mir klar, dass er ungewöhnlich voller Fragen war, mehr als die meisten „regulären" *Spotlight-Leser*.

Dies ist ein wichtiger Punkt: Als Mitarbeiter von Liberty Lobby hatte ich im Laufe der Jahre regelmäßig die Gelegenheit, Hunderte, wenn nicht sogar Tausende von Liberty-Lobby-Anhängern zu treffen. Sie waren immer voller Fragen und Kommentare, und ich hatte damit gerechnet. Die Anhänger von Liberty Lobby waren intelligente Menschen, die nach Antworten suchten.

Aber 99,999 Prozent von ihnen suchten - im Gegensatz zu Roy Bullock - nicht nach „Klatsch und Tratsch". Mir wurde klar, dass die indiskreten Fragen, die Bullock stellte, nichts mit Fakten über politische Ereignisse, der populistischen Haltung zu Tagesfragen oder Ähnlichem zu tun hatten.

Bullock war eigentlich auf der Suche nach Klatsch und Tratsch über die Mitglieder der populistischen Bewegung.

Da kam mir in den Sinn, dass Roy Bullock möglicherweise ein Informant der ADL gewesen sein könnte. Also dachte ich mir auf meine Weise, dass ich mich mit ihm amüsieren würde. Ich erwähnte die ADL. Tatsächlich beschwerte ich mich bei ihm, dass die ADL mich nie erwähnt hatte.

„Nach allem, was ich im Kampf gegen ADL getan habe", kommentierte ich, „schenken sie mir keinerlei Aufmerksamkeit! Bullock lachte vergnügt auf. Nach einem kurzen Besuch ging er gleich wieder weiter.

Erst kurze Zeit später - vielleicht mehrere Monate später - tauchte Bullock wieder auf. Ich wurde an die Rezeption gerufen, um nach einem Besucher zu sehen.

Auf der Couch in der Eingangshalle sitzend, war niemand außer Roy Bullock anwesend. Ich begrüßte ihn freudig, schüttelte ihm die Hand und hieß ihn in Washington willkommen. „Ich habe etwas, das Sie interessieren wird", sagte Bullock zu mir. „Es ist druckfrisch", fügte er hinzu und reichte mir ein Bündel Papiere. „Ich habe es gerade in New York gekauft".

Es handelte sich um einen Bericht der ADL über die populistische Partei und mein Name wurde darin neben anderen Mitarbeitern der Liberty Lobby erwähnt, die in Parteigeschäfte verwickelt waren.

Ich schrie vor Freude: „Diese Hurensöhne haben endlich meinen Namen erwähnt". Das war ein Zeichen der Auszeichnung, dachte ich damals, und das denke ich auch heute noch. (Das Epitheton, das ich auf die ADL anwandte, ist, wie ich anmerken möchte, gelinde gesagt, ziemlich banal). Ich bemerkte, dass Bullock mich aufmerksam beobachtete. Sehr aufmerksam.

Da wurde mir klar, dass mein Verdacht vielleicht auf die Website fiel: Roy Bullock war ein Agent der ADL! Wenn er es nicht war, dachte ich, dann hätte er es sein müssen.

Ehrlich gesagt wusste ich in diesem Moment nicht so recht, wie ich reagieren sollte, aber ich drückte erneut meine Freude aus. „Als ich dich das letzte Mal gesehen habe", sagte Roy, „hast du dich darüber beschwert, dass die ADL deinen Namen nie erwähnt hat. Nun, jetzt ist das geschehen." *Zu diesem Zeitpunkt war ich mir sicher, dass Bullock höchstwahrscheinlich ein Agent der ADL war.*

Soweit ich mich erinnern kann, habe ich Bullock erst Anfang 1985 wiedergesehen. Ich war zusammen mit dem nationalen Vorsitzenden der Populistischen Partei, Bill Baker, und unserer Kollegin, der *Spotlight-Korrespondentin* Trisha Katson, zu einer Veranstaltung eingeladen worden, die von der in Washington ansässigen Libyschen Studentenvereinigung gesponsert wurde. Der Abend versprach unterhaltsam zu werden. Als ich den Bankettsaal betrat, hörte ich im Hintergrund den Klang exotischer arabischer Musik. Trish Katson und Bill Baker waren bereits da, ebenso eine Auswahl an Freunden und Bekannten, darunter ein gewisser Matthew Peter Balic, auf den ich später noch zu sprechen kommen werde.

Bill Baker beeilte sich, der Versammlung mehrere indianische Führer vorzustellen. Ich schloss mich der Feier an und nahm an dem Tisch Platz, an dem Baker Hof hielt. Während Baker seine Zuhörer mit einer lustigen Anekdote unterhielt, sah ich ein bekanntes Gesicht den Raum betreten. Es war niemand anderes als Roy Bullock. Ich stand auf und winkte ihm zu, sich an den Tisch zu setzen, erfreut über seine Ankunft, aber dennoch fasziniert. Bullock war überall. Überall, wo ein ADL-Agent sein sollte.

Er entdeckte mich und kam näher. „Ich habe mir schon gedacht, dass ich hier die Menge der Freedom Lobby finden würde", rief er aus und schüttelte mir die Hand. „Ich konnte die Vibrationen spüren", bemerkte er mit hochgezogenen Augenbrauen und blickte von links nach rechts, wobei er wie ein komischer Schivver aussah. Er gesellte sich zu uns an den Tisch und das Gespräch wandte sich unweigerlich - angesichts des Anlasses - der Nahostfrage zu.

Ich beobachtete Bullock aufmerksam. Ich spürte, dass etwas nicht stimmte. Er hörte zu, lachte in den richtigen Momenten und beobachtete andere genauso aufmerksam, wie ich ihn beobachtete.

An einem bestimmten Punkt brachte ich etwas heraus, von dem ich hoffte, dass es ein ziemlich bissiger Witz war, der den Staat Israel und seine Führer in Verruf brachte. Während die anderen amüsiert lachten, stimmte Bullock mit ein, doch sein Lachen war nicht aufrichtig. Doch sein Lachen war nicht aufrichtig: „Yessss... ", sagte er anerkennend.

Aber es war offensichtlich, dass er damit nicht einverstanden war. Tatsächlich wurde mir klar, dass Bullock unauffällig - aber sehr deutlich - sarkastisch war. Und er konnte sich nicht zurückhalten. Ich sah das Aufblitzen von Ekel in seinen Augen. Er spielte eine Rolle - kaum. Niemand sonst bemerkte es, aber ich schon.

Es wurde mir immer klarer, dass Roy Bullock viel mehr war, als es den Anschein hatte. Ich hatte natürlich keine stichhaltigen Beweise, aber ich war überzeugter denn je: Roy Bullock war tatsächlich ein Agent der ADL.

Soweit ich mich erinnern kann, traf ich Bullock im September 1985 wieder, ebenfalls in Washington. Bullock hielt bei der Liberty Lobby und teilte mir mit, dass er an einem Treffen des arabisch-amerikanischen Antidiskriminierungsausschusses teilnehmen würde, und zufällig hatte mir ein arabisch-amerikanischer Freund von mir zwei Karten für ein Frühstück geschenkt, das während der Konferenz veranstaltet wurde.

So kam es, dass meine Kollegin und liebe Freundin, die verstorbene Lois Petersen, und ich bei diesem Frühstück, das im Rahmen des arabisch-amerikanischen Treffens stattfand, neben Bullock und mehreren anderen Personen saßen.

(Erst Jahre später fand ich auch heraus, dass an unserem Tisch ein amerikanischer Spion für den saudi-arabischen Geheimdienst (!) saß, auch wenn er zu diesem Zeitpunkt nicht wusste, dass Roy Bullock für die ADL arbeitete.

(2005 erzählte mir der saudische Spion in einem persönlichen Brief an mich von seiner Mitgliedschaft und erinnerte mich daran, dass er mit Bullock, Frau Petersen und mir zu Abend gegessen hatte).

Wie dem auch sei, nach dem Frühstück trennten wir uns. Roy war wie immer sehr enthusiastisch gewesen, aber ich war immer mehr davon überzeugt, dass ich es mit dem Teufel zu tun hatte

Natürlich war das nur mein Instinkt und zu der Zeit war ich noch relativ jung und hatte kaum Erfahrung mit Judasböcken - dem inneren Feind. Ich war nicht in der Lage, Bullock zu beschuldigen, aber mein Verdacht war stark.

Ende 1985 oder Anfang 1986 nahm Bullock erneut Kontakt zu mir auf, als er sich in Washington aufhielt. Er wollte an der Jahreskonferenz einer historischen kalifornischen Organisation (gegründet von Willis Carto von Liberty Lobby) teilnehmen, und seine Bewerbung war abgelehnt worden. Er fragte mich, ob er meinen Namen als Referenz verwenden dürfe. Ich sagte „Nur zu", denn schließlich wollte ich nicht seinen Verdacht wecken, indem ich „Nein" sagte, da er und ich bis zu diesem Zeitpunkt offensichtlich immer freundschaftlichen Kontakt gehabt hatten.

Was ich damals nicht wusste, war, dass Willis Carto bereits von Dr. Edward R. Fields von der Zeitung *The Thunderbolt* darüber informiert worden war, dass Bullock ein Agent der ADL war. Aus diesem Grund war Bullocks Antrag auf Teilnahme an der Geschichtskonferenz abgelehnt worden. Ich hörte nichts mehr von Bullock über dieses Thema, und Willis und ich sprachen nicht mehr darüber - *bis später...*

Jedenfalls tauchte Bullock kurze Zeit später, im Frühjahr 1986, wieder in Washington auf. Er rief mich an und fragte mich, ob ich mit ihm zu Abend essen wolle. Obwohl ich misstrauisch war - ich war inzwischen davon überzeugt, dass Bullock mit ziemlicher Sicherheit ein Agent der ADL war - stimmte ich zu, mich mit ihm zum Abendessen zu treffen.

Aber ich fand, es sei an der Zeit, mit Willis Carto über Bullock zu sprechen. Es war geplant, dass ich um 18 Uhr mit Bullock zu Abend essen sollte. Gegen 17 Uhr, als das Büro in der Liberty Lobby seinen Tag beendete, schaute ich in Willis' kleinem Eckbüro vorbei. Bullock hatte mir, als ich ihn zum ersten Mal traf, gesagt, dass er Willis „seit Jahren" kenne:

„Willis, Sie kennen Roy Bullock, nicht wahr?"

Willis hebt den Kopf mit funkelnden Augen und einem Hauch von Lächeln. „Ja, woher kennen Sie ihn?"

„Na ja, er kommt schon seit ein paar Jahren hierher", sagte ich, „eigentlich gehe ich heute Abend mit ihm essen".

Willis lächelte immer noch.

„Erzählen Sie mir von ihm", forderte ich und spürte - nein, wusste -, dass ich, ja, mit Bullock recht hatte. Ich wusste, was Willis sagen würde:

„Er ist ADL.

Das war es. Ich nickte lächelnd, aber innerlich drehte sich mein Magen um. Ich war abwechselnd wütend, aber gleichzeitig beglückwünschte ich mich im Geiste dazu, den verkleideten Feind entdeckt zu haben.

„Das habe ich mir gedacht", sagte ich.

In diesem Moment stellte Willis mir die gleiche Frage, die ich auch mir selbst gestellt hatte: „Was hast du ihm gesagt?".

„Ich glaube nicht, dass ich ihr etwas gesagt habe, was ich nicht hätte sagen sollen. Aber ich bin mir nicht sicher", fügte ich ehrlich hinzu.

„Wo ist er jetzt?", fragte Willis.

„Er wird sehr bald kommen. Wir sollen auf der anderen Straßenseite zu Abend essen. Glauben Sie, dass ich absagen muss?" Ich fragte, natürlich unsicher.

„Nicht unbedingt", antwortet er. „Wissen Sie", sagt Willis und denkt laut nach, „vielleicht ist das die Gelegenheit für uns, genau herauszufinden, was ihn interessiert".

„Was meinst du?", fragte ich etwas verwirrt.

Daraufhin schlug Willis vor, dass ich mit Bullock zu Abend essen und ihr offen sagen sollte, dass mir gesagt wurde, er habe „Beziehungen" zu „Leuten von der ADL", und sie fragen sollte: „Was genau wollen Sie wissen?".

Bullock wäre natürlich von all dem überrascht gewesen - wahrscheinlich - und ich hätte ihm dann angeboten, ihm alles zu sagen, was er wissen wollte (innerhalb gewisser Grenzen), wenn Bullock im Gegenzug seine Beziehungen zur ADL nutzen würde, um etwas zu ermitteln, das für Willis von besonderem Interesse war: nämlich wer für den Bombenanschlag vom 4. Juli 1984 auf Willis' Büro (und sein Lager mit wertvollen historischen Büchern) in Torrance, Kalifornien, verantwortlich war.

Willis' Vorschlag erschien mir logisch und ich dachte, dass es zumindest eine sehr gute Lernerfahrung für mich wäre - dem Teufel buchstäblich über den Esstisch hinweg gegenüberzustehen.

So machte ich mich auf den Weg zu meinem Abendessen mit Roy.

Wir besuchten ein beliebtes Nachtlokal in Capitol Hill, das Tune Inn, das international vielleicht am bekanntesten ist, weil es von der Zeitschrift *Esquire* als eine der „besten" Bars der Nation (vor allem in Washington, D.C.) gelobt wurde.

Als schmaler, altmodischer Barraum, dessen Wände mit ausgestopften Tieren und anderen ehemals lebenden Wesen sowie einigen erlesenen Waffenteilen geschmückt sind, war das Tune Inn ein brutaler „Joint" gewesen, der sich zu einem beliebten Ort für Yuppies entwickelt hatte, der abends mit Mitarbeitern des Kapitols gefüllt war, die ihre vom Steuerzahler finanzierten Gehälter für einige der billigsten Drinks der Hauptstadt ausgeben wollten.

Roy und ich nahmen einen Tisch im hinteren Teil des Hostels, bestellten Getränke und ein Abendessen und ließen uns für einen, wie ich wusste, interessanten Abend nieder. Roy bestellte natürlich eine Limonade.

Als beidhändiger Trinker bestellte ich etwas viel Stärkeres, obwohl ich dachte, ich müsse die Nerven behalten. Aber ich musste mich entspannen.

Als ich Roy Bullock auf der anderen Seite des Tisches betrachtete, sah ich ihn in einem anderen Licht. Er war nicht mehr der joviale, freundliche, lustige und sympathische Bekannte aus vielen Jahren. Im Gegenteil, er war der personifizierte Teufel. „Ich weiß noch, dass ich dachte: „Mein Gott, da ist Mike Piper, der auf Kosten der ADL speist, zusammen mit einem ihrer Geheimagenten".

Einige Augenblicke, nachdem die Getränke eingetroffen waren, begann Bullock, mir Fragen zu stellen. Es war ein Verhör. Kein freundliches Gespräch. Es gab keinen Zweifel mehr in meinem Kopf.

„Sagen Sie es mir", fragt er und erwähnt den Namen einer anderen Person, die wie Bullock allgegenwärtig ist und bei verschiedenen politischen Veranstaltungen ähnlicher Art auftaucht. „Wer ist dieser Typ? Er ist ziemlich interessant. Wo kommt er her?"

Bullock bezog sich auf den bereits erwähnten Matthew Peter Balic, eine ungewöhnliche Figur, die im Laufe der Jahre periodisch im Hauptquartier von Liberty Lobby aufgetaucht war und die wie Bullock eine Affinität zu arabisch-amerikanischen Treffen hatte.

(Tatsächlich besitze ich immer noch ein Foto von Bullock und mir in Anwesenheit desselben Herrn Balic bei dem oben erwähnten Treffen der libyschen Studentenvereinigung).

„Ach, der? Ich habe immer vermutet, dass er ein Agent der ADL sein könnte", sagte ich völlig ernst. (Innerlich war ich von meiner eigenen Dreistigkeit überrascht. Ich hatte tatsächlich das Thema ADL angesprochen!)

„Oh, glauben Sie?", sagte Bullock.

„Ich denke, das ist eine gute Möglichkeit", sagte ich. „Er taucht immer auf, mischt sich mit Arabern. Er reist viel. Er gibt viel Geld aus." (Entweder war Balic ein Agent der ADL oder irgendein Agent, und Bullock wusste das - und versuchte herauszufinden, ob ich Verdacht hegte -, oder die ADL fragte sich wirklich, wer Balic war.

Außerdem dachte ich, dass Balic vielleicht ein ADL-Agent ist, von dem Bullocks Vorgesetzte ihm nie erzählt hatten. Das schien in der heimlichen „Spiegelwüste", die die seltsame Welt der ADL durchdringt, durchaus möglich zu sein.

Jedenfalls war Bullock wirklich an Balic interessiert und ich hatte ihm ein starkes Stück gegeben, das er seinen vom Mossad gesponserten Vorgesetzten in der ADL-Zentrale in New York berichten konnte: Mike Piper von der Liberty Lobby verdächtigte Balicein ADL-Agent zu sein

Das Gespräch wird fortgesetzt. Bullock kommt zur Sache. „Diese Bombardierung [von Cartos Büro] war eine ziemlich interessante Angelegenheit", sagte er.

Ich bin praktisch von meinem Sitz aufgesprungen. Ich spürte, wie mein Blut kochte. Ich war mir sicher, dass Bullock meine Reaktion gesehen haben musste - oder bildete ich mir das nur ein? So oder so - war es ein Unfall? - Bullock hatte das eigentliche Thema meiner eigenen geheimen Mission angesprochen. Herauszufinden, was Bullock über den Bombenanschlag auf das Büro von Willis Carto wusste - oder herausfinden konnte.

(„Oh Gott", dachte ich. „Wird das Büro von Liberty Lobby abgehört? Hat die ADL das Gespräch mitgehört, das Willis und ich kurz zuvor geführt haben? Hat die ADL Bullock darüber informiert, was geplant war?")

Wir sprachen über das Bombenattentat, aber in meiner Vorstellung hatte Bullock mir Steine in den Weg gelegt. Es war, als wäre er mir absichtlich zuvorgekommen, und das wusste er auch. Ich beschloss, dass es nicht der richtige Zeitpunkt war, Bullock von Willis' Vorschlag zu erzählen. Ich war schlecht vorbereitet, ich fühlte mich im Gegensatz zu Bullock ungeschickt, mich auf dieses Katz-und-Maus-Spiel einzulassen, ohne zu wissen, was Bullock von dem, was ich wusste oder vermutete, wusste oder nicht wusste.

Wir ließen den Abend nach dem Abendessen bei ein paar Drinks in einem Restaurant am Ende der Straße ausklingen, wo ich einen Kongressabgeordneten traf, den ich zufällig kannte. Ich stellte ihn Bullock vor und umgekehrt, wohl wissend, dass Bullock sich notiert hatte, seinem Chef in der ADL-Zentrale in New York, Irwin Suall, zu sagen, dass „Mike Piper den Abgeordneten Soundso persönlich kennt".

(Ich habe mich in dieser Hinsicht immer schuldig gefühlt. Es gibt keinen Zweifel in meinem Kopf, dass die ADL in dem unwahrscheinlichen Fall, dass sie keine Akte über diesen Kongressabgeordneten hatte, eine harmlose Seele, die inzwischen aus dem Amt geschieden ist, heute ganz sicher eine hat). Bullock und ich trennten uns mit einem Handschlag und der Vereinbarung, „in Kontakt zu bleiben". („In der Tat", dachte ich und fragte mich, wann ich unter wieder Roy Edward Bullock, außerordentlicher Agent der ADL, hören würde).

Tatsächlich hatte ich eine Zeit lang nichts von Bullock gehört, dann unter Umständen, die ich bald näher erläutern werde. Aber schließlich kam der Zeitpunkt, an dem es mir angebracht erschien, Bullocks Mitgliedschaft in der ADL öffentlich anzuprangern.

Sie erfolgte zu einem Zeitpunkt, als die Populistische Partei - die Liberty Lobby 1984 mit gegründet hatte - durch die rücksichtslosen und zerstörerischen Aktivitäten eines langjährigen Störers in Drittparteienangelegenheiten, eines gewissen William K., in zwei Teile gespalten worden war. Shearer aus Lemon Grove, Kalifornien.

Shearer selbst wurde lange Zeit verdächtigt, ein Aktivposten der ADL zu sein oder im Dienste der CIA, des FBI oder sogar der Republikanischen Partei zu stehen, wie einige meinten. Es bleibt abzuwarten, ob die Wahrheit über Shearer jemals ans Licht kommen wird.

Am 30. Juni 1986 habe ich jedoch in einem Artikel in *The Spotlight* Bullocks Verbindungen zu Shearer, dem Chef der inzwischen aufgelösten American Independent Party, die damals im Bundesstaat Golden die Schwesterpartei der Populisten war, detailliert beschrieben. Der relevante Teil des Artikels lautete wie folgt:

> Bei der von Shearer organisierten sogenannten „Sitzung des Nationalkomitees" der populistischen Partei in Los Angeles wurde ein Delegierter namens Roy Bullock eingeladen, im Landwirtschaftsausschuss zu sitzen.
>
> Bullock ist unter den Anführern der populistischen Bewegung seit langem als charmanter, geschickter und intelligenter Vollzeit-Berufsagent im Dienste der ADL bekannt. Unter dem Vorwand, ein Populist zu sein, hat sich Bullock im Laufe der Jahre in Dutzende

verschiedener Organisationen eingeschlichen und Informationen gesammelt, die er an Irwin Suall, seinen Vorgesetzten in der ADL-Zentrale in New York, weiterleitet.

Bei dem Treffen war Shearers Frau von dem kalifornischen Populisten Charles Ulmschneider gewarnt worden, dass Bullock ein bekannter Agent der ADL sei. Doch anstatt Bullock die Tür zu zeigen, ging sie auf ihn zu und teilte ihm die Anschuldigung mit. Bullock durfte bleiben.

Kurz nach der Veröffentlichung des *Spotlight-Artikels*, in dem Bullock als ADL-Agent entlarvt wurde, erhielt ich einen Anruf von einer Person, die sich der Telefonzentrale als „CSC" vorstellte. Als ich den Anruf entgegennahm, erkannte ich sofort Bullocks Stimme - und war natürlich überrascht -, aber noch mehr verblüffte mich das Akronym, das er benutzte, um sich zu identifizieren.

Mich von meinem kurzzeitigen Schock erholend, sagte ich: „Nun, hallo Roy, ich bin überrascht, von dir zu hören. Aber was bedeutet 'CSC'?" Er lachte und antwortete mir: „CSC, das steht für charmant, geschickt und intelligent". Ich lachte: „Oh ja, Roy, das ist es. Ich dachte mir, dass Sie sich über dieses Kompliment freuen würden".

Er sagte zu mir: „Nun, ich muss Ihnen sagen, dass das, was Sie über mich gesagt haben, nämlich dass ich ein Agent der ADL bin, nicht wahr ist. In der Tat schwöre ich auf einen Stapel *Mein* Kampfs [Adolf Hitlers berühmtes Werk], dass ich kein Spion der ADL bin".

Roys Verweis auf Hitler brachte mich zum Lachen. Er fuhr jedoch in einem ernsteren Ton fort und sagte: „Ich habe mit einem Anwalt darüber gesprochen."

„Nun, Roy, wenn Sie klagen wollen", antwortete ich, „dann tun Sie das doch einfach, denn ich unterstütze den Artikel und weiß, dass meine Quelle zuverlässig ist. Außerdem hatte ich ihn selbst schon eine ganze Weile, sehr lange, vermutet, bevor er veröffentlicht wurde. Wir haben lange darauf gewartet".

Er antwortete mit der Frage: „Wer war Ihre Quelle?". Ich antwortete wahrheitsgemäß: „Willis Carto". Bullock kicherte und machte eine Bemerkung, dass Willis nicht die zuverlässigste Quelle sei. Ich antwortete: „Ich hätte nicht erwartet, dass die ADL Willis als zuverlässige Quelle ansieht. Aber ich habe ihn immer für zuverlässig gehalten".

Bullock antwortete: „Es tut mir leid, dass Sie das geschrieben haben. Ich habe Sie immer gemocht. Ich dachte, wir wären Freunde". Ich antwortete: „Roy, ich habe Sie immer geschätzt, aber ich glaube, Sie sind ein Agent der ADL."

Nachdem Bullock lachend sagte: „Oh, und übrigens heiße ich wirklich Roy Bullock. Ich reise nicht nur unter diesem Namen", beendeten wir das Gespräch und die Sache blieb dabei. Es wurde nie ein Gerichtsverfahren eingeleitet. Einige Leute im Land waren verärgert darüber, dass ich es gewagt hatte, „einen großen Patrioten wie Roy Bullock" als ADL-Agenten zu bezeichnen. So blieben die Dinge, wie sie waren.

Es dauerte fast acht Jahre, bis sich der Hinweis *auf* Bullocks ADL-Mitgliedschaft in *The Spotlight* als richtig herausstellte - dass Bullock tatsächlich ein bezahlter Agent des Inneren Feindes war.

Die Geschichte von Bullocks letzter Ausstellung ist folgende

KAPITEL XI

Das Erdbeben von San Francisco: Der ADL-Spionageskandal entlarvt den inneren Feind

Mitte Dezember 1992 erfuhr ich zum ersten Mal, dass die Anti-Defamation League (ADL) in Schwierigkeiten steckte. In der Zentrale der Liberty Lobby in Washington ging ein Telefonanruf ein. Der Anrufer war ein in San Francisco lebender arabisch-amerikanischer Mann. Er erzählte einem unserer Redakteure, dass sich ein Skandal um einen Polizeibeamten aus San Francisco namens Tom Gerard anbahnte, der angeblich im Verdacht stand, der ADL geheime polizeiliche Informationen zur Verfügung gestellt zu haben. Am 10. Dezember berichteten die Zeitungen in San Francisco, dass das San Francisco Police Department - und auch das FBI - Razzien in den Büros der ADL in San Francisco und Los Angeles durchgeführt hatten.

Die Tatsache, dass der Skandal in San Francisco ausgebrochen war, ließ mich aufhorchen. Ich fragte mich, ob mein alter Freund Roy Bullock etwas damit zu tun hatte.

Ich rief den Araber-Amerikaner an, stellte mich ihm vor und bekundete mein Interesse. Ich erklärte ihm meine früheren Verbindungen zu seinem Landsmann Bullock aus San Francisco, dessen Namen er nicht erkannte. Er erzählte mir jedoch, dass Gerard einen regelmäßigen Kontakt zur ADL hatte.

Warten Sie", sagte ich zu ihm, „und sehen Sie, ob ich Recht habe. Achten Sie auf den Namen 'Roy Bullock'", sage ich zu ihm. „Ich würde wetten, dass Bullock Gerards Kontaktmann in der ADL ist.

So kam es, dass mich der arabisch-amerikanische Gentleman einige Tage später in der Zentrale von *Spotlight* anrief. „Sie hatten Recht", sagte er mir. „Tom Gerards Kontaktperson in der ADL ist Roy Bullock.

Zu diesem Zeitpunkt kannte ich jedoch bereits die Einzelheiten. Ein anderer *Spotlight-Leser* aus San Francisco hatte zuvor angerufen und uns die Nachricht überbracht: Der Name Roy Bullock war nun gemeinfrei und wurde noch am selben Tag in den Zeitungen von San Francisco veröffentlicht. Derselbe Roy Bullock - Superspion der ADL - wurde von *The Spotlight* zum ersten Mal entlarvt.

Der *San Francisco Examiner* bestätigte, was *The Spotlight* erstmals am 30. Juni 1986 berichtet hatte, nämlich dass Bullock tatsächlich ein Agent der ADL war, obwohl Bullock dies damals natürlich vehement bestritten hatte.

Viele Menschen, die *The Spotlight* wegen der Behauptung, ein „guter Patriot" wie Roy Bullock sei ein Agent der ADL, als „verrückt" bezeichnet hatten, wurden vor Verlegenheit rot.

An diesem Punkt ist es zweifellos angebracht, über die scheinbar völlig unerwartete Situation nachzudenken. Wie kam es, dass das FBI, das jahrelang mit der ADL zusammengearbeitet hatte, sich zu einer feindseligen Haltung gegenüber seinem langjährigen Verbündeten hinreißen ließ

Insider berichteten *The Spotlight* schon früh, dass die Razzien in den ADL-Büros in Los Angeles und San Francisco auf höchster Ebene, nicht nur im Justizministerium, abgesegnet worden waren.

Kurz gesagt: Die Entscheidung scheint aus dem Oval Office zu kommen, was darauf schließen lässt, dass Präsident George Bush selbst dieser umstrittenen Maßnahme zugestimmt hat. Bushs Vorgehen gegen die ADL erfolgte kaum mehr als einen Monat, nachdem Bill Clinton bei seiner Wiederwahl eine Niederlage erlitten hatte.

„Es war George Bushs Weg, in den letzten Tagen seiner lahmen Enten-Regierung die ADL und die Israel-Lobby zu attackieren", sagte Stephen A. gegenüber *The Spotlight*. Koczak, ein pensionierter Karrierediplomat, der sowohl unter der republikanischen als auch der demokratischen Regierung im Nahen Osten gedient hatte

> Obwohl Bush die Israelis mit seinem Krieg gegen Saddam Hussein glücklich gemacht hatte, wandte sich die Israel-Lobby wie ein tollwütiger Hund gegen ihn, nachdem er es gewagt hatte, ihre Macht in der Frage der Kreditgarantien gegenüber Israel herauszufordern. Der Präsident hatte den Druck der Israel-Lobby satt und war sich sicherlich der Behauptungen des ehemaligen Mossad-Agenten Victor Ostrovsky bewusst, wonach eine Fraktion des Mossad ein Mordkomplott gegen Bush geschmiedet hatte, nachdem dieser es gewagt hatte, die Macht der Israel-Lobby in Washington herauszufordern. Als Bush seine Öffnung sah, ergriff er sie mit Begeisterung. Daher der Überfall.

Es ist jedoch offensichtlich, dass es noch viel mehr zu berichten gab. Die ADL, die auf frischer Tat ertappt wurde, versuchte verzweifelt, ihrer Verwicklung einen positiven Anstrich zu geben, indem sie verkündete, dass sie bei der Untersuchung kooperiere. Ein Anwalt der ADL, Jerrold Ladar, amüsierte viele, als er ohne zu lachen behauptete, die ADL habe keine Verbindung zum israelischen Geheimdienst.

Christine Botah, eine in der Demokratischen Partei aktive arabische Amerikanerin, sagte: „Wir wollen, dass die ADL diesen Fall vollständig aufklärt. Was tut eine Organisation, die angeblich die Menschenrechte verteidigt, wenn sie Informationen über eine andere Gruppe sammelt?"

Richard Hirschautt, Regionaldirektor der ADL in San Francisco, erklärte, dass „die ADL unter keinen Umständen Akten über arabischamerikanische Einzelpersonen oder Organisationen in diesem Land führt. Unsere Ermittlungen und unsere Arbeit zur Feststellung der Fakten beziehen sich strikt auf extremistische Gruppen und Organisationen, die Juden und anderen Minderheiten, einschließlich Araboamerikanern, schaden wollen".

Dies ist natürlich eine weitere unverschämte Lüge, denn die ADL veröffentlichte unter ihrem eigenen Markennamen einen Angriff voller Unterstellungen gegen die Araber-Amerikaner und arabischamerikanische Organisationen. Dieser verleumderische Band basierte natürlich auf Material aus den eigenen Akten der ADL, das zum großen Teil von keinem geringeren als Roy Bullock zusammengetragen worden war.

Einige amerikanische Juden, die Israel kritisieren, darunter der verstorbene Haviv Schieber und der libertäre Anwalt Mark Lane, wurden ebenfalls auf der Website angegriffen. Tatsächlich hat ein Beamter der ADL dies bei einer eidesstattlichen Aussage, die Lane bei einer Gelegenheit machte, unter Eid zugegeben.

Obwohl die ADL seit der Gründung Israels 1948 als nicht registrierter - und damit illegaler - ausländischer Agent und als Propaganda- und Geheimdienstorgan für die israelische Regierung fungierte, wurden die kriminellen Aktivitäten der ADL im Bereich der illegalen Inlandsspionage erst nach dem Ausbruch des Spionageskandals von San Francisco von der Öffentlichkeit gründlich untersucht.

Ja, der Spionageskandal in San Francisco, in den die ADL verwickelt war, war nur „die Spitze des Eisbergs eines landesweiten Netzwerks von Hausspionage und Sicherheitslecks", so Phillip Matier und Andrew Ross, Kolumnisten des *San Francisco Chronicle*. *Der Chronicle* und sein Rivale, der *San Francisco Examiner*, sprangen auf den ADL-Spionageskandal auf und berichteten ausführlich darüber, als immer neue Fakten auftauchten.

Matier und Ross berichteten, dass „die Behörden davon ausgehen, dass Polizisten aus mindestens einem halben Dutzend anderer Bundespolizeien und Großstädte ebenfalls am Austausch oder Verkauf vertraulicher Polizeidateien beteiligt waren" an ein von der ADL eingerichtetes nationales Spionagenetzwerk.

Der *Examiner* berichtete, dass ein der Untersuchung nahestehender Beamter, der anonym blieb, dem *Examiner* sagte, dass „es wahrscheinlich sechs oder acht Roy Bullocks gibt", die im Auftrag der ADL im ganzen Land operieren. Der *Examiner* stellte fest, dass der Beamte bestätigte, wie die Zeitung berichtete, dass eine „kleine Gruppe von landesweit eingeschleusten Agenten" von der ADL bezahlt werde, um die Ziele der ADL auszuspionieren.

Laut dem *Examiner* „stützen sich die Beamten auf die örtliche Polizei und die Hilfssheriffs, um an vertrauliche Informationen über Strafverfolgungsbehörden und Kraftfahrzeuge zu gelangen, was wahrscheinlich gegen das Strafrecht verstößt".

Hauptmann John Willett von der Abteilung für Sonderermittlungen des SFPD erklärte gegenüber Reportern, dass die Beweise darauf hindeuteten, dass es allein in Kalifornien Akten von 20 Polizei- und anderen Strafverfolgungsbehörden gegeben habe. Darüber hinaus waren weitere Informationen aus den nachrichtendienstlichen Computernetzen der nationalen Polizei illegal abgefangen worden. All diese Informationen wurden anschließend an die ADL weitergeleitet.

Die Ermittler waren verblüfft, als sie die Namen und persönlichen Informationen von rund 12.000 Personen, hauptsächlich aus Kalifornien, aber auch aus dem ganzen Land, fanden, von denen die ADL aus irgendeinem Grund bestimmt hatte, dass sie auf ihrer eigenen „Überwachungsliste" stehen sollten.

Wie *The Spotlight* betonte: Angesichts der Tatsache, dass die ADL in praktisch jeder größeren Stadt etwa 30 regionale Zentralen unterhält, ist es nicht übertrieben, zu extrapolieren und zu suggerieren, dass die Namen von etwa 360.000 Amerikanern aufgrund der an der Westküste entdeckten Zahlen durchaus in den Dateien der ADL enthalten sein könnten.

Nach immer neuen Enthüllungen über die Aktivitäten der ADL begann der Skandal um die ADL-Spione in San Francisco die Aufmerksamkeit der Medien des Establishments im ganzen Land auf sich zu ziehen. Die Maskerade der ADL als „Bürgerrechts"-Organisation war nun widerlegt.

Die illegalen Spionageoperationen der Anti-Defamation League (ADL) von B'nai B'rith wurden endlich in den Tageszeitungen des Landes aufgedeckt.

Ein Artikel des *San Francisco Examiner*, in dem der Spionageskandal beschrieben wurde, wurde in einer Reihe von Zeitungen im ganzen Land abgedruckt, darunter auch in der Little Rock, Arkansas *Democrat-Gazette*, der Zeitung aus der Heimatstadt von Präsident Bill Clinton. Zuvor war die einzige landesweite Berichterstattung über den Spionageskandal von der Presse in San Francisco und den Seiten von *The Spotlight* übernommen worden.

(Zu diesem Zeitpunkt hatten jedoch weder *die Washington Post* noch *die New York Times*, die beide um den Beinamen „nationale Leitzeitung" wetteifern, Einzelheiten über den Skandal veröffentlicht). Der Artikel im *Examiner*, der landesweit vervielfältigt wurde, stellte fest, dass Liberty Lobby eines der Ziele der kriminellen Überwachung war, die die ADL über ihren bezahlten Informanten Roy Bullock ausübte.

Die ADL ihrerseits verunglimpfte die Presse in San Francisco, weil sie die Wahrheit über ihre kriminellen Operationen berichtet hatte. Indem sie versuchte, die Veröffentlichung der vom SFPD und dem Federal Bureau of Investigation beschlagnahmten Geheimdienstdateien der ADL zu verhindern, prangerte die ADL an, was sie als „die sensationellen und ungenauen Berichte der San Franciscoer Presse" bezeichnete.

Um die Sache für die ADL noch peinlicher zu machen, veröffentlichte der Kolumnist Lars-Erik Nelson, ein glühender Liberaler, einen Artikel, in dem er die Spionagetaktiken der ADL verurteilte. Sein Artikel wurde auch in mehreren Zeitungen des Landes veröffentlicht.

Mit der Feststellung, dass er wusste, dass die ADL verschiedene Ziele überwachte, sagte Nelson: „In der Tat hatte ich mich bislang nie darüber gewundert. Dann fragte ich mich, wie ich mich fühlen würde, wenn die Rollen vertauscht wären: Angenommen, rechtsextreme oder schwarznationalistische Gruppen würden Geheimdienstakten über Juden führen und diese an sympathisierende Zeitungen und die Polizei weitergeben. Plötzlich bekam ich kalte Füße".

Nelson zufolge waren es die ADL und mehrere andere pro-israelische Gruppen, die verhinderten, dass eine prominente schwarze Liberale, Johnetta Cole, Präsidentin des überwiegend schwarzen Spelman College in Georgia, in der Clinton-Regierung zur Bildungsministerin ernannt wurde. Coles einziges Verbrechen bestand darin, dass sie Artikel für eine Organisation geschrieben hatte, die sich für Gerechtigkeit für das palästinensische Volk einsetzt, das aus seinem angestammten Land entwurzelt und ins Exil geschickt wurde.

Das Zielen auf Miss Cole hat deutlich gemacht, was das Hauptfeindschaftsziel der ADL - die Liberty Lobby - schon lange behauptet: Die ADL, ein nicht registrierter - und damit illegaler - ausländischer Agent des Staates Israel ( ), ist bestrebt, alle Institutionen und Personen zu zerstören, die (zu Recht oder zu Unrecht) als Bedrohung für Israels Vorherrschaft in der US-Politik im Nahen Osten wahrgenommen werden.

Nachdem ich ein oder zwei Wochen lang die Berichterstattung der Zeitungen in San Francisco beobachtet hatte, zu der sich auch *die Los Angeles Times* gesellte, dachte ich, dass es an der Zeit war, Roy Bullock direkt anzurufen. Und das tat ich dann auch.

„Hallo, ist da Roy Bullock?", sagte ich etwas zögerlich, als ich den vertrauten Bariton am anderen Ende der Leitung hörte.

„Reden", antwortete er selbstbewusst.

„Hallo, Roy", sagte ich. „Bist du immer noch so charmant, kompetent und intelligent wie damals, als ich dich kennengelernt habe?"

„Das denke ich gerne", antwortete er.

„Wissen Sie, wer das ist, Roy?", fragte ich. „Das ist Mike Piper".

„Oh ja", gab er zu. „Ich habe Ihre Stimme sofort erkannt. Wie geht es dir?"

„Oh, sehr beschäftigt, und ich nehme an, Sie waren es auch. Ich habe in letzter Zeit ziemlich viel über Sie in den Zeitungen gelesen", sagte ich, nicht sarkastisch, sondern einfach nur ehrlich.

„Oh ja", seufzt er. „Aber es ist nicht alles wahr."

„Das hätte ich nicht gedacht", kommentierte ich und räumte ein, dass die Medien des Establishments die Gabe haben, es mit der Wahrheit nicht so genau zu nehmen.

„Es schien mir", sagte ich zu Bullock, „dass es viele Annahmen und Mutmaßungen gab und dass nicht die ganze Geschichte erzählt wurde.

„Das ist sicherlich richtig", antwortete er. Dann, nach einer Pause, bemerkte Bullock in ironischem Ton und mit einem Hauch von Resignation: „Nun, Willis hatte in einem Punkt auf jeden Fall recht": „Nun, Willis hatte in einem Punkt auf jeden Fall recht", womit er natürlich Willis' Behauptung über Bullocks Status als langjähriger Geheimagent der ADL meinte.

„Eigentlich, Roy", betonte ich, ziemlich stolz, wie ich annahm, „hatte ich es schon herausgefunden, bevor Willis mir den Floh ins Ohr gesetzt hatte".

„Ohhhhh? Sie haben es doch getan, oder?", schnurrt Bullock etwas sarkastisch.

„Wissen Sie", sagte ich zu ihm, „ich hatte den Eindruck, dass Sie sich vor allem für arabische Gruppen interessieren.

„Oh nein", antwortete er. „Ganz und gar nicht." (Was sich natürlich als sehr, sehr wahr herausstellte. Bullock und die ADL waren tatsächlich an jedem interessiert).

„Ich dachte, Sie wollten wissen, ob wir Verbindungen zu den Arabern haben, was natürlich nicht der Fall ist", fügte ich hinzu. „Ich muss dir sagen, Roy, dass ich immer den Eindruck hatte, dass du dich gerne mit Leuten meiner Art suhlst, um es mal so zu sagen.

„Im Gegenteil", fügte er hinzu. „Auch wenn", fügte er hinzu, „ich sagen muss, dass du immer ein Lichtblick in einer ansonsten düsteren Gruppe von Menschen warst.

Ich habe deine Gesellschaft immer genossen. Ich hatte gehofft, dass du tison all diesen Mist wegwerfen und etwas Positives aus deinem Leben machen würdest".

Ich machte mich über Bullocks Kommentare lustig. „Nein, Roy, ich denke, dass ich etwas Positives tue", antwortete ich. „Ich habe mich in diese Arena begeben, weil ich wusste, was das bedeutet, und ich bereue nichts".

„Nun, nichts für ungut, hoffe ich?", sagte er, aufrichtig, ich hatte den Eindruck und sogar die Hoffnung, dass ich Roy gegenüber ziemlich wohlgesonnen gewesen war.

„Überhaupt nicht", sagte ich. „Ganz und gar nicht. Sie haben Ihre Arbeit gemacht und ich meine". (Was völlig richtig war).

„Es hat mich sehr gefreut, nach all den Jahren wieder mit Ihnen zu sprechen", sagte er.

„Eigentlich bin ich froh, dass du angerufen hast".

„Ja, es hat mir Spaß gemacht", sagte ich. „Es hat Spaß gemacht. Also denke ich, dass ich vielleicht erst einmal zum Schluss kommen sollte. Ich hoffe" (ich fügte auf meine Weise hinzu, ohne es an Aufrichtigkeit fehlen zu lassen), „dass Sie wegen all dem keinen Ärger bekommen.

„Ich glaube nicht, dass ich das tun werde", erklärte er. Es war jedoch klar, dass Bullock die Situation nicht gefiel.

„Na, dann viel Glück, Roy. Es war interessant". schloss ich.

„Passen Sie auf sich auf", schloss er. „Es war mir eine Freude, mit Ihnen zu sprechen".

Das war interessant. Ich legte den Hörer auf und dachte über die Situation nach. Roy Bullock war tatsächlich ein Agent der ADL und ich war in seine Fänge geraten. Über den Fall zu sprechen - sozusagen die Wahrheit zu sortieren - war für mich eine Art Therapie gewesen. Ich hatte mich dem Feind gestellt.

Am nächsten Tag informierte ich Willis Carto darüber, dass ich Bullock angerufen hatte. „Im Ernst?", fragte er lachend, etwas amüsiert über meine Dreistigkeit. „Was hat er gesagt? Ich erzähle das Gespräch, während Willis lacht.

Es ist klar, dass noch viel mehr kommen wird. Bisher hatten wir nur erfahren, was sich als die Spitze des sprichwörtlichen Eisbergs herausstellte.

Während der ADL-Skandal immer größere Ausmaße annahm - eine sehr öffentliche Angelegenheit, die in den Zeitungen von San Francisco stark thematisiert wurde -, enthüllten freigegebene Dokumente der Polizeibehörde von San Francisco, dass *The Spotlight* und sein Herausgeber Liberty Lobby tatsächlich eine Schlüsselrolle bei der Aufdeckung des illegalen Spionage- und Betrugsnetzwerks der ADL gespielt hatten. Bei seiner Vernehmung sagte Roy Bullock dem FBI, dass *The Spotlight* (in der Ausgabe vom 30. Juni 1986) ihn zum ersten Mal als Agenten des kriminellen Spionageapparats der ADL entlarvt habe. Tatsächlich löste die Enthüllung von *The Spotlight* den Prozess aus, der nicht nur damit begann, das Spionagenetzwerk der ADL zu entwirren, sondern auch zu dem führte, was Bullock als seine heutige „Verstrickung" bezeichnete.

(Wie bereits erwähnt, hatte *The Spotlight* aufgedeckt, wie der sogenannte „kalifornische Staatsmann" William K. Shearer es Bullock ermöglicht hatte, den Nationalkongress der populistischen Partei zu infiltrieren, obwohl Shearer gewarnt worden war, dass Bullock ein *Agent* Provocateur der ADL sei).

Im Verhör durch das FBI gab Bullock auch zu, dass einer der Versuche der ADL, die Liberty Lobby zu sabotieren, die Ereigniskette in Gang setzte, die Bullock und seinen Komplizen, den flüchtigen ehemaligen Polizisten aus San Francisco Tom Gerard, dazu veranlasste, gestohlene polizeiliche Geheimdienstdateien an südafrikanische Agenten zu verkaufen. Bei seiner Vernehmung enthüllte Bullock, dass er, als er erfuhr, dass ein südafrikanischer Diplomat bei einem Treffen sprechen sollte, von dem er annahm, dass es vom Gründer der Liberty Lobby, Willis A. Carto, hatte er dafür gesorgt, dass sein Kontaktmann bei der Polizei, Gerard, den Diplomaten benachrichtigte. Tatsächlich sagte der Diplomat seine Rede ab.

Ironischerweise lag Bullock jedoch falsch: Liberty Lobby hatte mit der Organisation der Veranstaltung nichts zu tun. Es war der verstorbene Robert White, der für sein *Buch über Enten* bekannt ist, der die Veranstaltung sponserte.

Erst einige Monate, nachdem Gerard Kontakt zu den Südafrikanern aufgenommen hatte, baten diese ihn, eine direkte Verbindung zwischen ihnen und Bullock herzustellen. So entstand ein lukratives und dauerhaftes

Geschäft, an dem der ADL-Informant, der Polizist und die Südafrikaner beteiligt waren. Es war der Kontakt zwischen Bullock und den Südafrikanern, der schließlich zu den zweijährigen Ermittlungen des FBI führte, einschließlich der Abhörung von Bullocks Telefon. Es war also die Kampagne der ADL gegen Liberty Lobby, die sich gegen sie selbst richtete und zu den Ereignissen führte, die die ADL in eine strafrechtliche Ermittlung verstrickten, die drohte, die Hauptverantwortlichen der ADL ins Gefängnis zu bringen.

Ein weiterer Aspekt des Skandals ist der Verkauf dieser Informationen durch die ADL, Bullock und Gerard an Agenten in Israel und Südafrika.

Der südafrikanische Geheimdienst ist seit langem dafür bekannt, dass er enge Arbeitsbeziehungen mit der israelischen Geheimpolizei Mossad unterhält.

Zu diesem Zeitpunkt hatte *The Spotlight* etwa 700 Seiten freigegebener Ermittlungsakten des San Francisco Police Department (SFPD) und des FBI erhalten, die sich auf die Aktivitäten von Bullock, Gerard und Bullocks Vorgesetzten bei der ADL bezogen - Irwin Suall, den ehemaligen Gewerkschaftsschläger, der die Abteilung der ADL leitete, die für die Ermittlung der Fakten (d. h. für schmutzige Tricks) zuständig war, und Mira Lansky Boland, den Chefspion der ADL in Washington.

Was sich bei der oberflächlichsten Betrachtung der SFPD-Dokumente über die ADL ergibt, ist das erschreckende Bild eines riesigen nationalen und internationalen Erpressungsunternehmens, das mit dem Ziel organisiert wurde, heimlich und illegal an geheime Daten aus einer Vielzahl von offiziellen Regierungsarchiven zu gelangen: Strafregister, Kfz-Zulassungen, polizeiliche Geheimdienstdateien und so weiter.

Obwohl Bullocks computergestützte Dateien und die der ADL - die bei zwei aufeinanderfolgenden Razzien der Polizei und des FBI beschlagnahmt wurden - noch nicht veröffentlicht wurden, zeigt eine vollständige Liste der Titel der verschiedenen Dateien, die Bullock aufbewahrte, dass Liberty Lobby größtenteils das Ziel der illegalen Spionageoperationen der ADL war.

Den Unterlagen des SFPD zufolge bewahrte Bullock mehr als 20 verschiedene Akten über Liberty Lobby und angeschlossene Organisationen wie das Populist Action Committee unter der Sonderklassifizierung „RIGHT" auf.

Auch mehrere Akten der Populistischen Partei waren darin enthalten. Bereits am 15. Februar 1993 hatte *The Spotlight* berichtet, dass ein Mittelsmann Bullocks, der verstorbene David McCalden, eine Kontaktlinie zum Nationalbüro der Populistischen Partei in Ford City, Pennsylvania, eingerichtet hatte, das damals unter der Leitung eines gewissen Don Wassall stand, der später zugab, mehrmals mit McCalden gesprochen zu haben, obwohl vor ihm gewarnt worden war Währenddessen, als die ADL durch die Enthüllung ihrer kriminellen Aktivitäten blamiert war, eilte ein sehr aggressives internes Schadensbegrenzungsteam der ADL unter der Leitung von Barbara Wahl, einer Anwältin aus Washington, in einem verzweifelten Versuch, die Sache in letzter Minute zu vertuschen, an die Westküste. Miss Wahl prangerte die Strafverfolgungsbeamten in San Francisco öffentlich an und brachte die Polizei zu Recht zur Verzweiflung, die ihre Arbeit bei der Untersuchung krimineller Aktivitäten getan hatte. Der Anwalt der ADL argumentierte jedoch, dass das eigentliche Problem das Fehlverhalten der Polizei und nicht das der ADL sei.

Obwohl die Ermittler der Staatsanwaltschaft und der Polizei von San Francisco den Fall zunächst als rein lokale Angelegenheit betrachteten, erkannten sie - und erklärten dies auch öffentlich -, dass der Fall landesweite Bedeutung hatte. Den Behörden wurde auch klar, dass die ADL und nicht Bullock oder Gerard hinter der gesamten Aktion steckte.

Der stellvertretende Staatsanwalt von San Francisco, John Dwyer, erklärte: „Die Leute nannten es den Fall Gerard. Jetzt ist es der ADL-Fall. Gerard war nur ihr Mann in San Francisco. Die ADL macht das Gleiche im ganzen Land. Der Fall wird jeden Tag größer. Je mehr wir suchen, desto mehr Beteiligte finden wir".

Miss Wahl versuchte auch, die ADL von ihrem loyalen, gründlichen, kompetenten und seit 40 Jahren hoch geschätzten Informanten Bullock fernzuhalten, indem sie behauptete, er sei „der klassische unabhängige Auftragnehmer" - und das, obwohl die Behörden über ein internes ADL-Dokument verfügten, in dem Bullock von ADL-Meisterspion Suall stolz als „unser Ermittler Nr. 1" bezeichnet wird.

Die ADL-Führer wussten, dass Bullock über Informationen verfügte, die sie ins Gefängnis bringen könnten, und Bullock kooperierte im Gegensatz zur ADL mit der Polizei. Obwohl die ADL wiederholt behauptete, dass auch sie bei den Ermittlungen „kooperiere" und fälschlicherweise verkündete, dass sie nicht Gegenstand der Ermittlungen sei, erklärte Ron Roth, ein Beamter der Polizei von San Francisco, in einer eidesstattlichen Erklärung, dass „die Mitarbeiter der ADL offenbar nicht sehr ehrlich" in ihrem Umgang mit der Polizei seien. Kurz gesagt: Die ADL hat gelogen.

Am 8. April 1993 wurde die Geschichte der illegalen Spionageoperationen der Anti-Defamation League (ADL) der B'nai B'rith schließlich mit überraschenden Details von einem der großen Fernsehnachrichtennetzwerke berichtet.

Die ABC-Sendung „Nightly News", in der Sam Donaldson den Moderator

Peter Jennings ersetzte, sendete einen langen und ausführlichen Bericht über den Skandal, der zuerst in San Francisco aufgeflogen war, aber offensichtlich nationale Auswirkungen hat.

Was viele Zuschauer, die später von *The Spotlight* befragt wurden, erstaunte, war, dass der ABC-Bericht die ADL in einem sehr schlechten Licht darstellte, was die ADL nicht gewohnt war.

Der ABC-News-Reporter James Walker präsentierte Millionen von Zuschauern eine Geschichte, die im Wesentlichen schon seit 1955, also Jahrzehnte zuvor, von *The Spotlight* und seinem Herausgeber, der Liberty Lobby, erzählt worden war: Die ADL hatte in den gesamten USA einen riesigen geheimen Spionage- und Beschattungsapparat aufgebaut, der wie ein Auslandsgeheimdienst funktionierte und die Regierung Israels mit Informationen versorgte.

Interessanterweise waren laut der Polizei nicht nur patriotische Gruppen wie Liberty Lobby und schwarze nationalistische Gruppen wie Nation of Islam im Visier der ADL.

Die ADL hat sogar Agenten in die Reihen traditionell liberaler Organisationen wie der National Association for the Advancement of Colored People (Nationale Vereinigung zur Förderung farbiger Menschen) und der United Farm Workers (Vereinigte Landarbeiter) geschickt.

Weitere Ziele waren die Anti-Abtreibungsgruppe Operation Rescue, die Umweltschutzgruppe Greenpeace und interessanterweise auch der Vorstand von KQED, einem öffentlichen Fernsehsender in San Francisco. Dabei handelt es sich jedoch nur um eine Handvoll Opfer der ADL.

Der Fernsehbericht auf ABC news war insofern wichtig, als er nicht nur Filmaufnahmen des ADL-Informanten Roy Bullock enthielt, sondern auch sehr seltene und etwas verschwommene Filmaufnahmen des schwer fassbaren Irwin Suall, des „Ex-Marxisten", der die Spionageabteilung der ADL von seinem Büro am Platz der Vereinten Nationen in Manhattan aus leitete.

ABC gab an, Informationen erhalten zu haben, wonach Bullock - dessen Deckname „Cal" lautete - von Suall als Spion „Nummer eins" der ADL begrüßt worden war.

Der Sender des Establishments berichtete auch, dass ein ehemaliger Beamter der ADL in Los Angeles gegenüber ABC erklärte, dass er neben Bullock auch wusste, dass die ADL mindestens drei Schlüsselspione hatte, die in Chicago und mindestens einen in Atlanta operierten. Der ADL-Beamte gab auch zu, dass seine eigene Aufgabe darin bestand, die Spionageakten der ADL in dem ADL-Büro, in dem er angestellt war, zu führen.

Weitere Beweise deuten darauf hin, dass die ADL auch Agenten in Washington, St. Louis und New York, neben anderen Großstädten, unterhielt. Diese Agenten konnten bei Bedarf auch an anderen Orten eingesetzt werden.

Der ABC-Reporter Walker reiste auf eine abgelegene philippinische Insel und erhielt ein Interview mit dem flüchtigen Ex-Polizisten Tom Gerard, einem Kontaktmann der ADL bei der Polizei von San Francisco, der Polizeiakten stahl und sie der ADL übergab.

In diesem Land weigerten sich die ADL-Führer jedoch, von ABC interviewt zu werden. Dies ist keine Überraschung. Historisch gesehen hat sich die ADL, wenn sie mit der Wahrheit konfrontiert wurde, immer geweigert, befragt zu werden oder sich an irgendeiner Form der Debatte zu beteiligen (was bis heute gilt). (Um die Situation der ADL noch weiter zu verschärfen, wurde der ABC-Bericht im Anschluss an eine zweite Razzia in den Büros der ADL in San Francisco und Los Angeles gedreht. Diese Razzia, die aufgrund von Durchsuchungsbefehlen durchgeführt wurde, folgte auf die Funde, die bei früheren Razzien (mit Hilfe des FBI) im Dezember 1992 in der Zentrale der ADL gemacht worden waren.

Am 9. April 1993 berichtete die Los *Angeles Times*, dass gegen die ADL nicht nur wegen der illegalen Beschaffung von geheimen Polizeidateien ermittelt wurde. Die Spionageorganisation war auch Gegenstand von 48 Anklagepunkten, weil sie die Beschäftigung ihres Spions Bullock nicht korrekt angegeben hatte.

Laut der *Times* verschleierte die ADL über 25 Jahre lang Zahlungen an Bullock, indem sie jede Woche 550 Dollar an einen Anwalt in Beverly Hills, Kalifornien, Bruce I. weiterleitete. Hochman, der das Geld dann an Bullock übergab (es besteht kein Zweifel, dass dies als „Rechtskosten" verbucht wurde). (Es besteht kein Zweifel, dass die ADL dies als „Rechtskosten" verbucht hat). (Rechtsanwalt Hochman, eine prominente Figur der ADL, war einer der führenden Steueranwälte Kaliforniens und ein ehemaliger Staatsanwalt der Vereinigten Staaten. Er war außerdem Mitglied einer Gruppe, die vom ehemaligen US-Senator (und damaligen Gouverneur) Pete Wilson ernannt wurde, um im Geheimen Empfehlungen für neue Bundesrichter im Golden State abzugeben.)

Die *Times* berichtete auch, dass David Lehrer, der Regionalleiter des ADL-Büros in Los Angeles, eine geheime schwarze Kasse führte, die zur Bezahlung von Spionageoperationen der ADL verwendet wurde. Er unterschrieb die Schecks für das Konto unter dem Namen „L. Patterson", um die verdeckten Aktivitäten zu bezahlen.

Ein ADL-Beamter soll behauptet haben, dass das Konto zur Bezahlung von Abonnements für Magazine und Zeitungen verwendet wurde, die von

Zielgruppen der Abteilung „fact finding" (d. h. „schmutzige Tricks") der ADL herausgegeben wurden.

Zu diesem Zeitpunkt hatte die *New York Times* (die sich selbst als „führende Zeitung" der USA bezeichnet) jedoch nur einen kurzen Artikel über den Skandal veröffentlicht, der am Ende des letzten Abschnitts der Zeitung vergraben war. Die *Washington Post*, eine „liberale" internationalistische Zeitung, und ihre Rivalin, *die Washington Times, eine* „konservative" internationalistische *Zeitung*, hatten noch kein einziges Wort veröffentlicht.

Als der ADL-Skandal immer größere Ausmaße annahm, wurde die Wahrheit klar: Die Verantwortlichen der ADL könnten wegen ihrer illegalen „Informationsbeschaffung" strafrechtlich verfolgt werden. „Was wir untersuchen, ist ein Verstoß gegen das Gesetz, das den Verkauf, die Nutzung und die Verbreitung vertraulicher Informationen verbietet", sagte Arlo Smith, Bezirksstaatsanwalt von San Francisco.

Die Durchsuchungen des FBI und der Polizei von San Francisco in den Büros der ADL ( ) hatten natürlich die bis dahin unbekannte Tatsache ans Licht gebracht, dass die ADL-Agenten offenbar auch Dokumente nicht nur aus den Akten des SFPD, sondern auch aus denen der Polizei von Portland (Oregon) und der Polizei von Los Angeles entwendet hatten. Ironischerweise weigerte sich die Polizeibehörde von Los Angeles, mit den Behörden in San Francisco zusammenzuarbeiten, und weigerte sich, sich an der Suche nach den aus den ADL-Büros in Los Angeles gestohlenen Dokumenten zu beteiligen. Laut dem stellvertretenden Staatsanwalt von San Francisco, John Dwyer, der den Fall beaufsichtigte, „[war die Polizei von Los Angeles] der Ansicht, dass es sich um eine sensible Angelegenheit handelte, und war nicht bereit, zu kooperieren. Dies ist das erste Mal in meiner Karriere, dass ich so etwas erlebt habe".

Ein Mitglied des Polizeiausschusses der Stadt Los Angeles, Stanley K. Sheinbaum, bestritt jedoch die Weigerung des Polizeidepartements, die kriminellen Aktivitäten der ADL zu untersuchen. „Ich möchte wissen, auf welcher Grundlage die Reaktion des Departments beruht, nicht zu kooperieren", sagte Sheinbaum.

„Sofern mir kein guter Grund genannt wird, warum ich nicht kooperieren sollte, denke ich, dass wir es tun sollten", sagte er.

Die *Los Angeles Times* berichtete, dass der ADL-Ermittler Bullock „eng mit Polizeibeamten aus verschiedenen Abteilungen zusammenarbeitete und vertrauliche Informationen wie Vorstrafenregister, Geheimdienstdateien, Führerscheinfotos, Wohnadressen und Autokennzeichen sammelte.

Einige dieser Informationen hätten nützlich sein können, um einzelne Häuser ausfindig zu machen und sie zu überwachen. Andere vertrauliche Informationen hätten für ausländische Regierungen, die über die politischen Aktivitäten von Besuchern aus den USA besorgt sind, wertvoll sein können".

Der stellvertretende Staatsanwalt von San Francisco, M. Dwyer, der die unmittelbare Aufsicht über die ADL-Ermittlungen innehatte, ging mit den kriminellen Aktivitäten der ADL sehr hart ins Gericht. Dwyer sagte: „Die Leute sagen, dass im Computerzeitalter die Privatsphäre verschwindet, aber man denkt nicht an die Kraftfahrzeugbehörde, die Ihren Führerschein an einen Polizeibeamten weitergibt, der ihn an eine Organisation weiterleitet, die Sie nicht mag. Diese Praxis muss beendet werden. Wir können nicht zulassen, dass die Regierung all diese Informationen sammelt und sie weitergibt, an wen sie will.

Der Polizeihauptmann von San Francisco, John Willett, ging ebenfalls hart mit der Zusammenarbeit seines Offiziersbruders mit der kriminellen Verschwörung, die von der ADL ins Leben gerufen wurde, ins Gericht. „Tom Gerards Aktivitäten gingen weit über das Ziel hinaus", sagte Willett. „Sie waren illegal. Er hätte das, was er tat, nicht für eine private Partei tun dürfen".

In der Zwischenzeit versuchte Richard Hirschhaut, Leiter des ADL-Büros in San Francisco, die schreckliche Wahrheit über die von seiner Organisation begangenen Verbrechen zu verbergen. „Es war immer unser Grundsatz und unser Credo bei unserer Ermittlungsarbeit, dass wir unsere Aktivitäten in Übereinstimmung mit Ethik und Gesetz durchführen", sagte Hirschaut.

Das „ethische Hochplateau", mit dem Hirschaut sich brüstete, umfasste das heimliche Eindringen in die Wohnungen von Menschen und das Fotografieren ihrer persönlichen Akten. In seinem Buch *Square One* prahlt Arnold Forster, der Topmanager der ADL, damit, wie einer seiner Handlanger die Privatsphäre des Hauses des langjährigen *Spotlight-Korrespondenten* Joseph P. Kamp verletzte und seine Korrespondenz durchsuchte, um Kopien für die Absicht der ADL anzufertigen.

Doch je mehr Zeit verging, desto mehr sah es so aus, als würde die ADL in San Francisco aus der Sache herauskommen, zumindest was die Strafverfolgung betraf. Während sich der Skandal weiter aufblähte, trug ein weiterer Umstand dazu bei, dass sich die Ereignisse zugunsten der ADL verschoben: Am 20. Januar 1993 trat George H. W. Bush - der die Razzia in den Büros der ADL rund sechs Wochen zuvor genehmigt (und wahrscheinlich sogar angeordnet) hatte - aus dem Amt zurück. Sein Nachfolger wurde Bill Clinton.

Unter der neuen Clinton-Regierung stand ein Krieg gegen die ADL nicht auf der Tagesordnung, obwohl die scheidende Bush-Regierung ihre Macht genutzt hatte, um einen Blitz in die Richtung der ADL zu schicken, wobei sie genau die Büros des FBI benutzte, das lange Zeit so eng mit der ADL zusammengearbeitet hatte. Unter dem neuen Regime machte das FBI eine interessante Kehrtwende und weigerte sich, weiterhin mit dem Staatsanwalt von San Francisco, Arlo Smith, bei dessen Ermittlungen gegen die ADL wegen unerlaubter Spionage zusammenzuarbeiten.

In der Ausgabe des *San Francisco Bay Guardian* vom 19. Januar 1994 wies die freie Journalistin Jane Hunter darauf hin, dass „das FBI die Ermittlungen gegen den Polizeispion Tom Gerard aufgenommen hat, jetzt aber die Strafverfolgung blockiert", und stellte eine einfache und logische Frage:

„Warum? Obwohl Miss Hunter verschiedene Theorien über die Gründe für die Kehrtwende des FBI aufstellte, war es genau deshalb, weil die neue Regierung es bereits abgelehnt hatte, das FBI weiter in die Ermittlungen einzubeziehen - wieder eine Anweisung direkt aus dem Weißen Haus, diesmal jedoch vom neuen Präsidenten William Jefferson Clinton.

Angesichts all dessen beschloss die Staatsanwaltschaft des Bezirks San Francisco, die Beweise für die illegalen heimischen Spionageoperationen der ADL nicht einer Grand Jury vorzulegen, im Gegenzug zu einer Vereinbarung der ADL, dass sie nicht weiterhin kriminelle Mittel einsetzen würde, um andere Menschen auszuspionieren. Die ADL sah sich jedoch weiterhin einer wachsenden Zahl von Zivilklagen gegenüber, die von einem breiten Spektrum von Gruppen und Einzelpersonen eingereicht wurden, die Opfer der kriminellen Perfidie der ADL geworden waren.

Der stellvertretende Staatsanwalt John Dwyer, der sich für eine Anklage gegen die ADL eingesetzt hatte, erklärte: „Wenn Sie den Fall einer Grand Jury vorlegen und sie verurteilen, werden sie drei Jahre lang auf Bewährung freigelassen. Es handelt sich um eine dauerhafte Unterlassungsanordnung. Die ADL-Führer jubelten und erklärten, dass „die Einigung, die wir erzielt haben, unsere ständige Position bestätigt, dass die ADL keine Verfehlungen welcher Art auch immer begangen hat", trotz substantieller Beweise für das Gegenteil ( ).

Der wichtigste Geheimagent der ADL, Roy Edward Bullock, wird ebenfalls nicht strafrechtlich verfolgt, obwohl sein Komplize, der ehemalige Polizeibeamte von San Francisco Tom Gerard, als „Sündenbock" bezeichnet wurde. Gerard wird weiterhin beschuldigt, Bullock und der ADL illegal vertrauliche polizeiliche Informationen zur Verfügung gestellt zu haben.

So unglaublich es auch klingen mag, ein Teil der Vereinbarung zwischen dem Staatsanwalt und der ADL sah vor, dass die ADL die lächerliche Summe von 25.000 Dollar (von einem Jahresbudget von 25 Millionen Dollar) ausgeben würde, um Mitarbeiter der Staatsanwaltschaft im Kampf gegen „Intoleranz" zu „schulen". Die ADL richtete im Rahmen ihrer Vereinbarung außerdem einen „Hassverbrechen-Belohnungsfonds" in Höhe von 50.000 US-Dollar ein, mit dem Personen belohnt werden sollten, die ihr dabei helfen, „Hasser" ins Visier zu nehmen. (Ironischerweise waren es die engen Beziehungen der ADL zu Polizei und Strafverfolgungsbehörden, die den Spionageskandal in San Francisco auslösten).

Um den Behörden in San Francisco gegenüber fair zu sein, sollte jedoch angemerkt werden, dass Insider berichtet haben, dass die ADL und ihre gut betuchten Unterstützer enormen Druck auf die Staatsanwaltschaft ausgeübt haben, um den Fall ohne strafrechtliche Anklage zu regeln. Es ist bekannt, dass die ADL in der Vergangenheit alle Formen der Einschüchterung, einschließlich Erpressung, eingesetzt hat, um ihre Ziele zu erreichen. Der stellvertretende Staatsanwalt Dwyer selbst wandte sich an *The Spotlight* und bat um eine Kopie des Exposés von Roy Bullock, das *The Spotlight* am 30. Juni 1986 veröffentlichte - der erste landesweit veröffentlichte Bericht, der darauf hinwies, dass Bullock tatsächlich ein verdeckter Ermittler der ADL war.

Am Ende gab es in diesem Skandal doch noch eine Fußnote. Der ehemalige Abgeordnete Pete McCloskey (R-Calif.) erwirkte ein Urteil über 150.000 US-Dollar gegen die ADL wegen unerlaubter Spionage. Als Anwalt der drei verbliebenen Kläger von neunzehn, die im April 1993 vor dem Superior Court in San Francisco gegen die ADL geklagt hatten, beanspruchte McCloskey den Sieg für sich, nachdem die ADL schließlich eingelenkt und sich bereit erklärt hatte, den Fall beizulegen.

Die Foundation to Defend the First Amendment (FDFA) mit Sitz in Washington, D.C., deren Vorsitzender heute der erfahrene Radiomoderator Rick Adams ist, leistete McCloskey während des Verfahrens wichtige finanzielle und forschungsbezogene Unterstützung. „Wir betrachteten dies als einen großen Sieg", sagte Herr Adams 2006, „und wir fühlen uns geehrt, dass wir dazu beigetragen haben, die ADL vor Gericht zu bringen".

Der Fall McCloskey ist eine von drei Zivilklagen, die in San Francisco gegen die ADL erhoben wurden, nachdem - nach überraschenden Razzien des San Francisco Police Department (SFPD) und des FBI in den Büros der ADL in San Francisco und Los Angeles - bekannt wurde, dass die sogenannte „Ermittlungsabteilung" der ADL umfangreiche inländische Spionageoperationen gegen eine Vielzahl von Personen und Institutionen im ganzen Land durchgeführt hatte.

Nachdem die Fakten über die illegalen Aktivitäten der ADL ans Licht gekommen waren, war eine Reihe von ADL-Opfern entschlossen, die ADL vor Gericht zu bringen, und es folgten drei Zivilprozesse (u. a. McCloskey), obwohl die ADL ihre rechtlichen Probleme mit den Strafverfolgungsbehörden in San Francisco lösen konnte.

Während die beiden anderen Verfahren beigelegt wurden und die ADL verlor, zog sich der McCloskey-Prozess weiter durch die Gerichte.

Im Fall McCloskey erklärte sich die ADL bereit, den drei Klägern - Jeffrey Blankfort, Steve Zeltzer und Anne Poirier -, die den Fall McCloskey gegen die ADL weiter verfolgten, jeweils 50.000 US-Dollar zu zahlen, trotz einer anhaltenden Serie von gerichtlichen Hindernissen, die 14 der ursprünglichen Beklagten zum Rückzug zwangen (zwei weitere Angeklagte starben im Laufe des langwierigen Verfahrens).

Obwohl die ADL weiterhin behauptete, sie habe bei der Überwachung ihrer Aktivitäten nichts Falsches getan, trugen Blankfort, Zeltzer und Poirier ihren Fall gegen die ADL vor alle Medien, die ihnen zuhören wollten - obwohl nur wenige Medien bereit waren, die ADL und ihre Aktivitäten anders als in einem positiven Licht darzustellen.

Ironischerweise waren zwei der drei Opfer der ADL Juden, obwohl die ADL sich als eine Gruppe darstellt, die die Interessen des jüdischen Volkes vertritt. Blankfort und Zeltzer wurden von der ADL ins Visier genommen, weil sie die Politik Israels gegenüber dem palästinensischen Volk kritisierten (eine Politik, die heute angesichts der aktuellen Ereignisse der ganzen Welt offenbart wird).

Es stellte sich heraus, dass das dritte Opfer der ADL im Fall McCloskey, Miss Poirier, nicht einmal vage in Aktivitäten verwickelt war, die mit Israel oder dem Nahen Osten zu tun hatten. Stattdessen leitete Miss Poirier ein Stipendienprogramm für Exil-Südafrikaner, die in Südafrika gegen das Apartheidsystem kämpften. Eine sehr interessante Enthüllung

Obwohl die ADL gerne mit ihrer „Allianz" mit der afroamerikanischen Gemeinschaft in den USA (die die südafrikanische Regierung scharf kritisierte) prahlt, wurde aufgedeckt, dass die ADL und ihr ausländischer Auftraggeber, der Mossad, eng mit der südafrikanischen Regierung zusammenarbeiteten. Nach dieser Enthüllung hatte die ADL Schwierigkeiten zu erklären, warum sie heimlich einem Regime half, gegen das schwarze Amerikaner waren, aber nur wenige schwarze Führer in den USA wagten es, die ADL wegen ihrer Täuschung und ihrer offensichtlichen Lügen anzuprangern.

Obwohl die American Civil Liberties Union (ACLU) lange Zeit großes Aufsehen um illegale häusliche Spionage der gleichen Art, wie sie von der

ADL praktiziert wird, gemacht hat, wollte ihr Büro in San Francisco den Fall McCloskey nicht kommentieren und auch keinen Grund für ihr Schweigen nennen.

Der Abschluss des McCloskey-Falls bedeutete jedoch nicht das Ende der rechtlichen Probleme der ADL.

Am 31. März 2001 bestätigte der US-Bezirksrichter Edward Nottingham aus Denver den größten Teil eines Verleumdungsurteils in Höhe von 10,5 Millionen Dollar, das eine Bundesjury in Denver im April 2000 gegen die ADL gefällt hatte. Die Geschworenen hatten die ADL mit diesem massiven Urteil niedergeschlagen, nachdem sie festgestellt hatten, dass die selbsternannte „Bürgerrechtsorganisation" die Einwohner von Evergreen, Colorado, William und Dorothy Quigley fälschlicherweise als „Antisemiten" bezeichnet hatte, weil sie in einen Streit mit Nachbarn verwickelt waren, die zufällig Juden waren. Die ADL legte gegen dieses erste Urteil einer Jury Berufung ein, doch ihre Berufung wurde abgewiesen.

Der ADL-Spionageskandal und die darauf folgenden Gerichtsverfahren - sowie der finanziell weitaus verheerendere Fall in Colorado - haben die ADL bis ins Mark erschüttert. Dennoch beharrt die ADL auf ihren bösartigen Praktiken und tut dies auch zum Zeitpunkt der Niederschrift dieser Zeilen noch.

Die ADL sollte als kriminelles Unternehmen betrachtet werden, was sie auch ist, und alle Personen, die mit der ADL in Verbindung stehen oder ihre Aktivitäten unterstützen, sollten ebenfalls als Kriminelle betrachtet werden.

Jeder Politiker oder jede öffentliche Person, die ihre Glaubwürdigkeit verleiht, sollte öffentlich auf die Matte gerufen werden, und jeder Zeitungsverleger, der zulässt, dass die Propaganda der ADL auf seinen Seiten erscheint, sollte kontaktiert und über das kriminelle Verhalten der ADL informiert werden.

Die ADL ist eine der wichtigsten Kräfte, die das üble Programm des „Inneren Feindes" umsetzen. Die ADL ist ein voll funktionsfähiger ausländischer Agent und Geheimdienstkanal für Israel sowie eine PR-Agentur und Lobbygruppe im Namen der Interessen der Rothschild-Dynastie und anderer zionistischer Familien innerhalb des Einflussbereichs der Rothschilds.

Als Rückblick...

Einführung in den zweiten Teil

Intrige im Kalten Krieg

Wie der Konflikt zwischen Stalin und den Trotzkisten zur Entstehung der Judasböcke führte - Der innere Feind auf amerikanischem Boden

In den vorangegangenen Kapiteln haben wir mit einer umfassenden Untersuchung und Analyse der Hinterzimmermanöver der Judasböcke auf amerikanischem Boden begonnen. Es ist in der Tat unmöglich, den heutigen Einfluss der Böcke von Juda zu verstehen, ohne die Konflikte aus der Zeit des Kalten Krieges zu berücksichtigen, die zum Aufstieg der „neokonservativen" zionistisch-trotzkistischen Elemente geführt haben. Diese Gruppen spielten ab Mitte der 1950er Jahre und weit darüber hinaus eine wichtige Rolle bei der Infiltration und Korrumpierung der traditionellen „konservativen" oder „nationalistischen" Bewegung in Amerika.

Die Leser sollten von vornherein verstehen, dass dieser Teil des Buches Dinge enthalten wird, die für viele traditionelle Konservative und Antikommunisten überraschend und verstörend sein mögen; doch dieses Buch hatte nie die Absicht, die Wahrheit zu verbergen, egal wie verstörend und unangenehm sie auch sein mag.

Wir werden daher weiter...

KAPITEL XII

Der Kampf zwischen dem Sowjetkommunismus der Stalin-Ära und dem Zionismus: Ein wenig verstandenes politisches Phänomen, das zu unserem Verständnis der inneren Feinde, wie sie heute existieren, beiträgt

Die Zwillingskräfte Bolschewismus und Zionismus haben im Laufe des 20. Jahrhunderts oft an vielen Fronten zusammengearbeitet, da sich diese beiden fremden Kräfte in den letzten Jahren des 19. Dennoch gab es Konflikte zwischen den beiden Philosophien, die selbst von denjenigen, die diesen beiden Kräften viele Studien gewidmet haben, noch immer nicht richtig verstanden werden.

Während viele den Bolschewismus und den Zionismus als zwei Köpfe derselben Schlange betrachten (und eine zweiköpfige Schlange gibt es tatsächlich, wie Biologen berichten), legen die Realitäten der geopolitischen Kämpfe im 20.

Tatsächlich gab es deutliche Unterschiede zwischen den russischen Nationalisten (unter der Führung von Josef Stalin) und den jüdischen Internationalisten, die von Stalins Erzfeind Leo Trotzki angeführt wurden.

In der Zeit des Kalten Krieges, nach der Gründung des zionistischen Staates Israel 1948, begannen viele traditionelle Trotzkisten einen Transformationsprozess, insbesondere in den USA, zu Führern eines antistalinistischen Elements, das zu dem kompromisslosen pro-israelischen Block wurde, der heute als „Neokonservative" bezeichnet wird.

Dies ist natürlich nur ein kurzer Einblick in einen komplizierten und oft verwirrenden internationalen Kampf zwischen revolutionären Elementen, die beide den amerikanischen Interessen feindlich gesinnt sind. Eine detaillierte Geschichte dieses Kampfes würde den Rahmen dieses Buches bei weitem sprengen. Es bleibt jedoch festzuhalten, dass die modernen Anhänger des Trotzkismus Schlüsselfiguren des Inneren Feindes sind und den altmodischen Konservatismus in eine spaltende und zerstörerische Kraft verwandeln, die Amerikas militärische Macht, das Blut seiner Kinder und seinen Nationalschatz nutzt, um ein weltweites zionistisches Imperium durchzusetzen - kurz gesagt, eine Neue Weltordnung.

Zum Zeitpunkt von Stalins Tod 1953 - die Umstände legen nahe, dass ihm bis zu seinem Tod sicherlich „geholfen" wurde - wurde der sowjetische Führer offen und aktiv feindselig gegenüber dem politischen Zionismus. Laut einem Bericht, der am 27. Juli 1967 im *American Examiner* veröffentlicht wurde, berichtete die Jewish Telegraphic Agency Folgendes

> Josef Stalin starb vor 14 Jahren an einem Wutanfall, der durch den Widerstand des Politbüros gegen seinen Vorschlag, alle russischen Juden nach Sibirien zu deportieren, ausgelöst wurde, berichtete *die Detroit News* aus Washington... In dem Artikel wird behauptet, dass Stalin eine geheime Sitzung des Politbüros einberufen habe, um eine Kampagne gegen Juden anzukündigen. Er erklärte, dass Maßnahmen ergriffen werden sollten, um Juden massenhaft nach Biro Bidjan in Sibirien zu deportieren...
>
> Lazar Kaganovich, das einzige jüdische Mitglied des Politbüros und Stalins Schwager, zerriss seine Parteikarte und warf die Scherben Stalin ins Gesicht, berichtet *The News*.
>
> Dem Bericht zufolge wurde Stalin vor Wut violett.... Stalin stand laut dem Bericht von seinem Stuhl auf, begann unzusammenhängend zu schreien und fiel bewusstlos zu Boden. Eine Stunde später stellten die Ärzte seinen Tod fest.

Obwohl in diesem - für das jüdische Publikum - neckisch und provokativ verfassten Bericht nie gesagt wurde, dass Stalin ermordet worden war, war die Absicht des Berichts sehr klar: Kurz gesagt, die zionistischen Interessen in Russland hatten den starken sowjetischen Mann ermordet, weil er neue Offensiven gegen den Zionismus plante.

In ihrem Buch *Stalin's Last Crime* aus dem Jahr 2003 veröffentlichten Jonathan Brent und Vladimir Naumov Beweise dafür, dass Stalin 1953 mit ziemlicher Sicherheit ermordet wurde, nachdem er damit begonnen hatte, den zionistischen Einfluss in den sowjetischen Machtkreisen auszutreiben.

Bei der Beschreibung von Stalins Maßnahmen gegen zionistische Elemente in Russland schrieben Brent und Naumov, dass „ein großer Teil der späteren Weltgeschichte ganz anders hätte verlaufen können, wenn Stalin nicht von der Macht entfernt worden wäre". Sie fügten hinzu:

> Viele Persönlichkeiten im Kreml wären gesäubert und wahrscheinlich erschossen worden; der Sicherheitsdienst und die Armee wären durch Säuberungen dezimiert worden; sowjetische Intellektuelle und Künstler, insbesondere Juden, wären gnadenlos unterdrückt worden; und der Rest der sowjetischen und

osteuropäischen Juden wäre ernsthaft (oder sogar tödlich) bedroht worden, während allen Bürgern der Sowjetunion schweres Leid zugefügt worden wäre. Ein neuer Großer Terror wie in den späten 1930er Jahren wurde verhindert, als Stalin am 5 März 1953 überraschend starb. Die von Stalin vorgeschlagene „Endlösung" blieb unerfüllt...

Und obwohl einige - darunter viele legitime und traditionelle amerikanische Antikommunisten - auch heute noch glauben, dass Stalin in Wirklichkeit mit zionistischen Interessen verbündet war, wie seine sofortige Anerkennung des Staates Israel beweist, weisen Brent und Naumov darauf hin, dass 1948 „die Juden und Israel noch nicht die Feinde des sowjetischen Staates waren, zu denen sie bald wurden". Tatsache ist also, dass eine sehr reale Spaltung - die lange Zeit auf untersucht wurde - zwischen Stalin und zionistischen (und trotzkistischen) Elementen trotz der populären Legende tatsächlich eine Realität war.

Tatsächlich wiesen Brent und Naumov 1952, als Stalin seine öffentliche (und hinter den Kulissen stattfindende) Kampagne gegen den Zionismus in Russland intensivierte, auf die Ironie der Situation hin: viele amerikanisch-jüdische Spione in der Sowjetunion hätten sich kaum vorstellen können, dass sie für „ein Land arbeiteten, dessen Führung sich kurz darauf gegen die gesamte jüdische Bevölkerung der Sowjetunion wenden würde und das auf höchster Regierungsebene ernsthaft die Idee der Inhaftierung und Deportation von Hunderttausenden, wenn nicht Millionen unschuldiger Menschen in Betracht zog".

Tatsächlich wurde in der Januar/Februar-Ausgabe 2003 von *The Barnes Review*, der von Willis A. herausgegebenen revisionistischen Geschichtszeitschrift. Carto, bot der russisch-nationalistische Historiker Oleg Platonow den Lesern eine faszinierende Geschichte der historischen Probleme Russlands mit der jüdisch-zionistischen und jüdisch-bolschewistischen Agitation, der sprichwörtlichen Schlange mit zwei Köpfen. Platonow behauptete unumwunden, dass Stalin tatsächlich eine Großoffensive gegen den Zionismus gestartet hatte. Die Aussagen Platonows, eines der wichtigsten russischen Intellektuellen der Gegenwart, der an vorderster Front gegen den zionistischen Einfluss im Russland des 21. Jahrhunderts kämpft, verdienen es, in Erinnerung gerufen zu werden. Platonow schrieb

> Die jüdisch-bolschewistische Herrschaft über Russland wurde von Stalin gebrochen, der in der zweiten Hälfte der 1930er Jahre eine Konterrevolution anführte und die Träger der zionistischen Ideologie entmachtete. In den 1930er und 1940er Jahren wurden unter Stalins Führung nicht weniger als 800.000 jüdische Bolschewiki vernichtet - die Elite der antirussischen Organisation,

die geplant hatte, Russland in einen jüdischen Staat zu verwandeln. Fast alle jüdischen Führer wurden gesäubert und die Chancen der Verbliebenen, wieder an die Macht zu kommen, wurden auf ein Minimum reduziert. Die letzten Jahre von Stalins Leben waren der Entwurzelung des Zionismus und der Liquidierung der mit ihm verbundenen Organisationen gewidmet.

Dr. Platonov fügte diese sehr relevanten Details hinzu

> Nach Stalins Tod ändert sich alles schlagartig. Der Staat wird von Leuten übernommen, die den jüdischen Bolschewismus wiederherstellen wollen... Die Renaissance des Zionismus setzte sich während der gesamten Regierungszeit von N. S. Chruschtschow fort.
>
> Die Situation verbesserte sich etwas unter Breschnew, der insgeheim die Zahl der Juden in Regierungspositionen begrenzte ( ). Tatsächlich wurden diese Maßnahmen jedoch nur selten umgesetzt und Zionisten, ob geheim oder offen, fanden viele Wege, sie zu umgehen.
>
> Von den 1950er bis zu den 1970er Jahren entstand in Russland eine mächtige fünfte Kolonne, die von den Trägern der zionistischen Ideologie angeführt wurde. Viele ihrer Führungsfiguren waren Söhne oder Enkel von bolschewistischen Revolutionären.
>
> Dieselben Personen wurden später zu den aktivsten Elementen der sogenannten Perestroika, die zur Auflösung der Sowjetunion, zur Übernahme der politischen Macht durch die Juden und zum Transfer eines beträchtlichen Teils des nationalen Reichtums Russlands ins Ausland führte.

Heute hat sich der Kampf gegen den zionistischen Einfluss in Russland natürlich erheblich ausgeweitet, und der derzeitige Präsident Russlands, Wladimir Putin, steht zunehmend unter Beschuss der in den USA (und weltweit) ansässigen zionistischen Elemente, die den sogenannten „starken russischen Mann" als potenzielle Bedrohung betrachten (in einem späteren Kapitel werden wir Putin weiter erörtern). (Der Punkt, auf den wir uns konzentrieren müssen - und der hervorgehoben werden muss - ist, dass der Bruch zwischen Stalin und den Zionisten, der in den 1930er Jahren begann und mit Stalins Ermordung 1953 seinen Höhepunkt erreichte, speziell zu Ereignissen in den USA führte, die eine große Rolle in den Intrigen hinter den Kulissen des sogenannten „Kalten Krieges" spielten. Dies führte zur Schaffung des Machtblocks, der heute, im 21. Jahrhundert, als „neokonservative" Bewegung bekannt ist, d. h. die zionistisch-trotzkistischen globalen Kriegstreiber, die den Reichtum und die Macht der USA nutzen, um ihr weltweites Imperium durchzusetzen.

1914 schrieb W.I. Lenin über Trotzki: „Genosse Trotzki hat nie eine endgültige Meinung zu einer einzigen ernsthaften marxistischen Frage gehabt: Er ist immer in die Lücke geschlüpft, die durch diese oder jene Differenz entstanden ist, und schwankte von einer Seite zur anderen." Und das spiegelt genau die Art und Weise wider, in der so viele amerikanische Trotzkisten - die später zu den Neokonservativen wurden - tatsächlich ihre eigene Agenda änderten, um sich der Zeit anzupassen, insbesondere als Elemente innerhalb der sowjetischen Regierung hinter den Kulissen weiterhin gegen den zionistischen Einfluss agitierten.

Obwohl also viele amerikanische Antikommunisten (und regelrechte Antizionisten und Antisemiten) auf die Theorie hereinfielen, dass der sowjetische Kommunismus (selbst unter Stalin) größtenteils ein „jüdisches" Projekt gewesen sei, um es einmal so auszudrücken, gab es einige scharfsinnige Stimmen, die anerkannten, dass der Kampf zwischen Stalin und Trotzki eine definitive „jüdische Ausrichtung" hatte, die in einem sorgfältigen Kontext untersucht werden müsse.

Ende der 1950er Jahre veröffentlichte John H. Monk, ein amerikanischer Nationalist und offen antisemitischer Chefredakteur der in Texas ansässigen Zeitschrift *Grass Roots*, einen bemerkenswerten Essay mit dem Titel „Let Us Look Into This Thing Called 'Trotsky Communism'" (Schauen wir uns dieses Ding namens „Trotzki-Kommunismus" an). Nach einer eingehenden Untersuchung der Geschichte des Konflikts zwischen Stalin und Trotzki kommt er zu dem Schluss, dass, um es einfach auszudrücken, „Trotzkis Kommunismus keinen Sinn macht":

„Der trotzkistische Kommunismus und der sowjetische Kommunismus sind Feinde. In Sowjetrussland begannen, wie Monk feststellte, ab den späten 1930er Jahren „hochrangige Juden von ihren hohen Sitzen zu fallen" und „Russland öffnete endlich die Augen [und] die gute Arbeit begann 1928 mit der Verbannung Trotzkis" durch Josef Stalin. Er fügte sehr präzise hinzu

> Erst kürzlich veröffentlichte die Anti-Defamation League ein Sonderblatt, in dem sie schmerzlich weinte, weil die russischen Juden 1935 zehn Prozent der hohen Sitze des Reiches besetzt hatten und heute nur noch „ein halbes von einem Prozent", und dieser Prozentsatz wackelt. Es ist kein Wunder, dass die amerikanische Juden- und Trotzki-Bande den Slogan „Nieder mit dem Kommunismus!" erfunden hat. Sie sprechen von Russland.

Monk betonte, dass die zionistische Bewegung und angeschlossene Gruppen wie die ADL sich schnell an die trotzkistische Bewegung anpassten, die sich nach Trotzkis Exil aus Russland in den USA - insbesondere in New York - niedergelassen hatte. Wenn wir Trotzkis kommunistischem Slogan „Nieder mit den Kommunisten" folgen, werden wir automatisch zu Anhängern der widerlichsten Untergrundorganisation, die je auf dieser Erde existiert hat: Trotzkis Kommunismus: der trotzkistische Kommunismus".

Monks Essays zu diesem kontroversen Thema wurden sogar von der berühmten Lyrl Clark Van Hyning in ihrem beliebten Bulletin *Women's Voice* nachgedruckt, das nie jemand als „kommunistische" Zeitung beschuldigt hat.

Am 15. September 1969 schrieb ein gewisser Morris Horton (unter seinem Künstlernamen „Fred Farrell") in der populären nationalistischen amerikanischen Zeitung *Common Sense*, die im Laufe der Jahre oft die Arbeiten des antizionistischen Sprechers der USA, Benjamin Freedman, vorgestellt hat, eine faszinierende Einschätzung der Realität des trotzkistischen Kommunismus. Horton schreibt unter anderem

> Ursprünglich war der „Kommunismus" nichts anderes als ein Werkzeug der reichen amerikanischen Juden in New York. In den USA und in einem Großteil der übrigen Welt ist das auch heute noch der Fall. Lassen Sie uns nun eine Frage ansprechen, die für jeden, der den Kommunismus wirklich verstehen will, wichtig ist: „Was ist der Unterschied zwischen einem Stalinisten und einem Trotzkisten? Einige werden Ihnen sagen: „Alle Kommunisten sehen gleich aus".
>
> Es handelt sich um eine gefährliche und oberflächliche Desinformation. Sie ist nur dann akzeptabel, wenn man bereit ist, ein oberflächliches Schlagwort an die Stelle von echtem Wissen zu setzen. Ein Stalinist vertritt den ursprünglichen russischen Nationalismus. Ein Trotzkist vertritt die jüdischen Interessen der Stadt New York. Die jüdischen Interessen von New York erlitten eines Tages vor vielen Jahren einen schrecklichen Rückschlag, als ein wortkarger Vermummter Leo Trotzki in einer Villa in Mexiko eine Axt in den Schädel rammte.
>
> Die kommunistische Weltverschwörung ist keine russische Verschwörung, sondern eine amerikanisch-jüdische Verschwörung. Heute gerät sie weltweit in den schlimmsten Verruf. Amerika wird beschuldigt, den Kommunismus in der Welt zu unterstützen. Leider ist diese Anschuldigung begründet. New York ist das wahre Zentrum der Verschwörung. Wenn einige unserer Antikommunisten viermal aufstehen und diese einfache Wahrheit aussprechen würden, könnten wir vielleicht noch von der jüdischen Umklammerung befreit werden. Nur wenige tun das.
>
> Die meisten Kommunisten und viele Antikommunisten stehen auf

der gleichen Gehaltsliste, der jüdischen Gehaltsliste. Sie führen einen Scheinkampf gegeneinander. Die erste Grundregel dieses Scheinkampfes lautet: „Nie eine wirkliche Wahrheit in die Sache einbringen, weder auf der einen noch auf der anderen Seite; erzählen, was man will, aber nie die Wahrheit sagen". Das ist die Grundlage der meisten falschen „Experten" über den Kommunismus, die seit vierzig Jahren über das Thema „experimentieren" und es nicht geschafft haben, ihn zurückzudrängen.

Horton war besonders kategorisch, als er betonte, dass die „antikommunistische" Bewegung in den USA zunehmend in die Hände echter Kommunisten - der Trotzkisten - fiel, die unter dem Deckmantel des „Kampfes gegen den Kommunismus" in Wirklichkeit daran arbeiteten, ihn in das amerikanische System einzuführen. Das ist ein Punkt, den damals nur wenige Antikommunisten verstanden haben und den sie auch heute noch nur schwer verarbeiten können. Horton schrieb

> Diese Personen produzieren die Literatur über den Kommunismus, die der amerikanischen Öffentlichkeit allgemein zugänglich ist. Sie haben kein Interesse daran, wirklich stichhaltige Informationen zu liefern. Ihr Ziel ist es, die öffentliche Meinung zu manipulieren.

> Deshalb versuchen sie, die Nichtjuden zu spalten. Sie versuchen, die Mittelschicht glauben zu machen, dass die Arbeiterklasse mit dem roten Russland verbündet ist. All das sind und waren reine Halluzinationen, die von scharlatanen jüdischen Intellektuellen erzeugt wurden, um die Tyrannei einer Minderheit über die amerikanische Mehrheit zu fördern.

In seinem Essay betont Horton, dass die jahrhundertealten Etiketten „rechts" und „links" keine wirkliche Bedeutung mehr haben - ein Punkt, den selbst viele moderne, legitime und selbsternannte amerikanische „Konservative" des 21. Jahrhunderts noch nicht erkannt haben:

> Die Positionen „rechts" oder „links" in der Politik haben keine wirkliche Gültigkeit. Sie sind künstliche Positionen, die von den Juden erfunden wurden. Die jüdische Kontrolle der Kommunikation ist absolut entscheidend für den Erfolg dieses Machtsystems. Die jüdische politische Scharlatanerie würde in der Ausstellung nicht lange überleben.

> Das Rechts-Links-Zeitalter ist das jüdische Zeitalter, und es ist ein Zeitalter, das auf der Weltbühne in die Vergangenheit zurückfällt. Wenn Amerika weiterhin in dieser jüdischen Vergangenheit lebt, hat es keine Zukunft.

Hortons Worte, die er vor fast 50 Jahren schrieb, hallen immer noch nach. Doch um den Finger noch tiefer in die Wunde zu legen, sollte die Übersetzung einer Analyse des Zionismus überprüft werden, die auf Spanisch in der Ausgabe der *Granma* vom 4. November 1979, der offiziellen Zeitung des kommunistischen Regimes von Fidel Castro in Kuba, veröffentlicht wurde.

(Ähnliche Versionen waren zuvor in der Sowjetunion aufgetaucht, zu einer Zeit, als der Zionismus zunehmend öffentlich angeprangert wurde, sehr zum Missfallen der amerikanischen Trotzkisten, die sich damals als „Neokonservative" neu erfanden).

Obwohl diese Analyse aus kommunistischer Sicht vom Zusammenbruch des Sowjetreichs, wie es zum Zeitpunkt der Erstveröffentlichung dieses Dokuments bestand, überholt wurde, enthält sie faszinierende Informationen über die Quellen der Spannungen zwischen Zionismus und Kommunismus.

> Die zionistische Bewegung, die Ende des 19. Jahrhunderts von der jüdischen Großbourgeoisie gegründet wurde, entstand mit einem entschieden konterrevolutionären Ziel. Seit der Gründung der Zionistischen Weltorganisation im Jahr 1897 bis heute hat sich der Zionismus als Ideologie und politische Praxis gegen den globalen revolutionären Prozess gestellt.
>
> Der Zionismus ist in einem globalen Sinne konterrevolutionär, weil er weltweit gegen die drei Hauptkräfte der Revolution agiert: die sozialistische Gemeinschaft, die Bewegung der Arbeiterklasse in den kapitalistischen Ländern und die nationale Befreiungsbewegung.
>
> Die zionistische Konterrevolution begann mit Vorstößen in die europäische Arbeiterbewegung. In den ersten Jahren,, als das Wachstum des Monopolkapitalismus und die Ausbreitung reaktionärer Tendenzen, die mit der Etablierung der imperialistischen Phase des Kapitalismus einhergingen, die Einheit und Solidarität des Proletariats erforderten, konzentrierten sich die Zionisten darauf, die Arbeiterklasse zu spalten.
>
> Sie propagieren die These, dass alle Nichtjuden Antisemiten sind und immer sein werden; sie behaupten, die einzige Möglichkeit für das Wohlergehen und die Gerechtigkeit der jüdischen Massen sei die Auswanderung ins „gelobte Land"; sie treten für die Klassenkollaboration ein und lenken damit das jüdische Proletariat vom Kampf für seine wirkliche Emanzipation ab und spalten und schwächen die Bewegung der Arbeiterklasse. Nicht zufällig finden sich in den Archiven der zaristischen Polizei Dokumente, die dazu

aufrufen, die zionistische Bewegung zu unterstützen, um die proletarische Revolution einzudämmen.

Theodor Herzl, der Gründer des Zionismus, schrieb damals in sein Tagebuch: „Alle unsere jungen Leute, alle zwischen 20 und 30 Jahren, werden ihre obskuren sozialistischen Tendenzen aufgeben und zu mir kommen.

Die Bemühungen der zionistischen Konterrevolution konnten die Räder der Geschichte jedoch nicht bremsen. Der Sieg der Großen Sozialistischen Oktoberrevolution in Russland leitete eine Periode des weltweiten Übergangs vom Kapitalismus zum Sozialismus ein. Der erste Sieg des Proletariats, der die Voraussetzung für künftige Siege war, versetzte dem Zionismus einen schweren Schlag.

Der Großteil des Geldes, das die Kassen der Zionisten füllte, stammte aus Russland, wo der Zarismus die Juden jahrhundertelang gedemütigt und unterdrückt hatte. Russland stellte eine Million Einwanderer für die zionistische Besiedlung Palästinas zur Verfügung. Als die russische Revolution der Ausbeutung des Menschen durch den Menschen ein Ende setzte, zerstörte sie auch die Basis des Zionismus in der Sowjetunion.

Die leninistische Politik in der nationalen Frage hat alle zionistischen Mythen, dass Juden nicht vollständig und gleichberechtigt in die Gesellschaft integriert werden könnten, umgestoßen und alle rassistischen Behauptungen über die Unvermeidbarkeit Antisemitismus zerstört. Die Zionisten haben dem sowjetischen Staat und seiner leninistischen Partei nie verziehen und werden es auch nie tun - nicht so sehr, weil sie den Geldfluss aus Russland unterbrachen und Arbeiter für die Kolonialisierungsbemühungen verloren, sondern weil die Bolschewiki eine richtige Politik betreiben, die die Talente und Anstrengungen der sowjetischen Juden in die Aufgaben beim Aufbau einer neuen Gesellschaft einbezog und so die klassenbedingten Ursprünge von Diskriminierung und Antisemitismus aufzeigte, mit der Vergangenheit brach und eine echte Lösung für das jüdische Problem anbot, eine Lösung, die kein Massenexodus nach Palästina war und niemals sein konnte.

Die zionistische Konterrevolution nimmt eine antisowjetische Wendung. Vor dem Oktober 1917 arbeiteten die Zionisten mit Kerenski zusammen. Später unterstützten sie alle Versuche der Konterrevolution und beteiligten sich begeistert an den verschiedenen weißen „Regierungen", die während des Bürgerkriegs [in Russland] in verschiedenen Teilen des Landes eingesetzt wurden. Sie waren aktiv an allen Aktionen beteiligt, die vom Ausland aus gegen die Sowjetunion unternommen wurden, und ihre mächtige Propagandamaschinerie verbreitete eine Lawine von Lügen über den ersten Arbeiter- und Bauernstaat der Welt.

Selbst der sowjetische Sieg über den deutschen Faschismus, der so viele jüdische Leben rettete, veranlasste die Zionisten nicht dazu, ihre antisowjetische Haltung zu ändern.

Mit dem Beginn des Kalten Krieges arbeiteten die Zionisten bei allen Subversionen und Ablenkungsmanövern gegen die UdSSR und andere sozialistische Länder mit. Der Geheimdienst des zionistischen Staates Israel koordinierte seine Spionagetätigkeiten mit der CIA. Zionistische Agenten spielten eine aktive Rolle bei den konterrevolutionären Versuchen in Ungarn und der Tschechoslowakei.

Heute unterstützt der Zionismus die heuchlerische antisowjetische Kampagne über angebliche Menschenrechtsverletzungen an Juden in der Sowjetunion und tut alles, um Druck auf sowjetische Bürger jüdischer Herkunft auszuüben, damit sie ihre wahre Heimat verlassen und sich nach Israel begeben. Diese Bemühungen der zionistischen Konterrevolution können nur zu weiteren Fehlschlägen führen. Und um das Bild abzurunden, gibt es noch die konterrevolutionäre zionistische Aktion gegen die nationalen Befreiungsbewegungen.

Kurz nach dem Ersten Weltkrieg drangen zionistische Siedler in das palästinensische Gebiet ein und fungierten als Speerspitze der britisch-imperialistischen Interessen, die den Hoffnungen der arabischen Völker auf Unabhängigkeit entgegenstanden. Ihre Rolle wurde von dem prominenten zionistischen Führer Max Nordau in einer Erklärung an die britischen Behörden klar definiert:

„Wir wissen, was Sie von uns erwarten: Wir sollen den Suezkanal verteidigen. Wir müssen Ihre Route nach Indien verteidigen, die durch den Nahen Osten führt. Wir sind bereit, diese schwierige Aufgabe zu übernehmen. Aber Sie müssen uns erlauben, mächtig genug zu werden, um diese Aufgabe erfolgreich zu bewältigen".

Und tatsächlich wurden die Zionisten zu einer Macht und schafften es 1948, ihren eigenen Staat zu gründen: den zionistischen Staat Israel. Heute besteht ihre Aufgabe darin, die Ölrouten zu verteidigen, alle Interessen des US-Imperialismus zu wahren und das Voranschreiten der arabischen Revolution zu blockieren.

Unterstützt durch riesige Mengen an imperialistischer Wirtschafts-

und Militärhilfe, gehen die Zionisten ständig gegen nationale Befreiungsbewegungen vor.

Es gab eine Zeit, in der sie die Aufgabe hatten, in die afrikanischen und asiatischen Unabhängigkeitsbewegungen einzudringen, zu garantieren, dass die neuen unabhängigen Staaten Wege beschreiten würden, die für den Imperialismus akzeptabel waren, dass sie die Grenzen des Neokolonialismus nicht überschreiten würden. Israel bot Kurse, Berater und alle Arten von Hilfe an.

Doch diese Masche war nicht sehr erfolgreich. Israels wachsende Rolle als Gendarm des Imperialismus im Nahen Osten, sein Rassismus und sein erklärter Expansionismus machten den jungen afrikanischen und asiatischen Nationen die Gefahren der israelischen „Hilfe", den Verrat an der israelischen Außenpolitik, bewusst.

Nichtsdestotrotz hat der zionistische Staat eine neue Rolle im Kampf der weltweiten Reaktion gegen den Fortschritt übernommen. Er überschreitet die geografischen Grenzen des Nahen Ostens, knüpft Freundschaftsbande mit allen reaktionären Regimen und beginnt damit, Waffen, Ausrüstung und Berater an diejenigen zu liefern, die versuchen, nationale Befreiungskämpfe zu unterdrücken.

Die israelische Rüstungsindustrie hat sich auf die Entwicklung und Herstellung aller Arten von Waffen für den städtischen und ländlichen Anti-Guerilla-Kampf spezialisiert.

Das rassistische Regime Südafrikas, die Diktaturen in Guatemala und El Salvador und der Faschist Pinochet gehören zu den besten Kunden der israelischen Waffenindustrie. Die israelischen Waffenverkäufe im Jahr 1978 wurden auf 400 Millionen Dollar geschätzt. Einer ihrer besten Kunden war der nicaraguanische Diktator Anastasio Somoza.

Die zionistische Konterrevolution war in Somozas Nicaragua in Form von Galil-Gewehren und Pull-Push-Flugzeugen präsent, doch sie konnte den Sieg der sandinistischen Revolutionäre nicht verhindern.

Es ist ein Symbol für unsere Zeit: Weder die Machenschaften der zionistischen Konterrevolution noch die israelischen Waffen können den Siegeszug der Völker der Welt bremsen.

(ENDE DES GRANMA-ARTIKELS)

Was auch immer man von Fidel Castro oder dem ehemaligen sowjetischen

Führer Josef Stalin halten mag, Tatsache ist, dass es seit langem eine echte Spaltung zwischen den Trotzkisten - die sich (auf der Führungsebene des „neokonservativen" Netzwerks in den USA) in Tribunen der zionistischen Weltbewegung verwandelt haben - und den nationalistisch orientierten Elementen gibt, die in Russland von Stalin nach seiner Machtkonsolidierung angeführt wurden.

Um diese Nuancen zu verstehen und die Rolle zu erkennen, die sie bei den Ereignissen in der letzten Hälfte des 20. Jahrhunderts gespielt haben, ist es entscheidend zu verstehen, wie und warum der „Innere Feind" die traditionelle Ursache des „Antikommunismus" manipulieren und in einen Mechanismus im Dienste der zionistischen Sache verwandeln konnte.

Zwar gibt es einige unbedeutende trotzkistische Bewegungen - Banden von Straßenhetzern und dergleichen -, die weiterhin unabhängig (und oft in Opposition) zu den neokonservativen Zionisten operieren, doch sind diese „Neokonservativen", die sich in die amerikanische Flagge gehüllt haben, der eigentliche Innere Feind.

In Anbetracht dessen ist es kein Zufall, dass im heutigen Russland traditionelle Kommunisten (von denen viele das Andenken Josef Stalins verehren) und Antikommunisten in ihrer Opposition gegen den Zionismus und die jüdische plutokratische Macht vereint sind.

Im folgenden Kapitel werden wir einige bemerkenswerte historische Fakten untersuchen, die die Realität der Spaltung zwischen Stalinisten und zionistischen Trotzkisten unterstreichen und das Wesen des Inneren Feindes der Neuzeit weiter verdeutlichen.

KAPITEL XIII

Die zionistische Infiltration des sowjetischen KGB und ihre Auswirkungen auf die amerikanischen Geheimdienste: Die unbekannte Grundlage für die Entstehung des Neokonservatismus in Amerika

Der bekannteste sowjetische Spion in der Geschichte ist der verstorbene britische Verräter H. A. R. „Kim" Philby. Doch „der Rest der Geschichte" von Philbys Intrige wurde fast ein halbes Jahrhundert lang geheim gehalten. Die Wahrheit ist, dass Philby nicht nur ein Agent des KGB war. Er war auch ein Agent eines anderen Geheimdienstes, des israelischen Mossad. Nur *The Spotlight*, die populistische Wochenzeitung aus Washington, hat diese erstaunliche Geschichte erzählt, die eine „verborgene Geschichte" von Intrigen ans Licht bringt, die von den „großen" westlichen Medien absichtlich unterdrückt werden.

In seiner Ausgabe vom 25. Juni 1984 berichtete *The Spotlight* über eine streng vertrauliche Zusammenfassung der Spionageoperationen des Ostblocks, die im April 1984 von Analysten des Verteidigungsministeriums erstellt worden war. (Eine Kopie dieses Berichts wurde Andrew St. George, dem diplomatischen Chefkorrespondenten von *The Spotlight*, von gut unterrichteten Quellen zur Verfügung gestellt).

In der Zusammenfassung werden mehrere Fälle angeführt, in denen Geheimagenten des KGB, des wichtigsten Geheimdienstes der Sowjetunion, ihre Kräfte mit denen des israelischen Geheimdienstes Mossad vereint haben, um in amerikanische Ziele einzudringen. Philby gehört zu denjenigen, die dem Mossad geholfen haben.

Die Studie enthüllt, dass William King Harvey, ein erfahrener CIA-Beamter, bereits 1942 mit dem KGB und dem Mossad in Konflikt geriet, als er eine hochrangige Untersuchung mit einem Bericht abschloss, der Philby, damals ein hoher Beamter der britischen Spionageabwehr, als sowjetischen „Maulwurf" denunzierte, d. h. als langfristigen, heimlichen sowjetischen Penetrationsagenten.

Zu dieser Zeit arbeitete Philby in Washington als leitender Verbindungsoffizier zwischen dem britischen und dem amerikanischen

Geheimdienst, was ihm Zugang zu den bestgehüteten Sicherheitsgeheimnissen der US-Regierung verschaffte.

Die anderen Beweise in der Zusammenfassung des Pentagons über Philby enthüllten - wurden aber nicht in allen Berichten der „Mainstream"-Medien über den Fall Philby erwähnt -, dass Philby zwar für die Sowjets spionierte, aber seit den frühen 1940er Jahren auch als Agent für die Sache des politischen Zionismus arbeitete.

Das war lange vor der Entstehung Israels als souveräner Staat und der Bildung des Mossad, der laut Victor Ostrovsky, einem ehemaligen Mossad-Offizier, als „der eigentliche Motor der Politik" in Israel fungiert.

Der Pentagon-Bericht enthüllt, dass Philby 1932 in Wien, Österreich, Litzi Friedman, eine kommunistische Organisatorin, die auch im Namen der zionistischen Sache aktiv war, heiratete. Bei der Hochzeit waren mehrere Persönlichkeiten anwesend, die später eine führende Rolle in der israelischen Spionage spielten.

Zu ihnen gehörten „Teddy" Kollek, der unter dem Namen, dem späteren langjährigen Bürgermeister von Jerusalem, viel bekannter wurde, und Jacob Meridor, einer der Gründer und Direktoren des Mossad.

Indem Harvey Philby als roten Spion denunzierte, ließ er auch Zweifel an Philbys engem Freund James Jesus Angleton aufkommen, dem Direktor der CIA-Spionageabwehr, der auch der Verbindungsmann der CIA zum Mossad und ein treuer Unterstützer der zionistischen Sache war.

Angleton und der Mossad fühlten sich durch die Tatsache bedroht, dass Harvey Philby als sowjetischen Maulwurf enttarnt hatte. Schon bald kursierten in Washington Gerüchte über Harveys „exzessiven Alkoholkonsum" und „skandalöses" Verhalten, die direkt an das Weiße Haus weitergeleitet wurden.

1967 entließ Präsident Johnson Harvey von seinem Posten bei der CIA und er zog sich in Ungnade zurück. Wie *The Spotlight* schrieb: „Der wichtigste amerikanische Meister der Spionage nach dem Zweiten Weltkrieg, der Philby und andere wichtige kommunistische Spione entlarvt hatte, verbrachte seine letzten Jahre in einem aussichtslosen Job bei einem Verlagshaus. Er starb 1976 an einem Herzinfarkt, im Dunkeln, schlecht bezahlt und einsam.

(Ironischerweise wurde in den letzten Jahren ein betrügerischer Versuch unternommen, Harvey mit der Ermordung von JFK in Verbindung zu bringen, indem suggeriert wurde, Harvey habe mit seinem langjährigen Feind Angleton und Angletons CIA-Leutnants Hand in Hand gearbeitet, um die Ermordung des Präsidenten zu organisieren. Nichts könnte weiter von der Wahrheit entfernt sein).

In Wirklichkeit hatte Harvey recht. Philby wurde schließlich als wichtiger sowjetischer Penetrationsagent entlarvt und gestand schließlich und floh nach Moskau, wo er starb.

Angletons Schicksal war etwas ähnlich. In einem lange unterdrückten streng geheimen Bericht (zitiert in der von *The Spotlight* beschriebenen Zusammenfassung des Pentagons) kam ein hochrangiger Sicherheitsbeamter der CIA, C. Edward Petty, zu dem Schluss, dass Angleton möglicherweise ein israelisch-sowjetischer Penetrationsagent gewesen sei, während er sich seinen Weg bis an die Spitze der CIA-Bürokratie bahnte.

Der Petty-Bericht legt nahe, dass Angleton im Laufe seiner Karriere als dominante Figur der amerikanischen Spionageabwehr lebenswichtige Informationen an die Sowjetunion und Israel weitergegeben hat. Der Bericht wurde Präsident Gerald Ford im April 1975 übergeben, aber es wurde eine politische Entscheidung getroffen, dass die Beweise nicht ausreichten, um Angleton anzuklagen und vor Gericht zu stellen, hauptsächlich, weil es unmöglich gewesen wäre, einen öffentlichen Prozess gegen einen Geheimdienstmitarbeiter zu organisieren, der so viele Geheimnisse kannte wie Angleton.

Stattdessen entließ der damalige CIA-Direktor William Colby Angleton, was die Israel-Lobby, die sich so lange auf Angletons Schlüsselposition in der Bürokratie der Spionageabwehr gestützt hatte, erzürnte. Angleton ging in den Ruhestand und starb als gebrochener Mann am 11. Mai 1987.

Am 14. Dezember 1998 veröffentlichte *The Spotlight* als einzige Zeitung der Welt eine verschwiegene Tatsache über die ansonsten weit verbreiteten Spionagegeheimnisse des KGB, die bei der Veröffentlichung der legendären sowjetischen diplomatischen Kabel, die ab 1946 von der US Army Transmission Security Agency heimlich entschlüsselt worden waren und den Codenamen „Venona" trugen, ans Licht gekommen waren.

Der Militärhistoriker Ulick Steadman bezeichnete die Operation Venona als „historische Leistung", stellte aber fest, dass es „eine schockierende Wendung" gegeben habe. Tatsächlich stellte sich heraus, dass die überwiegende Mehrheit der ausländischen Agenten, die durch die entschlüsselten sowjetischen Kabel enttarnt wurden, in zionistischen Kreisen und nicht nur im kommunistischen Untergrund aktiv waren. Laut H. Dexter Gamage, der als Kryptografie-Analyst im Pentagon tätig war, enthüllten die Venona-Akten, dass Zionisten „drei Viertel der von den Sowjets rekrutierten feindlichen Spione" in den USA ausmachten.

Daher ordnete General Omar Bradley, der Vorsitzende des Joint Chiefs of Staff, zu der Zeit, als das Venona-Projekt lief, an, dass die abgefangenen Kabel Präsident Truman nicht mitgeteilt werden sollten, weil - so

Steadman - Bradley „besorgt war, dass alles, was dem Weißen Haus bekannt war, bald den zionistischen Insidern [um den Präsidenten herum] und dann den Sowjets bekannt werden würde", die herausfinden würden, dass ihre Kabel abgefangen wurden.

Ab 1995/96 wurden Teile von Venonas Entschlüsselungen schließlich öffentlichkeitswirksam veröffentlicht. Wichtige Teile dieser lange Zeit streng geheimen Dokumente wurden jedoch nie veröffentlicht, ebenso wenig wie eine Liste der Kreml-Spione, von denen jeder mit seinem Namen und seinem Decknamen identifiziert wurde. Die Identität dieser Spione ist in der Tat sehr interessant.

In den sowjetischen Originalnachrichten waren viele Agenten mit dem Buchstaben „K" für „KRYSY" (d. h. „Ratten") gekennzeichnet. „KRYSY" war die verächtliche sowjetische Codebezeichnung für die zionistischen Agenten unter ihrer Kontrolle. In der in den USA veröffentlichten Version dieser Dokumente deckte *The Spotlight* auf, dass die Bezeichnung „K" vor der Veröffentlichung gelöscht worden war, offenbar von den Zensoren des Außenministeriums.

Die Untersuchung von 35 sowjetischen Nachrichten, die der unnachahmliche Andrew St. George von *The Spotlight* entschlüsselt hatte, ergab 20 Namen von zionistischen Agenten, die in Moskaus Diensten standen. Die gleichen Dokumente enthüllten nur vier kommunistische Agenten, die keine offensichtliche ethnische Verbindung zum Zionismus hatten.

Diese neueren Enthüllungen bestätigen sicherlich andere Beweise, die wir untersucht haben, nämlich dass es in den letzten Tagen der Stalin-Ära und in den Jahren danach tatsächlich eine Spaltung auf höchster Ebene zwischen den Zionisten und den russischen Nationalisten in der UdSSR gab.

Es handelte sich um ein wichtiges geheimes Element in der Entwicklung des Kalten Krieges - eine Lücke, die den Grundstein für den Aufstieg des pro-zionistischen „neokonservativen" Netzwerks legte, das sich schließlich als einer der gefährlichsten inneren Feinde Amerikas herausstellte.

Solange amerikanische Patrioten - die wahren Patrioten - sich diesen verborgenen Elementen der Geschichte, die eine radikal andere Perspektive auf die Ereignisse in der zweiten Hälfte des 20. Jahrhunderts werfen, nicht stellen und sie nicht verstehen, wird es unmöglich sein, den Prozess der Rückeroberung Amerikas - im 21. Jahrhundert - von den Händen der Böcke Judas einzuleiten: Der innere Feind.

Die alten Etiketten „liberal" und „konservativ" treffen einfach nicht mehr zu, und viele Legenden der Vergangenheit - insbesondere aus der Zeit des

Kalten Krieges - müssen als genau das erkannt werden: als „Legenden".

In den folgenden Kapiteln werden wir weitere Belege für die Rolle der sogenannten „Antikommunisten" in den USA bei der Veränderung, Verzerrung und Zerstörung legitimer antikommunistischer Bewegungen zugunsten der zionistischen Agenda untersuchen.

Wie wir sehen werden, ist die Geschichte der „McCarthy-Ära" und der „konservativen" Kräfte, die sich in dieser Zeit aufzustellen begannen, weitaus komplexer, als man uns glauben machen wollte.

KAPITEL XIV

Der trotzkistische Kommunismus - heute als „Neokonservatismus" bezeichnet - und die Geschichte des Senators Joseph R. McCarthy

Der Inhalt eines Großteils dieses Kapitels wird die heutigen amerikanischen Antikommunisten schockieren (und insbesondere diejenigen, die Senator Joseph R. McCarthy aktiv unterstützt haben. McCarthy, der berüchtigte Kommunistenjäger), aber einige Fakten müssen Teil der aufgezeichneten Geschichte sein, wenn wir ein wahrheitsgetreues Profil des Inneren Feindes erhalten wollen.

Zunächst aber die Geschichte einer umstrittenen Persönlichkeit, die eine geheime (und eigentlich ziemlich bizarre) Rolle dabei spielte, John F. Kennedy 1960 zum Sieg über die Präsidentschaft zu verhelfen - eine der legendären Figuren, hinter den Kulissen der amerikanischen Nationalbewegung - DeWest Hooker, der im Alter von 81 Jahren am 22. September 1999 in Washington, D.C., verstorben ist.

Hooker - „West" für seine Freunde - ist nun Teil der Geschichte (der verborgenen Geschichte) und seine bemerkenswerte Geschichte verdient es, erzählt zu werden, zumal Hookers Erlebnisse uns helfen, die Arbeit der zionistischen Judasböcke in den USA zu dokumentieren.

Über Hooker selbst: Ein faszinierender und denkwürdiger Mann, der diese kurze Würdigung verdient. Hooker wurde in wohlhabende und privilegierte Verhältnisse hineingeboren und heiratete später in eine unermesslich reiche Familie ein. Er war Absolvent der Cornell University und Veteran des Zweiten Weltkriegs, eines Krieges, von dem er damals und bis zu seinem Tod der Meinung war, dass er unnötig war und nicht hätte geführt werden dürfen.

Hooker widmete einen großen Teil seines Privatvermögens dem Kampf für die nationalistische Sache, eine Sache, die er nie aufgab.

In seinen jungen Jahren war der blumig-schöne Hooker nicht nur ein Broadway-Schauspieler, sondern auch ein Werbemodell, das in Werbespots für Chesterfield-Zigaretten auftrat und in den berühmten Werbespots für Hathaway-Hemden eine Augenklappe trug.

Hooker verzichtete jedoch auf eine vielversprechende Bühnenkarriere, nachdem ihm die Hauptrolle des Henry Fonda in der Tournee des Broadway-Erfolgsstücks *Command Decision* angeboten worden war, und zog es vor, hinter den Kulissen der Unterhaltungsindustrie zu arbeiten.

Hooker arbeitete schließlich als Künstleragent für die Music Corporation of America (MCA) und war Anfang der 1950er Jahre einer der bestbezahlten Künstleragenten Amerikas. Er konzentrierte sich auf den aufstrebenden Sektor der Fernsehproduktion.

Hooker war besonders stolz auf seine Bemühungen, „schwarze Unterhaltung" für das „schwarze Publikum" zu fördern, indem er die künstlerischen Bemühungen schwarzer Sänger und Schauspieler unterstützte. Gleichzeitig lehnte Hooker jedoch das Konzept, dass schwarze Musik und Kultur für ein weißes Publikum gefördert werden sollten, als Leitprinzip der heutigen „multikulturellen" Musik- und Filmpromoter völlig ab.

(Hooker war besonders begeistert von der Mitte der 1980er Jahre zunehmenden Bedeutung von Minister Louis Farrakhan, dem Führer der Nation of Islam, und dieser Autor traf Minister Farrakhan zum ersten Mal, als er Hooker 1985 zu einer Versammlung der Nation of Islam in Washington, D.C., begleitete, zu der er nur auf Einladung erschienen war).

Eine Zeit lang war einer der MCA-Verträge unter Hookers Verantwortung der eines ehemaligen B-Movie-Schauspielers, der zum Fernsehstar Ronald Reagan wurde - obwohl dieses Detail in Reagans offiziellen Biografien im Lichte von Hookers zukünftiger „Infamie" und seinem Ruf als „Antisemit" nicht erwähnt wird.

Eine „geheime" Beschreibung der Beziehung zwischen Hooker und Reagans Aufstieg findet sich jedoch in einem wenig bekannten Buch mit dem Titel *The King Maker (Der Königsmacher),* das 1972 veröffentlicht wurde, acht Jahre bevor Reagan die Präsidentschaft erlangte. Geschrieben von Henry Denker, einem bekannten New Yorker Schriftsteller, Produzenten und Regisseur mit umfassenden Kenntnissen der Unterhaltungsindustrie, ist *The King Maker* ein *Schlüsselroman* (d. h. ein „fiktiver" Roman, der auf realen, kaum verkleideten Personen und Ereignissen beruht).

Jeder wusste, dass es sich um eine Geschichte hinter den Kulissen handelte, wie Ronald Reagan politische und finanzielle Geschäfte mit der Agentur MCA machte und wie diese Geschäfte dazu beitrugen, Reagan zum Gouverneur von Kalifornien zu machen.

Das Buch ist nicht leicht in Bibliotheken oder sogar in Second-Hand-Buchhandlungen zu finden. Vielleicht gerade deshalb, weil Sie, wenn Sie zwischen den Zeilen lesen (oder nicht unbedingt zwischen den Zeilen), unangenehme Dinge über Reagan und die Menschen, die ihn zur politischen Macht der USA im letzten Viertel des 20.

Hooker war das reale Vorbild für eine der Figuren im Buch, „Carl Brewster", eine offen antijüdische Führungskraft in der Fernsehindustrie, und, seien wir ehrlich, West Hooker selbst war sehr antijüdisch und machte keine Anstalten, dies zu verbergen.

In *The King Maker* ist Reagan „Jeff Jefferson", ein ehemaliger Filmschauspieler, der durch seine Verbindung mit Dr. Irwin Cone, dem Gründer einer mit der Mafia verbundenen Rekrutierungsagentur, der Talent Corporation of America (TCA), zum Gouverneur von Kalifornien katapultiert wurde und zu einer eigenständigen politischen Kraft wurde. Denker's „Dr. Cone" ist der echte Dr. Jules Stein, und die TCA ist in Wirklichkeit - Sie haben es erraten - die Music Corporation of America, besser bekannt als der Mediengigant MCA (heute eine Tochtergesellschaft des expandierenden Bronfman-Imperiums). Offensichtlich war das Buch zu relevant, so dass Dr. Steins Partner im wirklichen Leben, Lew Wasserman, den Roman als „Schundstück" bezeichnete, obwohl Wasserman in dem Roman überhaupt nicht vorkommt.

1986 schrieb ein anderer Schriftsteller, Dan Moldea, der für seine Expertise in der Geschichte des organisierten Verbrechens bekannt ist, sein eigenes Buch, das kein *a Schlüsselroman* war, sondern in Wirklichkeit ein umstrittenes Sachbuch, das die gleiche Geschichte erzählte wie Denker in *The King Maker*. Moldeas Buch hatte jedoch einen brisanteren - und vielleicht treffenderen - Titel: *Dark Victory: Ronald Reagan, MCA, and the Mob*.

Wie dem auch sei, Hookers Antisemitismus gefiel seinen Chefs Lew Wasserman und Jules Stein nicht, und Hooker trennte sich schließlich von MCA (an seine Jahre bei MCA wird in Denkers Buch erinnert). Hooker gelang es jedoch dank seines eigenen Einfallsreichtums, MCA als sehr reicher Mann zu verlassen und Wasserman von MCA so weit zu überlisten, dass Hooker später in der Presse von dem Showbusiness-Kolumnisten Walter Winchell als der einzige der MCA-Mitarbeiter bezeichnet wurde, der Wasserman jemals überlistet hatte.

In persönlichen Gesprächen war Winchell dafür bekannt, offener zu sagen, dass Hooker der „einzige Goi" (d. h. ein Nichtjude) war, der diese Leistung vollbracht hatte, obwohl Winchells zusätzliche Sprache viel kehliger war, um zu beschreiben, was Hooker seinem ehemaligen Arbeitgeber angetan hatte.

Mitte der 1950er Jahre orientierte sich Hooker zum Entsetzen der Medienelite an der Gründung eines „vierten" Fernsehsenders. Hooker gab freimütig zu, dass sein Projekt als erstes „nicht von Juden kontrolliertes" Fernsehnetzwerk konzipiert war.

Obwohl er Botschafter Joseph P. Kennedy (Vater von Senator John F. Kennedy) aktiv um finanzielle Unterstützung für das Projekt bat, weigerte sich der Gründer der Kennedy-Dynastie, sich daran zu beteiligen (obwohl er das Konzept von ganzem Herzen unterstützt hatte). Kennedy erklärte, dass seine Teilnahme die jüdische Gemeinschaft verärgern und die Chancen seines Sohnes auf die Präsidentschaft beeinträchtigen würde. Hookers Erinnerungen aus erster Hand an sein damals geheimes Treffen mit Kennedy wurden erstmals ausführlich in dessen Buch „*Final Judgment*" erzählt.

Jedenfalls bekam die Anti-Defamation League (ADL) von B'nai B'rith Wind von Hookers Bemühungen, ein „viertes" Netzwerk zu organisieren, und 1954 widmete die ADL unter dem Titel „The Case of the Charming Bigot" (Der Fall des charmanten Bigot) eine Doppelseite ihres Bulletins der „Entlarvung" Hookers. Selbst die ADL, die so sehr dazu neigte, Menschen in den Schmutz zu ziehen und ihren Charakter zu verunglimpfen, musste anerkennen, dass Hooker eine fesselnde Persönlichkeit besaß, die nie zur Ruhe kam.

Schließlich erließ der Generalstaatsanwalt des Staates New York (und spätere US-Senator) Jacob Javits, ein korrupter und bösartiger jüdischer Verbündeter der ADL, eine einstweilige Verfügung, die Hooker daran hinderte, Geld für das Netzwerk zu sammeln, und tötete damit das Projekt im Namen der anderen von Zionisten geführten Netzwerke.

Obwohl Hooker später die USA verließ und ins Exil nach Italien ging, wo er mit der Abfüllung von Limonaden ein Vermögen machte, kehrte er Mitte der 1980er Jahre in das Land zurück, um seine politischen Aktivitäten wieder aufzunehmen.

Viele Jahre lang arbeitete Hooker diskret hinter den Kulissen, um - zusammen mit sympathischen Interessen in der arabischen Welt - ein internationales Ölvertriebsnetz aufzubauen, das die amerikanische nationalistische Bewegung mit Geld versorgen sollte. Leider wurden Hookers Bemühungen von Persönlichkeiten eines bestimmten arabischen Regimes vereitelt, die vom israelischen Geheimdienst Mossad kooptiert worden waren. Tatsächlich wurde einer von Hookers Arbeitspartnern in diesem Projekt ermordet.

Hooker selbst hatte den Vorteil, dass er von den Einkünften eines Treuhandfonds lebte, der ihm von seiner Mutter zur Verfügung gestellt worden war, und er war absolut nicht daran interessiert, irgendeinen Gewinn aus dem Ölgeschäft zu ziehen, das, wenn es erfolgreich gestartet wäre, seiner Schätzung nach mindestens 10 Millionen Dollar pro Jahr für die nationalistische Sache eingebracht hätte.

Leider fiel, obwohl Hooker fast bis zu seinem Tod in guter körperlicher Verfassung war, sein scharfer Verstand dem Alter zum Opfer und sein Gedächtnis begann nachzulassen. Dies war eine große Tragödie, da es ihn daran hinderte, seine gesamte bemerkenswerte Karriere schriftlich oder auf Video festzuhalten, auch wenn glücklicherweise einige seiner Schriften überdauert haben.

Erstaunlicherweise blieb Hooker, obwohl er fünf Jahre lang an Prostatakrebs litt, der sich in seinem ganzen Körper ausgebreitet hatte und ihn schließlich tötete, sehr aktiv und tauchte einige Monate vor seinem Tod bei einer öffentlichen Veranstaltung in Arlington, Virginia, auf (bei der dieser Autor, Michael Collins Piper, sprach), was Hooker einen letzten Angriff seiner Feinde in einem Bericht einbrachte, den das Southern Poverty Law Center (Zentrum für Armutsbekämpfung) von Morris Dees über die Veranstaltung veröffentlichte. Hooker war ehrlich gesagt froh darüber, dass seine Aktivitäten von seinen Erzfeinden immer noch registriert wurden. „Jesus war kein Angsthase", sagte Hooker oft. „Er ging hinein und warf die Geldwechsler aus dem Tempel.

Wie dem auch sei, Hooker war ein bemerkenswerter Mann. Und was er in den 1950er Jahren über die Bemühungen der Zionisten, die „antikommunistische" Bewegung zu kontrollieren, herausfand - Informationen, auf die wir nun im Einzelnen eingehen werden - wird eine erstaunliche Enthüllung sein, die den heutigen Amerikanern, die die wahre Geschichte nie kennengelernt haben, die Augen öffnen und sie zum Nachdenken anregen wird.

Im Folgenden handelt es sich um den (aus Gründen der Klarheit leicht kommentierten) Text einer eidesstattlichen Erklärung, die Hooker am 30. September 1954 abgab und in der er seine Erkenntnisse über die Rolle der sogenannten „American Jewish League Against Communism" und die Art und Weise, wie sie den damaligen Senator manipulierte, beschrieb.

Die Bemühungen von Joseph R. McCarthy, den Kommunismus in den höchsten Kreisen des amerikanischen Systems zu untersuchen. Die eidesstattliche Erklärung lautet wie folgt:

> Vor einiger Zeit hatte ich ein erstaunliches zweistündiges Gespräch mit Norman L. Marks von der American Jewish League Against Communism, Inc.
>
> Tatsächlich wurde ich von einer anderen Person gebracht, und Herr Marks wusste nichts über mich (deshalb hat er sich wirklich geöffnet, weil die Person, die mich gebracht hat, sein „Vertrauen" hatte).

Die AJLAC hat ihre Büros in der 220 West 42nd Street in New York. Sein nationaler Präsident ist Alfred Kohlberg. Sein Exekutivdirektor ist Rabbiner Benjamin Schultz und sein Schatzmeister ist Harry Pasternak. Die Mitglieder seines nationalen Vorstandes sind folgende: Bern Dibner, Lawrence Fertig, Theodore Fine, Benjamin Gitlow, Hon. Walter R. Hart, Herman Kashins, Eugene Lyons, Norman L. Marks, Morris Ryskind, Rabbi David S. Savitz, Nathan D. Shapiro, George E. Sokolsky, Maurice Tishman, Rabbi Ascher M. Yager.

Ich schwöre unter Eid, dass das Folgende so genau ist, wie man es etwa eine Stunde später aus dem Gedächtnis aufschreiben kann. Durch darüber hinaus kann die Information von der anonymen Gegenpartei überprüft werden.

Herr Marks, dessen Name oben und auf dem Briefkopf der AJLAC als Mitglied des nationalen Vorstands aufgeführt ist, sagte: „Der bei weitem größte finanzielle Beitragszahler der AJLAC ist Herr Bernard Baruch: „Der bei weitem größte finanzielle Beitragszahler der AJLAC ist Herr Bernard Baruch". Als er in diesem Zusammenhang gefragt wurde, wie viel Prozent der Mittel Herr Baruch beisteuert, antwortete er: „Etwa 85% oder 90% der Mittel".

Ich sagte, ich hätte gedacht, dass Herr Kohlberg der Hauptbeitragszahler des AJLAC sei, und Herr Marks antwortete: „Nun, er trägt ein wenig bei, aber nichts, was mit Baruchs Beitrag vergleichbar wäre". Ich fragte Herrn Marks, warum Baruchs Name nicht auf dem Briefkopf erschienen sei. Er antwortete mir, dass Baruch darauf bestanden hatte, dass sein Name nicht auf dem Briefkopf erscheinen sollte und dass man nicht erfahren sollte, dass er zur Finanzierung von AJLAC beigetragen hatte.

Herr Marks sagte, die Organisation sei vollständig jüdisch, aber es sei amüsant, dass viele der Gründer „christliche" Ehefrauen zu haben schienen. Er erklärte, dass sie sich jeden Donnerstag im Ambassador Hotel zum Mittagessen trafen und die Weltlage besprachen. Marks erklärte, dass die Organisation weder einen „Christen in ihren Reihen" noch einen „christlichen Unterstützungscent" akzeptieren würde und dass in der Vergangenheit nie christliches Geld angenommen worden sei - dass es sich um eine rein jüdische Organisation handele und von ihnen finanziert werde.

Er erklärte, dass seine Gründung nur zwei Ziele verfolgte: Ziel Nummer eins war es, das Judentum des Kommunismus zu entdramatisieren, und das sekundäre Ziel war es, die Juden aus dem

Kommunismus herauszuholen und den Zionismus zu unterstützen. Er sagte: „Eine Zeit lang waren fast alle Spione der Kommunisten, die enttarnt wurden, Juden und sie machten sich Sorgen und dachten, man müsse etwas tun, um die Juden zu besänftigen. Sie wollten der christlichen Welt zeigen, dass nicht ALLE Juden Kommunisten waren".

Auf die Frage, wie sie das Projekt durchgeführt hätten, antwortete Marks: „Es ist unmöglich, dass ein Christ damit durchkommt, Juden zu kritisieren: „Es ist unmöglich, dass ein Christ damit durchkommt, Juden zu kritisieren. Das kann nur ein Jude tun."

Er fährt fort: „Wir versammelten also eine starke Gruppe von Juden, die „als Antikommunisten bekannt sind", und begannen unsere Kampagne, um Druck aus unserer Sicht auszuüben".

[Laut Hookers ursprünglicher eidesstattlicher Erklärung bedeutete Marks' Hinweis auf die sogenannten „Antikommunisten" in Wirklichkeit, dass die betreffenden jüdischen Führer, wie Hooker sagte, „Antistalinisten" waren].

Marks sagte: „Wir waren es, die McCarthys Reden in West Virginia verfassten: „Wir waren es, die McCarthys Reden in West Virginia verfassten, die ihn zu dem berühmten Antikommunisten machten, der er heute ist. Der Druck, den wir auf die Presse ausübten, verschaffte McCarthy die Aufmerksamkeit, die er erhielt. Als Gegenleistung für diesen Machtzuwachs stimmte er zu, im Rahmen der Ermittlungen seines Unterausschusses keine Juden aus der kommunistischen Bewegung anzusprechen oder bloßzustellen".

Marks sagte, dass viele Juden McCarthy als Antisemiten bezeichneten, aber nicht ahnten, dass er „der beste Freund war, den die Juden je hatten".

[Hooker merkte über McCarthy an, dass „sie ihn schließlich sowieso zerstörten, als er später anfing, jüdische Kommunisten zu nennen"].

Marks fuhr fort und sagte, dass „andere Untersuchungen vielleicht Juden ans Licht gebracht hätten und McCarthy dies gutgeschrieben worden wäre, aber wenn man die Akte zurückverfolgen würde, würde man feststellen, dass McCarthy tatsächlich keinen einzigen Juden in dieser Zeit, in der die Juden im Mittelpunkt standen, einberufen hat". Als McCarthy unter der Truman-Regierung als zeitweiliger Unterausschuss arbeitete, habe er keinen einzigen Juden vorgeladen. Als er sich unter der neuen Regierung zum Vorsitzenden des ständigen Untersuchungsausschusses wählen ließ, habe er dann begonnen, die Zeugen „nach und nach vorzuladen".

[Mit anderen Worten, unabhängig davon, ob die Zeugen „jüdisch" sind oder nicht, laut Hooker-Ed].

Herr Marks fährt fort: „Aber das ändert heute nicht mehr viel, denn er hat zugestimmt, dass unsere eigenen Leute an seiner Seite arbeiten. Er hat zum Beispiel akzeptiert, dass unser Mann Roy Cohn sein Vorgesetzter ist, was von einem anderen unserer Männer, George Sokolsky, arrangiert wurde."

Wenn ich mich recht erinnere, sagte Marks, Julius Kahn sei auch ihr Mann im McCarthy-Ausschuss gewesen, sitze jetzt aber im Senatsausschuss für Außenbeziehungen. Er erklärte definitiv, dass David Schine KEIN Mitglied des AJLAC sei, sondern von „einer anderen Gruppe, von der ich nicht weiß, dass sie existiert", dorthin vermittelt worden sei.

Marks fügte hinzu, dass „nicht nur McCarthy unter unserer Kontrolle steht, sondern auch Jenner und Velde, die sich ebenfalls unsere Männer geholt haben, um mit ihnen zu arbeiten. Benny Mandel und Robert Morris vertreten uns im Jenner-Komitee". Er erwähnt Robert Kunzig als „ihren Mann" für Velde.

Marks sagte auch mit Sicherheit aus, dass Professor Louis Budenz unter „ihrer Kontrolle" und einer „ihrer Männer" war und daran arbeitete, den Juden das Wasser abzugraben.

[Budenz war ein bekannter „Ex-Kommunist", der zu einer Führungsfigur der sogenannten antikommunistischen Bewegung wurde, von der Schlüsselelemente unter die Kontrolle zionistischer und trotzkistischer Elemente geraten waren. Hookers Enthüllungen erklären, warum...].

Er sagte, dass es [Alfred] Kohlberg, ihr nationaler Präsident, war, der Budenz „fand", als er in Washington aussagte, und dass Kohlberg „sich seiner annahm und ihn eine Zeit lang praktisch unterstützte, um ihm den Start zu ermöglichen und zu dem Mann zu werden, der er heute in der antikommunistischen Bewegung ist".

Marks sagte auch, dass sie vor kurzem „ihren Mann Robert Morris" zum Richter in New York hatten wählen lassen, und dass Victor Lasky ein weiterer ihrer Männer war, der viel „Pressearbeit" für sie machte und „Reden zugunsten ihrer Männer, z. B. Robert Morris, hielt". Er fügte hinzu: „Alle diese Leute waren sich einig, dass sie die Juden von ihrer Last befreien wollten".

Ich erinnere mich jetzt an eine weitere Aussage von Herrn Marks, wonach „es in der New Yorker Region und im ganzen Land einen umfangreichen Informationsaustausch gibt, der mit unserer Organisation in Verbindung steht".

Ich fragte, ob J. B. Matthews und seine Akten in „den Fall" verwickelt seien, und er antwortete: „Ja, wir haben Zugang zu allen seinen Akten": „Ja, wir haben Zugang zu allen seinen Akten": „Ja, wir haben Zugang zu allen seinen Akten".

[J. B. Matthews war damals ein prominenter „antikommunistischer Kreuzritter", stand aber offensichtlich unter der Kontrolle von Zionisten-Trotzkisten].

Er sagte, sie hätten mindestens „dreißig Kommunisten auf unserer Gehaltsliste, die uns Informationen melden" und dass „wir alles wissen, was in diesem Bereich passiert".

Mr. Marks erzählte all diese Informationen so, als wäre nichts „falsch" an dem, was er sagte. Er lud mich und diesen anderen Unbekannten sogar zu einem Treffen am folgenden Dienstagabend im University Club ein, das von Norman Lombard gesponsert wurde.

Als sie schließlich herausfanden, wer ich war, sagten mir Norman Lombard und Norman Marks, ich solle nicht zu dem Treffen kommen. Ich hoffe sehr, dass die wahren patriotischen Nationalisten Amerikas in der Lage sein werden, einige dieser „Pseudopatrioten", die versuchen, die sogenannte „antikommunistische" Bewegung zu führen, wieder aufzurichten.

Verstehen Sie mich nicht falsch: Ich bin genauso antikommunistisch wie Sie, aber ich möchte nicht, dass unser Land in Fallen tappt, die es diesen Pseudopatrioten ermöglichen, die schönen Instinkte des amerikanischen Volkes und die antikommunistische Bewegung für ihre eigenen bösen Zwecke zu „benutzen".

Mit anderen Worten: Einige dieser Pseudopatrioten sind „antikommunistisch", d. h. „gegen den stalinistischen Kommunismus", befürworten aber eine andere Form des Kommunismus (amerikanischer Prägung), die zu ihrer Diktatur in unserem eigenen Land und im Rest der Welt unter der Führung von Bernard Baruch und dem Mob, den er vertritt, führt.

[Die „amerikanische Marke" des Kommunismus, auf die sich Hooker bezog, obwohl er es nicht direkt sagte, war genau die damals sich entwickelnde trotzkistische Marke, die wir heute als „Neokonservatismus" kennen. -[ANM. D. ÜBERS.]

(Unterzeichnet) DeWest Hooker
ENDE VON HOOKERS AFFIDAVIT

Wir müssen DeWest Hooker also dafür danken, dass er frühzeitig erkannt hat, dass der Aufstieg des „Antikommunismus" in Amerika, zumindest in der Form, die von zionistischen und trotzkistischen Elementen gebilligt wird, nicht nur darauf hinausläuft. *Es ist von entscheidender Bedeutung, dass Hookers Enthüllungen heute vollständig verstanden werden.*

Was Hookers schockierenden Enthüllungen über die Manipulation von Senator McCarthy noch mehr Glaubwürdigkeit verleiht, ist der Punkt, den der bekannte Schriftsteller für organisierte Kriminalität, Hank Messick, in seinem Buch *John Edgar Hoover* angesprochen hat, ein wenig schmeichelhaftes Porträt des ehemaligen FBI-Direktors, das Hoovers Verbindungen zum Syndikat des organisierten Verbrechens vertiefte. Messick schrieb über die Gründung der oben erwähnten American Jewish League Against Communism:

> Die Motive für die Gründung der Liga waren vielfältig, aber eines davon war Selbstschutz..... Viele amerikanische Intellektuelle sind Juden. Während des New Deal hatten einige von ihnen eine hohe Position erreicht. Außerdem war Karl Marx selbst der Sohn eines Juden, der Christ geworden war. Eine gesunde Position einzunehmen, unfairen Verleumdungen zu widerstehen und den Versuchen der Bigotten, den Juden als pro-rot darzustellen, zu widerstehen, könnte die Menschen wütend machen. Besser ist es, gegen die kommunistische Bedrohung selbst in die Offensive zu gehen. Dies war die Haltung einiger Juden - oder zumindest die Entschuldigung, die sie ihren Freunden gaben -, als sich 1948 die nationale Hysterie ausbreitete.

> Die Möglichkeit, dass der antikommunistische Angriff in eine Judenverfolgung umschlagen könnte, war den Regierungsbeamten, die mit der Verfolgung der mutmaßlichen Atombombenspione Julius und Ethel Rosenberg betraut waren, sehr präsent. Aus diesem Grund wurde ein jüdischer Richter ausgewählt und auch das Team der Staatsanwälte, das für die Verhandlung des Falls ausgewählt wurde, bestand aus Juden. Eines ihrer Mitglieder war Roy Cohn.

> Die Gründung der Liga ist jedoch nicht nur auf die Sorge um die Juden zurückzuführen. Der Antikommunismus bot politische und geschäftliche Möglichkeiten.

> Die Liga wurde im Haus von Eugene Lyons, einem bekannten rechtsgerichteten Autor, gegründet. Andere rechtsgerichtete

Persönlichkeiten, darunter Louis Waldman, Lawrence Fertiz, Isaac Don Levine und George Sokolsky, nahmen an der ersten Versammlung teil. Hauptinitiator ist Alfred Kohlberg, der zusammen mit Lewis Rosenstiel den größten Teil der finanziellen Mittel bereitstellt.

Laut Messick hatte Kohlberg seit langem Geschäftsinteressen in China und hoffte als Anführer dessen, was teilweise als „The China Lobby" bezeichnet wurde, einen Krieg gegen China - im Namen des „Kampfes gegen den Kommunismus" - anzuheizen, um seine verlorene Profitquelle zurückzugewinnen.

Rosenstiel, ein Alkoholbaron mit langjährigen Verbindungen zum Syndikat für organisiertes Verbrechen des jüdischen Mafiabosses Meyer Lansky, hatte seine eigenen Interessen im Sinn. Rosenstiel hatte sich vor dem Zweiten Weltkrieg große Mengen Alkohol beschafft und daraus einen immensen Profit gezogen (als ihm während des Krieges die von der Regierung verhängten Beschränkungen für die Alkoholproduktion ein äußerst profitables Monopol auf die Alkoholversorgung verschafften). So träumte Rosenstiel angesichts der Möglichkeit eines neuen Krieges gegen China (oder sogar gegen Russland oder beides) natürlich davon, seinen früheren Erfolg zu wiederholen.

So stellten sich Rosenstiel, Kohlberg und ihre zionistischen Verbündeten zunächst hinter den republikanischen Präsidentschaftskandidaten von 1948, Thomas E. Dewey (der seit langem diskret mit dem Lansky-Verbrechersyndikat verbündet war, trotz Deweys Ruf als „Bandenknacker"). Obwohl Präsident Harry Truman weithin als der US-Präsident in Erinnerung ist, der Israel bei seiner Gründung 1948 anerkannte, ist die Wahrheit, dass viele „Insider" der Truman-Administration, einschließlich Truman selbst, nicht so begeistert davon waren, Israel grünes Licht zu geben, da sie - durchaus vorausschauend - die Gefahren der Gründung eines zionistischen Staates auf Land erkannten, das dem einheimischen christlichen und muslimischen palästinensischen Volk geraubt worden war. Dementsprechend war die zionistische Bewegung nicht sehr begeistert von Truman und arbeitete unauffällig im Auftrag von Thomas E. Dewey.

Zur Überraschung von praktisch allen - außer vielleicht Truman selbst - schlug Dewey Truman jedoch nicht. Auf diese Weise wurde praktisch Senator Joseph R. McCarthy, der unfreiwillig zum Sprecher der zionistischen und trotzkistischen Elemente wurde. Messick ergänzt die Details:

> Deweys unerwartete Niederlage im Jahr 1948 erschütterte viele Menschen und zwang die American Jewish League Against

Communism, ihr Programm zu überdenken. Sie brauchte eine neue politische Figur, hinter der sie sich versammeln konnte. Zufällig war die Liga in den Besitz eines hundertseitigen Berichts des FBI über den Einfluss der Kommunisten auf die Regierung gelangt. Dieser Bericht war an einen Geheimdienstoffizier des Pentagons weitergeleitet worden mit der Anweisung, ihn an die Ligaführung weiterzuleiten... Laut Roy Cohn wurde das geheime FBI-Dokument gelesen und es wurden Konferenzen in New York und Washington abgehalten. Wie Cohn sagte, nahm „eine kleine Gruppe" „die Verantwortung auf sich, Amerika die Geschichte näher zu bringen".

Die Liga beschloss, sich an einen Senator und nicht an einen Abgeordneten zu wenden. Bei einem Treffen in Washington im November 1949 „überprüfte ein Sonderausschuss der Liga sorgfältig die Liste der US-Senatoren, um einen Senator zu finden, der erfolgreich die Aufgabe übernehmen könnte, seine amerikanischen Mitbürger aufzuklären". Sie grenzten die Liste auf vier Möglichkeiten ein, die alle republikanisch waren. Nacheinander nahm jeder Senator den Bericht des FBI zur Kenntnis. Jeder von ihnen wurde dazu angehalten, sich auf den Kriegspfad zu begeben. Jedem wurde finanzielle Unterstützung zugesagt. Die ersten drei auf der Liste lehnten ab. Der vierte nahm das Dokument mit nach Hause und las es aufmerksam durch. Am nächsten Morgen rief er ein Mitglied der Liga an und sagte ihm, dass er „das Paket kaufen würde". Dieser vierte Senator hieß Joseph McCarthy.

Kurz darauf, am 9. Februar 1950, sprach McCarthy vor dem Ohio County Women's Republican Club in Wheeling, West Virginia, und gab bekannt, dass es im Außenministerium 205 „Sicherheitsrisiken" gebe. Damit wurde die „McCarthy-Ära" eingeleitet, die die Zionisten heute so heuchlerisch anprangern. Tatsächlich war die McCarthy-Ära, wie wir gesehen haben, kaum mehr als die effektive Arbeit des „Inneren Feindes".

Und obwohl McCarthy anscheinend Recht hatte, als er darauf hinwies, dass es tatsächlich „Kommunisten in der Regierung" gab, ist es wahrscheinlich vorsichtig zu sagen, dass der Krieg, der während McCarthys Anhörungen auf dem Kapitol und in den Medien ausgetragen wurde, tatsächlich kaum mehr als ein Überlauf war, in den USA des seit langem bestehenden Krieges zwischen den überlebenden russischen nationalistischen kommunistischen Elementen der Sowjetunion (die früher von Josef Stalin geführt wurde) und ihren erbitterten Feinden der jüdisch-zionistisch-trotzkistischen Bewegung, die sich nun auf amerikanischem Boden niedergelassen hatte.

All das bedeutet natürlich nicht, dass McCarthy in seinen Beweggründen nicht aufrichtig war, aber er wurde ganz klar von Kräften manipuliert, die weit über sein Verständnis hinausgingen.

Und die Tatsache, dass sein wichtigster „Berater" der allgegenwärtige Roy Cohn war, der weiterhin eine wichtige Rolle als zionistischer „Arrangeur" spielte (und sich gleichzeitig als Anwalt für organisiertes Verbrechen verdoppelte), weist genau auf die Kräfte hin, die McCarthy in Richtung der endgültigen Zerstörung lenkten.

Das Buch des jüdischen Schriftstellers Stuart Svonkin, *Jews Against Prejudice: American Jews and the Fight for Civil Liberties*, das aufzeigt, dass, auch wenn die Anti-Defamation League und das American Jewish Committee uns das heute glauben machen wollen, die Wahrheit ist, dass beide Organisationen stark in die Art von „McCarthyismus" ( ) involviert waren, die sie heute beklagen. Svonkin stellte fest

> Als Liberale, die sich im Kalten Krieg engagierten, arbeiteten die Mitarbeiter von ADL und AJC in den späten 1940er und 1950er Jahren mit dem FBI, dem House Un-American Activities Committee (HUAC) und anderen Agenten des Bundesprogramms für Loyalität und Sicherheit zusammen und tauschten ihre Akten über politisch verdächtige Organisationen innerhalb und außerhalb der jüdischen Gemeinschaft aus.

> Diese Kooperationspolitik, die auf der Partnerschaft aufbaute, die während der antifaschistischen Kampagne in den 1930er und frühen 1940er Jahren aufgebaut worden war, sollte die Assoziation von Juden mit dem Kommunismus minimieren, Liberale vor Verfolgung schützen und sicherstellen, dass die Bundesregierung die Aktivitäten von Rechtsextremisten im Auge behielt.

> Während der AJC und die ADL hofften, die Methoden des HUAC zu mäßigen, spiegelten diese Versuche, den antikommunistischen Kreuzzug von innen heraus zu reformieren, eine grundsätzliche Zustimmung zu den Annahmen und Strategien des inneren Kalten Krieges wider und trugen unweigerlich zur Verletzung der Grundsätze der bürgerlichen Freiheit bei.

Darüber hinaus ist es wahrscheinlich nützlich zu beachten, was der bekannte „konservative" Kritiker des McCarthyismus, Peter Viereck, 1954 über McCarthy betonte. Seine Äußerungen sind ziemlich interessant, wenn man sie in den aktuellen Kontext der Art und Weise stellt, wie McCarthy und der „McCarthyismus" am häufigsten erwähnt werden. Viereck erklärte:

> McCarthy ist nicht der Typus des Faschisten, sondern der des linksanarchistischen Agitators, der aus einem unfehlbaren Instinkt heraus und nicht „zufällig" gerade die konservativsten und

organischsten Institutionen untergräbt, alles, was ehrwürdig und patrizisch ist, von der Verfassung und gerade den höchstdekorierten oder väterlichsten Generälen (Marshall, Eisenhower, Taylor, Zwicker) bis hin zu den Führern unserer am tiefsten verwurzelten Religion und gerade den ältesten unserer Universitäten... Er befriedigt die Ressentiments seiner Anhänger, denn sein aufrichtigster Hass richtet sich immer gegen die ältesten, am tiefsten verwurzelten und am besten ausgebildeten Patrizierfamilien - die Cabot Lodges, die Achesons, die Conants, Adlai Stevenson.

Anstatt die großen amerikanischen zionistischen Familien (wie die Schiffs, die mit Rothschild verbündet sind, z. B. auf) anzugreifen, die dafür bekannt sind, die bolschewistische Revolution in Russland zu finanzieren, griff McCarthy einige alte amerikanische Familien und ihre Partner im außenpolitischen Establishment an.

Und es ist wahrscheinlich kein Zufall, dass eines der wichtigsten Ziele McCarthys - der ehemalige General George C. Marshall - tatsächlich einer der schärfsten amerikanischen Kritiker (während der Truman-Regierung) der Gründung des zionistischen Staates Israel war.

Besonders interessant ist, dass Ann Coulter - eine der heutigen „Neokonservativen", deren ideologische Förderer und Mäzene die modernen Fahnenträger des alten trotzkistischen Banners sind (das sich heute als „Neokonservatismus" präsentiert) - grundsätzlich mit Vierecks Einschätzung übereinstimmt, indem sie in ihrem kürzlich erschienenen Buch *Treason (Verrat)* feststellt

> McCarthys eigentliche „Opfer" waren keine sympathischen Zeugen, leichtfertige Hollywood-Drehbuchautoren oder prahlerische, uninteressante Universitätsprofessoren. Es handelte sich um politische Entscheidungsträger aus der WASP-Elite. Sie waren wohlgeboren und trugen ihren Smoking gut....

Mit anderen Worten: Obwohl Viereck ein Kritiker McCarthys und Coulter einer seiner Verteidiger war, behaupten beide (zu Recht), dass McCarthy entgegen dem populären Bild von McCarthy als „bösartigem antisemitischen Hetzer, der unschuldige jüdische Hollywood-Drehbuchautoren drangsalierte", stattdessen - im weitesten Sinne - in eine ganz andere Richtung zielte und so das Bild der wahren Quellen der Subversion in Amerika trübte.

Diese Enthüllungen über die McCarthy-Ära sollen nicht suggerieren, dass es innerhalb des amerikanischen Systems keine illoyalen kommunistischen Verräter gegeben habe. Die Wahrheit ist, dass der verstorbene Senator McCarthy in vielerlei Hinsicht sehr wohl eine große Zahl von Kommunisten in der Regierung, den Medien und der akademischen Welt ins Visier genommen hat. *Doch McCarthys Geschichte ist weitaus komplexer als das, was wir bislang kannten.*

Insgesamt sehen wir, dass der „Kalte Krieg" - so wie er allgemein beschworen wird - nicht ganz das war, woran wir uns heute allgemein erinnern. Der Kalte Krieg war das Spiegelbild eines langjährigen Konflikts, der hinter den Kulissen zwischen den zionistischen Elementen in Russland und ihren stalinistischen Gegnern ausgetragen wurde, ein Krieg, der sich schließlich in vielerlei Hinsicht auf amerikanischen Boden verlagerte.

Zionisten und Trotzkisten fusionierten tatsächlich, nachdem sie eine gemeinsame Sache gefunden hatten, und begannen - als innerer Feind - die Kontrolle über die echte „antikommunistische" Bewegung in Amerika zu übernehmen und zu manipulieren, wobei sie als Judasböcke fungierten und die wahren Patrioten ins Verderben führten.

KAPITEL XV

Das FBI und die Kommunistische Partei der USA: Die Wahrheit über die „kommunistische Bedrohung"

Fast 30 Jahre lang haben J. Edgar Hoover und sein FBI die Kommunistische Partei der USA tatsächlich geleitet. Dieses wenig bekannte Detail wirft neue Fragen über die „Realität" des angeblichen Kalten Krieges auf.

Hoover wurde zu seiner Zeit zu einer Legende und aufgrund seiner Rolle im „Kampf gegen die kommunistische Subversion" in Amerika zu einem Helden für amerikanische Antikommunisten. Allerdings besaß Hoover ein sehr großes Geheimnis über die kommunistische Bewegung, das er in den 20 Jahren vor seinem Tod 1974 unter Verschluss hielt.

Tatsache ist, dass das FBI ab 1954 und in den darauffolgenden 27 Jahren im Wesentlichen die Aktivitäten der Kommunistischen Partei der USA leitete. Diese *aufschlussreiche* Information wurde in dem Buch „*The Secret History of the FBI*" (Die geheime Geschichte des FBI) von Ronald Kessler, einem erfahrenen Journalisten der Mainstream-Presse, veröffentlicht. Trotz seines sensationellen Titels handelt es sich bei Kesslers Buch nicht um eine echte „Geheimgeschichte". Aber die Enthüllung über Hoovers geheime „Herrschaft" über die Kommunistische Partei ist sicherlich ein Element, das nicht wirklich so publik gemacht wurde, wie es verdient hätte. Laut Kessler

> 1954 begann das FBI unter dem Codenamen SOLO mit einer streng geheimen Operation, bei der Morris Childs, der oberste Stellvertreter von Gus Hall, dem Chef der Kommunistischen Partei der USA, als Informant eingesetzt wurde. Tatsächlich war Childs - den das FBI Agent 58 nannte - der zweite Parteifunktionär.
>
> Carl N. Feyman, ein FBI-Agent in Chicago, rekrutierte Childs, einen Juden ukrainischer Abstammung und ehemaligen Chefredakteur der Parteizeitung *The Daily Worker*, nachdem er ihn in seiner Wohnung in Chicago besucht hatte. Da Childs gesundheitlich angeschlagen war, sorgte der Agent dafür, dass er in der Mayo Clinic in Rochester, Minnesota, behandelt wurde. Freyman gelang es, Childs davon zu überzeugen, dass Josef Stalin die marxistischen Ideale verraten

habe.

Tatsächlich war Kesslers Bericht keine Originalrecherche und er gab das auch zu, indem er darauf hinwies, dass in einem früheren Buch, *Operation SOLO* - veröffentlicht im Jahr 1996 - der Autor John Barron die kommunistischen Intrigen des FBI beschrieben hatte. Kessler merkte an:

> Siebenundzwanzig Jahre lang berichtete Childs über die Aktivitäten und die Strategie der Partei. Darüber hinaus unternahm er zweiundfünfzig geheime Reisen in die Sowjetunion, nach China, Osteuropa und Kuba. Die Sowjets vertrauten ihm so sehr, dass ihm der sowjetische Staatschef Leonid Breschnew an seinem 75. Geburtstag,, eine Geburtstagsfeier im Kreml gab. In der Zwischenzeit haben Childs und sein Bruder Jack Childs im Namen der Sowjets 28 Millionen Dollar in bar für kommunistische Aktivitäten in den USA verteilt.
>
> Das FBI hielt die Operation SOLO so streng geheim, dass Beamte der CIA, der National Security Agency, des Verteidigungsministeriums, des Außenministeriums und des Nationalen Sicherheitsrats die Berichte über die Operation nur lesen konnten, wenn die Beamten darauf warteten, sie an den Hauptsitz des Büros zurückzuschicken. Erst 1975 informierte das FBI den Präsidenten und den Außenminister über die wahre Quelle der Informationen.

Wie falsch und irreführend die geheimen Beziehungen des FBI zur Führungselite der Kommunistischen Partei sind, zeigt sich daran, dass FBI-Direktor Hoover Präsident Richard Nixon einmal erklärte, das Büro vermute, könne aber „noch nicht beweisen", dass die Antikriegsgruppe Students for a Democratic Society „Millionen von Dollar von der Sowjetunion über die Kommunistische Partei der Vereinigten Staaten" erhalte.

Offensichtlich wurde der SDS tatsächlich von den Sowjets finanziert, und wenn jemand davon gewusst hatte, dann Hoover. Die Tatsache, dass es ein Informant des FBI war, der Kreml-Geld für verschiedene Zwecke verteilte, sollte für Stirnrunzeln sorgen, denn während das FBI angeblich gegen „kommunistische Subversion" kämpfte, wurde Kreml-Geld verteilt (unter dem wachsamen Auge des FBI und wahrscheinlich unter seiner Leitung).

Die Frage, wer das Geld tatsächlich erhalten hat, sollte weiter untersucht werden, da sie zweifellos auf bestimmte privilegierte „Ursachen" einer bestimmten Glaubensrichtung hinlenken würde.

Tatsächlich erklärt die geheime Kontrolle des FBI über die Verteilung von Kreml-Geldern durch die Kommunistische Partei der USA, warum der

Bundeswahlausschuss es ablehnte, den langjährigen Parteiboss Gus Hall wegen der illegalen Annahme ausländischer Hilfe zu verfolgen.

Am 1. März 1992 berichtete *die Washington Post*, dass die Kommunistische Partei der USA (CPUSA) und ihr Veteranenbeauftragter Gus Hall über einen langen Zeitraum hinweg minus 21 Millionen Dollar von sowjetischen Kreml-Diktatoren erhalten hatten. Allein im Jahr 1987 erhielt Hall 2 Millionen Dollar an sowjetischem Geld. Der Beweis dafür wurde erbracht, als streng geheime Kreml-Dokumente von der neuen russischen Regierung veröffentlicht wurden.

Hall holte die Geldbündel in der Regel von einem KGB-Kurier ab. In einem Fall unterschrieb Hall eine Quittung über zwei Millionen Dollar in bar. Die Beweise belegen, dass der sowjetische Staatschef Michail Gorbatschow auf seinem Höhepunkt die Zahlungen persönlich organisierte.

Obwohl der Kreml 1990 den Kontakt zu Hall abbrach, hatte dieser die Vereinbarung voll ausgenutzt. Ein Kolumnist berichtete über den Lebensstil des zukünftigen Führers der proletarischen Revolution in den USA:

> [Hall] besitzt und lebt in einem großen Haus mit Sauna, teuren Originalkunstwerken und Tiefgarage in einer wohlhabenden Gegend in einem Vorort von New York. Er hat einen liebenswerten Makel: Er füllt seine Brieftasche gerne mit großen Scheinen. Er fliegt in der ersten Klasse und steigt in erstklassigen Hotels ab. Er besitzt eine Limousine mit Chauffeur (Handy natürlich), die er alle zwei Jahre austauscht. Er besitzt ein Anwesen und ein Motorboot auf Long Island, in der schicken Hampton Bay.

Als Liberty Lobby, die populistische Institution, die *The Spotlight* herausgab, von Halls Vereinbarung mit dem Kreml erfuhr, wurde Liberty Lobby aktiv und reichte am 11. März 1992 eine Beschwerde bei der Federal Election Commission (FEC) ein, in der sie verlangte, dass die Behörde die CPUSA sowie Hall und Gorbatschow wegen ihrer eklatanten Verletzung des US-Wahlrechts verklagen solle.

The Spotlight erzählte seinen Lesern die ganze erstaunliche Geschichte. Im Gegensatz zu den übrigen Medien, die die Geschichte wie ein Relikt vom Dachboden des Kalten Krieges behandelten, wies *The Spotlight* auf die eklatante Widersprüchlichkeit hin, mit der die FEC und das US-Justizministerium angesichts dieses Verstoßes nicht nur gegen das Wahlgesetz, sondern auch gegen Gesetze, die auf die Aktivitäten ausländischer Agenten abzielen, die auf amerikanischem Boden operieren, weggeschaut haben.

Die FEC ließ den Fall über ein Jahr lang schleifen, bevor sie am 10. Dezember 1993 bekannt gab, dass sie „beschlossen habe, von ihrem Ermessen Gebrauch zu machen und keine Maßnahmen" gegen Hall, CPUSA oder Gorbatschow zu ergreifen. Die FEC begrub den Fall inmitten eines Rückstands von zahlreichen Fällen, die auf einen Schlag abgelehnt worden waren, und lenkte so die Aufmerksamkeit von den „sensibleren" Fällen des Dossiers ab.

In Wirklichkeit reguliert die FEC die Wahlen nur, um die Vorherrschaft der großen Parteien und Einzelinteressen zu sichern, und verfolgt niemals diejenigen, deren Ziel es ist, die Bewegungen der „dritten" Partei von innen heraus zu zerstören.

Die FEC ermöglicht es auch den Spendensammlern der Israel-Lobby, ihre Ressourcen illegal zu bündeln und Kandidaten bei den US-Wahlen zu unterstützen. Die Anti-Defamation League (ADL) ist einer der Hauptakteure in diesem kriminellen Geschäft, doch die FEC unternimmt nichts dagegen.

Im Gegensatz dazu belästigte die FEC Liberty Lobby, weil sie 1984 die noch junge „dritte" Partei, die Populistische Partei, organisiert hatte, obwohl in jenem Jahr das gesamte nationale Budget der Partei nur etwa ein Zehntel des Betrags des durchschnittlichen, von der Israel-Lobby unterstützten Kongress-Kandidaten betrug. Diese kleine Partei wurde schließlich von innen heraus zerstört.

Erwähnenswert ist auch, dass die „ehemalige" CIA-Offizierin Mira Lansky Boland, die für das ADL-Büro in Washington verantwortlich war, nachweislich „Informationen" über Liberty Lobby an die FEC weitergab, darunter heimlich beschaffte Fotografien von Liberty-Lobby-Mitarbeitern.

Laut der verstorbenen Bella Dodd, einer ehemaligen CPUSA-Führungskraft, war die ADL ein wichtiger (wenn auch geheimer) Kontrollagent hinter der CPUSA. Die Zusammenarbeit der FEC mit der ADL (und ihre Weigerung, CPUSA zu verfolgen) ist daher nicht wirklich eine Überraschung.

Und angesichts der langjährigen Allianz der ADL mit J. Edgar Hoover und dem FBI aus der Zeit vor dem Zweiten Weltkrieg scheint es, dass die ADL und das FBI als Partner agierten, um Morris Childs, einen hohen Beamten der CPUSA, zu lenken, um die Geschäfte der CPUSA zu beeinflussen und die Zuwendungen des Kreml zu verteilen.

Befürworter des FBI könnten vorschlagen, dass die Tatsache, dass das FBI tatsächlich die Kommunistische Partei kontrolliert, eigentlich eine Hommage an die Fähigkeit der Behörde ist, in die feindlichen Kräfte einzudringen. Die Folgen des seltsamen geheimen „Bündnisses" des FBI mit der Kommunistischen Partei spielten jedoch eine große Rolle bei der Beeinflussung der Außen- und Innenpolitik der USA im folgenden halben Jahrhundert.

Während J. Edgar Hoover und das FBI die Gefahren der Kommunistischen Partei und des Kalten Krieges in die Welt hinausposaunten, erzielte die amerikanische Munitionsindustrie enorme Gewinne durch den Aufbau einer massiven amerikanischen Verteidigung gegen die sowjetische Aggression.

Gleichzeitig begannen amerikanische Unterstützer Israels - darunter viele amerikanische „Antikommunisten" aus der Bewegung der „verantwortungsbewussten Konservativen" - Israel als „Bollwerk gegen die sowjetische Macht im Nahen Osten" zu fördern.

KAPITEL XVI

Der Kalte Krieg und die frühen Ursprünge der trotzkistischen „Neokonservativen" als zionistische Vorhut des Inneren Feindes

Es ist kein Zufall, dass die Übernahme der Kommunistischen Partei der USA durch das FBI genau zu dem Zeitpunkt erfolgte, als eine Gruppe von „Ex-Kommunisten" die Kontrolle über die „konservative" Bewegung in den USA übernahm.

Die Methode, mit der Hoover und das FBI Morris Childs, einen hohen Funktionär der Kommunistischen Partei der USA, in einen Geheimagenten des FBI „verwandelten", verweist auf den wenig bekannten „Familienkampf" zwischen den antizionistischen stalinistischen Elementen in Sowjetrussland und ihren trotzkistischen Gegnern, von denen viele heute die so genannte „neokonservative" Bewegung in den USA kontrollieren.

In seinem Buch *The Secret History of the* FBI berichtet Ronald Kessler, dass das FBI Childs mit der Behauptung, der (kurz zuvor verstorbene) sowjetische Führer Josef Stalin habe die marxistischen Ideale aufgegeben, dazu brachte, Informant zu werden.

Tatsächlich ist das FBI-Argument eines der Argumente, die von den politischen Erben und Anhängern von Stalins verhasstem Rivalen Leo Trotzki, der 1928 auf Stalins Befehl im mexikanischen Exil getötet wurde, gegen Stalin verwendet werden.

Die Tatsache, dass das FBI trotzkistische Rhetorik anwandte, um Childs zu beeinflussen, verstärkt den langjährigen und zunehmenden Verdacht, dass einige „antikommunistische" Elemente der „konservativen" Bewegung in den USA in Wirklichkeit eingeschleuste Trotzkisten waren, die daran arbeiteten, die antikommunistische konservative Bewegung von innen heraus „umzudrehen".

Obwohl in dem fraglichen Zeitraum (Mitte der 1950er Jahre) der aufstrebende „antikommunistische" Führer der „ehemalige" CIA-Agent William F. Buckley Jr. war, gewannen die künftigen Elemente, die aus Buckleys Einflusssphäre hervorgingen, in den politischen Kreisen der USA immer mehr an Bedeutung. Und wie wir in diesem und den folgenden Kapiteln sehen werden, spielten die Mitglieder von Buckleys Einflusssphäre eine wichtige Rolle beim Aufstieg der heutigen „Neokonservativen" zur Macht.

Letztendlich verfestigten sich die sogenannten neokonservativen Eliten unter der Führung eines allgegenwärtigen Vater-Sohn-Teams, Irving und William Kristol, die ein weitreichendes und einflussreiches Netzwerk im offiziellen Washington aufgebaut haben. Der älteste Kristol, ein „Ex-Trotzkist" und Veteran des von der CIA finanzierten Internationalen Komitees für die Freiheit der Kultur, begann die „konservative" Bewegung zu infiltrieren und umzugestalten, zunächst Mitte der 1950er Jahre unter der Schirmherrschaft von Buckley Jr. und dann offener in der Ära von Ronald Reagan, als der republikanische Konservatismus im Aufschwung war.

Tatsächlich sind viele der Probleme, mit denen Amerika heute konfrontiert ist, eine direkte Folge dessen, was zur Zeit der Präsidentschaft von Ronald Reagan geschah, als die Neokonservativen immer wichtiger wurden ( ) und dank der Bemühungen des von Kristol gesponserten zionistischen „neokonservativen" Syndikats in einflussreiche Positionen im offiziellen Washington gebracht wurden.

Ein prominentes Beispiel: Die berüchtigte Iran-Contra-Affäre, bei der die mit Israel verbündeten USA einen weltweiten Handel mit illegalen Waffen und Drogen betrieben, um ihre Außenpolitik in Mittelamerika und im Nahen Osten zu unterstützen.

Die Iran-Contra-Affäre - die nach Ansicht von Kritikern direkter als „Israel-Iran-Contra-Affäre" hätte beschrieben werden sollen - etablierte ein Netzwerk aus korrupten Unternehmen und gekauften und bezahlten Politikern (darunter Bill und Hillary Clinton in Arkansas) sowie hochrangigen Intriganten in Washington (darunter der berüchtigte Oberstleutnant Oliver North), die mit israelischen Waffenhändlern und lateinamerikanischen Drogenbaronen in Verbindung standen. Col. Oliver North) in Verbindung mit israelischen Waffenhändlern und lateinamerikanischen Drogenbaronen, die sich alle verschworen haben, um sich zu bereichern und gleichzeitig die außenpolitischen Ziele der zionistischen Elite voranzutreiben. Man kann Ronald Reagans „Iran-Contra"-Erbe einfach nicht untersuchen, ohne diese wesentliche Tatsache anzuerkennen.

Auf die eine oder andere Weise scheint jedoch in den meisten Berichten die Rolle Israels und seiner amerikanischen Komplizen immer ignoriert zu werden. Dabei war es dieses Iran-Contra-Netzwerk, das in vielerlei Hinsicht den Grundstein für die „neokonservative" Verschwörerclique legte, die in den folgenden Jahren einflussreiche Positionen innerhalb des republikanischen politischen Establishments unter Reagan in Washington erlangte und ihren Einfluss dann in der Regierung desjenigen festigte, der als „der neue Ronald Reagan" gefeiert wurde: George W. Bush.

Dasselbe lässt sich über den anderen - weniger bekannten, aber ebenso wichtigen - republikanischen Skandal der Reagan-Ära sagen, der oft als „Iraq-gate" bezeichnet wird, die Aufrüstung des Irak unter Saddam Hussein. Dieselbe Kabale der Reagan-Ära, die bei der Bewaffnung Saddams half, nachdem sie auch bei der Bewaffnung seines Feindes, des Iran, geholfen hatte, goss Öl ins Feuer im Nahen Osten und schuf einen Rahmen, auf den Israel seinen Einfluss ausdehnen konnte - auf Kosten von Millionen von Menschenleben und schrecklicher Zerstörung, die die Grundlage für künftige geopolitische Spannungen in dieser Region legte. Die Untersuchung von „Iraq-gate" zeigt auch, dass dieselben Kräfte - und dieselben Persönlichkeiten (einschließlich der Clintons und, wieder einmal, Oliver North) - im Spiel sind.

Schließlich erinnern sich die Amerikaner natürlich liebevoll an Ronald Reagan, nicht so sehr wegen seiner Politik, sondern wegen seiner fröhlichen Persönlichkeit und seines patriotischen Images. Das Schlüsselwort hier ist jedoch „Image" und nicht Realität. Tatsache ist, dass während der Reagan-Ära eine reale Clique von Judasböcken ihren Einfluss ausweitete, und die Folgen sind bis heute spürbar, schädlicher als je zuvor, insbesondere in der Ära von George W. Bush.

Es ist William Kristol, der Sohn des oben erwähnten neokonservativen „Paten" Irving Kristol, der das teuflische Gesicht der Neokonservativen heute vielleicht am besten verkörpert. Als Medienliebling und Mitglied der mächtigen Bilderberg-Gruppe ist Kristol Herausgeber und Chefredakteur der Zeitschrift *Weekly Standard* des Milliardärs Rupert Murdoch und nutzt diese Plattform, um zu imperialistischen Interventionen der USA im Ausland aufzurufen, insbesondere um die Interessen des Staates Israel zu fördern.

Kristols wichtigster Finanzengel Murdoch ist seit langem das Sprachrohr der vereinten Kräfte der Familien Rothschild, Bronfman und Oppenheimer, die zusammen mit Murdoch oft als „die Vier-Milliardärs-Gang" beschrieben werden. Diese Milliardärsclique ist nicht nur durch gegenseitige Assoziation in der internationalen Finanzwelt miteinander verbunden, sondern auch durch ethnische Bindungen und durch das Bestreben, die Interessen des Staates Israel zu fördern. Sie erweitern auch ihre Kontrolle und ihren Einfluss auf die amerikanischen Medien, wobei Murdochs Operationen vielleicht am sichtbarsten sind. (Die von Kristol gesponserten neokonservativen Weggefährten werden in den Entscheidungskreisen der derzeitigen Regierung von George W. Bush von

Persönlichkeiten wie Richard Perle, dem langjährigen Israel-Loyalisten und ehemaligen Vorsitzenden des Defense Policy Board, Perles langjährigem Verbündeten, dem stellvertretenden Verteidigungsminister Paul Wolfowitz (heute Chef der Weltbank) und dem Stabschef von Vizepräsident Dick Cheney, I. Lewis Libby, repräsentiert. Sie alle gehörten zu den Schlüsselfiguren, die für den Krieg gegen den Irak, den Iran, Syrien, Libyen und jede andere Nation, die als gefährlich für das Überleben Israels galt, trommelten.

Obwohl Libby für einige seiner Untaten strafrechtlich angeklagt wurde und der Rest der Neokonservativen als Serienlügner der schlimmsten Sorte entlarvt wurde, haben diese zionistischen Trotzkisten immer noch großen Einfluss in Washington. In mancher Hinsicht könnte man sagen, dass die Trotzkisten in Amerika triumphiert haben, während sie in Russland gescheitert sind.

Die ganze schäbige Geschichte der Neokonservativen und noch viel mehr Details finden Sie unter *Die Hohepriester des Krieges*, von diesem Autor. Es ist keine schöne Geschichte, aber sie muss erzählt werden, weil sie dazu beiträgt, die heimtückische Natur des Inneren Feindes zu erklären.

Jahrhunderts jedoch, lange bevor die Neokonservativen ihre heutige Prominenz und Macht erreichten, legte eine einflussreiche Gruppe von selbsternannten „verantwortlichen Konservativen" den Grundstein für den Aufstieg der Neokonservativen. Diese „verantwortlichen" Konservativen bewegten sich in der Sphäre einer Figur namens William F. Buckley Jr., die wir auf den folgenden Seiten zusammen mit ihren engsten Gefolgsleuten sezieren werden.

Ein Intermezzo...

Einleitung zu Teil III

Der Aufstieg der „verantwortungsbewussten Konservativen"

Die Subversion der amerikanischen nationalistischen Bewegung in der Zeit des Kalten Krieges

Auf dem Höhepunkt des Kalten Krieges, Mitte der 1950er Jahre, entstand in Amerika eine „neue", sogenannte „konservative" Bewegung, deren Führer, allen voran William F. Buckley Jr. Sie waren entschlossen, den Kalten Krieg zu „gewinnen" - selbst um den Preis eines heißen Krieges - und hatten kein Interesse daran, amerikanische Truppen zum Schutz des amerikanischen Bodens zu repatriieren.

In Wirklichkeit wagten sie sich in ein globales Imperium, um den Kommunismus und die Elemente der alten amerikanischen Tradition - die traditionellen Konservativen, die Nationalisten, jene „diskreditierten" Kräfte, die die „America First"-Bewegung bildeten, die gegen die Intervention der USA in den europäischen Krieg, der zum Zweiten Weltkrieg wurde, kämpfte - zu zerschlagen, und sie erklärten lautstark ihre Absicht, alle „nativistischen" Elemente zu zerschlagen, die es wagen würden, Fragen über die Notwendigkeit aufzuwerfen, amerikanische Jungen in die Welt zu schicken. Sie erklärten lautstark ihre Absicht, alle „nativistischen" Elemente zu zerschlagen, die es wagen würden, Fragen über die Notwendigkeit zu stellen, amerikanische Jungen in weltweite Buschfeuerkriege oder in Konflikte im Nahen Osten zu schicken, die aus der Gründung des Staates Israel resultierten.

Eine Schar von „Ex-Kommunisten" - ja, die allgegenwärtigen Trotzkisten - umringte William F. Buckley Jr. zu der Zeit, als der junge Yale-Absolvent - Sohn eines Ölarbeiters, bei dem schließlich herauskam, dass der Vater Ölinteressen vor allem in Israel hatte - seinen Kreuzzug startete.

Buckleys Zeitschrift *National Review* wurde zu „der" Stimme dessen, was Buckley und seine Kollegen schließlich als die Stimme des „verantwortlichen Konservatismus" beschrieben, und seine „ex-kommunistischen" Schriftsteller wurden dank der freundlichen Werbung der wichtigsten (kontrollierten) amerikanischen Medien zur intellektuellen

Avantgarde des „neuen" amerikanischen Konservatismus.

Der wichtigste der von Buckley geförderten Personen war kein Geringerer als James Burnham, der zu einem bestimmten Zeitpunkt seiner Karriere als Leo Trotzkis „Hauptsprecher" in den „intellektuellen" Kreisen Amerikas gegolten haben soll.

Dann, natürlich, als Josef Stalin begann, die Trotzkisten anzugreifen, wurde Burnham zu einem sogenannten „liberalen Antikommunisten", der in mancher Hinsicht tatsächlich ein Euphemismus für den dan gerous (und vielleicht genaueren) Begriff „Trotzkist" war.

In den folgenden Jahren, während des Zweiten Weltkriegs, arbeitete Burnham für das von Zionisten und Trotzkisten durchsetzte Office of Strategic Services, den Vorläufer der Central Intelligence Agency.

Burnham, der viel gerühmte „Intellektuelle", war nicht nur ein Kritiker des stalinistischen Russlands und der amerikanischen Nationalisten und anderer politischer Entscheidungsträger, die den sowjetischen Riesen „eindämmen" wollten.

Im Gegenteil, Burnham rief zu einem totalen Krieg gegen Russland auf. Harry Elmer Barnes, ein prominenter amerikanischer nationalistischer Historiker, der einen der Kriegsaufrufe Burnhams einmal als „sehr gefährlich und unamerikanisch" bezeichnete.

Trotz dieser Erfolgsbilanz - oder gerade wegen ihr - wurde aus dem Trotzkisten Burnham der „konservative Führer Burnham" unter der Schirmherrschaft von William F. Buckley Jr.'s Zeitschrift *National Review*, für die Burnham vielleicht etwas mehr als zwei Jahrzehnte lang der wichtigste Theorieredakteur war. Burnham selbst starb 1987, doch sein Einfluss ist in den heutigen zionistisch-trotzkistischen-neokonservativen Kreisen nach wie vor bestimmend.

So erwiesen sich die, die wir hier als „Buckley-Gang" bezeichnen, schnell als die führende Kraft der „konservativen" Bewegung, während gleichzeitig die amerikanischen Nationalisten der alten Schule ins Abseits gedrängt wurden. Heute behaupten viele, dass Buckleys *National Review* von Anfang an Eigentum der CIA war - eine „Front" der CIA. Zumindest war sie eine Schriftart für das „ehemalige" trotzkistische Gedankengut, das sich zu dem entwickelte, was wir heute als „Neokonservatismus" bezeichnen. Während dieser gesamten Entwicklung blieb die Ergebenheit gegenüber der Zionistischen Internationale konstant.

Am Ende gab es tatsächlich eine neue Wendung in der konservativen Philosophie Amerikas - zumindest so, wie sie von Buckley diktiert wurde - und viele gute Amerikaner, die von Buckleys Anspruch auf „Konservatismus" angezogen wurden, stellten sich in eine Reihe und wurden wie die unschuldigen Lämmer, die sie waren, zur Schlachtbank geführt, geleitet von den Böcken Judas - dem inneren Feind.

In den folgenden Kapiteln untersuchen wir das Phänomen des sogenannten „verantwortlichen Konservativen" - besser beschrieben als „Subversion" -, das im Zuge von Buckleys plötzlicher, von den Medien geförderter Prominenz (und Macht) entstand. Es war der Aufstieg Buckleys und seines Einflussbereichs, der die Grundlage für die moderne Entstehung der trotzkistischen und zionistischen „Neokonservativen" legte, die heute die „konservative" Bewegung in den USA beherrschen.

Darüber hinaus werden wir sehen, dass auch eine „unabhängige" konservative Gruppe, die nicht einmal Teil von Buckleys Einflussbereich war, zu allen Zwecken ebenfalls ermutigt, gedrängt und manipuliert wurde, um als einer der „Böcke Judas" - der Feind im Inneren - zu fungieren.

KAPITEL XVII

Frühe Korruption der nationalistischen und antikommunistischen Sache Amerikas durch die Zionisten

Jahrelang betrachteten viele Mitglieder der „konservativen" Bewegung in den USA die von dem hartnäckigen Robert K. Brown herausgegebene Zeitschrift *Soldier of Fortune* als Stimme des Antikommunismus und des Patriotismus. Daher waren viele überrascht, als *Soldier of Fortune* bösartige Verleumdungen gegen die Liberty Lobby, die nationalistische Institution in Washington, veröffentlichte.

Die Verleumdungen, denen Liberty Lobby von *Soldier of Fortune* ausgesetzt war, überraschten jedoch diejenigen nicht wirklich, die die Vorgeschichte der Schattenfigur kannten, die als „Mentor von Bob Brown" bezeichnet wurde - Marvin Liebman, ein langjähriger politischer Spendensammler, dessen Werdegang mit viel Nächstenliebe als bemerkenswert wechselhaft bezeichnet werden kann. Liebmans Karriere ist ein klassischer Fall eines der einflussreichsten Inneren Feinde Mitte des 20. Jahrhunderts und ein besonders krasser Fall.

Wie wir sehen werden, war Liebemans Einfluss auf die sogenannte „konservative" Bewegung beträchtlich. Er spielte eine wichtige Rolle bei der Unterminierung des traditionellen amerikanischen Nationalismus während des Kalten Krieges und beim Aufstieg der antikommunistischen Bewegung in den 1950er und bis in die 1960er Jahre.

Liebman, der 1923 in New York geboren wurde und in den 1930er und 1940er Jahren in der Kommunistischen Partei und der jungen Kommunistischen Liga aktiv war, fand seine politische Nische kurz nach dem Ende des Zweiten Weltkriegs. Zu dieser Zeit engagierte sich Liebman als Freiwilliger in der American League for a Free Palestine (ALFP) und wurde schnell zu einem ihrer energischsten Spendensammler, zu ihrem „kleinen Helden", wie Leibman es ausdrückte.

Die ALFP war der amerikanische Fundraising-Zweig der Irgun Zvai Leumi, der jüdischen terroristischen Untergrundgruppe, die damals dafür kämpfte, die Briten und die einheimischen christlichen und muslimischen Araber aus Palästina zu vertreiben.

(Einige Jahre zuvor, während des Zweiten Weltkriegs, hatten Mitglieder der Irgun aktiv mit Nazi-Deutschland zusammengearbeitet. lieferte den Nazis Lastwagen, Öl und anderes Kriegsmaterial im Austausch für die Freilassung „ausgewählter" Juden aus den von den Nazis betriebenen Konzentrationslagern in Europa - ein schmutziges kleines Geheimnis, das die heutigen Unterstützer Israels lieber unter Verschluss halten würden). Der Anführer der Irgun war Menachem Begin, der später Premierminister von Israel wurde. Die gewalttätige Jugendgruppe der Irgun-ALFP war unter dem Namen Betar bekannt und ist bis heute aktiv, indem sie Terroranschläge gegen vermeintliche Kritiker Israels durchführt. Bei der Gründung des Staates Israel im Jahr 1948 wurden Irgun-Elemente zum Rückgrat des Geheimdienstes der neuen Nation, dem Mossad.

(Als Liebman für die Irgun-ALFP arbeitete, berichtete er direkt an einen gewissen Hillel Kook, besser bekannt unter dem Pseudonym „Peter Bergson". Zu den Kollegen der Irgun, Bergson, gehörte übrigens auch der allgegenwärtige, in Ungarn ansässige Waffen- und Flüchtlingsschmuggler Ernst Mantello.

Es war Mantello, der Ende der 1950er Jahre zusammen mit Louis M. Bloomfield, einem führenden Vertreter der pro-israelischen Lobby und Handlanger der Bronfman-Familie in Kanada, eine obskure internationale „Handelsgesellschaft" gründete, die unter dem Namen Permindex bekannt wurde. Die Operation Permindex spielte eine zentrale Rolle bei der gemeinsamen Verschwörung der CIA und des israelischen Mossad, die zur Ermordung von Präsident John F. Kennedy führte. Für weitere Einzelheiten siehe *Final Judgment*, von diesem Autor).

Von 1946 bis zur Gründung Israels 1948 schmuggelten Liebman und seine Kumpane Waffen für die Irgun und finanzierten und organisierten den Transport jüdischer Flüchtlinge von Europa nach Palästina. Diese Netzwerke wurden zur Basis des israelischen Mossad.

Zu den wichtigsten Akteuren dieser Aktivitäten in New York gehörten Teddy Kollek, der spätere Bürgermeister von Jerusalem, und Meyer Lansky, der Boss des amerikanischen und bald auch des internationalen Verbrechersyndikats.

Die Hauptakteure auf der europäischen Seite der Waffen- und Flüchtlingsnetzwerke waren James Jesus Angleton, ein OSS-Mitglied und späterer CIA-Agent, der israelische Loyalist, der das Verbindungsbüro der CIA zum Mossad leitete, und Rabbi Tibor Rosenbaum, der zum ersten Direktor für Finanzen und Versorgung des Mossad wurde und wie die oben erwähnten Mantello und Bloomfield eine zentrale Rolle bei der mysteriösen Operation Permindex spielte.

1948, nach der Gründung des Staates Israel, engagierte sich Liebman beim

United Jewish Appeal in New York und, wie er sagte, „begann dort meine berufliche Karriere als Fundraiser". Kurz darauf ging Liebman in den Westen, nach Hollywood, wo er die lokale Sektion des American Fund for Israel Institutions (Amerikanischer Fonds für israelische Institutionen) gründete.

1951 arbeitete Liebman für das International Rescue Committee (IRC), das er in seinen Memoiren als „eine liberale, sozialdemokratische und antistalinistische Organisation" beschreibt. Das IRC wurde nicht nur von Leo Cherne geleitet, der lange Zeit eine hochrangige Persönlichkeit der B'nai B'rith war, sondern arbeitete auch aktiv mit der CIA zusammen.

In den folgenden zwei Jahrzehnten etablierte sich Liebman als einer der erfolgreichsten „konservativen" Spendensammler und organisierte eine Vielzahl von Organisationen und Einzelpersonen mit Briefkopf, die das beherrschten, was Liebman und seine Partner häufig politisch verkürzt als eine Bewegung „verantwortungsbewusster Konservativer" beschrieben, die in Wirklichkeit vor allem für die Launen der pro-israelischen Lobby und ihrer Verbündeten in der internationalen Elite verantwortlich waren.

Liebmans Freund William F. Buckley, Jr., Gründer der Zeitschrift *National Review*, verkörpert am ehesten die „verantwortungsbewussten Konservativen" in Liebmans Einflussbereich in Sachen Fundraising.

(Buckley, der unter seinem CIA-"Paten" E. Howard Hunt als CIA-Agent in Mexiko diente, sorgte selbst bei einigen „verantwortungsbewussten Konservativen" für Stirnrunzeln, als er sich nicht nur bereit erklärte, Mitglied des von Rockefeller finanzierten Council on Foreign Relations zu werden, sondern auch 1975 auf der geheimen internationalen Bilderberg-Konferenz in Cesme, Türkei, auftauchte).

1961 fungierte Liebman als Mentor für einen anderen heute bekannten Betreiber konservativer Fundraising-Aktivitäten, Richard A. Viguerie (auf den wir später noch zu sprechen kommen). 1962 nahm Liebman offensichtlich zum ersten Mal Kontakt mit dem späteren Herausgeber von *Soldier of Fortune,* Robert K. Brown, auf, wie aus einem Brief hervorgeht, den Brown an Liebman schrieb und der erst vor zehn Jahren entdeckt wurde.

Der junge Brown, der aus dem Spionageabwehrkorps der US-Armee ausgeschieden war, schrieb Liebman und prahlte damit, dass er ein Undercover-Agent im Fair Play for Cuba Committee (FPCC) gewesen sei, und fragte den in New York ansässigen Fundraising-Spezialisten, ob Liebman ihm einen Rat geben könne, wie er (Brown) das Neutralitätsgesetz der Vereinigten Staaten umgehen und ein Söldner im Ausland werden könne. (Zu dieser Zeit leitete Liebman das sogenannte American Committee to Assist Katanga Freedom Fighters, das als eine weitere „CIA-Frontgruppe" beschrieben wurde). Die Tatsache, dass Brown als Undercover-Agent - offenbar für die Subversive Brigade der Chicagoer Polizei - im FPCC tätig war, ist zumindest insofern interessant, als es sich um niemand anderen als den mutmaßlichen Mörder von John F. Kennedy, Lee Harvey Oswald, handelte, der ein Jahr später der „Gründer" des FPCC-Zweigs in New Orleans war.

Obwohl es noch viele Spekulationen darüber gibt, was genau Oswald als Organisator des FPCC tat, glauben viele, dass auch Oswald ein in das FPCC eingeschleuster Informant war, der für einen Geheimdienst der Bundesregierung arbeitete.

Auf jeden Fall hatte sich Liebman bereits als „Mann fürs Grobe" etabliert, wenn es darum ging, Geld für die Konservativen zu sammeln, und er zeigte bereits seine Feindseligkeit gegenüber nationalistischen Initiativen, die nicht in seinen Einflussbereich fielen - insbesondere die Freiheitslobby.

Mit der Gründung von Liberty Lobby im Jahr 1955 wurde Liebman immens feindselig gegenüber der populistischen Institution, insbesondere nachdem der ehemalige Gouverneur von New Jersey, Charles Edison (Sohn des berühmten amerikanischen Erfinders Thomas Edison), und andere Mitglieder der Edison-Familie zu begeisterten Unterstützern und großzügigen Geldgebern von Liberty Lobby geworden waren (vor diesem Zeitpunkt hatten sich Liebmans verschiedene Strategien zur Geldbeschaffung weitgehend auf Edisons Großzügigkeit gestützt).

In seinen Memoiren behauptet Liebman, dass er 1962 Opfer einer „virulenten antisemitischen Kampagne" wurde, die von Rivalen um die Macht innerhalb der konservativen Bewegung geführt wurde. „Die erste Geschichte", sagt er, „erschien in Spotlight, einer antisemitischen und rassistischen Publikation der Liberty Lobby". „Die erste Geschichte", sagte er, „erschien in *Spotlight,* der antisemitischen und rassistischen Publikation der Liberty Lobby, die ihn als Teil einer „jüdisch-zionistischen Kabale" darstellte.

Diese Anschuldigung wirft jedoch ein großes Problem auf: *Spotlight* wurde erst 1975 eingerichtet, dreizehn Jahre nach dem mutmaßlichen Verstoß.

Liebman beschwerte sich auch, dass „selbst die Antwort meines guten Freundes [Charles] Edison enttäuschend war. Obwohl er mich wirklich mochte", sagte Liebman, „war es für ihn schwierig, sich von seinen eigenen Überzeugungen über Juden zu lösen".

In seinen Memoiren gab Liebman freimütig zu, dass er, nachdem er erfahren hatte, dass Gouverneur Edison schwer krank war, immer wieder dachte: „Wenn er stirbt, frage ich mich, was er mir wohl hinterlassen wird." Tatsächlich war Liebman bei der Testamentseröffnung nach Edisons Tod anwesend. „Als mein Name genannt wurde", schreibt er, „hörte ich aufmerksam zu. Statt der Million, der Hunderttausend oder gar der Zehntausend stand im Testament, dass der Verstorbene „Marvin Leibman alle Schulden vergibt, die er gegenüber dem Nachlass haben könnte".

Tatsächlich war Liebman zu diesem Zeitpunkt nicht bei Edison verschuldet. Laut Liebman flüsterte William F. Buckley Jr. bei Edisons Beerdigung Liebman zu, dass er der Meinung sei, „dass Sie wirklich betrogen wurden".

Obwohl Liebman nach Edisons Tod aus der Umlaufbahn der „verantwortlichen Konservativen" verschwand, kehrte er in die öffentliche Kontroverse zurück, als er sich öffentlich zu seiner langjährigen Homosexualität bekannte und später seine Autobiografie mit dem Titel „*Coming Out Conservative" (Konservativer Ausstieg)* schrieb: *A Founder of the Modern Conservative Movement Speaks Out on Personal Freedom, Homophobia and Hate Politics.*

Liebman selbst ist vor einigen Jahren verstorben, doch sein Erbe lebt in den Eskapaden seiner Geschäftspartner und Schützlinge wie William F. Buckley Jr., Robert K. Brown und Richard Viguerie weiter, die alle auf die eine oder andere Weise bis heute agieren. Buckley selbst hat seinen Mentor Liebman jedoch weitgehend in den Schatten gestellt und ist auf seine Weise zu einer zentralen Figur bei der Aushöhlung des traditionellen amerikanischen Nationalismus geworden.

KAPITEL XVIII

William F. Buckley, Jr. Selbsternannter „verantwortungsbewusster Konservativer" und langjähriger Sprecher des inneren Feindes

Fast genau zu der Zeit, als das FBI, wie oben beschrieben, Morris Childs, einen hohen Funktionär der Kommunistischen Partei der USA, einstellte, schloss sich eine Schar von „Ex-Kommunisten" unter der Führung von William F. Buckley, Jr. zusammen, um das redaktionelle Bollwerk von Buckleys zweimonatlich erscheinendem Magazin *National Review* zu bilden.

In den folgenden Jahren führte Buckley - im Bündnis mit seinem engen Freund und Mitarbeiter, dem zionistischen Agenten Marvin Liebman - einen harten Krieg gegen Hardcore-Nationalisten in den USA und versuchte, sie zu isolieren und ihnen ihre Respektabilität zu nehmen. Dabei wurde Buckley aktiv vom Monopol der großen amerikanischen Medien unterstützt und gefördert.

In *The New Jerusalem*, dem früheren Werk dieses Autors, wurde in Bezug auf Buckley ein Punkt angesprochen, der wahrscheinlich noch nie zuvor veröffentlicht worden war und der im Zusammenhang mit dem, was wir hier untersuchen, wahrscheinlich eine Wiederholung an dieser Stelle wert ist: Obwohl Buckley weithin als irischer Katholik anerkannt und als glühender Katholik bekannt ist, stammt seine römisch-katholische Vorgeschichte nicht, wie allgemein angenommen, von der Seite seines schottisch-irischen Vaters, sondern vielmehr von der Seite seiner Mutter.

Obwohl Buckleys Mutter aus einer deutsch-katholischen Familie in New Orleans namens Steiner stammte, erklärte Walter Trohan, Kolumnist der *Chicago Tribune*, privat gegenüber Vertrauten, dass er zu wissen glaube, dass die Familie Steiner ursprünglich jüdisch gewesen sei und zum römischen Katholizismus konvertiert sei, wie viele jüdische Familien in New Orleans im 18. und 19.

Was auch immer sein wahres ethnisches Erbe sein mag, der junge Buckley hat - enthusiastisch ermutigt von seinen Kohorten und sympathischen Förderern in den Mainstream-Medien - begonnen, „die Linien zu ziehen" und zu bestimmen, was für amerikanische Konservative „angemessen" und erlaubt ist zu diskutieren und was nicht. Buckley kündigte an, dass jeder, der es wagte, Fragen zu Themen wie dem Zionismus oder der Macht von Elitegruppen wie Bilderberg und dem Rat für Auswärtige Beziehungen aufzuwerfen, „jenseits der Norm" sei und in „fiebrigen Sümpfen" versinke.

Buckley, seine „ex-kommunistischen" Verbündeten und ihre Lakaien erklärten sich selbst zu „verantwortlichen Konservativen" und führten aktiv Krieg gegen alle, die sie für nicht konservativ hielten.

Eines von Buckleys Lieblingszielen war die wachsende populistische Bewegung rund um Liberty Lobby, die 1955 von Willis Carto (etwa zur gleichen Zeit, als Buckley *National Review* gründete) gegründet wurde. Nicht nur Buckley verklagte Liberty Lobby, sondern auch sein enger Freund und ehemaliger Kollege bei der CIA, E. Howard Hunt.

Im Laufe der Jahre hatten die vier Hauptverfahren gegen Liberty Lobby alle eines gemeinsam: Die Verantwortlichen hatten alle klare Verbindungen zur CIA und zur Anti-Defamation League (ADL) der B'nai B'rith, dem in den USA ansässigen Geheimdienst- und Propagandaorgan des israelischen Spionagedienstes Mossad, der ein enger Kollaborateur der CIA ist.

- Die erste dieser Klagen wurde von einem „ehemaligen" CIA-Agenten, E. Howard Hunt, eingereicht, der vor allem für seine Rolle beim Watergate-Einbruch bekannt ist, der zum erzwungenen Rücktritt von Präsident Richard M. Nixon führte (heute wird allgemein vermutet, dass die *Watergate-Affäre* zum großen Teil eine Orchestrierung der CIA war, um den Boden für einen *Putsch* gegen Nixon zu bereiten). Hunt verklagte Liberty Lobby kurz nachdem *The Spotlight* in seiner Ausgabe vom 14. August 1978 einen brisanten Artikel *veröffentlicht hatte,* in dem der Autor Victor Marchetti, ein ehemaliger hochrangiger CIA-Beamter, behauptete, die CIA beabsichtige, Herrn Hunt die Beteiligung an der Ermordung von John F. Kennedy anzuhängen.

Obwohl Hunt unter Eid zugab, dass die Geschichte wahr sein könnte - dass seine CIA-Kollegen ihn tatsächlich als Sündenbock für das Verbrechen des Jahrhunderts benutzen könnten - beharrte er darauf, seine Klage zu verfolgen. Als der Fall vor Gericht kam, erhielt Hunt ein potenziell verheerendes Urteil in Höhe von 650.000 US-Dollar gegen Liberty Lobby wegen Verleumdung. Aufgrund von Fehlern in den Anweisungen des Richters der ersten Instanz an die Jury konnte Liberty Lobby jedoch erfolgreich Berufung einlegen, und der Fall wurde für eine neue Verhandlung zurückverwiesen.

Während dieses zweiten Prozesses im Januar 1985 wurde der berüchtigte JFK-Ermittler Mark Lane zum Verteidiger der Liberty Lobby. Zu Hunts Entsetzen brachte Lane Beweise vor, die entgegen Hunts Dementis offenbarten, dass dieser kurz vor der Ermordung JFKs in Begleitung von Exilkubanern, die von der CIA unterstützt wurden, nach Dallas gereist war. Die Jury wies Hunts Argumente zurück und entschied gegen ihn - ein großer Sieg für Liberty Lobby. Am Ende des Prozesses gab die Vorsitzende der Jury, Leslie Armstrong, öffentlich bekannt, dass sie und ihre Kollegen zu dem Schluss gekommen waren, dass Lanes Verteidigung begründet war und dass die CIA tatsächlich in die Ermordung von Präsident Kennedy verwickelt gewesen war.

- In der Zeit vor dem endgültigen Sieg im Fall Hunt informierten Quellen der Liberty Lobby die populistische Institution darüber, dass der Fall Hunt aktiv von der CIA unterstützt wurde, so dass die CIA sogar Anwälte und andere Personen zur Verfügung stellte, um Hunt zu unterstützen. Mehr noch, es wurde herausgefunden, dass Hunts Schützling bei der CIA, der millionenschwere Dilettant William F. Buckley Jr. Hunt auch taktische und finanzielle Hilfe leistete.

Buckley, der Anfang der 1950er Jahre Hunts Stellvertreter in der CIA-Station in Mexiko-Stadt war, hatte schon lange einen Groll gegen die Liberty-Lobby-Zeitung *The Spotlight*, die Buckleys eigene Publikation *National Review* in Bezug auf Verbreitung und Reichweite schnell überholt hatte.

Als Buckley 1971 eine verleumderische Anzeige gegen Liberty Lobby veröffentlichte, stellte sich in einer eidesstattlichen Erklärung heraus, dass eine der Hauptquellen für diese Anzeige der gewerkschaftlich organisierte Kolumnist Jack Anderson war. Zusammen mit seinem Mentor, dem verstorbenen Drew Pearson, hatte Anderson jahrelang damit geprahlt, dass ein Großteil ihrer Verleumdungen über Liberty Lobby direkt von der Anti-Defamation League (ADL) der B'nai B'rith stammte, einem bekannten Mittelsmann des israelischen Spionagedienstes Mossad. Pearsons eigene Ex-Schwiegermutter, die Zeitungsverlegerin Cissy Patterson, bezeichnete Pearson einmal als „Geheimagentin und Sprecherin der ADL".

Nachdem Liberty Lobby eine umfassende Untersuchung über Buckley und seine Geschäfte eingeleitet hatte, von der einige (aber nicht alle) Details in *The Spotlight* veröffentlicht wurden, reichte Buckley 1980 seine eigene Verleumdungsklage gegen Liberty Lobby ein, fast direkt im Anschluss an die Verleumdungsklage seines Freundes Hunt. Wiederum nach erheblichen Ausgaben für Liberty Lobby wurde der Fall 1985 entschieden, nur wenige Monate, nachdem der Fall Hunt zu den Akten gelegt worden war.

Während des Prozesses erklärte Buckley, es sei seine „Mission" gewesen, die Liberty Lobby anzuprangern. Doch trotz der hohen Erwartungen, die Buckley und seine Sykophantinnen und Sykophanten an einen Sieg stellten, hielt eine Jury im District of Columbia eine große Überraschung für den ehemaligen CIA-Offizier bereit.

Obwohl Buckley Millionen Dollar Schadenersatz und Zinsen forderte, sprach ihm die Jury nur einen Dollar zu (plus 1000 Dollar Strafschadenersatz). Als das Urteil verkündet wurde, brach ein im Gerichtssaal anwesender Anhänger Buckelys in Tränen aus. Buckely hatte es - wie sein CIA-Mentor Hunt - nicht geschafft, die Liberty Lobby zu zerstören.

Wie dem auch sei, die schäbige Karriere des alternden *Enfant terrible* William F. Buckley Jr. neigt sich dem Ende zu. Seine Manipulationen - von den 1950er Jahren bis in die ersten Jahre des 21. Jahrhunderts - haben jedoch wesentlich dazu beigetragen, den Grundstein für die Aushöhlung des traditionellen amerikanischen Nationalismus zu legen. Buckley kann in der Tat als einer der zerstörerischsten Böcke Judas betrachtet werden.

Der seltsame Kreis von Gefolgsleuten, Betrügern und Kumpanen, der die Welt von „WFB" und seinen Einflussbereich als „verantwortungsbewusster Konservativer" bevölkert hat, führt seinen Verrat weiter durch, wie die folgenden Kapitel in allen Einzelheiten zeigen werden.

KAPITEL XIX

Der innere Feind des Vatikans: Die geheime Rolle von Buckleys Geschäftspartner Malachi Martin als Subversiver, der im Namen zionistischer Interessen handelt

Die Identität eines Agenten der Anti-Defamation League (ADL) der B'nai B'rith innerhalb der katholischen Kirche während des Zweiten Vatikanischen Konzils in den frühen 1960er Jahren wurde enthüllt: Es handelte sich um den verstorbenen ehemaligen Priester und heutigen Bestsellerautor Malachi Martin, einen langjährigen engen Mitarbeiter von niemand geringerem als William F. Buckley, Jr, selbst bekennender römischer Katholik.

Nach den Enthüllungen über Buckleys Freund Martin bezeichnen einige prominente traditionalistische katholische Kritiker Martin nun als *„de facto* zionistischen Doppelagenten" und „Priesterspion des Zionismus" - Etiketten, die viele gute traditionalistische Katholiken, die Martin zumindest in seinen letzten Lebensjahren als ihren Verbündeten betrachteten, überraschen werden.

Wie sich jetzt herausstellt, war derselbe „Doppelagent" - Martin - der Geldgeber einer konspirativen Gruppe, die daran arbeitete, Liberty Lobby, die in Washington ansässige populistische Institution, zu zerstören.

Es war Lawrence W. Patterson aus Cincinnati war offenbar der erste nationale Verleger, der Martin als den sogenannten „Priesterspion" innerhalb des Vatikans entlarvte, der laut Patterson die Schlüsselfigur bei der „Rettung der Dokumente des Zweiten Vatikanischen Konzils war, die seitdem dazu benutzt wurden, den Versuch einer Verschmelzung von Zionismus und Katholizismus zu beginnen".

In der April-Ausgabe 1991 seiner Zeitschrift *Criminal Politics* bezeichnete Patterson Martin als „falschen Konservativen des Monats, der für die Sache der Trilateralen Kommission und des Zionismus eintritt", und legte die brisanten Beweise vor, die Martin belasten.

Patterson ist jedoch nicht die einzige prominente Persönlichkeit, die Martin denunziert. Der renommierte revisionistische Historiker Michael A.

Hoffman II bezeichnete Martin als „doppelzüngigen Okkultisten" und „Juda des 20. Jahrhunderts". (Siehe Hoffmans Website unter hoffman-info.com)

Außerdem sagte Hutton Gibson, ein traditionalistischer katholischer Laie mit einer klaren Haltung, in einer Sendung von *Radio Free America* (mit dem Moderator Tom Valentine) über Martin: „Ich denke, Martin war eine Art Bock von Juda. Er war beim Zweiten Vatikanischen Konzil und eines der Dinge, die er getan hat, war, die Bischöfe, die ein bisschen stur waren, vorzuladen und ihnen zu drohen, damit sie sich wieder in die Reihe stellen. Malachi Martin ist nicht die Vorstellung, die ich von einem Katholiken habe".

Der verstorbene Revilo P. Oliver, einer der großen nationalistischen Intellektuellen, schrieb, dass „wenn Martin tatsächlich eine wichtige Rolle dabei gespielt hat, die [katholische] Kirche an ihre eingefleischten Feinde zu verraten, dann wusste er sicherlich, was er tat". (Siehe Olivers Essay „How They Stole the Church" auf revilo-oliver.com)

Hoffman erklärte, dass Martin „den jüdischen/freimaurerischen Infiltratoren der Kirche den Arsch gerettet hat". In *Criminal Politics* erklärt Patterson, wie Martin genau das tat, indem er die erstaunliche Geschichte von Martins Intrige beschreibt.

Patterson stützte sich weitgehend auf den zweifellos „Mainstream"-Artikel „Wie die Juden das katholische Denken veränderten" von Joseph Roddy - der in der Ausgabe vom 25. Januar 1966 des inzwischen eingestellten Magazins *Look* erschien - und betonte, dass der *Look-Artikel* sehr offen enthüllte, dass ein im Vatikan tätiger Priester während der Verfahren des Zweiten Vatikanischen Konzils zwischen Rom und New York pendelte.

Der Priester lieferte Insiderinformationen über die „Reform"-Vorschläge der katholischen Kirche nicht nur an die *New York Times*, sondern auch an die Anti-Defamation League (ADL) der B'nai B'rith und an das American Jewish Committee und dessen Zeitschrift *Commentary*.

Zweitens wurden diese vertraulichen Informationen aus dem Inneren des Vatikans, wie es in dem Artikel heißt, dazu benutzt, um Druck auf den Vatikan auszuüben, damit dieser größere Veränderungen in der Kirchenpolitik vornimmt.

Der Autor von *Look* wollte den Priester nicht mit seinem richtigen Namen identifizieren und bezeichnete ihn lediglich als „Timothy Fitzharris-O'Boyle", erklärte aber auch, dass dieser Priester auch für *Commentary* unter dem Namen „F. E. Cartus" und dass er unter dem Namen „Michael Serafian" ein Buch mit dem Titel *The Pilgrim* geschrieben habe.

(„*The Pilgrim*" war ein Buch aus dem Jahr 1964, das laut Michael A.

Hoffman II im Eilverfahren gedruckt wurde, um die Bemühungen der Traditionalisten im Vatikan, die vorgeschlagene Revolution in den Lehren der Kirche zu verhindern, offenzulegen).

Wie Lawrence Pattersons Untersuchung ergab, wurde, als Malachi Martin (damals eine international bekannte Schriftstellerin) 1974 ihr Buch *The New Castle* veröffentlichte, auf einer Füllseite, die „Malachi's Bücher Martin" auflistete, angegeben, dass Martin das oben genannte Buch *The Pilgrim* „unter dem Pseudonym Michael Serafian" geschrieben hatte.

Und als ob Pattersons Enthüllungen (basierend auf der von Martin selbst veröffentlichten Aufklärung) nicht schon Beweis genug wären, dass er tatsächlich der „Priesterspion" im Vatikan war, wurde in einem Nachruf des *Milwaukee Journal Sentinel* vom 31. Juli 1999 erwähnt, dass Martin *Le Pèlerin* unter dem Pseudonym „Michael Serafian" herausgegeben hatte.

Fast unmittelbar nach Abschluss seiner subversiven Unternehmungen im Vatikan trat Martin aus dem Priesteramt aus und ging nach New York, wo er begann, für den American Jewish Committee's Commentary (unter seinem richtigen Namen) zu schreiben und als „religiöser Redakteur" für die *National Review* von William F. Buckley, Jr. zu fungieren.

In den folgenden Jahren wurden Martins Romane und andere Werke in den Organen der großen Medien international breit beworben, was Martin fast sicher zum Multimillionär machte.

Laut Michael A. Hoffman II war Martin „der Nachkomme eines jüdischen Bankiers, der nach Irland flüchtete", wo Martin 1921 geboren wurde. Hoffman wirft Martin vor, sich erst 1997 mit Maimonides verglichen zu haben, den er als „den wichtigsten Interpreten des jüdischen Talmuds und einen der unerbittlichsten Feinde Christi in den Annalen des Judentums" identifiziert, der einst „die Ausrottung der Christen befohlen" habe.

Dies ist interessant, da Martin tatsächlich an der Hebräischen Universität in Jerusalem studiert hatte, wo er sich auf das Wissen über Jesus Christus, wie es in jüdischen Quellen überliefert ist, konzentrierte. Kurz darauf wurde Martin laut London's *Independent* vom 6. August 1999 „als sicherer Wert entdeckt" und auf einen Posten im Vatikan befördert, als theologischer Berater von Kardinal Augustin Bea, der selbst, wie einige andere seiner Berater, jüdischer Abstammung war.

Es war Bea, der innerhalb des Vatikans als Hauptinitiator der Veränderungen in der Kirchenpolitik während des Zweiten Vatikanischen Konzils in Erscheinung trat, und Martin fungierte während dieser Zeit als sein Agent in den Beziehungen zur jüdischen Gemeinde in New York. Revilo Oliver ging sogar so weit zu vermuten, dass Martin der „Kurier" für große Mengen an Bestechungsgeldern in bar gewesen sein könnte, die während der Zeit des Zweiten Vatikanischen Konzils von New York nach Rom und anderswohin transferiert wurden.

Die Tatsache, dass Martin eine enge Beziehung zu William F. Buckley, Jr. - die Jahrzehnte andauerte - ist bemerkenswert, da sowohl Buckley als auch sein ehemaliger Vorgesetzter bei der CIA, E. Howard Hunt, umfangreiche (wenn auch erfolglose) Prozesse gegen *The Spotlight* angestrengt haben, um die populistische Wochenzeitschrift zu zerschlagen. Es stellt sich daher die Frage, ob Martin später als Agent des Racheteams von Buckley und Hunt handelte, indem er anderen Agenten half, die sich bemühten, *The Spotlight* zum Schweigen zu bringen.

Zusammenfassend: Malachi Martins Rolle bei der Finanzierung einer Verschwörung zur Zerstörung von *The Spotlight* weist auf den Ursprung dieser Verschwörung hin, und man kann mit Sicherheit sagen, dass Martin eindeutig ein Paradebeispiel für den Inneren Feind war, in diesem Fall verwickelt in die Unterwanderung der römisch-katholischen Kirche.

Der Schaden, der der Kirche durch das revolutionäre Konklave, bekannt als das Zweite Vatikanische Konzil, zugefügt wurde, kann niemals wieder gutgemacht werden, und die Zukunft wird sich an Malachi Martin als einen perfiden Judasbock der schlimmsten Art erinnern.

"Der Rauch Satans ist durch einen Riss in den Tempel Gottes eingedrungen.

-GIOVANNI BATTISTA MONTINI BESSER BEKANNT UNTER SEINEM TITEL Papst Paul VI - unter dem er die umstrittenen „Reformen" des Zweiten Vatikanischen Konzils umsetzte, die die traditionelle römisch-katholische Lehre neu ausrichteten und verzerrten - zu einer Zeit, als der Judasbock Malachi Martin (siehe beigefügtes Kapitel) als Agent innerhalb der Konferenz des Zweiten Vatikanischen Konzils im Auftrag zionistischer Interessen agierte. Bei mehreren Gelegenheiten trug Montini (oben) öffentlich das als „Ephod" bekannte Freimaurer-Emblem, das Symbol, das von Kaiphas, dem jüdischen Hohepriester, der den Tod von Jesus Christus befahl, getragen wurde. Montinis Ephod ist (eingekreist) am unteren Rand seines Porträts zu sehen. Rechts ein Ephod, bei dem die hebräischen Buchstaben oben deutlich sichtbar sind. Montini, der

jüdischer *Abstammung* war, wurde auf jüdische Weise beerdigt, in einer einfachen Holzkiste, während einer Zeremonie im Vatikan, *bei der es kein einziges Kruzifix* gab. Viele traditionalistische Katholiken betrachten Montini als einen Bock aus Juda. Zionistische Interessen haben auch die fundamentalistischen protestantischen Kirchen stark infiltriert und die „dispensationalistische" Doktrin gefördert, die zuerst von John Darby in den 1840er Jahren entwickelt und dann im 20. Jahrhundert von Cyrus Scofield stark gefördert wurde, dessen berühmte „Scofield Reference Bible" von der Oxford University Press in London finanziert wurde, die von der zionistischen Familie Rothschild finanziert wurde. Heute diktiert der von der Rothschild-Familie gesponserte „Dispensationalismus" die pro-zionistische Haltung der sogenannten „Christlichen Rechten", die einen großen Einfluss auf die Republikanische Partei ausübt. So ist eine Allianz zwischen dem radikalen Judentum und dem radikalen Christentum dafür verantwortlich, dass die amerikanische Außenpolitik unter Präsident George W. Bush, einem glühenden Anhänger des Dispensationalismus, der von zionistischen Fanatikern umgeben ist, zugunsten des zionistischen Imperiums fehlgeleitet wurde.

KAPITEL XX

"Konservative" Spendensammler: Die Ausplünderung amerikanischer Patrioten im Namen des inneren Feindes

Am 26. August 1985 warnte *The Spotlight* seine Leser vor den umstrittenen Aktivitäten des Direktmail-Spendensammlers Richard Viguerie, einem Schützling des allgegenwärtigen zionistischen Intriganten Marvin Liebeman, von dem in einem früheren Kapitel die Rede war. Der Bericht von *The Spotlight* trug den treffenden Titel „Scandal hallmark of direct mail king Viguerie's rise to power" und beschrieb ausführlich Vigueries besondere Kunst und seine schwerfälligen Methoden der Spendensammlung.

Jahrelang plünderte Viguerie im Wesentlichen Millionen amerikanischer Patrioten um Hunderte Millionen Dollar, die an verschiedene „konservative" Anliegen gingen, die Viguerie anpries - und in einigen Fällen auch ins Leben rief -, obwohl Viguerie und seine verbundenen Unternehmen in einigen Fällen angeblich bis zu 75 Prozent des gesammelten Geldes einsteckten, was eine sehr profitable Erpressung darstellte.

Doch rund sieben Jahre später, in ihrer Ausgabe vom 12. November 1992 - als die konservative Bewegung im Sterben lag und ihrer Ressourcen und Energie beraubt war - ließ die *New York Times* des Establishments schließlich die Katze aus dem Sack und bestätigte die Berichte von *The Spotlight* über Vigueries Arbeitsweise.

In einem Artikel, der auf der ersten Seite begann und dann eine ganze Seite im nationalen Teil der Tageszeitung des Establishments füllte, informierte die *Times* ihre Leser über Vigueries neuestes Spendensammelunternehmen.

Viguerie, der von einer steuerbefreiten, gemeinnützigen Organisation namens United Seniors Association (USA) aus operierte, sammelte Millionen, indem er Briefe an ältere Menschen schickte und sie um Spenden bat, in einem Fall, um weiterhin „in der Hauptstadt des Landes hart zu kämpfen, um den Schutz der Rechte und Vorteile der älteren Menschen in den Vereinigten Staaten zu gewährleisten".

(Tatsächlich leitete Viguerie mehrere verschiedene Organisationen für „ältere Menschen" - USA war nur eine davon).

Vigueries „Schreckenspost" - in der z. B. das Ende der Sozialversicherung angekündigt wurde - verscheuchte die Beiträge von böswilligen älteren Menschen, denen suggeriert wurde, dass Vigueries Organisation wirklich um ihre Sicherheit kämpft. Tatsächlich wurde der größte Teil des von Viguerie gesammelten Geldes sofort in neue Postwurfsendungen umgeleitet, die an andere potenzielle Beitragszahler geschickt wurden.

Was dann geschah, so stellt die *Times* fest, war, dass Viguerie und seine verschiedenen Frontgruppen „große Summen an Listenvermieter, Briefschreiber, Drucker, Postversender und andere Subunternehmer verteilten, darunter immer wieder auch Herrn Viguerie selbst".

Besonders faszinierend ist, dass einer von Vigueries Mitarbeitern ein gewisser Dan C. Alexander, Jr. ist, der 51 Monate einer zwölfjährigen Haftstrafe verbüßte, weil er im Zusammenhang mit Schulbauprojekten in Mobile, Alabama, Bestechungsgelder erpresst hatte.

Interessanterweise war Alexanders letzter, damals mit Viguerie ausgearbeiteter Trick zur Geldbeschaffung eine Organisation namens Taxpayers Education Lobby (Bildungslobby für Steuerzahler).

Es ist jedoch nicht das erste Mal, dass Viguerie sich mit seltsamen Vögeln zusammentut.

Während seine Unternehmen dank Patrioten und Konservativen Millionen einnahmen, gab Viguerie einmal freimütig zu: „Ich bin kein Anhänger von Amerika zuerst", was er durch seine langjährige und enge Zusammenarbeit mit dem koreanischen Sektenführer Sun Myung Moon unter Beweis stellte. Mit de Vigueries Hilfe wurden Moon und seine Sekte zu einem Schlüsseleinfluss innerhalb der konservativen Bewegung. Moon selbst hatte natürlich schon vor langer Zeit angekündigt, dass er die Welt erobern wolle.

Vigueries erster Einstieg in die Mailinglistenbranche erfolgte 1960, als der junge Texaner in New York mit einer Liste von Mitwirkenden auftauchte, die dem republikanischen Senatskandidaten im Lone Star State Geld gespendet hatten.

Viguerie fand in Marvin Liebman einen gnädigen Gönner. Zu der Zeit, als Viguerie unter Liebmans Anleitung sein Handwerk erlernte, leitete sein Mentor eine Organisation, die als Young Americans for Freedom (YAF) bekannt war, eine von Buckley gegründete Gruppe junger Konservativer. Da Liebman Vigueries ausgeprägten Geschäftssinn spürte, übertrug er dem jungen Texaner die Leitung von YAF.

Viguerie zog sich 1965 aus YAF zurück und zog nach Washington, wo er seine eigene Firma gründete, von der aus sich Vigueries Geschäft weiterentwickelte.

In den folgenden Jahren begann Viguerie damit, eine massive Adressliste von Beitragszahlern für patriotische und konservative Anliegen zu erstellen. Viguerie versammelte auch eine Gruppe von Geschäftspartnern, deren Haupttalent offenbar darin bestand, Patrioten mit Angst zu beflügeln und ihnen Angst einzujagen, damit sie Millionen von Dollar für alle möglichen dubiosen Zwecke spendeten, die in Vigueries Küche zusammengebraut worden waren.

Mitte der 1980er Jahre begann Vigueries Mailinglisten-Imperium jedoch zu bröckeln, als die amerikanischen Konservativen, die sich an der Ära Ronald Reagan ergötzten, davon überzeugt waren, dass Reagan „das Land gerettet" hatte, und aufhörten, zu Vigueries Spendenprogrammen beizutragen.

Infolgedessen war Viguerie gezwungen, sein Imperium, das er sich im Bereich der Spendensammlung aufgebaut hatte, abzubauen. Er verkaufte das Gebäude, in dem sich seit langem sein Hauptsitz befand, und entließ einen Großteil seiner Mitarbeiter.

Viguerie verkaufte auch seine hauseigene Zeitschrift *Conservative Digest* an den korrupten Geldpromoter William Kennedy, Jr., der konservative Investoren seit Jahren mit der aktiven Unterstützung eines großen Netzwerks selbsternannter konservativer Führer schikaniert hatte.

Indem Kennedy Vigueries bankrottes Magazin mit seinen unrechtmäßig erworbenen Gewinnen kaufte, bereicherte er Viguerie im Wesentlichen mit gestohlenem Geld.

Angesichts seiner Erfolgsgeschichte ehrlicher Berichterstattung über die Aktivitäten des Inneren Feindes ist es nicht verwunderlich, dass *es The Spotlight* war, der in einem neuen Exklusivbericht seine Leser vor Kennedys kriminellen Praktiken warnte. Natürlich wurde Kennedy schließlich wegen einer Vielzahl von Anklagepunkten im Zusammenhang mit seinen Aktivitäten angeklagt und verurteilt und in ein Bundesgefängnis gebracht.

Nachdem seine eigene konservative Schutzgelderpressung zusammengebrochen war, beschloss Viguerie, ältere Menschen zu betrügen, um ihnen Geld abzunehmen.

Offensichtlich ist er bis heute in gewissem Maße erfolgreich, obwohl er durch den Machtanstieg der harten pro-israelischen „Neokonservativen", die im Sinne von de Vigueries Mentor Liebeman die absolute Kontrolle über die sogenannte „konservative" Bewegung übernommen haben und diese Kontrolle nutzen, um die republikanische Partei selbst zu übernehmen, weitgehend ins Abseits gedrängt wurde.

KAPITEL XXI

Wie der innere Feind die „antikommunistische" Sache manipuliert, um die zionistische Agenda voranzutreiben

Richard Vigueries wichtigster Beitrag zur Zerstörung der amerikanischen „konservativen" Bewegung war vielleicht seine zentrale Rolle als Mentor (so wie der zionistische Agent Marvin Liebman Vigueries Mentor war) eines bunt zusammengewürfelten Teams von sehr fähigen Postwurfsendungen-Spendensammlern, deren Haupttalent offenbar die Fähigkeit war, riesige Geldmengen von guten amerikanischen Patrioten zu sammeln und sie dann für aussichtslose Zwecke zu verschleudern, während die Spendensammler im Laufe des Prozesses immer reicher wurden.

In mindestens einem Fall, den wir untersuchen werden, scheint jedoch ein Schützling de Vigueries einen Weg gefunden zu haben, um Patrioten zur Finanzierung eines persönlichen Projekts zu bewegen, das die Agenda des Inneren Feindes vorantreiben sollte.

Lee Edwards, ein Veteran aus der Mailing-Küche des Mailing-Magiers Richard Vigueries, hat sich wirklich etwas Besonderes ausgedacht. Und dieses Mal ist es nicht überraschend, dass er das Imprimatur der Anti-Defamation League (ADL) erhalten hat.

Lassen Sie sich von den ehrgeizigen Zielen der jüngsten Spendenkampagne von Lee Edwards nicht dazu verleiten, Ihre Geldbörse vorerst zu öffnen. Lee Edwards' Trick beinhaltet einen ungewöhnlichen Aspekt (und ein interessantes Programm), der vielen Veteranen des Antikommunismus ein Dorn im Auge ist. Edwards, der seit rund 40 Jahren bei Patrioten bettelt, ist der Kopf - er selbst gab sich zunächst den beeindruckenden Titel „Präsident" - der Stiftung für das Gedenken an die Opfer des Kommunismus.

Das klingt nobel. Edwards erhielt sogar die Unterstützung des Kongresses, der seiner Stiftung einen Standort auf der Mall zugestand. Heute versucht der Impresario der Postwurfsendung, 100 Millionen Dollar für ein Gedenkmuseum aufzubringen, das die Opfer des Kommunismus auf der ganzen Welt würdigen soll.

Antikommunistischen Veteranen in den USA gefällt die Idee einer Gedenkstätte für die Opfer des Kommunismus. „Schließlich", so argumentieren sie, „haben die Vereinigten Staaten bereits ein vom Steuerzahler finanziertes Denkmal für die jüdischen Opfer des „Holocaust" im Zweiten Weltkrieg, sollten wir dann nicht auch ein Denkmal haben, um die ganz realen Opfer des Kommunismus auf der ganzen Welt zu ehren

Laut The *Forward*, einer einflussreichen jüdischen Wochenzeitung mit Sitz in New York, die Edwards' Idee den entscheidenden Anstoß gab, wird das Museum jedoch einen etwas anderen Zweck verfolgen, als es amerikanische Antikommunisten erwarten würden. Tatsächlich berichtet *der Forward*, dass das Museum besonders darauf bedacht sein wird, zu zeigen, dass das jüdische Volk zum großen Teil Opfer des Kommunismus war und nicht dessen Täter.

Kurz gesagt, das Museum wird eine Variation eines Themas sein - eine andere Version des Holocaust-Museums (das die Leiden des jüdischen Volkes zeigt), aber diesmal mit einem antikommunistischen Touch.

Das Edwards Museum, so *Forward*, werde sich aktiv darum bemühen, den Glauben vieler Osteuropäer zu bekämpfen, dass ein Übergewicht der Führer der kommunistischen Bewegungen in den osteuropäischen Nationen Juden waren. Tatsächlich betonten viele Menschen in der Region, als die alten roten Regime in Osteuropa gestürzt wurden und die nationalistischen Elemente wieder erstarkten, die wichtige Rolle, die Juden im Kommunismus und seinen Fortschritten spielten, und zwar schon seit der Zeit der bolschewistischen Revolution in Russland.

Heute jedoch schickt sich Edwards an, all diesen Menschen zu zeigen, dass ihre Vorstellungen völlig falsch sind. Bei seinen Bemühungen wird er von einem interessanten Spektrum an Personen unterstützt, die früher nie mit einem professionellen „konservativen" Fundraiser wie Edwards zu tun gehabt hätten.

Der erste von ihnen war Carl Gershman, ein langjähriger „Sozialdemokrat", der vor allem für seine Arbeit als nationaler Leiter der Anti-Defamation League (ADL) der B'nai B'rith bekannt war. (Herr Gershman war später Vorsitzender der sogenannten National Foundation for Democracy, einer internationalistischen „Denkfabrik", die die globalistische Agenda fördert). Die Tatsache, dass Gershman Edwards' Bemühungen sein „Prestige" lieh, zeigte zweifelsfrei, dass die höchsten Kreise der Elite Edwards' Spendensammelunternehmen absegneten.

Neben der entscheidenden Präsenz von Herrn Gershman von der ADL unterstützte eine Vielzahl anderer langjähriger pro-israelischer Elemente die Initiative von Herrn Edwards, von Albert Shanker, dem sogenannten „liberalen Antikommunisten", der lange Zeit den amerikanischen

Lehrerverband leitete, bis hin zu dem Harvard-Historiker Richard Pipes, der dem Jonathan-Institut angegliedert ist, das als „virtueller Arm des Staates Israel" beschrieben wurde.

Der Rabbiner Daniel Lapin und Grover Norquist, der dem ehemaligen Sprecher des Repräsentantenhauses Newt Gingrich nahesteht, vertraten die „Konservativen" im Vorstand von Edwards.

(Anmerkung: Anfang 2005 wurde Rabbi Lapin in einen schrecklichen Skandal verwickelt, in den der prominente Washingtoner Lobbyist Jack Abramoff verwickelt war, ein lauter und streitbarer orthodoxer Jude, der Geld, das er offenbar unrechtmäßig von Indianerstämmen erhalten hatte, in eine jüdische Schule im Großraum Washington leitete, die von Lapins Bruder David, einem anderen Rabbiner, geführt wurde. Abramoff finanzierte auch eine Schule für jüdische Scharfschützen im Westjordanland im besetzten Palästina. Zum Zeitpunkt der Niederschrift dieses Artikels ist der Fall Abramoff-Hase noch nicht aufgedeckt worden, aber es wird vermutet, dass Abramoff möglicherweise ein halbes Dutzend Kongressabgeordnete bestochen hat). Doch zurück zu Lapins Partner Lee Edwards: Wer Edwards' Geschichte kennt, war nicht überrascht, dass er in zionistischen Kreisen wieder auftauchte. 1974 beschrieb ihn eine Gruppe mexikanischer Antikommunisten, die versehentlich in eines von Edwards' Fundraising-Unternehmen geraten waren, als „fanatischen Zionisten", dessen Aktivitäten der antikommunistischen Sache der USA schadeten.

Edwards selbst, der sein Geld jahrelang in konservativen (und mit dem Zionismus verbundenen) Fundraising-Projekten verdiente, wie wir festgestellt haben, begann seine Karriere als Satellit des berühmten - manche würden sagen „berüchtigten" - Direktmailing-Magiers Richard Viguerie, einem Schützling des israelischen Anführers der Stern-Bande, Marvin Liebman.

Im Viguerie-Kreis tat sich Edwards mit dem koreanischen Sektenführer (und CIA-Strohmann) Sun Myung Moon zusammen und leitete eine Operation, die als Koreanische Stiftung für kulturelle Freiheit bekannt wurde, eine äußerst profitable „antikommunistische" Gruppe, die Moons Netzwerk zusätzliche Legitimität in konservativen Kreisen verschaffte, als Moon gerade erst damit begann, seinen unrechtmäßig erworbenen Reichtum unter konservativen „Führern" zu verbreiten.

Tatsächlich war Edwards einer der ersten Moon-Symphantasten und schrieb für Moon-Publikationen, lange bevor Moons familienfeindlicher Kult zu einer wesentlichen Finanzierungsquelle für die amerikanischen Konservativen wurde. Edwards war Chefredakteur von Moons Zeitschrift „The World & I", wenn er nicht gerade Spenden sammelte.

(Auf den folgenden Seiten erfahren wir viel mehr über Moon selbst und die seltsame Geschichte dieses mit der CIA und dem Mossad verbundenen Agenten, eine Geschichte, die es wirklich wert ist, erzählt zu werden).

Edwards selbst blieb im Schatten, wurde aber 1972 durch eines seiner denkwürdigsten Fundraising-Unternehmen - eine Organisation, die unter dem Namen „Friends of the FBI" (Freunde des FBI) bekannt wurde - zu einiger (schlechter) Berühmtheit gelangt.

Zusammen mit einem gewissen Pat Gorman, einem weiteren Satelliten von de Viguerie, und einem Anwalt aus Chicago, Luis Kutner, verschickte Edwards Spendenbriefe und versprach, das gesammelte Geld zu verwenden, um das Bild des FBI von J. Edgar Hoover in der Öffentlichkeit zu verbessern. Edwards gelang es sogar, die Unterstützung des beliebten Schauspielers Efrem Zimbalist Jr. zu gewinnen, dem Star der Fernsehserie „The FBI".

Edwards und seine Mitstreiter hatten rund 400 000 Dollar eingenommen. Laut den damals veröffentlichten Berichten wurden jedoch 155.000 Dollar an einen gewissen Pat Gorman für die Nutzung seiner Mailinglisten gezahlt; 77.000 Dollar erhielt Gorman als „Honorar"; 27.500 Dollar gingen an Edwards selbst; und 47.000 Dollar gingen an Kutner.

Die Situation war so skandalös, dass Zimbalist verlangte, dass sein Name vom Briefkopf der Gruppe entfernt wurde. In einem Telegramm beschuldigten Zimbalists Anwälte Edwards, Gorman und Kutner des „Betrugs und der Falschaussage".

Edwards' Partner Kutner ist ein interessanter Charakter. Als langjähriger Freund von Jack Ruby, dem Nachtclubbetreiber mit Verbindungen zum organisierten Verbrechen, der Lee Harvey Oswald, den mutmaßlichen Mörder von Präsident John F. Kennedy, tötete, kannte Kutner Ruby mindestens seit 1936, als Ruby Kutner bei seiner erfolglosen Kampagne im Kongress geholfen hatte. 1950 vertrat Kutner Ruby, als sein Mandant vor die Mitarbeiter des Kefauver-Ausschusses für Erpressung im Senat geladen wurde, um die Aktivitäten der Unterwelt in Chicago zu besprechen.

Später war Kutner, wie die Geschichte zeigt, in groß angelegte internationale Geheimdienstoperationen verwickelt, die von Staatsstreichen in Lateinamerika bis zur Verteidigung des gestürzten kongolesischen Führers Moise Tshombe reichten.

Kutner beteiligte sich auch aktiv an Bemühungen zur Förderung der Interessen Israels, indem er als „ehrenamtlicher Berater" des Center for Global Security, Inc, einer pro-israelischen Lobbygruppe, tätig war.

Wohin man also auch blickt, es scheint, dass Lee Edwards intime Verbindungen zu sehr ungewöhnlichen Personen hat, die immer bereit sind, ihm unter die Arme zu greifen, wenn es darum geht, „den schwarzen Peter weiterzureichen". Sein aktuelles Vorhaben, die „jüdischen Opfer des Kommunismus" zu ehren, ist nur ein weiteres Beispiel für die korrupte Natur des Inneren Feindes.

KAPITEL XXII

Die John Birch Society: Eine erste Fallstudie der Judasziege

Obwohl William F. Buckley, Jr. und seine „verantwortungsbewussten konservativen" Kollegen die 1958 von dem Süßwarenhersteller Robert Welch aus Massachusetts gegründete John Birch Society stark kritisierten - was viele zu der Annahme veranlasste, dass die Birch Society und Buckley in gewisser Weise in ihrer Herangehensweise an die Probleme der Zeit nicht übereinstimmten (obwohl sowohl die Buckleyiten als auch die Birchers den Mantel des „Antikommunismus" und der „Demokratie" für sich beanspruchten), Trotz der Tatsache, dass sowohl die Buckleyites als auch die Birchers den Mantel des „Antikommunismus" und des „Konservatismus" für sich beanspruchten, enthält die Geschichte der John Birch Society viele faszinierende Elemente, die von vielen Amerikanern ignoriert wurden, die der Meinung sind, dass die Birch-Bewegung insgesamt einen wertvollen Beitrag zur Sache des Antikommunismus geleistet hat.

Die Wahrheit ist, dass Buckleys Angriffe auf die John Birch Society - die einen Großteil der Rhetorik über die Gesellschaft in den amerikanischen Mainstream-Medien widerspiegeln - der Birch-Bewegung tatsächlich eine massive Öffentlichkeit verschafft haben, die sie sonst nicht erhalten hätte. Die Tatsache, dass die großen Medien der Gesellschaft so viel Aufmerksamkeit geschenkt haben, ist ein interessanter Punkt. Denn das direkte Ergebnis all dieser Aufmerksamkeit war, dass die Birch Society exponentiell wuchs und tatsächlich eine sehr große Gruppe amerikanischer Antikommunisten in die Reihen einer Organisation „verband", die - wie wir noch sehen werden - eigentlich sehr verdächtig war.

Der Autor von *The Juda Goats - The Enemy* Within *(Die Böcke von Juda - Der Feind im Inneren)* erzählt in dem folgenden Essay von seiner kurzen Reise in die seltsame Welt der John Birch Society. Obwohl der Essay sehr persönlicher Natur ist, spiegelt er zum großen Teil die Gedanken vieler anderer Menschen wider, die als Mitglieder - und schließlich ehemalige Mitglieder - der JBS ihre eigenen Erfahrungen gemacht haben. Der Essay, der ursprünglich in der Juli/August-Ausgabe 2005 von *The Barnes Review,* dem zweimonatlich erscheinenden Geschichtsmagazin mit Sitz in

Washington, veröffentlicht wurde, spricht für sich selbst. Der Essay trug ursprünglich den Titel „My One-Minute Membership in the John Birch Society" (Meine Mitgliedschaft in der John Birch Society in einer Minute).

Viele Fragen über die John Birch Society (JBS) sind mir durch den Kopf gegangen, seit ich als sechzehnjähriger Highschool-Schüler von der JBS erfahren habe. Ehrlich gesagt bin ich mir völlig im Klaren darüber, dass viele wohlwollende Menschen von meinen Bemerkungen völlig entflammt sein werden, aber lassen wir die Dinge doch einfach so laufen, wie sie es wollen.

Ich habe die JBS zu einer Zeit entdeckt, als ich anfing, mich (im Guten wie im Schlechten) für politische Angelegenheiten zu interessieren. Nachdem ich ungefähr festgestellt hatte (selbst, ohne Hilfe von Freunden oder Familienmitgliedern), dass ich eine Art „Konservativer" bin, begann ich bald zu versuchen, so viel wie möglich über die verschiedenen „rechten" politischen Organisationen zu erfahren unter. Das führte mich in die örtlichen Bibliotheken, wo ich alle verfügbaren konservativen Standardschriften genoss. Dies führte mich in lokale Bibliotheken, wo ich alle verfügbaren standardkonservativen Schriften auskostete. Ich beschränkte meine Lektüre jedoch nicht auf Literatur, die meine eigenen Ansichten widerspiegelte. Da ich stets aufgeschlossen war, war ich neugierig darauf, was die „andere Seite" zu sagen hatte.

Infolgedessen durchforstete ich eine Vielzahl von Bänden aus dem Bereich, den man als „linksliberal" bezeichnen könnte, und fand ständig Hinweise auf eine mysteriöse und umstrittene „John Birch Society" und ihren Gründer Robert Welch. Im Geiste sagte ich mir: „Wenn die Liberalen die JBS und ihren Gründer für so schlecht halten, dann müssen sie ziemlich gut sein".

Kaum hatte ich den Entschluss gefasst, zu versuchen, die Adresse der John Birch Society herauszufinden und sie zu kontaktieren, entdeckte ich in meiner eigenen öffentlichen Bibliothek ein Exemplar der JBS-Publikation *American Opinion*, das im Regal neben den sogenannten „Mainstream"-Publikationen stand.

Mit großer Spannung begann ich, die professionell produzierte JBS-Zeitung durchzublättern, begeistert von der Möglichkeit, Zugang zu verbotenen Fakten und versteckten Informationen zu erhalten, von denen ich wusste, dass ich sie nicht in *Time* oder *Newsweek* oder sogar auf den Seiten der angeblich „konservativen" Wochenzeitung *U.S. News & World Report finden* konnte.

Diese Ausgabe von *American Opinion* enthielt eine Grafik, die meine Aufmerksamkeit erregte. Es handelte sich um eine Übersicht - Land für Land - über den „kommunistischen Einfluss" (in Prozent, auf einer Skala von 0 bis 100) in den verschiedenen Ländern der Welt.

Ich wusste natürlich, dass die Kommunisten die Sowjetunion und Osteuropa kontrollierten und auch in gesamten Westen einen großen Einfluss ausübten. Ich war mir sehr wohl bewusst, dass der kommunistische Einfluss in der einen oder anderen Form auch in meinen eigenen Vereinigten Staaten von Amerika die Oberhand gewonnen hatte.

Ich war jedoch überrascht, dass laut JBS die kommunistische Kraft in Amerika viel stärker war, als ich geschätzt hatte. Ich erinnere mich nicht mehr an den genauen Prozentsatz, aber ich weiß noch, dass er außerordentlich hoch war.

„Gott sei Dank", sagte ich mir, als ich die Tabelle studierte, „gibt es einige Länder wie Argentinien und Chile, die in den Händen von antikommunistischen Militärführern sind. Aber als ich mir diese beiden Republiken ansah, stellte ich fest, dass die JBS dort einen kommunistischen Einfluss in der Größenordnung von 70 bis 90 Prozent angab. Unnötig zu sagen, dass ich überrascht war. „Vielleicht wissen sie etwas, was ich nicht weiß", dachte ich. Aber ich las weiter.

Anschließend wandte ich mich dem Staat Israel zu. Aufgrund meiner früheren Recherchen wusste ich, dass die israelische Wirtschaft auf einem streng sozialistischen Modell ( ) basierte, das mit Milliarden von Dollar der amerikanischen Steuerzahler finanziert wurde. Darüber hinaus war mir auch der vorherrschende Einfluss russischer und osteuropäischer Juden in der kommunistischen Weltbewegung bewusst und ich wusste, dass viele marxistisch orientierte Juden an der Gründung des jüdischen Staates beteiligt waren. Mehr noch, ich wusste auch, dass Israel in seinen Gründungsjahren nicht nur strategische Hilfe in Form von Waffen und Unterstützung vom kommunistischen Block erhalten hatte, sondern dass das winzige Israel die einzige Nation im Nahen Osten war, die über eine aufstrebende kommunistische Partei verfügte.

Wenn man das alles im Hinterkopf behält, kann man sich vorstellen, wie überrascht ich war, als ich erfuhr, dass - zumindest laut dem *amerikanischen Meinungsbild* der JBS - der kommunistische Einfluss in Israel kaum mehr als 10 bis 20 Prozent betrug

In diesem Moment, als ich zum ersten Mal eine JBS-Publikation in der Hand hielt - eigentlich seit weniger als ein paar Minuten -, merkte ich, dass etwas ganz und gar nicht stimmte.

Als ich den Rest der Tabelle überflog, wurde mir schnell klar, dass Israel in Birchs Weltbild wahrscheinlich die einzige ernstzunehmende Bastion des Antikommunismus auf dem gesamten Globus war. Nicht einmal die antikommunistischen Regime in Argentinien und Chile schienen die

Voraussetzungen dafür zu erfüllen.

Da wusste ich schlicht und einfach, dass diejenigen, die sich auf den höchsten Ebenen der JBS befanden, unter den Einfluss - vielleicht sogar unter die reine Kontrolle - der heimtückischen Macht des politischen Zionismus geraten waren. Das genügte mir. Da wusste ich, dass die JBS nichts für mich war. Meine „Mitgliedschaft" in der JBS dauerte, um ehrlich zu sein, kaum länger als eine Minute.

Ich konnte damals nicht ahnen, dass ich schnell und ziemlich leicht das gelernt hatte, was Tausende von guten und ehrlichen JBS-Mitgliedern über einen erheblich längeren Zeitraum hinweg mit viel mehr Mühe lernen mussten.

Ich hatte keine Ahnung, dass es überall in den USA desillusionierte ehemalige JBS-Mitglieder gab, die auf die eine oder andere Weise das entdeckt hatten, was ich selbst herausgefunden hatte, ohne jemals Mitglied der JBS gewesen zu sein.

Der vielleicht bemerkenswerteste unter den ehemaligen Birchers ist der verstorbene Dr. Revilo P. Oliver, ein angesehener Klassizist und ehemaliger US-Geheimdienstoffizier, der mehrere Jahre lang sehr aktiv in der JBS war und sich öffentlich mit der Gruppe identifizierte. Oliver verließ die Birchers jedoch gerade deshalb, weil er wusste, dass Birch Boss Welch entschlossen war, die zionistische Sache zu verteidigen, und Oliver damit nichts zu tun haben wollte (Olivers bemerkenswerte Kommentare zu den Birchers aus seinen Schriften finden sich auf der lebhaften und faszinierenden Website von John „Birdman" Bryant unter thebirdman.org).

Wie auch immer, etwa vier Jahre später, als ich nach Washington ging, um für *The Spotlight* zu arbeiten, erfuhr ich die ganze Geschichte der Infiltration und Manipulation der JBS durch die Zionisten. Bei *The Spotlight* hatte ich Zugang zu faszinierenden Archiven, die sich im Laufe der Jahre angesammelt hatten und die die seltsamen Ursprünge und Ausrichtungen der JBS aufzeigten. Dort entdeckte ich auch die Fakten über die wenig bekannte „Rockefeller-Connection" mit der JBS. In der August-Ausgabe 1965 der *Capsule News* legte Morris Bealle sie offen. Er schrieb

> Robert Welch (und sein Bruder Jimmy) erhielten vor zwei Jahren eine riesige Zahlung aus dem Hause Rockefeller, weil sie in den letzten sieben Jahren die John Birch Society organisiert und auf dem kommunistischen Deckel gesessen hatten. Die Belohnung belief sich auf insgesamt 10.800.000 US-Dollar, abzüglich des Wertes des Familienunternehmens für Süßwaren, der angeblich bei 100.000 oder 200.000 US-Dollar liegt.
>
> Am 1. Oktober 1963 kündigte Rockefellers National Biscuit

Company den „Kauf" der James O. Welch Candy Company aus Cambridge, Massachusetts, an. *Im Moody's Manual of Industrials* und *im Standard-and-Poor's Business Index* gab die NBC als mutmaßlichen Kaufpreis „200.000 Stammaktien der National Biscuit" an. Laut *Wall Street Journal* vom 1. Oktober 1963 wurde die Stammaktie der NBC an der New Yorker Börse für 54 Dollar verkauft. Heute wird sie für 58 US-Dollar verkauft. Die Brüder Welch erhielten also „einfach so" 10 800 000 Dollar.

Süßigkeitenliebhabern zufolge war das gesamte Familienunternehmen mit seinen Fabriken und fünf Verkaufsbüros kaum mehr als 200.000 Dollar wert. Welch wird den Dummköpfen, die ihm glauben wollen, sagen, dass National Biscuit kein Rockefeller-Geschäft ist.

Wieder einmal wird er *durch das Moody's-Handbuch* ins Straucheln gebracht. Es nennt als zwei der Direktoren die Namen Roy E. Tomlinson und Don. G. Mitchell. [Beide sind Mitglieder des Rates für Außenbeziehungen. Darüber hinaus handelt es sich um zwei „professionelle Direktoren" von Rockefeller. Tomlinson ist außerdem Direktor von Prudential Life und American Sugar Refining.

Es war der amerikanische Zucker, der direkt an der Finanzierung und der Einschiffung in die Hände des kommunistischen Russlands auf Kuba im Jahr 1959 beteiligt war. Sie schlossen das Abkommen mit Castro, das die Freiheit auf der Insel Kuba beendete und die Raketenbasen in Havanna ermöglichte, mit denen die Städte an der amerikanischen Ostküste ausgelöscht werden sollten.

Es zeigt sich auch, dass der Rock Mob die Organisation der John Birch Society finanzierte und förderte. Wie sonst hätte sie durch die falschen „Angriffe" auf Welch, die mit dramatischer Plötzlichkeit auftauchten, Zeitungsanzeigen im Wert von Millionen Dollar erhalten können.

Und zur Erinnerung: In den letzten Jahren hat der bekannte populistische Historiker Eustace Mullins, Autor von *The Federal Reserve* Conspiracy, *The World Order* und anderen Klassikern, öffentlich - mehr als einmal - erklärt, seine Recherchen hätten ihn zu dem Schluss geführt, dass die Birch Society tatsächlich eine Schöpfung des Rockefeller-Imperiums sei, wobei er sich auf genau die gleichen Daten stützte, die Bealle zu seiner Einschätzung veranlasst hatten. Bealle war mit seinen Behauptungen also bei weitem nicht allein.

In Bezug auf das private Bankenmonopol der Federal Reserve nahm die JBS ganz besondere Positionen ein. In der Septemberausgabe 1964 von

American Opinion schrieb einer von Birchs Lieblingsökonomen, Hans Sennholz, einen Artikel über das System der Federal Reserve. In dem Artikel hieß es über die Fed wie folgt:

> Die Kontrolle liegt absolut und ungeteilt in den Händen des Präsidenten der Vereinigten Staaten... Sie [die Personen, die das Federal Reserve System leiten] sind Regierungsbeamte und keine Unternehmensvertreter, die mit den Eigentumsrechten und Befugnissen ausgestattet sind, die üblicherweise den Aktionären von Unternehmen zustehen. Das Federal Reserve System ist kein „privates Bankinstitut", das die Taschen von Bankern füllt, und war es auch nie, und ist auch nicht das böse Produkt einer internationalen Verschwörung ausländischer Bankiers...

Der verstorbene Norbert Murray, ein wortgewandter Patriot aus Montana, Karrierejournalist bei den Mainstream-Medien und ehemaliger New Yorker Publizist für große Geschäftsinteressen, beschrieb den Artikel kurz und bündig als „Lügengewebe", das „den Betrug des Systems schützte".

Die Veröffentlichung eines solchen Artikels musste die guten Mitglieder der JBS, die versuchten, die Mythen von den Fakten über das Wesen der privaten und von Bankern beherrschten Federal Reserve sowie über die mächtigen internationalen Banken, die eine große Rolle bei der Manipulation der US-Außenpolitik spielen, zu entwirren, in die Irre führen.

Auf jeden Fall habe ich bei der Arbeit für *The Spotlight* tatsächlich viel mehr über die JBS gelernt, als ich mir je hätte vorstellen können.

Zu dieser Zeit - in den späten 1970er und frühen 1980er Jahren - begann die JBS, die Interessen des Staates Israel aktiv zu fördern und die Sprecher ihrer mächtigen Lobby in Washington hervorzuheben, wodurch alle Unklarheiten über die Position der Kontrolleure der Birch Society in der Frage der amerikanischen Nahostpolitik beseitigt wurden.

Zum Leidwesen der langjährigen JBS-Loyalisten berichtete der schlagfertige Hauptreporter von *The Spotlight*, der legendäre Andrew St. George, ausführlich über die mysteriösen Machenschaften eines gewissen John Rees, eines gebürtigen Briten mit einer ziemlich trüben Vergangenheit, der sich in die inneren Kreise der JBS eingeschlichen hatte und sich in den Tagen des Niedergangs von Robert Welch als die eigentliche „Macht hinter dem Thron" etablierte. *Das Spotlight* brachte Rees' beunruhigende Rolle bei der Ausnutzung seiner eigenen Geheimdienst- und Spionageoperation ans Licht, die in vielerlei Hinsicht der Anti-Defamation League ähnelte, dem allmächtigen amerikanischen Anhängsel des israelischen Geheimdienstes Mossad.

Ich für meinen Teil habe als Student des JFK-Mordes herausgefunden, dass die John Birch Society wie Robert Welch zu seinen Glanzzeiten bis heute die diskreditierte These der Warren-Kommission unterstützt, wonach „ein einzelner Verrückter" Präsident Kennedy ermordet habe.

Morris Bealle berichtete schon früh (am 19. Juni 1965) in seinem Newsletter *Capsule News*, dass Robert Welch das Buch von Bealle, *The Guns of the Regressive Right - in dem er mit dem* Finger auf die CIA zeigte - als „völlig falsch" bezeichnet und seinen Anhängern gesagt hatte, dass nicht die CIA, sondern Lyndon Johnson hinter dem Mord an JFK steckte.

Laut Bealle „haben wir alle seine Bulletins von 1964 gründlich untersucht [...]. [die] voll waren von Angriffen auf Earl Warren und merkwürdigen Äußerungen einer aufrichtigen Zustimmung mit ihm zu dem Mythos, dass 'ein Kommunist [d.h. der Lockvogel Oswald] Kennedy getötet hat'".

Tatsächlich spielte Welch, wie ich in *Final Judgment*, meinem eigenen Buch über das JFK-Attentat, hervorhob, eine wichtige Rolle dabei, die Aufmerksamkeit der Konservativen von einer möglichen Rolle der CIA bei der Ermordung von JFK auf den sowjetischen KGB zu lenken. *Dabei handelte es sich um die gleiche Propagandalinie wie bei James J. Angelton, einer Galionsfigur der CIA und pro-israelischer Verbindungsmann zum israelischen Mossad.*

Während die Birchers also glauben, dass Lee Harvey Oswald ein einsamer Kommunist unter der Führung des sowjetischen KGB war - eine Theorie, die von dem Mossad-Loyalisten Angleton vertreten wird -, achten sie darauf, den Finger nicht auf die Schuld der CIA zu legen, und wagen es sicherlich nie zu erwähnen, dass - wie in meinem eigenen Buch dokumentiert - der Mossad ebenfalls eine wesentliche Rolle bei der Mordverschwörung spielte.

Am 21. November 1988 pries das Magazin *New American* der Birch Society den Bericht der Warren-Kommission und behauptete, dass „die Beweise über jeden vernünftigen Zweifel hinaus" zeigten, dass Lee Harvey Oswald - ein isolierter kommunistischer Irrer - JFK getötet habe.

Wie dem auch sei, die Akzeptanz der JBS für die offensichtlich zweifelhafte Behauptung, ein einzelner kommunistischer Verrückter habe JFK getötet, bleibt bestehen. 1995 schickte ich ein Exemplar der zweiten Auflage meines Buches an eine große Anzahl von Personen und lud sie ein, mit mir über die These des Buches zu diskutieren - im Radio, in einem beliebigen öffentlichen Forum oder schriftlich. Ich gab ihnen die Möglichkeit, das Buch in der von ihnen gewünschten Weise zu widerlegen. Eine der Personen, denen ich ein Exemplar des Buches ( ) schickte, war Bill Jasper, Chefredakteur des *New American* der Birch Society. Bis heute - mehr als zehn Jahre später und nachdem fast 50 000 Exemplare von *Final Judgment* an begeisterte Leser auf der ganzen Welt verkauft wurden - habe ich noch immer nichts von Herrn Jasper gehört.

Meine Erfahrungen mit der JBS - in Bezug auf die Frage der Ermordung von JFK - waren sicherlich lehrreich. Aber (Jahre zuvor) hatte ich aufgrund meiner und anderer Recherchen sowie des Studiums der Birch-Publikationen bereits erkannt, dass die Birch Society etwas zweifelhaft war. Sicherlich gibt es viele gute Amerikaner, die die JBS unterstützen, aber meine „einminütige Mitgliedschaft" hat mir gereicht.

Zum Abschluss dieses Essays über die Rolle der Birchers bei der „Veränderung" der Philosophie vieler guter Amerikaner scheint es angebracht, daran zu erinnern, was Richard Gid Powers in seinem Buch *Not Without Honor: A History of American Anti-Communism* über Robert Welch und die John Birch Society gesagt hat:

> Die John Birch Society war, um ehrlich zu sein, eher ein Studienclub, der sich der Lektüre und Diskussion von Welchs literarischem Schaffen widmete, als eine Bedrohung für das Land... Welchs Bekanntheitsgrad war größtenteils eine Fälschung, die von linken Feinden und innerhalb der angesehenen Elite zusammengebraut wurde.

> Sie wussten aus Erfahrung, dass eine schräge Figur wie Welch mit seinen bizarren Wendungen dazu benutzt werden konnte, die antikommunistische Rechte und die gesamte antikommunistische Bewegung zu diskreditieren. Im Jahr 1961 brauchten die Liberaldemokraten... jemanden wie Robert Welch.

> Wenn Robert Welch absichtlich beschlossen hätte, alles, was gültige Antikommunisten jemals über den Kommunismus gesagt hatten, ad absurdum zu führen, sich selbst in eine Demonstration all der lächerlichen Illusionen zu verwandeln, die den Antikommunismus in der Vergangenheit diskreditiert hatten, und alle Antikommunisten als gefährliche Dummköpfe darzustellen, hätte er es nicht besser machen können.

Während also auf der einen Seite der sogenannte „verantwortungsbewusste Konservative" William F. Buckley Jr. die Birch Society anprangerte, machten die „großen" amerikanischen Medien massiv Werbung für die JBS und zogen viele Amerikaner für diese zweifelhafte Bewegung auf ihre Seite.

Man könnte noch viel mehr schreiben. Wenn man sich jedoch auf das beschränkt, was wir untersucht haben, kann man wirklich bezweifeln, dass es Amerika viel besser gegangen wäre, wenn Robert Welch in der Süßwarenbranche geblieben wäre und sich aus der Politik herausgehalten hätte.

KAPITEL XXIII

Der Aufstieg und Fall von *Human Events:* Die selbsternannten „verantwortlichen Konservativen", die dazu beigetragen haben, den traditionellen Konservatismus Amerikas zu zerstören

Eine kleine Gruppe langjähriger Sprecher der amerikanischen „verantwortlichen Konservativen" - Satelliten und willige Verbündete von William F. Buckley, Jr., Grand Poohbah der „verantwortlichen konservativen Bewegung" - begann, mit dem Kopf gegen die Wand zu schlagen, als er feststellte, dass einige dieser „konservativen Kollegen", denen er den Eintritt ins konservative Lager gestattet hatte (und die er als echte Kernkonservative mit gefördert hatte), doch nicht so konservativ waren, wie sie dachten.

Jahrelang warnte die in Washington ansässige nationalistische Zeitung *Spotlight* davor, dass trotzkistische „Neokonservative" danach strebten, die Kontrolle über die konservative Bewegung zu erlangen, um ihre eigene heimtückische (und insbesondere zionistische) Agenda umzusetzen. Doch während des gesamten Zeitraums war eine selbsternannte „verantwortungsbewusste konservative" Publikation in der Sphäre von William F. Buckley Jr. - Human *Events* - damit beschäftigt, ihren Lesern zu sagen, sie sollten *The Spotlight* ignorieren und/oder eben jene „Neokonservativen" unterstützen, die weithin als „ehemalige Liberale, die das Licht gesehen haben" usw. dargestellt wurden.

Nachdem sie jedoch die Warnungen von *The Spotlight*, dass die konservative Bewegung von einem internationalistischen Trojaner von innen heraus übernommen werde, ignoriert hatten, wurde den „verantwortungsbewussten Konservativen" plötzlich klar, dass ihnen ihre Macht und ihr Einfluss mit unglaublicher Geschwindigkeit entglitten. Die neokonservativen Invasoren waren dabei, die konservative Bewegung zu übernehmen.

Schließlich beschwerten sich 1996 die Redakteure von *Human Events* - wie auch *The Spotlight* - öffentlich *darüber, dass* William Kristol, Herausgeber des neuen *Weekly Standard,* der von dem pro-zionistischen Milliardär Rupert Murdoch finanziert wird, versuche, die konservative Bewegung zu übernehmen und ihre Meinungen zu verfälschen. Laut *Human Events:* Die traurige Wahrheit ist, dass der *Weekly Standard* von vielen langjährigen konservativen hier in Washington und im ganzen Land zunehmend als eine Art neokonservatives trojanisches Pferd angesehen wird. Natürlich in konservative Fahnen gehüllt, wird er dennoch als Mittel gesehen, um die [GOP] nach links zu bewegen, insbesondere im Bereich der Familienwerte.

Es stimmt, dass jede Ausgabe des *Standard* normalerweise mehrere interessante Artikel enthält, die aus einem ausgesprochen konservativen Blickwinkel verfasst sind. Doch diejenigen, die am meisten Gewicht haben, die scheinbar immer wieder hervorgehoben werden, um die Aufmerksamkeit der liberalen Medien, die Kristol offensichtlich schätzt, auf sich zu ziehen, sind diejenigen, die dem konservativen Mainstream deutlich zuwiderlaufen.

Trotz dieser mutigen Worte gibt es einige interessante Dinge über Kristol und ihre Veröffentlichung, die *Human Events* nicht erwähnt hat:

- Kristol, der aus dem Nichts zu dem wurde, was die Medien immer als „führenden konservativen republikanischen Strategen" bezeichnen, wurde auf dem Treffen der geheimen Bilderberg-Gruppe 1995 in Burgenstock in der Schweiz in die Gruppe aufgenommen. Diese Tatsache wurde zum ersten Mal von dem populistischen Journalisten Jim Tucker berichtet, der im Laufe der Jahre ausführliche Berichte über die Aktivitäten der Bilderberger geliefert hat, zuerst in *The Spotlight* und heute in *American Free Press*. Tuckers animiertes *Tagebuch Bilderberg Diary* ist das allererste englischsprachige Buch über die Geschäfte der Bilderberger (*Human Events* hingegen hat es stets sorgfältig vermieden, die Bilderberger oder ihre angeschlossenen Gruppen, wie den Council on Foreign Relations oder die Trilaterale Kommission, zu erwähnen).

- Kristols einziger Anspruch auf Macht und Einfluss (vor seiner Inthronisierung bei den Bilderbergern) besteht darin, dass er der Sohn von Irving Kristol ist, einem prominenten Trotzkisten, der zum „Liberalen" wurde, zum selbsternannten „Neokonservativen" und einer wichtigen Figur der pro-israelischen Lobby. Die Redakteure von *Human Events* scheuen sich, Kristols Verbindungen zu den Bilderbergern und der Israel-Lobby zu erwähnen, aus Angst, als „Antisemiten" oder „Verschwörungstheoretiker" abgestempelt zu werden.

- Rupert Murdoch, der milliardenschwere Verleger, der Kristols Magazin finanzierte, ist seit langem der Strohmann der vereinten Kräfte der Familien Rothschild, Bronfman und Oppenheimer.

Wie *The Spotlight* damals berichtete, bestand Murdochs Motivation für seinen großen Schritt in die amerikanischen Medien darin, im Namen seiner Sponsoren hinter den Kulissen politische Macht in diesem Land zu gewinnen. Außerdem strebte Murdoch dank seiner Medienmacht danach, die „konservative" Bewegung zu dominieren.

Im Jahr 2006 ist es richtig zu sagen, dass Murdoch (und seine Sponsoren hinter den Kulissen der internationalen zionistischen Elite) beides geschafft hat, indem er Einfluss auf die „konservative" Bewegung gewonnen und sie benutzt hat, um an die Macht zu gelangen.

Tatsächlich ist die Feigheit von *Human Events* gegenüber der internationalistischen Übernahme nicht wirklich überraschend, da *Human Events* eine nicht unerhebliche Rolle bei dieser endgültigen Übernahme gespielt hat. Die Bilanz spricht für sich selbst: PUNKT: Es war größtenteils ein in *Human Events* veröffentlichter Artikel, der die Chancen des Populisten Pat Buchanan als Kandidat für die republikanischen Präsidentschaftsvorwahlen 1988 kritisierte, der Buchanan dazu zwang, seine damals noch nicht angekündigte Kandidatur aufzugeben und damit George H.W. Bush den Weg zur Präsidentschaftsnominierung durch die GOP ohne ernsthafte Herausforderung durch die populistische „Rechte" zu ebnen.

Ironischerweise sind die Argumente, die *Human Events* gegen Buchanan verwendet, die gleichen, die die Establishment-Medien gegen den langjährigen Helden von *Human Events*, Ronald Reagan, verwendet haben, als Reagan 1968, 1976 und sogar 1980 um die GOP-Nominierung kämpfte. Die Medien des Establishments sagten damals, Reagan sei „zu konservativ", zu hart und zu offen.

Doch als *Human Events* Buchanan untergrub und seinen Lieblingskandidaten für 1988, den HUD-Sekretär der Reagan-Regierung, Jack Kemp, favorisierte, benutzte *Human Events* die gleichen Argumente gegen Buchanan. *Das Spotlight* warnte damals, dass Kemp in Wirklichkeit, wie er es ausdrückte, ein „trojanisches Pferd" sei. *Das Spotlight* wies darauf hin, dass zu Kemps einflussreichsten Unterstützern Irving Kristol, der Vater von William Kristol, gehörte, der sich in den Augen von *Human Events* schließlich als Bösewicht herausstellte.

PUNKT: In seiner Ausgabe vom 11. März 1991 berichtete *The Spotlight*, dass *Human Events* einen Artikel veröffentlicht hatte, in dem *The Spotlight* angegriffen wurde, weil es vor und während des Krieges am Persischen Golf „anti-israelische" und „pro-irakische" Artikel veröffentlicht hatte, von denen *Human Events* behauptete, sie seien „anti-israelisch" und „pro-irakisch" gewesen. Tatsächlich hatte *The Spotlight* lediglich die Rolle der pro-israelischen Lobby bei der Auslösung des Krieges und die geheime Beteiligung Israels am Krieg selbst hervorgehoben.

Die Behauptungen von *Human Events* basierten auf den Aussagen eines sogenannten „Desinformationsspezialisten" der United States Information

Agency, von dem *The Spotlight* später feststellte, dass er mit der dem Mossad angeschlossenen Anti-Defamation League von B'nai B'rith in Verbindung stand.

Human Events hat übersehen, dass *The Spotlight* lange vor der Invasion Kuwaits durch den Irak nicht nur den irakischen Diktator Saddam Hussein für seine Brutalität angriff, sondern auch die US-Regierung (die mit Israel unter einer Decke steckt) anprangerte, weil sie Saddams Regime mit unterstützte, während die Achse USA-Israel Saddam diskret in seinem Krieg gegen den Iran unterstützte. Dass *Human Events* eine solche Position einnimmt, ist keine Überraschung. Schließlich beschrieb *Human Events* in seiner Ausgabe vom 23. Juli 1977 den damaligen israelischen Premierminister Menachem Begin als den „Ronald Reagan Israels". (Begin war ein ehemaliger Terrorist mit einer so verwerflichen Vergangenheit, dass selbst viele pro-israelische Eiferer ihn in den 1950er Jahren wütend ablehnten, als er als Vertreter Israels in die USA kam).

PUNKT: Da sich die Geschichte praktisch wiederholt, berichtete *The Spotlight* am 30. Dezember 1991, dass *Human Events* festgestellt hatte, dass Pat Buchanans nationalistische Ansichten ein Grund sein könnten, Buchanan für die Unterstützung der Konservativen in seiner primären Herausforderung 1992 gegen den damaligen Präsidenten George Bush zu „disqualifizieren". Laut der Ausgabe von *Human Events* vom 21. Dezember 1991 gab es drei „Probleme" mit Buchanan, die nicht identifizierte „Konservative" als „beunruhigend oder sogar disqualifizierend" empfanden: seine Ansichten über Isolationismus, Schutz und den Staat Israel".

Interessanterweise wurde die gleiche Art von scharfer Kritik an Buchanan in Ausgaben von *Time* und *Newsweek* veröffentlicht, die im selben Zeitraum erschienen, ganz zu schweigen von einem ähnlichen Angriff, der in einer anderen konservativen Zeitschrift, *The American Spectator*, veröffentlicht wurde. Der Autor dieses besonders heftigen Angriffs auf Buchanan war David Frum. Interessanterweise war es Frum, der kürzlich einen weiteren Angriff auf Buchanan verfasste, der dieses Mal in Kristols *Weekly Standard* veröffentlicht wurde.

In Frums Artikel wurde zu Recht behauptet, dass Buchanan den Internationalismus, der der GOP in den vergangenen vierzig Jahren aufgezwungen worden war, aufgab. Zum Leidwesen der Bilderberg-Wochenzeitung erwiesen sich Buchanans populistische und nationalistische Ansichten damals als beliebt bei den GOP-Wählern, aber letztendlich führte Buchanans Kandidatur (1996 und später als Präsidentschaftskandidat der Reformpartei im Jahr 2000) natürlich zu keinem Ergebnis.

(Später fand sich Frum in George W. Bushs Team im Weißen Haus wieder und arbeitete bei der Ankündigung des bevorstehenden Krieges gegen den Irak eng mit dem neokonservativen Netzwerk der Kristol-Familie zusammen. Schließlich verließ Frum Bushs Weißes Haus, nachdem seine Frau damit geprahlt hatte, dass ihr Mann den Präsidentenausdruck „Achse des Bösen" geprägt hatte - der verwendet wurde, um die wahrgenommenen Feinde Israels zu diffamieren, die nun von den USA ins Visier genommen wurden. Frum schrieb dann zusammen mit dem intriganten Neokonservativen und ehemaligen israelischen Waffenhändler Richard Perle eine virulente antimuslimische Hassschrift mit dem Titel *The End of Evil (Das Ende des Bösen)*, in der zu einem totalen Krieg gegen die muslimische Welt aufgerufen wurde). *National Review*, herausgegeben von William F. Buckley Jr, einem „ehemaligen" CIA-Agenten und langjährigen engen Freund der Hauptmoderatoren von *Human Events*, Tom Winter und Alan Ryskind, griff Buchanan während des Vorwahlkampfs 1992 ebenfalls an und deutete an, dass Buchanan ein „Antisemit" sei. Buckley hatte sich wiederholt öffentlich damit gebrüstet, dass es sein „Job" sei, Populisten und Nationalisten aus den Reihen der Republikaner zu vertreiben. Buchanan war zu dieser Zeit das Ziel Nummer eins.

Obwohl *Human Events* also eine entscheidende Rolle dabei gespielt hat, genau den Kräften zu helfen, die versucht haben, den wachsenden Populismus und Nationalismus in den Reihen der Republikanischen Partei auszumerzen, verunglimpfen die Redakteure von *Human Events* nun genau diese Kräfte, während sie ihren eigenen Einfluss schwinden sehen.

Es war *The Spotlight*, der zu Recht Wolf schrie, als der Wolf vor der Tür stand, aber jetzt, da der Wolf in der Tür stand und das Essen am Tisch der GOP verschlang, schrien *Human Events* und seine Redakteure nach Terror. Indem *Human Events* jahrzehntelang das Spiel mit subversiven und antiamerikanischen Kräften spielte, die sich als die „neuen" amerikanischen Konservativen ausgaben, machte sich *Human Events* zum willigen Werkzeug des Inneren Feindes, eines Judasbocks der schlimmsten Sorte.

Diese Karikatur aus einer sowjetischen Zeitschrift vom Januar 1953 zeigt einen der Ärzte, die im berühmten „Ärzteprozess" angeklagt wurden, an einer zionistischen Verschwörung zur Ermordung Josef Stalins beteiligt gewesen zu sein. Als er von einer mächtigen russischen Hand verhaftet wird, fallen Maske und Kostüm des Verschwörers (ein lächelnder, gutmütiger Arzt) und enthüllen einen aufgeblähten, schnippischen Intriganten in einem schwarzen Anzug (versteckt hinter einer dunklen Brille). Münzen - Geld zum Bezahlen - fallen aus den Klauen des Verschwörers. Im Hintergrund heben sich die zionistischen Elemente, die beschuldigt werden, die Verschwörung zum Mord an Stalin zu sponsern, von einem umgedrehten Zylinderhut - der die reiche jüdische Aristokratie New Yorks repräsentiert - ab, auf dem das Symbol des US-Dollars angebracht ist. Kein Bild stellt die Kluft zwischen Stalin und den Zionisten besser dar, ein Kampf, der in die amerikanische Arena überschwappte und so den Boden für den Aufstieg der trotzkistischen Neokonservativen bereitete, die heute die Vorhut des Zionismus bilden. Drei Monate nach der Veröffentlichung dieser Karikatur starb Stalin, angeblich ermordet von anderen, die Stalins aufkeimendem Wunsch, die zionistische Macht zu demontieren, ein Ende setzen wollten.

Als Klammer...

Einleitung zum vierten Teil

**Die Rolle der CIA als Zerstörungsmechanismus
Arbeiten für den inneren Feind**

In den vorangegangenen Kapiteln haben wir die heimtückische Rolle einer Reihe selbsternannter „Antikommunisten" bei der Verzerrung und Verdrehung des traditionellen amerikanischen Nationalismus und der Beteiligung Amerikas an einem globalen Kreuzzug untersucht, bei dem es nicht um die wahren amerikanischen Interessen ging. Einer der Hauptakteure in diesen Intrigen war der ehemalige CIA-Mitarbeiter William F. Buckley, Jr.

Tatsächlich spielte die CIA, wie wir in den folgenden Kapiteln noch genauer sehen werden, eine besonders verhängnisvolle Rolle als einer der Böcke Judas - der innere Feind in mehrfacher Hinsicht.

All dies bedeutet nicht, dass die CIA - ebenso wenig wie das FBI oder ein anderer US-Geheimdienst - vollständig von Personen mit außerirdischen Zielen kontrolliert oder bevölkert wird.

Im Gegenteil

In den Reihen der CIA und des FBI finden sich einige der schärfsten amerikanischen Nationalisten und Kritiker der globalistischen und zionistischen Agenda, und sie haben bei dem Versuch, die Intrigen des Inneren Feindes zu bekämpfen, hervorragende Arbeit geleistet.

Die Geschichte zeigt jedoch, dass die CIA als Institution im Zentrum vieler gefährlicher Intrigen stand, die Amerika in den traurigen Zustand gebracht haben, in dem es sich heute befindet.

Dementsprechend werden wir nun einen Teil dessen erforschen, was wir über die Rolle der CIA bei der Unterminierung des traditionellen amerikanischen Nationalismus wissen, indem sie Einzelpersonen und Institutionen infiltrierte, korrumpierte und zu zerstören versuchte, die standhaft blieben und es wagten, „Nein" zu ausländischen Kräften zu sagen, als diese eine solche Macht und einen solchen Einfluss im amerikanischen System erlangten.

KAPITEL XXIV

Manipulation der Wissenschaft der Bewusstseinskontrolle durch die Geheimdienste und Ausnutzung des Sektenphänomens: Eine sehr reale Taktik des inneren Feindes

Angesichts der Spekulationen, dass Timothy McVeigh, der Bombenleger von Oklahoma City, irgendwann einer Form von „Bewusstseinskontrolle" unterzogen wurde, ist es angebracht, einige der stichhaltigen Beweise zu überprüfen, die belegen, dass nicht nur die CIA und ihre Verbündeten im israelischen Geheimdienst Mossad, sondern auch der sowjetische KGB und andere Agenturen umfassende Experimente im Bereich der Bewusstseinskontrolle durchgeführt haben.

Das Thema Gedankenmanipulation verunsichert viele Menschen, die es als eine Form von „Science-Fiction" oder „Verschwörungstheorie" betrachten.

Die Wahrheit ist jedoch, dass Gedankenkontrolle - vielleicht in ihrer einfachsten Form - nichts anderes als altmodische Hypnose ist, und nur wenige bestreiten, dass es möglich ist, hypnotische Zustände herbeizuführen.

Mehrere gut geschriebene und recherchierte Bücher haben sich mit der Geschichte von Experimenten und Technologien zur Bewusstseinsbeeinflussung befasst.

Einer der ersten bekannten „Experten" für die seltsame Wissenschaft der mentalen Manipulation war George Estabrooks, Vorsitzender der psychologischen Abteilung der Colgate University, der nach Washington kam, um während des Zweiten Weltkriegs für das Kriegsministerium zu arbeiten. In seinem Buch Hypnosis beschreibt Estabrooks die Bedeutung der mentalen Manipulation für Geheimdienstoperationen. „Erstens", schreibt er:

> Es besteht keine Gefahr, dass der Agent sich verkauft. Wichtiger ist die Überzeugung von der Unschuld, die der Mann selbst hat, und das ist in vielen Situationen eine große Hilfe. Er würde sich niemals wie ein Schuldiger verhalten, und wenn er beschuldigt würde, nach

Informationen zu suchen, wäre er ehrlich empört. Diese Überzeugung von der Unschuld eines Kriminellen ist vielleicht sein größter Schutz, wenn er von den Behörden verhört wird. Schließlich wäre es unmöglich, ihn auf den dritten Grad zu bringen und so die Glieder einer Kette zurückzuverfolgen.

Estabrooks erklärte, dass Personen, die der Gedankenmanipulation unterzogen werden, dazu ermutigt werden können, sich an Aktivitäten der so genannten „fünften Kolonne" zu beteiligen. „Durch sie", schrieb er, „hoffen wir, über die Aktivitäten ihrer „Freunde" informiert zu werden, wobei diese Informationen natürlich im Trancezustand erlangt werden.

Nach Estabrooks' Pionierarbeit begannen in den 1950er Jahren sowohl die neu gegründete CIA (und ihre Verbündeten im israelischen Mossad) als auch der sowjetische KGB mit umfangreichen Forschungen in diesem Bereich.

Das vielleicht maßgeblichste Werk zur Untersuchung der Aktivitäten der CIA ist *The Search for the Manchurian Candidate* mit dem Untertitel „The CIA and Mind Control: The Story of the Agency's Secret Efforts to Control Human Behavior" (Die CIA und die Gedankenkontrolle: Die Geschichte der geheimen Bemühungen der Agentur, das menschliche Verhalten zu kontrollieren). Das Buch wurde erstmals 1979 veröffentlicht, war sehr selten und wurde erst vor kurzem wieder aufgelegt. Das Buch, das sicherlich kein „extremistisches Traktat" ist, wurde erstmals von einer Unterabteilung der renommierten *New York Times* veröffentlicht. Der Autor war John Marks, besser bekannt als Co-Autor zusammen mit dem flamboyanten ehemaligen hochrangigen CIA-Beamten Victor Marchetti von *The CIA and the Cult of Intelligence*, dem ersten Buch, das jemals vor seiner Veröffentlichung durch die CIA zensiert wurde.

(Der Titel von Marks' Buch war ein Wortspiel mit dem Titel eines berühmten Romans von Richard Condon, der 1958 erschien und später zu einem beliebten Film wurde: Der *mandschurische Kandidat*. In Condons grausigem Szenario wird ein amerikanischer Soldat während des Koreakriegs von den Kommunisten einer Gehirnwäsche unterzogen, fälschlicherweise als „Kriegsheld" dargestellt und dann nach seiner Rückkehr in die USA im Rahmen eines Mordkomplotts manipuliert.

(Es stellt sich heraus, dass die eigene Mutter des Helden in Wirklichkeit eine geheime kommunistische Agentin ist - obwohl sie eine der bekanntesten „Antikommunistinnen" Amerikas ist - und ihren Sohn als Teil einer kommunistischen Verschwörung benutzt, die darauf abzielt, unter dem Deckmantel des Kampfes gegen den Kommunismus die Kontrolle über die USA zu erlangen - wahrlich Der innere Feind. Das Opfer der Bewusstseinskontrolle weiß nie, dass es manipuliert wird, bis es zu spät ist).

Das Buch von Marks war kein Roman. Marks' Studie stützt sich größtenteils auf rund 16.000 Seiten Dokumente, die Marks im Rahmen des Freedom of Information Act von der CIA erhalten hatte.

Mehrere Jahre vor dem Erscheinen von Marks' Buch erschienen die ersten Details über die Abenteuer der CIA in diesem seltsamen Bereich auf den Seiten der Tageszeitungen im Anschluss an eine kontroverse Reihe von Senatsanhörungen unter der Leitung von Senator Frank Church (D-Idaho) über die Aktivitäten der CIA.

Bis dahin waren die Amerikaner davon ausgegangen, dass nur „Kommunisten" und „Nazis" unangenehme Erfahrungen gemacht hatten, um den Prozess der Manipulation menschlichen Verhaltens zu untersuchen.

In Wirklichkeit begann die CIA schon kurz nach ihrer Gründung im Jahr 1947 mit der Bewusstseinskontrolle. Das Bewusstseinskontrollprojekt der CIA war zunächst unter dem Namen „Bluebird" (Blauer Vogel) bekannt und wurde dann ab 1953 auf „Artichoke" ausgeweitet.

Der allgemeine Codename der Operation wurde MK-ULTRA.

Der Anstoß für die Bewusstseinsmanipulationsoperationen der CIA kam von Richard Helms, der später das gesamte Programm für verdeckte Operationen der CIA leitete und schließlich deren Direktor wurde. Helms' Idee wurde vom damaligen CIA-Chef Allen Dulles befürwortet, der dem Projekt grünes Licht gab. Der Einsatzleiter für die Experimente war der Leiter der Abteilung für technische Dienste der Agentur (TSS), Dr. Sidney Gottlieb,, obwohl er von James Jesus Angleton, dem Leiter der CIA-Gegenspionage und engagierten Verbindungsmann des israelischen Mossad zur CIA, beaufsichtigt wurde.

Laut Marks starteten [Gottliebs] TSS-Beamte im Juni 1960 in Zusammenarbeit mit Mitarbeitern der Spionageabwehr [CI] der CIA ein erweitertes Programm operativer Experimente mit Hypnose

> Die Beamten der Spionageabwehr schrieben, dass das Hypnoseprogramm einen „potenziellen Durchbruch in der Untergrundtechnologie" darstellen könnte. Ihre Vereinbarung mit der TSS sah vor, dass die Männer von MK-ULTRA die Technik im Labor entwickeln würden, während sie sich um die „Feldversuche" kümmern würden. Das Gegenspionageprogramm verfolgte drei Ziele: (1) sehr schnelle Induktion von Hypnose bei ahnungslosen Personen; (2) Erzeugung einer dauerhaften Amnesie; und (3) Implantierung dauerhafter und operativ nützlicher posthypnotischer Suggestionen.

Marks stellte fest, dass der von der CIA bevorzugte Ort für ihre Experimente zur Bewusstseinsmanipulation Mexiko-Stadt war. Die mexikanische Hauptstadt war während der Zeit des Kalten Krieges allen Zeugenaussagen zufolge das wichtigste Intrigantennest der internationalen Geheimdienste der westlichen Hemisphäre. In Mexiko-Stadt war - wie bereits angemerkt - E. Howard Hunt Leiter der CIA-Station und einer seiner Leutnants war kein Geringerer als William F. Buckley, Jr. Der erwies sich als führende Figur bei den Bemühungen, den traditionellen amerikanischen Konservatismus in Richtung Internationalismus zu bewegen. Mexiko-Stadt war auch eine wichtige Operationsbasis für den israelischen Mossad.

Laut alten geheimen CIA-Dokumenten, die gemäß dem Freedom of Information Act veröffentlicht wurden, hielten es Gottliebs Agenten für angebracht, unter anderem „Strahlung, Elektroschocks, verschiedene Bereiche der Psychologie, Psychiatrie, Soziologie und Anthropologie, Graphologie, Stalking-Substanzen sowie paramilitärische Geräte und Materialien" zu untersuchen.

Am 20. September 1977 berichtete *die New York Times*: „Die Dokumente zeigen, dass die Tests zwischen 1953 und 1966 in New York und San Francisco in CIA-"Verstecken" durchgeführt wurden, hauptsächlich in Wohnungen und Motelzimmern, die von einem Beamten des ehemaligen Federal Bureau of Narcotics, das inzwischen von der Drug Enforcement Administration verdrängt wurde, heimlich für die Agentur angemietet wurden.

„Prostituierte, möglicherweise sowohl Männer als auch Frauen, könnten eingesetzt worden sein, um die Zielpersonen in die Verstecke zu locken, wo ihnen mit verschiedenen Chemikalien versetzte Cocktails angeboten wurden, während CIA-Agenten ihre Reaktionen beobachteten, fotografierten und aufzeichneten".

Die CIA ist auch dafür bekannt, dass sie Experimente an Drogenabhängigen durchgeführt hat, die in einem Bundeszentrum festgehalten wurden. 1975 gab die CIA offiziell zu, dass im Bundesforschungszentrum für Drogenabhängigkeit in Lexington, Kentucky, Experimente durchgeführt wurden, bei denen freiwilligen Gefangenen Drogen, darunter auch Halluzinogene, verabreicht wurden.

Ein Gefangener, James H. Childs, sagte vor einem Untersuchungsausschuss des Senats aus, dass die Gefangenen, die am CIA-Programm teilnahmen, von der CIA in Form von süchtig machenden Drogen bezahlt wurden.

Ein anderer ehemaliger Gefangener, der als Zeuge aussagte, Edward M. Flowers, sagte aus, dass den Gefangenen bei Experimenten LSD in Keksen verabreicht worden sei. Von 1952 bis 1955, so sagte er, durften die Gefangenen ihren Lohn nehmen, um an den Programmen teilzunehmen, entweder in Form von Drogen oder in Form von Strafminderung.

Eine der Schlüsselfiguren der CIA-Operation in Lexington, Kentucky, war der Kaplan des Stützpunkts, Rabbi Maurice Davis, der sich später als sehr bekannter Agent der Anti-Defamation League herausstellte, dem politisch einflussreichen Geheimdienst- und Propagandaorgan des in den USA ansässigen israelischen Geheimdienstes Mossad.

Weitere Experimente zur geistigen Manipulation durch Drogen wurden im Gefängnis von Vacaville, Kalifornien, durchgeführt. Dort erzählte Donald DeFreeze, der spätere Anführer der gewalttätigen Terrorgruppe Symbionese Liberation Army, laut einem Zeugen einem anderen Häftling, dass er ebenfalls Teil der CIA-Experimente zur Bewusstseinsmanipulation sei.

DeFreeze und seine Bande entführten daraufhin Patty Hearst aus dem Hearst-Verlagsimperium und banden sie in ihre kriminellen Machenschaften ein. Später erklärten Miss Hearsts Anwälte, dass sie glaubten, dass sie Anzeichen von Drogenmissbrauch aufwies.

Angesichts all dessen ist es nicht überraschend, dass sich die CIA und der Mossad schon seit langem für das Phänomen der Sekten interessieren, die es in fast jeder Kultur in der einen oder anderen Form gibt. Die Mitglieder einer Sekte sind in der Regel sehr flexibel und bereit, alles zu tun, was ihre Meister ihnen sagen.

Dies ist einer der Gründe, warum die CIA und der Mossad besonders entschlossen waren, die Kontrolle über sektenartige Gruppen auf höchster Ebene zu übernehmen und diese Sekten und ihre Mitglieder zu benutzen, um ihre eigenen Ziele voranzutreiben.

Darüber hinaus ist weithin bekannt, dass einige der heute bekanntesten Kulte - wie die berüchtigte Vereinigungskirche von Sun Myung Moon, um nur einen zu nennen - in Wirklichkeit Schöpfungen des staatlichen Geheimdienstes sind. In einem anderen Fall ist eine Gruppe zionistischer Anwälte, die hauptsächlich in Kalifornien ansässig ist, dafür bekannt, dass sie auf höchster Ebene hinter den Kulissen die Kontrolle über eine andere bekannte „religiöse" Organisation - die von ihren Mitgliedern als „Kirche" bezeichnet wird, von ihren Kritikern aber oft als „Sekte" bezeichnet wird - übernommen und die umfangreichen finanziellen (und personellen) Ressourcen dieser Sekte für ihre eigenen Zwecke genutzt hat.

So funktionieren die Bewusstseinskontrolloperationen der CIA und des Mossad (die Sektengruppen benutzen): Während diese Geheimdienste tatsächlich Sekten kontrollieren, wissen die unteren Sektenmitglieder natürlich nicht, dass sie nun Teil einer hochentwickelten, geheimdienstlich gestützten Operation zur Gedankenkontrolle sind.

Während die Mitglieder der Sekte ihren Vorgesetzten völlig unterworfen sind und sich ihrer Disziplin unterwerfen, kommen die Sektenmitglieder natürlich aus allen Bereichen und einige erreichen hohe einflussreiche Positionen in den Unternehmen und Organisationen, in denen sie in ihrem Alltag außerhalb der Sekte arbeiten. Dennoch bleiben sie aufgrund des „Gehirnwäsche"-Prozesses, dem sie unterzogen wurden, immer loyal.

Manchmal machen die Sektenmitglieder keinen Hehl aus ihrer Sektenzugehörigkeit. Ein anderes Mal geben sie aus strategischen Gründen ihre Sektenmitgliedschaft nicht preis, wenn diese die laufende „schwarze Operation" behindern könnte.

Egal, ob die Sektenmitglieder bei politischen Gruppen, Forschungsinstituten für Geschichtsrevisionismus, Banken, Versicherungsgesellschaften, Regierungsbehörden oder sogar Fast-Food-Restaurants angestellt sind, sie werden immer einsatzbereit sein, wenn ihre Vorgesetzten innerhalb der Sekte (die im Auftrag der CIA oder des Mossad handeln) die Entscheidung treffen, eine bestimmte Geheimdienstoperation durchzuführen.

Beispiel: Angenommen, ein Mitglied einer vom Mossad kontrollierten Sekte ist bei einer politischen Dissidenten- und Freischärlergruppe angestellt, die als gefährlich für das Establishment gilt. Wenn der Mossad diese Organisation untergraben will, wird er seine Kontrolle über die Sekte nutzen, um diese Person zu manipulieren, damit sie darauf hinarbeitet, die Organisation von innen heraus zu zerstören.

Liberty Lobby, die populistische Institution, die *The Spotlight* herausgab, bis sie 2001 von einem korrupten Bundesrichter in den Bankrott getrieben und vernichtet wurde, hatte ihre eigenen unangenehmen Erfahrungen mit den Agenten einer Sekte gemacht.

Viele Jahre lang hatten bekennende Sektenmitglieder freundschaftliche Kontakte zu Liberty Lobby aufgebaut.

Die Sektenmitglieder versorgten Liberty Lobby mit schlagkräftigen und sachlichen Informationen über korrupte Aktivitäten innerhalb der Bundesregierung. Hinter den Kulissen bemühten sich die Sektenmitglieder jedoch, die Arbeit von Liberty Lobby an anderen Fronten zu stören.

Ein Sektenmitglied („Mr. M") - der seine Sektenzugehörigkeit nicht offenlegte - nahm häufig an Treffen von Liberty Lobby teil, besuchte die Zentrale von Liberty Lobby und verkehrte mit Angestellten von Liberty Lobby, wodurch er sich deren Vertrauen erschlich.

(Dies ist derselbe *Modus Operandi* wie bei dem berüchtigten Roy Edward Bullock, von dem heute bekannt ist, dass er ein langjähriger Agent der mit der CIA verbündeten und vom israelischen Mossad kontrollierten Anti-Defamation League war).

Nach einiger Zeit wurde jedoch klar, dass „Mr. M", der vordergründig ein Freund von Liberty Lobby war, in Wirklichkeit versuchte, die populistische Institution und ihre Wochenzeitung auf verschiedene Weise zu untergraben. Erst später wurde der Verdacht von Liberty Lobby bestätigt und die Sektenzugehörigkeit von „Mr. M" enthüllt.

Liberty Lobby erfuhr, dass „Mr. M" ein ehemaliger Alkoholiker war, der sich der Sekte angeschlossen und sich anschließend reformiert hatte. Im Laufe dieses Prozesses wurde „Mr. M" der Disziplin der Sekte (und ihren Kontrolleuren) unterworfen und wurde zu einem der wichtigsten nationalen Geheimdienstmitarbeiter der Sekte, in diesem Fall eingesetzt gegen Liberty Lobby.

Genau zu dem Zeitpunkt, als Liberty Lobby erfuhr, dass „Mr. M" ein Agent der Sekte war, brachen die anderen Sektenmitglieder (die sich offen zu ihrer Zugehörigkeit bekannt hatten) abrupt den Kontakt zu Liberty Lobby ab.

Später spielte die Sekte eine besondere Rolle in einer großen Verschwörung, die zur Zerstörung von Liberty Lobby führte.

Aber die Rolle der Sekten in der Intrigenwelt der Geheimdienste ist etwas, das nur wenige verstehen oder wissen.

In einem anderen Fall wurde bekannt, dass eine Sondereinheit des Justizministeriums Vorwürfen nachging, wonach eine berüchtigte Sekte, die unter dem Namen „The Finders" bekannt war, in den 1980er Jahren von der CIA als Tarngruppe benutzt worden war.

Die Verbindung zwischen dem Geheimdienst und dieser Sekte ist umso beunruhigender, als die Finders beschuldigt wurden, satanische Rituale durchzuführen, Kinder zu misshandeln und Pornografie zu betreiben. Die Bundesbehörden versuchten auch festzustellen, ob die CIA lokale und nationale Untersuchungen des Kindesmissbrauchs innerhalb der Sekte behindert hatte, um ihre eigenen Geheimdienstoperationen zu schützen.

Die CIA, die nie dafür bekannt ist, ihre eigenen Untaten zuzugeben, reagierte auf die Anschuldigungen mit folgenden Worten: „Meistens erwarten wir, dass wir unseren Teil an ungewöhnlichen Fragen erhalten, aber diese ist eindeutig außerhalb der Norm. Jede Behauptung, wir hätten in diesem Fall die Justiz behindert, ist unsinnig".

Ein Sprecher der CIA, David Christian, gab jedoch zu, dass die CIA einige ihrer Agenten zu einer Firma namens Future Enterprises, Inc. geschickt hatte, um dort eine Computerausbildung zu absolvieren. Laut Christian war der nationale Geheimdienst jedoch nicht über die Verbindungen zwischen der Computerfirma und der Sekte der „Finders" informiert.

Christian behauptete, dass das Unternehmen „in keiner Weise eine Fassade der CIA sei und niemals von irgendjemandem im Auftrag der CIA gehalten oder betrieben worden sei".

Der Vorsitzende von Future Enterprises, Joseph Marinich, gab jedoch zu, dass seine Firma von der CIA für Computerschulungen unter Vertrag genommen worden war. Marinich gab auch zu, dass sein Steuerberater, R. Gardner Terrell, Mitglied von Finders war.

Die Mitglieder der Finders-Sekte behaupteten, dass Terrells Arbeit für Future Enterprises nichts mit seiner Mitgliedschaft in der Sekte zu tun hatte.

Schließlich heißt es in einem Bericht vom 13. April 1987, der von einem Zollbeamten verfasst wurde, der die Finders-Sekte untersuchte, dass die CIA „zugab, die Finders-Organisation als Fassade für eine nationale Computerschulungsoperation zu besitzen, die jedoch 'schief gelaufen' war".

(Mit anderen Worten: Die CIA hatte die Finders als Fassade benutzt, doch die Sektenmitglieder hatten sich in Aktivitäten engagiert, die sich der Kontrolle der CIA entzogen, und waren insofern „schief gelaufen"). Es ist klar, dass der Einsatz von „mentaler Manipulation" im Allgemeinen sowie die geheime Kontrolle und Manipulation von Sekten durch die CIA, den Mossad und eine Myriade anderer Übeltäter eine sehr reale (und unrühmliche) Geschichte haben, die viele Menschen nur zu gerne als „Science-Fiction" oder „Verschwörungstheorie" diskreditieren wollen.

Bewusstseinsmanipulation ist eine Tatsache.

Dies ist ein weiterer Mechanismus, den der „Inländische Feind" einsetzt, um den Krieg gegen politisch Andersdenkende in Amerika zu führen. Wenn Sie das nächste Mal hören, dass jemand behauptet, er habe ein „Implantat", das ihm von der CIA in den Kopf gesetzt wurde, dann weisen Sie das Gesagte nicht mit einem Handstreich zurück. Es könnte durchaus sein, dass es wahr ist.

Wie viele „einsame Mörder", „einsame Bombenleger", „rechtsextreme rassistische bewaffnete Männer" und andere derartige Beispiele, die vom Medienmonopol in Amerika ausgeschlachtet werden, in irgendeiner Form der Gedankenkontrolle unterworfen wurden, ist eine Frage, die vielleicht nie beantwortet werden wird, aber das Wichtigste ist: Gedankenmanipulation gibt es tatsächlich.

KAPITEL XXV

Der koreanische Sektenführer Sun Myung Moon: Der koreanische Sektenführer Sunung Moon: Strohmann des Rockefeller-Imperiums und Geldbeutel des zionistischen Netzwerks innerhalb der „konservativen" Bewegung der USA

Nach Jahren des Kampfes gegen die amerikanischen Konservativen und die traditionellen Nationalisten um die Kontrolle der Republikanischen Partei beschloss das riesige internationale Imperium der Familie des liberalen republikanischen Gouverneurs von New York, Nelson Rockefeller, dass es die Konservativen, wenn es *sie* nicht politisch *beerdigen* könne, *aufkaufen* und auf diese Weise beeinflussen würde. Genau das hat das Rockefeller-Imperium getan.

Die Art und Weise, wie Rockefellers globale Kräfte des Internationalismus die amerikanische konservative Bewegung kooptiert haben, ist eine der erstaunlichsten „unerzählten" Geschichten unserer Zeit - eine Geschichte, die ausschließlich von *The Spotlight* über einen Zeitraum von mehreren Jahren ab Mitte der 1980er Jahre berichtet wurde.

Tatsächlich konnte das Rockefeller-Imperium die Konservativen nicht besiegen, die es geschafft hatten, die Präsidentschaftsambitionen des New Yorker Gouverneurs Nelson Rockefeller zu vereiteln, also entwickelten die Rockefellers einen bizarren Plan, um die Kontrolle über die konservative Bewegung zu erlangen.

Dazu benutzten sie das besondere und unwahrscheinliche Vehikel des koreanischen Sektenführers Moon und seines internationalen Netzwerks, das die ganze Welt umkreist. Moons Netzwerk wurde als Trichter benutzt, durch den Rockefellers Interessen buchstäblich die Kontrolle über die konservative Bewegung kauften.

Dieses Szenario erscheint in der Tat bizarr und unwahrscheinlich - bis man einige wesentliche Details kennt und versteht.

Tatsache ist, dass Sun Myung Moon ein Agent des koreanischen Zentralen Nachrichtendienstes KCIA war, der wiederum unter der Leitung der US-amerikanischen CIA gegründet wurde.

Der erste Direktor der KCIA war Oberst Kim John Pil, eine Schattenfigur, die die eigentliche Macht hinter der Diktatur des langjährigen koreanischen Diktators Park Chung Hee, besser bekannt, war. Sun Myung Moon war ein Leutnant des koreanischen KCIA-Bosses und sollte religiöse Überzeugungsarbeit und antikommunistische Rhetorik einsetzen, um eine Vielzahl von Gruppen unter die Fittiche der KCIA zu bringen.

1962 nahm Kim seinen Schützling Moon mit in die USA, wo sie zu einem offiziellen Abendessen eingeladen wurden, das von den Rockefeller-Brüdern Nelson (damals Gouverneur von New York) und David (Direktor der Chase Manhattan Bank, dem Flaggschiff der Rockefellers) veranstaltet wurde.

Laut Dr. Lee Han Won, einem koreanischen Politologen, der vom verstorbenen Andrew St. George für *The Spotlight* interviewt wurde: „Es war vielleicht eine seltsame Begegnung. Moon hielt sich für einen Gott, ein göttliches Wesen, das dazu bestimmt war, „die von Christus begonnene Aufgabe zu vollenden" und das Weltchristentum unter seinem eigenen Banner zu vereinen. Privat hatte Nelson Rockefeller eine ähnlich exaltierte Vorstellung von seinem eigenen Schicksal: Es ging darum, die Nationen der Welt unter die Herrschaft einer globalistischen Regierung zu bringen. Die beiden Männer verstanden sich auf Anhieb". Ein entscheidendes Treffen

Chase Manhattan wurde zum wichtigsten Bankier der koreanischen Regierung und zum Treuhänder der Bankgeschäfte der Moon-Bewegung.

Während dieser Zeit begann Moon - mit Unterstützung der KCIA und der US-amerikanischen CIA - die von den Rockefeller-Interessen bereitgestellten Kredite und Fazilitäten zu nutzen, um sein eigenes internationales Mini-Empire aufzubauen.

Moons multikulturelle Sekte, die von virtuellen „Zombies" bevölkert war - vielleicht eine Million Menschen weltweit, die Moon verfallen waren -, arbeitete zu Sklavenlöhnen in Reformhäusern, für eine Fischereiflotte in Neuengland, eine Importfirma und verschiedene andere lukrative Unternehmen, darunter eine Waffenfirma sowie eine Firma zur Herstellung von Kerzen und religiösen Ornamenten, die sich selbst versorgten und Profite für das Endziel von Moon und seinen Manipulatoren lieferten: Die Invasion und Übernahme der antikommunistischen Bewegung in den USA.

Von den 1960er bis in die frühen 1980er Jahre blieb Moon eine politische Randfigur, obwohl er fast zwei Jahrzehnte lang diskret seine Großzügigkeit durch die Gründung einer Vielzahl miteinander verbundener Tarngruppen verbreitete, die Moons Geld in die Hände Tausender williger Empfänger - politischer Konservativer in den gesamten USA und im Ausland - verteilten.

Darüber hinaus erhielten mindestens drei ehemalige US-Präsidenten - Harry Truman, Dwight Eisenhower und Richard Nixon - zu irgendeinem Zeitpunkt hohe Honorare dafür, dass sie vor Komitees und Organisationen auftraten, die vom Moon-Netzwerk finanziert wurden.

Einer Zählung zufolge gab es mehr als hundert verschiedene Gruppen unter Moons direkter Kontrolle oder in seinem Einflussbereich, wobei Hunderte von Wissenschaftlern, Journalisten, Politikern und ehemaligen Militärführern Moon tatsächlich zur Verfügung standen.

In dieser Zeit wuchs Moons Finanzimperium, das Verbindungen zu diktatorischen Regimen in Lateinamerika sowie zur israelischen Regierung und ihrem Geheimdienst Mossad knüpfte.

Tatsächlich war der israelische Langzeitagent Joseph Churba, ein US-Amerikaner, eine Schlüsselfigur in der Mondumlaufbahn und wurde vom Lunar Network als „führender antikommunistischer Theoretiker" vorgestellt, der in den oberen Rängen der John Birch Society einflussreich wurde.

Die Gründung der Tageszeitung *Washington Times* durch das Moon-Imperium im Jahr 1982, während der ersten glorreichen Tage der neu installierten „konservativen" Regierung von Ronald Reagan, bereitete den Boden dafür, dass das Moon-Imperium seine Tentakel mit Riesenschritten durch die Anti-Kom munisten-Bewegung ausbreitete. Chefredakteur der Zeitung „Moonie" war der Journalistenveteran Graf Arnaud de Borchgrave, ein angeheirateter Verwandter der europäischen Rothschild-Familie, die mit den Rockefellers verbündet ist, was darauf hindeutet, dass hinter dem Moon-Imperium noch andere Mächte am Werk sind.

Ein ehemaliger Redakteur der *Washington Times* lieferte *The Spotlight* ein hervorragendes Beispiel dafür, wie das Moon-Imperium eine wichtige Rolle spielte, indem es die Arbeit eines konservativen Führers, Richard Viguerie, eines „rechten" Fundraising-Veteranen, günstig beeinflusste: „Moon bewahrte Richard Viguerie vor dem Bankrott, indem er ihm einen Scheck über 10.000.000 Dollar ausstellte". Was geschah, war, dass eine Fassade von Moon mit dem harmlosen Titel „U.S. Property Management" einen Teil eines Bürogebäudes kaufte, das sich im Besitz von „7777 Leesburg Pike Associates Inc." (ein Unternehmen von Viguerie), wodurch Viguerie im Geschäft blieb und Moon und seinen Geldgebern hinter den Kulissen effektiv verpflichtet war.

Gleichzeitig beobachteten andere konservative Führer und Gruppen die Ereignisse aufmerksam und waren sich bewusst, dass auch sie sich an Moon wenden konnten, um Gelder zu erhalten, wenn sie Moons Linie in den wirklich wichtigen Fragen anpriesen.

Laut Paul Weyrich, einer angesehenen konservativen Figur in Washington, haben solche Vereinbarungen „große Teile der konservativen Bewegung in vollwertige Filialen der Moon-Sekte verwandelt", bei der Moons Geld weit in die konservative Bewegung hineinfloss, um sie schließlich - wie wir wissen - zu korrumpieren.

Laut Gunnar Bofglid, einem schwedischen Ökonomen, der als Berater für die Vereinten Nationen tätig war, waren die Moon-Zeitung und die ihr angeschlossenen Organisationen „die Speerspitze des so genannten Freihandels, unbegrenzter Importe und der Schuldenfinanzierung - Begriffe, die für Konservative ein Anathema hätten sein sollen, aber zur offiziellen Wirtschaftsdoktrin der Reagan-Ära wurden". Das Ergebnis war, dass die amerikanischen Märkte mit billigen Importen aus Korea und Japan überschwemmt wurden".

Bofglid erklärte, warum die Rockefellers das Moon-Imperium, seine Medien und seine Verbindungen zu den amerikanischen Konservativen für ihre eigenen Ziele so wichtig fanden:

> Nach dem Zweiten Weltkrieg hatten die Rockefellers heimlich große Beteiligungen in Japan erworben und wollten, dass sich diese weiterentwickeln. Dazu wollten sie, dass die USA ihre vorherrschende Politik des freien Handels beibehielten und ausweiteten. Diese Ziele teilten die Koreaner vorbehaltlos, denn sie waren sich bewusst, dass ein ungehinderter Zugang zum riesigen US-Markt Wachstum und Wohlstand für ihre Industrien bedeuten würde.

Bis zum Anbruch der „Moon-Ära" hatten sich die traditionellen konservativen Führer im Wesentlichen gegen praktisch alle internationalistischen Maßnahmen gewandt, die von den Rockefellers und ihren Verbündeten in der Bilderberg-Gruppe, dem Council on Foreign Relations und der Trilateralen Kommission, neben vielen anderen von den Rockefellers finanzierten Lobbygruppen, gefördert wurden.

Die traditionellen Konservativen - Nationalisten und Nicht-Internationalisten, zumindest bis zum Aufstieg des Mondimperiums - haben sich gegen ausländische Hilfsgelder, globale militärische und wirtschaftliche Einmischung, eine Freihandelspolitik, die amerikanische Arbeitsplätze und Industrie exportiert, und andere Maßnahmen zur Zerstörung der Souveränität, die fester Bestandteil der globalistischen Agenda sind, ausgesprochen.

Die Rockefellers entschieden sich daher für eine neue Strategie: „Wenn du sie nicht lecken kannst, kaufe sie": „Wenn du sie nicht lecken kannst, kaufe sie". Genau das taten sie. Die Rockefellers adoptierten den koreanischen Kultführer und KCIA-Agenten Moon und machten ihn zum „Mr.

Moneybags" für die konservative Bewegung, die oft in Geldnöten steckte.

Die Tatsache, dass sie den Anführer einer so bizarren Bewegung gewählt haben, ist gar nicht so seltsam, da Moons eigene Bizarrheit als Ablenkung diente. Wer würde schließlich eine solche Allianz für möglich halten? Aber sie war sehr real, entgegen der öffentlichen Wahrnehmung. Wie dem auch sei, die konservativen begannen, sich Moon zuzuwenden, um Geld zu bekommen, und begannen dabei, ihre traditionellen Positionen in vielen Schlüsselfragen, vor allem im Handel, aufzugeben.

Darüber hinaus erwies sich das Mondreich, wie wir gesehen haben, schnell als wertvoller Verbündeter für die zionistische Sache, da seine Zeitung *Washington Times* zu einem Propagandablatt für das wurde, was man heute als „neokonservative" (d. h. zionistische) Agenda bezeichnet. Die Meinungsseiten der Zeitung sowie ihr Nachrichtenteil sind voll von bedingungslosen Verfechtern der zionistischen Sache, so dass selbst die rivalisierende liberale pro-israelische *Washington Post* in ihrem Tonfall fast schon gemäßigt und vernünftig erscheint. Die *Times* „setzt" nicht nur die „konservative" Agenda, sondern spielt durch ihren Einfluss auf die GOP-Führung im offiziellen Washington auch eine wichtige Rolle bei der Gestaltung der Politik der Republikanischen Partei.

Als direkte Folge davon wurde die „konservative" Agenda verzerrt und weicht in wichtigen globalen Fragen kaum von den Positionen ab, die von den liberalen Internationalisten eingenommen werden. Die konservative Bewegung wurde also durch einen weiteren Infiltrationsmechanismus unterwandert, der von einem anderen Zweig des Inneren Feindes ausging.

KAPITEL XXVI

Ein großes US-Medium: Ein Propagandainstrument für den inneren Feind

Obwohl der Inländische Feind viele Wege gefunden hat, die amerikanischen Medien zu manipulieren - wie die enorme Macht der Anti-Defamation League zeigt, deren Pressemitteilungen oft wortwörtlich von den wichtigsten Medien veröffentlicht werden -, gibt es unwiderlegbare Beweise dafür, dass einige Medien kaum mehr als schamlose (und freiwillige) Propaganda- und Desinformationskanäle für Bundesnachrichtendienste wie die CIA und das FBI sind, manchmal auch für beide gleichzeitig. Ein gutes Beispiel ist Copley Press, ein seit langem etablierter Mediengigant in Südkalifornien.

Als *die San Diego Union-Tribune* am 25. Oktober 2000 einen heftigen Angriff auf die Liberty Lobby, die populistische Institution mit Sitz in Washington, veröffentlichte, verschwieg sie ihren Lesern, dass die Zeitung und ihr Herausgeber, die Copley Press, bereits 1977 als kaum mehr als eine Fassade für die CIA entlarvt worden waren. Mehr noch: Es stellte sich heraus, dass die Copley Press und die *Union-Tribune* auch als Vermittler (und Geheimdienst) für das FBI fungierten.

Dass eine CIA-Front zu diesem Zeitpunkt Liberty Lobby angriff, war kein Zufall: Die sorgfältig inszenierte Verleumdung sollte eindeutig die Berufung von Liberty Lobby gegen eine ungerechte Gerichtsentscheidung stören und sabotieren, die sich aus einem Prozess ergab, der von einem bekannten CIA-Agenten gegen Liberty Lobby inszeniert worden war (Letztendlich führte dieser Prozess zum Untergang von Liberty Lobby, und auf den folgenden Seiten werden wir diese Tragödie im Detail untersuchen).

Wie dem auch sei, zur selben Zeit, als die *Union-Tribune* diese Verleumdung veröffentlichte, befasste sich das Berufungsgericht des Staates Kalifornien mit der Berufung von Liberty Lobby gegen das Urteil. Obwohl die Entscheidung erst in sechs Wochen erwartet wurde, nur fünf Tage nach der Veröffentlichung des Artikels, verkündete das Gericht plötzlich seine Entscheidung und wies die Berufung von Liberty Lobby ab.

Ironischerweise war der Journalist, der die lange Zeit geheime Verbindung zwischen Copley *Press/Union-Tribune* und der CIA zuerst öffentlich machte, Joe Trento, ein „Liberaler", der keineswegs ein Anhänger der Liberty Lobby war und in der Tat in der Vergangenheit mehrfach seine literarischen Fähigkeiten ausgeliehen hatte, um Angriffe gegen die populistische Institution zu veröffentlichen.

In der August-Ausgabe 1977 des Männermagazins *Penthouse* war Trento jedoch Co-Autor eines Artikels über Copleys Verbindungen zur CIA mit dem Titel „The Spies Who Came in From the Newsroom" (Die Spione, die aus dem Newsroom kamen). Unter anderem berichtete Trento, dass die Copley-Presse und die Zeitung *Union-Tribune* (die früher zwei verschiedene Zeitungen waren, die beide von Copley herausgegeben wurden):

- Er lieferte Referenzen, Informationen und platzierte Artikel für die CIA und das FBI.

- Informationsaustausch mit der CIA, um „Scoops" zu erhalten, und Veröffentlichung von Artikeln und Leitartikeln der CIA und des FBI.

- Beherbergte CIA-Agenten auf der Gehaltsliste des Copley News Service und lieferte im Auftrag der CIA und des FBI Artikel an die Kunden des Nachrichtendienstes.

Trentos Untersuchung stellte außerdem fest, dass der Copley News Service (der in Wirklichkeit ein finanzieller Flop war) von James S. Copley auf Vorschlag des damaligen Präsidenten Dwight Eisenhower mit dem Ziel gegründet wurde, die Aktivitäten der CIA zu ergänzen.

Eine Reihe von Treffen und Telefonaten zwischen Eisenhower und Copley, die in den von Trento untersuchten Dokumenten beschrieben werden, zeigen, dass Copley seinen neuen Pressedienst als „Augen und Ohren" „unseres Geheimdienstes" anbot und dass Eisenhower dem Verleger sagte, dass seine Gefälligkeiten geschätzt würden und „soweit möglich auf Gegenseitigkeit beruhen" würden.

Obwohl CNS jedes Jahr Geld verlor, gab Gene Gregston, der ehemalige Chefredakteur der *San Diego Union* (später mit der *Union-Tribune* fusioniert), gegenüber Trento zu, dass CNS „nie geführt wurde, um Geld zu verdienen; es war eine Frage des Egos von Jim Copley, und die CIA wollte es so".

Laut Trento haben nicht weniger als 23 Mitarbeiter des Copley News Service gleichzeitig für die CIA gearbeitet. Obwohl 194 amerikanische Journalisten im selben Zeitraum laut Trento Verbindungen zur CIA hatten, war CNS der einzige Nachrichtendienst, der rund 30 Jahre lang voll mit der CIA kooperierte. Die Verbindungen des Copley-Imperiums mit der

CIA waren laut Trento

> Die CNS-Journalisten verhielten sich oft so, als würden sie PR für die CIA machen. Wenn die CIA beschloss, eine lateinamerikanische Regierung zu stürzen, begann der CNS, ungünstige Artikel über sie zu verfassen. Auf den Seiten der *Tribune* und der *Union* in San Diego erschienen Leitartikel, die vor den katastrophalen Folgen der Anwesenheit von Kommunisten in Lateinamerika warnten. Dann erschienen Artikel über die „Freiheitskämpfer" und die „antikommunistische Opposition" in den CNS-Feeds. Als der Staatsstreich stattfand, jubelten die Leitartikler in Copley.

Trento enthüllte auch, dass „die Beziehungen von Copley Press zum FBI genauso faszinierend sind wie ihre Verbindungen zur CIA". Trentos Untersuchung ergab, dass Copleys Journalisten oft zu virtuellen Informanten für das FBI gemacht wurden, und zwar so sehr, dass Copley Press tatsächlich „ein System zur Sammlung von Informationen für das FBI betrieben hat".

Laut Trento wurden Copleys Reporter losgeschickt, um über Antikriegsdemonstrationen und andere öffentliche Treffen von politischen Dissidenten zu berichten. Wenn die Reporter später ihre Artikel und Fotografien zurückgaben, wurde das Material oft direkt dem FBI übergeben und nicht einmal in Copleys Zeitungen veröffentlicht.

Trento zitierte den *Union-Tribune-Fotografen* Thane McIntosh, der sagte, dass die Weitergabe der Fotos an das FBI etwas war, „was alle Fotografen ahnten. Einige waren darüber beunruhigt, andere nicht, aber man konnte nicht anders, als mitzumachen. Sie hatten den Auftrag, also mussten Sie ihn auch ausführen".

Laut Trento wurde ein Fotograf aufgefordert, der Polizei von Los Angeles Fotos zur Verfügung zu stellen, doch der Fotograf weigerte sich zu kooperieren und kündigte. Außerdem wurden Copleys Mitarbeiter angewiesen, Memos über die Ereignisse, über die sie berichtet hatten, zu verfassen, die das Management von Copley dann dem FBI übergab.

Trento enthüllte außerdem: Das FBI nutzte Copley auch, um „rohe" und oftmals ungeprüfte Daten über Personen zu veröffentlichen, die es nicht guthieß. Mit anderen Worten: Die Copley-Presse veröffentlichte tatsächlich unbewiesene Verleumdungen über Personen, die von der Geheimdienstgemeinschaft für eine Sonderbehandlung ins Visier genommen wurden. Trento erfuhr auch, dass das FBI in der Copley Press Leitartikel gegen Dissidentengruppen veröffentlichte, die es nicht billigte.

Als eine Redakteurin von Copley, Vi Murphy, versuchte, Copley zu einer vollständigen Offenlegung der Namen von Copley-Journalisten zu bewegen, die mit der CIA zusammenarbeiteten, wurde ihr gesagt, sie dürfe „nie wieder eine öffentliche Erklärung abgeben oder ein anderes Wort mit drei Buchstaben aussprechen, das CIA buchstabiert wird, solange sie bei der *Union* angestellt ist".

Tatsächlich kann der Innere Feind, wie wir gezeigt haben, sogar eine Kombination aus etablierten Medien darstellen, die für geheime Kontrolleure hinter den Kulissen arbeiten.

KAPITEL XXVII

Drew Pearson und Jack Anderson - Ombudsmänner für die Anti-Defamation League: Propagandisten des Inneren Feindes

Obwohl die Liste der Kolumnisten und sogenannten „Reporter", die ihre „Talente" den Diensten des Inneren Feindes geliehen haben, leider viele Seiten lang sein könnte, verdient der Verrat vor allem zweier Kolumnisten, des verstorbenen Drew Pearson und seines Schützlings Jack Anderson, eine genauere Betrachtung.

Eine Generation lang erzählten die Mainstream-Medien den Amerikanern, dass der Ausdruck „unerschrockener Enthüllungsjournalist" gleichbedeutend mit dem Namen des syndikalisierten Kolumnisten Jack Anderson sei. Die Leser der Zeitung der Liberty Lobby, *The Spotlight*, wussten jedoch, dass dies nicht der Fall war. Sie wussten - wie *The Spotlight* einmal bemerkte: „Jack Anderson ist ein Lügner - ein professioneller, schamloser und verleumderischer Lügner". Als *The Spotlight* diesen Vorwurf erhob, fügte er hinzu, dass „wenn er beweisen möchte, dass er kein Lügner ist", Anderson eine Verleumdungsklage gegen die populistische Institution einreichen könnte.

Tatsächlich hatte Liberty Lobby fünf Jahre zuvor, 1981, eine Verleumdungsklage gegen Anderson eingereicht, nachdem dieser in der ersten Ausgabe seines (glücklicherweise kurzlebigen) Magazins *The Investigator* verleumderische Artikel über die Lobby veröffentlicht hatte. Nachdem er in den unteren Instanzen verloren hatte, legte der Kolumnist Berufung ein und gelangte bis zum Obersten Gerichtshof, der 1986 die Klage von Anderson abwies. Dieses Urteil - ein Triumph für die Liberty Lobby - ist ein grundlegender juristischer Präzedenzfall, der jedem Erstsemester in den USA bekannt ist.

Anderson war von seinem verstorbenen Mentor, dem Kolumnisten Drew Pearson, einem langjährigen Kritiker von Liberty Lobby, gut darin geschult worden, Liberty Lobby anzugreifen. Doch trotz seiner peinlichen Niederlage vor dem Obersten Gerichtshof schnitt Anderson letztlich besser ab als Pearson. Andersons Mentor starb in einem Krankenhaus in Washington, nachdem ein Gerichtsvollzieher von Liberty Lobby

"Smearson" im Krankenhausbett Dokumente zugestellt hatte, zu Beginn eines Verleumdungsprozesses, den die populistische Institution gegen Pearson angestrengt hatte.

Angesichts der Tatsache, dass Pearsons eigene Ex-Schwiegermutter, die Redakteurin *des Washington Times-Herald*, Cissy Patterson, Andersons Mentor einmal als „sowohl Geheimagent als auch Sprecher der Anti-Defamation League" bezeichnete, ist Pearsons Feindseligkeit gegenüber der Liberty Lobby nicht überraschend. Jahrelang hatte die ADL mit Pearson zusammengearbeitet, um Liberty Lobby zu zerstören, weil sich diese populistische Institution gegen die US-Auslandshilfe für Israel wandte und ständig besorgt war, dass die amerikanische Bevorzugung Israels zu unnötigen Spaltungen zwischen den USA und den Milliarden guter Menschen in der arabischen und muslimischen Welt führen würde.

Oliver Pilat, Pearsons bewundernder Biograf, meint: „Im Laufe der Jahre hat die ADL Pearson enorm geholfen. Sie versorgte ihn mit Informationen, die er sonst nicht bekommen konnte, unterstützte seine Vortragsreisen und half sogar bei der Verbreitung seines wöchentlichen Newsletters ( )."

Darüber hinaus zahlte die ADL im Rahmen eines langjährigen Geheimabkommens mit Pearson die Reisekosten ihres Chefermittlers John Henshaw. Im Gegenzug veröffentlichte Pearson in seiner Kolumne Propaganda der ADL. Henshaw brach Mitte der 1960er Jahre mit Pearson und prangerte die Missetaten von Pearson, Anderson und der ADL in den Publikationen der Liberty Lobby an.

Es war unvermeidlich, dass Anderson seine eigene Zeitschrift für seinen Angriff auf Liberty Lobby nutzte. Anderson nahm offensichtlich wenig Rücksicht auf die Wahrheit, als er seinen Angriff veröffentlichte. Einer von Andersons Chefredakteuren gab nicht nur zu, dass er Anderson gesagt hatte, der Artikel sei „lächerlich", sondern auch, dass Anderson erklärt hatte, der Hintergedanke bei der Veröffentlichung des Artikels sei es gewesen, den „jüdischen Vertriebspartnern" zu gefallen, um eine bessere Verbreitung für das neue Magazin zu erreichen. Anderson selbst brüstete sich öffentlich damit, dass ein Großteil der Argumente, mit denen er die Liberty Lobby angriff, von der ADL geliefert worden sei.

Joe Spear war an der Vorbereitung des verleumderischen Artikels beteiligt. Im Jahr 1969 (als er bei Anderson angestellt war) hatte er Liberty Lobby in einem Artikel verunglimpft, der freiberuflich in der Zeitschrift *True* erschienen war. Mit Liberty Lobby konfrontiert, schloss *True* eine außergerichtliche Einigung, zahlte Schadenersatz und veröffentlichte ein Interview mit dem Vorsitzenden von Liberty Lobby, Oberst Curtis B. Dall. Viele von Andersons Lügen über Liberty Lobby wurden jedoch aus Spears zwölf Jahre altem Müll übernommen.

Liberty Lobby fand auch heraus, dass Anderson und ein weiterer seiner Handlanger sich 1971 mit einem Redakteur des „ehemaligen" CIA-Agenten William F. Buckley Jr. verschworen hatten, um eine wirre Diffamierung von Liberty Lobby zu erstellen, die in Buckleys *National Review* veröffentlicht wurde. Zehn Jahre später wurde ein Teil dieses Mülls in Andersons *Investigator* veröffentlicht.

Der Richter räumte zwar ein, dass es in Andersons Artikeln zahlreiche Abweichungen gab, wies den Fall aber dennoch ab. Der Anwalt von Liberty Lobby, Mark Lane, legte jedoch Berufung gegen die Abweisung ein, und 1984 entschied das US-Berufungsgericht für den Distrikt Columbia zugunsten von Liberty Lobby.

Das Gericht weigerte sich, Andersons Entschuldigung zu akzeptieren, dass seine Äußerungen auf Liberty Lobby bereits zuvor veröffentlicht worden waren. In der Stellungnahme des Gerichts schrieb Richter Antonin Scalia (der bald zum Obersten Gerichtshof aufsteigen wird):

> „Wir sind noch nicht bereit, für das Verleumdungsrecht den Grundsatz zu übernehmen, dass 10 000 Wiederholungen genauso viel wert sind wie die Wahrheit. Wir haben nichts gegen die Regel einzuwenden, dass eine bewusste und böswillige Verleumdung nicht strafbar ist, solange ihr frühere Behauptungen der gleichen Unwahrheit vorausgegangen sind".

Anderson legte daraufhin vor dem Obersten Gerichtshof Berufung ein. Wie zu erwarten war, beeilten sich die wichtigsten Medien, einen Schriftsatz als „Freund des Gerichts" zu seinen Gunsten einzureichen, darunter CBS und NBC, *die New York Times, die Washington Post, Newsweek, Time,* das *Wall Street Journal, die Chicago Tribune,* die *Los Angeles Times* und der *Miami Herald.*

Am 3. Dezember 1985 wurde der Fall vor dem Obersten Gerichtshof verhandelt. Mark Lane, der Anwalt von Liberty Lobby ( ), erklärte dem Gericht, dass Liberty Lobby nur darum gebeten habe, ihren Fall einer Jury vorlegen zu können, um sich gegen Andersons Lügen verteidigen zu können.

Am 25. Juni 1986 entschied der High Court zur Überraschung der Medien zugunsten von Liberty Lobby und ordnete an, dass der Fall gegen Anderson vor dem US-Bezirksgericht in Washington, D.C. verhandelt werden sollte. Nach dieser Niederlage bemühten sich Anderson und seine Anhänger um Schadensbegrenzung und verkündeten fälschlicherweise, dass Anderson „gewonnen" habe, obwohl dies nicht der Wahrheit entsprach.

Trotz dieser Entscheidung blieb der Fall vier Jahre lang in der Schwebe. Dann, am 2. Mai 1990, schaltete sich der vorsitzende Richter des

Bezirksgerichts ein und ordnete an, dass Anderson vor Gericht gestellt werden sollte. Da Anderson mit einem öffentlichen Spektakel konfrontiert wurde und seine Taktik der Fahrerflucht genauestens untersucht wurde, bot er eine außergerichtliche Einigung an, was einen klaren Sieg für Liberty Lobby bedeutete. Anderson entschuldigte sich öffentlich für die falschen und negativen Vorstellungen, die er über Liberty Lobby verbreitet hatte, und kündigte an, dass er und Liberty Lobby, da Liberty Lobby und Anderson „die offene Behauptung unterschiedlicher Standpunkte und eine robuste Meinungsfreiheit" unterstützten, eine gemeinsame Spende von 1.000 Dollar an das Reporterkomitee für Pressefreiheit leisten würden. Was Anderson der Öffentlichkeit nicht mitteilte, war, dass sein Anteil an der Spende 999,99 US-Dollar betrug. Der Anteil von Liberty Lobby betrug nur einen Penny.

Anderson und sein Mentor begnügten sich nicht damit, der ADL als Steigbügelhalter zu dienen. Sie erledigten auch die Drecksarbeit für den Verbündeten der ADL, den Chef der CIA-Spionageabwehr, James Angleton, den israelischen Loyalisten, der als Verbindungsmann zwischen der CIA und dem israelischen Mossad fungierte.

1967, nur zwei Wochen nachdem die Öffentlichkeit erfahren hatte, dass der Staatsanwalt von New Orleans, Jim Garrison, eine Untersuchung über die Verwicklung der CIA in die Ermordung von John F. Kennedy eingeleitet hatte, verbreiteten Pearson und Anderson Angletons Desinformation, wonach der ehemalige Generalstaatsanwalt Robert Kennedy „ein Mordkomplott [gegen Castro] gebilligt hatte, das sich dann gegen seinen verstorbenen Bruder wandte [was zur Ermordung von JFK führte]". Laut dieser fantasievollen Erzählung hatte Castro von den USA gesponserte Auftragskiller, die es auf ihn abgesehen hatten, gefangen genommen und sie dann „umgedreht", damit sie JFK angriffen. Indem das Duo auf Castro zeigte, lenkte es von Garrisons Ermittlungen ab, die, wenn sie fortgesetzt worden wären, die Zusammenarbeit zwischen der CIA und dem Mossad bei der Ermordung von JFK aufgedeckt hätten.

Am 17. Dezember 2005 starb Jack Anderson im Alter von 83 Jahren und schloss sich zweifellos seinem Mentor „In That Place Which the Lord Hath Prepared for Them" an, um an die malerischen Worte des verstorbenen Reverend Kenneth Goff zu erinnern, eines ehemaligen Kommunisten, der zu einem erklärten Antikommunisten und Kritiker des abscheulichen Duos Pearson-Anderson wurde.

Doch trotz ihres Abstiegs in die Hölle wurde die Brandfackel dieses bösartigen Teams von anderen Medienprostituierten übernommen, die keine Skrupel haben, ihre manchmal eher zweifelhaften literarischen „Fähigkeiten" zu nutzen, um die Agenda des Inneren Feindes zu fördern.

KAPITEL XXVIII

Ein erschreckendes Zeugnis aus erster Hand: Wie der „Innere Feind" „Rechte" für politische Morde rekrutiert

Im Sommer 1963 hatte Ralph P. Forbes - ein ehemaliger US-Marine, der für seine als „rechts" bezeichneten politischen Ansichten bekannt ist - ein beunruhigendes Erlebnis, das er in dem folgenden persönlichen Bericht schildert, den er „Der Tag, an dem die CIA mich als Scharfschützenmörder rekrutierte" nannte.

Forbes' persönliche Erfahrungen, wie sie hier geschildert werden, stimmen mit den Berichten anderer - sowohl rechts- als auch linksgerichteter - Personen überein, die wie Forbes zu Recht glauben, dass sie während der Ereignisse in Dallas am 22. November 1963 als potenzielle Attentäter (oder „Sündenböcke") betrachtet wurden - ein Ereignis, das Millionen von Amerikanern, die glauben, dass die Ermordung von Präsident Kennedy einen Wendepunkt in der modernen Geschichte darstellte, weiterhin interessiert.

Forbes - heute Korrespondent der *American Free Press* - war sein ganzes Erwachsenenleben lang politisch aktiv, zuletzt in seiner Wahlheimat Arkansas, wo er eine Reihe sehr erfolgreicher politischer Kampagnen führte, bevor er Opfer von „votescam" auf hoher Ebene und anderen Tiefschlägen der niedrigsten Art wurde.

Wie dem auch sei, Forbes' Erinnerungen an seine Erfahrungen mit den berüchtigten COINTELPRO-Operationen des FBI gegen politische Dissidenten in den USA, die gemeinsam mit der Anti-Defamation League of B'nai B'rith durchgeführt wurden, könnten einen ganzen Band füllen. Forbes' bemerkenswerter Bericht aus erster Hand über seine Erfahrungen im Jahr 1963 folgt.

> Sie haben mir nie den Namen der Operation in jenem Sommer 1963 genannt, aber nach dem, was ich seitdem erfahren habe, glaube ich, dass es sich um das ZR/Rifle-Team der CIA handelte.
>
> Wenn er wie eine Ente geht und wie eine Ente schnattert, dann handelt es sich um eine Ente. Um die Situation zu verstehen, lassen

Sie mich ein wenig auf den Kontext eingehen. Die Schweinebucht und die kubanische Raketenkrise waren noch brennende Themen. Der Kalte Krieg verschärfte sich. Überall in Südamerika, Asien, Afrika, dem Nahen Osten, Europa usw. gab es Krisenherde. Ich war ein Patriot, als Patriotismus noch nicht cool war. Weil ich den Kommunismus bekämpfen wollte, lehnte ich Nominierungen für West Point und die Air Force Academy ab und schloss mich stattdessen den Marineinfanteristen an.

Als meine Verpflichtung endete und ich gebeten wurde, mich erneut zu verpflichten, stellte ich die Bedingung, dass ich zu einem Kampfeinsatz nach Vietnam geschickt werden sollte. Man antwortete mir: „Tut mir leid, Vietnam wird schon lange vorbei sein, bevor wir Ihren Versetzungsantrag bearbeiten können."

Obwohl vielen Amerikanern die Existenz Vietnams noch nicht vollständig bewusst war, kehrten unsere Jungen bereits in Leichensäcken nach Hause zurück. Die Nachrichten im Radio waren alptraumhaft und orwellsch.

„In dieser Woche wurden zwei US-Berater getötet, womit sich die Zahl der amerikanischen Opfer auf elf erhöht hat. In der darauffolgenden Woche könnte der Text wie folgt lauten: „In dieser Woche wurden drei US-Berater getötet, womit sich die Gesamtzahl der amerikanischen Opfer auf sieben erhöht hat."

Die berichteten Zahlen waren willkürlich ausgewählt und standen in keinem Zusammenhang mit der Realität oder früheren Berichten. Meinen Freunden wurde ein Dolch in den Rücken gestoßen und sie wurden in einem weiteren aussichtslosen Krieg zur Schlachtbank geführt. Deshalb tat ich zusammen mit anderen gleichgesinnten Veteranen alles in meiner Macht Stehende, um den Verrat zu bekämpfen, wo auch immer er stattfindet.

Im Sommer 1963 wurden viele von uns von Spionen angesprochen, die ihnen anboten, „etwas" für unser Land zu tun. Die Interessen der USA benötigten „Wildgänse" oder Söldner, die an exotischen Orten auf der ganzen Welt als Ersatz dienen sollten.

Wir würden nicht nur dazu beitragen, Amerika und die Welt zu retten, sondern auch mit hohen Prämien auf nummerierten Schweizer Konten belohnt werden und ein aufregendes und abenteuerliches Leben genießen. So kam es, dass ich, ein ehemaliger Marinesoldat, Scharfschütze und Experte, zu einer Rekrutierungsveranstaltung in einem Hotel in Hollywood eingeladen wurde.

Die Vibrationen waren alle schlecht. Der Beamte, der dachte, ich würde anbeißen, machte mir eine Gänsehaut. Er war offenbar der Meinung, dass ich viel besser informiert war, als ich worden war. Er deutete an, dass meine Aufgabe darin bestehen würde, Castro „mit äußerstem Schaden" zu „eliminieren". Er war sehr stolz auf die „Stahlstücke" in seinem kleinen Koffer.

In kurzer Zeit, weniger als einer Minute, baute er ein Scharfschützengewehr mit Zielfernrohr zusammen. Er wollte, dass ich es bediene. Bevor ich es anfasste, nahm ich ein Handtuch, um sicherzugehen, dass ich keine latenten Fingerabdrücke hinterließ. Er sagte mir, dass das sehr schlau von mir gewesen sei, aber er schien extrem enttäuscht oder verärgert zu sein. Er erklärte mir die Kratzer, das Gewicht und die Ladung der Patronen, die Action, prahlte mit dem Zielfernrohr, dem Gewicht und wie schnell es auf- und abgebaut werden konnte.

Er war extrem geheimnisvoll und vage. Manchmal deutete er an, dass es sich um eine Operation der „Firma" (CIA) handelte. Ein anderes Mal deutete er an, dass sie von dem texanischen Ölbaron H. L. Hunt oder anderen reichen Antikommunisten finanziert wurde. Oder vielleicht handelte es sich um eine gemeinsame Geheimaktion, die von hochrangigen Personen innerhalb und außerhalb der US-Regierung gesponsert wurde, möglicherweise von Geheimdiensten „befreundeter" Länder. Sie konnten mir erst mehr sagen, nachdem sie sich vergewissert hatten, dass ich wirklich eingeweiht war.

Das Treffen dauerte weniger als eine Stunde. Zu diesem Zeitpunkt hatte ich keine Ahnung, was wirklich auf der Tagesordnung stand, aber es bestand den Geruchstest nicht. Während ich das Stück abwischte, nur für den Fall, gab ich es zurück und sagte, dass ich sie auf dem Laufenden halten würde. Ich sah den Anwerber nie wieder, aber es war bei weitem nicht das letzte Mal, dass er versuchte, mir und anderen Patrioten eine Falle zu stellen, um mich zum Sündenbock für dieses schändliche Verbrechen in Dallas zu machen.

Hätte ich die Anwerbungsversuche nicht vereitelt, hätten die Menschen heute vielleicht gehört, dass „der Rechtsextremist Ralph Forbes" einer der Mörder von John Kennedy gewesen sei - aber wie Lee Harvey Oswald war ich einfach einer der potenziellen Sündenböcke.

ENDE DES BERICHTS AUS ERSTER HAND VON FORBES.

Dies ist zwar nur die Geschichte eines einzelnen Mannes, aber wenn man sich auf das gut dokumentierte Dossier von The Enemy Within bezieht, kann man mit Sicherheit sagen, dass es viele solcher Geschichten gibt, mit denen man das Dossier füllen könnte.

Was auf den Seiten dieses Bandes zu sehen ist, ist nur die Spitze des Eisbergs - eine tiefe, dunkle und verborgene Welt voller Intrigen, die den Durchschnittsamerikaner schockieren würden, wenn er die Wahrheit kennen würde.

KAPITEL XXIX

Die Infiltration der Antikriegsbewegung durch die CIA während des Vietnamkriegs: Bill und Hillary Clinton und John Kerry als Sündenböcke des Inneren Feindes

Obwohl sich der Großteil unserer Studie Der innere Feind auf die Infiltration, Überwachung und Störung dessen konzentriert, was allgemein als „rechte" und „nationalistische" Gruppen wahrgenommen wird, durch eine Vielzahl von Agenturen und Institutionen unter der Kontrolle der herrschenden Elite, ist es wichtig zu betonen, dass drei der heute prominentesten demokratischen Politiker - Bill und Hillary Clinton und John Kerry, der Präsidentschaftskandidat der Demokratischen Partei im Jahr 2000 - eindeutig zu sein scheinen: Sie waren während der tragischen Zeit des amerikanischen Engagements in Vietnam erstklassige Beispiele für die Infiltration der Antikriegsbewegung durch die CIA und später Schlüsselakteure in den Intrigen der CIA hier und im Ausland. Später spielten sie eine Schlüsselrolle in den Intrigen der CIA im In- und Ausland.

Bevor wir jedoch auf die unbekannten Intrigen dieser bekannten demokratischen Politiker eingehen, sollten wir kurz auf die inländischen Spionageoperationen der CIA eingehen, die ihren Höhepunkt in den 1960er und 1970er Jahren erreichten, als die Clintons und Kerrys an die politische Macht gelangten.

In der Juli-September-Ausgabe 1995 der *NameBase NewsLine* lieferte Daniel Brandt einige wichtige Details über die Inlandsspionage der CIA:

> Die inländischen Operationen der CIA wurden erstmals von Seymour Hersh am 22. Dezember 1974 in der *New York Times* enthüllt. Innerhalb von zwei Wochen setzte Präsident Ford die Rockefeller-Kommission zur Untersuchung der Angelegenheit ein, deren Bericht im darauffolgenden Juni veröffentlicht wurde. Er beschreibt das CIA-Programm zum Abfangen von Post in die und aus der Sowjetunion, die Operation CHAOS (das CIA-Programm für Inlandsspionage unter der Leitung von Richard Ober), ein separates Programm für Inlandsspionage, das vom Sicherheitsbüro der CIA verwaltet wurde und Project Resistance hieß, sowie ein Programm des Sicherheitsbüros, das für eine Reihe von lokalen

Polizeibehörden Seminare und Schulungen zum Schlösserknacken und zur Überwachung abhielt.

(Es sei darauf hingewiesen, dass der oben erwähnte Ober ein Stellvertreter von James Jesus Angelton war, dem Chef der CIA-Spionageabwehr und Verbindungsmann der CIA zum israelischen Geheimdienst Mossad, der extrem pro-israelisch eingestellt war).

Im Rockefeller-Bericht heißt es: „Über einen Zeitraum von sechs Jahren [1967-1972] wurden im Rahmen der Operation [CHAOS] etwa 13.000 verschiedene Akten zusammengestellt, darunter auch Akten über 7.200 US-Bürger. Die in diesen Akten enthaltenen Dokumente und das damit verbundene Material umfassten die Namen von über 300.000 Personen und Organisationen, die in einem computergestützten Index erfasst wurden". Diese Zahl ist mit dem CIA-Index zu vergleichen, der rund 7 Millionen Namen aller Nationalitäten enthält und von der Direktion für Operationen verwaltet wird, von denen 115.000 US-Bürger sein sollen.

Diese Zahlen könnten jedoch niedriger sein als die Realität; das CHAOS war innerhalb der CIA eng abgeschottet und wurde keiner regelmäßigen internen Überprüfung unterzogen. So wurde beispielsweise in späteren Berichten die Zahl der von der CIA unterstützten staatlichen, lokalen und Bezirkspolizeien auf 44 geschätzt, also weit mehr als die Handvoll, die im Rockefeller-Bericht erwähnt wurde.

Das Center for National Security Studies, eine liberale Überwachungsgruppe aus den späten 1970er Jahren unter der Leitung von Morton Halperin, hat 450 Dokumente erhalten, in denen das Resistance-Projekt der CIA beschrieben wird. Diese Dokumente zeigen, dass der Zweck dieses Programms des Sicherheitsbüros weit mehr war als der Versuch, die Anwerber der CIA auf dem Campus durch das Sammeln von Zeitungsausschnitten zu schützen, wie es im Rockefeller-Bericht beschrieben wurde.

Das Sicherheitsbüro wurde zum ersten Mal ermächtigt, die Rekrutierungsabteilung „auf jede erdenkliche Weise" zu unterstützen, und die Beschränkungen für Kontakte mit dem FBI auf lokaler Ebene wurden aufgehoben. Außerdem wurden Kontakte zu den Sicherheitsbeauftragten des Campus, zu Informanten innerhalb der akademischen Gemeinschaft, zum militärischen Nachrichtendienst sowie zur örtlichen und staatlichen Polizei hergestellt. Besondere Aufmerksamkeit wurde der Untergrundpresse gewidmet.

Es ist klar, dass die CIA immense aktive nationale Operationen durchführte, die weit über das hinausgingen, was legal war oder auch nur vermutet wurde. Und wie wir auf den folgenden Seiten sehen werden, deuten die Beweise stark darauf hin, dass Bill und Hillary Clinton - und auch John F. Kerry - stark in die Spionageoperationen der CIA involviert waren. Tatsächlich kamen zu der Zeit, als Bill Clinton zum ersten Mal als Präsidentschaftskandidat auftrat, Details über Clintons geheime Beziehungen ans Licht, obwohl sie von den sogenannten Mainstream-Medien weitgehend ignoriert wurden.

Im Sommer 1992, als sich die Mainstream-Medien auf Bill Clintons Affäre mit Gennifer Flowers konzentrierten, widmete sich die populistische Zeitung *The Spotlight* mit Sitz in Washington DC eher der großen Sache: Clintons tiefe und langjährige Verbindungen zur CIA und seine Verwicklung in Waffen- und Drogenschmuggelgeschäfte, die mit dem inzwischen berühmten Skandal um die Bank of Credit and Commerce Internationale (BCCI) in Verbindung standen.

In seiner Ausgabe vom 2. März 1992 berichtete *The Spotlight* als erstes nationales Medium, dass die Worthen Bank in Little Rock, während Clintons Präsidentschaftskampagne in einer finanziellen Krise steckte, der Kampagne eine Kreditlinie von 2 Millionen Dollar eingeräumt hatte. Die Worthen gehörte gemeinsam dem Milliardär aus Little Rock Jackson Stephens und dem arabischen Unternehmer Abdullah Taha Bakhsh, die beide eng mit der BCCI verbunden waren.

Stephens fungierte als Vermittler bei der Transaktion, mit der BCCI die Kontrolle über zwei US-Banken übernahm. Bakhsh war nicht nur ein enger Geschäftspartner des BCCI-Gründers Agha Hasan Abedi, sondern auch ein Partner des jungen texanischen Geschäftsmanns George W. Bush bei Harken Energy, der Firma, die den Sohn des Vizepräsidenten (und späteren Präsidenten) George Bush zum Millionär gemacht hatte.

Am 31. August 1992 enthüllte *The Spotlight* als erstes nationales Medium Clintons Verbindungen zu den Waffen- und Drogenschmuggeloperationen, die von der CIA im Rahmen des Iran-contra-Programms durchgeführt und über den winzigen Flughafen Mena (Arkansas) abgewickelt wurden, finanziert durch massive Geldwäsche über Finanzinstitute, die von Clintons Kumpanen kontrolliert wurden. Obwohl Iran-contra als „republikanischer" Skandal (an dem George Bush beteiligt war) in Erinnerung geblieben ist, war der demokratische Gouverneur von Arkansas stark involviert.

Darüber hinaus gibt es Hinweise darauf, dass Clintons Ehefrau Hillary Rodham, eine sehr einflussreiche Anwältin aus Little Rock, ebenfalls in die CIA-Skandale der republikanischen Ära - bekannt als „Iraq-gate" - verwickelt war, bei denen es um die von BCCI und der Atlanta-Filiale der italienischen Banca Nazionale de Lavoro (BNL) finanzierte Aufrüstung des Iraks ging.

Bereits am 25. März, 3. Juni und 19. August 1991 berichtete *The Spotlight*, dass die Skandale, in die die beiden Banken verwickelt waren, miteinander verbunden waren, doch dies wurde bis zum 16. November 1992, als *die Washington Post* schließlich anerkannte, was *The Spotlight* gesagt hatte, nirgendwo sonst zugegeben: „Es ist jetzt klar, dass die beiden [Skandale] miteinander verbunden sind. Was nicht klar ist, ist das Motiv der Verschwörung, die sie miteinander verknüpft hat".

The Spotlight war die einzige Stimme, die enthüllte, dass „der Grund für die Verschwörung, die sie verband" darin bestand, dass die beiden Banken an geheimen, privaten und nichtstaatlichen Ölgeschäften zwischen George Bush und seinen Partnern beteiligt waren, die in Partnerschaft mit Saddam Hussein, dem Herrscher des Irak, getätigt wurden und die eine Rolle bei der geheimen Aufrüstung des Irak durch die CIA spielten.

In diese CIA-Absprachen zur Aufrüstung des Irak war auch Hillary Clinton involviert. Ihre Kanzlei Rose Law Firm handelte das Abkommen mit der Atlanta-Zweigstelle der BNL aus, um US-Agrargelder zu verschleiern, damit sie bei der heimlichen Aufrüstung des Irak helfen konnten. Die Gelder der BNL wurden über BCCI weitergeleitet.

Wie dem auch sei, *The Spotlight* (am 16. August 1993) war die erste Veröffentlichung, in der Beweise dafür dargelegt wurden, dass Bill Clinton seit seiner Zeit in der Antikriegsbewegung in Oxford ein CIA-Agent war.

Konservative beschuldigten Clinton später aufgrund einer Reise, die er zu dieser Zeit nach Moskau unternommen hatte, ein „Verräter" zu sein. Die CIA hatte jedoch Agenten in der Antikriegsbewegung und *The Spotlight* zitierte einen ehemaligen hochrangigen sowjetischen CIA-Analytiker, Victor Marchetti, mit folgendem Kommentar:

> Zu der Zeit, als Clinton nach Moskau reisen sollte, warb die CIA aktiv amerikanische und andere Studenten an, nach Moskau [und] Helsinki zu reisen und an friedlichen Aktivitäten teilzunehmen, um den sowjetischen Aktionen entgegenzuwirken.

> Ohne Geheimnisse zu verraten, würde es mich nicht überraschen, wenn ich herausfände, dass Clinton in gewisser Weise für die CIA arbeitete.

Am 27. September 1993 lieferte *The Spotlight* neue Informationen, die darauf hindeuteten, dass Clinton während seiner Reise nach Moskau in eine Operation verwickelt war, die weitaus größer war als das Ausspionieren seiner Studienfreunde: die Aneignung von Dokumenten des ehemaligen sowjetischen Machthabers Nikita Chruschtschow im Auftrag der CIA.

Tatsächlich ist Clintons Oxford-Freund Strobe Talbott - später von Clinton auf einen Posten im Außenministerium berufen - dafür bekannt, dass er eine Rolle dabei gespielt hat, dass die CIA die Chruschtschow-Dokumente erwerben konnte. Cord Meyer, Leiter der Londoner CIA-Station, war der „Handler" der beiden jungen Männer, auch wenn Meyer dies bestreitet.

Später besuchte Clinton Yale, ein wichtiges Rekrutierungszentrum der CIA, wo er Hillary Rodham kennenlernte. Die junge Frau gehörte bald zum Team des parlamentarischen Watergate-Ausschusses, einer Kontroverse, in der die CIA eine wichtige Rolle spielte. Einige vermuteten, dass Hillary den Ausschuss im Auftrag der CIA überwacht haben könnte, vor allem wenn man ihre späteren Aktivitäten im Rahmen der Kanzlei Rose Law Firm in Betracht zieht.

1996 veröffentlichte der Autor Roger Morris sein Buch *Partners in Power* und kam aufgrund von Informationen aus gut unterrichteten Quellen zu dem Schluss, dass Clinton, wie *The Spotlight* nahelegte, seit seiner Collegezeit heimlich mit der CIA verbunden war.

Die Ausgabe Oktober-Dezember 1996 der *NameBase Newsline*, die zusätzliche Informationen enthält, die zeigen, dass Clinton ein langjähriger CIA-Agent ist, schreibt *The Spotlight* das Verdienst zu, die erste Publikation gewesen zu sein, die die Verbindung zwischen Clinton und der CIA herstellte.

Nach Clintons Wahl zum Präsidenten wurde der Tod seines langjährigen Freundes und Beraters im Weißen Haus, Vince Foster, mit Clintons Verwicklung in die CIA und den Skandalen um „Iraq-gate", in die George Bush verwickelt war, in Verbindung gebracht. *Spotlight* enthüllte am 6. Dezember 1993, dass die Quellen des Ermittlers Sherman Skolnick herausgefunden hatten, dass Foster eine Rolle dabei gespielt hatte, Präsident Clinton ( ) davon zu überzeugen, am 17. Juli 1993 ein CIA-Komplott zur Ermordung des irakischen Machthabers Saddam Hussein zu stoppen. Das Komplott wurde dann in der Ausgabe der *Chicago Tribune* vom 1. November 1993 öffentlich aufgedeckt. Laut Skolnick

> Warum ließ das Weiße Haus dieses Komplott abbrechen? Nun, Saddam hat einen Halbbruder in Genf, der erklärte, wenn Saddam von der CIA ermordet würde, würde er die Bankunterlagen offenlegen, aus denen hervorgeht, dass Saddam private Geschäftsbeziehungen zu George Bush unterhielt.

> Es scheint eine Überschneidung zwischen Saddams Geschäften mit Bush und den Geschäften der Clintons zu geben. Die Clintons, Bush und Saddam - vereinfacht gesagt - sind alle Geschäftspartner.

Dann, am 3. Juli 1994, berichtete *The Spotlight* über eine weitere

Geschichte, die am 21. Mai 1994 im Londoner *Sunday Telegraph* erschienen war, aber nie in den „großen" US-Medien berichtet wurde: Die Ermittler fanden heraus, dass Vince Foster in den fünf Jahren vor seinem Tod geheime internationale Reisen unternommen hatte, darunter mindestens zwei virtuelle Nachtfahrten nach Genf.

Fosters Reisen wurden zu einem Vorzugstarif gekauft, der nur hohen Beamten oder Vertragsbediensteten vorbehalten war, die für die Bundesregierung arbeiteten. Er nutzte diese Tarife, obwohl er demonstrativ nur ein privat praktizierender Anwalt war. Foster, der wahrscheinlich von Bill (und/oder Hillary) Clinton gesponsert wurde, arbeitete offensichtlich für die CIA.

Im Juli 1993, zwölf Tage nachdem er eine bevorstehende Reise nach Genf abgesagt hatte, wurde Foster tot aufgefunden. Es handelte sich eindeutig nicht um „Selbstmord", denn Foster wurde nicht von den Clintons ermordet - wie deren Kritiker vermuten -, sondern von Saddams Feinden, die über Fosters erfolgreiches Eingreifen in das Komplott zur Ermordung des irakischen Machthabers erbost waren.

Letztendlich ist die Welt von Bill und Hillary Clinton offensichtlich viel größer und verwickelter und beinhaltet viel mehr Dinge, als wir jemals zu glauben wagten. Aber nur *The Spotlight* hat es gewagt, diese Geschichte zu erzählen.

Was ist mit Senator John Kerry (D-Mass.), der im Gegensatz zu Clinton zunächst ein „Held" des Vietnamkriegs war, sich dann aber offenbar um 180 Grad drehte und von seiner Position als hochdekorierter Kriegsveteran aus zu einem sehr prominenten Kritiker des Krieges wurde? Die Wahrheit ist, dass der Dienst von Senator John Kerry in Vietnam und seine späteren Antikriegsaktivitäten wahrscheinlich viel komplexer sind, als es auf den ersten Blick scheint. John Kerrys „Swiftboat-Skandal" hat unter den Aktivisten der Republikanischen Partei und im Internet für Aufsehen gesorgt und war Gegenstand eines Buches, das Fragen darüber aufwarf, ob Kerry wirklich ein „Held" war und die Orden (und Umarmungen) verdient hat, die er für seinen Dienst in Vietnam erhalten hat.

Während eine Handvoll Veteranen, die mit Kerry - zumindest für kurze Zeit - gedient hatten, während der Kampagne 2000 für Kerry durch das Land reisten, machte eine beträchtliche Anzahl anderer ehemaliger Offiziere und Matrosen der Swift Boat eine Kampagne gegen Kerry und bestritt seine Behauptungen über seine Kriegsgeschichte.

Die Frage, die sich stellte, war: Welcher Gruppe von Veteranen sollten die Wähler glauben? Wenn eine Gruppe log, warum log sie dann? War Kerry ein Held oder ein Betrüger? Und wie steht es mit Kerrys Antikriegsaktivitäten nach seiner Rückkehr aus Vietnam

An dieser Stelle ist es notwendig, eine Parallele zwischen Kerrys Rückschlägen und dem ähnlichen „Skandal" um Bill Clinton während der Präsidentschaftskampagne 1992 zu ziehen, als bekannt wurde, dass Clinton aktiv daran gearbeitet hatte, die Einberufung zum Wehrdienst zu verhindern.

2004 hatte die Bush-Kampagne nicht viel zu sagen zu Kerrys möglicher Verzerrung der historischen Wahrheit in Bezug auf diese, die er in Vietnam getan - oder nicht getan - hat, was sich damit erklären lässt, dass die Dienstzeit des Präsidenten an sich ziemlich fleckig war und Bush die Wähler nicht daran erinnern wollte. Dies hielt „unabhängige" politische Aktivisten jedoch nicht davon ab, einen Aufschrei über Kerrys Aktivitäten während des Krieges zu machen.

Es sei jedoch daran erinnert, dass Bushs Vater und seine Wiederwahlkampagne 1992 nicht viel zu den Bemühungen Bill Clintons zu sagen hatten, sich der Einberufung zum Militärdienst zu entziehen. Tatsächlich haben einige 1992 - und in den Jahren danach - angedeutet, dass der eigentliche Grund, warum der ehemalige CIA-Direktor George Bush (damals Kandidat für seine Wiederwahl gegen seinen demokratischen Gegner Bill Clinton) Clinton nicht aktiv angriff und ihn als „draft dodger" bezeichnete, gerade darin bestand, dass der ehemalige CIA-Direktor wusste, dass Clinton - als Student - mit ziemlicher Sicherheit als CIA-Asset arbeitete und Anti-Kriegs-Gruppen in Großbritannien und anderswo infiltrierte.

Obwohl also viele Veteranen und einfache Republikaner Clinton als „draft dodger" bezeichneten und andeuteten, dass er in gewisser Weise „illoyal gegenüber seinem Land" sei, war die Wahrheit, dass Clinton offensichtlich einen Weg gefunden hatte, den Militärdienst zu vermeiden und gleichzeitig einen „Zugang" zur Machtelite des Landes zu erhalten: als studentischer Bluthund für die CIA zu agieren.

Obwohl, wie bereits erwähnt, *The Spotlight* die erste Veröffentlichung war, die Clintons frühe Dienste für die CIA aufdeckte (was natürlich weder Clinton noch die CIA jemals zugegeben haben), hat eine Vielzahl von Autoren - darunter das ehemalige Mitglied des Nationalen Sicherheitsrats Roger Morris, der britische Korrespondent Ambrose Evans-Pritchard und der Journalist Daniel Brandt, u. a. - haben seither einige der fehlenden Puzzleteile ergänzt, der britische Korrespondent Ambrose Evans-Pritchard und der Journalist Daniel Brandt u. a. - haben seither einige der fehlenden Puzzleteile ergänzt und im Wesentlichen bestätigt, dass Clinton - zu der Zeit, als er sich der Einberufung entzog - tatsächlich als Informant der CIA für die US-Regierung arbeitete.

Das bringt uns zu John Kerry. Viele haben Kerry wegen seiner

Antikriegsaktivitäten nach seiner Rückkehr aus Vietnam aufs Korn genommen und suggeriert, er sei in „radikale" Antikriegselemente verwickelt. Was die weniger scharfsinnigen Kritiker Kerrys jedoch nicht bemerkt haben, ist, dass eine sorgfältige Lektüre der Berichte über Kerrys Antikriegstage, die in geschickt formulierten Rezensionen in Elite-Tageszeitungen wie der *New York Times* und der *Washington Post* vorgestellt wurden, zu dem (zumindest für den scharfsinnigen Leser) sehr klaren Schluss führt, dass Kerry tatsächlich eine der „gemäßigten" Kräfte der Antikriegsbewegung war und in mancher Hinsicht fast so handelte, als wolle er die Bewegung bremsen.

Das *wollten* die beiden wichtigsten Zeitungen, *die* sich mit Kerrys Antikriegsdemonstrationen befassten - *die New York Times* und vor allem die CIA-nahe *Washington Post* - in ihren langen, sehr ähnlichen Artikeln zu diesem Thema vermitteln.

Kurzum, es drängt sich der Verdacht auf, dass Kerrys kurzer Dienst und seine „Heldentaten" in Vietnam Teil einer klassischen „Legende" der Geheimdienstgemeinschaft waren, die für Kerry geschaffen wurde, der vor kurzem seinen Abschluss in Yale gemacht hat - einem langjährigen Rekrutierungsposten der CIA - und (wie George W. Bush) Mitglied von Skull & Bones ist, dem exklusiven Geheimbund von Yale (einem weiteren Elite-Trainingsgelände).

Ist es angesichts von Clintons Vorgeschichte bei der CIA (und seiner Verbindungen zu Yale) wirklich übertrieben, darauf hinzuweisen, dass auch Kerry von Anfang an ein CIA-Agent war

Das ist keine Übertreibung: Aus den Archiven geht hervor, dass viele prominente (und weniger prominente) Militärs - z. B. der berühmte Luftwaffengeneral Ed Lansdale - während ihres Militärdienstes auch Geheimagenten der CIA waren.

Ist es möglich, dass Kerrys kurze Zeit in Vietnam dazu diente, seinen guten Glauben als „Kriegsheld" zu etablieren und ihn dann zurückzubringen, damit er ein „Kritiker" des Krieges wird

Wie auf den ersten Seiten dieses Bandes erwähnt, wissen wir, dass zumindest einer der wichtigsten Kritiker des Vietnamkriegs, Allard Lowenstein (späterer Kongressabgeordneter), heimlich von der CIA bezahlt wurde, wenn er gegen den Krieg protestierte, und dass eine der wichtigsten Anti-Kriegs-Organisationen, die National Student Association, ebenfalls von der CIA finanziert wurde.

Es ist wahrscheinlich kein Zufall, dass Kerry, als er ankündigte, sich in den Anti-Kriegsrausch zu stürzen, erklärte - vielleicht in einer breiten Anspielung für diejenigen, die „eingeweiht" genug sind, um den Kern dessen zu erfassen, was er sagte -, er wolle in die Fußstapfen von Allard Lowenstein treten. Auch hier ist es wahrscheinlich kein Zufall, dass Lowensteins Sohn zu einem der wichtigsten außenpolitischen Berater Kerrys wurde.

Wie lautet ein altes Sprichwort? „Gleich und gleich gesellt sich gern".

Vielleicht war Kerrys Dienst in Vietnam weniger als heldenhaft, wie ihre Kritiker vorschlagen, aber andererseits ist es auch durchaus möglich - vielleicht sogar wahrscheinlich -, dass ihre Reise nach Vietnam Teil eines Unternehmens war, das von einigen Mentoren in Yale (oder sollten wir besser sagen, der CIA) im Voraus geplant und organisiert wurde

Judas Böcke treten in verschiedenen politischen Formen auf, wie die Fälle der Clintons, Kerrys und seines Mentors Lowenstein deutlich zeigen.

Im folgenden Kapitel werden wir untersuchen, wie John Kerrys gescheiterte Präsidentschaftskandidatur 2004 hinter den Kulissen offenbar als eine, wenn nicht zum Scheitern verurteilte, so doch mit Sicherheit zur Unterstützung der globalen Agenda der zionistischen Elite inszeniert wurde - um sicherzustellen, dass der Innere Feind unabhängig vom Ausgang der Wahl fest an den Schalthebeln des außenpolitischen Apparats der USA bleibt.

KAPITEL XXX

Die Lösung lag auf der Hand: Wie zionistische Judasböcke die GOP 1940 in die Niederlage trieben und die Demokraten 2004 verlieren ließen

Obwohl die Parallelen nicht ganz exakt sind, war der US-Präsidentschaftswahlkampf 2004 dem Kampf von 1940 zwischen dem amtierenden Demokraten Franklin D. Roosevelt, der sich in seiner dritten Amtszeit befand, und seinem republikanischen Gegenspieler Wendell L. Willkie bemerkenswert ähnlich - in einigen besonders wichtigen Aspekten.

Wie 1940 waren die herrschenden plutokratischen Eliten auch 2004 entschlossen, „beide Pferde im Rennen" zu kontrollieren (und taten dies auch), hauptsächlich weil sie wussten, dass der Wahlsieger in der Lage sein würde, den künftigen Kurs des amerikanischen Engagements auf der Weltbühne zu bestimmen - was für die internationalen Bank- und Industrieelemente, die bereit sind, von der Manipulation der Außen- und Innenpolitik der USA zu profitieren, immer lebenswichtig ist.

Während der Wahlen von 1940 hatte Franklin D. Roosevelt den Amerikanern immer wieder laut und deutlich gesagt, dass ihre Söhne an keinem Krieg im Ausland teilnehmen würden. Währenddessen versuchte Roosevelt natürlich hinter den Kulissen, sowohl was die amerikanische Politik gegenüber Europa als auch gegenüber dem Fernen Osten betraf, mit allen Mitteln, die Vereinigten Staaten in einen Krieg zu verwickeln, von dem über 90 Prozent des amerikanischen Volkes der Meinung waren, dass er nicht notwendig war und nicht geführt werden sollte.

Doch trotz Umfragen, die auf eine massive Ablehnung der Amerikaner gegen die Beteiligung der USA am Krieg in Europa hindeuteten, entschied sich die GOP - durch die Ablehnung des nationalistischen Senators Robert Taft (Ohio) - dafür, FDRs internationale Kriegspolitik, die ungeachtet der offiziellen öffentlichen Rhetorik Roosevelts offensichtlich war, nicht in Frage zu stellen. Stattdessen nominierte die GOP Willkie, einen Wall-Street-Anwalt, der nicht nur erst kürzlich zur Republikanischen Partei konvertiert war, sondern auch wie FDR ein glühender Internationalist und eifriger Anhänger der Theorie war, dass Amerika im Namen des Britischen Empire in den Krieg in Europa eingreifen sollte.

Tatsächlich geschah dies im Wesentlichen während der Wahlkampagne 2004 in den USA. Obwohl ein republikanischer Präsident, George W. Bush, um seine Wiederwahl ins Weiße Haus kämpfte (und natürlich bereits ein Krieg im Gange war), sagte sein mutmaßlicher demokratischer Nachfolger im Wesentlichen „ich auch", wenn es um das laufende Debakel im Irak ging.

Senator John Kerry (D-Mass.) hat nicht nur für den Krieg gestimmt, sondern fordert nun auch, dass mehr US-Truppen im Irak stationiert werden - seine Version der „besseren Kriegführung". In der Tat hat Kerry das Thema der „loyalen Opposition" auf die Spitze getrieben.

Und angesichts (wie wir bereits gesehen haben) Kerrys wahrscheinlicher Rolle als langjähriger Geheimagent der CIA ( ) könnte es gut sein, dass Kerry letztlich kaum mehr als ein williger „Sündenbock" war, der bereit war, sich im Namen der globalistischen Agenda zu opfern, selbst wenn das bedeutete, die Wahl zu verlieren.

Diese Situation erinnert an den Vorwahlkampf der Republikaner für die Präsidentschaftswahlen 1940, als die GOP-Wähler einen Kandidaten wählten, der sich gegen FDR stellen sollte. 1940 war der bevorzugte Kandidat der GOP-Wähler Bob Taft aus Ohio, ein scharfer Kritiker von FDRs Außenpolitik.

Taft spielte 1940 bei den republikanischen Vorwahlen im Wesentlichen die gleiche Rolle wie der Freischärler Howard Dean, Gouverneur von Vermont, bei den demokratischen Präsidentschaftsvorwahlen 64 Jahre später: Obwohl Dean - wie Taft vor ihm - aufgrund seiner klaren Ablehnung der Beteiligung der USA an einem sinnlosen Auslandskrieg die Kampagne anführte, begann die amerikanische Medienelite - wie schon bei Taft - auf Dean herumzuhacken und seine Kampagne zu unterminieren.

Es ist also kein Zufall - obwohl die Medien seine Bemerkungen nie besonders hervorhoben -, dass Dean selbst während des Vorwahlkampfs mehrfach darauf hinwies, dass eine immer kleinere Zahl elitärer Finanzinteressen die Kontrolle über die Massenmedien in Amerika übernahm. Auf diese Weise wurde Deans Kampagne sabotiert, und wie einige Zeitungen, darunter *Forward*, eine führende jüdische Zeitung, betonten, *drehte sich der Wind gegen Dean und für Kerry, als sich viele Führer der kleinen, aber einflussreichen jüdischen Gemeinde in Iowa hinter Kerry stellten und seine wackelige Kampagne in diesem für die Caucuses kritischen Bundesstaat retteten.*

Obwohl Deans Ehefrau Jüdin ist, löste Deans Widerstand gegen den Irakkrieg - der von wichtigen Führern und Gruppen von Führern der jüdischen Gemeinschaft in den USA unterstützt wurde - die größte Opposition (und die Feindseligkeit der Medien) gegen seine Kandidatur aus. Nachdem Dean also aus dem Weg geräumt war, war ein Demokrat aus der „loyalen Opposition" - der in Wirklichkeit für Bushs Irakkrieg gestimmt hatte - auf dem besten Weg, die Nominierung zu erhalten.

Das Schicksal von Taft, dem Favoriten der GOP, war ähnlich. Doch heute wissen wir, dass Wendell Willkies berühmter „Run auf das schwarze Pferd" auf dem republikanischen Nationalkongress in Philadelphia 1940 nichts damit zu tun hatte.

Im Gegenteil, wie Thomas E. Mahl in seinem Buch *Desperate Deception: British Covert Operations in the United States, 1939-1941* sorgfältig nachgewiesen hat, wurde Willkies Kampagne auf dem GOP-Parteitag im Wesentlichen von reichen amerikanischen Interessengruppen gekauft und bezahlt, die FDRs Außenpolitik unterstützten und sicherstellen wollten, dass die GOP einen Kandidaten nominieren würde, der sich nicht ernsthaft gegen FDRs Ansichten stellen würde. Daher war es von entscheidender Bedeutung, dass Tafts Kandidatur vernichtet wurde.

Außerdem ist es nach Mahls sorgfältig dokumentierter Recherche sehr klar, dass der britische Geheimdienst und die mit dem britischen Geheimdienst zusammenarbeitenden Personen - sowohl an der Sabotage Tafts als auch an der Förderung Willkies arbeiteten und in beiden Fällen erfolgreich waren.

So wurde Taft - wie später auch Dean - innerhalb seiner eigenen Partei geopfert (trotz der Tatsache, dass seine Antikriegsposition erheblich populärer war) und durch einen Kandidaten (Willkie - 2004 von John Kerry übernommen) ersetzt, der in der Frage der Intervention der USA im Ausland im Wesentlichen an der Seite des scheidenden Präsidenten stand.

Bezeichnenderweise erklärte der berühmte amerikanische Flieger Charles Lindbergh fast ein Jahr nach den Wahlen von 1940, als die Debatte über ein Eingreifen der USA in Europa noch immer tobte, in einer viel kritisierten Rede vor dem Antikriegskomitee America First öffentlich, dass drei Gruppen Amerika in den Krieg trieben: „die Briten, die Juden und die Roosevelt-Regierung".

Wenn man den Namen „Roosevelt" durch den Namen „Bush" ersetzt, könnte es sich im Wesentlichen um eine Beschreibung derselben Gruppen handeln, die den Irakkrieg vorangetrieben haben. Wie man so schön sagt: Je mehr sich die Dinge ändern, desto mehr bleiben sie gleich. Oder einfacher ausgedrückt: Die Geschichte wiederholt sich. Der innere Feind wird nicht kampflos verschwinden.

In diesem Zusammenhang sei als Korrelat angemerkt, wie die zionistische Bewegung im Vorfeld der US-Invasion im Irak und der anschließenden Debatte über dieses Debakel bei den Präsidentschaftswahlen 2004

Überstunden machte, um die Antikriegsbewegung daran zu hindern, so weit zu gehen, die Tatsache zu betonen, dass Israel und seine US-Lobby die Hauptanstifter des geplanten Krieges waren.

Im Frühjahr 2003, als die Opposition der Bevölkerung gegen den Irakkrieg in den USA und weltweit wuchs, als immer mehr Menschen über Israels Unterstützung für den Krieg und die herausragende Rolle einer mächtigen Clique pro-israelischer „Neokonservativer" in der Regierung von George W. bekannt wurde. Bush, um den Krieg zu fördern, eine Handvoll pro-israelischer „Liberaler" (die behaupteten, gegen den Krieg zu sein) in Wirklichkeit damit beschäftigt waren, die Kritik an Israel innerhalb der Anti-Kriegs-Bewegung zu unterminieren.

Die Tatsache, dass viele Menschen damit beginnen, Israel die Schuld am Irakkrieg zu geben, ist ein Punkt, der den Unterstützern Israels zunehmend Sorgen bereitet. Am 16. Februar 2003 äußerte *die Washington Post* ihre Meinung darüber, was triftige Gründe für die Ablehnung des Krieges sind. *Laut der Post* sind „die Argumente der Gegner manchmal", wie sie es ausdrückte, „inkohärent oder unbegründet", darunter „die Vorschläge, dass der amerikanische Feldzug von einer nicht offengelegten Agenda zur Verteidigung Israels oder zur Übernahme des irakischen Öls motiviert ist". Der einzige stichhaltige Grund, sich - zum jetzigen Zeitpunkt - gegen den Krieg auszusprechen, ist laut der *Post*, dass jede einseitige Aktion der USA ohne vorherige Zustimmung der Vereinten Nationen ein Fehler wäre.

Parallel zu den Kommentaren der *Post* wurden die Bemühungen, die Antikriegsbewegung von innen heraus zu sabotieren, deutlich, nachdem der liberale Rabbiner Michael Lerner behauptet hatte, ihm sei verboten worden, auf einer Antikriegsversammlung in San Francisco zu sprechen, weil der Hauptorganisator der Versammlung, International ANSWER (Act Now to Stop War and End Racism), absolut antizionistisch sei, während er (Lerner) für die Gründung eines palästinensischen Staates an der Seite Israels eintrete. ANSWER bestritt dies und behauptete, dass Lerner nicht sprechen durfte, weil er ANSWER bereits angegriffen hatte und die verschiedenen Organisatoren der Versammlung bereits vereinbart hatten, dass sie keine Redner zulassen würden, die eine der beiden Gruppen kritisiert hatten. Tatsächlich hatte Lerner ANSWER mit der Begründung angegriffen, dass ANSWER bei der Organisation von Antikriegsversammlungen im ganzen Land zu viele Redner aufgenommen habe, die den Krieg der USA gegen den Irak beschuldigten, hauptsächlich durch den Wunsch Israels nach der Zerstörung des Irak angeheizt zu werden.

Wie dem auch sei, nach Lerners Wutausbruch machte eine Gruppe von etwa 150 anderen selbsternannten „progressiven Intellektuellen" (von denen die meisten Juden waren, die Israel unterstützten und sich gegen den

Krieg aussprachen) Lärm und schickte einen offenen Brief, in dem sie die Weigerung von ANSWER, Lerner zu Wort kommen zu lassen, verurteilten und sogar behaupteten, dass ANSWER nicht geeignet sei, „Massenmobilisierungen gegen den Irakkrieg zu führen".

Angesichts des großen Erfolgs, den ANSWER - unabhängig von seiner politischen Ausrichtung - bei der Organisation von Massenprotesten gegen den Krieg hatte, fragten sich Kritiker, welche Motivation pro-israelische Kräfte hatten, in diesem kritischen Moment zu versuchen, die Führung der Anti-Kriegs-Bewegung zu unterminieren.

Während sich zionistische Elemente verschworen, die Antikriegsbewegung zu spalten, trat unterdessen der prominente und langjährige zionistische Finanzspekulant George Soros als offener „Kritiker" von Präsident George W. Bush und des Irakkriegs auf. Indem er sich als „Geldsack" vieler progressiver Gruppen und Einheiten von Antikriegsaktivisten präsentierte, hat Soros tatsächlich die Kontrolle über die Opposition übernommen und damit viele mögliche Quellen der Opposition gegen den zionistischen Einfluss in Amerika abgestumpft. Durch die Finanzierung einer solchen Vielzahl von Organisationen hat sich Soros - ein Jude - für die kommenden Jahre zum virtuellen „Diktator" der progressiven Bewegung in Amerika gemacht.

Was all dies ganz einfach bedeutet, ist, dass das amerikanische Volk wieder einmal manipuliert und fehlgeleitet wurde. Die Präsidentschaftswahlen 2004 waren die ultimative „Maskerade", und die Wahrheit über den Irakkrieg - eines der Hauptthemen in diesem korrupten Präsidentschaftswahlkampf - wurde dem amerikanischen Volk nie vollständig enthüllt. Ein weiterer Sieg für The Juda Goats - The Enemy Within.

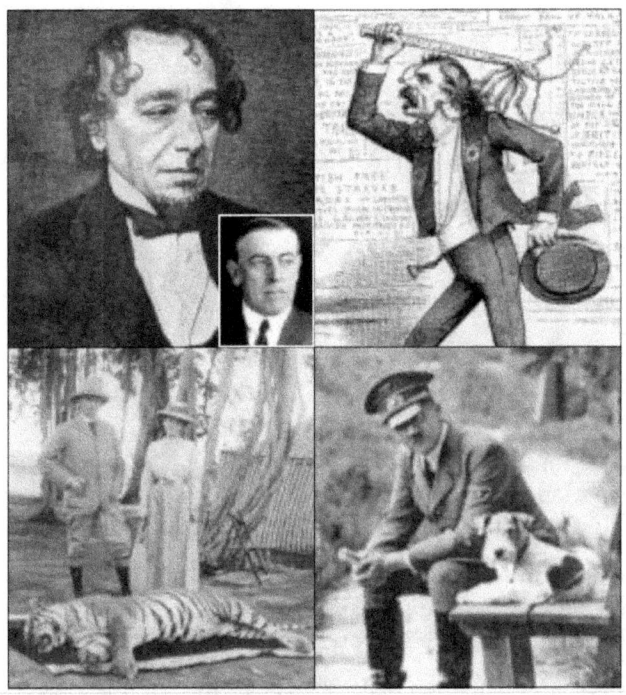

Der amerikanische Nationalist Whitelaw Reid (oben rechts) greift in dieser Karikatur aus dem Jahr 1884 die „britischen Freihändler" und „Pharisäer" an. Der britische Premierminister Benjamin Disraeli (oben links) - ein Instrument der Bankendynastie Rothschild - gab seine anfängliche Opposition gegen den Freihandel auf und unter Disraeli (der 1881 starb) erreichte der britische Imperialismus seinen Höhepunkt, wobei das „britische" Empire als Rothschild-Lehnsgut hervortrat. US-Präsident Woodrow Wilson (im Medaillon), ein Schüler Disraelis *und des* britischen Freihandels, bemühte sich um die Zerschlagung des traditionellen amerikanischen Nationalismus, sodass er (wie Disraeli) von den modernen zionistischen Neokonservativen, die die neue Weltordnung propagieren, sehr bewundert wird. Im Rahmen des imperialen Programms der Rothschilds stellten die britischen Kolonialherren (wie die oben abgebildeten, die triumphierend mit einer Trophäe posieren) eine Bilanz auf, die viele Menschen in der „Dritten Welt" dazu brachte, mit Adolf Hitler (rechts, mit einem Freund) zu sympathisieren.

Obwohl Hitler gehofft hatte, ein Bündnis mit Großbritannien gegen Sowjetrussland zu schmieden, durchkreuzte die jüdische Opposition seine Pläne, was angesichts der Tatsache, dass *einige* zionistische Elemente tatsächlich Hitlers Gunst suchten, weil seine Innenpolitik die jüdische Einwanderung nach Palästina ankurbelte, ironisch ist.

Handelte es sich um Lämmer oder Böcke aus Juda

Einführung in den fünften Teil
Zwei große Namen, zwei schlechte Platten:
Mögen die Nuggets fallen, wo sie wollen

Die beiden folgenden Kapitel sind echte Fallstudien von Persönlichkeiten, die zwar von den amerikanischen Konservativen verehrt wurden, aber in Wirklichkeit als Agenten des Inneren Feindes agierten.

Die beiden genannten Persönlichkeiten werden von vielen als „Titanen" der „konservativen" Bewegung in den USA angesehen. Ein genauer Blick auf ihren Werdegang offenbart jedoch leider eine ganz andere Geschichte.

Dabei handelt es sich um den Senator von North Carolina Jesse Helms und den ehemaligen Sprecher des Repräsentantenhauses Newt Gingrich.

Im Fall von Senator Helms scheint es, als sei er kooptiert worden und gezwungen worden, seine frühere Verbundenheit mit dem traditionellen amerikanischen Nationalismus zu verleugnen.

Im Fall von Newt Gingrich scheint es, als sei Gingrich nie das gewesen, was er zu sein schien.

In beiden Fällen jedoch verlaufen die Karrieren der beiden republikanischen „Riesen" im Kongress auf traurige Weise parallel.

KAPITEL XXXI

Die traurige Geschichte des Jesse Helms: Wie ein amerikanischer Patriot zur Judasziege für den Inneren Feind wurde

War der bekannteste amerikanische „Kritiker" der Vereinten Nationen wirklich ein Kritiker der Weltorganisation? Der Fall des ehemaligen Senators von North Carolina, Jesse Helms, der lange Zeit der Favorit vieler amerikanischer Konservativer war, ist vielleicht die erstaunlichste Wendung für einen amerikanischen Politiker. Es handelt sich um eine aufschlussreiche Geschichte, die sich im Laufe der Jahre entwickelt hat und bei vielen von Helms' Bewunderern für große Verwirrung gesorgt hat. Helms' erstaunliche „Anpassung", nicht nur gegenüber den Vereinten Nationen, sondern auch in Bezug auf seine Haltung zur US-Politik im Nahen Osten, zeigt, wie selbst ein scheinbar „lupenreiner" amerikanischer Nationalist in die entgegengesetzte Richtung kippen kann - eindeutig beeinflusst von Der innere Feind.

Während die Medien während Helms' Karriere die zwischen Helms und „sozialen" Gruppen wie Feministinnen, Abtreibungsgegnern, Homosexuellen, Gegnern des Schulgebets und anderen Minderheiten ausgetauschten Beleidigungen öffentlich machten - wobei Helms und seine Kritiker tonnenweise Geld sammelten, um sich gegenseitig zu bekämpfen -, bleibt Helms' unerwartetes Bündnis mit der plutokratischen Elite weitgehend unbekannt.

Zu Beginn seiner Karriere im Senat war Helms ein scharfer Kritiker der Auslandshilfe, von der damals wie heute der größte Teil an Israel ging. Dementsprechend wurde Helms von der mächtigen pro-israelischen Lobby in Washington als „verdächtig" eingestuft.

Dann, am 27. März 1979, stand Helms im Senat auf und erklärte, dass das neu unterzeichnete Friedensabkommen zwischen Israel und Ägypten die Interessen der Vereinigten Staaten nicht schütze.

Helms war der einzige Kongressabgeordnete, der es wagte, (öffentlich) zu sagen, dass der größte Stolperstein auf dem Weg zum Frieden im Nahen Osten die Weigerung Israels war, die Kontrolle über das besetzte Westjordanland aufzugeben, das Israel im Krieg von 1967 von Jordanien übernommen hatte.

Helms war zweifellos die wichtigste Stimme im Kongress für eine Außenpolitik „America First" (Amerika zuerst). Im Jahr 1982 forderte Helms sogar den Abbruch der diplomatischen Beziehungen zu Israel nach dessen blutiger Invasion im Libanon.

Doch zwei Jahre später, 1984, als er sich um eine dritte Amtszeit bewarb und das Geld der Israel-Lobby in die Kassen seines demokratischen Gegners floss, vollzog Helms eine erstaunliche Kehrtwende: Er schockierte „die Linke und die Rechte", indem er die Verlegung der US-Botschaft in Israel von Tel Aviv nach Jerusalem forderte. Außerdem erklärte er, dass die USA die israelische Besetzung des Westjordanlandes weiterhin unterstützen sollten.

Es ist offensichtlich, dass Helms von der israelischen Lobby kooptiert wurde. Große Namen der pro-israelischen Elite haben Geld für seine Kampagne gesammelt, offenbar unter der Führung des zionistischen Medienmilliardärs S. I. Newhouse, dessen Familie seit langem ein wichtiger Förderer der Israel-Lobby und von Gruppen wie, der Anti-Defamation League (ADL) der B'nai B'rith ist.

Besonders beunruhigend war, dass Helms Wahlkampfspenden von dem New Yorker Geschäftsmann Bob Jacobs angenommen hatte, der öffentlich zugegeben hatte, eine gewalttätige milizähnliche Terrorgruppe - die Jewish Defense League (JDL) - zu unterstützen, die mit zahlreichen Morden, Bombenanschlägen und anderen Verbrechen in Verbindung gebracht wurde.

In einem Artikel, der am 6. Mai 1986 in *The Village Voice* erschien, schrieb der amerikanisch-jüdische Journalist Robert I. Friedman beschrieb Jacobs als einen der „fanatischsten Anhänger" des inzwischen ermordeten Rabbiners Meir Kahane, dem Gründer der LDJ, und enthüllte Folgendes:

> Jacobs soll Kahane für seine Knesset-Kampagne 1984 20.000 US-Dollar gespendet haben und sammelte Spenden für verurteilte jüdische Terroristen in Israel. Jacobs sammelte auch Geld für seinen engen Freund, den Senator von North Carolina Jesse Helms, der seine erste Reise ins Heilige Land mit Jacobs [im Sommer 1985] unternahm.

Einer von Kahanes Schützlingen, Victor Vancier, Leiter der JDL in New York, sagte dem Journalisten Friedman in einem Interview, dass Helms' enger Freund Jacobs „sagte, dass die JDL amerikanische Araber und linksgerichtete Juden, insbesondere Journalisten, treffen sollte, die die PLO unterstützen. Dies sei das, was [der Gründer der JDL, Kahane] ihm gesagt habe, dass dies die Priorität der JDL sei".

Gerade dank der kritischen Unterstützung von Leuten wie Jacobs und dem zionistischen Milliardär und Medienkönig Newhouse - der angeblich zugunsten von Helms intervenierte und andere Israel-Unterstützer dazu aufforderte, Helms zu finanzieren oder die Finanzierung seines demokratischen Gegners einzustellen - wurde Helms 1984 wiedergewählt.

Da es der Israel-Lobby gelungen war, Senator Charles Percy (RIll.) zu besiegen, der - im Gegensatz zu Helms - ein unnachgiebiger Kritiker Israels war, folgte Helms Percy als GOP-Vorsitzender des Senatsausschusses für auswärtige Beziehungen nach und bewies schnell seine Treue zu seinen neuen Verbündeten.

1985 unterstützte Helms öffentlich die Fortsetzung der israelischen Militärbesetzung arabischen Landes und stellte bemerkenswerterweise fest, dass die israelische Besetzung nicht „eine Kernfrage des israelisch-arabischen Konflikts" sei.

Helms spielte auch eine ungewöhnliche Rolle in einer Reihe von Umständen, die zur Übernahme des Mediengiganten CBS durch ein Konsortium von „Neureichen", durch und durch pro-israelischen Finanzmanipulatoren, führten.

Das Spotlight war die einzige amerikanische Zeitung, die die vollständige Geschichte von Helms' angeblichem Versuch, CBS zu kaufen und zu einem konservativen Fernsehsender zu machen, erzählte. Helms hatte einen Aufruf an die Konservativen gerichtet, sich zusammenzuschließen, um die Kontrolle über CBS zu kaufen, und behauptet, dass dadurch der liberalen Voreingenommenheit des Senders entgehen würde. Das klang gut, aber die Wahrheit war, dass eine erfolgreiche Übernahme durch Helms eine Kriegskasse von rund 5 Milliarden Dollar erfordert hätte.

Dennoch stieg der Wert der CBS-Aktien im Zuge von Helms' Kampagne um mehr als 30 Prozent. Der zionistische Milliardär und Börsenspekulant Ivan Boesky, der sich eine erhebliche Beteiligung an den CBS-Aktien gesichert hatte, erzielte enorme Gewinne. Tatsächlich war Boesky Teil eines Konsortiums pro-israelischer Milliardäre unter der Führung von Lawrence Tisch, der schließlich die Kontrolle über den Sender übernahm.

Laut *Spotlight-Quellen* an der Wall Street hatte Helms' Kampagne die CBS-Führung tatsächlich „abgelenkt" und den Boden für die Übernahme des Senders durch das Tisch-Konsortium bereitet. Und heute ist CBS natürlich immer noch so liberal wie eh und je.

1996 verblüffte Helms erneut viele seiner langjährigen Anhänger, als er einen Artikel für die September/Oktober-Ausgabe 1996 von *Foreign Affairs*, der Zeitschrift des Council on Foreign Relations, der internationalistischen Lobbygruppe, schrieb, in dem er über die „Reform" der Vereinten Nationen sprach und damit de facto die Rolle der Vereinten Nationen in amerikanischen Angelegenheiten akzeptierte - in der Tat eine weitere Kehrtwende.

Helms' politische Entwicklung - manche könnten sie als „Revolution" bezeichnen - setzte sich fort. Im Jahr 2000, zwei Jahre vor seiner Pensionierung, hielt Helms vor dem Sicherheitsrat der Vereinten Nationen eine flammende Rede, in der er die Vereinten Nationen kritisierte. Die „konservativen" Zeitungen jubelten Helms zu.

Doch wieder einmal gab es mehr in der Geschichte, das die konservativen Zeitungen lieber nicht erwähnen wollten. Tatsächlich war Helms' Rede Teil eines sorgfältig orchestrierten Plans der UNO-Dienste von Präsident Bill Clinton.

Botschafter Richard Holbrooke wurde beauftragt, die Kritik an den Vereinten Nationen während des Wahljahres abzuwenden. Und da Holbrooke nicht nur Mitglied der internationalistischen Machtgruppe war, die als Bilderberg bekannt ist, sondern auch des Council on Foreign Relations (CFR) und der Trilateralen Kommission, war sein Plan klar gesteuert und auf höchster Ebene abgesegnet.

Am 3. Februar 2000 enthüllte der Kolumnist Jim Hoagland, Holbrookes Kollege bei den Bilderbergern, in der *Washington Post* die Hintergründe der Affäre.

Helms-Fans, die die Kolumne gelesen haben, fühlten sich angewidert.

Er kommentierte, dass „[der populistische Kommentator und Präsidentschaftskandidat] Pat Buchanan und sein zynischer Alarmismus" auf wenig Interesse stießen.

Hoagland sagte, Helms' Auftritt vor den Vereinten Nationen sei „ein wichtiges Barometer des Wandels", und enthüllte, dass es Holbrooke war, der Helms eingeladen hatte, zu sprechen.

Sich darüber lustig machend, dass „der ultrakonservative republikanische Senator erwartungsgemäß über die Mängel der Vereinten Nationen gebellt hat", ließ Hoagland die eigentliche Bombe platzen: dass Helms „diskret einen ständigen Dialog vorgeschlagen hat, um zu versuchen, die Beziehungen zwischen den USA und den Vereinten Nationen zu verbessern". Hoagland fügte hinzu, dass Helms' „öffentlichkeitswirksamer Auftritt" „von Holbrooke inszeniert worden war, um die Notwendigkeit des Zweiparteiensystems in der US-Politik gegenüber den Vereinten Nationen zu betonen und die Beziehungen vor den Schießereien im Wahljahr zu schützen".

Die ganze Übung war eine Maskerade, die den Konservativen versichern sollte, dass es in der GOP noch „UN-Kritiker" gibt; dass es nicht nötig sei, sich an Pat Buchanan zu wenden, der eine Präsidentschaftskampagne führte, in der er erklärte, er wolle „die USA aus den Vereinten Nationen und die Vereinten Nationen aus den USA herausholen".

Das vielleicht erstaunlichste Unternehmen von Helms, das die Aufgabe der amerikanischen Souveränität und die scheinbare Verschmelzung der Regierungen der USA und Mexikos andeutet, fand 2001 statt.

Vom 17. bis 19. April 2001 nahm Helms den gesamten Senatsausschuss für auswärtige Angelegenheiten (dessen Vorsitzender er war) mit auf eine Reise nach Mexiko. Der Besuch wurde von den Elitemedien als „herzlich" und „beispiellos" bezeichnet, und Helms „bewertete" seine kritische Haltung gegenüber dem notorisch korrupten und von Drogengeldern durchsetzten Regime neu.

Während große Zeitungen wie *die Washington Post* und die *New York Times* in den Tagen vor der Reise gut über Helms berichteten, brach die Berichterstattung während der Reise selbst merkwürdigerweise ab. Weder die *Post* noch die *Times* (die sich selbst als „führende Zeitung" bezeichnet) lieferten eine Vor-Ort-Berichterstattung über Helms' Aufenthalt in Mexiko oder über das, was dort geschah. Es ist, als hätten die Medien eine Nachrichtensperre über das verhängt, was Helms und die US-Gesetzgeber in Begleitung ihrer Kollegen südlich der Grenze gesagt und getan haben.

In Wirklichkeit geschah Folgendes: Helms ergriff die beispiellose Initiative und berief in Mexiko ein gemeinsames Treffen des Senatsausschusses für Auswärtige Angelegenheiten und seines Gegenübers im mexikanischen Senat ein.

Die Washington Times berichtete am 4. April, dass Helms selbst mit der bevorstehenden Sitzung geprahlt hatte und sagte: „Es wird meines Wissens das erste Mal in der Geschichte sein, dass ein Ausschuss des US-Kongresses auf fremdem Boden eine gemeinsame Sitzung mit einem Ausschuss des Kongresses oder Parlaments eines anderen Landes abhält.

Der liberale Senator Christopher Dodd (D-Conn.), der Mitglied der Bilderberg-Elitegruppe ist und mit Helms im Ausschuss für auswärtige Angelegenheiten saß, begrüßte dessen Initiative: „Es ist eine aufregende Art, das 21. Jahrhundert zu beginnen, zu versuchen, die Hand auszustrecken und engere Beziehungen zu diesen stärkeren aufstrebenden Demokratien aufzubauen.

Während der durchschnittliche, vielleicht naive Beobachter Helms' Aktion als nicht mehr als einen symbolischen Akt der Freundschaft abtun könnte, gab es hinter den Kulissen weitaus mehr zu tun. Ein genauer Blick auf die Fakten (und die Geschichte) rund um Helms' mexikanisches Abenteuer zeichnet ein beunruhigenderes Bild. Die Elitepresse berichtete, Marc Theiessen, Sprecher des Senatsausschusses für auswärtige Angelegenheiten, habe erklärt, Helms' Besuch in Mexiko sei von Helms' früherer Reise zu den Vereinten Nationen inspiriert gewesen.

Wie dem auch sei, Helms' unerwartete Rolle als effektiver Spielmacher der Globalisierung wurde allmählich von den Elitemedien gewürdigt. Ein Sprecher des Council on Foreign Relations (CFR) erkannte in einem Kommentar in der Ausgabe der *New York Times* vom 22. April 2001 öffentlich an, dass Helms sich nunmehr als Schlüsselfigur des Prozesses etabliert habe.

Walter Russell Mead, der als „senior fellow" des CFR beschrieben wird, schrieb einen bemerkenswerten Artikel, in dem er den Lesern der *Times* erklärte, „Warum die Welt für Jesse Helms besser ist".

Indem er Jesse Helms als „Mann, den die amerikanischen Internationalisten gerne hassen" bezeichnete und ironisch feststellte, dass „Jesse Helms zu hassen, in Georgetown, Cambridge und Manhattan immer noch ein Gesellschaftssport ist", gab der CFR-Mann den aufschlussreichen Kommentar ab: „Ein längerer Blick auf die amerikanische Geschichte würde zeigen, dass Jesse Helms ein notwendiger Teil des Prozesses ist: Wenn es ihn nicht gäbe, müsste Amerika ihn erfinden".

Mead zitierte Professor Douglas Brinkley vom Eisenhower Center der Universität von New Orleans, der sagte, dass Helms, wenn er „seine Hardliner respektiert" (d. h. seine populistischen Anhänger im ganzen Land), „bereit ist, zentristische Möglichkeiten zu erkunden". Das macht ihn für den außenpolitischen Prozess so wichtig".

Es ist kein Zufall, dass Helms' neuer Fan Brinkley im Eisenhower Center war, benannt nach dem GOP-Vorsitzenden, der die republikanische Partei von ihren traditionellen nationalistischen Wurzeln abschnitt, nachdem er der globalen Elite als „Blockadekandidat" gedient hatte, um Senator Robert Taft (R-Ohio) daran zu hindern, die GOP-Nominierung für die Präsidentschaftswahl 1952 zu gewinnen.

Der CFR-Analyst räumt zwar ein, dass Helms „für die zig Millionen Amerikaner spricht, die dem außenpolitischen Establishment nicht trauen", fährt aber fort, dass Helms „auch die Tür für einen echten nationalen Konsens über wichtige außenpolitische Ziele öffnet". Mit dem Begriff „Konsens" wollte der CFR-Analyst ausdrücken, dass Helms' neue Position dazu beiträgt, die Unterschiede zwischen einer nationalistischen und einer internationalistischen Außenpolitik zu verwischen, wobei die nationalistische Position dem Internationalismus näher kommt.

So wurden bekannte Nationalisten wie Helms zu Werkzeugen der

Internationalisten, um die populistische Opposition gegen die Globalisierung zu brechen. Mit anderen Worten: Die Patrioten sollten denken: „Wenn Jesse einverstanden ist, muss das gut für Amerika sein". Mead, ein Mitglied der CFR, beschrieb die Rolle, die Helms in diesem Prozess spielte:

> Diese Rolle als Vermittler zwischen einer skeptischen öffentlichen Meinung und einer beharrlichen internationalistischen Elite ist eine der wichtigsten in der amerikanischen Außenpolitik. Diese Rolle spielte Senator [Arthur] Vandenberg [R-Mich.] in den 1940er Jahren.

Mead erwähnte nicht, dass Vandenberg, einst einer der führenden nationalistischen Kritiker des globalistischen Interventionismus von Franklin Roosevelt, in Wirklichkeit Opfer einer Intrige dreier britischer Geheimdienstagenten wurde, die mit der Tatsache, dass Vandenberg ein Frauenheld à la Bill Clinton war, spielten, um ihn zum Umdenken zu bewegen und den Senator aus Michigan dazu zu bringen, den Internationalismus voll und ganz zu unterstützen.

Warum Helms sich von Vandenberg inspirieren ließ, ist vielleicht eines der großen Rätsel unserer Zeit. Helms' drastische Kehrtwende vom Hauptkritiker des israelischen Imperialismus im Senat zum Hauptwasserträger der israelischen Lobby im Senat ist ein Szenario, das ebenfalls Gegenstand von Spekulationen bleibt.

Die harte Wahrheit war, dass, egal wie gut Helms' Rhetorik in einer Vielzahl von Fragen war, in größerem Maßstab der einst zuverlässige Senator von Tarheel zu einem wertvollen Aktivposten im Streben nach einer neuen Weltordnung geworden war.

Helms' politische Kehrtwendungen spiegelten in vielerlei Hinsicht das Verschwinden des traditionellen Republikanismus selbst wider, und am Ende seiner Karriere konnte man sagen, dass der ehemalige Titan des amerikanischen Nationalismus nicht nur von Der innere Feind beeinflusst worden war, sondern dass er tatsächlich zu einem der Feinde des inneren Feindes geworden war.

KAPITEL XXXII

Ein Judasbock von Anfang an: Newt Gingrich: Die Stimme eines korrupten Konservatismus - Der republikanische Favorit aus Der innere Feind

Ein Exklusivbericht auf der Titelseite der Ausgabe von *The Spotlight* vom 28. Januar 1985 enthüllte - zum Entsetzen vieler selbsternannter „Konservativer" -, dass Newt Gingrich, Kongressabgeordneter aus Georgia und damals ein wenig bekannter „Backbencher" im Repräsentantenhaus, der Drahtzieher einer Clique internationalistischer Republikaner war, die sich bemühten, die historische nationalistische Position der GOP bei der Gestaltung der Außenpolitik zu entsorgen.

Leider wurde dieser ehrliche Versuch, Gingrichs internationalistische Neigung bloßzustellen, von vielen Konservativen, die von den Mainstream-Medien getäuscht wurden und der besonderen „Führungs"-Marke des Kongressabgeordneten aus Georgia folgten, mit einer Mischung aus Empörung und Verachtung aufgenommen.

Spotlight enthüllte, dass Gingrich zusammen mit mehreren anderen Republikanern aus dem Repräsentantenhaus (die Abgeordneten Vin Weber [Minn.], Connie Mack [Fla.] und Robert Walker [Pa.]) an einem geheimen Treffen mit Donald Graham, dem Herausgeber der *Washington Post*, und Meg Greenfield, der Chefredakteurin der redaktionellen Seite der *Post*, teilgenommen hatte.

Gingrich und seine GOP-Gesetzeskollegen nannten sich die „Conservative Opportunity Society" (COS), während ihre Kritiker sie als „Conservative Opportunists" Society" (Gesellschaft der konservativen „Opportunisten") bezeichneten.

Bei diesem Treffen, so berichtet *The Spotlight*, stimmten Gingrich und seine Kollegen tatsächlich zu, an der Umgestaltung des sogenannten „konservativen" Flügels der republikanischen Partei zu arbeiten und ihren Einfluss geltend zu machen, um die GOP ins internationalistische Lager zu wechseln.

Im Gegenzug erklärte sich die Leitung der *Post* bereit, Gingrich und seinen Kollegen eine breite, günstige Werbung auf den Seiten ihrer einflussreichen Tageszeitung in der nationalen Hauptstadt zu gewähren. Bis dahin waren Gingrich und seine Kollegen von den Medien in die „Hinterbänklerrolle" gedrängt worden, manchmal sogar als „Extremisten" und „Unruhestifter" dargestellt worden.

Gingrich und seine Kollegen erklärten der *Post*, sie würden sich für Wirtschaftssanktionen gegen das antikommunistische und pro-amerikanische Regime in Südafrika aussprechen. Dies ist natürlich eine 180-Grad-Wendung gegenüber der traditionellen Position der „Konservativen", die Südafrika unterstützen und Sanktionen ablehnen.

Innerhalb kürzester Zeit forderten sie tatsächlich Sanktionen, was den Kolumnisten Pat Buchanan zu der Aussage veranlasste, Gingrich und Co. seien „Renegaten", die sich schuldig gemacht hätten, „Südafrika in den Rücken zu fallen". Mit dieser neuen Position schlossen sich Gingrich und seine COS-Clique tatsächlich den liberalen Internationalisten im Kongress an, die seit Jahrzehnten einen Krieg gegen Südafrika führen.

Kurz darauf veröffentlichte die *Washington Post* ein lobenswertes Profil von Gingrich. Diese Veröffentlichung ebnete den Weg für viele weitere Artikel dieser Art, die Gingrich fördern und ihn in eine gute Position für seine endgültige Wahl zum „House Minority Whip" (zweite Position in der Hierarchie der GOP) bringen sollten.

Dann, zum Skandal der nationalistischen Republikaner, verfasste Vin Weber, Gingrichs COS-Kollege, einen Gastbeitrag in der *Post* (die nie als Forum für GOP-Konservative zugelassen wurde), in dem er die GOP dazu aufrief, „Amerikas neue internationalistische Partei" zu werden.

Letztendlich wurde die weltweite Exklusivität von *The Spotlight* über das geheime Treffen zwischen Gingrich und der *Post* von der *Post* selbst bestätigt, allerdings erst, nachdem Gingrich eine einflussreiche Position erreicht hatte. Kurz gesagt: Die „Verschwörungstheorie" von *The Spotlight* - wie sie von einigen genannt wurde - erwies sich nicht als „Verschwörungstheorie", sondern als Tatsache.

Wie *The Spotlight* hervorhob, ist Gingrich selbst ein überzeugter Internationalist, der von der selbsternannten Bewegung des „New Age" als solcher anerkannt wird. Eine internationalistische Zeitschrift, *New Options*, lobte Gingrich sogar als einen „global verantwortlichen" Gesetzgeber.

Entsprechend seiner Ausrichtung schloss sich Gingrich 1983 dem Abgeordneten Albert Gore Jr. (D-Tenn.), dem späteren Vizepräsidenten, an und brachte einen Gesetzentwurf ein, der darauf abzielte, „den Präsidenten über 'kritische Trends und alternative Zukünfte' zu beraten". - eine Bemühung, die von einer bekannten Zeitung zur Verteidigung der

„Einen Welt", *Leading Edge*, angekündigt wurde.

All dies sollte jedoch für langjährige Beobachter Gingrichs nicht überraschend sein. 1968, als Ronald Reagan, damals Gouverneur von Kalifornien, und Richard Nixon bei ihren jeweiligen Kandidaturen für die Präsidentschaftsnominierung der GOP um die Unterstützung der „Konservativen" kämpften, entschied sich Gingrich dafür, sich als Regionalkoordinator für den Südosten eines ihrer Gegner, des Gouverneurs von New York Nelson Rockefeller, zu engagieren. Später, vor seiner Wahl in den Kongress, lehrte Gingrich an der von Rockefeller finanzierten Emory University in Atlanta (Georgia), einem Außenposten des Rockefeller-Imperiums.

Die Realität dessen, wofür Gingrich wirklich steht, spiegelt sich in seiner kritischen Rolle bei der Verabschiedung des NAFTA-Abkommens durch den Kongress wider. Gingrich sorgte fast im Alleingang für die Annahme des Nordamerikanischen Freihandelsabkommens (NAFTA), das Souveränität zerstörte und Arbeitsplätze exportierte. Er holte die für die Annahme von NAFTA notwendigen Stimmen der GOP auf sich und verschaffte damit seinem Kollegen vom Rockefeller-finanzierten Council on Foreign Relations, Präsident Bill Clinton, einen Sieg.

Am 3. September 1995 versicherte *die Washington Post* ihren Lesern, dass es Gingrich trotz der zahlreichen öffentlichen Kritik, die einige Liberale an ihm geübt hatten, gut gehe. *Die Post* beeilte sich, den neuen Sprecher des Repräsentantenhauses zu verteidigen und betonte in einer Schlagzeile, dass „für die Ultrarechten Gingrich nur ein Werkzeug der Weltregierungsverschwörung ist". *The Post* erklärte, dass „jeder, der einen Blick auf *The Spotlight* wirft, die wöchentliche Zeitung der Freiheitslobby, einer rechtsextremen Organisation, weiß, dass... Gingrich weit davon entfernt ist, der Anführer ihrer Bewegung zu sein; in ihren Augen arbeitet er aktiv daran, sie zu unterwandern". (Die *Post* hütete sich jedoch zu erwähnen, dass es *The Spotlight* war, der als erster die geheime Absprache zwischen Gingrich und der *Post* aufdeckte.) Laut dem sarkastischen und faktenarmen Kommentar der *Post* sind „Paranoiker davon überzeugt, dass der Georgier mit Präsident Clinton, den Rockefellers, den Freimaurern, dem Council on Foreign Relations und dem gesamten östlichen Establishment unter einer Decke steckt, um die Verfassung außer Kraft zu setzen und eine neue Weltordnung unter der Fuchtel der jüdischen Zentralbanker und der Vereinten Nationen zu schmieden".

Die *Post* kam zu dem Schluss: „Es ist wichtig, dass die nationalen Meinungsmacher die Kluft verstehen, die die meisten Republikaner im Repräsentantenhaus von der wahnsinnigen Rechten trennt. Gingrich und seine Revolution innerhalb der GOP mögen kontrovers und provokativ sein, aber sie sind nicht die Ursache für gewalttätigen Extremismus".

Was Vin Weber, einen engen Freund Gingrichs und republikanischen Kollegen im Repräsentantenhaus, betrifft, so musste dieser eine vielversprechende Karriere im Repräsentantenhaus aufgeben, nachdem er im Scheckskandal des Repräsentantenhauses ertappt worden war.

Obwohl er viel Zeit und Energie darauf verwendete, die Forderungen der pro-israelischen Lobby zu fördern, insbesondere durch seine Bemühungen, die Bemühungen zu stören, den Kongress zu zwingen, eine Untersuchung des unprovozierten israelischen See- und Luftangriffs vom 7. Juni 1967 auf die friedlich im Mittelmeer fahrende *U.S.S. Liberty* durchzuführen, bei dem 34 Amerikaner getötet und 171 weitere verletzt wurden, holten ihn die finanziellen Missetaten von Herrn Weber wieder ein.

Es versteht sich von selbst, dass Weber als Gegenleistung für seine Bemühungen von pro-israelischen Elementen eine umfangreiche Wahlkampffinanzierung erhielt. Nachdem Weber jedoch aus dem Kongress ausgeschieden war, sorgten seine Freunde aus der zionistischen Elite für seine zukünftige finanzielle Sicherheit. Weber wurde in die angesehene Globalistengruppe Council on Foreign Relations berufen und später von Präsident George W. Bush zum Leiter der National Endowment for Democracy (Nationale Stiftung für Demokratie) ernannt, einer Institution, die die „globale Demokratie" fördert, die Teil der neokonservativen Agenda ist.

Gingrich selbst gab seinen Sitz im Kongress inmitten des Aufschreis auf, den die Affäre von Präsident Bill Clinton mit der Praktikantin des Weißen Hauses Monica Lewinsky ausgelöst hatte. Da später bekannt wurde, dass Gingrich hinter dem Rücken seiner zweiten Frau Marianne eine außereheliche Affäre hatte, nahmen viele an, dass Gingrichs Affäre (und die Möglichkeit, dass sie zu einem Politikum in dem erbitterten Kampf um den Versuch, Clinton aus dem Amt zu drängen, werden könnte) der Grund dafür war, dass er seinen Posten aufgab, vielleicht von seinen republikanischen Kollegen davon überzeugt, dass dies die beste Lösung für die Partei sei. Später heiratete er seine Geliebte, die während seiner Affäre mit dem GOP-Führer Sängerin in einem Kirchenchor war.

Außerdem muss betont werden, dass während Herr Gingrich auf dem Capitol Hill damit beschäftigt war, israelische Interessen zu vertreten, seine damalige Frau Marianne bei einer Gruppe angestellt war, die als Israel Export Development Company (IEDCO) bekannt ist und die finanziellen Interessen Israels im Rahmen lukrativer Handelsabkommen mit den USA verteidigte. Tatsächlich scheint Frau Gingrichs lukrative Vereinbarung mit der IEDCO im August 1994 aufgelöst worden zu sein, nachdem sie und ihr Mann auf Kosten des American Israel Public Affairs Committee, einer ausländischen Lobbyorganisation für Israel, nach Israel gereist waren.

Obwohl sie ein monatliches Gehalt von 2.500 US-Dollar plus „Provisionen" bezieht, hat sich Frau Gingrich geweigert, die Höhe dieser „Provisionen" offenzulegen. Und obwohl Frau Gingrich auf Kritik an ihrer vorteilhaften Situation antwortete, dass „wenn ich politische Bestechungsgelder erhalten würde, dann nicht für die Summe, die ich verdiene", ist es eine Tatsache, dass die jährliche Zahl von 30.000 US-Dollar genau die Art von Zahlen ist, die man oft im Zusammenhang mit politischen Bestechungsgeldern sieht. Interessant ist, dass der Vorsitzende der IEDCO, Larry Silverstein, gegenüber dem *Wall Street Journal* zugab, dass Gingrich einer von vielen Kongressabgeordneten war, die unter Druck gesetzt wurden, den Vorschlag seines Unternehmens zu unterstützen.

Obwohl die Verbindungen seiner Frau zu Israel für Newt Gingrich offensichtlich einen eklatanten Interessenkonflikt darstellen, sehen die hochrangigen Freunde des Kongressabgeordneten darin kein Problem, da „unser Verbündeter Israel" involviert ist. Stellen Sie sich den Aufschrei vor, wenn Frau Gingrich für arabische Interessen gearbeitet hätte

Heute macht Gingrich weiterhin Lärm im Namen Israels und es heißt, er bereite sich trotz seiner früheren Skandale auf ein zukünftiges Rennen um die Präsidentschaft vor. Er stellt sich sogar - und die Medien helfen ihm dabei - als Verfechter der „Reform" dar, trotz seiner Korruptionsvergangenheit.

Letztendlich ist Gingrich nicht nur der Sprecher des Inneren Feindes. Er stellt einen inneren Feind an sich dar.

Er ist ein klassisches Beispiel dafür, wie die Mainstream-Medien einen schamlosen und machthungrigen Politiker geschaffen und gefördert haben, dessen Loyalität - trotz seiner Rhetorik - offensichtlich nicht den Interessen des amerikanischen Volkes gilt, sondern vielmehr den plutokratischen Kräften der zionistischen und globalistischen Elite. Die Amerikaner täten gut daran, Gingrich heute und in Zukunft abzulehnen.

Diese Karikatur aus dem Jahr 1849 mit dem Titel „Der Schwerter zermalmende Geldverleiher" ist ein Seitenhieb auf die Kriegsprofite der Rothschild-Dynastie (und, um den Rothschilds gegenüber fair zu sein, auch anderer jüdischer Bankhäuser), die das Geld (oft an beide Seiten) verliehen, das die gekrönten Häupter Europas mit den nötigen Mitteln versorgte, um scheinbar endlose Kriege gegen rivalisierende Königreiche (die oft von Mitgliedern ihrer eigenen Familie regiert wurden) zu führen. Im Hintergrund flüstert eine rattenähnliche Gestalt (wahrscheinlich ein Rothschild-Agent) einem lächelnden König mit Krone ins Ohr, wahrscheinlich um ihn über die Notwendigkeit der Führung eines zukünftigen Krieges zu „beraten". Das Blutvergießen ausnutzend, bauten die Rothschilds das gigantischste Vermögen der Welt auf, das wiederum andere große zionistische Familienvermögen speiste. Diese verbündeten plutokratischen Eliten - die immer von einem Krieg profitieren - nutzen alle ihnen zur Verfügung stehenden Mittel, um diejenigen zu vernichten, die sich ihnen widersetzen, und diejenigen zu fördern, die ihnen gehorchen.

Eine jüngere Geschichte entfaltet sich...

Einleitung zu Teil VI

EXPLOSIVE EREIGNISSE...

Auf den vorangegangenen Seiten haben wir eine umfangreiche Geschichte von unschönen Intrigen erkundet, die sich über viele Orte erstrecken. Das Mindeste, was man sagen kann, ist, dass wir ein großes Gebiet abgedeckt haben.

In den folgenden Kapiteln gehen wir jedoch ins Detail und beschreiben die Aktivitäten der Böcke Judas und des Inneren Feindes, die eng mit einigen der verheerendsten Ereignisse - nach jeder Definition wahre Holocausts - verbunden waren, die jemals auf amerikanischem Boden stattgefunden haben.

Vom ersten Anschlag auf das World Trade Center über die seltsame Tragödie von Waco bis hin zum schrecklichen Bombenanschlag in Oklahoma City werden wir genau sehen, wie weitreichend (und doch immer noch verborgen) die Rolle der Böcke Judas selbst bei einigen der am meisten publizierten Ereignisse unserer Zeit war.

KAPITEL XXXIII

Die Verbindung zwischen dem FBI, der ADL und dem Mossad während des ersten Anschlags auf das World Trade Center: Die unbekannte (und erschreckende) Geschichte

Es ist wahrscheinlich kein Zufall, dass ein ehemaliger FBI-Beamter, der dazu beigetragen hat, die Verbindungen zwischen dem Mossad und dem ersten Bombenanschlag auf das World Trade Center im Jahr 1993 - sowie das Vorwissen des FBI über die Planung des Verbrechens - zu verschleiern, anschließend für kurze Zeit zum Leiter der berüchtigten Abteilung für „Tatsachenermittlung" (Spionage) der Anti-Defamation League (ADL) der B'nai B'rith ernannt wurde.

Neil Herman, seit 27 Jahren FBI-Veteran, trat die Nachfolge von Gail Gans an, die nach dem Tod von Irwin Suall, dem langjährigen Meisterspion der ADL, auf diesen Posten berufen wurde. Als ehemaliger Leiter der Joint Terrorist Task Force des FBI spielte Herman nicht nur eine Schlüsselrolle bei der „Untersuchung" des World Trade Centers, sondern beaufsichtigte auch die ebenso verdächtige FBI-Untersuchung des Absturzes des TWA-Flugs 800 vor Long Island am 16. Juli 1997.

Die Tatsache, dass ein erfahrener FBI-Beamter eine Schlüsselposition in der ADL innehat, ist ein beunruhigendes Zeichen dafür, dass die langjährigen geheimen Beziehungen zwischen dem FBI und der ADL, die in den Jahren vor dem Zweiten Weltkrieg geknüpft wurden, nun mit Nachdruck „öffentlich gemacht" werden.

Als Chefspion der ADL war Herman in der Lage, der ADL weitaus umfangreichere Kontakte zum FBI und zur Geheimdienstgemeinschaft zu verschaffen als je zuvor, doch seltsamerweise blieb er nicht lange in dieser Position.

Tatsächlich schien Herman kurz nach der Bekanntgabe seiner Ernennung in der New Yorker Presse von den Radarschirmen verschwunden zu sein, und auch heute noch findet man im Internet nur sehr wenige Informationen über ihn. Sein Nachfolger als Leiter der Spionageoperationen wurde Mark Pitcavage.

Man kann natürlich darüber spekulieren, warum er den Bereich der ADL so schnell verlassen hat - wenn er es denn getan hat -, aber Tatsache ist, dass Herman, so positioniert, wie er in der Untersuchung des ersten Anschlags auf das World Trade Center war, eindeutig an der Verschleierung der wenig bekannten und selten kommentierten israelischen Verbindung zum ersten Einsturzversuch der Zwillingstürme, die schließlich am 11. September 2001 fielen, beteiligt war.

Hier sind die Fakten über die Verbindung zwischen dem Mossad und der Tragödie, die erstmals von dem investigativen Journalisten Robert I. enthüllt wurden. Friedman in einem Artikel, der am 3. August 1993 in *The Village Voice* erschien, einer unabhängigen, linksgerichteten New Yorker Wochenzeitung, die es gelegentlich wagte, Israel zu kritisieren.

Friedman berichtete, dass Ahmad Ajaj, ein 27-jähriger Palästinenser aus dem Westjordanland, der auf Bundesebene wegen der Verschwörung zum Bombenanschlag auf das World Trade Center inhaftiert ist, laut Friedmans eigenen israelischen Geheimdienstquellen ein Maulwurf des Mossad gewesen sein könnte.

Ajaj wurde am 1. September 1992 auf dem Kennedy-Flughafen festgenommen, nachdem erfahren hatte, dass er mit einem gefälschten schwedischen Pass und Anleitungen zum Bombenbau auf einem internationalen pakistanischen Flug aus Peschawar eingetroffen war. Er wurde in Polizeigewahrsam genommen und bekannte sich später schuldig, illegal in das Land eingereist zu sein. Ajajs Reisebegleiter war Ramzi Ahmed Yousef, ein Iraker, der laut Polizeiquellen ein „Schlüsselakteur" bei dem Bombenanschlag auf das World Trade Center war.

Obwohl das FBI Ajaj als hochrangigen Intifada-Terroristen mit Verbindungen zur Hamas, der fundamentalistischen islamischen Organisation Palästinas, identifizierte, erklärte *Kol Ha'ir*, eine angesehene hebräischsprachige Wochenzeitung, die in Jerusalem veröffentlicht wird, dass Ajaj nie in Aktivitäten der Intifada oder mit der Hamas oder auch der Palästinensischen Befreiungsorganisation involviert gewesen sei.

Stattdessen war Ajaj laut *Kol Ha'ir* in Wirklichkeit ein kleiner Betrüger, der 1988 verhaftet worden war, weil er von einer Basis in Ostjerusalem aus US-Dollar gefälscht hatte. Ajaj wurde der Fälschungsvorwürfe für schuldig befunden und zu zweieinhalb Jahren Gefängnis verurteilt.

Friedman schreibt in *The Village Voice:* „Es war während seines Gefängnisaufenthalts, dass der Mossad, die israelische CIA, ihn offenbar rekrutierte, behaupten Quellen aus dem israelischen Geheimdienst. Als er nach einer Haftstrafe von nur einem Jahr freigelassen wurde, hatte er offenbar eine radikale Veränderung durchgemacht". Friedman berichtet, dass Ajaj plötzlich zu einem glühenden Muslim und einem harten

Nationalisten geworden sei. Dann wurde Ajaj wegen Waffenschmuggels im Westjordanland verhaftet, angeblich für El Fatah, eine Fraktion der PLO.

Friedman behauptet jedoch, dass es sich in Wirklichkeit um eine Täuschung gehandelt habe. Friedmans Quellen im israelischen Geheimdienst behaupten, dass Ajajs Verhaftung und anschließende Abschiebung „vom Mossad inszeniert wurde, um seine Referenzen als Intifada-Aktivist zu etablieren".

Der Mossad soll Ajaj „beauftragt" haben, radikale palästinensische Gruppen, die außerhalb Israels operieren, zu infiltrieren und nach Tel Aviv zu berichten. Der israelische Geheimdienst behauptet, dass es nicht ungewöhnlich ist, dass der Mossad aus den Reihen gewöhnlicher Krimineller rekrutiert".

Nach seiner „Ausweisung" aus Israel tauchte Ajaj in Pakistan auf, wo er sich mit den antisowjetischen Mujihideen-Rebellen in Afghanistan zusammentat.

Tatsächlich waren die Finanzierungs- und Versorgungslinien der Mudschaheddin laut *Covert Action Information Bulletin* (September 1987) nicht nur „die zweitgrößte Geheimoperation" in der Geschichte der CIA, sondern standen laut dem ehemaligen Mossad-Agenten Victor Ostrovsky (der in *The Other Side of Deception* schreibt) auch unter der direkten Aufsicht des Mossad.

Ostrovsky: „Es handelte sich um eine komplexe Kette, da ein Großteil der Waffen der Mudschaheddin aus amerikanischer Produktion stammte und direkt von Israel an die Muslimbruderschaft geliefert wurden, wobei die Beduinennomaden, die durch die entmilitarisierten Zonen des Sinai zogen, als Träger dienten."

Nach Ajajs Abenteuern mit den Mudschaheddin tauchte er in New York auf und gab vor, sich mit den Mitgliedern einer kleinen, sogenannten „radikalen" Clique um Scheich Abdel-Rahman angefreundet zu haben, der als Drahtzieher des Bombenanschlags auf das World Trade Center angeklagt war.

Am 26. Februar 1993, dem Tag des Bombenanschlags auf das World Trade Center, befand sich Ajaj „sicher" in einem Bundesgefängnis, wo er eine sechsmonatige Haftstrafe verbüßte, weil er mit einem gefälschten Pass ins Land gekommen war. Später wurde er wegen Verschwörung zum Anschlag auf das WTC angeklagt.

Robert Friedman meint: „Wenn Ajaj vom Mossad [Hervorhebung durch Freidman] angeworben *wurde*, ist nicht bekannt, ob er nach seiner Ausweisung weiterhin für den israelischen Spionagedienst arbeitete. Eine

Möglichkeit ist natürlich, dass er, als er Israel verließ und radikale Muslime traf, die dem blinden ägyptischen Scheich nahestanden, seine Loyalität änderte".

Friedman berichtete jedoch auch von einer anderen erschreckenden Möglichkeit: „Ein anderes Szenario ist, dass er Vorwissen über den Bombenanschlag auf das World Trade Center hatte, das er mit dem Mossad teilte, und dass der Mossad aus irgendeinem Grund das Geheimnis für sich behielt. Wenn dies der Fall ist, gehen die US-Geheimdienste davon aus, dass der Mossad möglicherweise beschlossen hat, die Informationen geheim zu halten, um seinen Undercover-Agenten nicht zu kompromittieren".

Friedman ging mit diesen Enthüllungen, die von der traditionellen Presse ignoriert wurden, neue Wege.

Was Friedman nicht erwähnte - und was erst später ans Licht kam - war, dass das Exemplar des berüchtigten „Al-Qaida Terrorist Training Manual", das nach dem zweiten Anschlag auf das World Trade Center am 11. September 2001 in aller Munde war, entdeckt worden war... im Besitz von Ahmad Ajaj, dem verdeckten Informanten des Mossad im Zusammenhang mit dem ersten Anschlag auf das WTC. Dieser Punkt sagt viel aus, viel mehr, als wir auf diesen Seiten behandeln können.

Die Geschichte des ersten Anschlags auf das WTC geht jedoch noch weiter: Es stellt sich auch heraus, dass das FBI selbst einen eigenen Informanten hatte, der in die „arabische Bombenverschwörung" eingeschleust wurde, und dass es nichts - ich betone nichts - unternahm, um die Tragödie zu verhindern.

Die Fakten deuten darauf hin, dass das FBI über einen Informanten in der sogenannten „arabischen Terrorzelle" verfügte, der den israelischen Mossad bei dem Bombenanschlag auf das World Trade Center hätte vertreten können. Zwar erfuhren die Amerikaner, dass ein blinder arabischer Scheich, Omar Abdel-Rahman, der Drahtzieher des Anschlags war, doch was sie nicht wussten, war, dass einer der Sicherheitsleute des Scheichs, Emad A. Salem, ein Informant des FBI war, der das FBI im Vorfeld über die Einzelheiten des geplanten Bombenanschlags informiert hatte.

Das FBI brach seine Kontakte zu Salem sieben Monate vor dem Attentat offiziell ab. Am Tag nach der Tragödie nahm das FBI seine Beziehungen zu Salem jedoch wieder auf. Zu dieser Zeit begann Salem jedoch ohne Wissen des FBI, den Austausch mit seinem leitenden Offizier aufzuzeichnen.

Salems aufgezeichnete Gespräche bestätigten, dass das FBI tatsächlich über umfassende Vorkenntnisse des geplanten Bombenanschlags auf das World Trade Center verfügte. Aus den Aufzeichnungen geht hervor, dass Salem dem FBI gesagt hatte, dass er den Anschlag sabotieren würde, indem er die explosiven Bestandteile der Bombe durch ein inertes Pulver ersetzen würde, woraufhin das FBI eingreifen und die an dem Anschlag beteiligten Personen festnehmen könnte.

In seinem Buch *The Medusa File* beschrieb der Ermittler Craig Roberts, ein 26-jähriger erfahrener Polizeibeamter und Veteran der US-Marine in Vietnam, die Parameter dieses skandalösen Skandals, der von den Mainstream-Medien effektiv begraben wurde. Laut Roberts

> Es scheint, dass das FBI mehr als nur einen „Informanten" in Rahmans Terrorzelle hatte. Tatsächlich handelte es sich um einen ägyptischen Geheimdienstmitarbeiter namens Emad Salem, der direkt an seinen FBI-Kontrollbeamten, den Spezialagenten John Anticev, berichtete. Es stellte sich heraus, dass Salem lange vor dem Anschlag angeheuert worden war, um Rahmans Gruppe zu infiltrieren, und dass er regelmäßig über die Aktivitäten der Radikalen berichtete, insbesondere über ihre Pläne für Bombenanschläge im Großraum New York.
>
> Was das FBI nicht wusste, war, dass Salem seine Gespräche mit seinen Kontrollbeamten aufzeichnete. Die Aufzeichnungen erzählen eine Geschichte, die sich von den offiziellen Versionen der „Ermittlungen" deutlich unterscheidet. *Laut der New York Times*, der es gelungen war, geheime Abschriften einiger dieser Gespräche zu erhalten, wusste das FBI im Voraus, wann die Bombe gelegt werden sollte, wer sie legen würde, die Namen aller Mitglieder der Terrorzelle und wo der Lastwagen gemietet worden war. Schlimmer noch: Eine Aufzeichnung geht noch weiter. Es scheint, dass das FBI nicht nur von der Planung wusste, sondern den Bombenlegern auch bei der Beschaffung und Herstellung der Bombe geholfen hat
>
> Der ursprüngliche Plan des FBI sah vor, dass der Informant eine nicht explosive Substanz mit der Kennzeichnung „Ammoniumnitrat" liefern und diese dann zur Herstellung einer „Bombe" verwenden sollte, die nicht explodieren würde. Alles, was das FBI dem Gericht nachweisen musste, waren die Elemente der Verschwörung und des Vorsatzes. Es würde sich um eine klassische Undercover-Operation handeln und das FBI würde in den Medien als Held erscheinen,, wodurch es sein seit dem Ruby Ridge-Debakel in Idaho angeschlagenes Image aufpolieren könnte.
>
> Anstatt die Verschwörer zu verhaften, als es Insiderinformationen über die Vorbereitung des Bombenanschlags erhielt, behielt das FBI

seine Quelle bei und beobachtete weiterhin die Fortschritte der Terroristen bei der Planung und Vorbereitung ihres Ziels. Den Transkripten zufolge wurde der Plan geändert und der Informant damit beauftragt, die Terroristen mit echtem Sprengstoff zu versorgen. Die zugrunde liegende Überlegung war vielleicht einfach, dass der Nachweis einer „Absicht" möglicherweise nicht ausreicht, um einen Fall von Terrorismus vor Gericht zu begründen, und dass sich der Fall von selbst erledigen würde, wenn echter Sprengstoff gefunden würde. Was auch immer der Grund dafür war, der Plan ging in die zweite Phase über: den Bau der Bombe.

Den Berichten und Abschriften zufolge hatte Salem die Anweisung, nicht nur die Materialien zu beschaffen, sondern auch Anweisungen zu erteilen und bei der Herstellung der Bombe selbst zu helfen... In [einer] Abschrift gab [Salem] [gegenüber seinen FBI-Agenten] zu, dass er öffentliche Gelder verwendet hatte, um das Material zu beschaffen und die Bombe für die Rahman-Gruppe zu bauen, wie er angewiesen worden war.

Diese interessanten Details über die erste Tragödie des World Trade Center zeichnen ein ganz anderes Bild von den Geschehnissen als das, was uns das FBI und ihre Verbündeten in der ADL erzählt haben. Es handelt sich um ein weiteres unrühmliches Profil der Art und Weise, wie der Innere Feind auf amerikanischem Boden operiert hat, und wirft ganz offensichtlich die Frage auf:

„Wenn die Israelis 1993 für den ersten Anschlag auf das World Trade Center verantwortlich waren - wobei sie Araber als „falsche Flaggen" benutzten - sind sie dann 2001 zurückgekommen, um den Job zu beenden

Wetten Sie nicht dagegen.

KAPITEL XXXIV

Die Verbindung zwischen dem FBI und der ADL, die den Holocaust in Waco verursachte

Am 16. April 1993, nur drei Tage vor dem Holocaust in der Davidianerkirche in Waco, Texas, enthüllte ein führender Unterstützer der Anti-Defamation League (ADL) der B'nai B'rith öffentlich die Rolle der ADL bei der Anstiftung zur FBI/BATF-Aktion in Waco, natürlich ohne zu wissen, dass die von der ADL verursachte Tragödie erst noch bevorstand.

In einem unterzeichneten Artikel, der in der *Heritage-Ausgabe* vom 16. April 1993 erschien, lobte Herb Brin, der Herausgeber der in Südkalifornien ansässigen (und sehr einflussreichen) jüdischen Wochenzeitung, das Geheimdienstnetzwerk der ADL und erklärte kategorisch: „Die ADL hat kein Geheimdienstnetzwerk:

> Die Behörden in den USA und in Texas verfügen über genaue Unterlagen (natürlich von der ADL) über die Sekte der Davidianer in Waco und darüber, wie sie in der Vergangenheit funktioniert hat.

Mit anderen Worten: Es war die ADL, die das FBI und das BATF „beriet", wie sie auf die Davidianer reagieren sollten und was sie tun sollten, um die Kirchenmitglieder aus dem Gelände zu entfernen.

Und angesichts der Beziehungen zwischen dem FBI, dem BATF und der ADL ist es offensichtlich, dass es die „Dokumentation" der ADL war - um mit Brins Worten zu sprechen -, die zum Holocaust geführt hat.

Brins erstaunliche Enthüllung (die vorgeblich dazu gedacht war, die Aktivitäten der ADL zu loben) brachte die Wahrheit über die Propaganda und Desinformation ans Licht, die sich gegen die unglückliche und belagerte religiöse Sekte der Davidianer richtete. Natürlich wurden die Davidianer drei Tage später massakriert.

Trotz allem, was über Waco geschrieben wurde, war die einzige Veröffentlichung, die die Rolle der ADL enthüllte (außer Brins *Heritage Journal*), *The Spotlight*, in einem Sonderbericht, der am 17. Mai 1993, kurz nach dem Holocaust in Waco, veröffentlicht wurde.

Obwohl das FBI und das BATF bei dem gescheiterten Überfall auf die Kirche von Branch Davidian in Waco, Texas, eine führende Rolle spielten und dabei mehrere BATF-Agenten verloren, ist es eine Tatsache, dass die ADL hinter den Kulissen aktiv war.

Selbst Dokumente, die später in der sogenannten „Mainstream"-Presse veröffentlicht wurden, liefern weitere Beweise für die Existenz „externer" Agenturen wie der ADL, die die Regierung dazu drängten, den Holocaust in Waco zu begehen.

Mir fallen zwei bemerkenswerte Beispiele ein, die es wert sind, in die offizielle Akte aufgenommen zu werden,

Zunächst einmal veröffentlichte die *Washington Times* am 1. Mai 1995 einen Artikel von Dan Freedman von den Hearst Journals, der enthüllte

> Peter Smerick, leitender Kriminalanalytiker des FBI und Profiler von David Koresh, brach sein Schweigen und beschuldigte die Beamten des Büros, ihn unter Druck gesetzt zu haben, seinen Rat, wie die Situation unblutig zu lösen sei, zu ändern... [Er hatte in vier Memos, die er zwischen dem 3. und 8. März 1993 von Waco aus für hochrangige FBI-Beamte verfasst hatte, zu einer vorsichtigen und konfliktfreien Herangehensweise an Koresh geraten. Laut Smerick wurde er jedoch von oben unter Druck gesetzt, als er am 9. März ein fünftes Memo verfasste. Infolgedessen enthielt dieses Memo subtile Änderungen in Tonfall und Akzent, die einer Billigung eines aggressiveren Vorgehens gegen die Branch Davidians gleichkamen.

Obwohl Smerick zunächst zögerte, mit dem anklagenden Finger auf seine ehemaligen Vorgesetzten beim FBI zu zeigen, änderte er seine Meinung laut dem Bericht, „nachdem er zu der Überzeugung gelangt war, dass der traditionell unabhängige Prozess der Kriminalitätsanalyse des FBI in Waco kompromittiert worden war".

Wie die Beweise zeigen, war es die ADL, die ihren Einfluss auf höchster Ebene des FBI geltend machte, die die Veröffentlichung einer fehlerhaften und voreingenommenen Analyse veranlasste, die zur Tragödie von Waco führte.

Doch erst am 2. Juli 1995 enthüllte ein im Meinungsteil der *Washington Post* vergrabener Artikel - zumindest indirekt teilweise - die Einzelheiten der Beteiligung externer Gruppen, von denen vor allem eine enge und langjährige Verbindungen zur ADL hatte.

Der Autor des fraglichen Artikels war J. Gordon Melton, Direktor des Instituts für das Studium der amerikanischen Religion in Santa Barbara, Kalifornien, und Autor der maßgeblichen *Enzyklopädie der amerikanischen Religionen*. Sein Co-Autor war Lawrence Criner, ein Journalist.

Unter der Überschrift „Was wir aus den Anhörungen lernen könnten" stand ein provokanter Untertitel, der die Frage stellte: „Haben die Bundesbehörden auf die falschen 'Experten' gehört?". - eine Frage, die nach Ansicht von Melton und Criner bei den damals viel diskutierten Anhörungen des Kongresses zu Waco angesprochen werden sollte, wenn die Untersuchung vollständig sein sollte. (Tatsächlich wurde dieser Aspekt bei den sehr oberflächlichen Untersuchungen des Waco-Falls, die durchgeführt wurden, praktisch nicht berücksichtigt).

Sie weisen darauf hin, dass einige Kongressabgeordnete die Aufmerksamkeit von der Wahrheit über Waco auf den schwarzen Mann „Miliz" lenken wollten, während andere, hauptsächlich Republikaner, hofften, die Anhörungen zu nutzen, um die demokratische Clinton-Regierung zu blamieren.

Melton und Crinter erklärten: „Es wäre enttäuschend, wenn das Ziel von in den Mühlen der US-Politik untergehen würde, zumal neue Informationen darüber auftauchen, was hinter den Kulissen geschah, bevor das Davidian-Gelände niedergebrannt wurde". Hier ist die große Frage, so die Autoren: „Was war die genaue Begründung für die Belagerung, und wer half dabei, sie durchzusetzen

Die Autoren haben sich eingehend mit dem Konflikt innerhalb des FBI über die genaue Vorgehensweise gegenüber Davidianern befasst und dabei insbesondere die Probleme von Peter Smerick vom FBI (wie oben erwähnt) und die Tatsache, dass die Behörden nicht versucht haben, Koreshs religiöse Theologie und deren Auswirkungen auf die Pattsituation zu verstehen - eine Frage, die die Autoren als einen wichtigen Faktor ansehen, der ausdrücklich ignoriert wurde, angemerkt. Die Autoren fahren fort, indem sie vorschlagen, dass

> Ein weiterer Bereich, den die Anhörungen erforschen müssen, sind die Verbindungen zwischen den Strafverfolgungsbehörden und externen „Experten", die Interessen haben. Im vorliegenden Fall war das FBI zu diesem Zeitpunkt von der Anti-Sekten-Bewegung vorbereitet worden, deren Ideale vom Cult Awareness Network (CAN) und der American Family Foundation verkörpert werden.

> Jahrelang haben diese Organisationen ihre Ansichten über Gedankenkontrolle und -manipulation jedem, der ihnen zuhören wollte, auch innerhalb des FBI, präsentiert. Die Anschuldigung, dass Sekten den kollektiven Selbstmord vorbereiten, ist ein integraler Bestandteil dieser Sichtweise. Während Waco stützte sich das FBI stark auf ein anonym verfasstes „Weißbuch", das diese Ansicht zusammenfasste. Agent Jamar betonte bei den ersten Anhörungen des Kongresses zu Waco dessen „Nützlichkeit" in den

Wochen vor dem Brand.

Eine weitere Person, die im Drama der Davidianer eine Rolle spielte, ist Rick Ross, der im offiziellen Regierungsbericht über Waco als „Sektenexperte" aufgeführt ist und sich selbst als „Deprogrammierer" bezeichnet. Ross erklärte dem FBI, dass er „den Strafverfolgungsbehörden gerne dabei helfen würde, eine Sekte zu zerstören".

Nancy Ammerman, Professorin für Soziologie an der Emory University, behauptet in ihrem Nachtrag zum Regierungsbericht, Ross sei „eng mit dem BATF und dem FBI verbunden" gewesen und habe der ATF „den Namen eines ehemaligen Mitglieds geliefert, von dem er annahm, dass er wichtige strategische Informationen besitzen würde". Ross sagte kürzlich in einer Zeugenaussage aus, dass er „als Verbindungsmann zwischen dem BATF und David Block fungierte", einem Davidianer, der sich gegen die Gruppe wandte, als er 1992 von Ross „deprogrammiert" wurde. Laut dem Bericht des Finanzministeriums waren die Informationen von Block ausschlaggebend für die Entscheidung des BATF, den davidischen Komplex zu stürmen ( ), anstatt einen Haftbefehl nach dem üblichen Verfahren auszustellen. Niemand scheint sich Gedanken darüber gemacht zu haben, ob Block ein objektiver oder zuverlässiger Zeuge war.

Dean Kelley, Berater für Religionsfreiheit beim Nationalen Rat der Kirchen, schrieb, es sei „falsch, darauf zu bestehen, dass der NAC nicht zur Feindseligkeit gegenüber Koresh und seinen Anhängern beigetragen habe, während Ross und andere Gegner der Sekte ihr Bestes taten, um ihre Ansichten zu diesem Thema bei den Bundesbehörden, den Medien und jedem, der ihnen zuhören wollte, zu verbreiten".

Warum neigten die Bundesbehörden im Lichte der vom FBI eingeschlagenen Richtung dazu, „Sektenexperten" mehr zu vertrauen als akkreditierten Behörden für religiöse Studien? Diese Fragen wurden nicht eingehend untersucht. Die Anhörungen des Kongresses, wenn sie nützlich und aufschlussreich sein sollen, müssen sich darauf konzentrieren, sie zu beantworten.

Die Tatsache, dass die Autoren die Rolle des Cult Awareness Network (CAN) und der American Family Foundation (AFF) anerkannt haben, ist politisches Dynamit, das die weniger bekannte Rolle der ADL in Waco ins Rampenlicht hätte katapultieren sollen.

Obwohl die Autoren die ADL nicht namentlich erwähnen - obwohl sie sich ihrer Existenz zweifellos bewusst waren -, ist es eine Tatsache, dass

CAN und AFF seit langem enge Verbindungen zur ADL unterhielten und sogar ihre Büros mit der ADL teilten.

1974 gründete ein langjähriger ADL-Funktionär, Rabbi Maurice Davis, die Citizens Engaged in Reuniting Families (CERF), eine Front von Deprogrammern, die später mit der American Family Foundation und dem Cult Awareness Network fusionierte.

Die ADL richtete daraufhin ein Vollzeit-Anti-Sekten-Zentrum ein, das im Hauptquartier der B'nai B'rith in Washington, D.C. untergebracht wurde. Das Cult Center der B'nai B'rith unterhielt gemeinsame Büros mit dem Cult Awareness Network. Das B'nai B'rith Cult Center unterhielt gemeinsame Büros mit dem Cult Awareness Network.

So baute die ADL eine formelle und dauerhafte Verbindung zum FAF/CAN auf, die bis heute anhält.

Und was an Rabbi Davis noch faszinierender ist - wie wir weiter oben auf diesen Seiten festgestellt haben - sind seine langjährigen Verbindungen zu den berüchtigten MK-ULTRA-Mentalmanipulationsexperimenten der CIA, die in den 1950er Jahren begannen und den Gebrauch von LSD und anderen psychotropen Drogen beinhalteten.

Es ist klar, dass die Morde an unschuldigen Männern, Frauen und Kindern in Waco direkt den Bundespolizeikräften zuzuschreiben sind, die den Angriff durchgeführt haben. *Die Beweise zeigen jedoch, dass die schmutzige Hand der ADL hinter den Kulissen am Werk war.*

KAPITEL XXXV

Judas Böcke bei der Parade: Andreas Strassmeir, Kirk Lyons und eine schäbige Reihe weiterer interner Feinde, die mit dem Anschlag in Oklahoma City in Verbindung stehen

Wenn eines im Zusammenhang mit dem Bombenanschlag in Oklahoma City am 19. April 1995 absolut sicher ist, dann ist es das: Undercover-Informanten - die Judasböcke - umgaben den mutmaßlichen Attentäter Timothy McVeigh und waren offensichtlich über seine geheimsten Aktivitäten informiert.

Der innere Feind - vertreten durch Gruppen wie die Anti-Defamation League (ADL) und das Southern Poverty Law Center (SPLC) - sowie Geheimdienste wie die CIA, das FBI und das BATF waren eng in die Überwachung (und Lenkung) der Aktivitäten der Handvoll Personen eingebunden, die an dem Bombenanschlag in Oklahoma beteiligt waren (aber nicht unbedingt angeklagt wurden).

Und natürlich ist es angesichts der Rolle der ADL in diesem Fall auch richtig zu sagen, dass das wichtigste ausländische Organ der ADL, der israelische Mossad, mit Sicherheit über die Ereignisse, die zu der Tragödie führten, informiert war (und sie wahrscheinlich auch gesteuert hat).

Obwohl nach wie vor eine Vielzahl von Informationen über die Vertuschung der Fakten des Anschlags durch das Justizministerium und das FBI auftauchen, ist eine Tatsache besonders traurig: Selbst diejenigen, die offen genug waren, um einige Aspekte dieser Vertuschung öffentlich zu diskutieren, scheuten sich, so weit zu gehen, die Wahrscheinlichkeit einer Beteiligung des israelischen Mossad anzudeuten. Dennoch gibt es stichhaltige Beweise für die Rolle der verdeckten Informanten in den Umständen rund um die Tragödie.

Am 12. Mai 1997 warf der bekannte Kolumnist Sam Francis (inzwischen verstorben) Fragen über einen gewissen Andreas Strassmeir auf, den er als „vielleicht die größte Anomalie in der ganzen Angelegenheit" des Bombenattentats bezeichnete.

Bisher hatten nur *The Spotlight* und eine Handvoll unabhängiger

Publikationen die Frage gestellt, ob Strassmeir etwas mit den tragischen Ereignissen zu tun gehabt haben könnte.

Am 20. Oktober 1997 erschütterte die *Washington Post* jedoch die ansonsten selbstgefällige Welt derer, die „Verschwörungstheorien" verunglimpfen, indem sie eine Kolumne des gewerkschaftlich organisierten Kommentators Robert Novak veröffentlichte, die nahelegte, dass sich verdeckte Regierungsinformanten - insbesondere Strassmeir - vor dem Bombenanschlag in Oklahoma City im Dunstkreis von Timothy McVeigh bewegt haben könnten.

Novak konzentrierte sich auf das, was er als „ernste und beunruhigende Fragen" bezeichnete, die in einem Buch von Ambrose Evans-Pritchard, einem langjährigen Washingtoner Korrespondenten des Londoner *Daily Telegraph*, aufgeworfen wurden. Das Buch mit dem Titel *The Secret Life of Bill Clinton: The Unreported Stories* beginnt mit 108 Seiten mit Fakten über das von Evans-Pritchard aufgedeckte Attentat in Oklahoma. Novak informierte seine Leser darüber, dass der englische Schriftsteller „kein Verrückter der Verschwörungstheorie" sei, sondern „in Washington für seine Genauigkeit, seine Arbeit und seinen Mut bekannt" sei. Evans-Pritchard habe „Hinweise angeboten, um ein Muster von Lügen und Täuschungen nach Oklahoma City aufzudecken, das, wenn es verifiziert würde, in die Nähe von Vietnam und Watergate rücken würde, wenn es darum geht, das Vertrauen der amerikanischen Bürger in ihre Regierung zu untergraben".

Novak beschrieb unter anderem Evans-Pritchards Ermittlungen über die seltsamen Aktivitäten von Strassmeir, einem ehemaligen Geheimdienstoffizier der deutschen Armee, der sich illegal in den USA aufhielt. Evans-Pritchard war sich „sicher", dass Strassmeir „unter Bundesschutz" stand. Der englische Ermittler untersuchte auch die Aktivitäten einer anderen Person, Dennis Mahon, der vor dem Attentat eng mit Strassmeir verbunden war.

Laut Evans-Pritchard war Mahon davon überzeugt, dass Strassmeir in Wirklichkeit ein verdeckter Bundesinformant war, der dem FBI oder dem Bureau of Alcohol, Tobacco and Firearms (BATF) - oder beiden - von den Aktivitäten der sogenannten Rechtsextremisten berichtete.

Novaks Bericht (basierend auf Evans-Pritchard) ist ein Echo dessen, was *The Spotlight* am 16. Juni 1997 (wie folgt) berichtet hat

> Die Amerikaner, die die großen Sender und die Meldungen der Nachrichtenagenturen über den McVeigh-Prozess verfolgten, erfuhren nichts - oder nur sehr wenig - von der angebotenen Zeugenaussage von Carol Howe, einer bezahlten ehemaligen Informantin des BATF, deren Informationen nicht nur Licht in den

McVeigh-Prozess, sondern auch in andere Fälle, wie den Mord an einer jungen Frau, hätten bringen können:

- Vorherige Kenntnis der Bundesbehörden von einer Verschwörung zur Sprengung des Bundesgebäudes in Oklahoma City; aber auch

- Die Möglichkeit, dass ein verdeckter Bundesagent eine solche Aktivität aktiv fördert...

Am 28. Mai 1997 berichtete auch die *Denver Post* ihren Lesern von Howes Behauptungen und erklärte, seine Aussage hätte „einer der größten Joker im Prozess gegen Timothy McVeigh" sein können.

Miss Howe beschuldigte den deutschen Immigranten Andreas Strassmeir, von der Bombardierung von Bundesgebäuden gesprochen zu haben.

Die Denver Post berichtete außerdem, dass „obwohl das FBI und die Bundesstaatsanwälte wiederholt bestritten haben, dass Strassmeir oder Mahon verdächtigt wurden, an dem Anschlag beteiligt gewesen zu sein, belegen Dokumente, die der Verteidigung übergeben wurden, dass sie es waren und dass Howe zwei Tage nach dem Anschlag von Bundesagenten ausführlich verhört wurde". Post berichtete außerdem, dass „die Regierung sich geweigert hat, über Howe zu sprechen".

Anschließend entschied der Richter im McVeigh-Prozess, Richard Matsch, in einer Sitzung, die *die Rocky Mountain News* am 28. Mai als „geschlossene Sitzung" bezeichnete, dass Howes Aussage nicht „relevant" sei und nicht zugelassen werde.

Trotz der Bemühungen, Miss Howes Aussage zu blockieren, konzentrierten sich die Ermittler, die alle Beweismittel untersuchten, mehrfach - insbesondere auf die Rolle des rätselhaften Strassmeir.

Die Rolle von Strassmeirs Anwalt und engem Freund Kirk Lyons, der vor einigen Jahren in der „rechten" Szene auftauchte, zieht ebenfalls Aufmerksamkeit auf sich, da es Lyons war, der eine Schlüsselrolle dabei spielte, Strassmeir außer Landes zu bringen und ihn den Händen von McVeighs Verteidigung zu entziehen (Tatsächlich ist bekannt, dass McVeigh kurz vor dem Attentat in Lyons' Büro angerufen hat).

Dies führte zu Spekulationen, dass Lyons in Wirklichkeit als Strassmeirs „Manager" für die Bundesregierung fungierte, die natürlich jeden Beweis für ihr Vorwissen über einen Bombenanschlagsplan von der McVeigh-Jury fernhalten wollte, zumal ihr eigener angesehener Informant möglicherweise die Rolle des Anstifters spielte.

Das neue Buch von Evans-Pritchard enthält auch faszinierende Informationen über die wahrscheinliche Identität des inzwischen berühmten „John Doe No. 2". Der englische Schriftsteller schlägt vor, dass es sich bei John Doe No. 2 tatsächlich um einen Mann aus Pennsylvania namens Michael Brescia handelt, der bei mindestens einer Gelegenheit mit McVeigh und Strassmeir gesehen wurde. Letztendlich ist es jedoch wahrscheinlich, dass viele andere „Unbekannte" beteiligt waren.

Laut Kirk Lyons kam Strassmeir in die USA, weil er sich für die Nachstellung des Bürgerkriegs interessierte. Das klingt ziemlich harmlos. Im Lichte von Strassmeirs Beteiligung an den „Bürgerkriegsnachstellungen" ist jedoch zu beachten, dass laut John Hurley - dem langjährigen Leiter der Confederate Memorial Hall (CMA) in Washington - die CIA die Bürgerkriegsnachstellungen oft als Deckmantel für ihre eigenen Geheimoperationen genutzt hat. Hurley kennt sich mit diesen Themen gut aus, da er sich mit der CIA angelegt hat, als diese mit Strohmännern versuchte, die Kontrolle über die CMA zu erlangen und sie für ihre „geheimen Operationen" zu nutzen. Wie dem auch sei, der britische Schriftsteller Evans-Pritchard kommentierte dies wie folgt

> Es wird angenommen, dass Strassmeir kein CIA-Agent gewesen sein kann, weil er auf amerikanischem Boden operierte. Dies muss jedoch nicht zwangsläufig der Fall sein. Er hätte der Abteilung für Innere Dienste der CIA ( ), die Büros im ganzen Land unterhält, Bericht erstatten können. Nach den üblichen Verfahren wären seine Berichte über sie an die Einsatzleitung der CIA weitergeleitet worden. Alternativ hätte er auch ein FBI-Agent sein können, der unter der Schirmherrschaft der CIA arbeitet. Meine eigene Hypothese ist, dass Strassmeir ein geteilter Vermögenswert war, der an die US-Regierung verliehen wurde, aber letztlich dem deutschen Geheimdienst unterstand.

Evans-Pritchard wies außerdem darauf hin, dass die Bundesstaatsanwälte McVeigh als „einen radikalen Regierungsgegner, der entschlossen ist, Waco zu rächen" darstellten, aber McVeighs Verbindungen zu den Kreisen, in denen Strassmeir operierte, „herunterspielten". Und, so fügt er hinzu, „die amerikanische Presse tat das Gleiche. Die Frage ist, warum. Warum lenkt man die Aufmerksamkeit von der White Supremacist-Bewegung ab

Doch die Dinge sind noch obskurer. Am 8. Juni 2001 veröffentlichte die Londoner *Times* einen aufschlussreichen Artikel über Strassmeir, in dem die Autoren zu dem Schluss kamen, dass Strassmeir wahrscheinlich ein verdeckter Ermittler sei. *Die Times* berichtete wie folgt: „Die Spritze, die McVeigh hinrichten wird, wird auch Strassmeir jeglicher Bedeutung berauben und ihm den Status einer Fußnote verleihen". Mit anderen Worten: Die Spritze wird die einzige Person ausschalten, die auf Strassmeir zeigen kann.

Die Zeitung merkt an, dass Strassmeir Hebräisch - die offizielle Sprache Israels - lesen kann, angeblich aufgrund einer Freundin, die in der israelischen Armee gedient hat, „was nicht gerade die typische Wahl eines Neonazis ist", fügt die *Times* hinzu.

Außerdem betont die *Times*, dass Strassmeir, als er in die USA kam, „leicht Freunde fand - pensionierte Armeeoffiziere, CIA-Veteranen, Geschichtsinteressierte - und Mitglied eines Netzwerks wurde", das, so die *Times*, „in den USA mächtig ist, ein Einflussnetzwerk, das bis ins Pentagon und in Bundesbehörden, in Kirchen und Vorstände, auf Ölplattformen und Baustellen reicht".

Dies ist nicht das Profil eines durchschnittlichen „Neonazi-Extremisten", sondern sicherlich das eines Geheimdienstmitarbeiters.

Zusätzliche Beweise des unabhängigen Ermittlers J. D. Cash legen stark nahe, dass Strassmeir der Undercover-Informant war, der seine Vorgesetzten auf Bundesebene (die wiederum die deutschen Behörden informierten) darüber informierte, dass Gary Lauck, ein in Nebraska ansässiger Herausgeber von sogenannter „Holocaust-Leugner"-Literatur, nach Dänemark reiste.

Während dieser Reise wurde Herr Lauck in Polizeigewahrsam genommen und dann nach Deutschland abgeschoben, wo er unter den deutschen Gesetzen zur „Gedankenkontrolle" wegen seiner Rolle bei der Verbreitung illegaler (in den USA gedruckter) Literatur in Deutschland vor Gericht gestellt, verurteilt und inhaftiert wurde.

Obwohl Timothy McVeighs erster Anwalt Stephen Jones und später seine letzten Anwälte vor seiner Hinrichtung - Rob Nigh, Richard Burr, Nathan Chambers und Christopher Tritico- alle behaupteten, dass Strassmeir eine Schlüsselrolle im Drehbuch des Bombenanschlags von Oklahoma gespielt hatte, hielten die US-Medien diese Informationen geheim.

Als McVeighs Anwälte Berufung einlegten, um seine Hinrichtung zu blockieren, zitierten sie kürzlich veröffentlichte FBI-Dokumente, die nahelegten, dass „es Beweise gab, die von der Regierung vertuscht wurden, dass eine andere Person der Drahtzieher des Bombenanschlags hätte sein können".

Die Anwälte bezeichneten Strassmeir und seinen Freund Dennis Mahon als mögliche Mitverschwörer und beschuldigten das FBI, eine „List zur

Unterdrückung von Beweisen" für ihre Rolle angewandt zu haben. Sie behaupteten, dass die Informationen in den FBI-Dokumenten „darauf hindeuteten, dass einer der anderen Teilnehmer des Bombenanschlags ein Informant der bundesstaatlichen Strafverfolgungsbehörden war".

Tatsächlich tauchten im Laufe der Zeit immer mehr stichhaltige Beweise auf, die Strassmeir ganz klar als verdeckten Informanten bezeichneten.

Der oben erwähnte unabhängige Ermittler J.D. Cash und sein Kollege, der ehemalige Marinesoldat Oberstleutnant Roger Charles, haben Beweise aus einem freigegebenen FBI-Dokument aufgespürt, die belegen, dass *Andreas Strassmeir ein Informant war, der verdeckt (als „Neonazi" getarnt) für Morris Dees und sein Southern Poverty Law Center (SPLC) mit Sitz in Birmingham (Alabama), eine private Geheimdienstoperation, arbeitete.*

Das Dokument, eine vierseitige elektronische Fernschreibnachricht vom 4. Januar 1996, wurde vom damaligen FBI-Direktor Louis Freeh an die FBI-Büros geschickt, die an der Untersuchung des Bombenanschlags in Oklahoma beteiligt waren. Die Existenz dieses Dokuments wurde erstmals von Cash und Charles in der Ausgabe vom 14. Dezember 2003 der Oklahoma-Zeitung *The McCurtain Daily Gazette* enthüllt.

Obwohl das Dokument stark geschwärzt ist, bestätigt es, was *The Spotlight* über Strassmeir und seinen engen Freund und Anwalt Kirk Lyons berichtete. In dem freigegebenen Dokument bezieht sich der FBI-Direktor auf einen SPLC-Informanten, der im „extremistischen" Komplex in Elohim City an der Grenze zwischen Arkansas und Oklahoma tätig war, und bestätigt, dass mit diesem Informanten am 17. April 1995, zwei Tage vor dem Bombenanschlag, ein Telefonanruf getätigt wurde.

Obwohl die Namen des Anrufers und des Angerufenen von den Zensoren des FBI unterdrückt wurden, wurde festgestellt, dass Timothy McVeigh etwa zur gleichen Zeit in Elohim City anrief, um Strassmeir zu kontaktieren, der anscheinend nicht verfügbar war, um den Anruf entgegenzunehmen.

In der FBI-Notiz heißt es außerdem, dass eine Person aus Elohim City „eine lange Beziehung mit einem der beiden [wegen des Bombenanschlags] angeklagten Verschwörer" (McVeigh und Nichols) hatte. Zahlreiche unabhängige Ermittler stellten fest, dass Strassmeir vor dem Bombenanschlag über einen längeren Zeitraum hinweg mehrmals mit McVeigh zusammen gewesen war.

Das FBI, Lyons und andere, einschließlich des SPLC, beharrten darauf, dass dies kein Beweis dafür sei, dass Strassmeir in den Anschlag verwickelt war. Inzwischen ist jedoch aufgrund gesonderter Informationen in Verbindung mit den Enthüllungen aus Freehs Memorandum klar, dass der

Informant des SPLC tatsächlich Strassmeir war.

Cash und Charles kamen zu dem Schluss, dass „die Hinweise auf einen Informanten, der am Tag vor dem Anschlag in Oklahoma City für das SPLC in Elohim City arbeitete, ernsthafte Fragen darüber aufwerfen, was das SPLC über McVeighs Aktivitäten in den letzten Stunden vor der Zündung der Lunte in Oklahoma City wissen könnte - was das SPLC aber nicht öffentlich bekannt gegeben hat".

Die beiden Ermittler berichteten, dass Dees vom SPLC, als er unter Druck gesetzt wurde, zu erklären, was sein Informant in Elohim City tat, folgende Erklärung abgab: „Wenn ich Ihnen sagen würde, was wir dort tun, müsste ich Sie töten": „Wenn ich Ihnen sagen würde, was wir dort tun, müsste ich Sie töten".

Herr Dees behauptete, dass das SPLC McVeigh erst nach seiner Festnahme auf seinen „Radarschirm" gesetzt habe. Diese Behauptung steht jedoch im Widerspruch zu den Beweisen, dass McVeigh ein Jahr vor dem Bombenanschlag von der mit dem SPLC verbündeten Anti-Defamation League (ADL) streng überwacht wurde. Die ADL und der SPLC tauschen regelmäßig Spionagedaten aus, die sie von Informanten erhalten haben.

Obwohl das FBI erklärte, es sei geplant, dass Strassmeir „in naher Zukunft" nach Mexiko fliehen würde, betonten Cash und Charles, dass „keines der Büros, die diese Mitteilung des FBI-Direktors erhalten hatten, sich in Texas befand, wo Strassmeir gerade angekommen war und von wo aus er über die mexikanische Grenze fliehen sollte". Außerdem machte das FBI keine Anstalten, das Büro von Lyon in North Carolina zu besuchen, wo sich Strassmeir offenbar vor seiner Flucht nach Mexiko versteckt hatte.

Die *Gazette* berichtet: „Obwohl Strassmeir zum Zeitpunkt seiner Flucht zur Vernehmung im Zusammenhang mit dem Bombenanschlag in Oklahoma gesucht wurde und sich illegal in den USA aufhielt, waren diese Tatsachen dem Rechtsanwalt Kirk Lyons bekannt [....] der nie beschuldigt wurde, einen Flüchtling beherbergt zu haben, die Justiz behindert zu haben oder von der [Anwaltskammer] für seine gestandene Rolle, einem Mandanten bei der Flucht vor den Bundesbehörden geholfen zu haben, bestraft worden zu sein".

Die gesamte Beweislage, einschließlich des FBI-Memos, deutet darauf hin, dass Strassmeir bereits vor dem Bombenanschlag vom FBI geschützt wurde. Ursprünglich hatte das BATF-Büro in Tulsa (Oklahoma) einen Haftbefehl gegen Strassmeir beantragt, nachdem eine seiner Informantinnen, Carol Howe, berichtet hatte, dass Strassmeir vorhatte, ein US-Bundesgebäude in die Luft zu sprengen. Das war im Februar 1995, zwei Monate vor dem Attentat in Oklahoma.

Laut der *Gazette* forderte Bob Ricks, der für das FBI-Büro in Oklahoma City zuständige Sonderagent, den Staatsanwalt von Tulsa, Steve Lawrence, auf, Strassmeirs Verhaftung und eine geplante Razzia in Elohim City, wo Strassmeir lebte, zu verhindern.

In Vorbereitung auf McVeighs Prozess forderte sein Anwalt Stephen Jones Dokumente des FBI an, die sich auf die Überwachung von Elohim City bezogen. Das FBI behauptete jedoch, dass es über keine Informationen verfüge, die McVeigh mit irgendjemandem in dieser Stadt in Verbindung bringen könnten, was sich heute eindeutig als Lüge herausgestellt hat.

Obwohl Strassmeir also sieben Jahre in den USA verbrachte, auch nach Ablauf seines Visums, was ihn zu einem illegalen Ausländer machte, wurde er nie vom FBI befragt, obwohl er mit Neonazis verkehrte, gegen die ermittelt wurde und von denen mehrere mit einer Reihe von landesweiten Banküberfällen in Verbindung gebracht wurden.

Das FBI musste nie direkt mit Strassmeir sprechen, da seine Informanten als Vermittler fungierten und seine Informationen an die Behörde weiterleiteten. Dies ist eine langjährige Strategie, die das SPLC und die ADL bei der Verarbeitung von Informationen von Informanten und der Weiterleitung dieser Daten an das FBI und ähnliche Strafverfolgungsbehörden anwenden.

Es ist daher nicht überraschend, dass Dees, das SPLC und die ADL sich bemühten, Strassmeirs Rolle bei dem Bombenanschlag zu unterdrücken, und die Anschuldigungen des BATF-Informanten Howe über Strassmeir schnell zurückwiesen.

Die Angriffe auf Howe verwenden die gleiche Sprache wie Strassmeirs Freund Kirk Lyons, der sich von Anfang an Dees und der ADL angeschlossen hat, sowie alle Elitemedien, die versuchen, die Verbindung zwischen Strassmeir und der ADL zu unterdrücken.

Die Tatsache, dass die ADL und Dees es kategorisch ablehnen, die Beteiligung eines angeblichen „Neonazis" am Oklahoma-Szenario zuzugeben, wirft die Frage auf: „Warum?". Die einzige logische Erklärung ist, dass Strassmeir von Anfang an ein „Spitzel" war.

Tatsächlich war es, wie wir heute wissen, das inzwischen verstorbene *Spotlight* - dessen Journalisten später die *American Free Press* gründeten -, das Artikel über das Attentat in Oklahoma City veröffentlichte, von denen Timothy McVeigh privat sagte, sie hätten ihn „sehr nahe berührt".

Die Berichterstattung von *Spotlight* war insofern einzigartig (und offensichtlich auch für McVeigh von Interesse), als sie sich auf das „Gesamtbild" konzentrierte und Beweise dafür übermittelte, dass McVeigh nur ein kleines Rädchen in einer riesigen Verschwörung war, an der zahlreiche Geheimdienste und Informanten beteiligt waren, die mit McVeigh und seinem engsten Kreis zusammenarbeiteten und deren Handlungen manipulierten.

Heute wurde vieles von dem, was *The Spotlight* zum ersten Mal geschrieben hat, endlich zum ersten Mal bestätigt. Obwohl McVeigh öffentlich behauptete, er sei ein „einsamer Bombenleger", sagte er privat, dass *The Spotlight* in die richtige Richtung gehe und sogar seine Bemühungen, eine singuläre Rolle in der Geschichte zu beanspruchen, konterkariert habe.

Zwei Freunde McVeighs, die im Bundesgefängnis von Indiana zum Tode verurteilt wurden, haben ein Buch geschrieben, das die „innere" Geschichte des Bombenanschlags erzählt und sich dabei weitgehend auf das stützt, was McVeigh ihnen erzählt hat, was wirklich passiert ist. *Secrets Worth Dying For* von David Paul Hammer und Jeffrey William Paul, wahrscheinlich, ist der Wahrheit viel näher als jedes andere Buch zu diesem Thema.

Und wie bereits erwähnt: Obwohl McVeigh sich öffentlich zum „einsamen Bombenleger" erklärte - und sogar die Rolle seines Freundes Terry Nichols ablehnte -, erzählte McVeigh seinen Freunden im Gefängnis eine ganz andere Version. So ist das, was *Secrets* berichtet, viel glaubwürdiger als das, was man in den Büchern der „Mainstream"-Medien findet.

Das Buch behauptet, dass McVeigh (noch während er in der Armee war) von einem Vorgesetzten rekrutiert wurde, um in die Rhetorik und den Lebensstil der amerikanischen „Miliz"- und „Patrioten"-Bewegungen einzutauchen, von Waffenmesse zu Waffenmesse zu reisen und von seinen Erkenntnissen zu berichten. Kurz gesagt: McVeigh war ein föderaler „Spitzel".

Doch obwohl McVeigh aus psychologischer Sicht ungewöhnlich war, teilte er offensichtlich die Ansichten derjenigen, die er informierte.

Schließlich erhielt McVeigh den Auftrag, ein Team von „Extremisten" für einen terroristischen Bombenanschlag in den USA zu organisieren, um den Bundesbehörden die Möglichkeit zu geben, politisch Andersdenkende in den USA zu unterdrücken. McVeigh inszenierte tatsächlich einen Bombenanschlagsplan (dessen Einzelheiten er seinen Vorgesetzten meldete), und dieser Plan umfasste mindestens einen weiteren verdeckten Informanten, den inzwischen berüchtigten Andreas Strassmeir.

McVeigh selbst schickte einen Brief an diesen Autor, Michael Collins Piper, aus seiner Zelle im Todestrakt des Bundesgefängnisses Terre Haute in Indiana. Der Umschlag enthielt den Ausdruck eines Artikels über eine Person namens Cary Gagan, die behauptete, Insiderinformationen über den

Bombenanschlag in Oklahoma zu haben. Eigenhändig schrieb McVeigh auf den Ausdruck: „Eine Lüge zu viel tötet einen Betrüger", womit er offensichtlich andeutete, dass Gagan ein Lügner war.

Was diese Notiz von McVeigh jedoch interessant machte, war die Tatsache, dass ich niemals etwas über Gagan geschrieben hatte. Im Gegenteil, meine Schriften für *The Spotlight* hatten sich fast ausschließlich auf die Verbindung zu Strassmeir konzentriert.

Meine unmittelbare Reaktion auf den Erhalt dieser Notiz von McVeigh war, dass ich daraus schloss, dass McVeigh mir indirekt (auf umständlichen und indirekten Wegen) mitteilte, dass *das, was ich geschrieben hatte, richtig war*. Und jetzt habe ich natürlich die Genugtuung, zu wissen, dass ich von Anfang an ins Schwarze getroffen hatte, sehr zum Leidwesen von Andreas Strassmeir, Kirk Lyons und all ihren Verbündeten und Manipulatoren in der dunklen Welt der Geheimaktionen.

Doch trotz alledem birgt die schreckliche „Geschichte hinter der Geschichte" des Bombenanschlags in Oklahoma City noch viele weitere Elemente, die wir auf den folgenden Seiten genauer untersuchen werden.

KAPITEL XXXVI

Timothy McVeigh und die ADL: eine unveröffentlichte Geschichte

Unmittelbar nach dem tragischen Bombenanschlag in Oklahoma City entdeckte die in Washington, D.C., ansässige Zeitung *Spotlight* versehentlich - und auf überraschende Weise - stichhaltige Beweise dafür, dass der mutmaßliche Attentäter Timothy McVeigh in engem und wahrscheinlich ständigem Kontakt mit einem Agenten der Anti-Defamation League (ADL) der B'nai B'rith stand und dass die ADL McVeigh seit einiger Zeit regelmäßig beobachtete.

Wir werden wahrscheinlich nie erfahren, ob es sich bei diesem Informanten um den allgegenwärtigen Andreas Strassmeir, dessen schäbige Vergangenheit wir bereits untersucht haben, oder um jemand anderen handelte. Doch hier sind die Fakten, die beweisen, dass McVeigh und seine Aktivitäten von der ADL genau überwacht wurden.

Am 21. April 1995 berichtete *die Washington Post* in einer Morgenausgabe - zur Überraschung von *The Spotlight* -, dass McVeigh im Herbst 1993 - unter dem Namen „T. Tuttle" - eine Kleinanzeige geschaltet hatte, die ab dem 9. August 1993 vier wöchentliche Ausgaben lang in *The Spotlight* erschienen war.

Laut The *Post* ist die Quelle dieser Information eine Pressemitteilung der ADL. Es versteht sich von selbst, dass *The Spotlight* überrascht war, als es von dieser Geschichte erfuhr. So unternahm das Team von *The Spotlight*, als es von dieser Behauptung erfuhr, erhebliche Anstrengungen, um die Anzeige und die dazugehörigen internen Dokumente ausfindig zu machen.

The Spotlight erfuhr schnell von einer befreundeten Quelle mit hochrangigen Kontakten zu den US-Geheimdiensten, dass der Grund, warum die ADL wusste, dass McVeigh in *The Spotlight* Werbung gemacht hatte, darin bestand, dass die ADL über eine „interne Quelle" in McVeighs Umfeld verfügte.

In der Zwischenzeit, später am Nachmittag, war das Team von *The Spotlight* verblüfft, als die *Post* am späten Vormittag ihre Ausgabe vom 21. April 1995 *veröffentlichte* und beim Nachdruck des recht langen Artikels über McVeigh *nur* den Verweis auf die ADL-Daten über McVeigh entfernte.

(Heute, Jahre später, so die Ermittler, scheint die erste Version dieses *Post-Artikels* bequemerweise aus dem Archiv *der Post* verschwunden zu sein - was sehr ungewöhnlich ist, so die Ermittler).

The Spotlight fand schnell heraus, warum die *Post der* ADL zu Hilfe geeilt war, indem sie das intime Wissen der ADL über McVeigh verschwieg, als sie die Geschichte neu veröffentlichte.

Obwohl McVeigh tatsächlich zugesagt hatte, dieselbe Anzeige in vier aufeinanderfolgenden Ausgaben von *The Spotlight* zu schalten, wurde die Anzeige nicht in der ersten Woche (9. August 1993), wie geplant, veröffentlicht. Sie wurde tatsächlich erst eine Woche später in der Ausgabe vom 16. August 1993 veröffentlicht. Doch als die ADL die *Washington Post* eilig benachrichtigte, gab diese an, dass die Anzeige erstmals in der Ausgabe vom 9. August erschienen war.

Kurz gesagt: Obwohl die ADL (durch McVeigh oder eine McVeigh nahestehende Quelle) wusste, dass McVeigh einen Vertrag zur Schaltung von Anzeigen in *The Spotlight* abgeschlossen hatte und dies in ihrer Akte vermerkt hatte, wusste die ADL nicht, dass ein interner Terminkonflikt bei *The Spotlight* verhindert hatte, dass die Anzeige zu dem ursprünglich geplanten Zeitpunkt erschienen war.

Ironischerweise zog der Chefredakteur von *The Spotlight* die Anzeige (die sich auf eine Flammenwerferpistole bezog) schließlich zurück, weil ihm, wie er sagte, etwas „verdächtig" erschien. Folglich wurde die Anzeige nie so oft geschaltet, wie es die ADL geplant und zum ersten Mal in ihrer Akte über die Überwachung von McVeigh vermerkt hatte

Als die ADL nach dem Anschlag, mehr als ein Jahr später, der *Washington Post* eilig „Informationen" über die „Verbindung" zwischen McVeigh und *The Spotlight* mitteilte, nannte sie daher irrtümlich das erste Datum, das für die Ankündigung vorgesehen war. Die ADL fand jedoch offensichtlich (ebenso wie *The Spotlight*) schnell heraus, dass die Angaben der ADL nicht korrekt waren, und beeilte sich, die *Post zu* bitten, ihren ursprünglichen Artikel neu zu schreiben. Offensichtlich zeugt der Fehler der ADL von ihrer intimen Kenntnis von McVeighs Werbeverträgen.

Ist es angesichts der Tatsache, dass die ADL dafür bekannt ist, ihre Erkenntnisse an Behörden wie das FBI, das BATF, die CIA und den israelischen Geheimdienst Mossad weiterzugeben, unvernünftig zu fragen, ob eine dieser Behörden auch Kenntnis von McVeighs Aktivitäten und Absichten hatte?

Ein letzter Punkt muss im Zusammenhang mit dem Interesse der ADL an Timothy McVeighs Fällen erwähnt werden.

Wenn man bedenkt, dass es widersprüchliche Berichte über die genaue Uhrzeit von Timothy McVeighs Ankunft in Oklahoma City vor dem Bombenanschlag gab - ein Punkt, den die Regierung schnell unterdrückte - gibt dies der Theorie, dass es einen „Tim McVeigh Nr. 2" (d. h. jemanden, der sich als McVeigh ausgibt) im Rahmen einer großen Verschwörung gegeben haben könnte, von der McVeigh möglicherweise nichts wusste, einigen Glauben.

Hier eine mögliche Antwort auf die Frage, wer sich als McVeigh ausgegeben haben könnte: Zehn Tage nach dem Anschlag wurde der 28-jährige israelische „rechte" Terrorist Sharon Svi Toval (auch bekannt als Zvi Sharon) in New York von den US-Behörden festgenommen. Anschließend wurde Toval mit einer Eskorte und unter strengen Sicherheitsvorkehrungen nach Israel abgeschoben.

Das einzige Foto von Toval, das am 3. Mai 1995 in der *New York Daily News* veröffentlicht wurde, zeigt einen jungen Mann, der ohne Bart, Schnurrbart und Kippa von einem Fremden mit Tim McVeigh, dem mutmaßlichen Attentäter von Oklahoma, oder mit der Person auf der berühmten Skizze „John Doe No. 1" verwechselt werden könnte, die die Behörden unmittelbar nach dem Attentat veröffentlichten und die zur Identifizierung McVeighs herangezogen wurde.

Im Lichte der Berichte von 1995, wonach McVeighs Anwälte die Möglichkeit in Betracht zogen, dass „Rechtsterroristen" aus Israel - oder sogar der israelische Geheimdienst Mossad selbst - eine Rolle bei dem Bombenanschlag gespielt haben könnten, ist das Gespenst Toval faszinierend. Wenn man dazu noch das offensichtliche „interne" Wissen der mit dem Mossad verbundenen ADL über McVeighs Aktivitäten berücksichtigt, erscheint der Fall in einem neuen Licht.

Ein weiterer Punkt sollte hervorgehoben werden: Obwohl Timothy McVeigh vor seiner Hinrichtung erklärte, er habe allein gehandelt, als er am 19. April 1995 eine Bombe im Murrah Building ablieferte, gab er nie den Namen der Person in Oklahoma City bekannt, die am 17. April, zwei Tage vor dem Anschlag, an *The Spotlight* etwas schickte, das nur als „Warnung" vor dem bevorstehenden Bombenanschlag beschrieben werden kann.

Die Existenz dieser Warnung verleiht McVeighs Behauptung, dass niemand außer Terry Nichols und ihren Freunden Michael und Lori Fortier von dem geplanten Bombenanschlag gewusst habe, Glaubwürdigkeit. Er wirft auch zwei relevante Fragen auf: 1) War die ADL - die McVeigh offensichtlich überwachte - an der Verbreitung dieser „Warnung" beteiligt oder hatte sie Kenntnis von der Person, die sie verschicken sollte? 2) Warum weigerte sich das FBI, öffentlich dazu Stellung zu nehmen, was es

- wenn überhaupt - unternommen hat, um die Person (oder Personen) zu identifizieren, die diese Warnung an *The Spotlight* geschickt hat

Dies ist die Geschichte, die nur *The Spotlight* und die linksgerichtete New Yorker Zeitung *Village Voice* (in ihrer Ausgabe vom 1. Oktober 1997) und später *American Free Press* zu berichten wagten.

Am 20. April 1995, dem Tag nach dem Bombenanschlag in Oklahoma City, öffnete die Poststelle des *Spotlight* einen Umschlag mit dem Stempel „Oklahoma City".

Der Umschlag war am 17. April, zwei Tage vor dem Attentat, an das *Spotlight* geschickt worden. Die Adresse war handgeschrieben, doch heute wissen wir, dass die Handschrift offensichtlich nicht von McVeigh stammt.

Auf der Innenseite des Umschlags befand sich eine Postkarte mit einer Fotografie aus der Zeit der Großen Depression, die einen Staubsturm über Oklahoma beschreibt. Dieses berühmte Foto trägt den beunruhigenden Titel „Black Sunday" (der übrigens auch der Name eines Hollywood-Films über Terrorismus ist). Die Postkarte trägt außerdem die aufgedruckte Legende „Dust Storm Approaching at 60 mi. per hr.April 14, '35." (Staubsturm nähert sich mit 60 mi. pro Stunde).

Der Postkarte lag eine Fotokopie eines etwa zwölf Jahre alten Artikels aus *The Spotlight* bei, in dem es um die Ermordung von Gordon Kahl, einem Kritiker des IRS und der Federal Reserve, durch die Regierung ging. Weder auf dem Umschlag noch auf dem Inhalt befand sich ein Name oder eine Absenderadresse.

Als das Team von *The Spotlight* die Postkarte sah (nur einen Tag nach dem Anschlag), wussten sie, dass etwas faul war, und schalteten den Anwalt von *The Spotlight*, Mark Lane, ein, der die Originalkarte und den Umschlag sofort an Generalstaatsanwältin Janet Reno und das FBI übergab.

Obwohl diese seltsame Postkarte eindeutig darauf hinweist, dass jemand im Voraus von dem bevorstehenden Bombenanschlag wusste, erklärte das FBI Lane später, dass es die Postkarte „verloren" habe! Glücklicherweise hatte *The Spotlight* eine Kopie davon angefertigt.

Als James Ridgeway, ein bekannter Kolumnist der *Village Voice*, von der Existenz der Postkarte dieses Autors erfuhr, wandte er sich im April 1997 an das FBI, aber alles, was der FBI-Sprecher sagen konnte, war Folgendes:

„Wir haben nichts zu diesem Thema erklärt. (Die falsche Grammatik stammt vom FBI-Sprecher).

Es stellen sich mehrere Fragen: Warum hat das FBI „nichts darüber berichtet"? Wer hat auf den Umschlag geschrieben? Muss man daraus schließen, dass es einfach ein seltsamer Zufall war, dass eine so beunruhigende Postkarte nur zwei Tage vor dem Bombenanschlag aus Oklahoma City abgeschickt wurde

Oder ist es möglich, dass McVeigh selbst nicht wusste, dass die Postkarte an *The Spotlight* geschickt wurde, und dass er nichts damit zu tun hatte - dass ein Dritter die Sendung als Teil einer geheimen Verschwörung inszenierte, um *The Spotlight* in den Bombenanschlag zu verwickeln (was natürlich wahrscheinlich erscheint).

Hätte *The Spotlight* die Postkarte einfach weggeworfen oder sein Anwalt das Dokument nicht dem FBI übergeben, gibt es kaum Zweifel daran, was dann passiert wäre: Das FBI wäre von einer „Quelle" über die Postkarte informiert worden und FBI-Agenten hätten das Büro von *The Spotlight* gestürmt und die Mitarbeiter beschuldigt, „die Justiz zu behindern", indem sie Beweise vernichtet hätten, etc.

Es besteht kein Zweifel daran, dass jemand anderes als Timothy McVeigh den verdächtigen Umschlag *an The Spotlight* adressierte und die darin enthaltenen Dokumente *zwei* Tage vor dem Anschlag *an The Spotlight* schickte. Diese Person wusste von dem bevorstehenden Anschlag und stellte durch das Anhängen des Artikels an *The Spotlight* implizit eine Verbindung zwischen Gordon Kahls Tod (und der Erzählung seiner tragischen Geschichte durch *The Spotlight*) und dem Anschlag her.

Das Geheimnis, das diese Postkarte umgibt, zeigt zweifelsfrei, dass der Bombenanschlag in Oklahoma City viel mehr Elemente enthält, als McVeigh oder das FBI zuzugeben bereit sind. Über die Gründe, die McVeigh dazu bewogen haben, nicht die ganze Geschichte zu erzählen, kann nur spekuliert werden. Auch die Tatsache, dass das FBI sich weigert, über diese Postkarte zu sprechen, nährt nur die anhaltenden Zweifel daran, was in Oklahoma City wirklich passiert ist.

Letztendlich wissen das FBI und seine Verbündeten in der ADL viel mehr über den Anschlag in Oklahoma City, als sie zugeben wollen, und das wahrscheinlich aus einem sehr guten Grund: Die Enthüllung der Wahrheit würde zweifelsfrei zeigen, dass die Böcke Judas - der Innere Feind letztlich für das verantwortlich waren, was an diesem tragischen Tag im Jahr 1995 in Oklahoma City geschah.

KAPITEL XXXVII

Desinformationszentrale: Neokonservative zionistische Propaganda über den Bombenanschlag in Oklahoma City

Im Frühjahr 2004 begannen hochrangige Persönlichkeiten des pro-israelischen neokonservativen Netzwerks, unterstützt von den wichtigsten pro-zionistischen Elementen des Medienmonopols, für ein Buch zu werben, in dem behauptet wurde, dass der irakische Führer Saddam Hussein hinter dem Bombenanschlag in Oklahoma City stecke und dass der angesehene Anführer des islamischen Terrorismus Ramzi Yousef - ein angeblicher Agent des Al-Qaida-Chefs Osama bin Laden - eine Schlüsselfigur in der Sache gewesen sei.

Die Theorie, dass die beiden arabischen Führer Saddam und Bin Laden in eine höchst unwahrscheinliche Allianz verwickelt waren, um das Murrah Building in die Luft zu sprengen und die Schuld auf „ganz weiße" amerikanische Sündenböcke zu schieben, tauchte genau zu dem Zeitpunkt auf, als die Neokonservativen versuchten, das völlige Scheitern des von den USA im Irak geführten Krieges zu erklären. Die Gruppe „Saddam bombardierte Oklahoma City" präsentierte diese Theorie als neue Rechtfertigung für einen Krieg, der, wie die meisten Amerikaner inzwischen wissen, auf einer Reihe von entsetzlichen Lügen beruhte.

Die Förderung des *Dritten Terroristen* durch die Neokonservativen von der ehemaligen Fernsehjournalistin Jayna Davis aus Oklahoma City ist ein nachträgliches Mittel, um die Missetaten und Desinformationen der Neokonservativen und ihrer Verbündeten in Israel zu rechtfertigen, die zum Ausbruch des Krieges beigetragen haben.

Der ehemalige CIA-Direktor James Woolsey und Frank Gaffney (ein langjähriger Kollege des intriganten Neokonservativen Richard Perle, gegen den das FBI wegen Spionage für Israel ermittelt) sind nur zwei der Neokonservativen, die ihre Namen den Werbebemühungen für das neue Buch geliehen haben.

Inzwischen haben auch der *U.S. News & World Report*, der von dem pro-israelischen Hardcore-Ideologen Mort Zuckerman, dem ehemaligen Vorsitzenden der Konferenz der Präsidenten der wichtigsten jüdischen

Organisationen der USA, herausgegeben wird, sowie Fox News (im Besitz des pro-israelischen Milliardärs Rupert Murdoch) in den Chor zur Förderung des Buches eingestimmt.

Das Wall Street Journal seinerseits hat Davis' Behauptung, Saddam sei in den Oklahoma-Fall verwickelt, nicht nur hochgejubelt, sondern sie sogar mit der von der neokonservativen Schriftstellerin Laurie Mylroie ausgeheckten Verschwörungstheorie in Verbindung gebracht, wonach Saddam auch hinter dem ersten Anschlag auf das World Trade Center im Jahr 1993 stecke.

Darüber hinaus bot *Vanity Fair - herausgegeben* vom pro-israelischen Medientitan S. I. Newhouse - ein freundliches Profil des stellvertretenden Verteidigungsministers Paul Wolfowitz und stellte fest, dass ein „langjähriger Freund" von Wolfowitz (wahrscheinlich der oben erwähnte Perle) behauptete, Wolfowitz habe lange geglaubt, Saddam stecke hinter der Tragödie in Oklahoma.

Besonders interessant ist die Vorgeschichte des Hauptsponsors von *The Third Terrorist*: WND Books, ein Unternehmen von Joseph Farah, dem Chefredakteur des internetbasierten World Net Daily ( ). Farah operiert nicht nur seit langem in der Sphäre des Milliardärs Richard Scaife, dessen CIA-bezogene Intrigen Jahrzehnte zurückreichen, sondern Farah wurde 2003 auch von der Zionist Organization of America, einem der stärksten Befürworter des Krieges gegen Saddam, mit dem Titel „Journalist des Jahres" geehrt. Obwohl Farah arabisch-amerikanisch ist, ist er ein glühender Anhänger Israels und kaum eine unparteiische Quelle.

Nun zum Buch: Jayna Davis hat überzeugend dargelegt, dass Timothy McVeigh in den Minuten, Tagen, Wochen und Monaten vor der Katastrophe mit mindestens einem - und wahrscheinlich mehr - irakischen Staatsbürger (mit Sitz in Oklahoma City) reiste. Und - obwohl sie es nie erwähnt - war es das inzwischen verstorbene *Spotlight*, das der Untersuchung von Frau Davis die meiste Aufmerksamkeit widmete, obwohl die „Mainstream"-Nachrichtenquellen ihre Arbeit sorgfältig ignorierten.

Dennoch ist es offensichtlich, dass sich die Dinge geändert haben. Aber für diejenigen, die den Bericht von *The Spotlight* über Davis' Arbeit sorgfältig geprüft haben, ist nichts davon überraschend, denn - wie *The Spotlight* von Anfang an sagte - wiesen die sogenannten Beweise für die „irakische" Beteiligung in Wirklichkeit woanders hin: nämlich auf die Wahrscheinlichkeit, dass innerhalb der USA operierende (und McVeigh manipulierende) Elemente den Boden für einen Terroranschlag bereiteten, der fälschlicherweise Saddam angelastet werden konnte, und zwar mit dem eigentlichen Ziel, einen Krieg gegen den starken Mann im Irak anzuheizen

- einen Krieg, der schließlich im Frühjahr 2003 stattfand.

Obwohl Frau Davis zweifellos davon überzeugt ist, dass der Bombenanschlag mit dem Nahen Osten - mit arabischem oder muslimischem Hintergrund - in Verbindung steht, wirft ihr Buch zahlreiche ernsthafte Probleme auf. Zunächst einmal hat Davis die folgenden wesentlichen Beweismittel völlig außer Acht gelassen:

- Der Augenzeugenbericht der Überlebenden des Anschlags, Jane Graham, die ein oder zwei Tage vor dem Anschlag eine Gruppe mysteriöser Gestalten sah, die im Murrah-Gebäude Sprengstoff anbrachten; diese Männer waren keine Araber, sie waren weiße Amerikaner und mit Sicherheit weder McVeigh noch sein mutmaßlicher Mitverschwörer Terry Nichols

- Die Aussagen zahlreicher Überlebender des Anschlags, darunter u. a. V. Z. Lawton, die darauf bestehen, dass es eine große interne Explosion im Murrah-Gebäude gab, nachdem die „McVeigh-LKW-Bombe" draußen auf der Straße explodiert war

- Seismografische Daten, die auf mehr als eine Explosion zum Zeitpunkt der Katastrophe hindeuten

- Und während zahlreiche damalige Presseberichte - aus den verschiedensten Quellen - darauf hindeuteten, dass nach der Explosion weitere Blindgänger im Murrah-Gebäude gefunden worden waren, erklärte Davis kategorisch, dass sich diese Bombendrohungen „als harmlos erwiesen" hätten.

- Obwohl Frau Davis auf die Heldentaten von Terrence Yeakey, einem Mitglied der Polizei von Oklahoma City ( ) - fast umsonst - hingewiesen hat, hat sie nie erwähnt, dass Yeakeys angeblicher Selbstmord von seinen Freunden und seiner Familie als „Mord" angesehen wird. Sie glauben aufgrund von Yeakeys damaligen Bemerkungen, dass er vor oder nach dem Bombenanschlag etwas beobachtet hat, das ihn zu der Annahme veranlasste, dass die Behörden die Wahrheit über das, was wirklich passiert ist, verheimlichen.

- Insbesondere erwähnte Davis nie die Intrigen des hebräisch sprechenden ehemaligen deutschen militärischen Geheimdienstoffiziers Andreas Strassmeir, der mit ziemlicher Sicherheit ein Undercover-Informant war und höchstwahrscheinlich für die CIA oder das FBI oder eine „private" Agentur wie das Southern Poverty Law Center oder die Anti-Defamation League (ADL) der B'nai B'rith arbeitete, ein anerkannter Aktivposten von Israels Geheimdiensteinheit Mossad.

Obwohl Davis nicht die Absicht hatte, alle Geheimnisse rund um den Anschlag zu erforschen, ist es verwirrend, dass sie einige der wichtigsten

Fragen, die nach dem Anschlag aufgeworfen wurden, ignoriert hat. Sie konzentrierte sich auf die angebliche „irakische Verbindung", aber selbst in dieser Hinsicht lässt sie mehr Fragen unbeantwortet, als sie beantwortet.

Manche behaupten, Davis' Buch betrachte nur einen kleinen Teil eines viel größeren Bildes und ignoriere relevante Details, die in ihrer Gesamtheit in eine ganz andere Richtung weisen.

Davis hat nie angemessen erklärt, warum das FBI - unter Bill Clinton oder George W. Bush - so erpicht darauf war, Beweise für die Beteiligung Saddam Husseins und/oder „islamischer" oder „arabischer" Militanter, die mit Saddam oder in seinem Einflussbereich arbeiteten, an der Tragödie von Oklahoma zu unterdrücken.

Seine beste - wenn auch ziemlich lahme - Erklärung war die Ausrede, dass die demokratische Clinton-Regierung (die zum Zeitpunkt des Anschlags an der Macht war) nicht zugeben wollte, dass sie die „Warnungen" vor einem möglichen Anschlag ignoriert hatte, die von einem mit der Republikanischen Partei verbundenen Agenten im Kapitol, dem israelischstämmigen „Terrorismusexperten" Yosef Bodansky, ausgesprochen worden waren, der zufällig eine von Davis' Hauptquellen war. Davis behauptete, was höchst unwahrscheinlich ist, dass die Demokraten in der Clinton-Regierung geneigt gewesen wären, Bodanskys Warnungen als „zionistische Propaganda" abzulehnen.

In gewisser Hinsicht mag in dieser Aussage sogar ein Körnchen Wahrheit stecken, allerdings auf eine ganz andere Art und Weise als von Davis suggeriert.

Es besteht kein Zweifel daran, dass, wie Davis selbst nachgewiesen hat, israelische Agenten unmittelbar nach dem Anschlag in Oklahoma City landeten und begannen, die Theorie zu propagieren, dass, wie eine von Davis' israelischen Quellen sagte, „die Bombe, die das Murrah-Gebäude zerstörte, von arabischen Terroristen oder von Personen, die von arabischen Terroristen ausgebildet wurden, gebaut worden war".

Was Davis aber nie erforscht (oder erwähnt hat, weil das nicht in seine Theorie passen würde), ist die Möglichkeit, dass die Clinton-Regierung keinen Wunsch hatte, einen Krieg gegen Saddam zu beginnen, und erkannte, dass die israelische Behauptung, Saddam stecke hinter den Bombenangriffen, Teil des langjährigen neokonservativen Wunsches war, den irakischen Herrscher zu stürzen.

In einem Fall betonte Davis, dass ein Mitarbeiter des Senats ihr gesagt habe, dass sie als „das Baby mit der geladenen Pistole" bekannt sei. Die Befürchtung sei gewesen, so Davis, „dass sie nicht wissen, wohin Sie sie als Nächstes richten werden". Obwohl Davis dies offensichtlich nie in

Betracht gezogen hatte, könnte man aus dieser Bemerkung herauslesen, dass Davis' hartnäckige Nachforschungen vielleicht ein wenig zu weit gingen.

Kurz gesagt, wenn Frau Davis anfangen würde, zu tief in der „Irak-Verbindung" zu graben, könnte sie etwas ganz Gegenteiliges entdecken: dass die Irak-Verbindung eine weitere israelische „falsche Flagge" war, die dazu gedacht war, die Verantwortung für eine geheime Operation abzulehnen, die von israelischen Geheimdiensten durchgeführt wurde.

So zeichnet Davis zwar ein recht überzeugendes Bild von der Komplizenschaft eines irakischen Einwanderers, Hussain Al-Hussaini, mit McVeigh beim Oklahoma-Attentat, doch in ihrem Buch wird nicht klar, ob sie glaubt, dass Saddams Erzfeind, der islamische Fundamentalist Osama bin Laden, oder der säkulare arabische Führer des Irak, Saddam (der die islamischen Fundamentalisten aktiv unterdrückte), der ultimative Auftraggeber von Al-Hussaini gewesen sei.

Stattdessen hat Davis eine verstrickte Geschichte gewoben, die Osama und Saddam in einem unwahrscheinlichen Szenario verbindet, das den Schuldigen nie genau benennt - ein ziemlich wichtiges Detail, das denjenigen zu entgehen scheint, die seine These so bereitwillig akzeptieren. Einem erfahrenen Leser wird dies sofort auffallen, aber auch hier sind die meisten Leser nicht so scharfsinnig, was für die Wahrscheinlichkeit spricht, dass viele Davis' Buch - leider - ernst nehmen werden. (An einer Stelle behauptet sie, dass „es sich nach meinen Geheimdienstquellen wirklich um eine ausländische Verschwörung handelt, die von Osama bin Laden angeführt und finanziert wurde", aber dieser kategorische Vorwurf wird durch andere Behauptungen widerlegt, die sie an anderer Stelle über Al-Hussaini aufgestellt hat, der „vielleicht" (sie sagt es) „ein engagiertes Mitglied von Saddam Husseins beliebter Militäreinheit, der Republikanischen Garde" gewesen sei (und somit ein Agent Saddams, nicht Bin Ladens).

Als Davis beginnt, die angebliche Verbindung zwischen dem mysteriösen Ramzi Yousef und dem Oklahoma-Fall zu erforschen, beginnt ihre Theorie erst richtig zu zerfasern. Tatsächlich begibt sie sich auf dünnes Eis, indem sie versucht, einen angeblichen islamischen Fundamentalisten (der sich demonstrativ der Disziplin von Bin Ladens Al-Qaida-Netzwerk unterwirft) mit einem Agenten von Saddam Hussein in Verbindung zu bringen, dem irakischen Herrscher, den Bin Laden selbst zu vernichten versprochen hatte.

Außerdem fragt man sich wirklich, für wen Yousef und sein Onkel Khalid Shaikh Mohammed (der als Chef der Al-Qaida-Operationen gilt) *tatsächlich* gearbeitet haben.

Wie wir zuvor auf diesen Seiten gesehen haben, sind die Beweise, die erstmals von dem amerikanisch-jüdischen Journalisten Robert I. veröffentlicht wurden. Friedman in der New Yorker *Village Voice veröffentlicht wurden*, deuten darauf hin, dass Yousef eng mit einem israelischen Maulwurf innerhalb der Verschwörung hinter dem Angriff auf das World Trade Center (WTC) im Jahr 1993, dem Vorläufer der Tragödie vom 11. September 2001, zusammenarbeitete.

Als Frau Davis beispielsweise behauptete, dass „der Terrorist, der die Lieferung eines mit einer starken Düngemittel- und Heizölbombe gefüllten Ryder-Trucks in das Finanzviertel der USA organisierte, wahrscheinlich einen ähnlich gearteten Bombenanschlag in Oklahoma City inszenierte", deutete sie unwissentlich an, dass der israelische Geheimdienst möglicherweise auch bei dem Anschlag in Oklahoma eine Rolle spielte, wie er es auch bei dem Anschlag auf das WTC 1993 getan hatte.

Aber erwarten Sie nicht, dass Davis oder seine medialen Förderer das sagen.

All dies bedeutet nicht, dass Davis absichtlich falsche Informationen fördert. Es ist jedoch denkbar, dass Davis, getrieben von dem Wunsch, ihre sorgfältig zusammengestellte Geschichte in den Vordergrund zu stellen, manipuliert wurde und die Feinheiten der Intrigenwelt nicht erkannt oder verstanden hat.

Zusammenfassend lässt sich sagen, dass der Bombenanschlag in Oklahoma viel komplexer ist, als die meisten Amerikaner glauben, und diese verborgenen Fakten weisen zweifellos auf die Rolle der Böcke von Juda - des inneren Feindes - hin.

KAPITEL XXXVIII

Was geschah wirklich in Oklahoma City? Ein Drehbuch, das Sinn macht

Es sei vorab angemerkt, dass das, was in diesem kurzen Kapitel folgt, rein spekulativer Natur ist. Es beruht jedoch auf der langfristigen Überprüfung einer Vielzahl von Informationen, die von zahlreichen unabhängigen Ermittlern zum Bombenanschlag in Oklahoma City veröffentlicht und zusammengetragen wurden, ganz zu schweigen von einer Reihe von Fakten und Aussagen, die von offiziellen Ermittlern vorgebracht wurden, durch den Autor.

Es sollte hinzugefügt werden, dass selbst in den Reihen derjenigen, die das OKC-Attentat untersucht haben, die Meinungen darüber, was genau an diesem tragischen Tag geschehen ist, stark auseinandergehen.

Die meisten der verschiedenen Theorien überschneiden sich in einigen Punkten, aber die Wahrheit ist, dass die meisten derjenigen, *die scheinbar konkurrierende* Theorien aufstellen, offenbar durchaus bereit sind, die Grundlagen der anderen Theorien zu verwerfen, indem sie sich über Details auslassen oder absichtlich unbequeme Fakten ignorieren, die darauf hindeuten würden, dass die Verschwörung in Richtungen gegangen ist, die sie lieber ignorieren würden.

An dieser Stelle sei angemerkt, dass viele der angeblich „unabhängigen" Ermittler, die sich dafür entscheiden, unbequeme Fakten zu ignorieren, offenbar Angst davor haben, anzudeuten, dass es vielleicht eine israelische Verbindung zu der Tragödie in Oklahoma City geben könnte. Einige von ihnen weigern sich zum Beispiel anzuerkennen, dass die arabischen Schauspieler, die mit der Verschwörung in Verbindung gebracht wurden, in Wirklichkeit als „False Flags" für den israelischen Geheimdienst Mossad gehandelt haben könnten. (Dieser Aspekt wurde natürlich bereits in einem früheren Kapitel recht ausführlich diskutiert).

Wie sieht es mit den verschiedenen Theorien aus? Gehen wir sie durch und versuchen wir, so einfach wie möglich die Grundzüge jeder einzelnen Theorie herauszuarbeiten...

Einige argumentieren, dass es sich um eine „Operation der US-Regierung" handelte, die bewusst darauf ausgelegt war, das Murrah-Gebäude zu zerstören und die Verantwortung auf „rechte Milizen" abzuwälzen, um polizeistaatliche Maßnahmen zur Verhängung des Kriegsrechts in den USA und damit zur Auflösung unserer konstitutionellen Republik zu ergreifen.

Viele Befürworter dieses Szenarios legen nahe, dass die Befehle „von oben" kamen, d. h. dass Präsident Bill Clinton und seine wichtigsten Berater „mit im Boot" waren und vielleicht als Beauftragte ihrer Lieblingsbösewichte wie den „Illuminaten", dem Rat für Auswärtige Beziehungen oder einem anderen obskuren internationalen Machtblock agierten. Dies ist eine vereinfachte Version, die einige bodenständigere Details außer Acht lässt, die wir in Kürze untersuchen werden.

Während einige behaupten, McVeigh sei nur ein „Sündenbock" gewesen - vielleicht Opfer von Gehirnwäsche und Gedankenkontrolle -, legen andere nahe, dass McVeigh ein bewusster Agent von höherrangigen Verschwörern hinter den Kulissen war, dass er Teil eines geheimen Regierungsteams war, das Terrorakte organisierte.

Andere behaupten, McVeigh sei „echt" gewesen - er habe sich aktiv verschworen, das Bundesgebäude eigenhändig in die Luft zu sprengen (zusammen mit einer Handvoll anderer bekannter und unbekannter Extremisten), und die Regierungsbehörden hätten die Verschwörung voranschreiten lassen, immer mit dem Ziel, die Milizen zu unterdrücken und einen Polizeistaat als Teil eines großen Plans für eine Neue Weltordnung zu errichten.

Andererseits gibt es Stimmen, die behaupten, dass die Regierung von McVeighs Plänen gewusst habe, dass aber eine bundesweite Undercover-Operation (möglicherweise vom BATF durchgeführt), die McVeigh und seine Mitarbeiter verhaften - und enttarnen - sollte, schief gelaufen sei; dass die Bombe explodiert und das Murrah-Gebäude zerstört worden sei und dass die Regierungsbeamten, die die Tragödie nicht verhindern konnten, deshalb gezwungen gewesen seien, die Sache zu verschleiern.

Diese These beruht auf der Annahme, dass das BATF nach dem Waco-Debakel mit der Branch Davidian Church im Rampenlicht stand und zu zeigen versuchte, wie nützlich seine Bemühungen im Kampf gegen „Extremismus" der Art, wie McVeigh für schuldig befunden wurde, waren. Nach dieser Theorie machte das BATF jedoch einen Fehler und der Bombenanschlag fand statt.

Generell wird in dieser These behauptet, dass McVeigh sozusagen „in echt" war, dass aber die Ungeschicklichkeit der Regierung die Tragödie erst ermöglicht hat und dass die Vertuschung durch die Regierung notwendig war, um zu verhindern, dass die Wahrheit über die Inkompetenz der Regierung an die Öffentlichkeit gelangt.

Eine weitere Variante einer oder mehrerer der obigen Versionen von „was geschah" ist, dass McVeigh und seine Mitverschwörer planten, eine Bombe vor dem Murrah-Gebäude zu zünden, dass aber andere Personen - die allgemein als „Regierungsagenten" angesehen werden - ebenfalls Bomben im Gebäude platzierten und dafür sorgten, dass es zu massiven Verlusten an Menschenleben und erheblichen Zerstörungen kam. Diese These beruht auf der vernünftigen Annahme, dass nur Regierungsagenten Zugang zum Murrah-Gebäude (einer Bundeseinrichtung) gehabt hätten, um ein solches Szenario möglich zu machen.

Und dann gibt es natürlich, wie wir gesehen haben, diejenigen, die sagen, dass Osama bin Laden oder Saddam Hussein (oder beide zusammen) letztlich für die Geschehnisse in Oklahoma City verantwortlich sind. Diese These ist natürlich das unwahrscheinlichste Szenario, aber wie wir bereits festgestellt haben, hat sie die meiste Publicity erhalten, abgesehen von dem offiziellen Regierungsszenario, dass McVeigh tatsächlich ein „verrückter Einzeltäter" war (abgesehen von der peripheren Verwicklung seines Freundes Terry Nichols und dem möglichen Vorwissen seiner Freunde Michael und Lori Fortier).

Letztendlich gibt es jedoch eine Handlung, die als Ganzes viele dieser Fäden auf eine Weise verbindet, die Sinn zu ergeben scheint.

Dieses Szenario stellen wir heute vor. Das Szenario des Attentats in Oklahoma City war wie folgt: Timothy McVeigh war ein junger Mann - ein Armeeveteran -, der eine Vorliebe für die Philosophie der „Rechten" und die Milizbewegung hatte. Vielleicht wurde er von einer geheimen Geheimdiensteinheit angeworben, um die Milizen zu infiltrieren und über ihre Aktivitäten zu berichten.

Diese Mission zur Infiltration der Milizen war Teil einer kalkulierten Anstrengung, McVeigh in die Position zu bringen, - in der öffentlichen Wahrnehmung - genau der Typ von Aktivist der „rechten Miliz" zu sein, den er (McVeigh) glaubte, für seine Vorgesetzten (die eine geheime Agenda hatten, die gut vor McVeigh verborgen war) zu überwachen.

McVeigh selbst - wenn er Milizen befürwortet, wie viele aufgrund seiner angeblich eigenen Schriften und Erklärungen annehmen - wurde wahrscheinlich darüber informiert, dass er im Namen hoher Regierungs- oder Militärbeamter handelte, die Milizen befürworteten und sie als mögliche Verbündete in einem ultimativen Kampf gegen die gefürchtete „Neue Weltordnung" betrachteten.

In diesem Teil des Drehbuchs konnte McVeigh daher glauben, dass er nicht als „Spitzel" oder Informant agierte, sondern im Gegenteil versuchte, der Milizbewegung zu helfen, indem er die Verbindung zwischen der Bewegung und ihren vermeintlichen Sympathisanten innerhalb des föderalen Militärapparats oder der Strafverfolgungsbehörden herstellte.

Es ist auch möglich, dass McVeigh im Rahmen seiner Rekrutierung und Ausbildung im Rahmen einer verdeckten Operation - selbst in diesem frühen Stadium - einer Form der Programmierung oder Gedankenkontrolle unterworfen wurde, derer er sich vielleicht nicht bewusst war.

McVeighs ehemaliger Partner in einem Bundesgefängnis, David Paul Hammer, stellte die These auf, dass McVeigh für eine geheime Einheit rekrutiert worden war und dass McVeigh tatsächlich die Philosophie der von ihm überwachten Milizgruppen befürwortete.

Allerdings - und das ist der *springende* Punkt - ist es durchaus möglich, dass die Einheit (oder Entität), die McVeigh rekrutierte, *keine* offiziell von *der* US-Regierung sanktionierte Operation war, sondern stattdessen eine „wilde" Operation unter der Führung eines echten Milizsympathisanten innerhalb der Kreise des US-Militärs und der US-Geheimdienste.

Es gibt noch eine weitere Möglichkeit: Diese Operation (die genügend Ohrmarken hatte, um McVeigh davon zu überzeugen, dass sie von der US-Regierung gesponsert wurde) war vielleicht nicht einmal eine Operation der US-Regierung. Im Gegenteil, es könnte sich um eine völlig irreführende Operation handeln, die vom israelischen Mossad an der amerikanischen Küste inszeniert wurde.

Bei dieser Mossad-Operation hätten lokale US-Agenten eingesetzt werden können, die - wissentlich oder unwissentlich - im Auftrag des israelischen Geheimdienstes arbeiteten. Mit anderen Worten: Selbst McVeighs unmittelbare Vorgesetzte ( ) könnten von den Israelis getäuscht worden sein und dies vielleicht nicht einmal geahnt haben; mit anderen Worten: Echte Milizsympathisanten in US-Militärkreisen könnten vom Mossad kooptiert und somit ihrerseits zur Rekrutierung von McVeigh und anderen Personen benutzt worden sein.

Kurz gesagt: Es handelt sich um eine Intrige, die sich über mehrere Ebenen erstreckt, aber eigentlich recht einfach zu bewerkstelligen ist. Dies ist ein Merkmal der klassischen Verwendung von „falschen Flaggen" und falschen Identitäten durch den Mossad bei der Verfolgung seiner historisch heimtückischen Intrigenspiele.

Mit all dem im Rücken begann Timothy McVeigh, sich in den Kreisen der Miliz zu bewegen und Kontakt zu Personen aufzunehmen, die scheinbar gleichgesinnt waren. Innerhalb kurzer Zeit wurden McVeighs Aktivitäten, wie wir gesehen haben, zumindest teilweise eindeutig von der Anti-Defamation League (ADL) der B'nai B'rith, einem sehr effektiven Zweig des Mossad, überwacht.

Im selben Zeitraum fand McVeigh unter seinen neuen Partnern eine rätselhafte Person namens Andreas Strassmeir, der, wie wir in den vorangegangenen Kapiteln gesehen haben, sowohl hier als auch im Ausland über äußerst bemerkenswerte militärische und geheimdienstliche Beziehungen verfügte, ganz zu schweigen von der Tatsache, dass er Hebräisch, die Staatssprache Israels, sprach. Das ist, wie wir festgestellt haben, keineswegs das Profil des üblichen „neonazistischen" oder „weißen rassistischen" Agitators.

Es ist offensichtlich, dass Strassmeir und sein enger Freund und Anwalt Kirk Lyons sowie Lyons' Partner Dave Holloway, ein ehemaliger CIA-Pilot, viel tiefer in die Sache verstrickt sind, als sie glauben machen wollen.

Wie wir heute wissen, wurden der verdeckte Informant Strassmeir und die Bewohner von Elohim City, dem mittlerweile berühmten Komplex der „christlichen Identität", jedenfalls von mindestens einer Abteilung des BATF überwacht, dem Büro, das die junge Carol Howe als Informantin einsetzte. Miss Howe berichtete ihren Vorgesetzten im BATF von Strassmeirs Äußerungen über den Angriff auf US-Bundesgebäude.

Letztendlich tat die US-Regierung jedoch alles in ihrer Macht Stehende, um Miss Howes Anträge bezüglich Strassmeir abzulehnen, obwohl aus den Akten eindeutig hervorgeht, dass sie ihre Anträge bezüglich Strassmeir lange vor dem Bombenanschlag in Oklahoma City gestellt hatte.

Es scheint also, dass ein Teil des Geheimdienstapparats der US-Regierung (der Teil, der Miss Howe leitete) möglicherweise nicht wusste, dass der andere Teil die Aktivitäten von Strassmeir (und McVeigh) leitete.

Es wäre nicht das erste Mal, dass so etwas passiert. Wie bereits erwähnt, gaben zur gleichen Zeit, als eine Abteilung der CIA Informanten in der Bewegung gegen den Vietnamkrieg einsetzte und finanzierte, andere Abteilungen der CIA und sogar das FBI Millionen von Dollar für den Kampf gegen die Anti-Kriegs-Bewegung aus.

Und all das schließt die Möglichkeit - wagen wir es, die Wahrscheinlichkeit zu sagen - nicht aus, dass Teile der nationalen Regierung, die an der Manipulation von Strassmeir und McVeigh beteiligt waren, auch Hand in Hand (wissentlich oder unwissentlich) mit einem ausländischen Geheimdienstnetzwerk, nämlich dem israelischen, zusammenarbeiteten. Und es versteht sich von selbst, dass Israel die einzige ausländische Regierung war, die auch nur das geringste Interesse daran hatte, die (oft antijüdischen und antizionistischen) „rechten" Kreise in den USA, in denen Strassmeir, Lyons und McVeigh operierten, zu diskreditieren*.

---

* Vor einigen Jahren hatte dieser Autor, Michael Collins Piper, die Gelegenheit, Kirk Lyons direkt zu konfrontieren und ihn zu beschuldigen, eine Judasziege zu sein.

Obwohl ich Lyons aufgrund mehrerer Dinge, die ich im Laufe der Jahre bei ihm beobachtet hatte, lange Zeit verdächtigt hatte, rieten mir meine Kollegen, meinen Verdacht nicht zu verbreiten, da Lyons demonstrativ ein „Freund" meines Arbeitgebers Liberty Lobby war, der populistischen Institution, die *The Spotlight* herausgab.

Schließlich jedoch, als die Details um Lyons' Verbindungen zu Strassmeir ans Licht kamen, erschien Lyons als offener Akteur bei der Zerstörung der populistischen Partei, an deren Gründung Liberty Lobby maßgeblich beteiligt war. Lyons offenbarte seine offene Feindseligkeit gegenüber Liberty Lobby, als er einen Parteifunktionär, Donald Wassall, in einem Rechtsstreit vertrat, der dazu führte, dass ich vor einem Bundesgericht aussagen musste und von Lyons unter Eid verhört wurde. Damals stellte ich Lyons zur Rede, zu dessen scheinbarer Verärgerung.

Als Lyons mich an einer Stelle des Prozesses nach Material aus *The Spotlight* fragte, antwortete ich: „Meine Quelle dafür, Mr. Lyons, ist *Ihr* FBI". Die Betonung lag auf dem Wort „Ihr". Meine Absicht war es, Lyons öffentlich, wenn auch eher subtil, zu suggerieren - wie ich ihn bereits in *The Spotlight* offen beschuldigt hatte -, *dass* Lyons aufgrund seiner Verbindung zu Strassmeir, der (wie wir heute wissen) ein verdeckter Informant war, ein Mitarbeiter des FBI sei.

Obwohl meine Bemerkung sicherlich über die Köpfe der Geschworenen und wahrscheinlich auch der meisten anderen im Gerichtssaal, einschließlich Richter Lancaster selbst, hinwegging, sprang Lyons buchstäblich ein oder zwei Füße zurück und rief „Einspruch". Seine Augen waren flammend.

In diesem Moment wurde mir klar, dass ich genau *ins* Schwarze getroffen hatte und dass Lyons völlig fassungslos, entsetzt und wütend darüber war, dass ich es gewagt hatte, ihn direkt ins Gesicht zu beschuldigen, was wahrscheinlich zum ersten Mal geschehen war.

Der Anwalt der Gegenseite schaltete sich ein, wandte sich an den Richter und sagte mehr oder weniger: „Euer Ehren, es ist nichts Falsches an dem, was Herr Piper gesagt hat. Es ist das FBI von Herrn Lyons. Es *ist Ihr* FBI. Es ist das FBI von *jedem*. Wir sehen keinen Grund, warum Herr Lyons etwas dagegen haben sollte".

Lyons stammelt wieder wütend vor sich hin und Richter Lancaster ohrfeigt ihn mit den Worten: „Herr Lyons, treten Sie zurück". Lyons führt den Befehl gehorsam aus. Dann befiehlt Richter Lancaster Lyons, „ein Glas Wasser zu trinken". Gewissenhaft, fast ehrfürchtig, trank Lyons ein Glas Wasser. Daraufhin deutete der Richter Lyons an, dass er fortfahren könne.

Nachdem ich Lyons' Antwort - aus nächster Nähe und persönlich - gesehen hatte, bestand für mich kein Zweifel mehr daran, dass Lyons tatsächlich eine Judasziege war. Obwohl er sich als „nationalistischer Anwalt" vorstellte, waren er und sein Partner Dave Holloway, ein ehemaliger CIA-Pilot, (und ihr Freund Andreas Strassmeir) in die Welt der Intrigen eingetaucht und betrogen das Vertrauen so vieler guter Nationalisten, die an sie glaubten.

Inzwischen müssen wir natürlich zu dieser ohnehin schon komplexen Mischung die Beweise hinzufügen, die darauf hindeuten, dass auch im Ausland geborene Araber - mindestens einer, vielleicht auch mehr - in den Wochen vor dem Bombenanschlag mit McVeigh verwickelt waren. Und wie wir in einem früheren Kapitel ausführlich besprochen haben, deutet diese „arabische Verbindung" auf die Wahrscheinlichkeit einer Beteiligung des israelischen Mossad hin.

Natürlich werden viele unabhängige Ermittler des Bombenanschlags in Oklahoma City aus offensichtlichen Gründen davor zurückschrecken, die Möglichkeit (oder sogar die Wahrscheinlichkeit) einer Verbindung zu Israel zu erwähnen, trotz all der Beweise, die ihnen in die Augen springen. Die Wahrheit ist jedoch, dass sie sich mit ihren „alternativen" Theorien darüber, „was in Oklahoma City wirklich passiert ist", bereits in eine Position gebracht haben, in der sie von der Anti-Defamation League, dem Southern Poverty Law Center, dem FBI, dem BATF, der CIA und all den anderen Stellen „überwacht" werden, die ein Auge auf Personen haben, die es wagen, das offizielle Szenario der US-Regierung zu den Ereignissen in Oklahoma City in Frage zu stellen.

Es ist kein Zufall, dass das in diesem Kapitel beschriebene Szenario an das Modell eines Szenarios anknüpft, das dieser Autor, Michael Collins Piper, bereits in dem Buch *Final Judgment* über die Ermordung von John F. Kennedy vorgestellt hat, ein Szenario, das ebenfalls den israelischen Mossad in den Mittelpunkt der Machenschaften und Umstände rund um die Ermordung unseres 35. Präsidenten stellt.

In diesem Szenario wird im Wesentlichen behauptet, dass Teile der US-amerikanischen CIA - die Fidel Castro aus Kuba stürzen wollten - einen „fingierten" Mordanschlag auf Präsident Kennedy inszenierten, der so angelegt war, dass er scheitern sollte, aber gleichzeitig sensationell genug war, um einen öffentlichen Aufschrei zu provozieren - damit Präsident Kennedy in Kuba einmarschieren würde.

Es sollten Schüsse auf Präsident Kennedy abgefeuert werden, während er triumphierend in Dallas paradierte, und anschließend sollten Beweise gefunden werden, um Castros Kuba zu verwickeln. Einige haben vorgeschlagen, dass JFKs Bruder, Generalstaatsanwalt Robert Kennedy, in die Operation verwickelt gewesen sein könnte, vielleicht sogar mit Wissen des Präsidenten. Dieses Szenario legt nahe, dass die freundlichen Gesten des Präsidenten gegenüber Castro hinter den Kulissen Teil eines Plans waren, den kommunistischen Führer Kubas zu täuschen und ihn zu stürzen, obwohl selbst dieser Aspekt dieses speziellen Szenarios Gegenstand einer akademischen Debatte ist.

Welche Rolle Lee Harvey Oswald, der schließlich als Mörder des Präsidenten angeklagt wurde, in diesem Szenario spielte, ist noch nicht geklärt, aber es ist mehr als wahrscheinlich, dass seine Rolle lediglich darin bestand, die Waffe, die von der Polizei in Dallas nach dem „fehlgeschlagenen Mordversuch" auf gefunden werden sollte, an den Tatort zu liefern. Es wird von immer deutlicher, dass Oswald an diesem tragischen Tag in Dallas nie einen einzigen Schuss abgefeuert hat.

Doch während sich das Grundszenario entfaltete, verwandelte ein Eingriff von außen den „fingierten" Mordversuch in ein echtes Attentat. Mit anderen Worten: Während Oswald seinen Auftrag ausführte - auf Anweisung seiner Vorgesetzten, bei denen es sich höchstwahrscheinlich um CIA-Beamte oder Vertragsagenten handelte, die glaubten, das „fingierte" Attentat auf JFK erfolgreich durchzuführen -, ließen sich echte Attentäter auf dem Dealey Place nieder und verübten ein echtes Attentat.

Der Mord hatte zur Folge, dass ansonsten unschuldige CIA-Beamte durch ein Verbrechen kompromittiert wurden, das sie niemals begehen wollten. Darüber hinaus ist es so gut wie sicher, dass eine Handvoll Beamter des Inlandsgeheimdienstes, insbesondere bei der CIA, sich vollkommen darüber im Klaren waren, dass ein echter Mord geplant war.

In *Final Judgment* behaupten wir, dass der Chef der CIA-Gegenspionage, James J. Angleton - ein engagierter Israel-Loyalist - der erste von ihnen war. Was Oswald selbst betrifft, so wurde er zum Schweigen gebracht, noch bevor er öffentlich sagen konnte, was er wusste oder zu wissen glaubte.

Im Wesentlichen haben sich Elemente außerhalb des Wissens um den geplanten „fingierten" Mord eingeschaltet, die alles ins Wanken brachten und so den Boden für eine massive Vertuschung bereiteten.

Wir argumentieren hier, dass das, was wir in Bezug auf die Tragödie in Oklahoma City beschrieben haben, das wahrscheinlichste Szenario für den Ablauf des Bombenanschlags ist, eine Verschwörung, die fast genau dasselbe Muster verwendete wie bei der öffentlichen Hinrichtung von John F. Kennedy.

Es erscheint daher wahrscheinlich, dass Timothy McVeigh Kenntnis von einem Plan hatte, eine Bombe vor dem Murrah-Gebäude in Oklahoma City zu zünden. McVeigh und seine Mitverschwörer wurden von denjenigen, die wir als „höhere Mächte" beschreiben, überwacht und manipuliert, die die feste Absicht hatten, die Explosion von McVeighs LKW-Bombe zu ermöglichen.

Gleichzeitig scheinen einige Mitglieder der US-Geheimdienste (insbesondere das BATF) versucht zu haben, McVeighs Pläne zu durchkreuzen, was jedoch entweder an der klassischen Inkompetenz der Regierung scheiterte oder - in einem düsteren Szenario - vielleicht gerade daran, dass sie selbst von ihren Kollegen, die freiwillige oder unfreiwillige Komplizen der „höheren Mächte" waren, durchkreuzt wurden.

Letztendlich brachte die Tatsache, dass eine Unzahl von Regierungsstellen der USA - darunter das BATF, das FBI, die CIA und wahrscheinlich auch andere - lange vor dem Anschlag von McVeighs Aktivitäten (und auch von denen Strassmeirs) gewusst hatten, die Regierung in eine absolut notwendige Vertuschungssituation, die zum ultimativen Szenario des „einsamen Selbstmordattentäters" führte, das zur offiziellen Linie der US-Regierung wurde.

Wie wir gesehen haben, gibt es jedoch genügend Beweise, die darauf hindeuten, dass die angeblichen „internationalen Verbindungen" des Bombenanschlags in Oklahoma City nicht auf Osama bin Laden oder Saddam Hussein hinweisen, unabhängig davon, ob sie zusammen oder unabhängig voneinander arbeiten.

Stattdessen zeigen sie mit dem Finger auf Israel.

Letztendlich behaupten wir, dass der Bombenanschlag in Oklahoma in letzter Instanz Israel zugeschrieben werden kann: Der israelische Geheimdienst nutzte seinen erheblichen Einfluss auf vielen Ebenen innerhalb der amerikanischen Strafverfolgungsbehörden - und über nationale Spionageoperationen wie die ADL und das Southern Poverty Law Center -, um Timothy McVeigh (und seine verschiedenen Partner, darunter Andreas Strassmeir und andere) zu manipulieren, damit sie die Kette von Ereignissen in Gang setzten, die am 19. April 1995 zur Katastrophe von Oklahoma City führte.

Und obwohl es von Anfang an wiederholte Bemühungen gab, die Tragödie mit Osama bin Laden und/oder Saddam Hussein in Verbindung zu bringen (alles ein Werk der israelischen Geheimdienste und derer, die sich in ihrem Einflussbereich befinden), gab es in der US-Regierung genügend Widerstand, um diesen israelischen Plan, eine militärische Reaktion der USA auszulösen, in seiner Dynamik zu stoppen.

Am 11. September 2001 jedoch vollzog Israel unserer Ansicht nach (in viel größerem Maßstab) das, was es in Oklahoma City versucht hatte und gescheitert war: ein schockierendes terroristisches Ereignis auf amerikanischem Boden zu orchestrieren, es „den Arabern" in die Schuhe zu schieben und den Boden für eine militärische Intervention der USA im Nahen Osten zu bereiten.

Und stellen wir abschließend Folgendes fest: *Es gibt nichts, was dieses Szenario einer wahrscheinlichen Verwicklung Israels in den Bombenanschlag von Oklahoma City widerlegen könnte.*

Nichtsdestotrotz geben die meisten ehrlichen unabhängigen Ermittler heute zu, dass Andreas Strassmeir ein verdeckter Informant des Southern Poverty Law Center (SPLC) war und dass die US-amerikanischen Strafverfolgungsbehörden davon wussten. Darüber hinaus besteht absolut kein Zweifel daran, dass das SPLC und die B'nai B'rith Anti-Defamation League seit langem gemeinsam (und unabhängig voneinander) als Agenten der Israel-Lobby in Amerika agieren. Und all dies geht nicht einmal auf den offensichtlichen Punkt ein, dass Strassmeir trotz seiner eigenen Verbindungen im Ausland eine Vergangenheit der Verstrickung mit Israel hatte und sogar eine israelische Freundin hatte.

Weiter fortzufahren, würde nur die Tatsache betonen, dass Israel höchstwahrscheinlich eine Rolle bei dem Bombenanschlag in Oklahoma City gespielt hat. Die Wahrheit ist, dass Judas Böcke - der innere Feind - von zionistischen Elementen in der amerikanischen Geschichte immer wieder effektiv eingesetzt wurden, und Oklahoma City sowie die Ermordung von JFK und der 11. September sind nur einige der prominentesten Beispiele dafür.

KAPITEL XXXIX

Die talmudische Gerechtigkeit... Die kriminellen Untaten von Michael Chertoff: Cheftaktiker der zionistischen Kampagne zur Kreuzigung von Jim Traficant und David Duke

Der ehemalige Beamte des Justizministeriums (ein glühender Anhänger Israels), der falsche „Korruptions"-Vorwürfe gegen zwei prominente Kritiker der Israel-Lobby erfunden hat, bekleidet heute einen der mächtigsten Posten in den USA: den des Chefs des Heimatschutzes.

Die Art und Weise, wie Michael Chertoff den damaligen US-Kongressabgeordneten Jim Traficant (D-Ohio) und den ehemaligen Staatsabgeordneten David Duke (R-La.) ins Bundesgefängnis brachte, ist aufschlussreich. Sie sagt viel darüber aus, „wer" heute in den Vereinigten Staaten regiert, und ist eine perfekte Fallstudie darüber, wie das „Justiz"-System dazu benutzt wird, diejenigen zu bestrafen, die die zionistische Macht in Amerika in Frage stellen.

Als Präsident George W. Bush Chertoff zum Minister für innere Sicherheit ernannte, wurde diese Ernennung von den pro-israelischen Medien weitgehend begrüßt. Chertoff wurde zur zentralen Figur, die bestimmte und diktierte, „wer ein Patriot ist und wer nicht", für Tausende von Strafverfolgungsbehörden im ganzen Land. Die Republikaner erklärten, Chertoff sei ein „wunderbarer jüdischer Konservativer", Chertoff - der in den Medien als „Sohn eines Rabbiners" dargestellt wurde - sei ein Assistent des US-Staatsanwalts gewesen, der „die Mafia zerschlagen" habe und anschließend als Leiter der Kriminalabteilung des Justizministeriums unter dem damaligen Generalstaatsanwalt John Ashcroft „mit Auszeichnung gedient" habe.

Dies sind zwar nur summarische Details, doch die nicht offengelegten Aspekte von Chertoffs Weg an die Macht werfen echte Fragen auf, ob er ein so sensibles Amt bekleiden sollte. Was nicht berichtet wurde - außer von Christopher Bollyn in *American Free Press* - *ist, dass* Chertoffs Mutter, eine israelische Staatsbürgerin, für den israelischen Geheimdienst gearbeitet hatte. Und natürlich war Chertoff selbst viele Jahre lang Teil des „ex-trotzkistischen" pro-israelischen neokonservativen Netzwerks, das die

Haupttriebfeder des zionistischen Einflussnetzes im heutigen offiziellen Washington ist.

Chertoff ist ein Schützling des Vater-Sohn-Teams zionistischer Propagandisten, Irving und William Kristol. Bereits am 29. Januar 1996 stellte *The Weekly Standard - die* von Rupert Murdoch finanzierte und von William Kristol herausgegebene „neokonservative" Zeitschrift - Chertoff als aufstrebende Figur in Washington vor, ein eindeutiges Zeichen dafür, dass Chertoff von der Rothschild-Dynastie, die hinter Murdochs Medienimperium steht, gebilligt wurde.

Herr Chertoff gehört zu den Gründungsmitgliedern einer juristischen Gruppe, die als Federalist Society bekannt ist und von Stiftungen aus dem Einflussbereich von Herrn Kristol finanziert wurde, nämlich der Lynde and Harry Bradley Foundation und der John M. Olin Foundation. Diese Stiftungen sind für ihre Verbindungen zu extremistischen Elementen in Israel und zu Waffenherstellern bekannt, die aus der „besonderen Beziehung" der USA zu Israel Nutzen ziehen.

All dies ist umso wichtiger, als Chertoff als Leiter der Strafabteilung des Justizministeriums Dutzende Israelis freigelassen hat, die das FBI nach den Anschlägen vom 11. September unter dem Verdacht festgenommen hatte, von der Tragödie gewusst oder daran teilgenommen zu haben.

Obwohl John Ashcroft - ein fanatischer Israel-Christ - die Abteilung leitet, ist Chertoff hinter den Kulissen die eigentliche Macht.

Und aufgrund seiner Karriere bei der Justiz ist es angemessen, Chertoff als „Bushs Beria" zu bezeichnen, was an Lavrenti Beria, den berühmten Chef-Henker des sowjetischen Führers Josef Stalin, erinnert, obwohl diese Analogie Chertoffs „ex-trotzkistische" Freunde verärgern könnte. Wie dem auch sei, die Akte zeigt, dass Chertoff ein politischer Henker im Dienste der zionistischen Sache war.

Sein erstes großes Opfer war der Abgeordnete Jim Traficant (D-Ohio), ein populistischer Freischärler. Chertoff beendete eine Arbeit, die das Justizministerium rund zwanzig Jahre zuvor nicht erfolgreich abgeschlossen hatte.

1983, als Chertoff in den Dienst des Justizministeriums trat (als stellvertretender Staatsanwalt) und Traficant ein beliebter County Sheriff in Ohio war, führte Traficant erfolgreich seine eigene Verteidigung gegen zweifelhafte strafrechtliche Vorwürfe des Justizministeriums durch, er habe Bestechungsgelder von der „Mafia" angenommen. Mit dem Freispruch von Traficant schickten die Geschworenen die blamierten Anwälte des Justizministeriums zurück nach Washington. Kurz darauf schickten auch die Wähler in Ohio Traficant nach Washington: 1984 wurde der Sheriff (ein lokaler Volksheld) in den Kongress gewählt und etablierte sich bald als einziger ernsthafter Kritiker der herrschenden Macht im letzten Jahrzehnt des 20.

Als Chertoff die Gelegenheit hatte, Traficant „festzunageln", tat er es auch. Obwohl Dutzende von Kongressabgeordneten wegen größerer Vergehen verurteilt werden konnten, bei denen es um oft sehr offene, aber *nie* verfolgte Einflussnahme ging, verbrachte Chertoff mehrere Jahre damit, dubiose (und völlig verrückte) Anschuldigungen gegen Traficant zu konstruieren.

Tatsächlich sind hier einige von Traficants wahren „Verbrechen" in den Augen der Elite, die Überstunden machte, um Traficant ins Gefängnis zu bringen:

- Den Internal Revenue Service kritisieren und einen stärkeren Schutz der Rechte von Steuerzahlern fordern, die unter Beschuss des IRS stehen

- Eine kompromisslose Haltung gegen NAFTA, die Welthandelsorganisation und den sogenannten „freien" Handel einnehmen und protektionistische Maßnahmen zum Schutz amerikanischer Arbeitsplätze und zur Verteidigung der heimischen Industrie befürworten

- Gegen die Korruption im FBI und im Justizministerium vorgehen

- Die Raubtiere der Wall Street angreifen und Fragen über die Bereicherung hochrangiger Finanzinteressen durch die Kreditvergabepraktiken der Weltbank und des Internationalen Währungsfonds aufwerfen

- Aufruf zum weltweiten Abzug der US-Truppen und Infragestellung der Einmischung der USA in die Angelegenheiten anderer Nationen

- Die politischen Entscheidungsträger der USA des Verrats beschuldigen, weil sie streng geheime US-Atom- und Verteidigungstechnologien an Rotchina weitergegeben haben

- Forderung nach Entsendung von US-Truppen, um die Grenze zu Mexiko zu bewachen und die ständigen Horden illegaler Ausländer - und potenzieller Terroristen - daran zu hindern, in die USA einzureisen; und - last but not least - Forderung nach Entsendung von US-Truppen, um die Grenze zu Mexiko zu bewachen:

- Die einseitige Unterstützung der USA für Israel auf Kosten der Sicherheit und der Interessen der USA in Frage stellen. Tatsächlich war Traficant der einzige Kongressabgeordnete, der nach den Anschlägen vom 11. September darauf hinwies, dass die Unterstützung der USA für Israel die Ursache für die Tragödie war.

Trotzdem war es letztlich Traficants kühne öffentliche Herausforderung der Israel-Lobby, die - nach Traficants eigener Aussage - der Grund dafür war, dass das von Zionisten dominierte Justizministerium so entschlossen war, Traficant aus dem Kongress auszuschließen und ins Gefängnis zu bringen.

Tatsächlich wurde die Justiz (wie auch andere Bundesbehörden) 1983, zur Zeit des ersten Angriffs des Justizministeriums auf Traficant - und während der gesamten Jahre der GOP-Regierung unter Ronald Reagan und George H.W. Bush - in Schlüsselpositionen von Mitgliedern einer Clique durchdrungen, die als „interne" Lobbygruppe für zionistische Interessen fungierte. *Die* Existenz dieser Gruppe, die unter dem Namen „Nesher" (hebräisch für Adler) bekannt ist, wurde vom verstorbenen Andrew St. George aufgedeckt. Obwohl Nesher zugab, dass die zionistischen Ansichten seiner Mitglieder ihre politischen Entscheidungen beeinflussten, löste der Artikel Kontroversen aus und eine prominente Persönlichkeit aus Nesher drohte mit einer Verleumdungsklage. St. George legte jedoch geschickt die Beweise offen, die er zur Untermauerung seiner Geschichte hatte, und Nesher machte einen Rückzieher. Doch Nesher - von seinen Kritikern oft als „Talmudistenlobby" bezeichnet - ist *auch heute* noch...

Es ist kein Zufall, dass The Spotlight 2001 von dem korrupten Bundesrichter S. geschlossen wurde. Martin Teel, der als Anwalt im Justizministerium unter der Fuchtel eines Schlüsselagenten von Nesher, dem stellvertretenden Generalstaatsanwalt Arnold Burns, gestanden hatte, der damals in einen schrecklichen Skandal verstrickt war, bei dem Beamte des Justizministeriums eine High-Tech-Überwachungssoftware der Firma INSLAW gestohlen hatten. Tatsächlich fand INSLAW heraus, dass die gestohlenen Daten dem israelischen Geheimdienst übergeben worden waren, für den Burns bekannt war, weil er ihm im Laufe der Jahre zahlreiche „Gefallen" getan hatte.

Als INSLAW gegen die Diebe klagte, war Teel der Anwalt des Justizministeriums, der sich gegen den Prozess stellte und dafür mit seinem Richterposten belohnt wurde, nachdem der zuständige Richter (der gegen das Justizministerium entschieden hatte) von Arnold Burns, einem Agenten Neshers, aus dem Amt gedrängt worden war.

Ein Detail in Bezug auf Nesher und INSLAW hilft, den Bogen zu Jim Traficants Anklage zu spannen: Es stellte sich heraus, dass die Einheit des Justizministeriums, die die INSLAW-Software stahl, das Office of Special Investigations (OSI) war, die Nazi-Jagd-Einheit des Justizministeriums, die mit dem Mossad zusammenarbeitet. Traficant deckte den Schwindel des OSI auf, als er den eingebürgerten Amerikaner ukrainischer Abstammung John Demjanjuk, einen pensionierten Autoarbeiter aus Cleveland, Ohio, verteidigte, der von jüdischen Gruppen und dem OSI fälschlicherweise beschuldigt worden war, „Iwan der Schreckliche", ein angeblicher „Nazi-Todeslageraufseher", zu sein. Während der gesamten Zeit, in der die OSI-Zionisten Demjanjuk verfolgten, war Traficant der einzige Kongressabgeordnete, der sich für ihn einsetzte und sich damit den Zorn der jüdischen Gruppen und des Nesher-Netzwerks zuzog.

Demjanjuk wurde die Staatsbürgerschaft entzogen und nach Israel geschickt, wo er wegen Kriegsverbrechen angeklagt und verurteilt wurde. Demjanjuk entging dem Galgenstrick, als 1993 der Oberste Gerichtshof Israels seine Verurteilung aufhob und zugab, dass Traficant und andere bewiesen hatten, dass Demjanjuk fälschlicherweise als „Ivan" identifiziert worden war. Traficant reiste daraufhin nach Israel, um Demjanjuk nach Hause zu bringen. Trotzdem erhoben die Chertoff-Bande und das OSI neue Anklagen gegen Demjanjuk und behaupteten, dass er, wenn er nicht „Ivan" genannt wurde, immer noch ein Nazi-Kriegsverbrecher sei und deportiert werden müsse.

Wie dem auch sei, Traficant war eindeutig ein zionistisches Ziel, und der oberste Nesherit des Justizministeriums, Chertoff, begann, ihn ins Visier zu nehmen. Unter Einsatz von fast 100 Anwälten und FBI-Agenten gab Chertoff über mehrere Jahre hinweg rund 10 Millionen Dollar aus, indem er Traficants Freunde und Geschäftspartner - sogar Personen, die nur eine tertiäre Verbindung zu Traficant hatten - vor eine langwierige Grand Jury schleppte, in der Hoffnung, irgendeine Anklage gegen Traficant zu erhalten.

Chertoffs Masche bestand darin, eine Reihe von Traficants Geschäftspartnern in Ohio anzuklagen und ihnen „Deals" anzubieten, wenn sie „Beweise" für Traficants Korruption vorlegten, oder ihnen mit einer Anklage zu drohen, wenn sie nicht gegen Traficant aussagten. Mit dieser Taktik baute Chertoff für den öffentlichen Konsum das Bild einer weitreichenden Korruption rund um Traficant auf. Die von Zionisten kontrollierten Medien halfen Chertoff aktiv dabei, dieses Bild zu verbreiten. Die Medien fütterten ihn immer wieder mit Geschichten über die „Mafia" und das „organisierte Verbrechen" in Traficants Heimatstadt, als wollten sie suggerieren, dass Traficant - ein Italoamerikaner - dazu gehöre. Oft hatten diese Geschichten nichts mit Traficant zu tun. Und trotz des „Mafia"-Dramas in den Medien *hatte keine der Anschuldigungen, die Herr Chertoff gegen Herrn Traficant vorbrachte, auch nur das Geringste mit dem organisierten Verbrechen zu tun.*

Chertoff und die Medien sprachen von „Erpressung" durch Traficant und verwendeten diesen spezifischen juristischen Begriff, um in der öffentlichen Wahrnehmung das „Gangster"-Szenario heraufzubeschwören. Diese sogenannte Erpressung sei Teil eines sogenannten „Korruptionsmodells" seitens Traficant gewesen. Diese

„Erpressung" umfasste so schändliche Vergehen wie die Bitte an einen Mitarbeiter des Kongresses, bei der Hausarbeit auf Traficants Farm in Ohio zu helfen und bei der Reparatur des klapprigen Hausboots zu helfen, auf dem Traficant im Hafen von Washington lebte, weil er sich wegen der Pfändung seiner Gehälter durch das Finanzamt keine schicke Wohnung leisten konnte.

Auch wenn die Anklagen gegen Traficant ominös erscheinen - wie „Verschwörung zum Verstoß gegen die Korruptionsgesetze, Suche nach und Annahme von illegalen Zuwendungen, Behinderung der Justiz, Verschwörung zum Betrug der Regierung, Steuerhinterziehung und Schutzgelderpressung" -, zeigt eine gründliche Analyse, dass weder Traficants Handlungen noch seine Absichten illegal oder auch nur entfernt ominös waren.

Traficant wurde so abscheulicher Verbrechen beschuldigt, wie dass er einem Wähler (der ein persönlicher Freund war) erlaubt hatte, auf seiner Farm Beton zu gießen. Chertoff sagte, es habe sich um „Korruption" gehandelt, weil Traficant einen Brief geschrieben hatte, in dem er darum bat, dass ein Bundesauftrag an die Baufirma seines Freundes (die viele Menschen in Traficants Bezirk beschäftigte) vergeben werden sollte. Es handelte sich nicht um ein Verbrechen. Es handelte sich um einen altmodischen (und ehrenhaften) Dienst am Wähler.

Als Traficant vor Gericht stand, zeigte die Richterin Lesley Wells wiederholt ihre Feindseligkeit gegenüber dem populistischen Freischärler. An einem Punkt verweigerte sie Traficant das Recht, einen sachverständigen Zeugen, einen auf Finanzkriminalität spezialisierten Ermittler, zu laden, der die Lüge widerlegen konnte, Traficant habe einen Mitarbeiter, Allen Sinclair, gezwungen, ihm regelmäßig 2.500 Dollar Bestechungsgeld von Sinclairs Gehalt zu zahlen.

Der Ermittler hatte herausgefunden, dass jedes Mal, wenn Sinclair 2.500 Dollar von seinem Privatkonto abhob, die gleiche Summe auf das Treuhandkonto von Sinclairs Anwalt überwiesen wurde. Die Staatsanwälte behaupteten, dass das Geld in bar an Traficant übergeben worden war. Der Richter erlaubte dem Ermittler jedoch nicht, eine Zeugenaussage zu machen. Diese Aussage (wenn sie von der Jury gehört worden wäre) hätte der Verschwörung, Traficant zu kreuzigen, sicherlich den Todesstoß versetzt.

Zuvor hatte der Richter Traficant bei der Auswahl der Geschworenen nicht erlaubt, die potenziellen Geschworenen zu ihren politischen Vereinigungen zu befragen - eine relevante Frage, da die AIPAC und andere jüdische Gruppen Traficant öffentlich als „Feind" ins Visier genommen hatten. Traficant hatte gehofft, herauszufinden, ob die potenziellen Geschworenen mit solchen feindlichen Organisationen verbunden waren.

Schließlich stellte sich heraus, dass eine jüdische Geschworene während der Beratungen der Jury für so viel Aufregung sorgte, dass sie die anderen Geschworenen - die Traficant unbedingt freisprechen wollten - unerbittlich bedrängte, bis diese schließlich für seine Verurteilung stimmten, nur um diese höllische Frau zum Schweigen zu bringen und den Fall zu beenden. Außerdem sind seitdem stichhaltige Beweise aufgetaucht, die belegen, dass Chertoff und sein Handlanger sich eindeutig des Meineids schuldig gemacht haben, indem sie die Zeugen zur Lüge zwangen, um Traficant zu verurteilen. (Traficant wurde verurteilt, und im Gegensatz zu anderen öffentlichen Personen, die eines Verbrechens für schuldig befunden wurden und bis zur Ausschöpfung ihrer Rechtsmittel auf freiem Fuß bleiben durften, ordnete die bösartige Richterin an, dass Traficant sofort in Haft genommen werden sollte, als sie seine neunjährige Haftstrafe verkündete. Zum Zeitpunkt der Niederschrift dieser Zeilen befindet sich Traficant seit dem 30. Juli 2002 hinter Gittern.

Seitdem hat Traficant einem Journalisten nur ein einziges Interview gegeben. Dieser Autor, Michael Collins Piper, ein Vertreter der *American Free Press* (AFP), telefonierte am 2. August 2002 mit Traficant, als er in seiner Haftzelle in einem Gefängnis in Ohio saß, bevor er in ein Bundesgefängnis verlegt wurde. „Ihre Zeitung ist die einzige, mit der ich zu sprechen bereit war", sagte Traficant und wies darauf hin, dass die AFP das einzige Medium in den USA sei, das die Natur der Verschwörung zu seiner Vernichtung aufdecke.

Trotz seiner Inhaftierung kandidierte Traficant bei den Wahlen 2002 (als Unabhängiger) und gewann in einem Dreierrennen 15 % der Stimmen. Er genießt in seinem Land und landesweit nach wie vor hohes Ansehen, ist jedoch als Opfer der zionistischen Machthaber weiterhin in einem Bundesgefängnis inhaftiert. Obwohl es hieß, dass Traficant vorzeitig entlassen werden könnte, wenn er seine „Verbrechen" zugibt und sich dafür entschuldigt, erklärte Traficant, dass er keine Verbrechen zugeben würde, die er nicht begangen hat, um eine Reduzierung seiner Strafe zu erreichen.

Wie im Fall Traficant machten die „großen" Medien auch bei der Nachricht, dass ein weiterer Kritiker der Israel-Lobby - der ehemalige Abgeordnete des Bundesstaates Louisiana David Duke - vom Justizministerium unter Michael Chertoff „in den Sack gesteckt" worden war, einen Riesenaufschrei. Die Schlagzeilen lauteten: „David Duke bekennt sich schuldig, weil er die Israel-Lobby verteidigt hat": „David Duke bekennt sich schuldig, weil er seine Anhänger betrogen hat". Schwere Begriffe wie „Steuerhinterziehung", „Postbetrug" und

„Geldwäsche" hallten über den Äther und erinnerten an die Fehlorientierungen und Lügen der Medien im Fall Traficant.

Trotz des Medienrummels wurde nie zur Kenntnis genommen, dass Duke - wie Traficant - Opfer eines zionistischen Rachefeldzugs geworden war. Eine sorgfältige Prüfung des Falls Duke zeigt, dass es keinen Zweifel daran gibt, dass die gegen ihn eingeleiteten Verfahren ungerechtfertigt waren. Wie Traficant war Duke mit einem alptraumhaften Szenario aus der „Twilight Zone" konfrontiert, das von zionistisch unterstützten Staatsanwälten ausgeheckt worden war, die eine Persönlichkeit mit offenen Worten, die landesweit Gehör fand und anderen Dissidenten als Warnung diente: „Das könnte euch auch passieren", zum Schweigen bringen - und ins Gefängnis stecken - wollten.

Und auch wenn einige Anhänger Dukes das vielleicht anders gesehen hätten, war Dukes Widerstand gegen die positive Diskriminierung kein Problem für die Zionisten, wie die Tatsache beweist, dass die beiden wichtigsten zionistischen Kräfte - die ADL und der American Jewish Congress - beide gegen die positive Diskriminierung sind. Der einzige Grund für den Wunsch, Duke zu kreuzigen, war, dass Duke - wie Traficant - die Macht der israelischen Lobby in Amerika in Frage stellte.

Obwohl die Kampagne des Justizministeriums gegen Duke bereits während der Clinton-Ära begonnen hatte, zogen sich die Ermittlungen in die Länge, da Duke schließlich kein Verbrechen begangen hatte und keine Beweise gefunden werden konnten.

Einer der Gründe für diese erste Untersuchung scheinen die Gerüchte gewesen zu sein, die ein ehemaliger Duke-Unterstützer, der seit langem einen ziemlich bizarren (vielleicht sogar pathologischen) persönlichen Groll gegen Duke hegte, über Duke in Umlauf gebracht hatte. Eifersüchtig auf Dukes gutes Aussehen und seine Attraktivität für die Bevölkerung, ganz zu schweigen davon, dass er davon träumte, Dukes finanzielle Unterstützer in seine eigenen zu verwandeln, erzählte der Agitator jedem, der es hören wollte, dass „Duke korrupt ist". Es war unvermeidlich, dass diese Gerüchte die Bundesbehörden erreichten.

Angesichts der Tatsache, dass dieser Gerüchteverbreiter dem inzwischen berühmten falschen „nationalistischen Anwalt" Kirk Lyons nahestand - eindeutig eine Art Regierungsagent -, ist es jedoch möglich, dass diese Gerüchte Teil einer COINTELPRO-ähnlichen Operation waren, die als Vorwand für eine strafrechtliche Untersuchung von Dukes persönlichen Finanzen und politischen Aktivitäten dienen sollte.

Als Chertoff, die pro-israelische Stütze der Bush-Regierung, 2001 das Justizministerium übernahm, beschleunigte sich die Kampagne, um Duke in die Enge zu treiben. Nach der Tragödie vom 11. September, als Duke öffentlich Beweise für die Beteiligung Israels an den Anschlägen vorlegte und beschrieb, wie Chertoff Israelis, die vom FBI in Gewahrsam genommen worden waren (und die verdächtigt wurden, an den Anschlägen vom 11. September beteiligt gewesen zu sein), die Heimreise nach Israel ermöglichte, intensivierte Chertoff die Kampagne, um „Duke festzunageln".

So gab es nie einen Zweifel daran, dass Duke wegen *irgendeiner* Anklage angeklagt werden würde, selbst wenn es sich dabei um eine billige oder banale Anklage handelte. Duke kannte das alte Sprichwort gut: „Ein amerikanischer Staatsanwalt kann ein Schinkensandwich anklagen, wenn er will".

Im Fall Traficant gab sich Chertoff große Mühe, Traficant mithilfe von Falschaussagen „hereinzulegen". Im Fall Duke war die Technik subtiler: Chertoff nahm die Tatsache, dass Duke spielte, und machte daraus einen Bundesfall. *Es war kein Geheimnis, dass Duke spielte - ein* beliebtes juristisches Ablenkungsmanöver. Jahre zuvor, während Dukes weithin beachteter Kampagnen für die Ämter des Gouverneurs und des Senators der Vereinigten Staaten, hatte die Presse berichtet, dass Duke spielte.

Die Nesherites der Justiz unter Chertoff kamen jedoch auf die Idee, ein *kriminelles* Szenario um Dukes Glücksspiel zu konstruieren, indem sie behaupteten, dass Duke beim Spielen die Menschen „betrog", die ihm Spenden zur Unterstützung seiner politischen Bemühungen geschickt hatten. Das FBI beschlagnahmte Dukes Finanzunterlagen und kontaktierte anschließend Dukes Steuerzahler, um ihnen - so traurig - mitzuteilen, dass es ihre düstere Pflicht sei, zu enthüllen, dass man „entdeckt" habe, dass „Duke mit dem Geld spielt, das Sie ihm schicken".

Wahrscheinlich gab es Mitarbeiter von Duke, denen es nicht gefiel, dass Duke (oder jemand anderes) spielte. Aber Duke versuchte nie zu behaupten, dass er von neun bis fünf an einem Fließband arbeitete. Dukes Unterstützer wussten, dass Duke, um weiterhin im Namen seiner Arbeit zu schreiben, zu reden und zu reisen, ihre finanzielle Unterstützung brauchte, und sie gewährten sie ihm gerne.

Nach derselben Theorie hätten sich die korrupten Staatsanwälte, wenn Duke ein Trinker gewesen wäre (was nicht der Fall ist), an Dukes Anhänger wenden und ihnen sagen können: „Duke wird von dem Geld, das Sie ihm schicken, trinken".

Letztendlich haben Chertof und die Nesher-Bande des Justizministeriums einen völlig betrügerischen Kriminalfall gegen Duke aufgebaut, einen Fall, der sich aus der Tatsache ergibt, dass Dukes Privatleben und Einkommen untrennbar mit seiner Beteiligung an öffentlichen Angelegenheiten verbunden sind - eine Vollzeit-Avokation für Duke.

Ein solches Szenario für eine Klage könnte sicherlich gegen praktisch jeden Dissidenten ausgeheckt werden, der sich heute in Amerika offen äußert und einen Teil seines Einkommens aus seiner politischen Tätigkeit bezieht - selbst der sogenannte „Nationalist", der die ersten Gerüchte über Dukes angebliche „Korruption" in die Welt gesetzt hat.

Das ist also die „Substanz" von Chertoffs Lüge, dass Duke die Menschen „betrogen" habe.

Um die Anschuldigungen für Dukes Anhänger und die Öffentlichkeit noch beunruhigender zu machen, erstellte Chertoff eine Anklageschrift, die eine breite Palette von Mehrfachanklagen (und Wiederholungen) enthielt, die sich aus demselben Satz von (falschen, frei erfundenen) Behauptungen ergaben. Wäre er in allen Anklagepunkten für schuldig befunden worden, hätte Duke zu 30 Jahren Gefängnis verurteilt werden können.

Da Duke vor einer mit ziemlicher Sicherheit überwiegend schwarzen Jury angeklagt werden würde - die von den Medien regelmäßig daran erinnert würde, dass Duke Mitglied des Ku-Klux-Klans gewesen war -, rieten Dukes Anwälte ihm, einer Vereinbarung über ein Plädoyer zuzustimmen. Duke bekannte sich also zu seiner Schuld in zwei bestimmten Anklagepunkten - Steuerhinterziehung und Postbetrug -, anstatt zu einer Verhandlung zu gehen und zu riskieren, in allen Anklagepunkten verurteilt zu werden.

Als Ergebnis dieser Verhandlung verbrachte Duke dreizehn Monate im Gefängnis, aber er schließlich vor einer begeisterten Versammlung seiner Anhänger nach Hause, die genau wussten, dass Duke das Opfer eines bösartigen, hässlichen und unehrlichen zionistischen Schlägers namens Michael Chertoff gewesen war.

Die schockierende Demonstration der rohen Macht des zionistischen Intriganten Chertoff, der das amerikanische Justizsystem korrumpiert und missbraucht hat, um zwei prominente Kritiker Israels zu kreuzigen, ist in der Tat lehrreich und zeigt deutlich, wie weit Amerika vom Weg abgekommen ist.

Jim Traficant und David Duke sind nicht die einzigen Opfer zionistischer Untaten in Amerika, und leider werden sie wahrscheinlich auch nicht die letzten sein. Wenn man bedenkt, dass der Mann, der für ihre Probleme verantwortlich ist, zum Chef der „inneren Sicherheit" ernannt wurde, ist die Zukunft für Amerikas politische Dissidenten in der Tat erschreckend...

Und so weiter...

Einleitung zu Teil VII

Was uns erwartet...

Nachdem wir die Machenschaften und Intrigen der Böcke Judas - Der innere Feind in der zweiten Hälfte des 20. Jahrhunderts beleuchtet haben, scheint es zum Abschluss unserer Studie durchaus angebracht, einen Blick auf die Geschehnisse in den ersten Tagen des 21. Jahrhunderts zu werfen.

Die Böcke aus Juda sind - wie immer - am Werk und tun alles, was in ihrer Macht steht (und in der ihrer Manipulatoren und Kontrolleure hinter den Kulissen), um den traditionellen amerikanischen Nationalismus zu unterwandern.

In den folgenden Kapiteln werden wir einige der Judasböcke der Neuzeit näher betrachten und genau sehen, was sie anscheinend für Amerikaner bereithalten, die es wagen, die Autorität derer in Frage zu stellen, die bestimmt haben, dass sie am besten geeignet sind, Amerika und die Welt zu regieren.

Diese inneren Feinde haben ein internationales Programm - einen „ewigen Krieg für einen ewigen Frieden", einen Krieg nicht nur gegen die globalen Terroristen, sondern auch gegen die „nationalen Terroristen". Und diese „inländischen Terroristen" sind diejenigen, die sich der Neuen Weltordnung widersetzen, die nichts anderes ist als der seit langem bestehende zionistische Traum von der Eroberung der Welt.

Und täuschen Sie sich nicht: Russland, China und sogar Venezuela - unter dem populistischen Kraftprotz Hugo Chavez - sowie die arabische und muslimische Welt und alle anderen Nationen, die sich der zionistischen Agenda widersetzen, sind ebenfalls im Visier der Zionisten. Weitere Kriege sind in Vorbereitung.

Die Frage ist, ob die Amerikaner bereit sein werden, diese Kriege zu führen. Noch wichtiger ist, ob sich die Amerikaner - ein für alle Mal - zusammenschließen werden, um die internationalen Kriegstreiber mit aller Macht zu stoppen

Es besteht kein Zweifel daran, dass die Amerikaner einen neuen Krieg führen müssen, doch dieses Mal handelt es sich um einen Krieg gegen die „Juda Goats", den inneren Feind...

KAPITEL XL

Das Phänomen Fox News: Wie zionistische Plutokraten ein „alternatives Medium" schufen

An den Abschaum der etablierten liberalen Medien Auf den ersten Seiten dieses Bandes sind wir einer Handvoll berüchtigter Judasböcke begegnet, deren Namen und Gesichter Millionen von Amerikanern vertraut sind: Rush Limbaugh, Sean Hannity, Laura Ingraham, Anne Coulter und - nicht zuletzt - Bill O'Reilly.

Alle sind erprobte (und hoch bezahlte) Wasserträger der zionistischen Sache und scheinbar begeistert. Als Neokonservative erster (und schlimmster) Ordnung verdankt dieses Team (in Ermangelung eines besseren Begriffs, um sie zu beschreiben) einen Großteil seines Ruhms und Vermögens der ständigen Förderung, die sie und ihre Ansichten - oder vielmehr die Ansichten ihrer Herren und Manipulatoren - über Fox News erhalten.

Während Fox der eigentliche Sponsor der TV-Wahnvorstellungen von Hannity und O'Reilly ist, werden auch die anderen Judasböcke regelmäßig von Fox in den Vordergrund gerückt. Fox ist für alle Zwecke die wichtigste populäre Stimme der Massenmedien für die „neokonservative" zionistische Propagandalinie geworden.

Deshalb lohnt es sich, Fox News und die Art und Weise, wie dieser Sender zu einer eigenen Judasziege geworden ist, zu untersuchen.

Zweifellos hat sich Fox - vielleicht noch mehr als die drei „liberalen" Netzwerke (ABC, CBS und NBC) - als eine der gefährlichsten und Zwietracht stiftenden Kräfte in der heutigen Welt etabliert.

Fox ist natürlich das Rundfunknetz, das der weit entfernten News Corporation, dem Medienimperium des Australiers Rupert Murdoch, gehört. Werfen wir einen kurzen Blick darauf, was dieses gewaltige Medienimperium ausmacht:

- *Das* Magazin *Weekly Standard*, das für Murdoch von dem „Neokonservativen" William Kristol, Sohn des neokonservativen „Ex-Trotzkisten"-Paten Irving Kristol, geleitet wird. (Dieses Magazin ist eine der lautesten - und nicht die leisesten - Publikationen im heutigen Amerika, die virtuelle Bibel der Außenpolitik der „Dubya"-Bush-Administration und die einzige Publikation, die wirklich für sich in Anspruch nehmen kann, die Grundlagen für die Propaganda für das amerikanische Debakel im Irak gelegt zu haben)

- 175 verschiedene Zeitungen, darunter die in Großbritannien erscheinenden Zeitungen *News of the World*, *The Sun*, *The Sunday Times* und *The Times* sowie, vielleicht am stärksten, *The New York Post*, wobei letztere eine der wichtigsten Stimmen der zionistischen Sache in Amerika ist

- Twentieth Century Fox Filmstudios

- Fox-Fernsehsender in den wichtigsten Großstadtmärkten, darunter: Washington, D.C., Chicago, Philadelphia, Boston, Minneapolis, Detroit, Atlanta, Baltimore, Orlando, Cleveland, Phoenix, Denver, St. Louis, Milwaukee, Kansas City, Salt Lake City, Birmingham, Memphis, Greensboro (North Carolina), Austin und Ocala (Florida)

- Satellitenfernsehen mit Direktübertragung, das alle fünf Kontinente abdeckt, u. a. Foxtel

- Fox News (cable) Channel und andere Kabelkanäle und erreichte 300 Millionen Abonnenten

- Große Verlagshäuser wie HarperCollins Publishers (das heute so renommierte Verlage wie William Morrow & Company, Avon Books, Amistad Press und Fourth Estate kontrolliert) sowie Regan Books und Zondervan.

Es handelt sich offensichtlich um ein bedeutendes Medienimperium. Wie es ihm gelungen ist, eine solche Macht und einen solchen Einfluss auszuüben und sogar die amerikanischen Angelegenheiten zu diktieren, ist eine lehrreiche Geschichte, die die Machenschaften der Böcke Judas - des inneren Feindes - gut veranschaulicht. Um das Phänomen Fox zu untersuchen, müssen wir bis in die Mitte und das Ende der 1960er Jahre zurückgehen.

In dieser Zeit begannen viele Amerikaner, eine entschlossene und bewusste „liberale" Ausrichtung in der Berichterstattung der drei großen Fernsehsender (ABC, CBS und NBC) wahrzunehmen, wobei CBS und sein langjähriger Moderator Walter Cronkite oft als die „liberalsten" der drei Sender angesehen werden.

Die Amerikaner entdeckten viel liberale Propaganda in den Inhalten des täglichen Fernsehprogramms, wobei krasse politische Botschaften in den Inhalten von Fernsehdramen, Situationskomödien und Fernsehfilmen verbreitet wurden.

Außerdem begann sich der Programminhalt auf das zu konzentrieren, was man als „schäbig" bezeichnen kann - und das ist eine Untertreibung.

Traditionelle amerikanische Werte wurden zur Zielscheibe des vulgären Toilettenhumors und der christliche Glaube wurde ständig als eine virtuelle Form des Bösen verteidigt, die für die Tragödien der Vergangenheit verantwortlich sei. Die Gründerväter Amerikas wurden als teuflisch dargestellt und die Figuren der Gegenkultur wurden als Vorbilder für die amerikanische Jugend präsentiert. Die Liste der sehr stichhaltigen Beschwerden über die drei großen Netzwerke, ihre Nachrichtenberichterstattung und ihre Programmgestaltung ließe sich beliebig verlängern.

Als die Amerikaner sich zunehmend des Schmutzes und der „liberalen" Propaganda bewusst wurden, begannen viele - aber leider nicht genug -, sich das „Wer" - und nicht das „Was" - der drei großen Netzwerke genauer anzusehen. Mit anderen Worten: Die Amerikaner begannen zu erkennen, dass die drei großen Netzwerke eng kontrollierte Mega-Konzerne waren, die einer winzigen Clique von miteinander verflochtenen Familien und Finanzgruppen gehörten, die größtenteils jüdischer Abstammung waren.

Darüber hinaus wurde der jüdische Einfluss auf Redaktions- und Managementebene in den Nachrichtenabteilungen der drei großen Netzwerke immer offensichtlicher. Kurz gesagt, die Menschen begannen zu erkennen, dass die „liberalen" Netzwerke tatsächlich die medialen Stimmen einer jüdischen Elite waren, deren Werte - und Interessen - keinesfalls die der großen Mehrheit des amerikanischen Volkes repräsentierten.

Infolgedessen begann sich eine deutliche Unzufriedenheit nicht nur mit den drei großen Sendern, sondern auch mit einem in den zentralen Regionen immer weiter verbreiteten Diskurs über die „jüdische Kontrolle der Medien" zu manifestieren. Natürlich diskutierten viele Menschen mit den Sendern nicht offen über den jüdischen Aspekt des Problems, aber dieses Phänomen blieb konstant (auch wenn es nur diskret geäußert wurde).

Bei dieser Gelegenheit wagten es einige Größen des amerikanischen Lebens - vom ehemaligen Vizepräsidenten Spiro Agnew über den Vorsitzenden des Generalstabs, General George Brown, bis hin zu Hollywood-Giganten wie Robert Mitchum, Marlon Brando und dem berühmten Schriftsteller Truman Capote -, öffentlich zu sagen, dass es einen unverhältnismäßig großen jüdischen Einfluss auf die wichtigsten amerikanischen Medien gebe (oder dass sie diese kontrollierten).

Letztendlich bereitete diese Desillusionierung über die Rundfunkindustrie und ihre Machenschaften in vielerlei Hinsicht den Boden für Ronald Reagans Aufstieg und seine Wahl zum Präsidenten im Jahr 1980. Die

Amerikaner waren auf der Suche nach Veränderung, und obwohl Reagan einen „neuen Konservatismus" versprach, stellte sich schließlich heraus, dass es sich um etwas völlig anderes handelte. Aber die Amerikaner waren hungrig nach einer Alternative zu den „liberalen" Medien, und Rupert Murdoch kam als „Retter" - so schien es zumindest.

Die Amerikaner, die genug von den „liberalen" Medien hatten, hatten nun einen selbsternannten Retter, einen farbenfrohen, im Ausland geborenen Medienmogul, der ihre Unzufriedenheit zu teilen schien und anscheinend eine echte „Alternative" anbieten wollte. Doch diese „Alternative" war nicht das, was die meisten Amerikaner wirklich suchten, und viele scheinen nicht zu begreifen, dass sie hereingelegt wurden - in der Tat, in großem Stil hereingelegt.

Obwohl Murdoch in Australien bereits als wachsende Medienmacht etabliert war, erhielt er still und leise internationale Schirmherrschaft und finanzielle Unterstützung von einigen der reichsten und mächtigsten jüdischen Familien der Welt: den Rothschilds aus Europa, den Bronfmans aus Kanada und den Oppenheimers aus Südafrika. Mit ihrer Unterstützung im Rücken begann er, sein Imperium in Großbritannien und auf der ganzen Welt auszuweiten.

Innerhalb kürzester Zeit wurde Rupert Murdoch zum „heißesten" Element der globalen Medien und machte sich schnell auf den Weg, um durch den Aufschwung seines News Corporation-Imperiums und der lukrativen Werbeindustrie einen Reichtum zu erreichen, der seine kühnsten Träume übertraf, und eine immense politische Macht zu erlangen. Es ist daher nicht verwunderlich, dass Murdoch selbst zusammen mit den Rothschilds, den Bronfmans und den Oppenheimers als Teil einer Gruppe angesehen wird, die auf zu Recht als „die Vier-Milliardärs-Gang" beschrieben wird.

Heute, fest etabliert, betonen Murdochs Medienstimmen, insbesondere Fox News, brennende Themen - wie Abtreibung, Rechte von Homosexuellen, Gebet in Schulen -, die die Animositäten zwischen den sogenannten „christlich-rechten" Organisationen und den Gruppen und Institutionen, denen sie sich entgegenstellen, schüren.

Währenddessen sind ironischerweise andere Murdoch-Medien wie Fox Television dafür verantwortlich, einige der schlimmsten Schundsendungen zu fördern, die jemals über die amerikanischen Fernsehbildschirme flimmerten. Doch aus irgendeinem Grund scheinen die Leute der christlichen Rechten, die sich an der „konservativen" Ausrichtung von Fox News ergötzen, nicht zu verstehen, dass Rupert Murdochs Medienkonglomerat Milliarden von Dollar an Werbeeinnahmen durch den Verkauf von Schund einnimmt.

In der Zwischenzeit sind die Murdoch-Medien natürlich damit beschäftigt, die Interessen der zionistischen Bewegung zu fördern. Und das ist vor allem der wichtigste Punkt, den es zu erkennen gilt.

Obwohl Murdoch und seine Medien das Spiel spielen, eine „Alternative" zu liefern, liefern sie in Wirklichkeit eine „kontrollierte Opposition", indem sie die „konservativen" und „traditionellen" amerikanischen Reihen online halten und die zionistische Sache als eine „amerikanische" Sache anpreisen, eine Sache, die voll im Einklang damit steht, nicht nur „Amerika wieder groß zu machen" (in der Bildsprache der Ronald Reaganesken Rhetorik), sondern in Wirklichkeit aus Amerika ein Imperium zu machen - und zwar ein Imperium, das von der zionistischen Elite geführt wird.

Mit anderen Worten: Fox News propagiert lautstark - und mit Stolz - das Thema, dass Amerika die Stimme der Vernunft und der Demokratie in der Welt ist und dass es ihm schlicht und einfach zusteht, die Welt zu regieren.

Und genau das ist - wie wir in unserem früheren Buch *Das neue Jerusalem* dokumentiert haben - *die* heutige zionistische Agenda: Amerikas Kapital und Ressourcen, sein Militär, seine Männer und Frauen, sein massives Waffenarsenal müssen für die Errichtung eines globalen Imperiums eingesetzt werden, um die Agenda der gut betuchten zionistischen Plutokraten und ihres internationalen Netzwerks aus verbündeten Konzerninteressen und ideologischen Seelenverwandten voranzutreiben.

Während es viele gute Amerikaner gibt, die an die Propaganda von Fox News (d. h. zionistisch) glauben, dass Amerika seine Macht „zum Guten" einsetzen muss, selbst auf Kosten des Opfers von Tausenden von Leben von Amerikanern und anderen Menschen, gibt es weitaus mehr Amerikaner (und andere Menschen in der Welt), die diese Philosophie nicht teilen.

Fox News - und andere Teile des zionistischen Propagandanetzwerks - begannen jedoch, das Thema in den Vordergrund zu rücken, dass jeder, der sich diesem globalen Programm widersetzt, irgendwie „antiamerikanisch" und mit Sicherheit „antisemitisch" (und sogar „antichristlich") ist.

Gesetze wie der „Patriot Act" und andere Kontrollmechanismen werden eingeführt, um jegliche abweichende Meinung gegen die zionistische Agenda zu unterdrücken. Fox News steht bei der Förderung dieser orwellschen Pläne an vorderster Front.

Wir brauchen in dieser Hinsicht nichts weiter zu sagen, außer aufrichtige amerikanische Patrioten zu warnen, dass Fox News nicht ihr Freund ist. Aufrichtige Amerikaner sollten sich vor Fox News und seinen Talking Heads hüten.

Die Amerikaner müssen die Vorstellung, dass „Fox viele gute Dinge sagt", in den Wind schlagen und die Argumentation aufgeben, dass Stimmen aus dem Fox-Stall (oder sollten wir sagen „aus der Gosse"?) wie Bill O'Reilly, Sean Hannity und andere „oft recht haben". Fox und seine Anhänger sind eine Gefahr für Amerika und die Welt.

Fox News gehört sicherlich zu den gefährlichsten der „Juda Goats - The Enemy Within" (Böcke aus Juda - der innere Feind).

KAPITEL XLI

Die vergangene, gegenwärtige und zukünftige Agenda des inneren Feindes: Die amerikanischen Patrioten zum „wahren" inneren Feind erklären

Am 29. Mai 2005 enthüllte *die Washington Post,* dass die Bush-Regierung ihren berühmten „Krieg gegen den Terrorismus" in eine neue „Strategie gegen gewalttätigen Extremismus" umwandelte. Dann, genau eine Woche später, am 5. Juni, veröffentlichte die *Post* einen prominenten Kommentar des ehemaligen FBI-Agenten Mike German - der sich auf die Infiltration „rechter" Splittergruppen in den USA spezialisiert hatte -, in dem er vorschlug, dass die Bundesbehörden Anstrengungen unternehmen sollten, um einen totalen Krieg gegen nationale „extremistische" Gruppen zu führen, die als solche wahrgenommen werden.

Der ehemalige FBI-Agent argumentiert, dass die von ihm so genannten „extremistischen" Gruppen in den USA einen Nährboden für Gewalt darstellen und daher in erster Linie als kriminelle Vereinigung behandelt werden sollten. „Hinter dem einsamen Terroristen steht eine Rudelmentalität", lautete die Überschrift des Kommentars von Herrn German. German machte deutlich, dass es sehr unterschiedliche Gruppen von „Inlandsterroristen" gibt, die seiner Meinung nach einer besonderen Behandlung bedürfen. Der ehemalige Undercover-Agent des FBI nahm kein Blatt vor den Mund, als er erklärte, dass diejenigen, die er als Amerikas potenzielle Terroristen wahrnimmt, nicht nur diejenigen sind, die wie Terroristen „aussehen" könnten. German schrieb:

> Sie nennen sich nicht immer KKK oder Miliz; manchmal verwenden sie harmlose Namen, die ihre wahre Natur verschleiern. Sie können Nazisymbole auf ihren Ärmeln tragen, müssen es aber nicht. Es kann sich um ein paar mürrische alte Männer handeln, die sich in einem örtlichen Café auf einen Kaffee treffen, um ein paar junge Punks, die Ärger suchen, oder sogar um einen Mann, der in seinem Keller sitzt und auf Neonazi-Websites chattet. Doch sie alle sind Teil einer extremistischen Untergrundgemeinschaft.

Allerdings, so German, „bricht von Zeit zu Zeit ein Anhänger dieser Bewegungen gewalttätig in unsere Welt ein, mit tödlichen Folgen". Er nannte eine Reihe von Personen, die Gewaltverbrechen begangen hatten und die im Jargon der Medien mit verschiedenen sogenannten „extremistischen" Gruppen „verbunden" worden waren. Obwohl es zweifellos viele Organisationen gibt, die als „extremistisch" eingestuft werden könnten, zieht Herr German keine Trennlinien zwischen dem, was „Extremismus" ist, und mutmaßlich respektablen Ausdrucksformen der Meinungsfreiheit. Hier werden die Dinge interessant und noch besorgniserregender. German behauptete, dass

> Die Tatsache, dass diese Personen, nachdem sie mit einer extremistischen Ideologie in Berührung gekommen waren, alle Gewalttaten begangen haben, könnte eine vernünftige Person dazu veranlassen, eine größere Verschwörung zu vermuten. Stellen wir uns vor, ein hochintelligenter Führer einer extremistischen Bewegung, der den ersten Verfassungszusatz und die Gesetze über kriminelle Vereinigungen versteht, sagt seinen Anhängern, sie sollten sich nicht von bestimmten Anweisungen abhängig machen.
>
> Er kann sie auffordern, sich vor einer Gewalttat von der Gruppe zu distanzieren, einzeln oder in kleinen Gruppen zu handeln, damit sich die anderen Mitglieder der Bewegung der strafrechtlichen Verantwortung entziehen können. Diese Methode schafft eine Win-Win-Situation für den extremistischen Anführer - die gewalttätigen Ziele der Gruppe werden ohne rechtliche Konsequenzen erreicht.

Mit anderen Worten: German legt nahe, dass jedes Mal, wenn eine Person, die mit einer „extremistischen" Gruppe „verbunden" ist, ein Verbrechen begeht, der Verdacht nicht unlogisch ist, dass die Gruppe oder ihre Anführer die Anstifter sind; tatsächlich müssen also die von der Verfassung geschützten freien Äußerungen einer Person oder einer Gruppe, die eine andere Partei auf die eine oder andere Weise zu einer Gewalttat hätten beeinflussen können, behandelt werden. Kurz gesagt: Es ist an der Zeit, damit zu beginnen, hart gegen diejenigen vorzugehen, die nicht eines Verbrechens, sondern nur des „Extremismus" für schuldig befunden werden, wie auch immer dieser definiert sein mag. Es handelt sich um eine Verschwörung von Extremisten, so German, und er fügte hinzu: „Die Augen vor dieser Verschwörung zu verschließen, bedeutet, die Realität zu leugnen. Es geht darum, die Punkte zu verbinden".

Mit der Behauptung, dass „die Neonazi-Ideologie auch eine der Hauptursachen für den Anstieg der Gewalt an Schulen ist" - was nicht ganz richtig ist und den zunehmenden Einsatz von Psychopharmaka bei der Behandlung von Schulkindern, der oft zu Depressionen und Gewalt führt, nicht berücksichtigt - nannte German nur zwei Fälle, die einzigen beiden (unter vielen anderen), die auch nur vage mit der „Neonazi-Ideologie" in Verbindung gebracht werden.

Als erstes Beispiel nannte German die tragische Schießerei in einer Schule in Minnesota, bei der ein junger amerikanischer Indianer, der offensichtlich ein Bewunderer Adolf Hitlers war, mehrere Menschen tötete, bevor er sich selbst umbrachte.

German legt auch großen Wert auf die Behauptung, dass die Schießerei an der Columbine High School von einer Verehrung für Hitler inspiriert war. German übersieht jedoch, dass einer der Columbine-Killer, Dylan Klebold, der Nachkomme einer bedeutenden Familie in der jüdischen Gemeinde von Columbus, Ohio, war und der andere, Eric Harris, zumindest teilweise ebenfalls jüdischer Abstammung war. Die beiden jüdischen Columbine-Killer interessierten sich offenbar nicht für Hitler und den Nationalsozialismus als Bewunderer des deutschen Führers und seiner Ideologie, sondern waren im Gegenteil erbitterte Nazigegner, hatten etwas gegen den „Holocaust" und betrachteten ihren Angriff auf ihre nichtjüdischen Schulkameraden (darunter auch Afroamerikaner) als Mittel, um sich an den Nichtjuden zu „rächen".

All das wurde natürlich von den Medien sorgfältig verschwiegen, die lieber vorschlugen, dass die beiden psychotischen jüdischen Mörder eher antijüdische Extremisten und Hitler-Bewunderer waren

Darüber hinaus ist anzumerken, dass ein angesehener Psychiater, Dr. Robert John, aufgrund seiner eigenen Studie fest an ein Thema glaubt, das ein anderer Pädagoge, Dr. Philip Glidden, in seinem eigenen Buch *Trading on Guilt: Holocaust Education in the Public Schools* aufgegriffen hat, nämlich dass „Holocaust-Studien" in öffentlichen Schulen zur Gewalt bei Jugendlichen beitragen, indem sie durch die ständige Darstellung von Gewaltbildern für Gewalt desensibilisiert werden. Dies allein sollte Grund genug sein, den Unterricht von „Holocaust-Studien" an öffentlichen Schulen zu verbieten.

German behauptete jedenfalls glatt, dass „diese Führer [von „extremistischen" Gruppen], die angeblich „eine Methode entwickelt haben, um ihren Einfluss zu verschleiern", dadurch, dass sie sowohl das Motiv als auch die Methode der Gewalt liefern, somit „Teil der Verschwörung" zur Begehung von Gewalttaten sind. Er fügte hinzu, dass „ihr zynischer Rückgriff auf die Rechte des ersten Verfassungszusatzes, die sie anderen nicht zugestehen würden, ihre Rolle nicht aufhebt".

German schloss: „Einsame Extremisten stellen für die Polizei ein Problem dar, weil sie schwer vorhersehbar sind. Es ist, als würde man in jedem Heuhaufen nach einer Nadel suchen. Vielleicht hätten wir mehr Glück, wenn wir den Fabriken, die Nadeln herstellen, mehr Aufmerksamkeit schenken würden".

Was die Botschaft von Herrn German so erschreckend machte, war, dass sie auf seltsame Weise die langjährigen Behauptungen der Anti-Defamation League (ADL) von B'nai B'rith widerspiegelt - die sich selbst als „Wachhund" darstellt, der „extremistische" Gruppen überwacht -, dass Kommentare, gegen die sich die ADL wendet, „Obszönität" darstellen und dass diese „Obszönität" zu Gewalt führen kann.

Beispielsweise veranstaltete die ADL 1988 an der Hofstra University in New York ein dreitägiges juristisches Symposium mit dem Titel „Group Diffamation and Freedom of Speech: The Relationship Between Language and Violence" (Gruppenbezogene Diffamierung und Meinungsfreiheit: Die Beziehung zwischen Sprache und Gewalt).

Das Forum endete mit einem eindringlichen Appell für die Verabschiedung eines Gesetzes, das verbietet, was von sogenannten „Extremisten" als „Hassliteratur" bezeichnet wurde.

Die von den Sprechern geäußerten Meinungen, die sich für ein Verbot von Hassliteratur aussprechen, drehen sich um zwei Ideen:

- Dass geschriebene oder gesprochene Worte an sich schon Gewalt darstellen. (Beispielsweise reicht es aus, jemanden als „böse" zu bezeichnen, ohne ihm mit einer körperlichen Handlung zu drohen, um eine Gewalttat zu begehen).

- Worte, ob geschrieben oder gesprochen, haben eine gewisse Macht, die für das Ziel oder das Opfer dieser Worte eine Realität schafft (wenn man z. B. jemanden als „dreckigen Penner" bezeichnet, wird er zu einem solchen). (In seiner Eröffnungsrede erklärte Monroe Freedman, Rechtsprofessor an der Hofstra, dass der Versuch, die Meinungsfreiheit zu verteidigen und gleichzeitig Minderheiten vor denen zu schützen, die sie „diffamieren", ein „Paradoxon der verfassungsmäßigen Demokratie" sei. Laut Freedman:

> Die Diffamierung einer Gruppe kann ein soziales Klima schaffen, das für Hass und Unterdrückung empfänglich ist und diese fördert. Wenn eine Minderheitengruppe als weniger als menschlich, strafwürdig oder als Bedrohung für die Gemeinschaft im Allgemeinen dargestellt werden kann, ist die Unterdrückung dieser Minderheit eine wahrscheinliche Folge.

> Wir wissen auch, dass die Sprache selbst verletzen kann, dass es Wörter gibt, die allein durch ihre Aussprache Wunden zufügen... Wenn die Botschaft gewalttätig ist, kann die Sprache selbst eine Gewalt darstellen.

Der Abgeordnete John Conyers (D-Mich.) sprach über den „psychischen Schmerz", der durch Sprache zugefügt werde. Ein weiterer Redner, Elie Wiesel, der sich selbst als „Holocaust-Überlebender" bezeichnet, meinte, dass diejenigen, die in Gruppen diffamieren, „bekämpft" und „streng behandelt" werden sollten.

Auf der Konferenz wurde ein Plädoyer für den Siegervorschlag eines Wettbewerbs gehalten, der unter Jurastudenten aus dem ganzen Land veranstaltet wurde, um ein Gesetzesmodell zu entwerfen, das zur Verfolgung von Personen verwendet werden könnte, die sich an so genannter „Gruppendiffamierung" beteiligen. Der erste Preis ging an ein Gesetzesmodell, das Gruppenverleumdung wie folgt definiert:

> Jede böswillig veröffentlichte mündliche, schriftliche oder symbolische Äußerung, die die Loyalität, Fähigkeiten oder Integrität der Mitglieder einer Gruppe auf der Grundlage eines angeblich allen Mitgliedern dieser Gruppe gemeinsamen Merkmals herabsetzt, erniedrigt oder in Frage stellt, oder die durch ihre bloße Äußerung den Mitgliedern einer Gruppe Schaden zufügt, oder die Feindseligkeit gegenüber einer Gruppe fördert.

Eine „Gruppe" wird definiert als „eine Ansammlung von Personen, die durch eine gemeinsame Rasse, Religion, nationale Herkunft, Ethnie oder ein gemeinsames Geschlecht oder auf der Grundlage von Hetero- oder Homosexualität identifiziert werden".

Das vorgeschlagene Gesetz sieht die Einrichtung einer Agentur vor, die kollektive Diffamierungshandlungen überwacht, die Auswirkungen jeder diffamierenden Rede gegen eine Gruppe bewertet und den tatsächlichen und potenziellen negativen Auswirkungen dieser Rede entgegenwirkt. Diese Agentur würde auch alle Filme vor ihrer Ausstrahlung prüfen und, wenn sie als beleidigend eingestuft werden, ihre öffentliche Vorführung verbieten.

Am 2. November 1995 warb der Abgeordnete Charles Schumer (D-N.Y.), heute ein mächtiger US-Senator, gemeinsam mit dem oben erwähnten Kongressabgeordneten Conyers für eine Gesetzgebung, wie sie auf der ADL-Konferenz vorgeschlagen wurde. Die Maßnahme Schumer, H.R. 2580, wurde irreführenderweise als „The Republican Form of Government Guarantee Act" (Gesetz zur Gewährleistung der republikanischen Regierungsform) bezeichnet.

Als langjähriger Sprecher der ADL im Kongress schlug Schumer vor, die Diskussion über das, was er als „unbegründete Verschwörungstheorien über die Regierung" bezeichnete, die seiner Meinung nach die öffentliche Ordnung gefährden, zu verbieten. Da er bereits als Hauptfeind des zweiten Verfassungszusatzes und der Rechte von Schusswaffenbesitzern im Kongress bekannt ist, wäre Schumers neues Ziel, der erste Verfassungszusatz, bei Annahme des Gesetzentwurfs weggefallen. Die in Washington ansässige Zeitung *Spotlight* kam zu dem Schluss, dass

Schumers Vorschlag vielleicht die gefährlichste Polizeistaatsgesetzgebung war, die zu dieser Zeit jemals in einen US-Kongress eingebracht wurde, und startete schnell eine Anstrengung, um den Gesetzentwurf abzulehnen. Obwohl sich die ADL stark für die Maßnahme einsetzte, führte der von *The Spotlight* angeregte öffentliche Druck dazu, dass die ADL den Entwurf ablehnte, was Schumer so sehr verärgerte, dass er einen Massenbrief an seine Anhänger schickte und wütend schrieb, *The Spotlight* habe ihn „ins Visier genommen", um ihn zu vernichten.

Diese erste, von der ADL gesponserte Verschwörung gegen die Meinungsfreiheit wurde natürlich vom mittlerweile berühmten Patriot Act übertroffen, den die Bush-Regierung - mit Unterstützung der ADL - zum Zeitpunkt der Niederschrift dieses Artikels auszuweiten versucht.

Und das ausgerechnet zu einer Zeit, in der die Bush-Regierung ihren neuen Krieg gegen den „gewalttätigen Extremismus" erklärt und ein ehemaliger FBI-Agent die Notwendigkeit bekräftigt, gegen das vorzugehen, was er als eine „Verschwörung" unter politisch Andersdenkenden zur Schürung von Gewalt ansieht.

Wundern Sie sich nicht, dass die Medien sich zunehmend mit der „Gewalt von Extremisten in Amerika" beschäftigen und die amerikanischen Strafverfolgungsbehörden auffordern, wachsamer gegenüber Personen zu sein, die als „außerhalb der Norm" und damit als potenziell gewalttätig gelten.

In Anbetracht all dessen ist es beispielsweise kein Zufall, dass die ADL ein von ihr so genanntes „Ressourcennetzwerk für Strafverfolgungsbehörden" unterhält und dass über dieses Netzwerk, die ADL die Konferenz vom 20. bis 22. Mai 2005 in New Orleans, die vom ehemaligen Vertreter des Staates Louisiana, David Duke, veranstaltet wurde, als die Art von „extremistischen" Aktivitäten genannt hat, die überwacht werden müssen, und das, obwohl Duke Gewalt und Wutrhetorik entschieden abschwört und dies in der Tat immer getan hat.

Für Mike German, einen ehemaligen FBI-Mitarbeiter, senden Duke und andere Anführer jedoch nur bösartige Botschaften, die dazu dienen sollen, sich zu isolieren und gleichzeitig Gewalt zu fördern.

Es ist offensichtlich, dass Mike German als ehemaliger FBI-Agent, der mit der Infiltration „extremistischer" Gruppen auf beauftragt war, in seiner langjährigen Arbeit vor Ort sicherlich eng mit der ADL zusammengearbeitet hat und daher diese außerirdische Propaganda widerspiegelt.

Jetzt, da die Bush-Regierung den Kampf gegen „gewalttätigen Extremismus" aufgenommen hat, wo die ADL und andere pro-israelische

Lobbygruppen behaupten, dass amerikanische Israelkritiker islamischen Extremisten moralische Hilfe und Unterstützung leisten, indem sie israelkritische Äußerungen machen, scheint es, dass Germans Kommentar in *der Washington Post* nichts weniger als ein sprichwörtlicher Versuchsballon war.

Die Bühne ist bereitet für künftige Versuche, politische Dissidenten in den USA zu vernichten, die es wagen, den kriegerischen und pro-israelischen Extremismus der „Hohepriester des Krieges" zu kritisieren, die die Politik der Bush-Regierung beherrschen und die auch die Politik künftiger Regierungen - Republikaner und Demokraten gleichermaßen - zu beherrschen beabsichtigen.

KAPITEL XLII

Die „Gedankenpolizei" der Neuzeit hat sich verschworen, Kritik an Israel und dem Zionismus auf dem Campus zu zensieren: Zwei „Konservative" im Dienste der zionistischen Sache

Im Frühjahr 2003 kündigte das dritte republikanische Mitglied des US-Senats, der konservative Rick Santorum (Pa.), seine Absicht an, eine als „ideologische Vielfalt" bezeichnete Gesetzgebung einzuführen, die Tausenden von amerikanischen Colleges und Universitäten die Bundesfinanzierung streichen würde, wenn sich herausstellen sollte, dass diese Institutionen Professoren, Studenten und Studentenorganisationen erlauben, Israel offen zu kritisieren.

Santorum, einer der größten Befürworter Israels im Kongress und erklärter Präsidentschaftskandidat, betrachtete Kritik an Israel als einen Akt des „Antisemitismus". In diesem Zusammenhang wollte Santorum die Formel für die Bundesfinanzierung nach Titel IX des Hochschulgesetzes umschreiben, um „ideologische Vielfalt" sowie die Gleichstellung der Geschlechter in der Bildung als Voraussetzung für die Bundesfinanzierung aufzunehmen. Zu Santorum gesellte sich eine weitere konservative Säule der GOP und pro-israelischer Ideologe, Senator Sam Brownback (Kan.), der einen eigenen Plan hatte, um zu fordern, dass eine Bundeskommission - von Kritikern als „Tribunal" bezeichnet - unter Titel IX eingerichtet wird, um antisemitische Vorfälle auf dem amerikanischen Campus zu „untersuchen".

Obwohl der durchschnittliche amerikanische Student oder Universitätsprofessor nichts vom Santorum-Brownback-Projekt gehört hatte, sagte Wayne Firestone, Direktor des Zentrums für israelische Angelegenheiten der Hillel-Stiftung, damals: „Wo immer ich hingehe, ist es das Hauptthema. Es stößt auf großes Interesse". Tatsächlich war es Firestones Organisation Hillel, die Einheiten auf dem amerikanischen Campus unterhält, die als erste Santorums Pläne an die Öffentlichkeit brachte. Weitere Details tauchten in einem vorsichtigen Bericht auf, der am 15. April 2003 in der *New York Sun, einer* Zeitung mit geringer Auflage, veröffentlicht wurde. *Die Sun,* eine dezidiert pro-israelische „neokonservative" Tageszeitung, die in Manhattan herausgegeben wird,

wird von einer Reihe pro-israelischer Milliardäre finanziert, darunter Michael Steinhardt und Conrad Black (der auch die *Jerusalem Post* herausgegeben hat).

Darüber hinaus sind die Hauptredakteure der *Sun* Seth Lipsky und Ira Stoll, die zuvor führende redaktionelle Positionen bei *Forward*, der einflussreichsten jüdischen Zeitung Amerikas, innehatten. Wenn die *New York Sun* also positiv über Santorums Plan berichtet hat, ist es unwahrscheinlich, dass die *Sun* über Santorum gelogen hat, da sie seine Begeisterung für Israel teilte.

Wie dem auch sei, in seiner Version der Ereignisse erklärte Hillel seinen Anhängern, dass Santorum zusammen mit mehreren anderen Senatsmitgliedern Vertreter einer Reihe einflussreicher jüdischer Organisationen zu einem privaten Treffen auf das Kapitol eingeladen hatte, um die Sorgen der Senatoren über die zunehmende Kritik an Israel auf dem Campus amerikanischer Universitäten zu diskutieren.

Die fraglichen Senatoren - allesamt Republikaner - waren: Santorum, Robert Bennett (Utah), Sam Brownback (Kansas) und der neu gewählte Norm Coleman (Minnesota) unter. Darüber hinaus waren der republikanische Mehrheitsführer im Senat, Bill Frist (Tenn.), und seine GOP-Kollegen, Sens. Lindsey Graham (S.C.) und George Voinovich (Ohio), Vertreter geschickt.

Die bei dem privaten Treffen anwesenden jüdischen Organisationen waren die Anti-Defamation League (ADL) of B'nai B'rith, die Zionist Organization of America, das American Jewish Committee und Hillel, vertreten durch den bereits erwähnten Firestone und seinen Kollegen Jay Rubin. Louis Goldstein, stellvertretender Sekretär im US-Bildungsministerium, Büro für Bürgerrechte, vertrat die Bush-Regierung.

In der nichtöffentlichen Sitzung - von der den Steuerzahlern, die die Rechnung des Unternehmens bezahlt haben, keine Abschrift vorliegt - soll ein Vertreter der ADL behauptet haben, dass die „Jahresprüfung" der ADL über antisemitische Aktivitäten in Amerika im Jahr 2002 einen Anstieg des Antisemitismus auf amerikanischen Campus um 24% festgestellt habe. Dieser Anstieg um 24% - wie die ADL selbst zugab - führte lediglich zu 21 Maßnahmen. Die ADL-Definition von „Antisemitismus" ist jedoch so weit gefasst, dass sie selbst die leichteste Kritik an Israel einschließt, die nicht nach den Parametern formuliert wird, die die ADL für akzeptabel hält.

Inzwischen hatte sich die Nachricht von der Santorum-Brownback-Initiative unter den führenden Vertretern der Bildungsgemeinschaft verbreitet, nachdem dieser Autor, Michael Collins Piper, diese Masche angeprangert hatte.

Der Artikel wurde zunächst in der in Washington ansässigen Zeitung *American Free Press* (AFP) veröffentlicht und dann von Joe Fields, einem in Kalifornien ansässigen amerikanischen Nationalisten, im Internet so weit verbreitet, dass der Bericht über das System schließlich in die E-Mails unabhängiger Pädagogen in den gesamten USA und weltweit gelangte.

Als Folge der wachsenden Besorgnis über die AFP-Enthüllung begann die pro-israelische Lobby zu versuchen, zu leugnen, dass Santorum jemals vorgeschlagen hatte, die Gesetzgebung einzuführen, von der er behauptet hatte, sie einführen zu wollen: Die „offizielle" Propagandalinie, die verbreitet wurde, war, dass die AFP-Geschichte nicht wahr sei und dass Santorum niemals eine solche Gesetzgebung in Betracht gezogen habe. Doch damit war die Angelegenheit noch nicht zu Ende.

Obwohl die AFP die Geschichte zunächst auf nationaler Ebene veröffentlichte, wurde sie später von verschiedenen Medien in den USA und im Ausland aufgegriffen, darunter auch Publikationen in der arabischen Welt. Laut der Ausgabe vom 9. Mai 2003 der in New York ansässigen Zeitung *Jewish Week* setzte sich das Außenministerium mit den Senatsbüros in Verbindung, um sie darüber zu informieren, dass die Zeitungen der Palästinensischen Autonomiebehörde den Artikel über die Gesetzgebung zur „ideologischen Vielfalt" veröffentlichten, und um zu fragen, ob der Artikel der Wahrheit entspräche.

In ihrem Bericht über die Kontroverse, die nach der AFP-Enthüllung ausbrach, erklärte der Artikel von *Jewish Week* unter der Überschrift „Diversity Disinformation", dass ein „Gerücht über eine laufende Gesetzgebung, die Kritik an Israel auf dem Campus verbietet, [durch die arabischen und linken Medien fegt]". Der Artikel erwähnt nie, dass AFP (die weit davon entfernt ist, eine „linke" Publikation zu sein) die erste war, die dieser Geschichte Gestalt verliehen hat, und behauptet lediglich, dass „die Geschichte von mehreren führenden Verschwörungstheoretikern und Holocaust-Revisionisten in die Welt gesetzt wurde".

Diese Behauptung ist jedoch gelinde gesagt irreführend. Wie aus dem ursprünglichen AFP-Bericht deutlich hervorging, basierte der AFP-Bericht nämlich auf einem Artikel, der in der *New York Sun,* einer pro-israelischen Zeitung, erschienen war. Die Wahrheit ist also, dass der Artikel in einer eindeutig pro-israelischen Publikation erschienen war. Dennoch griff die AFP die Geschichte auf, erkannte ihre Bedeutung und widmete ihr die Aufmerksamkeit, die sie verdiente - sehr zum Missfallen derjenigen, die die ganze Geschichte ursprünglich ausgelöst hatten, darunter Santorum und seine Kollegen auf dem Kapitol.

Trotzdem erklärte *Jewish Week,* dass diese Geschichte „in der arabischen Welt und in einigen linken Kreisen der USA zu einem Glaubensartikel geworden ist" und fuhr fort, dass „für pro-israelische Führer und prominente Mitglieder des Senats diese Geschichte bestenfalls eine gefährliche urbane Legende, schlimmstenfalls eine bewusste Desinformation ist".

(Einige werden sich daran erinnern, dass das Justizministerium unter dem damaligen Generalstaatsanwalt John Ashcroft ebenfalls gelogen hatte, als es behauptete, die - erstmals von AFP veröffentlichten - Fakten rund um die Beschlagnahmung israelischer Spione, die vor den Anschlägen vom 11. September auf amerikanischem Boden operierten, durch das FBI seien ebenfalls eine „urbane Legende". Offensichtlich ist der Begriff „urbane Legende", ebenso wie der Begriff „Verschwörungstheorie", inzwischen eine zionistische „Doppelmoral", die auf jede solide Information angewandt wird, die der offiziellen Propagandalinie widerspricht).

Wie dem auch sei, zur Erinnerung: Im Originalartikel der pro-israelischen *Sun* hieß es kategorisch (in der Diskussion über das Capitol Hill-Treffen, bei dem das Projekt der „ideologischen Vielfalt" ins Leben gerufen wurde):

> Am Ende des gestrigen Treffens sprach Santorum von der Einführung eines Gesetzes, das die Bundesfinanzierung für Universitäten kürzen könnte, in denen Antisemitismus und antiisraelische Gefühle verbreitet sind - oder allgemeiner gesagt, in denen es an „ideologischer Vielfalt" mangelt.

Das Problem des AFP-Artikels *ist* - zumindest laut der *Jüdischen Woche* - , dass „keine derartige Gesetzgebung eingeführt oder auch nur in Erwägung gezogen wurde". Das widerspricht natürlich dem, was die *Sun* zuerst sagte (und was die AFP dann ihren Lesern berichtete).

Jewish Week behauptete dann, das Treffen im Kapitol zu beschreiben, bei dem die Gesetzgebung ausgearbeitet wurde - oder auch nicht, je nachdem, wem man glaubt. Laut einer anonymen Senatsquelle, die von *Jewish Week* zitiert wurde, umfasste das Treffen „viele Präsentationen von verschiedenen Gruppen", ohne zu erwähnen, dass die „verschiedenen" Gruppen, wie AFP feststellte, allesamt kompromisslose pro-israelische Organisationen waren. Die anonyme Quelle sagte, dass kein neues Gesetz in Vorbereitung sei und Santorum „[das Problem] prüfe und Informationen sammle". Die Zeitung berichtete außerdem, dass „mehrere jüdische Führer, die an dem Treffen teilnahmen, diese Behauptung bestätigten".

Die Jewish Week berichtete, dass „mehrere Teilnehmer die Einrichtung einer Arbeitsgruppe auf dem Kapitol vorschlugen, die sich mit dem Anstieg des Antisemitismus befassen soll. Andere schlugen die Einrichtung einer Gruppe vor, die die ideologische Vielfalt auf dem Campus untersuchen soll". Die Zeitung erwähnte nie - wie auch die *Sun* und später AFP -, dass Santorums GOP-Kollege, Senator Sam Brownback

(Kansas), auf die Bildung eines speziellen Bundesausschusses bestanden hatte, der den sogenannten Antisemitismus auf dem Campus „untersuchen" sollte. Wenn die Geschichte falsch war, wenn es sich um eine „urbane Legende" oder eine Art „Desinformation" handelte, warum hat dann eine pro-israelische Publikation wie *die New York Sun die* Geschichte überhaupt erst veröffentlicht? Und wenn die *Sun sich* geirrt hat, warum hat sie dann noch keine Richtigstellung veröffentlicht

Die Geschichte war also tatsächlich wahr und Santorum plante eine solche Gesetzgebung. Dank der AFP, die die Geschichte aufdeckte und in ihren Kontext einordnete und die totalitäre Natur des Vorhabens enthüllte, machten Santorum und seine Verbündeten in der pro-israelischen Lobby jedoch einen Rückzieher.

Dann waren sie so dreist, zu versuchen zu leugnen, dass sie das Projekt überhaupt erst ausgeheckt hatten.

Doch trotz der Bemühungen, den Fall zu vertuschen, ist die Wahrheit nicht verschwunden. Am 29. April 2003 beschwerte sich Hillel, der, wie wir gesehen haben, ein landesweites Netzwerk pro-israelischer „Universitätspolizei" ist, auf seiner Website, dass Zeitungen - insbesondere AFP - und Internetseiten wie Rense.com (die eine Kopie des AFP-Artikels erhalten haben) und das in Palästina ansässige Palestine Media Center unter anderem versuchen würden, die Absichten derjenigen zu „verzerren", die an der Capitol Hill-Sitzung über die Gesetzgebung zur „ideologischen Vielfalt" teilgenommen hatten.

Die pro-israelische Gruppe war auch verärgert, als sie erfuhr, dass das Progressive Faculty Network - ein Bündnis unabhängiger Lehrer an Colleges und Universitäten - eine E-Mail, in der das Projekt angekündigt wurde, weit verbreitet hatte. Hillel behauptet, dass AFP und andere Medien, die die Geschichte aufgriffen, „eine bizarre Version des Treffens fördern", das zwischen mehreren US-Senatoren - angeführt von Santorum und Brownback - und verschiedenen pro-israelischen Lobbygruppen, darunter auch Hillel, stattgefunden hatte.

Anstatt direkt auf die Besonderheiten des AFP-Artikels einzugehen, griff Hillel die AFP an und beschuldigte die Zeitung, „antisemitisch" zu sein - was natürlich genau die Diffamierung ist, die gegen jeden lanciert wird, der es wagt, Israel zu kritisieren, egal auf welchem Campus, wo auch immer.

Entscheidend ist jedoch, dass das Treffen auf dem Kapitol tatsächlich stattgefunden hat und dass die konservative GOP geplant hatte, ein Gesetz einzuführen, mit dem US-Universitäten, die in irgendeiner Weise als „antisemitisch" eingestufte Reden zulassen, die Finanzierung durch den Bund verweigert werden soll.

Hillel behauptet nun, dass „das Treffen der republikanischen Führer organisiert wurde, um über Antisemitismus auf dem Campus zu diskutieren, und nicht, um antiisraelische Gruppen zu bekämpfen". Hillel sagte, es sei nicht beabsichtigt gewesen, die Meinungsfreiheit zu unterdrücken, sondern das Thema Hass gegen jüdische Studenten anzusprechen.

Wie jedoch all jene bezeugen können, die an Campus-Demonstrationen gegen den Krieg gegen den Irak und/oder gegen die Misshandlung der Palästinenser durch Israel teilgenommen haben, wurden die Teilnehmer regelmäßig des überstrapazierten Begriffs „Antisemitismus" beschuldigt.

Hillels Versuche, den AFP-Artikel zu widerlegen, gingen also ins Leere. Letztendlich war alles, was Hillel tun konnte, die Behauptung, dass bestimmte Gruppen das „edle Ziel", „Hass gegen jüdische Studenten" zu bekämpfen, ausnutzten, um „ihre internationalen Verschwörungstheorien zu nähren".

Letztendlich werden zum Zeitpunkt des Verfassens dieser Zeilen (Mai 2006) neue Versionen dieser Gesetzgebung zur „ideologischen Vielfalt" (ursprünglich von Santorum und Brownback vorgeschlagen) derzeit im Kongress diskutiert. Eine Version wurde vom Repräsentantenhaus verabschiedet. Eine weitere Version wird derzeit vom Senat geprüft.

Letztendlich könnten die Unterschiede zwischen den beiden Maßnahmen eingeebnet werden und die endgültige Fassung der Gesetzgebung wird vom Kongress verabschiedet. Angesichts des zionistischen Einflusses auf den Kongress ist es sehr unwahrscheinlich, dass die Gesetzgebung wesentlich von dem korrupten Vorschlag abweicht, der ursprünglich von Santorum und Brownback und ihren Verschwörern vorgelegt wurde.

Darauf kommt es an: Der Innere Feind ist in der Lage, auf jede erdenkliche Weise zu lügen und die Wahrheit zu verdrehen. Die Umstände rund um die sogenannte „urbane Legende" der Gesetzgebung zur „ideologischen Vielfalt" sind eine wertvolle Fallstudie darüber, wie der Innere Feind regelmäßig operiert.

Und dank der Präsenz flexibler und williger Helfershelfer in den höheren Rängen, wie unter anderem die Senatoren Rick Santorum und Sam Brownback, ist der Innere Feind in einer guten Position, um polizeistaatliche Maßnahmen zur Gedankenkontrolle durchzusetzen, die darauf ausgelegt sind, diejenigen, die es wagen, ihre Meinung zu äußern, zu reduzieren, zu unterdrücken und zu bestrafen. Santorum und Brownback werden in den Medien oft als „aufstrebende junge Konservative" und „Präsidentschaftskandidaten" dargestellt, doch sie sind nichts anderes als Judasböcke, die im Auftrag des Inneren Feindes handeln.

KAPITEL XLIII

Die zionistische Übernahme und Manipulation der örtlichen Ordnungskräfte in Amerika: Der Einsatz der Polizeigewalt zur Ermordung amerikanischer Patrioten

In den letzten 25 Jahren war die Infiltration und Manipulation der örtlichen Ordnungskräfte ein Schlüsselelement der zionistischen Bemühungen, ihre Macht auf lokaler Ebene auszubauen.

Während der zionistische Einfluss auf der Ebene des FBI und der CIA seit langem besteht, ist die Rolle der Zionisten auf der lokalen Ebene der Strafverfolgungsbehörden nicht so gut bekannt, obwohl es von Zionisten gesponserte Intrigen (d. h. Korruption) innerhalb der Polizeibehörde von San Francisco waren, die den oben auf diesen Seiten beschriebenen ADL-Spionageskandal auslösten.

Und obwohl dieser Spionageskandal die Aufmerksamkeit auf die Rolle der ADL beim Missbrauch von Polizeibefugnissen durch Beeinflussung der örtlichen Strafverfolgungsbehörden gelenkt hat, ist die Wahrheit, dass seither, Gruppen wie die ADL und Morris Dees' Southern Poverty Law Center (SPLC) noch aggressiver vorgegangen sind, indem sie im Namen der Bekämpfung von Feinden wie „inländischem Terrorismus" und „Hassverbrechen" „Dienstleistungen" für die örtlichen Strafverfolgungsbehörden erbrachten und eine Vielzahl gut finanzierter Programme auflegten, um die örtlichen Strafverfolgungsbehörden im Sinne der ADL-Propaganda zu „schulen" - d. h. ihnen etwas einzuimpfen.

Es wäre mühsam, hier auf die Einzelheiten dieser Unternehmen einzugehen, die alle auf den Websites der ADL und des SPLC bestens zugänglich sind, aber es genügt zu sagen, dass diese zionistischen Lobbyoperationen (getarnt als „Bürgerrechts"-Organisationen) dazu geführt haben, dass sie einen großen Einfluss auf die örtlichen Ordnungskräfte ausüben. Heute wird jede Person, die als „gefährlich" für die zionistische Sache eingestuft wird, von den örtlichen Ordnungskräften, die im Namen der Zionisten handeln, missbraucht und misshandelt.

Ein erstes Beispiel liefert uns die Geschichte des völlig illegalen Überfalls, den ein SWAT-Team am 22. März 1995 auf das Westküstenbüro von Liberty Lobby durchführte, das sich im Haus des Gründers dieser nationalistischen Institution, Willis A. Carto, in Escondido, Kalifornien, befand. Carto. Die Gruppe umfasste nicht nur Agenten des FBI, sondern auch des IRS, des BATF und (unter anderem) der Drug Enforcement Administration.

Am 22. März 1995 um 7 Uhr morgens stürmten etwa 25 Mitglieder einer bewaffneten Einsatzgruppe das Haus von Herrn Carto. Obwohl Carto zu diesem Zeitpunkt nicht anwesend war, waren seine Frau Elisabeth und zwei junge Familienmitglieder, die zu Besuch waren, anwesend. Frau Carto, die durch das Bellen des Familienhundes Charlie auf die Gefahr aufmerksam geworden war, traf die Plünderer vor der Haustür. Sie liefen auf das Haus zu, nachdem sie das Zugangstor zum Grundstück aufgebrochen hatten.

Während ein Hubschrauber am Himmel kreiste und mindestens ein Scharfschütze in der Nähe positioniert war und sein Gewehr auf Frau Carto richtete, packten bewaffnete Beamte (einige trugen Sturmgewehre und Skimasken) Frau Carto gewaltsam, legten ihr Handschellen an und sprühten Charlie dann eine immobilisierende Chemikalie ins Gesicht, so dass der unglückliche Welpe vor Schmerzen heulte und nicht in der Lage war, seine Herrin zu schützen.

Anschließend verschafften sie sich gewaltsam Zutritt zum Haus. Durch den Lärm alarmiert, ging die junge und hübsche Nichte von Frau Carto im Nachthemd zur Haustür, wo sie von den Schlägern bedrängt wurde, die ihre Waffen auf ihr Gesicht richteten und ihr zuriefen „Nimm die Hände hoch!" und fragten „Hast du eine Waffe?".

Währenddessen wurde der Cousin des Mädchens aus dem Schlaf gerissen, mit Handschellen aus dem Bett geholt und vom Rest der Familie isoliert. Er blieb zwanzig Minuten lang in Handschellen, bevor er freigelassen wurde.

Der junge Mann, der vor kurzem seinen Abschluss an der juristischen Fakultät gemacht hatte, war nach Kalifornien gekommen, um sich drei Wochen lang zu erholen, bevor er seinen neuen Job antrat.

Obwohl die Marodeure den Gefangenen anschließend die Handschellen abnahmen, wurden Frau Carto und die beiden jungen Männer geheim gehalten, während „das Gesetz" das Haus fünf Stunden lang von oben bis unten durchsuchte.

An einem bestimmten Punkt hörte Frau Carto, wie Beamte darüber nachdachten, Bulldozer anrücken zu lassen, um das Grundstück auszuheben, um „Diebesgut" zu entdecken, das ihrer Meinung nach „vergraben sein könnte".

Die Plünderer nahmen vierzehn Kartons mit Dokumenten, Mr. Cartos persönliche Waffensammlung und Mrs. Cartos Computer mit. Trotz der energischen Bemühungen des SWAT-Teams wurden keine „Beweise" für „Diebesgut", den fadenscheinigen Vorwand für die Razzia, gefunden.

Erst nach der Razzia entdeckten die Anwälte der Cartos Beweise dafür, dass *ein langjähriger Aktivposten der Anti-Defamation League (ADL) der B'nai B'rith eine Schlüsselrolle bei der Orchestrierung der Razzia gespielt hatte.*

Es stellte sich heraus, dass ein Hilfssheriff aus San Diego County, Tim Carroll, der Hauptanstifter des Angriffs auf das Haus der Cartos war, das sich in San Diego County außerhalb der Zuständigkeit der Polizeibehörde von Costa Mesa (Orange County) befand, die die Razzia offiziell leitete.

Carroll war nicht nur der Verbindungsmann des Sheriffbüros von San Diego zur ADL, sondern auch ein langjähriger, geständiger Mitarbeiter des in San Francisco ansässigen ADL-Agenten Roy Bullock. Als das SFPD 1992 seine Ermittlungen zu den Spionageoperationen der ADL aufnahm, stützte es sich in der Tat weitgehend auf Carrolls Geständnis, als es einen Durchsuchungsbefehl für die ADL-Büros in San Francisco und Los Angeles beantragte.

Bei der Beantragung des Durchsuchungsbefehls ging der Ermittler des SFPD, Ron Roth, detailliert auf sein Gespräch mit Carroll ein. Die Abschrift dieses Gesprächs war Teil der offiziellen Unterlagen zum ADL-Spionagefall, die das SFPD zu der Zeit, als die Ermittlungen noch liefen, veröffentlicht hatte. Kurz gesagt, Carrolls Geständnis - unter dem Verhör des SFPD - war ein Schlüsselelement in den frühen Phasen der Ermittlungen zu den illegalen Spionageoperationen der ADL.

Carroll beantwortete die Fragen des SFPD *nicht, weil er es wollte, sondern weil er es musste.* Als ADL-Mann im Büro des Sheriffs von San Diego County war Carroll genauso Teil des mit den Strafverfolgungsbehörden verbundenen Spionageapparats der ADL wie sein Partner Bullock und Bullocks Kontaktmann beim SFPD, Tom Gerard, in San Francisco.

Im Folgenden finden Sie Auszüge aus Carrolls Verhör durch die Polizei, die die engen Beziehungen zwischen Carroll (dem zentralen Akteur des von der ADL inszenierten Angriffs auf die Liberty Lobby) und der ADL und ihrem „Ermittler Nummer eins", Roy Bullock, verdeutlichen:

- Als Ermittler Roth den Mitarbeiter der ADL in San Diego fragte, wie lange er Bullock schon kenne, antwortete Carroll: „Es sind wahrscheinlich fünf oder sechs Jahre. Ich arbeite viel mit der ADL in San Diego zusammen und so habe ich [Bullock] kennengelernt und, äh, ich habe ihn auf verschiedenen Konferenzen getroffen", von denen er anmerkte, dass Bullock bei zweien als „Gastredner" aufgetreten sei.

- Carroll gab auch zu, im Mai 1991 im Rahmen einer „von der ADL gesponserten Strafverfolgungsreise" nach Israel gereist zu sein, an der etwa elf Mitglieder der US-amerikanischen Strafverfolgungsbehörden teilgenommen hatten, darunter auch Gerard von der SFPD.

(Carrolls sogenannte „Strafverfolgungsreise" war in Wirklichkeit ein voll bezahlter Urlaub am Mittelmeer mit ADL-Komplimenten - in der Tat eine lukrative „Gratifikation". Viele Polizisten haben unter anderen Umständen ihren Job verloren und/oder sind ins Gefängnis gegangen, weil sie Geschenke und Gefälligkeiten von weitaus geringerem Wert von Personen angenommen haben, die krimineller Aktivitäten verdächtigt werden).

- Carroll gab zu, dass Mira Lansky Boland vom ADL-Büro in Washington die ADL-Informanten auf dieser Reise begleitete und dass sie „alles mit den ADL-Mitgliedern in Jerusalem koordinierte", wie er sagte. Seitdem, so Carroll, habe er „ab und zu mit ihr gesprochen...". Sie könnte Dinge wissen wollen, ich könnte Dinge wissen wollen".

- Carroll gab auch zu, dass Bullock ihm erzählt hatte, dass er (Bullock) geheime Informationen aus den Akten des SFPD erhalten hatte.

(Dies legt nahe, dass Carroll selbst strafrechtlich verantwortlich gewesen sein könnte, weil er es versäumt hatte, eine Straftat zu melden, nämlich Bullocks Erhalt gestohlener Akten des SFPD).

- In Bezug auf seine Beziehung zu Bullock gab Carroll auch zu, dass „wir gemeinsame Projekte gemacht haben", ohne jedoch zu sagen, worin diese „gemeinsamen Projekte" bestanden.

Die Tatsache, dass ein langjähriger Mitarbeiter der ADL (Carroll), der eine Schlüsselrolle bei dem Angriff auf Liberty Lobby spielte, ein wichtiger Zeuge in der ADL-Affäre war, ist bezeichnend. Wie bereits erwähnt, löste die Enthüllung von Liberty Lobby über Bullocks ADL-Mitgliedschaft in der Ausgabe von *The Spotlight* vom 30. Juni 1986 den Prozess aus, der zu den Ermittlungen über die kriminellen Aktivitäten der ADL führte.

Die ADL wurde so in eine Krise verstrickt, die die Hauptverantwortlichen der ADL - und ihre Mitarbeiter bei der Polizei, darunter Tim Carroll - ins Gefängnis hätte bringen sollen.

Dies war jedoch nicht das Ende von Carrolls besonderer Verwicklung in die Welt der Intrigen, in die die ADL und der Mossad verwickelt sind. Tatsächlich ging Carroll kurz nach dem Überfall des SWAT-Teams auf die Liberty Lobby plötzlich in den „Ruhestand", bevor er einige Wochen später auf mysteriöse Weise als „Sonderermittler" im Mordfall von Ian Stuart Spiro wieder in den Dienst trat, einem Mann aus San Diego County, dessen seltsamer Tod (und der seiner Familie) am 7. November 1992 bis heute nicht offiziell aufgeklärt wurde.

Wenn Carroll den Fall Spiro wirklich lösen wollte, hätte er sich auf das Buch des ehemaligen Mossad-Offiziers Victor Ostrovsky mit dem Titel *The Other Side of Deception (Die andere Seite der Täuschung)* beziehen können. Laut Ostrovsky hatte Spiro jahrelang mit dem Mossad zusammengearbeitet. Der Mossad hatte Spiro mehrere Millionen Dollar gegeben, die er an eine dritte Partei zahlen sollte. Spiro behielt das Geld jedoch. Als ein Mossad-Team zu seinem Haus kam, um das Geld zurückzuholen, ermordete der Mossad seine Familie und Spiro musste auf das Geld verzichten und wurde dann vergiftet, um es so aussehen zu lassen, als hätte er sich nach dem Mord an seiner Familie selbst umgebracht.

Letztendlich kam der ADL-Agent Tim Carroll, ohne dass sich jemand darüber wunderte, zu dem Schluss, dass es sich bei dem Fall Spiro um einen einfachen „Mord-Selbstmord" handelte. Keine Beteiligung des Mossad. Keine Intrige der CIA. Ein einfaches, gewöhnliches Verbrechen. Die Tatsache, dass Carroll wieder als „Ermittler" zu Spiros Tod tätig wurde, legt nahe, dass seine eigentliche Aufgabe darin bestand, den Mord des Mossad an der Familie Spiro reinzuwaschen.

Der Sheriff von San Diego County, der Carroll in dieses neue Amt berufen hatte, war William Kolender, ein überzeugter Zionist. Im März 1995 - zur Zeit des Überfalls auf die Liberty Lobby - spendete das Büro der ADL in San Diego Kolenders Büro ein Computersystem, das ihm und Carroll dabei helfen sollte, die in ihrem Zuständigkeitsbereich begangenen „Hassverbrechen" zu katalogisieren.

Letztendlich wurde trotz der „großen Show" im Haus der Cartos und im Büro von Liberty Lobby nie eine Anklage gegen Herrn oder Frau Carto erhoben. Vielmehr einigte sich der Landkreis San Diego mit den Cartos außergerichtlich, nachdem das Ehepaar als Reaktion auf den eklatanten Angriff, der von dem ADL-Beamten Carroll und seinen Vollstreckungskollegen inszeniert worden war, eine Klage wegen Verletzung der Bürgerrechte gegen den Landkreis eingereicht hatte.

Letztendlich spielte der zionistische Einfluss (auf eine örtliche Strafverfolgungsbehörde) eine Schlüsselrolle in einem offensichtlich illegalen und gefährlichen Plan, einen amerikanischen Patrioten und seine Familie zu schikanieren und einzuschüchtern. Unter dem Vorwand fingierter Anschuldigungen führten die zionistisch dominierten Ordnungskräfte eine SWAT-Razzia durch, die tragisch hätte enden können.

Die traurige Wahrheit ist, dass in den kommenden Jahren wahrscheinlich immer mehr Amerikaner das erleben werden, was Willis und Elisabeth Carto erlebt haben.

Nur wenn die Amerikaner endlich aufstehen, rebellieren, „Stopp" sagen und ihre Freiheiten einfordern, wird diese Art von totalitärer Tyrannei ein Ende finden. Beten wir dafür, dass die zweite amerikanische Revolution bald kommt.

KAPITEL XLIV

„Wenn es wie eine Ente aussieht und wie eine Ente schnattert..." Jared Taylor und der neue „zionistenfreundliche Nationalismus".

Da die Zionistische Internationale - die die US-Armee als imperialen Mechanismus einsetzt - auf wachsenden Widerstand in der amerikanischen Bevölkerung stößt, die zögert, noch mehr junge Menschen im Namen Israels in fremde Kriege zu ziehen, ist es für die zionistische Sache von entscheidender Bedeutung, unter den Amerikanern mehr Wut auf die muslimische Welt zu wecken. Im Zuge dessen hat die zionistische Bewegung ihre Bemühungen verdoppelt, die nationalistische Bewegung in den USA weiter zu infiltrieren und zu manipulieren.

So wurde in den letzten Jahren ein Führer der sogenannten „weißen nationalistischen Bewegung" (d. h. des Teils der nationalistischen Bewegung, der sich auf die Frage der Rasse konzentriert) aufgrund seiner ungewöhnlichen Haltung gegenüber dem zionistischen Einfluss in Amerika immer genauer unter die Lupe genommen. Es handelt sich um Jared Taylor, eine in Yale ausgebildete Persönlichkeit, die ihre eigene Organisation American Renaissance leitet. Taylor hat sich als wichtiger Kritiker der muslimischen Welt und der muslimischen Einwanderer in Amerika etabliert und ähnelt dabei stark den trotzkistischen Neokonservativen.

Taylor ist vor allem für sein Buch *Paved With Good Intentions* bekannt, in dem er behauptet, dass Schwarze den Weißen unterlegen sind. Bemerkenswerterweise wurde dieses Buch von einer New Yorker „Mainstream"-Firma herausgegeben, die für Harrison Livingstones seltsame Buchreihe - Bestseller der *New York Times* - verantwortlich ist, die darauf besteht, dass die CIA bei der Ermordung von JFK keine Rolle gespielt hat.

Obwohl Taylors Arbeit also aufgrund seiner rassistischen Orientierung „kontrovers" sein könnte, *wurde das Buch von einem „Mainstream"-Verlag beworben.*

Noch faszinierender ist jedoch, dass Taylors Buch auch in der Februarausgabe 1993 von *Commentary*, der Zeitschrift des American

Jewish Committee, die viele Jahre lang von dem „neokonservativen" Trotzkisten Norman Podhoretz herausgegeben wurde, der mit der CIA in Verbindung steht, wohlwollend erwähnt wurde. Aber dass Taylor von diesen zionistischen Trotzkisten einen freundschaftlichen Anstoß erhält, ist nicht wirklich außergewöhnlich, wenn man Taylors Werdegang in seinem Kontext betrachtet.

Obwohl die Anti-Defamation League Taylor für einige seiner Ansichten kritisierte und Taylor im Gegenzug der ADL nette Spitzen schickte, weil sie ihn in der Rassenfrage rügte, deutet der gesamte Fall, den wir hier untersuchen, darauf hin, dass Taylor tatsächlich die zionistische Bewegung unterstützt. Und genau das ist es, was Taylors neuen „zionismusfreundlichen Nationalismus" für die zionistische Lobby so wertvoll macht.

Weithin als einer der „Intellektuellen" der amerikanischen „rassistischen" Bewegung dargestellt, hat sich Taylor in eine Führungsposition im Rat der konservativen Bürger (CofCC) eingeschlichen und ist von dieser Position, zu einem Kritiker derjenigen geworden, die sich gegen den Zionismus stellen. In mancher Hinsicht erinnert dies an die alten Zeiten von COINTELPRO, als - wie Dr. Edward Fields berichtete - das FBI seinen Ku-Klux-Klan-Infiltratoren sagte, dass es ihnen freistehe, in ihren öffentlichen Reden und Veröffentlichungen antischwarze Bemerkungen zu machen, dass sie aber unter allen Umständen Kritik an Juden oder Israel vermeiden sollten.

Viele haben festgestellt, dass Taylor es offenbar genießt, sich mit einer Vielzahl jüdischer „Intellektueller" zu umgeben, die hämisch (oder sogar unsensibel) als „Jared-Juden" bezeichnet wurden. Taylor unterhält besonders enge Beziehungen zu Rabbi Meyer Schiller, einem in New York ansässigen Zionisten, der sich öffentlich damit brüstete, dass seine Freundschaft mit Taylor dazu beigetragen habe, den Antizionismus in den Reihen von Taylors Anhängern zu verringern (in der Tat ein interessanter Punkt). (Derselbe Rabbi Schiller, Leiter einer jüdischen Gemeinde, die als New Square bekannt ist, unterstützte 1992 auch Hillary Rodham Clinton bei ihrer Kampagne für den US-Senat in New York, was man ausgerechnet von einem Verbündeten Jared Taylors nicht erwarten würde.

Die Wahrheit ist, dass Taylor im Namen der zionistischen Interessen eine wertvolle Rolle spielt, indem er den Widerstand gegen die arabische und muslimische Einwanderung nach Amerika schürt und damit Öl in das Feuer gießt, das sich in Amerika immer weiter gegen Araber und Muslime ausbreitet. Und all dies geschieht zu einer Zeit, in der - wie aus den Akten hervorgeht - Taylor sich bemüht hat, antizionistische Einstellungen aus den nationalistischen Kreisen, in denen er operiert, zu eliminieren. Tatsächlich berichtete die einflussreiche jüdische Zeitung *Forward* am 3. März 2006,

Taylor habe, wie *Forward* es ausdrückte, erklärt, er wolle „die [weiße] nationalistische Bewegung entnazifizieren".

Forward schrieb, Taylor habe erklärt, dass „letztlich, damit all die Dinge, die mir am Herzen liegen, geschehen, die Juden Teil der Bewegung sein müssen", weil, wie er feststellte, Juden weithin als „das Gewissen unserer Gesellschaft" wahrgenommen werden. Doch während Taylor zu Personen wie Rabbi Schiller sehr freundlich war, nahm er gegenüber denjenigen, die Israel angriffen, eine ganz andere Position ein.

Als beispielsweise der prominente Louisiana-Freischärler David Duke und Dr. Edward Fields - beide bekannt für ihre Ablehnung des Zionismus - auf einem Forum sprachen, an dem CofCC-Sympathisanten aus der Gegend von Washington, D.C., teilnahmen, boykottierte Taylor die Veranstaltung (indem er dies sehr lautstark tat) und forderte andere auf, nicht teilzunehmen.

Ebenso boykottierte Taylor zuvor, am 12. Dezember 1998, ein weiteres Treffen des CofCC-Zweigs der National Capital Region, eben weil der Hauptredner meine Wenigkeit, Michael Collins Piper, war, der die Studie über den JFK-Mord, *Final Judgment,* diskutierte, die sich auf die Rolle des israelischen Mossad bei der Ermordung von Präsident Kennedy konzentrierte. Taylor forderte seine Anhänger auf, nicht an dem Treffen teilzunehmen.

Taylors Verhalten festhaltend, wiesen Kritiker darauf hin, dass Taylors spätere Ehefrau Evelyn Rich aktiv daran arbeitete, David Dukes Wahlkampf für den US-Senat 1990 zu sabotieren. Frau Rich gab den nationalen Medien eine Audiokassette, die sie heimlich von einem privaten Gespräch Dukes mit einem Unterstützer aufgenommen hatte, weiter. Dieses (völlig aus dem Zusammenhang gerissene) Band wurde verwendet, um zu „beweisen", dass David Duke ein „Nazi" sei.

Tatsächlich zeigen die Fakten, dass Taylor hinter den Kulissen eine Art *herzliches Einvernehmen* mit der ADL zu haben scheint.

Laut einem amerikanischen Revisionisten, dessen Name Revisionisten auf der ganzen Welt bekannt ist, erhielt Taylors zukünftige Ehefrau Miss Rich in dem Haus, das sie mit Taylor teilte, einen Anruf von niemand Geringerem als Irwin Suall, dem langjährigen, inzwischen verstorbenen Leiter der „Abteilung für Tatsachenermittlung" der ADL.

Laut der Quelle (die zu diesem Zeitpunkt Taylors Haus besuchte) ging Taylor ans Telefon und reichte es Miss Rich mit den Worten: „Hier ist Irwin Suall", woraufhin sich Miss Rich mit dem ADL-Meisterspion unterhielt.

[Anmerkung: Aufgrund einer gerichtlichen Anordnung, die dem

Herausgeber dieses Buches Stillschweigen auferlegt, kann der Name der Person, die Zeuge von Taylors Anruf bei der ADL war, nicht genannt werden. Der Name dieser Person wurde jedoch vor einigen Jahren in der mittlerweile eingestellten Zeitung *Spotlight* veröffentlicht].

Hierin liegt eine große Ironie. Obwohl die ADL behauptet, sich gegen „Rassismus" zu stellen, ist es eine Tatsache, dass Taylors Ansichten über positive Diskriminierung und Rassenquoten ganz ähnlich sind wie die der ADL und des American Jewish Committee, dessen Zeitschrift, wie wir gesehen haben, Taylors Buch positiv bewertete. Die Verbindung zwischen der ADL und Taylor ist daher vielleicht gar nicht so überraschend.

Der unnachahmliche Dr. Robert L. Brock, ein langjähriger schwarzer Nationalist, der die Israel-Lobby hemmungslos kritisierte, fasste Taylors Position zusammen: „Herr Taylor spricht davon, dass Schwarze Verbrechen begehen und dass wir nicht so intelligent sind wie die Weißen, aber Herr Taylor erwähnt nie die zionistische Macht in Amerika: „Herr Taylor spricht davon, dass Schwarze Verbrechen begehen und dass wir nicht so intelligent sind wie die Weißen, aber er erwähnt nie die zionistische Macht in Amerika.

Im Mai 2006 ereiferte sich Taylor in seinem Magazin *American Renaissance* über seine Kritiker, die seiner Meinung nach die Theorie einer, wie er es nennt, „jüdischen Verschwörung" vertreten, ohne jemals auf die Rolle der zionistischen Macht in Amerika einzugehen. Mit einem solchen Ton weist er implizit die Kritik an den zionistischen Intrigen zurück und macht deutlich, dass er trotz der zunehmenden Kritik an seiner Haltung zu diesem Thema nicht bereit ist, sich neu auszurichten.

Angesichts all dessen und insbesondere Taylors Widerstand gegen jede Diskussion über den Zionismus und seine Rolle in amerikanischen Angelegenheiten ist es wahrscheinlich hilfreich, darauf hinzuweisen, dass Taylor - ein Absolvent von Yale, einem langjährigen Rekrutierungsfeld für die CIA - in den frühen 1970er Jahren zufällig in Ghana war, als das westafrikanische Land für die CIA und ihre Verbündeten von Israels Mossad von großem Interesse war.

Der israelische Historiker Benjamin Beit-Hallahmi schrieb, dass „wenn Birma der große [geopolitische] Erfolg Israels in Asien war, Ghana das Äquivalent dazu in Afrika war". Beit-Hallahmi schreibt, dass der israelische Außenposten in Ghana „sich als Sprungbrett für den Rest Schwarzafrikas erwies", die Dinge sich aber zum Entsetzen Israels zum Schlechten gewendet haben. Beit Hallahmi weist darauf hin, dass der Mossad in Ghana jahrelang sehr aktiv gewesen sei:

> Der erste israelische Botschafter in Afrika war Ehud Avriel, der 1957 in Ghana stationiert war und von dem allgemein angenommen

wird, dass er ein Agent des Mossad war. Avriel war aktiv in der Rekrutierung von Einzelpersonen für „Sondermissionen" in ganz Afrika. Die Zusammenarbeit mit Ghana nahm viele Formen an, die von gegenseitiger Begeisterung geprägt waren...

> Hunderte von ghanaischen Auszubildenden besuchten Israel und Hunderte von israelischen Experten kamen nach Ghana. Auch eine militärische und nachrichtendienstliche Zusammenarbeit wurde aufgebaut: Die ghanaische Luftwaffe erhielt umgerüstete Militärflugzeuge und Schulungen, und der Mossad führte nachrichtendienstliche Schulungen durch.
>
> Israel wurde als „Ghanas engster Freund in den frühen Jahren" bezeichnet. Dennoch hatte [der ghanaische Führer] Kwame Nkrumah immer gewisse Vorbehalte gegenüber Israel... Obwohl Israel bereits vor der formalen Unabhängigkeit 1956 enge Beziehungen zu... der ghanaischen Führung aufbaute, endeten die besonderen Beziehungen... 1967. Die offiziellen Beziehungen endeten am 28. Oktober 1973.

Bezeichnenderweise fand Taylors Ghana-Abenteuer in der sehr kritischen Phase statt, in der sich Israels Verbindungen zu Ghana auflösten. Beit-Hallahmi (schrieb 1987) fügte hinzu:

> Teile des ghanaischen Geheimdienstes sollen Kontakte zum Mossad unterhalten haben, obwohl die beiden Länder keine diplomatischen Beziehungen unterhielten, doch die Beziehungen zu Ghana haben sich seit dem von Leutnant Jerry Rawlings angeführten Staatsstreich verschlechtert. Die ghanaische Regierung beschuldigte Israel, an einem geplanten Putschversuch [mit der CIA und Liberia] beteiligt zu sein. Die Beziehungen zu den USA haben sich seither verschlechtert, mit gegenseitigen Spionagevorwürfen....

Obwohl wir nur spekulieren können, was der Yale-Junge Taylor in Ghana inmitten der intensiven Intrigen der CIA und des Mossad in diesem kleinen Land tat, ist die Hauptsache, dass Taylors Handlungen in Amerika heute - mehr als 30 Jahre später - darauf hindeuten, dass Taylor (aus irgendeinem Grund) zu einem Trumpf (auf völlig ungewöhnliche Weise) geworden ist, um einen Aspekt der zionistischen Sache innerhalb der amerikanischen nationalistischen Bewegung voranzutreiben.

Mit diesem Punkt endet unsere Untersuchung der Böcke von Juda...

SCHLUSSFOLGERUNG

Die Israelisierung Amerikas

Judasziege Nummer eins: George W. Bush - eine Säule für den zionistischen Theoretiker Natan Sharansky: Die Planung eines Weltkriegs im Namen der „Demokratie" Russland, China, Venezuela, „Islamo-Faschisten" Wer wird das nächste Ziel der Hohepriester des Krieges sein

Präsident George W. Bush ist aufgrund seines hohen Amtes vielleicht der heimtückischste und gefährlichste Judasbock Amerikas. Die Rolle, die er dabei spielte, Amerika in den Irakkrieg zu führen - ganz zu schweigen von seiner führenden Rolle bei der Vertuschung der Wahrheit über die Kräfte, die hinter dem Anschlag vom 11. September auf Amerika standen - hat ihn sozusagen zu einem wahren Inneren Oberfeind gemacht. Heute drängt er Amerika, einen neuen Krieg gegen den Iran zu führen.

Die Wahrheit ist jedoch, dass Bushs messianischer Aufruf zu einer weltweiten „demokratischen Revolution" (der in seiner zweiten Antrittsrede vorgetragen wurde und der Rhetorik der trotzkistischen bolschewistischen Weltbewegung sehr ähnelt) nicht wirklich aus seiner Feder stammt. Seine Worte wurden von anderen geschrieben, die viel klüger waren als der junge Bush. Und die Ursprünge von Bushs neuer Philosophie sind in der Tat sehr aufschlussreich. Vielleicht am erschreckendsten ist, dass die Rhetorik des US-Präsidenten - getrieben von seinen „Beratern" hinter den Kulissen - darauf hindeutet, dass in den kommenden Jahren immer mehr militärische Aktionen auf der ganzen Welt stattfinden werden.

Obwohl ein Dokumentarfilm, *Bush's Brain*, nahelegte, dass Karl Rove, angeblich der wichtigste politische Taktiker des Präsidenten, das Gehirn ist, das dem Präsidenten sagt, was er denken soll, ist es nun aufgrund solider Beweise klar, dass der israelische Minister sowjetischer Herkunft Anatoly „Natan" Sharansky derjenige ist, der sich mit diesem Titel rühmen kann.

Obwohl er in den 1970er Jahren als sowjetischer Dissident die Aufmerksamkeit der Welt auf sich zog, sollte man nicht annehmen, dass Sharansky jemals ein Konservativer des freien Marktes oder ein Antikommunist westlicher Prägung war. Im Gegenteil, Sharansky war ein traditioneller Altkommunist, der wie viele andere in der Sowjetunion einfach mit dem herrschenden Regime aneinandergeraten war.

Doch dank der internationalen Medien, die ihn verehren, schlug Sharansky aus seiner Inhaftierung durch die Sowjets - die ihn beschuldigten, ein Spion der CIA zu sein - Kapital und wurde zu einem prominenten „Menschenrechtsaktivisten".

Später, nach seiner Entlassung aus dem Gefängnis, wanderte Sharansky nach Israel aus und etablierte sich schnell als einer der schärfsten extremistischen Führer des Landes. Er beschuldigte sogar den israelischen Premierminister Ariel Sharon - bekannt als „der israelische Cäsar" -, „zu weich" gegenüber palästinensischen Christen und Muslimen zu sein.

Sharanskys Rolle bei der Lenkung von Bushs Denken ist keine „Verschwörungstheorie". Im Gegenteil: Die Enthüllungen aus dem Weißen Haus selbst - veröffentlicht, wenn auch kaum sichtbar, in den Mainstream-Medien - haben gezeigt, dass Sharansky nicht nur den Präsidenten bei der Abfassung der inzwischen umstrittenen Antrittsrede persönlich konsultierte, sondern dass mindestens zwei von Sharanskys führenden amerikanischen Publizisten zu den Personen gehörten, die Bushs revolutionäre Proklamation verfassten.

Bush selbst sagte der *Washington Times* in einem Interview, das am 12. Januar 2005, noch vor seiner Amtseinführung, veröffentlicht wurde: „Wenn Sie einen Einblick in meine außenpolitische Denkweise haben wollen, lesen Sie Natan Sharanskys Buch *The Case for Democracy*. Es ist ein ausgezeichnetes Buch.

Begraben im allerletzten Absatz eines sehr langen Artikels vom 22. Januar 2005 berichtete *die New York Times*, dass „der Präsident das Buch [von Sharansky] erhielt und Mr. Sharansky bat, ihn im Oval Office zu treffen...". Herr Bush gab das Buch auch an mehrere Mitarbeiter weiter und bat sie, es ebenfalls zu lesen. Herr Sharansky besuchte das Weiße Haus im November letzten Jahres". Die *Times* sagt nicht, wer dem Präsidenten das Buch zuerst gegeben hat, aber herauszufinden, wer den Präsidenten tatsächlich dazu gedrängt hat, das Buch zu lesen, könnte sehr aufschlussreich sein.

Die Enthüllung der *Times* bestätigend, enthüllte auch *die Washington Post* am 22. Januar 2005 (wenn auch wiederum in den letzten Absätzen einer langen Analyse), dass ein Regierungsbeamter erklärt hatte, dass die Vorbereitung von Bushs Rede unmittelbar nach den Novemberwahlen begonnen hatte, dass Bush selbst Sharansky ins Weiße Haus eingeladen hatte, um sich mit ihm zu beraten, und dass, wie die Post es ausdrückte, „Sharansky auch mit seinem Buch zur Gestaltung der Rede beigetragen hatte".

Es war die *Post*, die enthüllte, dass zwei berühmte „Neokonservative", die Israel unterstützen - William Kristol, Herausgeber der Zeitschrift *Weekly Standard* des Milliardärs Rupert Murdoch, und der Psychiater und spätere Journalist Charles Krauthammer, ein glühender Verfechter eines harten militärischen und wirtschaftlichen Krieges der USA gegen die arabische und muslimische Welt - ebenfalls zu den Personen gehörten, die eingeladen wurden, an der Ausarbeitung der Rede des Präsidenten mitzuwirken.

Kristol - insbesondere - und Krauthammer sind selbst in den großen US-Medien allgemein anerkannt als Teil der von uns als „Hohepriester des Krieges" bezeichneten Personen, die eine entscheidende Rolle bei der Orchestrierung des US-Krieges gegen den Irak gespielt haben und auf Israels „Wunschliste" für die Bush-Administration weit oben standen.

Es ist kein Zufall, dass die Person aus dem Personal des Weißen Hauses, die laut der *Post* bei der Organisation der Planungskonferenzen zur Lenkung von Bushs Überlegungen geholfen hat, ein gewisser Peter Wehner ist, Direktor des Büros für strategische Initiativen im Weißen Haus. Wehner ist zufällig ein Schützling Kristols, da er dessen Stellvertreter war, als Kristol Stabschef des ehemaligen Bildungsministers der Reagan-Regierung, William Bennett, war, der wiederum ein Schützling von Kristols sehr einflussreichem Vater, dem berühmten „Ex-Trotzkisten" Kommunisten und späteren Neokonservativen Irving Kristol, war.

So ist es angesichts des beträchtlichen Beitrags Kristols, der Bushs Geisteshaltung geprägt hat, wirklich keine Überraschung, dass, wie die *Post* schreibt, „Bushs große Ambitionen seine neokonservativen Anhänger begeistert haben, die seinen Aufruf, die Vereinigten Staaten im Kampf um die Verbreitung der Demokratie an die vorderste Front zu stellen, als edel und notwendig ansehen".

William Kristol reagierte seinerseits in einem Leitartikel im *Weekly Standard* vom 24. Januar 2005 mit folgenden Worten: „Es ist eine gute Nachricht, dass der Präsident so begeistert von Sharanskys Arbeit ist. Dies deutet darauf hin, dass der Präsident trotz aller Kritik und Schwierigkeiten weiterhin entschlossen ist, die Nation gemäß den Grundlinien der Außenpolitik, die er während seiner ersten Amtszeit festgelegt hat, zu führen".

Am 22. Januar 2005 stellte BBC News fest, dass Sharansky „sich tatsächlich seit einiger Zeit in konservativen Kreisen in den USA bewegt".

Bereits im Juli 2002 - kurz bevor Bush eine höchst umstrittene Rede hielt, in der er zur „Demokratisierung" der arabischen Welt aufrief - besuchte der stellvertretende Verteidigungsminister, der Konservative Paul Wolfowitz, einen Vortrag von Sharansky, in dem der israelische Führer die gleiche Forderung stellte.

Als Bush kurz darauf seine eigene Rede hielt, in der er Sharansky widerhallte, lieferten die israelischen Hardliner „ein wichtiges Element der Behauptung in letzter Minute", so der amerikanische Neokonservative Richard Perle, der - zwischen zwei Regierungsstellen, in denen er der Spionage für Israel verdächtigt wurde - Waffen an einen israelischen Waffenhersteller geliefert hatte.

Obwohl die Nachricht von Sharanskys tiefem Einfluss unter den einfachen Amerikanern nicht weit verbreitet war, erregte sie in Israel großes Aufsehen, wo *die Jerusalem Post* einen Artikel mit der Feststellung betitelte, dass „das Weiße Haus sich von Sharanskys Buch über Demokratie inspirieren lässt". Die israelische Zeitung ging sogar so weit zu sagen, dass Bush „kostenlos für [Sharanskys Buch] wirbt", und wies darauf hin, dass der Präsident Sharanskys Buch in einem CNN-Interview verherrlicht hatte.

Doch Bush ist nicht der Einzige, der sich auf Sharansky stützt. Am 20. Januar 2005 stellte die unabhängige schottische Zeitung *The Scotsman* fest: „Mr. Sharanskys Einfluss auf die Art und Weise, wie Washington heute die Welt sieht, wurde diese Woche deutlich, als Condoleeza Rice ihn bei ihrer Bestätigungsanhörung im Senat zitierte", und bestätigte damit, dass der israelische Hardliner tatsächlich das Gehirn von Bushs Politik ist.

Die Tatsache, dass Sharansky im israelischen Kabinett für „Diaspora-Angelegenheiten" zuständig war, ist in der Tat bezeichnend. Der Begriff „Diaspora" bezeichnet alle Juden, die außerhalb der Grenzen Israels leben, und in der „Missionserklärung" von Sharanskys Kabinett heißt es, dass er „den Schwerpunkt auf Israel, den Zionismus, Jerusalem und die gegenseitige Abhängigkeit der Juden in der ganzen Welt legt".

Im Wesentlichen drückt sich dies in einem einzigen, allgemeinen Ziel aus: die Existenz und die Zukunft des jüdischen Volkes zu sichern, wo auch immer es sich befindet". Kurz gesagt: Sharansky ist nichts weniger als der mächtige Sprecher der zionistischen Weltbewegung. Und heute lenken seine Ansichten zweifellos die Weltanschauung von George Bush.

Angesichts all dessen ist es nicht verwunderlich, dass das englischsprachige südkoreanische Medium *Chosun Ilbo* am 22. Januar so weit ging, Sharanskys Philosophie, wie sie in seinem - *heute* von Bush hochgelobten - Buch *The Case for Democracy (Der Fall der Demokratie)* dargelegt wird, als „Blaupause *für* die Außenpolitik der Vereinigten Staaten" zu bezeichnen.

Die Propagandalinie des israelischen Extremisten Natan Sharansky, auf die sich die Antrittsrede des Präsidenten stützte, war praktisch eine komplette Kehrtwende gegenüber Bushs Rhetorik im Präsidentschaftswahlkampf 2000. Dieser Widerspruch ist ein Punkt, der theoretisch viele

Republikaner, die Bush bei seiner ersten Kandidatur für das Präsidentenamt gewählt haben, zum Nachdenken hätte anregen sollen.

Die Washington Times - eine führende „neokonservative" Stimme, die für eine harte, globalistische Außenpolitik im Einklang mit Israels Sicherheitsansprüchen eintritt - verkündete in einer Analyse auf der Titelseite vom 21. Januar 2005 enthusiastisch, dass Bushs Rede „den Grundstein für eine weltweite Mission für die Freiheit" lege.:

> In seiner Antrittsrede schickt Präsident Bush die Vereinigten Staaten auf eine neue, expansive und viel aggressivere globale Mission, die darauf abzielt, unterdrückte Länder von Diktatoren zu befreien - ein radikaler Wandel im Vergleich zu seiner Kampagne im Jahr 2000, in der er davor gewarnt hatte, zum Weltpolizisten zu werden... eine ehrgeizige, vielleicht beispiellose internationalistische Doktrin, die die militärische Macht der USA weit über Amerikas derzeitige Verpflichtungen hinaus entfalten könnte...

Die „liberale" Tageszeitung der *Times*, die *Washington Post*, erklärte ihrerseits am 21. Januar 2005, Bushs Rede sei „eher wilsonianisch als konservativ", d.h. sie erinnere an den messianischen Internationalismus des ehemaligen US-Präsidenten Woodrow Wilson, der für amerikanische Nationalisten oder traditionelle Konservative kaum ein Held ist.

Die Post erkannte, dass Bushs Erklärung „einen aggressiven Internationalismus verspricht, der, wenn er ernsthaft verfolgt wird, die Beziehungen zu vielen Nationen auf der ganzen Welt verändern würde", und behauptete, dass die amerikanische Politik, wenn Bush es ernst meint, „kurz vor einem historischen Wandel steht".

James Steinberg, ehemaliger stellvertretender Berater für nationale Sicherheit in der Clinton-Regierung, fand Bushs Auftauchen als Stimme des Globalismus ziemlich faszinierend, da es sich um einen entschlossenen Verrat an dem handle, was einst die traditionelle republikanische Opposition gegen internationale Einmischung gewesen sei.

Am 21. Januar 2005 sagte Steinberg der *New York Times*, es sei „höchst bemerkenswert, dass eine der Vorstellungen, gegen die sich die Republikaner so sehr gewehrt haben, die Vorstellung einer tiefen gegenseitigen Abhängigkeit in der Welt ist, und dass jetzt [Herr Bush] im Wesentlichen die Vorstellung übernommen hat, dass Tyrannei, wo auch immer sie ist, Freiheit, wo auch immer sie ist, bedroht".

In die gleiche Kerbe schlug der amerikanische Zionist Robert Kagan, eine der aggressivsten neokonservativen Medienstimmen, der *American Free Press* (AFP), als er in der *Post vom* 23. Januar 2005 schrieb, dass „Bushs Ziele jetzt die Antithese des Konservatismus sind". Laut Kagan „sind sie revolutionär".

In ihrem Leitartikel vom 31. Januar 2005 bezeichnete die AFP Bush als „Revolutionär", sehr zum Missfallen vieler traditioneller Konservativer, die den Präsidenten unerklärlicherweise immer noch als die Stimme des amerikanischen Patriotismus betrachteten.

Diese Personen wissen offensichtlich nicht, dass der sogenannte „Neokonservatismus" alles andere als das ist, was die Amerikaner lange Zeit als „konservativ" im traditionellen amerikanisch-nationalistischen Sinne angesehen haben.

Der Zionist Robert Kagan versteht jedoch diese Unterscheidung und genau aus diesem Grund sagte er, dass „Bush die Unterstützung der meisten altmodischen Konservativen verlieren könnte", sobald sie sich der Natur seiner neuen internationalistischen Politik bewusst werden. Kurz gesagt, die Konservativen wurden „über den Tisch gezogen". Deshalb erinnert AFP seine Leser daran, nicht zu vergessen, was Jesus gesagt hat: „Hütet euch vor den Wölfen im Schafspelz" oder besser „Hütet euch vor den Böcken Judas".

In der Zwischenzeit bleibt Sharanskys Einfluss auf den amerikanischen Republikanismus - unter George Bush und in den kommenden Jahren - substanziell. Tatsächlich gibt es eine neue Marke des Republikanismus, zumindest laut Ken Mehlman, den Präsident George W. Bush nach der Wahl 2004 persönlich ausgewählt hat, um den Posten des Vorsitzenden des Republikanischen Nationalkomitees zu übernehmen.

In einer Rede, die er am 14. März 2005 in Washington vor dem American Israel Public Affairs Committee (AIPAC), der Israel-Lobby, hielt, beschrieb sich der nationale Vorsitzende der GOP offen und enthusiastisch als „Sharansky-Republikaner".

Auffällig ist, dass es offenbar das erste Mal in der amerikanischen Geschichte ist, dass der Vorsitzende einer der nationalen Parteien den Namen und die Ideologie eines politischen Führers aus einem fremden Land - der noch dazu als „Extremist" bekannt ist - zur Beschreibung seiner eigenen Ideologie verwendet.

In der Vergangenheit gab es „Taft-Republikaner", die sich selbst als Anhänger der Präsidentschaftsambitionen des nationalistischen und traditionell konservativen Senators Robert Taft aus Ohio - im Volksmund bekannt als „Mister Republikaner" - bezeichneten, der von 1936 bis zu seinem frühen (und nach Meinung einiger „verdächtigen") Tod im Jahr 1953 der unbestrittene Führer des „America First"-Blocks im Kongress gewesen war.

Später gab es die konservativen „Goldwater-Republikaner", die unter der

Führung von Senator Barry Goldwater (Ariz.) den Boden für den Aufstieg der „Reagan-Republikaner" bereiteten, die 1980 unter dem populären Präsidenten Ronald Reagan, der zwei Amtszeiten absolvierte, an die Macht kamen.

Gleichzeitig schlossen sich in Opposition zu den Taft- und Goldwater-Republikanern liberalere und internationalistischere Republikaner dem Gouverneur von New York Thomas E. Dewey und dem Wall-Street-Anwalt Wendell Willkie an und nannten sich - natürlich - „Dewey-Republikaner" und „Willkie-Republikaner".

Später wurden natürlich viele der gleichen Parteiführer zu „Rockefeller-Republikanern", im Gefolge des Gouverneurs des Staates New York, Nelson Rockefeller. Und es gab sogar eine Zeit lang einige Personen, die sich „Eisenhower-Republikaner" nannten und damit ihre angeblich „gängige, gemäßigte" (wie auch immer definierte) Sichtweise im Sinne des 35. Präsidenten der Vereinigten Staaten, Dwight D. Eisenhower, betonten.

Heute jedoch bezeichnet sich der neue nationale Vorsitzende der GOP nicht als „republikanischer Reagan" oder gar als „republikanischer Bush" (benannt nach dem amtierenden Vorsitzenden der GOP, der sich bei den Basismitgliedern seiner Partei großer Beliebtheit erfreut), sondern begrüßt einen ausländischen Führer - einen berüchtigten Extremisten - als Vorbild für das, was Republikanismus im 21.

Dies ist ein direktes Erbe von George W. Bush, der Sharansky so stolz als einen der ideologischen Diktatoren der GOP installiert und damit das historische Erbe der GOP verraten hat. Sharanskys Politik der Förderung der „globalen Demokratie" steht kaum in der amerikanischen Tradition, ist aber mittlerweile ein fester Bestandteil dessen, was die „moderne" republikanische Partei ausmacht.

Alle diese Elemente zusammengenommen werfen Fragen über das künftige Verhalten der amerikanischen Außenpolitik auf. Es zeigt sich bereits jetzt, dass die zionistischen Hardliner-Elemente um George W. Bush die kommenden Kriege und Provokationen im Auge haben.

Obwohl der sogenannte „globale Krieg gegen den Terrorismus" auf diejenigen abzielt, die von den pro-israelischen Neokonservativen nun als „Islamofaschisten" bezeichnet werden (was bequem an den Lieblingsbösewicht des Weltjudentums im 20. Jahrhundert erinnert: den Faschismus), kommt offensichtlich noch viel mehr auf uns zu, wenn die Rhetorik der „Hohepriester des Krieges" geprüft und ernst genommen werden soll.

Neben dem Iran und Syrien - die schon lange im Fadenkreuz zionistischer Kriegsfalken stehen - scheinen nun drei weitere Länder (Russland, China und Venezuela) zu den bevorzugten Zielen von Bush und seinen neokonservativen Manipulatoren zu gehören. Diese Länder scheinen nicht in die Kategorie der „Demokratie" zu passen, die Sharansky und Bush so entschlossen sind, weltweit zu fördern, und selbst eine oberflächliche Betrachtung der Medienberichterstattung und der Rhetorik der Neokonservativen in Bezug auf diese Nationen zeigt deutlich, dass ein Krieg - sei er „kalt" oder „heiß" - am Horizont auftauchen könnte. Und die Amerikaner werden für diese Kriege bezahlen und sie führen.

Die neokonservativen Judasböcke in den USA und ihre Mitarbeiter in der proisraelischen Lobby in Washington haben bereits die ersten Kanonenschüsse eines neuen Kalten Krieges gegen den russischen Staatschef Wladimir Putin abgefeuert, der sich zunehmend scharfer Kritik und feindseligen Fragen zu seinem „Engagement für die Demokratie" ausgesetzt sieht.

Es bleibt abzuwarten, ob Putin als der „neue Hitler" oder der „neue Stalin" angesehen wird, aber jüngste Hinweise deuten darauf hin, dass der zionistische Krieg gegen den russischen Nationalismus nun auf amerikanischem Boden begonnen hat. Die große Frage ist, ob die Amerikaner getäuscht und in einen neuen Krieg hineingezogen werden, der nicht nötig ist und nicht geführt werden sollte.

Die Wahrheit ist, dass die Feindseligkeit der Neokonservativen gegenüber Putin gerade daraus resultiert, dass er nicht als aufmerksam gegenüber den Bedürfnissen des zionistischen Israels wahrgenommen wurde.

Aus diesem Grund sind Putin und die russischen Nationalisten nun das Ziel der internationalen zionistischen Elite.

Obwohl die aufkommende Feindseligkeit der Neokonservativen gegenüber Putin in pro-israelischen Publikationen mit geringer Auflage und in Zeitungen der jüdischen Gemeinde in den USA ausführlich diskutiert wurde, begannen erst später Mainstream-Publikationen wie *The Weekly Standard* und *The New York Times,* um nur die wichtigsten zu nennen, diese Bedenken gegenüber Putin aufzugreifen, ganz so, als ob die großen Tageszeitungen die Initiative von anderen Zeitungen übernehmen würden. Zunehmend wird jedoch die Idee „Putin ist ein möglicher Feind" nun auch dem Durchschnittsamerikaner durch die Medien nahegebracht.

Eine weitere große Sorge um Putin besteht darin, dass er sich gegen die Handvoll plutokratischer Milliardäre aus Russland (von denen viele auch die israelische Staatsbürgerschaft besitzen) gestellt hat, die nach dem Zusammenbruch der ehemaligen Sowjetunion mit Duldung des damaligen russischen Staatsoberhaupts Boris Jelzin die Kontrolle über die russische Wirtschaft übernommen haben.

Eine lupenreine pro-israelische amerikanische Publikation, *The New Republic*, warf am 24. September 2004 die Frage auf: „Wird Russland faschistisch?"

behauptet, dass es unabhängig davon, ob Putin persönlich an der Macht bleibt oder nicht, eine wachsende Bewegung - mit „nationalistischem" Charakter - gibt, die einen großen Einfluss auf die russische Bevölkerung ausübt. *Die New Republic* sorgte sich über die Möglichkeit einer „faschistischen Revolution", d. h. einer Bewegung, die den israelischen Oligarchen (mit Verbindungen zur internationalen Kriminalität) feindlich gesinnt ist, die die russische Wirtschaft ausgeplündert haben. Ähnlich früher, in seinem 1995 erschienenen Buch *Russia: A Return to Imperialism*, äußerte sich der an der Boston University ansässige israelische Wissenschaftler Uri Ra'anan besorgt darüber, dass das postsowjetische Russland eine Bedrohung für den Westen (d. h. für Israel und die zionistischen Interessen im Westen) darstellen könnte.

Diese Arbeiten sind ein Echo auf Autoren wie Jonathan Brent und Vladimir Naumov, die in ihrem Buch *Stalin's Last Crime* aus dem Jahr 2003 mit der Feststellung schließen, dass „Stalin eine immerwährende Möglichkeit ist", und damit den theoretischen Vorschlag offen lassen, dass Putin oder andere potenzielle russische Führer schließlich als Erben von Stalins antizionistischem Erbe hervorgehen könnten.

Im Wesentlichen ist es so, dass wir mit den amerikanischen Neokonservativen, die sich nun gegen Putin stellen, eine Verjüngung des von den Trotzkisten geführten Krieges gegen den russischen Nationalismus erleben, der nach den geopolitischen Erwägungen des 21. Jahrhunderts neu gestaltet wird.

Anders als in der ersten Hälfte des 20. Jahrhunderts, vor der Gründung des Staates Israel, kann die zentrale Rolle dieses Staates im Nahen Osten in der neokonservativen Weltsicht heute nicht unterschätzt werden, denn die Sorge um Israel ist eine prominente Überlegung in der neokonservativen Kampagne gegen Putin.

Und obwohl unser sogenannter „Verbündeter" Israel jahrelang massive Mengen an konventionellen Waffen verkauft und (sowohl direkt als auch indirekt) amerikanische Verteidigungstechnologie (einschließlich nuklearer Expertise) an Rotchina geliefert hat, hat dies eindeutig und endgültig die Zustimmung der Israel-Lobby in Washington erhalten.

Heute jedoch liegt dank der Rhetorik derselben Neokonservativen die Trommel für einen Krieg gegen China in der Luft. Die gleichen Kräfte, die China in den letzten 25 Jahren beim Aufbau seiner Militärmaschinerie geholfen haben, hetzen heute das Gespenst von China als Gefahr für Amerika. Seit einigen Jahren wird China zunehmend als potenzieller neuer

„Feind" betrachtet, ein Feind, der nach Ansicht der Befürworter eines Krieges gegen China möglicherweise Gegenstand einer amerikanischen Militäraktion werden muss.

Wer es jedoch wagt, genauer hinzusehen, wird andere Kräfte entdecken, die in dieser antichinesischen Rhetorik am Werk sind.

Am 23. April 2001 bezog die Zeitung *New Republic - herausgegeben* von dem „Liberalen" Martin Peretz, dem Mentor des ehemaligen Vizepräsidenten Al Gore - eine eindeutige Position gegen China. Nicht weniger als vier größere Artikel wurden allein in dieser Ausgabe unter dem Motto „Ein Feind für unsere Zeit" veröffentlicht: „Ein Feind für unsere Zeit". Auf dem Titelbild kommt ein bedrohliches Foto von chinesischen Soldaten mit dunklen Gesichtern und Maschinengewehren auf den Leser zu.

Dann, am 30. April 2001, schlug *der Weekly Standard - der* dem Milliardär Rupert Murdoch *gehört* und von dem neokonservativen Propagandisten William Kristol herausgegeben wird - in einer Reihe von Artikeln, die sich in Ton und Rhetorik kaum von denen des „liberalen" Gegenstücks *des Standards, The New Republic*, unterschieden, eine harte Linie gegenüber China ein.

Bemerkenswert ist, dass weder *The New Republic* noch *The Weekly Standard* auch nur ein einziges Mal das Hauptelement genannt haben, das Chinas riesige (und weiter wachsende) Kriegsmaschinerie auf das Niveau gebracht hat, das sie heute erreicht hat: Israels wenig bekannte (aber absolut herausragende) Rolle bei den massiven Waffentransfers nach China - einschließlich kritischer Nukleartechnologie - in den letzten 50 Jahren. Das überraschte niemanden, der wusste, dass sowohl *The New Republic* als auch *The Weekly Standard - trotz* ihrer kosmetischen Unterschiede zwischen „liberal" und „konservativ" - lautstarke und enthusiastische Medienvermittler der Propaganda der pro-israelischen Lobby waren: Israel kann keinen Schaden anrichten - und das schließt die Aufrüstung Chinas ein.

Man sollte sich nicht täuschen lassen. Im Laufe seiner Geschichte, die der der USA um Jahrzehnte vorausgeht, hat China (lange bevor es in die Hände der Kommunisten fiel) immer seine eigene geopolitische Agenda verfolgt und wird dies auch immer tun. Es stellt sich jedoch die Frage, ob China als „Feind" Amerikas betrachtet werden sollte.

Warum haben sich plötzlich einflussreiche „konservative" und „liberale" Stimmen, die zionistische Interessen vertreten, zusammengetan, um die Trommel für einen Krieg gegen China zu schlagen

Ziehen Sie nicht zu schnell den Schluss, dass „die Liberalen es endlich begriffen haben". Im Gegenteil: Es ist an der Zeit, dass die amerikanischen Patrioten aufwachen.

China wird heute, in den Worten von *The New Republic*, als „Feind unserer Zeit" bezeichnet. In der Vergangenheit war es der Kaiser. Dann Adolf Hitler. Dann die Sowjetunion. Und jetzt ist neben der muslimischen Welt plötzlich auch China im Visier der „Hohepriester des Krieges". Ein größeres Programm ist am Werk. Ein „langer Kampf mit China steht bevor", meint *The New Republic*, und wenig überraschend stimmt auch *The Weekly Standard* zu.

In den letzten Tagen wurden in einer Vielzahl einflussreicher Zeitschriften - insbesondere im neokonservativen Reich von Sharansky-Bush - ähnliche „Bedenken" in Bezug auf China geäußert, und viele Kommentare in den Medien greifen immer wieder das Thema auf, dass China ein „Feind" oder ein „potenzieller Feind" sei. Die Liste dieser antichinesischen Stellungnahmen ist endlos, aber hier ist ein bemerkenswertes und prominentes Beispiel:

Am 15. November 2005 schrieb Frank Gaffney Jr. in der neokonservativen *Tageszeitung Washington Times*, George W. Bush müsse der chinesischen Führung klarmachen, dass die Macht der Vereinigten Staaten durchaus dazu genutzt werden könnte, „dem chinesischen Volk zu helfen, sich von einem Regime zu befreien, das es unterdrückt und das uns zunehmend bedroht".

Der oben erwähnte Gaffney ist ein langjähriger Akteur im pro-israelischen neokonservativen Netzwerk in Washington, seit seiner Zeit als Assistent (neben dem allgegenwärtigen zionistischen geopolitischen Superhirn Richard Perle) von Senator Henry M. Jackson (D-Wash.), einem der eifrigsten Verteidiger Israels auf dem Kapitol.

Die Wahrheit ist, dass Gaffneys Kriegstreiberei nicht einfach nur die Tirade eines wenig beachteten Agitators ist. Um einen abgedroschenen Werbeslogan zu zitieren: „Wenn Gaffney spricht, hören die Leute zu".

Die Tatsache, dass diese pro-israelischen Stimmen so entschlossen sind, die amerikanischen Waffen gegen China zu erheben - obwohl es von Anfang an ihre Lieblingsnation Israel war, die China bewaffnet -, ist ein faszinierendes Phänomen. Es handelt sich nicht nur um „Chuzpe". Der Kalte Krieg gegen die UdSSR - der zu einer Zeit geführt wurde, als amerikanische Banken wie Chase Manhattan und andere westliche Interessen in lukrative Geschäfte mit dem Kreml verwickelt waren - hat die plutokratische Elite über ihre kühnsten Träume hinaus bereichert.

Und wie wir in *Die Hohepriester des Krieges* festgestellt haben, waren es die Hardcore-"neokonservativen" Anhänger Israels, die eine große Rolle dabei spielten, antisowjetische Gefühle in den USA zu schüren, indem sie das Gespenst einer in Wirklichkeit stark überschätzten „sowjetischen Aufrüstung" heraufbeschworen, während die UdSSR in Wirklichkeit kurz vor dem Zusammenbruch stand.

Darüber hinaus waren die „aussichtslosen" Kriege in Korea und Vietnam Teil eines größeren Plans. Im Laufe der Zeit erhielten unter anderem Saddam Hussein im Irak und die Ayatollahs im Iran einen festen Platz in der von den Medien orchestrierten Hall of Fame der Schlechtigkeit.

Das amerikanische Volk liebt, entgegen der landläufigen Meinung, den Krieg. Und die Plutokraten und ihre Marionettenpresse sind immer bereit, einen neuen zu erfinden.

Heute sagen die „konservativen" und „liberalen" Meinungsmacher, die als Propaganda für die plutokratische Elite fungieren, die die wichtigsten Medien kontrolliert, dem amerikanischen Volk, es solle sich auf einen Krieg vorbereiten.

Und wenn wir nicht gerade dabei sind, China anzugreifen, haben wir ein paar Autostunden südlich einen neuen „Feind", der sich perfekt für die altmodische amerikanische „Kanonenbootdiplomatie" eignet.

Hugo Chávez, der farbenfrohe nationalistische starke Mann Venezuelas, ist nun offiziell das Ziel des pro-israelischen neokonservativen imperialistischen Netzwerks, das die Politik der Bush-Regierung bestimmt.

Obwohl die Mainstream-Medien den Aufruf des Evangelisten Pat Robertson zur Ermordung von Chavez durch die USA als eine Art Anfall von Gedankenlosigkeit darstellten - den die Bush-Regierung offiziell, aber nicht überzeugend verurteilte und für den Robertson eine wenig aufrichtige „Entschuldigung" aussprach -, zeigen die Fakten, dass die pro-israelischen „Neocons" das Bild von Chavez schon seit einiger Zeit auf ihrem Dartpfeil haben.

Tatsache ist, dass die neokonservativen „Hohepriester des Krieges" - sowie ihre Verbündeten in proisraelischen Zeitschriften und Propagandaorganen in den USA und weltweit - seit Chavez' Amtsantritt 1999 ständig gemurmelt haben, Chavez und seine Regierung stünden den Interessen Israels feindlich gegenüber und seien daher „antisemitisch".

Chavez und seine Anhänger betrachteten Robertsons Bemerkungen (zu Recht) als einen wirksamen „Versuchsballon", den Robertson in Zusammenarbeit mit der Bush-Regierung gestartet hatte - eine Masche, um die Aufmerksamkeit auf Chavez zu lenken, der als Feind Israels und des Imperialismus wahrgenommen wird - was wahrscheinlich kein Zufall ist, Robertsons Aufruf zur Ermordung von Chavez erfolgte am 22. August 2005, kurz nachdem die neokonservative Zeitung *The Weekly Standard* in ihrer Ausgabe vom 8. August einen gegen Chavez gerichteten Beitrag veröffentlicht hatte, in dem es hieß, Chavez sei „eine Bedrohung für weit mehr als nur sein eigenes Volk"." Der Artikel widmete sich der These, dass Chavez eine Bedrohung für die winzige, aber reiche jüdische Bevölkerung Venezuelas sei - etwa 22.000 Menschen in einer Nation mit 22 Millionen Einwohnern.

Der Standard bedauerte, dass das venezolanische Staatsfernsehen einen Bericht ausgestrahlt hatte, in dem spekuliert wurde, dass der israelische Geheimdienst Mossad mit der Ermordung eines lokalen Beamten in Venezuela in Verbindung stehen könnte. Polizeibeamte führten eine Razzia in einer jüdischen Schule durch, in der nach Angaben der Regierung Waffen aufbewahrt wurden, die möglicherweise in das Verbrechen verwickelt waren.

Dieser Akt der nationalen Verteidigung gegen eine wahrgenommene Bedrohung, die von der Spionageagentur einer ausländischen Macht - Israel - ausging, wurde vom *Standard* als eine Art Gestapo-Aktion im Stile Adolf Hitlers dargestellt. Mit der Behauptung, dass „Judenfeindlichkeit zu einem Merkmal der venezolanischen Regierung geworden ist", zitierte der *Standard* einen „Bericht über den weltweiten Antisemitismus" des US-Außenministeriums, der angeblich dokumentiere, so der *Standard*, „wie offen antisemitisch die venezolanische Regierung mittlerweile ist".

Die pro-israelische Zeitung ist besonders besorgt darüber, dass einer der engsten Berater von Chavez der verstorbene Norberto Ceresole war, der als „ein argentinischer Schriftsteller, der für seine Bücher, in denen er den Holocaust leugnet, und seine Verschwörungstheorien über jüdische Pläne zur Kontrolle des Planeten berüchtigt ist", beschrieben wird und dessen Buch, in dem Chavez gegrüßt wird, im ersten Kapitel eindringlich Fragen über den zionistischen Einfluss in der Welt aufwirft.

Chavez weigerte sich, vor der zionistischen Kritik zurückzuschrecken.

Als Chavez im Jahr 2000 eine Reise in den Irak ankündigte, um Saddam Hussein zu besuchen, verspottete er die Kritik der neokonservativen Medien mit den Worten: „Stellen Sie sich vor, was die Pharisäer sagen werden, wenn sie mich mit Saddam Hussein sehen".

Tatsächlich reichen die Beschwerden der Anhänger Israels gegen Chavez bis in die ersten Jahre seiner Amtszeit zurück. Im Jahr 2000 veröffentlichte das Stephen-Roth-Institut für Antisemitismus und Rassismus an der Universität Tel Aviv in Israel einen Bericht über den *weltweiten Antisemitismus in den Jahren 1999/2000*, der sich gegen Chavez richtete, indem er feststellte:

> Seit den allgemeinen Wahlen von 1998 hat Venezuela einen

dramatischen politischen Wandel erlebt, der sich negativ auf die jüdische Gemeinschaft ausgewirkt hat. Die kühle Haltung der neuen Regierung gegenüber der Gemeinschaft und Israel hat den Antisemitismus gefördert, insbesondere in der Mainstream-Presse... Einige Beobachter [weisen darauf hin], dass der Präsident enge Beziehungen zu Libyen, dem Irak und dem Iran unterhält, was auch seine Feindseligkeit gegenüber Israel erklären würde.

Der israelische Bericht warf auch das Gespenst der Freundschaft von Chavez mit dem oben erwähnten Ceresole, „dem bekannten argentinischen Antisemiten", auf und unterstrich damit, dass Chavez als Feind Israels gilt.

Währenddessen wurden die Amerikaner, die von Robertsons gewalttätiger Provokation gegen Chavez hörten, zwar von den Medien darüber informiert, dass Chavez ein „Linker" und ein „Freund von Fidel Castro" sei - Anschuldigungen, die sicherlich viele Amerikaner in Wallung bringen würden -, doch die Tatsache, dass das pro-israelische Netzwerk noch eine Rechnung mit Chavez offen hatte, wurde sorgfältig geheim gehalten. Die Kritik der Israel-Lobby an Chavez war auf auflagenschwache, aber dennoch einflussreiche Zeitschriften (wie *The Weekly Standard*) beschränkt, die fast ausschließlich von fanatischen Israel-Anhängern wie Robertson gelesen wurden.

Um die amerikanische Öffentlichkeit zu manipulieren, halfen die Massenmedien der Bush-Regierung jedoch, indem sie Ängste vor Chavez schürten, der als eine Art neue „kommunistische Bedrohung" angesehen wurde, obwohl nichts weiter von der Wahrheit entfernt sein könnte.

Tatsächlich orientierte sich Chavez (und seine innere Revolution) an der Tradition von Simon Bolivar, der die kolonialen Andenprovinzen von der spanischen Kaiserkrone befreite und (in den traditionellen Texten zur amerikanischen Geschichte) als „George Washington Südamerikas" bezeichnet wurde.

Obwohl Chavez ein Kritiker des grassierenden globalen Superkapitalismus ist, den er als „Dämon" bezeichnet, wies Alma Guillermoprieto in der Ausgabe der *New York Review of Books* vom 6. Oktober 2005 darauf hin, dass „eine große Anzahl von Geschäftsleuten unter seiner Herrschaft gediehen ist, und er machte deutlich, dass er eine wichtige Rolle für den Privatsektor und insbesondere für ausländische Investitionen sieht". Chavez ist also trotz der Desinformation durch die Medien weit davon entfernt, ein „Kommunist" zu sein.

Was den alternden Fidel Castro betrifft, so befindet er sich eindeutig in der Abenddämmerung seines Lebens und wird nach Ansicht der meisten Beobachter wahrscheinlich durch ein Militärregime ersetzt werden ( ). Die Tatsache, dass Chavez Castro gegenüber freundlich eingestellt war - wie praktisch alle südamerikanischen Führer, ganz zu schweigen von den Führern der ganzen Welt - ist daher kein „Beweis" dafür, dass Chavez ein „Kommunist" ist.

Als Robertson jedoch in seinen 700 Club ging - eine Sendung, die für viele Basisrepublikaner ein Muss ist - und zur Ermordung von Chavez aufrief, sendete er eine starke und klare Botschaft: „Wir mögen Chavez nicht". Das „Wir" waren in diesem Fall die Neokonservativen und ihre Verbündeten in Israel, die eng mit Robertson und anderen TV-Evangelisten der „christlichen Rechten" zusammenarbeiteten, die der Israel-Lobby eine eifrige (und mächtige) Unterstützerbasis verschafften.

Letztendlich führen all diese globalistischen Säbelhiebe im Namen einer schlecht definierten Form von „Demokratie", wie sie George W. Bushs philosophischer Mentor Natan Sharansky versteht, dazu, dass Amerika im Ausland kaum neue Freunde gewinnt. Im Gegenteil, es macht sich immer mehr Feinde.

Mahathir Mohamad, der oft als „Vater des modernen Malaysia" bezeichnet wird und seit langem als Sprecher der Entwicklungsländer respektiert wird, schreckt vor solchen kriegerischen Provokationen nicht zurück. In einem Interview mit der britischen Zeitung *Guardian* im Jahr 2005 bezeichnete der langjährige malaysische Premierminister (der 2003 in den Ruhestand ging) die Bush-Regierung als „Schurkenregime" und prangerte seinen Verbündeten, den britischen Premierminister Tony Blair, als „erwiesenen Lügner ", an, weil er die von Bush und seinen pro-israelischen Politikberatern vorangetriebenen Fehlinformationen und Desinformationen verbreitet habe.

Der wortgewandte Malaysier, der in den Entwicklungsländern hohes Ansehen genießt, sorgte 2003 für Aufregung, als er während einer langen Konferenz vor einer internationalen Versammlung von Führern muslimischer Länder sagte, dass „die Juden die Welt stellvertretend regieren", was zwar nur ein kurzer Kommentar in einer langen Rede war, aber ausreichte, um einen weltweiten Medienrummel auszulösen.

Mahathir sagte dem *Guardian* jedoch, dass er nicht bereit sei, seine Bemerkungen zurückzuziehen. Er erklärte:

> Die [amerikanischen] Politiker haben panische Angst vor den Juden, denn jeder, der gegen die Juden stimmt, würde die Wahlen verlieren. Die Juden in Amerika unterstützen die Juden in Israel. Israel und andere Juden kontrollieren die mächtigste Nation der Welt. Das ist es, was ich meine [dass Juden die Welt kontrollieren]. Ich bleibe bei dieser Ansicht.

Mahathirs scharfe Kommentare über das Verhalten der USA, insbesondere in Bezug auf ihr Engagement im Nahen Osten, spiegeln nicht nur die muslimische Meinung wider, sondern auch die wachsende Meinung in Europa und anderswo. Mahathir sagte dem *Guardian*:

> Die Vereinigten Staaten sind die mächtigste Nation. Sie können die ganze Welt ignorieren, wenn sie etwas tun wollen. Sie verstoßen gegen das Völkerrecht. Sie verhaften Menschen außerhalb ihres Landes und klagen sie nach amerikanischem Recht an. Sie töten sie...
>
> Das ist Terror [und] die Vereinigten Staaten sind genauso schuldig des Terrorismus wie die Leute, die ihre Flugzeuge in Gebäude stürzten... Bush versteht den Rest der Welt nicht. Er denkt, dass jeder ein Neocon wie er sein sollte.

Von einem der weltweit führenden muslimischen Führer - der seine muslimischen Mitbürger aufgefordert hat, Terrorismus und Extremismus abzulehnen - ist Dr. Mahathirs Einschätzung des von den USA erklärten Krieges gegen den Terrorismus besonders relevant und eine sehr reale Warnung an die politischen Entscheidungsträger in den USA, die sich den Interessen Israels verpflichtet fühlen:

> Selbst wenn Sie Bin Laden schnappen, können Sie nicht sicher sein, dass es keinen weiteren Bin Laden geben wird. Es ist unmöglich, Terroristen dazu zu bringen, einen Friedensvertrag zu unterzeichnen. Die einzige Möglichkeit, den Terror zu besiegen, besteht darin, die grundlegenden Ursachen zu bekämpfen. Terroristen sprengen sich nicht grundlos in die Luft, sie sind wütend und frustriert.
>
> Und warum sind sie wütend? Schauen Sie sich die palästinensische Situation an. Fünfzig Jahre nach der Gründung des Staates Israel wird die Lage immer schlimmer. Wenn Sie dieses Problem nicht lösen, wird der Krieg gegen den Terrorismus kein Ende finden. Wie lange wollen Sie noch die Schuhe der Menschen untersuchen

Mahathir als „Verschwörungstheorie der muslimischen Welt" bezeichnete, beachten Sie, dass am 11. Mai 2005 The *Forward*, eine in New York ansässige Zeitung der jüdischen Gemeinschaft, berichtete, dass Barry Jacobs vom Washingtoner Büro des American Jewish Committee erklärte, er glaube, dass es *innerhalb der amerikanischen Geheimdienstgemeinschaft hohe Beamte gebe, die Israel feindlich gesinnt seien und deshalb einen Krieg gegen die pro-israelischen Lobbyisten und ihre pro-israelischen neokonservativen Verbündeten in den internen Kreisen der Bush-Regierung führten.*

Unter Berufung auf die laufende Untersuchung des FBI über mögliche

Spionage durch Beamte der AIPAC, der wichtigsten pro-israelischen Lobbygruppe, berichtet Forward, dass Jacobs laut der Zusammenfassung von *Forward* glaubt, dass „die Vorstellung, dass amerikanische Juden und die Neokonservativen im Pentagon sich verschworen haben, um die USA in einen Krieg gegen den Irak und vielleicht auch gegen den Iran zu treiben, in der Washingtoner Geheimdienstgemeinschaft allgegenwärtig ist".

Tatsache ist, dass die Politik von George W. Bush nicht nur den arabischen und muslimischen Ländern, Russland, China oder sogar Venezuela Sorgen bereitet. Viele gute Amerikaner (einschließlich hochrangiger Personen) sehen in dieser Politik eine echte Gefahr. In dem Bemühen, den Imperialismus und Kriege, die den Imperialismus voranbringen sollen, zu blockieren, gründete Dr. Mahathir von Malaysia die Perdana Global Peace Organization (siehe per-dana4peace.org im Internet). Am 17. Dezember 2005 kündigten Dr. Mahathir und die Teilnehmer eines Sonderforums der Organisation die Kuala-Lumpur-Initiative zur Kriminalisierung des Krieges an. Wie der Name schon sagt, stellen diese Initiative und die Bemühungen zur Förderung ihrer Botschaft einen ernsthaften Aufruf zu einer weltweiten Aktion zur Kriminalisierung der Kriegführung dar. Die Initiative lautet wie folgt:

DIE INITIATIVE VON KUALA LUMPUR ZUR KRIMINALISIERUNG DES KRIEGS

Das Weltfriedensforum in Kuala Lumpur, das betroffene Völker aus allen fünf Kontinenten zusammenbringt

VEREINT in der Überzeugung, dass Frieden die Grundvoraussetzung für das Überleben und das Wohlergehen der menschlichen Rasse ist,

ENTSCHLOSSEN, den Frieden zu fördern und künftige Generationen vor der Geißel des Krieges zu bewahren,

OUTRAGED durch den häufigen Einsatz von Krieg zur Beilegung von Streitigkeiten zwischen den Nationen,

BESORGT darüber, dass die Militaristen sich auf neue Kriege vorbereiten,

STÖRT, dass der Einsatz von Waffengewalt die Unsicherheit für alle erhöht,

ZERRIFIZIERT von der Vorstellung, dass der Besitz von Atomwaffen und die unmittelbare Gefahr eines Atomkriegs zur Vernichtung des Lebens auf der Erde führen werden.

Um Frieden zu erreichen, erklären wir nun, dass:

- Kriege beinhalten immer häufiger den Mord an Unschuldigen und sind daher abscheulich und kriminell.

- Morde in Kriegszeiten sind genauso kriminell wie Morde innerhalb von Gesellschaften in Friedenszeiten.

- Da Tötungen in Friedenszeiten dem innerstaatlichen Strafrecht unterliegen, sollten auch Tötungen in Kriegszeiten dem internationalen Strafrecht unterliegen. Dies sollte unabhängig davon gelten, ob diese Tötungen in Kriegszeiten nach innerstaatlichem Recht erlaubt oder zulässig sind.

- Alle kommerziellen, finanziellen, industriellen und wissenschaftlichen Aktivitäten, die den Krieg unterstützen und fördern, müssen kriminalisiert werden.

- Alle nationalen Führer, die eine Aggression initiieren, müssen der Gerichtsbarkeit des Internationalen Strafgerichtshofs unterstellt werden.

- Alle Nationen müssen ihre Entschlossenheit verstärken, die Ziele und Grundsätze der Charta der Vereinten Nationen zu akzeptieren und Methoden zu entwickeln, um internationale Streitigkeiten mit friedlichen Mitteln beizulegen und auf Krieg zu verzichten.

- Es darf keine Waffengewalt angewendet werden, es sei denn, dies wird durch eine mit Zweidrittelmehrheit aller Mitglieder der Generalversammlung der Vereinten Nationen verabschiedete Resolution genehmigt.

- Alle Gesetzgeber und Regierungsmitglieder müssen ihren Glauben an den Frieden bekräftigen und sich verpflichten, sich für den Frieden einzusetzen.

- Politische Parteien auf der ganzen Welt müssen den Frieden zu einem ihrer Hauptziele machen.

- Nichtregierungsorganisationen, die sich für die Friedensförderung einsetzen, sollten in allen Ländern gegründet werden.

- Beamte und Berufstätige, insbesondere in den Bereichen Medizin, Recht, Bildung und Wissenschaft, müssen den Frieden fördern und aktiv gegen den Krieg kämpfen.

- Die Medien müssen sich aktiv gegen Krieg und Kriegshetze wenden und bewusst die friedliche Beilegung internationaler Streitigkeiten fördern.

- Die Unterhaltungsmedien müssen aufhören, Krieg und Gewalt zu verherrlichen, und stattdessen eine Ethik des Friedens pflegen.

- Alle religiösen Führer müssen den Krieg verurteilen und den Frieden fördern.

Zu diesem Zweck beschließt das Forum, ein ständiges Sekretariat in Kuala Lumpur einzurichten, um:

Diese Initiative umsetzen.

OPPOSIEREN Sie sich gegen Politiken und Programme, die zum Krieg anstiften.

Um die Zusammenarbeit von [Nichtregierungsorganisationen] aus der ganzen Welt bitten, um die Ziele dieser Initiative zu erreichen.

Amerikanische Nationalisten - die *wahren* Patrioten Amerikas - teilen den Geist der Initiative von Kuala Lumpur. Die Amerikaner müssen sich zusammenschließen - und sich mit anderen auf der ganzen Welt zusammentun -, um den imperialen Kriegstreibern den Weg zu versperren. Wir müssen sehr vorsichtig sein, bevor wir uns „der Flagge anschließen" und in den oder die kriegsbefürwortenden Bandwagons springen, die sich vor unseren Augen versammeln.

George Bush wird voraussichtlich im Januar 2009 aus dem Amt scheiden. Es stellt sich die Frage, welchen Schaden dieser Bock aus Juda Amerika (und der Welt) zugefügt hat und was uns allen noch bevorsteht.

Andere Böcke aus Juda - inspiriert von dem Israeli Natan Sharansky - werden versuchen, diese gefährliche imperiale Politik fortzusetzen, die aus den Lügen und dem Missmanagement der Bush-Ära entstanden ist. Es ist die Aufgabe aller guten Amerikaner - und ihrer vielen Freunde in der Welt - zusammenzuarbeiten, um diese Intriganten in die Knie zu zwingen.

Ein letztes Wort...

„Nationalismus ist die Welle der Zukunft und es gibt keine Möglichkeit, sie zu stoppen"

Gemäß dem, was auf diesen Seiten zusammengetragen *wurde, ist The Juda Goats - The Enemy Within* ein über 50 Jahre altes Werk, das auf einer Ansammlung von mehr als einem halben Jahrhundert solider (und oftmals verstörender) Beweise beruht, die die in dieser Kolumne beschriebene abscheuliche Geschichte bestätigen - eine Geschichte, die keineswegs vollständig ist.

Es handelt sich um eine unrühmliche und oft schäbige Geschichte, die jedoch sehr lehrreich ist, auch wenn sie unangenehm ist. Die Berichte über Verrat und Betrug geben uns nicht nur einen Einblick in die Machenschaften unseres Feindes - und seien Sie versichert, dass diese Böcke Judas genau das sind -, sondern sie liefern uns auch einen Überblick über unsere Geschichte im 20. Jahrhundert und ein Teleskop, durch das wir die Gefahren beobachten können, die am Horizont vor uns auftauchen.

Amerika wurde unterwandert.

Der traditionelle amerikanische Nationalismus wurde verzerrt und verfälscht.

Auf vielen Ebenen und durch eine breite Palette von Täuschungen wurde unsere Nation auf einen Weg gebracht, der unsere Regierungsform verzerrt hat, und an ihrer Stelle soll (vielleicht sicher) eine Tyrannei der Neuen Weltordnung entstehen. Wir sagen „vielleicht sicher", schon allein deshalb, weil es für echte amerikanische Nationalisten vielleicht noch Zeit ist, sich zusammenzuschließen, die Ställe auszumisten und diese Verräter und Kriminellen aus unseren Reihen zu vertreiben.

Es ist an der Zeit, die Böcke Judas - den inneren Feind - zu identifizieren und vor ihnen zu fliehen, denn in vielerlei Hinsicht sind sie unsere schlimmsten Feinde, gerade weil sie vorgeben, unsere Freunde zu sein.

Das ist auch der Grund, warum sie so gefährlich sind.

Wir können es uns nicht länger leisten, von diesen Kräften getäuscht, manipuliert und schließlich geschädigt zu werden.

Obwohl sich die Konzeption dieses Buches schon lange vor der Veröffentlichung meiner früheren Werke zu entwickeln begann, scheint dieser Band, *The Juda Goats - The Enemy Within,* fast eine Fortsetzung meiner früheren Bücher zu sein. Tatsächlich legten diese frühen Bücher den Grundstein dafür, dass ich diesen Band in seiner heutigen Form produzieren konnte.

Bei aller gebotenen Bescheidenheit muss ich jedoch ohne Zögern betonen, dass diese anderen Bücher, einzeln und zusammengenommen, den Amerikanern (und der Welt) bereits einen Rahmen geliefert haben, der es uns ermöglicht, die Kräfte des Bösen, die uns dorthin gebracht haben, wo wir heute stehen, vollständig zu verstehen und somit auch zu bekämpfen:

- *Das Jüngste Gericht* erklärt, wie Präsident John F. Kennedy ermordet wurde, weil er den Mut hatte, sich der Regierung Israels und seiner mächtigen Lobby in Amerika zu widersetzen, die unermüdlich daran arbeiteten, Israel daran zu hindern, nukleare Massenvernichtungswaffen zusammenzubauen.

Wäre JFK nicht seines Amtes enthoben worden, hätte er sein Ziel erreichen und Israel folglich daran hindern können, die erpressende globale Supermacht zu werden, die dieses winzige Gebilde heute ist.

Gleichzeitig wäre die amerikanische Israel-Lobby wirksam in Schach gehalten worden, da ein entschlossener Präsident sich dem heute praktisch unbestrittenen Wunsch des Zionismus nach absoluter Macht über unser politisches System widersetzt hätte.

Die Tatsache, dass Israel eine so wichtige - wenn nicht sogar die wichtigste - Rolle bei der Ermordung von John F. Kennedy gespielt hat, ist heute nicht so bekannt, wie sie sein sollte. Es besteht kein Zweifel daran, dass, wenn immer mehr Amerikaner erfahren würden, wie und warum JFK starb, es zu einer größeren Neubewertung (zumindest durch das amerikanische Volk) ihrer Haltung gegenüber der unerschütterlichen Unterstützung der Vereinigten Staaten für die internationale zionistische Sache kommen würde. *Das Jüngste Gericht* ist also da, zusammen mit den Fakten, über die berichtet werden muss.

- *The High Priests of War (Die Hohepriester des Krieges)* war die erste umfassende (und, wie ich hinzufügen möchte, die einzige völlig ehrliche) Bewertung der Geschichte des sogenannten „neokonservativen" Netzwerks und wie es so viel Einfluss anhäufen konnte, dass es - mit der fanatischen Unterstützung eines US-Präsidenten, der mit ziemlicher Sicherheit geistig unausgeglichen ist - die Vereinigten Staaten in einen Krieg hineinziehen konnte, der nicht notwendig war und nicht hätte geführt werden dürfen. Dieser Krieg scheint kein Ende in Sicht zu haben und die Amerikaner sind (zu Recht) zunehmend besorgt über das Unheil im Irak, trotz ihrer entschlossensten Bemühungen, „patriotisch zu sein und den Präsidenten zu unterstützen".

Viele Amerikaner erkennen heute, dass der Krieg nicht in Amerikas Interesse ist und es auch nie war, dass er auf schrecklichen Lügen beruht und dass in Wirklichkeit eine andere Agenda hinter dem Krieg steht: nämlich die Forderungen Israels (und des Zionismus im Allgemeinen) an das amerikanische System.

Die zunehmende Anerkennung dieser Tatsache wird letztlich eine große Rolle dabei spielen, eine Geisteshaltung im amerikanischen Volk zu schaffen, die es endlich in die Lage versetzt, über die wahre Bedeutung des Krieges und seine Urheber sowie über die Gründe, die sie dazu veranlasst haben, nachzudenken. *Die Hohepriester des Krieges* präsentieren *daher* die Fakten, die enthüllt werden müssen.

- *Das neue Jerusalem: Zionistische Macht in Amerika* ist genau das, was sein Name vermuten lässt: eine aktuelle und kompromisslose Zusammenfassung von Daten - soliden Fakten und Zahlen, wie sie in unserer modernen Ära noch nie zwischen zwei Buchdeckeln zusammengestellt wurden - über die unglaubliche Ansammlung von Reichtum (und die daraus resultierende politische Macht), die die zionistische Elite in Amerika angehäuft hat. Genau dieser Reichtum und diese Macht haben es ermöglicht, dass die amerikanische Politik auf Ziele ausgerichtet - oder vielmehr fehlgeleitet - wurde, die nichts mit „Amerikanismus" zu tun haben, sondern alles mit der Sicherung der USA als unangefochtene militärische, finanzielle und geopolitische Kraft des internationalen Zionismus ( ).

Solange der Zionismus die Kontrolle über die amerikanischen Medien (und die daraus resultierende politische Macht) hat, kann das Volk der Vereinigten Staaten damit rechnen, dass immer mehr amerikanische Jungen und Mädchen in alle Ecken der Welt in den Krieg geschickt werden und im Kampf für die zionistischen Interessen, die sich schamlos und irreführend hinter der amerikanischen Flagge verstecken, getötet oder schrecklich verletzt werden.

Wir können mit höheren Steuern rechnen, um diese Kriege zu bezahlen, und mit immer stärkeren politischen Repressionen im Inland, die darauf abzielen, Andersdenkende zum Schweigen zu bringen, die es wagen, „Nein" zu den Forderungen des Zionismus an das amerikanische Volk zu sagen. Die Liste der wahrscheinlichen Folgen all dessen ist in der Tat erschreckend. Da jedoch immer mehr Amerikaner den immensen Einfluss des Zionismus entdecken, wird es eine entsprechende Zunahme der öffentlichen (und nicht nur privaten) Diskussion über dieses gefährliche Phänomen geben. *Das Neue Jerusalem* ist also dazu da, die Fakten zu präsentieren, die erzählt werden müssen.

The Juda Goats-The Enemy Within ist also eine Ergänzung zu dem, was ich bereits geschrieben habe, eine Variation eines Themas, das höchstwahrscheinlich diesen drei vorherigen Bänden zugrunde liegt.

Diese und andere Bücher - ganz zu schweigen von den unzähligen Videokassetten, Websites, unabhängigen Zeitungen wie *American Free Press* und historischen Zeitschriften wie *The Barnes Review* - liefern, um es mit den Worten meines Freundes, des populistischen Titanen Eustace Mullins, zu sagen, „Munition für den bevorstehenden Krieg zur Befreiung Amerikas".

Und es wird ein Krieg sein.

Auf den Seiten von *The Juda Goats - The Enemy Within* haben wir immer wieder gesehen, dass unser Feind nicht zögern wird, die korruptesten, bösartigsten, irreführendsten - und sogar gewalttätigsten - Methoden anzuwenden, um sein Programm zu verfolgen. Und ihr Programm ist die absolute und totale Vernichtung der amerikanischen Nationalbewegung und, wenn nötig (und gewünscht), die Vernichtung jedes einzelnen Amerikaners, der sich ihrem heimtückischen Programm widersetzt.

Und das ist nicht übertrieben.

Erinnern Sie sich: „Sie" haben John F. Kennedy getötet und sind bis jetzt davongekommen. „Sie" haben das Murrah-Gebäude in Oklahoma City zerstört und sind bis heute damit durchgekommen. „Sie haben die Terroranschläge vom 11. September inszeniert und sind bis heute damit durchgekommen. „Sie inszenierten den Irak-Krieg und sind bis heute damit durchgekommen.

Und das ist nur die Spitze des Eisbergs...

Die große Frage ist, wie lange wir noch tatenlos zusehen und diesen Verbrechern weiterhin die Freiheit lassen, ihren Willen auf Kosten des amerikanischen Volkes und aller Völker der Welt auszuüben.

Wir haben den Feind identifiziert.

Wir verfügen über alle notwendigen Kenntnisse über unseren Feind.

Nun müssen wir dieses Wissen an andere weitergeben.

Natürlich müssen wir dazu außerhalb des Bereichs der von Zionisten kontrollierten Elitemedien in Amerika arbeiten.

Durch Mundpropaganda, unabhängige Radiosender, das Internet, die Verteilung von Büchern, Zeitungen und Videos und jedes andere verfügbare Mittel, um „das Wort zu verbreiten", können wir die Menschen wissen lassen, dass eine neue amerikanische Revolution im Gange ist, dass es viele andere Menschen gibt, die genauso empfinden wie sie und die sich endlich zu Wort melden.

Es ist möglich. Es hängt von uns ab.

Wenn wir uns zusammenschließen, können wir eine Flutwelle wütender Amerikaner und anderer Gutwilliger aus der ganzen Welt - die Welle der Zukunft - erzeugen, die die Feinde des Nationalismus, der Freiheit und der Unabhängigkeit überschwemmen wird.

Gehen wir entschlossen voran mit dem Ziel, genügend gute Leute an genügend Orten zu gewinnen, damit wir endlich die nötige Macht erlangen können, um den Böcken von Juda - dem inneren Feind - ein für Mal das Rückgrat zu brechen.

Der Kontroll- und Subversionsmechanismus kann nur besiegt werden, wenn - und nur dann - unsere Feinde vollständig und vollständig als das entlarvt werden, was sie wirklich sind.

Wir können uns nicht mehr damit begnügen, politisch korrekt zu sein oder Euphemismen zu verwenden. Wir müssen sagen, was wir wirklich denken. Wir dürfen nicht wie der junge Mann sein, der mir, nachdem er mein Buch *Das jüngste Gericht* gelesen hatte, sagte:

> Ich denke, Sie haben Recht, dass der Mossad in die Ermordung von JFK verwickelt war, aber wenn ich von der Ermordung von JFK spreche, beziehe ich mich einfach auf die „CIA", weil die meisten Leute wissen, dass die CIA sowieso von den Zionisten kontrolliert wird, und sie werden wissen, *dass* ich *wirklich* meine, dass der Mossad dahinter steckte.

Das hat mir jemand gesagt.

Er war völlig ernst.

Er war auch ein absoluter Feigling und ein absoluter Dummkopf.

Obwohl die Zionisten sicherlich viel Macht innerhalb der CIA (und über sie) haben, ist es in der Tat eine sehr große Annahme, wenn man vorschlägt, dass die Zionisten die CIA kontrollieren, und dann annimmt, dass „die meisten Leute es wissen".

Wir können nicht mehr davon ausgehen, dass der Durchschnittsamerikaner weiß, was die besser informierten Amerikaner wissen. Denn sie wissen nicht, was wir wissen.

Es liegt an uns, dafür zu sorgen, dass die Durchschnittsamerikaner wissen, was wir wissen, indem wir ihnen einfach die Wahrheit sagen, unmissverständlich, in vagen oder „verschlüsselten" Worten.

Genau das habe ich in den vielen Büchern und Tausenden von Artikeln, die ich veröffentlicht habe, versucht zu tun.

Wir können nicht länger befürchten, „den netten jüdischen Nachbarn, dessen Schwester in Israel lebt", zu beleidigen.

Wenn es diesem netten Juden nicht gefällt, dass die einfachen Amerikaner es nicht gut finden, wie die Israel-Lobby die US-Außenpolitik auf Kosten von Amerikas Interessen diktiert, ist das sein Problem.

WERDEN WIR NICHT ZUM SCHWEIGEN GEBRACHT.

Wie ich bereits sagte, müssen wir uns als moderne Inkarnationen der fiktiven Figur „Howard Beale" betrachten, des zum Demagogen gewordenen Moderators der Abendnachrichten in dem beliebten (und aufschlussreichen) Hollywood-Film *Network*.

Obwohl der Film (geschrieben von Paddy Chayefsky, einem erklärten zionistischen Ideologen) Howard Beale „auf die Palme" brachte, weil „reiche Araber" die Rundfunkgesellschaft, für die er arbeitete, aufkauften (ein Szenario, das in der Realität wahrscheinlich nicht eintreten würde), ist die Idee, dass ein ehrlicher Mann betrübt sein sollte, weil ausländische Interessen die Medien kontrollieren, eine Idee, die wir nicht von der Hand weisen sollten. Genau das geschieht heute in Amerika. Aber diese ausländischen Interessen sind *keine* arabischen oder muslimischen Interessen.

Unsere wichtigsten Netzwerke, ganz zu schweigen von der Welt der Universitäten, des Verlagswesens, der Bildung, der Populärkultur und sogar vieler „christlicher" religiöser Organisationen - um nur einige zu nennen - wurden infiltriert und unterwandert.

Heute ist die Wahrheit, dass die wahren amerikanischen Patrioten - und alle anderen freiheitsliebenden Nationalisten auf der Welt - vor Wut schäumen und es nicht *mehr aushalten*.

Deshalb werden wir am Ende den Sieg davontragen.

Obwohl George W. Bush und seine zionistischen Freunde behaupten, dass Gott auf ihrer Seite ist, wissen wir es besser.

Gott ist auf *unserer* Seite.

Der Nationalismus ist die Welle der Zukunft. Es gibt keine Möglichkeit, sie zu stoppen.

-MICHAEL COLLINS PIPER

Über Quellen...

Eine Bibliografie nicht ganz wie alle anderen

Meine Schriften, sowohl für die Zeitung *Spotlight* als auch für *American Free Press*, ganz zu schweigen von *The Barnes Review* und mehreren anderen Publikationen, basierten immer auf dem Konzept, dass es am besten ist, „die Quellen zu zitieren". Und das habe ich immer getan. Mein Dossier ist ziemlich umfangreich, und wer meine Schriften kennt - selbst meine Kritiker - weiß das. Unter den Tausenden von Artikeln, die ich in den letzten 25 Jahren geschrieben habe, gibt es nicht einen einzigen, der nicht solide dokumentarische Informationen enthält, die die These meiner Arbeit untermauern. Natürlich wurde mein Schreiben immer von meinem fortschrittlichen nationalistischen Standpunkt geleitet, und ich habe meine Agenda nie geleugnet. Es wäre unehrlich, anders zu handeln, wie es die Redakteure der „Mainstream"-Medien tun.

In meiner früheren Erfahrung mit einer Reihe von veröffentlichten vollständigen Büchern habe ich - im Nachhinein - festgestellt, dass es meinen Kritikern, ganz offen gesagt, völlig egal war, ob ich eine Quelle genau zitierte oder nicht oder ob ich sie richtig zitierte. Die Absicht meiner Kritiker - und sie stammen alle aus ein und derselben Quelle, könnte ich hinzufügen - war es immer, mich zu diffamieren, meine Glaubwürdigkeit in Frage zu stellen, mich mit besonders vulgären Namen skatologischer Art zu belegen und mich generell als Lügner zu bezeichnen.

In der Regel behaupten sie mit großer Autorität, dass ich „keine Glaubwürdigkeit" habe und „niemand Michael Collins Piper ernst nimmt", widerlegen dann aber ihre eigenen Behauptungen und geben sich viel Mühe bei dem Versuch, mich zu diskreditieren. Sie wenden viel Energie auf, um mich zu denunzieren, sagen, man solle mich ignorieren, und suggerieren damit implizit, dass es Menschen gibt, die mir Aufmerksamkeit schenken.

Jedenfalls habe ich bei der Fertigstellung von *The Juda Goats-The Enemy Within* die bewusste Entscheidung getroffen, KEINE traditionelle Bibliografie aufzunehmen, eben weil ich im Laufe des Buches, wenn ich auf einen Zeitungsartikel, einen Magazinartikel oder ein ganzes Buch verweise, sehr deutlich den Namen der betreffenden Publikation innerhalb des Textes genannt habe.

Es gibt praktisch keine einzige relevante Tatsache in diesem Buch - und damit meine ich nicht die „Meinungen" -, die nicht in leicht zugänglichen Quellen gefunden werden kann. Und auch wenn meine Meinungen - und die anderer - recht häufig in diesem Buch zu finden sind, beruhen diese Meinungen (zumindest meine eigenen) auf sehr realen Tatsachen, die die Grundlage für diese Behauptungen bilden.

Viele naive Menschen - die den sehr deutlichen Unterschied zwischen Fakten und Meinungen nicht verstehen - sagen schnell „Das ist Ihre Meinung", wenn sie mit unangenehmen Fakten konfrontiert werden, aber auf den Seiten dieses Buches werden die „Meinungen", die ich vertrete, durch zahlreiche Forschungsarbeiten (in einem breiten Spektrum von Bereichen) untermauert.

Die Wahrheit ist für diejenigen da, die es wagen, sie zu suchen...

-PCM

Viele Danksagungen - wenn Sie mir bitte folgen würden...

An Willis und Elisabeth Carto, ohne die dieses Buch - oder jedes andere, das ich veröffentlicht habe - nicht möglich gewesen wäre. Sie haben den Weg für andere Menschen geebnet. Auch in Erinnerung an ihren treuen Hund Charlie, einen freundlichen Gefährten, der von einem für die ADL arbeitenden Schläger brutal überfahren wurde.

An zwei inzwischen verstorbene Freunde: DeWest Hooker, der mir als Erster die Wahrheit über den Kalten Krieg aufzeigte, und Fred Blahut, der mir einige Grundlagen des Schreibens und Publizierens beibrachte - auch wenn man es nicht merkt. (An meinen energischen Freund, den einzigartigen Matthias Chang, dafür, dass er mir die wunderbare Welt und die Menschen Malaysias näher gebracht hat.

Mahathir Mohamad und seiner Frau Dr. Siti Hasmah, deren Interesse an meiner Arbeit eine große Ehre ist und sehr geschätzt wird.

An Ryu Ohta, Grace Oyama, Yoshie Nakajima und Marie, weil sie während meines Besuchs im Land der aufgehenden Sonne so großartige Gastgeber waren. An die wunderbaren Menschen in Abu Dhabi - von Taxifahrern bis hin zu Mitgliedern der Königsfamilie -, die mir das Gefühl gegeben haben, so willkommen zu sein.

An Mikhail Kuznetsov und Boris Mironov und an alle Nationalisten, die sich mir in Moskau angeschlossen haben, um einen Neuanfang für alle Völker der Welt zu feiern, die zusammenarbeiten, um unseren traditionellen Feind zu bekämpfen.

An Paul Fromm, dessen gute Laune, Leidenschaft und enorme Fähigkeit, die Notwendigkeit des Kampfes für die Meinungsfreiheit zum Ausdruck zu bringen, eine Lektion für die Amerikaner sind, die gut daran täten, sehr schnell aufzuwachen.

An Mordechai Vanunu, für seine Freundlichkeit und seine Unterstützung meiner Bemühungen.

Die Welt schuldet diesem mutigen Mann ihre größte Dankbarkeit.

An MK, die mir hilft, bei Verstand zu bleiben.

An Mark Glenn, Ted Pike, Stan Hess, Mark Farrell, Hesham Tallawi, Rick Adams, Victor Thorn und Lisa Guliani, John Anderson, Tom Valentine, Barbara Jean Whiteley, Dale Williams, Leuren Moret, Benjamin & Ursula Seiler, Roy Godenau, Bill Grimstad - neben einer Vielzahl anderer Menschen, die meine Bemühungen unterstützt und ihrerseits wunderbare Arbeit geleistet haben.

An John Tiffany - wie immer - für seinen bösartigen Gehirnklau, der sich als ziemlich bemerkenswerte Verkleidung für eine talentierte Überarbeitung herausstellt.

An Paul Angel, weil er meine Bemühungen um das Grafikdesign toleriert hat, an Chris Petherick, weil er nicht zu viel editiert hat, und an Jim Tucker, weil er den ersten Artikel, den ich geschrieben habe, veröffentlicht hat und weil er einen guten Sinn für Humor hat.

An Anne Cronin, Steve Lombardo, Julia Foster, Evangeline und die Andersons, weil sie die schwierige Aufgabe übernommen haben, meine Bücher in Umlauf zu bringen.

An John Stadtmiller vom Republic Broadcasting Network, der mir die Gelegenheit gab, ein nächtliches Radio-Diskussionsforum zu moderieren, und an all die großartigen Menschen bei RBN, die zum Gedeihen dieses dynamischen Netzwerks beitragen.

An Steve, James the Poet, Van Loman, Curt Maynard, Jerry Myers, Joe und Dee Fields, Tony Blizzard und Paul Topete, die mich über die Dinge auf dem Laufenden halten, die ich wissen muss. Und an George Kadar, Scott Winchester und Paul Christian Wolff, die ohne Gewissensbisse sind.

AUF A. G. Hassinger und Michael Williams - aufstrebende Führungskräfte.

Auf Vince und Elaine Ryan - ein dynamisches Duo.

An Dale und Mary Crowley - Christliche Soldaten und meine Freunde.

An Jim und Sylvia Floyd - das Beste.

An E und B, die einfach großartige Menschen sind.

An J und G für ihre Begeisterung.

An meine Freundin „Mutter Erde", die die Welt mit denselben Augen betrachtet wie ich.

An KV, dessen Spiritualität und Freundschaft ich zutiefst schätze.

An J und E, die meinen Geburtstag nie vergessen.

An dieses Mädchen aus Little Chicago-und auch an ihren Sohn-, deren gemeinsames Interesse an meiner Arbeit besonders erfreulich war.

An W & E, die die bitteren Wahrheiten verstehen, die so viele Menschen nicht erkennen. Ihre Ermutigung wurde sehr geschätzt.

An „The Home Owner", dessen Scharfsinn mich immer wieder erstaunt.

Auf den „Hauskäufer", der die Situation so gut kennt wie nur wenige andere.

Dem verstorbenen Ken und Lucy Lehman, die mir gesagt haben, dass ich trotz aller Widerstände niemals schweigen soll. Ich bewahre das wertvolle Erbe, das Lucy mir hinterlassen hat, treuhänderisch für künftige Generationen auf.

An „Sis", der mir beigebracht hat, wie man den Kartenkatalog benutzt.

An Ginny, deren *Widerstand gegen* meine Arbeit mich *inspiriert* hat.

An Kirk Lyons, der zusammen mit seinem Freund Andreas Strassmeir vielen Menschen geholfen hat, zu verstehen, was am 19. April 1995 in Oklahoma City wirklich passiert ist. Lyons' Auftritt im Gerichtssaal in Pittsburgh hat mir bestätigt, dass ich von Anfang an auf dem richtigen Weg war. Ich danke auch Don Wassall dafür, dass er den Fehler gemacht hat, ihn dorthin zu bringen.

Auf eine Reihe von Intriganten mit Verbindungen zum Mossad, deren Machenschaften den Stoff für dieses Buch lieferten und die ohne ihr Wissen und zu ihrem Entsetzen die Entstehung zweier mächtiger Publikationen, *American Free Press* und *The Barnes Review*, ermöglichten, die eine wichtige Rolle bei der Niederlage der Kräfte spielen sollten, die sich dem amerikanischen Nationalismus entgegenstellten.

Und schließlich, aber bei weitem nicht am wenigsten wichtig...

An Roy Bullock, den charmanten, geschickten und intelligenten Undercover-Informanten Nr. 1 der ADL, der mir meine allererste Schulung aus erster Hand darüber gab, wie man die Böcke Judas - den inneren Feind - ausfindig macht.

-MICHAEL COLLINS PIPER

FOTO-ABSCHNITT

Natan Sharansky (oben), geboren in der Sowjetunion, Power-Broker in Israel und Hauptsprecher des Weltzionismus, ist einer der wichtigsten Berater der einflussreichen trotzkistischen „Neokonservativen" in den USA. Noch wichtiger ist, dass Sharansky auch der intellektuelle Mentor der mächtigsten und gefährlichsten Judasziege der Welt, George W. Bush (rechts), ist, der (wie er selbst zugibt) genau darauf hört, was Sharansky ihm zu tun empfiehlt. Als Scion einer korrupten Dynastie, die seit über einem Jahrhundert in Rüstungsgeschäfte, Firmenschikanen und Geheimdienstintrigen verwickelt ist, ist Bush in den Händen seiner Herren besonders formbar, gerade weil er ein religiöser Fanatiker ist, der den Zionismus verehrt und offenbar glaubt, dass er von Gott gelenkt wird.

Die Tradition des „America First"-Nationalismus und der Opposition gegen die Einmischung der USA im Ausland wurde bis in die Mitte des 20. Jahrhunderts von Persönlichkeiten wie den beiden prominenten US-Senatoren Robert LaFollette (R-Wis.) und Burton Wheeler (D-Mont.) - oben links und Mitte - aufrechterhalten, die sich 1924 als Kandidaten für die Präsidentschaft und Vizepräsidentschaft der Progressive Party zusammenschlossen. Vor dem Zweiten Weltkrieg hatte der berühmte Flieger Charles A. Lindbergh (oben rechts) zu einem der wichtigsten nationalistischen Wortführer und kämpfte gegen die Bemühungen der jüdischen Lobby, die im Bündnis mit pro-britischen Kräften Amerika in den Zweiten Weltkrieg hineinziehen wollte. Einer der wichtigsten nationalistischen Theoretiker Amerikas zu jener Zeit, Lawrence Dennis (unten links), wurde wegen „Aufruhrs" angeklagt, weil er gegen die kriegstreiberische Regierung von Franklin Roosevelt kämpfte. Inspiriert von ehemaligen amerikanischen Nationalisten - Willis A. Carto (unten in der Mitte) - ein Freund von Dennis - die nationalistische Bewegung trotz der erbitterten Bemühungen, Carto und sein Werk zu zerstören, am Leben. Dem von Carto durch die Liberty Lobby, die populistische Institution in Washington, vorgezeichneten Weg folgend, verließ Pat Buchanan (unten rechts), ein langjähriger Pfeiler der Republikanischen Partei, die GOP und etablierte sich zumindest für eine gewisse Zeit als ehrliche nationalistische Stimme in der Wahlarena.

Der Bruch zwischen Josef Stalin (oben links) und seinem früheren bolschewistischen Verbündeten Leo Trotzki (oben Mitte) legte den Grundstein für den Aufstieg eines trotzkistischen kommunistischen Elements in den USA (größtenteils jüdisch), das sich zur modernen „neokonservativen" Bewegung entwickelte. Heute bilden diese trotzkistischen Neokonservativen die Vorhut der zionistischen Bewegung in Amerika. In der Zeit des Kalten Krieges begann die Spaltung zwischen den russischen Hardcore-Nationalisten um Stalin und ihren zionistisch-trotzkistischen Feinden in die politische Arena Amerikas überzuschwappen, doch die meisten amerikanischen Nationalisten und Antikommunisten verstanden diese Spaltung nicht, eben weil sie von den zionistischen Judasböcken manipuliert wurden. Zu den amerikanischen Nationalisten, die die Wahrheit über die Spaltung zwischen Stalinisten und Zionisten erfuhren, gehörte *der* verstorbene DeWest Hooker (oben rechts), dessen eigene Enthüllungen in *The Juda Goats-The Enemy Within (Die Juda-Böcke - der innere Feind)* zu finden sind. Irving Kristol (unten links) und Norman Podhoretz (unten Mitte) gehörten zu den ersten jüdischen Trotzkisten in den USA, die den Übergang zum so genannten Neokonservatismus orchestrierten. Zusammen mit Kristols Sohn William Kristol (unten rechts) zählen sie zu den einflussreichsten zionistischen Propagandisten der Gegenwart.

Der jüdische Staatsmann Bernard Baruch (oben, ganz links), ein Kriegsgewinnler, hat nie aufgehört, nach Macht zu streben. Während des Kalten Krieges, als sich die trotzkistischen Feinde Josef Stalins in den USA als Machtakteure etablierten, gründeten Baruch und der mit der jüdischen Mafia verbundene Alkoholkönig Louis Rosenstiel - oben (links) mit einem engen Freund, dem FBI-Direktor J. Edgar Hoover (rechts) - die American Jewish League Against Communism (AJLAC), um die USA in einen Krieg auf Leben und Tod gegen die UdSSR oder China oder beide zusammen zu führen. Die AJLAC war eine trotzkistisch-zionistische Vereinigung. Schockierende Beweise deuten darauf hin, dass Senator Joseph McCarthy von dem AJLAC-Agenten Roy Cohn, der als McCarthys „Manager" installiert wurde, angestiftet und manipuliert wurde. (Beide sind unten links abgebildet). Diese Tatsachen werfen ein neues Licht auf die Zeit, in der Zionisten und Trotzkisten die Hysterie des Kalten Krieges in Amerika schürten, als antizionistische russische Nationalisten im sowjetischen Militärgeheimdienstsystem an Macht gewannen. Währenddessen kontrollierte Cohns enger Freund, FBI-Chef Hoover (der von Rosenstiel finanzielle Vorteile von AJLAC erhielt), effektiv die Kommunistische Partei der USA über einen Informanten, Morris Childs (unten rechts), einen jüdischen Antistalinisten und hohen Parteifunktionär.

Marvin Liebman, ein jüdischer Kommunist, der zu einem der Kanoniere des zionistischen Widerstands in Palästina wurde, arbeitete in der Zeit des Kalten Krieges eifrig daran, den traditionellen amerikanischen Nationalismus im Namen eines „neuen" Konservatismus auszulöschen. Liebman ist (oben links) mit seinem bekanntesten Schützling William F. Buckley, Jr. abgebildet. Nachdem er die Zeitschrift *National Review* gegründet hatte, die heute weithin als „Fassade" für Elemente der CIA wahrgenommen wird, warb Buckley eine Schar „alter" Trotzkisten, allen voran James Burnham (oben rechts), als Schiedsrichter für das an, was für die Konservativen „verantwortliches" Denken war. Dies bereitete den Boden für die Infiltration der „konservativen" Sache durch die Trotzkisten und ihre zionistischen Verbündeten. Weitere Figuren aus dem Liebman-Buckley-Einflussbereich sind Richard Viguerie (unten links), der ein Vermögen damit machte, Patrioten mit Postwurfsendungen in die Taschen zu greifen, der Abenteurer Robert K. Brown (unten Mitte), Gründer der Zeitschrift *Soldier of Fortune* und glühender Verfechter der zionistischen Sache, und der allgegenwärtige Lee Edwards (unten rechts), der heute ein Museum zur Ehrung der „jüdischen Opfer des Kommunismus" anpreist und dabei offenbar die Tatsache ignoriert, dass die meisten Schlächter im kommunistischen Polizeistaat Juden waren.

Der berühmte britische KGB-Spion Kim Philby (oben links) doubelte im Auftrag des israelischen Geheimdienstes Mossad einen Spion innerhalb des KGB selbst. Dies geschah zu einer Zeit, als sich die Spaltung zwischen russischen Nationalisten und zionistischen Elementen innerhalb Russlands zu Beginn des Kalten Krieges zwischen den USA und der UdSSR verschärfte. Es ist kein Zufall, dass Philby ein enger Freund des hochrangigen amerikanischen CIA-Beamten James Jesus Angleton (oben in der Mitte) war, der innerhalb der CIA ein engagierter Verbündeter des Mossad war. Neben anderen Phantasien vertrat Angleton die Theorie, dass ein kommunistischer Attentäter Präsident John F. Kennedy getötet habe, ein Thema, das von Robert Welch (oben rechts), dem Gründer der John Birch Society (JBS), aufgegriffen wurde. Angletons Linie folgend, preist die JBS Israel als Bollwerk gegen den sowjetischen Expansionismus. Die JBS genoss ungewöhnlich viel Publizität in den kontrollierten amerikanischen Medien. Die sogenannten „Neokonservativen", wie die zionistischen Hardliner Richard Perle, Paul Wolfowitz und I. Lewis Libby (unten von links nach rechts), machten sich die Angleton-Birch-Linie zu eigen, die zur Grundlage ihrer Förderung innerhalb des konservativen (und republikanischen) Establishments für nationale Sicherheit, in Denkfabriken, Stiftungen und anderen Lobbygruppen, die mit der Politikgestaltung betraut sind, geworden ist.

Die milliardenschweren Rockefeller-Brüder David und Nelson (oben links und Mitte) waren Feinde der traditionellen Nationalisten in den Reihen der Republikanischen Partei und förderten im Bündnis mit der Rothschild-Familie eine internationalistische Politik durch Gruppen wie die Bilderberger und den Council on Foreign Relations (ein „Junior"-Zweig des von den Rothschilds finanzierten Royal Institute of International Affairs in London). In einem brillanten taktischen Manöver zur Untergrabung des traditionellen Nationalismus finanzierten die Rockefellers die US-amerikanischen politischen Unternehmungen von Sun Myung Moon (oben rechts), dem Führer des koreanischen Kults.

Moon gründete die „konservative" Zeitung *Washington Times* und ein sie umgebendes Netz von Einflussnahme, verteilte Geld an konservative Führer und brachte sie dazu, sich dem Internationalismus zuzuwenden. Obwohl er sich als Konservativer ausgibt, war der Abgeordnete Newt Gingrich (R-Ga.) - unten links - ein „Rockefeller-Republikaner", der durch ein geheimes Abkommen mit der liberalen Zeitung *Washington Post* an die Macht kam. Senator Jesse Helms (R-N.C.) - unten Mitte - machte eine Kehrtwende, wurde internationalistisch und unterstützte fieberhaft Israel, nachdem der milliardenschwere Medienbaron S. I. Newhouse (unten rechts) Helms zu Hilfe gekommen war, indem er eingriff und den Fluss zionistischer Gelder, die für Helms' Gegner bestimmt waren, bei seiner Wiederwahl reduzierte.

Obwohl der in Australien geborene Rupert Murdoch (oben links) als Chef des globalen Mediengiganten News Corporation, Muttergesellschaft von Fox News, dem pro-zionistischen Propagandanetzwerk mit schamlosem Imperialismus, Milliarden verdient hat, ist seit langem bekannt, dass Murdoch und sein Medienimperium im Wesentlichen durch eine gemeinsame Anstrengung noch reicherer milliardenschwerer zionistischer Mäzene „geschaffen" wurden, darunter Lord Jacob Rothschild aus London (oben Mitte) und der Alkoholkönig Edgar Bronfman aus Montreal (oben rechts). Wie Murdoch, der heute US-Bürger ist, hält Bronfman - der lange Zeit den Jüdischen Weltkongress leitete - eine Mehrheitsbeteiligung am Medienimperium Time-Warner und nutzte seine Strahlkraft, um die vielfältigen pro-israelischen Propagandaunternehmen des TV-Evangelisten Tim LaHaye (unten rechts) enthusiastisch zu fördern. Falsche pro-zionistische Propheten wie Pat Robertson und Jerry Falwell (unten links und Mitte) genießen in den von Zionisten kontrollierten Medien wertvolle Publicity, eben weil sie als Böcke aus Juda Christen dazu bringen, die zionistische Sache zu unterstützen, bis hin zur Parteinahme für Israel auf Kosten ihrer arabischen Glaubensgenossen. (Weitere Einzelheiten darüber, wie diese „christlichen" Juda-Böcke im Namen des Zionismus handeln, finden Sie in *The High Priests of War* von Michael Collins Piper).

Delmar Dennis (oben links) war ein FBI-Informant innerhalb des Ku-Klux-Klans in Mississippi und wurde später von der John Birch Society für seine Bemühungen im Namen des FBI gelobt. In einer anderen Klan-Gruppe war der Anführer, Bill Wilkinson (oben Mitte), ein wertvoller Informant des FBI, dessen Beamte ihm sagten, dass es „akzeptabel" sei, Schwarze zu verurteilen, aber niemals Juden. Ein weiterer FBI-Informant in einer KKK-Einheit, Gary Rowe (oben rechts, bei seiner Aussage vor dem Kongress hinter einer Maske verborgen), war mehrfach der Anstifter von Gewalttaten des Klans, darunter der Mord an der Bürgerrechtlerin Viola Liuzzo. Unter dem Decknamen „Jimmy Anderson" wurde James Rosenberg (unten links), ein Mitarbeiter der Anti-Defamation League (ADL), zu einem wichtigen Agitator des KKK und der „Neonazis" und organisierte „hasserfüllte" Kundgebungen, über die die Presse ausführlich berichtete. Erst später wurde der junge Jude als Unruhestifter der ADL entlarvt. Das KKK-Mitglied Alton Roberts (unten Mitte) und sein Bruder wurden von A. I. Botnick, dem Leiter der ADL in New Orleans, mit 36.500 Dollar bezahlt, um ein anderes KKK-Mitglied in eine „Falle" zu locken, die zur Ermordung der 26-jährigen Lehrerin Kathy Ainsworth (unten rechts) führte. Die engen Verbindungen zwischen Botnick und Guy Banister, einem ehemaligen FBI-Mitglied (und CIA-Agenten), der Lee Oswald, den Angeklagten des JFK-Mordes, als „Ermittler" der ADL einsetzte, wurden nie ausreichend untersucht.

Der verstorbene Nationalist Sam Francis (oben links) war einer der ersten, der andeutete, dass der hebräisch sprechende deutsche Immigrant Andreas Strassmeir (oben Mitte) - der sich selbst als „Neonazi" bezeichnete - eine Art verdeckter Informant in der Verschwörung zum Bombenanschlag in Oklahoma City war. Als *The Spotlight* mit Nachdruck behauptete, dass Strassmeir genau das war, weigerten sich viele Nationalisten zu glauben, dass „Andy der Deutsche" ein Judasbock sei, da Strassmeir von seinem engen Freund, dem sogenannten „nationalistischen Anwalt" Kirk Lyons (oben rechts), warmherzig unterstützt wurde. Inzwischen haben die Ermittler Beweise dafür gefunden, dass Strassmeir tatsächlich ein Informant von Morris Dees' Southern Poverty Law Center (unten links) war. Außerdem ist bekannt, dass die von Abe Foxman (unten Mitte) geleitete Anti-Defamation League Strassmeirs Freund Tim McVeigh, der einen Bombenanschlag gestanden hat, über ein Jahr lang vor dem Attentat überwacht hat. Der scheinbare „Manager" von Strassmeir, Kirk Lyons, war ebenfalls ein enger Freund des rätselhaften Don Wassall (unten rechts), der die populistische Partei zum Verschwinden brachte, und dessen Anwalt. Michael Collins Piper konfrontierte Lyons einmal öffentlich vor einem Bundesgericht und beschuldigte ihn, ein Trumpf des FBI zu sein (siehe Seite 288 für eine Beschreibung von Lyons' hysterischer, bizarrer und ziemlich aufschlussreicher Antwort).

Zwei OSWALDS - zwei McVEIGHS? Zehn Tage nach dem Bombenanschlag in Oklahoma wurde die „rechte" israelische Terroristin Sharon Toval (28) in New York festgenommen und nach Israel abgeschoben. Das einzige bekannte Foto von Toval (oben in der Mitte) zeigt eine Person, die ohne Bart und Schnurrbart von einem Ausländer mit dem mutmaßlichen Attentäter Tim McVeigh (oben rechts) verwechselt werden könnte. Sie ähnelt auch dem berühmten Bild von „John Doe No. 1" (oben links), das die Behörden nach dem Anschlag ursprünglich verbreitet hatten und das verwendet wurde, um McVeigh in die Sache hineinzuziehen. Tatsächlich sollen McVeighs Anwälte die Möglichkeit in Betracht gezogen haben, dass „Rechtsterroristen" aus Israel eine Rolle bei dem Attentat gespielt haben könnten. Diese Postkarte (unten) mit einem berühmten Foto aus der Zeit der Großen Depression mit dem Titel „Black Sunday" (was der Name eines bekannten Hollywood-Films von 1977 über Terrorismus war) wurde - in einem handschriftlich adressierten Umschlag - am 17. April 1995 (siehe Poststempel im Medaillon), zwei Tage vor dem Anschlag, im Washingtoner Büro der Zeitung *The Spotlight* in Oklahoma City abgeschickt. Die ursprüngliche Bildunterschrift lautete: „Staubsturm im Anmarsch.... April 14, [19]35." Die Postkarte erreichte das Spotlight am Tag nach dem Anschlag und wurde sofort dem FBI übergeben, das mehr daran interessiert war, zu versuchen, das *Spotlight* in den Anschlag zu verwickeln, als den Absender der Karte zu untersuchen, was eindeutig darauf hindeutete, dass es von dem Anschlag wusste. Die Handschrift auf dem Umschlag stammte nicht von McVeigh oder seinem mutmaßlichen Mitverschwörer Terry Nichols. Die Existenz der Karte ist der unwiderlegbare Beweis für eine sehr große Verschwörung der von Zionisten geführten Böcke von Juda, die darauf abzielt, antizionistische Kräfte in diese schreckliche Tragödie zu verwickeln.

Jahrzehntelang war Roy Bullock (oben links) der wichtigste Geheimagent der Anti-Defamation League (ADL) von B'nai B'rith, dem amerikanischen Propaganda-, Lobby- und Geheimdienstzweig des israelischen Geheimdienstes Mossad. Bullocks Vorgesetzter war Irwin Suall (oben in der Mitte), langjähriger Leiter der Abteilung „Faktenforschung" der ADL. Bullock wurde erstmals in einem Artikel von Michael Collins Piper in der Wochenzeitung der Liberty Lobby, *The Spotlight*, öffentlich als Spion der ADL entlarvt, aber es dauerte Jahre, bis Bullocks Arbeit für die ADL von den Behörden, die die kriminellen Aktivitäten der ADL untersuchten, bestätigt wurde. Sanford Griffith (oben rechts), ein weiterer langjähriger Agent der ADL, diente vor und während des Zweiten Weltkriegs ebenfalls als hochrangiger Spion für den britischen Geheimdienst. Drei prominente Opfer der ADL-Spionage (unten, von links nach rechts): Martin Luther King Jr., den die ADL laut einem ehemaligen ADL-Funktionär als „freies Elektron" betrachtete; Martin Luther Kings Freund, der populäre Komiker, Sozialkritiker und Mordermittler Dick Gregory; und der schwarze Nationalistenführer Malcolm X, der sich bei seinem Mentor, dem Gründer der Nation of Islam Elijah Muhammed (nicht auf dem Foto), über die Spionage der ADL beschwerte. Die ADL spionierte Tausende von Personen aus und leitete die Daten an das FBI weiter.

Rabbi Meyer Schiller (oben links) rühmt sich, dass seine enge Verbindung mit dem „Nationalisten" Jared Taylor (im Medaillon) dazu beigetragen hat, den Widerstand gegen den Zionismus unter den amerikanischen Nationalisten abzuschwächen. Der Yale-Mann Taylor - dessen Frau ein freundschaftliches Arbeitsverhältnis mit dem Chefspion der ADL, Irwin Suall, hatte - wanderte durch Ghana, als dieses Land für die CIA und den Mossad von besonderem Interesse war. Heute versucht Taylor, die nationalistische Bewegung zu „entnazifizieren". Michael Chertoff (oben in der Mitte), dessen Mutter für den israelischen Geheimdienst gearbeitet hat, ist heute für die „innere Sicherheit" der USA zuständig. Zuvor hatte Chertoff, während er eine führende Position im Justizministerium innehatte, falsche Strafanzeigen gegen zwei Personen inszeniert, die die Unterstützung der USA für Israel offen kritisierten: den ehemaligen Abgeordneten des Bundesstaates Louisiana David Duke (oben rechts) und den ehemaligen Abgeordneten der Vereinigten Staaten Jim Traficant (D-Ohio) (rechts). Heute ist bekannt, dass der verstorbene Malachi Martin (unten links) (Anfang der 1960er Jahre) im Auftrag der Anti-Defamation League und des American Jewish Committee (AJC) als Spion im Vatikan tätig war. Martin war ein enger Freund und Mitarbeiter von William F. Buckley Jr., einem CIA-Aktivisten, und schrieb regelmäßig für die Zeitschrift *Commentary* des AJC (die auch die Arbeit von Jared Taylor förderte). Der wunderschöne Schäferhund Charlie (unten) wurde von Polizisten, die eine Razzia im Haus des Gründers der Liberty Lobby, Willis Carto, durchführten, brutal überfahren. Charlies Angreifer handelten illegal unter der Leitung eines „korrupten" Polizisten, der ein bekannter Aktivist der ADL war. Der mittlerweile verstorbene Charlie war eine bessere Kreatur als jede zweibeinige Judasziege.

DER INNERE FEIND - DIE JUDASBÖCKE

Eine Reihe von Beweisen legt nahe, dass nicht nur Bill und Hillary Clinton, sondern auch Senator John Kerry (D-Mass.) (siehe oben) seit langem Geheimagenten der CIA waren. Bill Clinton war (und Kerry war mit ziemlicher Sicherheit) ein CIA-Informant in der Bewegung gegen den Vietnamkrieg. Wie ihr Mann war auch Hillary am Waffen- und Drogenschmuggel der CIA von Mena, Arkansas, aus beteiligt, einem neuralgischen Punkt in der von Israel initiierten Iran-Contra-Affäre. Hillary war auch an der geheimen Aufrüstung des Irak beteiligt, als sich die USA und Israel im Iran-Irak-Krieg zugunsten des Irak „neigten". Allard Lowenstein (unten links) war in den 1960er Jahren ein Held der Antikriegsbewegung, doch es stellte sich heraus, dass er sowohl ein Informant der CIA als auch ein Trumpf des israelischen Mossad war. Bei den Präsidentschaftswahlen 1940 setzten britische und zionistische Agenten Wendell Willkie (unten in der Mitte) in der GOP durch, so wie zionistische Elemente, die für den Irakkrieg eintraten, 2004 John Kerry zur Nominierung als demokratischer Präsidentschaftskandidat antrieben. Dies entsprach dem Bedürfnis der Zionisten, dass beide großen Parteien bei diesen beiden entscheidenden Wahlen Kandidaten aufstellen, die den Krieg befürworten. Heute finanziert der räuberische zionistische Milliardär George Soros (unten rechts) „progressive" Splittergruppen, um sicherzustellen, dass sie nicht vom rechten Weg abweichen: Gekauft und bezahlt, bilden sie die klassische kontrollierte Opposition.

Eine Galerie von Juda-Böcken in den „konservativen" Medien. Dies sind nur einige der eklatantesten Stimmen des zionistischen Internationalismus, aber es gibt noch viele andere.

Der mächtige russische Präsident Wladimir Putin, der venezolanische Präsident Hugo Chavez, der kein Blatt vor den Mund nimmt, und der unauffällige, aber beharrliche syrische Präsident Baschar al-Assad (oben, von links nach rechts) sind allesamt beliebte Ziele für die neokonservativen zionistischen Trotzkisten, die Amerika heute unter George W. Bush regieren. Diese drei nationalistischen Führer, die die Opposition gegen den zionistischen Traum von einer „neuen Weltordnung" repräsentieren, wurden des „Antisemitismus" beschuldigt - eine Anklage, die gegen einige der besten und klügsten Wissenschaftler, Staatsmänner, Philosophen und religiösen Führer der Geschichte, unabhängig von Rasse und Glauben, erhoben wurde. Neben anderen führenden Persönlichkeiten auf der internationalen Bühne sind auch der iranische Präsident Mahmud Ahmadinedschad und der weißrussische Präsident Alexander Lukaschenko (unten links und Mitte) ins Visier der machthungrigen plutokratischen Elite geraten. Mahathir Mohamad (unten rechts), der langjährige ehemalige malaysische Premierminister, ist ein wichtiger - und hoch angesehener - Sprecher der weltweiten Opposition gegen den zionistischen Imperialismus, der seine Macht heute durch den Missbrauch der militärischen und wirtschaftlichen Stärke der USA spürbar macht. Die nationalistische Welle der Zukunft, die über den Planeten schwappt, wird den Zionismus und alle seine Sündenböcke schließlich überrollen.

EIN BRIEF DES AUTORS

Liebe Freundin, lieber Freund:

Obwohl meine früheren Bücher als „kontrovers" galten, weil ich die Macht des Zionismus in Amerika in Frage stellte, scheint dieses neueste Werk, THE JUDA GOATS, dasjenige zu sein, das einige Patrioten verstören wird...

Einige Leser dieses Buches waren beunruhigt darüber, dass ich angedeutet habe, dass bestimmte Personen, die allgemein als „Patrioten" gelten, eher Judasböcke sind, die echte Patrioten zur Schlachtbank führen. *Ich entschuldige mich nicht.*

Ich sage die Dinge so, wie ich sie sehe, und stütze mich dabei auf Beweise...

Denjenigen, die mich der „Paranoia" oder des „Verschwörungstheoretizismus" bezichtigen, möchte ich schnell hinzufügen, dass ich die erste Person war, die die Anschuldigung, Roy Bullock sei ein verdeckter Ermittler der ADL gewesen, schriftlich festgehalten hat. Es dauerte fast acht lange Jahre, bis die Wahrheit endlich ans Licht kam. *Ich hatte Recht.*

Und als ich Andreas Strassmeir - unterstützt von seinem Freund und Manager Kirk Lyons - beschuldigte, ein verdeckter Informant zu sein, wurde ich von vielen Leuten hysterisch angegriffen, die sich weigerten zu glauben, dass die beiden etwas anderes waren als die „Nationalisten", als die sie sich selbst bezeichneten. *Heute ist die* Wahrheit ans Licht gekommen - zu spät für die guten Amerikaner, die auf diese Böcke aus Juda hereingefallen sind.

Wie oft muss man mir noch Recht geben? Ich behaupte nicht, dass ich in dieser Hinsicht eine besondere Vorhersehbarkeit habe, aber *meine Vorgeschichte ist ziemlich gut.*

Vielen Dank an diejenigen von Ihnen, die mich in schwierigen Zeiten unterstützt haben. Ihre guten Wünsche und Gebete waren sehr wertvoll. Ich weiß, dass ich wahre Freunde habe

Und für diejenigen von Ihnen, die finanzielle Spenden geleistet haben, die mir das Überleben als freier Schriftsteller ermöglicht haben, sind diese ebenfalls sehr willkommen.

Beste Wünsche und Gottes Segen

MICHAEL COLLINS PIPER

In einer Zeit tsunamiartiger ideologischer Umwälzungen, in der kühne Propagandisten unermüdlich frenetische Anstrengungen unternehmen, um die Fakten der Geschichte umzuschreiben, kommt Michael Collins Piper daher, um diese Wahrheitsverdreher herauszufordern: der amerikanische Voltaire, ein aufgeklärter Denker und Polemiker, der sich nicht scheut, sich mit den harten Realitäten auseinanderzusetzen, wobei er die Undercoverarbeit mit Eleganz und Verve betreibt.

In den letzten Jahren hat sich Piper als unbestrittener Botschafter der amerikanischen nationalistischen Bewegung und ihrer Unterwanderung bei den Völkern auf dem ganzen Planeten etabliert: von Moskau bis Abu Dhabi, Kuala Lumpur, Tokio und Toronto. In klaren Worten richtete er einen Aufruf - einen Schlachtruf - an alle Amerikaner, sich zu vereinen, ihr Erbe wieder anzueignen und die Korruption des internationalen Kapitals und die damit verbundene bösartige Kraft, die unsere Welt an den Rand der nuklearen Vernichtung treibt, hinwegzufegen.

Pipers Botschaft ist klar und deutlich: Wahre Amerikaner unterstützen nicht den zionistischen Plan, Amerikas militärische Macht zur Eroberung der Welt auszunutzen; die guten Menschen, die sich dem zionistischen Imperium widersetzen, müssen ihre Differenzen beiseite legen und die Reihen schließen, vereint für die letzte Schlacht. Leidenschaftlich, ohne Anspruch auf Unparteilichkeit, identifiziert und geißelt Piper diejenigen, die eine Haltung des offenen Hasses gegenüber Nationalismus und Freiheit an den Tag legen. Da er die Geschichtsschreibung zu einer Kunstform gemacht hat, hat Piper nur wenige Gleichgesinnte. Es gibt auch nicht viele, die der Macht die Wahrheit sagen, wie Piper es so gut tut.

Rabbiner Abraham Cooper vom Simon-Wiesenthal-Zentrum erklärte, weil Piper Israel kritisiere, sei er „antiamerikanisch". In Wirklichkeit beweist Pipers Arbeit genau, wie pro-amerikanisch er ist.

> -Ryu Ohta, Vorsitzender der Gesellschaft für die Kritik der zeitgenössischen Zivilisation mit Sitz in Tokio, Japan

Andere Titel

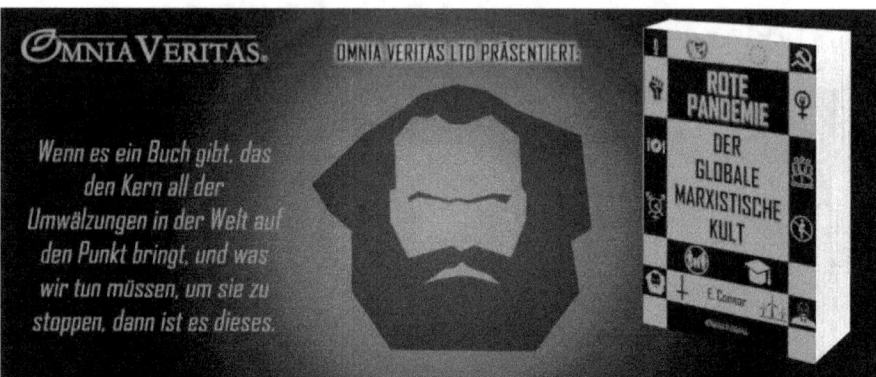

www.ingramcontent.com/pod-product-compliance
Lightning Source LLC
Chambersburg PA
CBHW071941220426
43662CB00009B/937